조선의 양명학

동아시아 자료총서 18

조선의 양명학

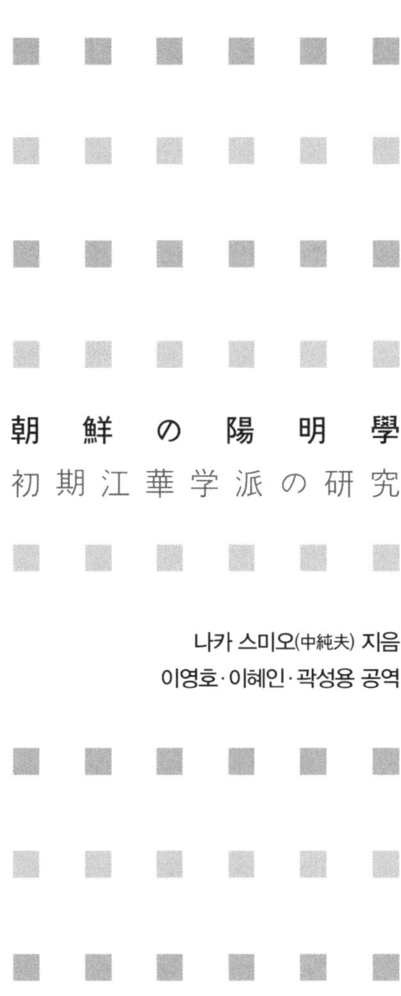

朝鮮の陽明學

初期江華学派の研究

나카 스미오(中純夫) 지음

이영호·이혜인·곽성용 공역

동아시아자료총서 18

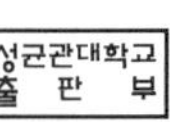

성균관대학교 출판부

차례

제2부 | 강화학파를 둘러싼 시대정황

한국어판 서문

내 본래의 전공은 중국 근세사상사였다. 20대에 주자학 연구를 시작하여 30대의 10년간은 오로지 명대(明代) 사상사를 연구하였다. 그리고 40세를 맞이했을 때, 조선유교에 관한 두 공동연구에 연이어 참가할 기회를 얻게 되었다. 내가 조선사상사를 본격적으로 공부하기 시작한 것은 이 우연한 기회가 계기가 되었다. 당초에는 대체 어디부터 착수해야 할 지 오리무중의 상태였다. 그런 나에게 위의 두 공동연구의 중심 멤버였던 등본행부(藤本幸夫) 선생은 조선양명학 연구를 권해주셨다. 그리고 고려대학교 심경호 선생이 강화학파의 연구에 훌륭한 공적이 있으므로 1차 자료와 관련된 것들을 상담하라고 조언해 주셨다. 다행스러운 것은 심경호 선생과는 대학원생 시절 약간 면식이 있었다. 심선생은 서울대학교 재학 중에, 도쿄대 대학원 문학연구과의 중국어학 중국문학 전공으로 유학을 왔었고, 당시의 나는 같은 연구과의 중국철학사 전공에 재적하고 있었다. 그리고 심선생은 중국철학사 수업에도 적극적으로 참가하였으므로, 대학원생시절 나는 심선생과 몇 번 친밀히 말을 주고받을 수 있었다. 다만 이것은 이미 10년도 더 지난 일로, 심선생이 한국으로 귀국한 후에는 서로 전혀 소식이 없었다. 그래서 연락을 상당히 망설였으나 '조선양명학을 이제부터 연구해 보고 싶다', '자료상황 등에 관한 교시(敎示)를 구한다' 등의 내용을 편지에 적었다. 몇 개월 후 "이번에 조사 때문에 일본에 가니 만납시다."라는 답신을 받았다. 그리고 약속 당일 만나기로 한 호텔 로비에서 마주했을 때, 심선생은 놀랄 정도로 많은 양의 복사본을 가지고 왔다. 이 때 받았던 것은 이광신의 『선고(先藁)』, 이광찬의 『논학집략(論學輯略)』, 이광사의 『원교집선(圓嶠集選)』, 이건승의 『해경당수초(海耕堂收草)』, 이건방의 『난곡존고(蘭谷存稿)』 등이었다. 모두 초기 내지는 근대기 강화학파의 중요자료였다. 그 중에서도 『선고』나 『논학집략』은 지금은 영인출판되었으나, 당시에는 문중본으로서 한국 내에서도 입수하기 어려웠던 매우 귀중한 자료들이었다. 당시 나는 이러한 책들의 자료가치를 알 리가 없었다. 그러나 조선양명학에 관해 아직 어떠한 업적도 없는, 더구나 앞으로 이 분야를 계속 연구할지 보증할 수 없는 일본인 연구자를 위해 번거로움과 수고로움을 꺼리지 않고 대량의 귀중한 자료를 한국에서부터 가져와 주었던 것이다. 베풀어준 후의(厚誼)에 나는 문자 그대로 몸둘 바를 모를 정도로 깊이 감사하였다. 그리고 이 학은(學恩)에 조금이나마 보답하기 위해서라도 나는 이 분야의 연구에 진지하게 임할 것을 명심하였다. 이것이 1999년의 일이다.

그 후 2003년 영파(寧波)에서 개최된 명청절동학술문화국제연토회(明淸浙東學術文化國際硏討會)에 참가하였을 때, 한국의 정인재 선생과 최재목 선생도 참가하였다. 두 분 모두 한국양명학회의 멤버로 정인재 선생은 당시 회장직에 있었다. 내가 조선 양명학을 연구한다는 것을 알고 두 분은 이듬해 개최 예정인 국제학회에 참가하도록 권유하였다. 이렇게 나는 2004년 강화도에서 개최된 제1회 강화양명학파 국제학술대회에 참가하게 되었다. 그리고 이때부터 한국에서의 조선양명학 연구 정황도 조금씩 이해하게 되었고, 한국 양명학회의 선생들과도 알게 되었다.

이 후 국내외의 많은 선생님들의 가르침을 받아가며 나는 이 분야를 계속 연구하였다. 이 시기 신세를 진 선생님들의 이름은, 일본어판의 〈후기(後記)〉와 마찬가지로, 혹 빠놓는 실수를 범할 것을 우려하여 적지 않기로 하겠다. 다만 이 책은 학은과 호의를 끊임없이 베풀어주신 심경호 선생에게 바치고자 한다.

이영호 선생에게 졸저의 한국어 번역 제안에 관한 메일이 도착한 것은 올해(2016) 4월 말의 일이다. 이영호 선생과는 2008년 학습원대학(學習院大學)에서 개최된 국제학술 심포지엄 '동아시아의 양명학'에서 한번 만난

적이 있다. 이 때 이영호 선생은 조선에서의 이지(李贄) 사상 수용에 대해 매우 흥미로운 발표를 하였다. 선생의 논고는 이 책에서도 활용하고 있다.

졸저의 한국어 번역 제안은 나에게 있어서 넘치는 영광이다. 조선에서의 양명학 수용과 그 배경을 다룬 졸저에 대해서는, 무엇보다도 한국 측 선생님들의 기탄없는 질정을 전부터 염원하고 있었다. 한국어판이 간행되어 본서를 조금이라도 많은 한국 학자들이 보게 되어, 그 분들로부터 가르침과 질정을 받을 수 있는 계기가 되기를 간절히 바란다.

마지막으로 이영호 선생을 비롯하여 졸저를 번역해주신 선생님들, 이 책의 간행에 최선을 다해주신 관계자 분들께 다시 한 번 진심으로 감사드린다.

2016년 8월 나카 스미오(中純夫)

서장
조선양명학의 특징

이 책은 조선의 양명학 수용을 둘러싼 여러 문제를, 초기 강화학파에 관한 연구를 중심으로 종합적으로 해명하는 것을 목적으로 한다.

조선에서의 양명학 전래는 왕수인(王守仁, 1472~1528)의 생전인 1522년이다. 그러므로 조선양명학은 중국의 그것에 필적하는 유구한 역사를 가진다. 그러나 본격적이면서도 체계적인 양명학 수용은 양명학 전래로부터 100년도 더 지난 뒤, 하곡(霞谷) 정제두(鄭齊斗, 1649~1736)의 출현을 기다리지 않으면 안 되었다. 정제두는 그의 만년, 강화도에 은거했기 때문에 정제두에서 시작하는 학통을 강화학파(江華學派)라 하고, 정제두의 학설은 그의 호를 따라 하곡학(霞谷學)이라고 칭한다. 강화학파는 혈통과 학통이 결합된 형태로 근대 시기에 이르기까지 연면하게 존속하였다. 조선의 양명학 수용 문제를 고찰함에 있어 강화학파는 피해갈 수 없는 매우 중요한 존재이다. 그러나 강화학파의 양명학이나 하곡학 수용의 실태는 여전히 해명의 도상(途上)에 있다.

본서는 서장, 제1부(1장~8장), 제2부(9장~13장), 종장으로 이루어져 있다. 서장은 조선양명학의 여러 특징을 포괄적으로 개관한 것이다. 제1부는 정제두 및 초기 강화학파 중에서 중요한 인물, 정제두의 후예를 들어

각 인물의 기본적인 사적을 정리함과 동시에, 그의 양명학 · 하곡학의 수용 혹은 비수용의 실태를 검증한 것이다. 제2부는 초기 강화학파를 둘러싼 시대상황의 제 양상을 문화 · 사회 · 사상 · 정치 등의 각 방면에 걸쳐 검증한 것이다. 종장은 초기 강화학파의 양명학 수용의 특질과도 관계되는 주왕양가(朱王兩可)의 문제를 중국 근세 사상사의 동향을 시야에 넣어가면서 고찰한 것이다.

본장에서는 조선양명학의 다양한 특질에 관해 개략적으로 논한다. 본장에서 논하는 개별 인물이나 몇 가지 문제들에 관해서는 다음 장에서 다시 상세히 논하기로 한다. 따라서 본장과 다음 장에서 논의상 중복이 생기는 것에 대해서는 미리 양해를 구한다.

Ⅰ. 조선양명학 연구의 현재와 강화학파 연구

1

최근 한국에서는 강화학파를 포함, 조선양명학에 관한 연구가 활발하게 이루어지기 시작하였다. 이 분야 연구사에 관해서는 이미 다수의 전론(專論)이 존재하는 것도 있어 상세한 것은 이로 대신하고자 한다.[1] 또 구체적인 연구 성과에 관해서도 이미 상세한 연구문헌 목록이 여럿 존재하므로, 이 연구들에 의해 통람(通覽)하는 것이 가능하다.[2] 여기에서는 연구사에 관한 기록은 최소한으로 줄이고, 강화학파에 관한 작금의 연구동향에 대해

1 松田弘(1981), 韓睿源(1998), 宋錫準(2004), 中純夫(2005), 辛炫承(2011).

2 한국어로 된 문헌목록으로는 ①金世貞, 2004년(2004년 7월까지의 간행분 수록), ②江華陽明學研究 팀, 2008년(江華陽明學研究叢書1, 2008년 3월까지의 간행분 수록), ③陳冠超, 2010년(2004년~2008년 간행분 수록) 등이 있다. 일본어로 된 문헌목록으로는 ④金世貞, 2007년(2006년 12월까지의 간행분 수록), ⑤永富青地 · 文盛載, 2011년(2007년~2010년 간행분 수록)이 있다. ⑤에는 한국어로 된 原題도 수록되어 있어 매우 유용하다.

간단히 언급하고자 한다. 또한 이하에서 언급하는 논저의 서지정보에 관해서는 모두 권말의 '인용문헌일람'을 참조하길 바란다.

송석준은 한국에서의 양명학 연구사를 ① 태동기(1930년대~1960년대) ② 기초확립기(1970년대) ③ 발전기(1980년대) ④ 성숙기(1990년대 이후)로 구분하였다.[3] 송석준에 의한 이 시기 구분은 한국 국내의 중국양명학이나 일본양명학에 관한 연구들까지 포함시킨 상태에서 설정한 것인데, 조선양명학 관련 연구동향에만 한정해보아도 타당한 듯하다. 그렇다면 편의상 이 시기 구분을 차용하여 조선양명학에 관한 연구동향을 약술하겠다.

(1) 태동기(1930년대~1960년대)

양명학에 관한 한국 최초의 연구서는 정인보(鄭寅普)의 『양명학연론(陽明學演論)』(1933)이다. 특히 제6장 「조선양명학파(朝鮮陽明學派)」는 조선양명학에 관한 최초의 본격적인 논고로, 오늘날에 있어서도 우선으로 참조 · 검토해야 할 고전적 연구서로서의 가치를 잃지 않고 있다. 게다가 정인보 본인이 강화학파 말예(末裔)에 속하는 인물이었으므로 이 책은 강화학파에 관한 산증인의 육성을 오늘날 전할 수 있다는 가치도 함께 지닌다. 이 책은 약간 옛 문체의 한글로 되어 있어 읽기가 매우 어려우나 다행히 현대 한국어로 번역된 것이 간행되어 있으며, 「조선양명학파」 장에 관해서는 일본어 번역도 존재한다.[4]

마찬가지로 1930년대에는 이능화의 『조선유계지양명학파(朝鮮儒界之陽明學派)』(1936)가 간행되었다. 이 책은 한문으로 집필된 것으로, 정제두 양명학에 대해 상세히 논한 것 이외에도 이황에 의한 육왕학(陸王學) 비판, 육왕(陸王) 문묘종사, 조선초기의 양명학 수용자 등 조선양명학 전반에 걸친 문제들을 포괄적으로 다루고 있어 역시 참조해야 할 고전적 연구

---

3 송석준, 위의 책(2004).

4 洪元植 · 李相虎 譯, 2002년(한국어 번역), 沈慶昊 · 小川晴久 譯, 2007년(일본어 번역).

서이다.

(2) 기초확립기(1970년대)

1970년대에는 처음으로 '강화학파'라는 호칭을 제기한 민영규의 「위당 정인보 선생의 행장에 나타난 몇 가지 문제: 실학원시(實學原始)」(1972), 조선의 양명학 전래시기의 문제에 단안(斷案)을 내린 오종일의 「양명전습록 전래고(陽明傳習錄傳來考)」(1978) 등 매우 중요한 학술논문이 발표되었다. 또 1980년대에 책으로 간행된 윤남한의 박사학위논문이나 그의 여러 논고가 잇달아 발표된 것도 마찬가지로 1970년대이다. 이것이 송석준이 기초확립기라고 명명한 까닭일 것이다.

(3) 발전기(1980년대)

1980년대에는 김길환의 『한국양명학연구』(1981), 윤남한의 『조선시대의 양명학연구』(1982), 유명종의 『한국의 양명학』(1983) 등 조선양명학에 관한 체계적인 전저(專著)가 연달아 간행되는 데 이르렀다. 특히 윤남한의 저서는 정제두의 생애와 사상, 정제두 사후 5차에 걸친 유고 편집사업, 『하곡집(霞谷集)』 판본의 비교 대조 등 여러 문제에 관해 모두 실증적인 고찰을 행하고 있어 연구사상 획기적인 저서이다.

(4) 성숙기(1990년대 이후)

1990년대에는 정인보의 딸 정양완과 심경호 두 사람에 의해 『강화학파의 문학과 사상』 전4책(1993~1998)이 간행되었다. 이 책은 모두 강화학파에 관한 최초의 본격적인 연구 성과이다.

1995년에는 한국양명학회가 창립되었다. 그 학회지인 『양명학』은 현재 제30호까지 발행되었다.[5] 『양명학』 각 호에는 중국, 조선, 일본의 양명학

---

5 창간호 1997년 11월, 제30호 2011년 12월. 제4호(2000)까지는 연 1회, 제5호(2001)부터는 연

에 관한 다채로운 논고가 게재되어 있어, 한국양명학회의 설립 및 학회지 『양명학』의 간행이 한국에서 양명학 연구의 추진에 기여한 점이 지대하다는 것은 틀림없을 것이다. 2004년에는 한국양명학회의 주최로 강화도에서 강화양명학파 국제학술대회가 개최되었는데, 이 대회는 이후 매년 개최되어 올해(2011년)에는 제8회 대회가 개최되는 데 이르렀다.

게다가 2008년에는 한국양명학회의 주요 멤버로 이루어진 강화양명학연구팀이 편찬한 『강화양명학연구총서(江華陽明學硏究叢書)』 1~3이 간행되었다.[6] 이 책은 현재 한국에서 강화학파 연구의 하나의 도달점을 나타내는 것이라고 할 수 있을 것이다.[7]

이상 현재까지 한국에서 진행된 조선양명학 연구 상황에 대해 간략하게 서술하였다. 한편 일본어로 된 조선양명학 연구는 고교형(高橋亨)의 고전적 연구를 마지막으로 오래도록 두절되어 있었지만[8] 최근 들어 조금씩 간

2회 발행.

6 『강화양명학연구총서』 全 3冊의 각 표제는 1 『江華陽明學硏究史 Ⅰ』, 2 『江華陽明學硏究史 Ⅱ』, 3 『江華學派의 陽明學』이다. 1은 연구사의 개요, 저서논문 목록, 주요 저서논문의 요약, 2는 강화도 유적조사보고, 강화학파의 문헌자료에 관한 해제 등이며, 3은 정제두, 이광사, 이광신, 이영익, 이충익, 이건창, 이건방, 정인보 각 인물에 대한 논고이다. 강화양명학연구팀은 송석준, 김용재, 박연수, 서경숙, 유철호, 이상훈, 최재목, 한예원, 황갑연의 9명이다.

7 다만 이 총서에 문제가 없는 것은 아니다. 제2책 『강화양명학연구사 Ⅱ』에 수록된 「강화양명학 관련 문헌목록일람표」(91쪽)는 정제두 이하 정인보에 이르기까지, 강화학파에 속하는 주요 인물 18명에 관한 1차 자료 총 19점을 게재한 것이다. 이 일람표 및 이에 이어지는 「강화양명학의 문헌에 관한 목록 및 해제 · 자료집」(92~338쪽)에 관하여, 다음의 문제점을 지적하고자 한다. ①李匡師의 1차 자료로서 『圓嶠集』(『圓嶠集選』)만을 들고, 『斗南集』, 『論學輯略』, 『新編圓嶠李匡師文集』 등이 거론되지 않고 있다(본서 제3장 참조). ②申綽의 1차 자료로서 『石泉遺稿』만을 들고, 『石泉遺集』(『朝鮮學報』 29~34輯 所收)을 거론하고 있지 않다(『石泉遺集』에는 「日乘」 등, 『石泉遺稿』에 수록되지 않은 중요 자료 다수가 포함되어 있다). ③鄭文升의 1차 자료로서 『蕉泉遺稿』를 들고 있으나, 이 『蕉泉遺稿』는 金相休의 별집으로 정문승과는 전혀 관계가 없다(본서 제7장 참조). ④정제두 후예 중 유일하게 전존하는 별집인 鄭箕錫의 『府君遺稿』가 언급되고 있지 않다(본서 제7장 참조). 이 일람표는 강화학파 연구에 관한 가장 기초적인 정보를 제공하는 것인 만큼, 위와 같은 遺漏나 사실 오인이 포함되어 있다는 점은 아쉽다.

8 高橋亨(1953). 이 다음으로는 阿部吉雄(1971)이 있다. 그러나 阿部吉雄은 논문 집필 시, 정제두의 『霞谷集』을 보지 못하여, 그 내용은 대개 李能和(1936)와 高橋亨(1953)의 연구를 답

행되고 있다.[9]

또 대만에서는 조선성리학에 관한 전저(專著)인 임월혜(林月惠)의 연구(2010)나 동아시아의 양명학 전반을 다룬 장곤장(張崑將)의 연구(2011) 모두 조선양명학의 문제를 언급하고 있고, 대륙에서도 조선유교의 통사(通史)를 다룬 이소평(李甦平)의 연구(2006)에서 정제두에게 한 절을 할애하고 있다(제4장 제4절 霞谷鄭齊斗的陽明學). 그 중 임월혜(2010)는 부록으로「대만의 한국유학 연구서목(臺灣的韓國儒學硏究書目)」,「중국대륙의 한국유학 연구서목(中國大陸的韓國儒學硏究書目)」을 수록하고 있어 대만 및 대륙에서의 연구동향을 개관할 수 있다. 또 최근 대만에서도 대륙에서도 유교를 동아시아 교류사의 시점으로 파악하는 것, 혹은 '동아시아의 유학'이라는 시점으로 파악하는 것의 필요성 · 중요성이 제창되고 있다.[10] 이런 의미에서도 앞으로 대만이나 대륙에서 조선유학이나 조선양명학의 연구가 더욱 본격화되리라 생각된다.

2

이에 본서에서도 앞으로 많이 사용하게 될 강화학파라는 호칭에 대해 한마디 해두고자 한다. 이미 언급했듯이 이 호칭은 민영규(1972)에게서 처음 나왔다. 민영규는 강화학파라는 호칭을 제기한 이유에 대해서 다음과 같이 서술하고 있다.

> 강화학이 반드시 양명학의 묵수자로서 일색을 이뤄야 할 이유는 없다.……

습한 것이다.

9 崔在穆(2006). 또『陽明學』第19號(二松學舍大學東アジア學術總合硏究所陽明學硏究部, 2007)는 '朝鮮韓國陽明學' 특집을 만들었으며, 馬淵昌也(2011)도 조선양명학 · 조선성리학 관계의 논고 5편을 수록하고 있다.

10 黃俊傑, 藤井倫明 譯(2011), 吳震(2011).

내가 굳이 그것을 양명학으로 부르지 않고, 강화학이라는 새로운 술어를 찾아야 했던 데에는 각자 이러한 전개에서 오는 변화를 적극적으로 평가하고 싶었기 때문이다.[11]

정제두 학통인 사람들(정제두의 문인, 정제두의 후예, 정제두 문인의 후예)의 학술이 반드시 양명학 일색이었던 것이 아니라, 여러 갈래로 다양하였다는 점을 적극적으로 평가하기 위하여 구태여 '양명학'을 학파의 이름에 씌우지 않고 강화학파라는 호칭을 사용했다고 한다.

강화학파라는 호칭은 그 후 한국 내에서 널리 유포 · 정착되어 오늘날까지도 이르고 있는 것이라 생각된다. 가령 유명종(1983)은 그의 저서 제4장의 제목을 「강화학파의 양명학」이라고 명명하고 있으며, 정양완 · 심경호의 『강화학파의 문학과 사상』 1~4(1993~1999)나 강화양명학연구팀 『강화양명학연구총서』 1~3(2008)은 모두 그 서명에 강화학파를 써넣고 있다.

그런데 천병돈은 최근, 강화학 · 강화학파라는 호칭을 사용하는 것에 대해 의문을 드러내고 있다. 천병돈의 주장을 요약하면 대략 다음과 같다.

① 정제두의 학술이 양명학의 단순한 묵수자가 아니었음을 나타내기 위해 학파명에 양명학을 굳이 붙이지 않고 강화학파라는 명칭을 제기한 민병규의 의도는 일정 평가 가능하다.

② 그러나 강화라는 지역명을 학파명에 쓴다면 강화 이외 지역의 정제두 후학 등은 학파로부터 제외되어버린다.

③ 정제두 및 정제두 후학의 학술에 강화라는 지역성이 무언가 영향을 미친 사실은 없다.

④ 한국양명학회는 제3회 국제학술대회(2006년 11월)에서 학술대회의 공식명

11 민영규(1972), 79~80쪽(쪽수는 1993년에 의거).

칭을 '하곡학 국제학술대회'로 변경하였다. 이것은 하곡학을 강화라는 지역에 한정시키는 것이 아니라 하곡학 자체를 평가하려는 의도에서 그렇게 한 것이라고 생각된다.[12]

⑤ 하곡학은 하곡 정제두뿐만 아니라 정제두 후학의 학술을 포함할 수 있는 명칭이다.

이상의 이유로 '강화학'보다 '하곡학'이 적절한 호칭이라는 것이 천병돈의 입장이다.[13]

천병돈의 주장 자체는 매우 타당하다고 생각한다. ②에 대해 말하자면, 확실히 오늘날 일반적으로 강화학파라고 칭해지는 인물들 전부 강화도라는 지역과의 결속을 공유하고 있는 것은 아니다. 그들을 포괄하는 공통점은 강화라고 하는 지역성에 있는 것이 아니라 어디까지나 정제두의 학통에 이어진다는 점에 있다. ③에 대해 말하자면, 정제두의 생애에서 3기의 시기 구분, 즉 경거(京居) 시기(1세~41세), 안산(安山) 시기(41세~61세), 강화 시기(61세~88세) 중, 정제두가 양명학 신봉의 입장을 확립하는 것은 경거 시기, 그리고 스스로의 양명학 신봉을 지우(知友)들에게 한창 고백 · 표명하는 것도 오로지 경거 및 안산 시기까지였다. 즉 정제두의 양명학 신봉 형성 과정에서 강화라는 지역성이 영향을 미친 가능성은 당장은 상정하기 어렵다. 그리고 이 점은 정제두 이후의 강화학파라고 불리는 인물들에 대해서도 거의 마찬가지일 것이다. 즉 강화학파라는 호칭이 글자 그대로 나타내는 내용과 오늘날 일반적으로 그 의미를 써서 실제 나타나고 있는 내용과의 사이에는 확실히 약간의 어긋남이 존재하는 것이다. 이 점을 인지

12 이 대회의 명칭은 제1~3회가 '강화양명학파 국제학술대회', 제4 · 5회가 '하곡학 국제학술대회', 제6~8회가 '강화양명학 국제학술대회'이다(한국양명학회 『양명학』 제30호, 2011년, 권말 「彙報」에 의거). 천병돈의 지적과는 시기의 차이가 있으나 대회 명칭에 변천이 있었음은 사실이다.

13 천병돈(2007).

하더라도 '강화학(파)'이 아닌 '하곡학(파)'이라는 호칭을 사용하는 것에 대해 특별한 이론(異論)이 있는 것은 아니다.

다만 사실 나는 애초부터 이러한 호칭은 어디까지나 편의적 · 실용적인 것에 지나지 않는다고 생각한다. 그리고 이러한 생각을 지닌 이상, 호칭이 나타내는 내용이 명시적이기만 하다면 호칭 자체의 자의적 의미의 엄밀성은 그 정도로 중요하거나 본질적인 문제는 아니라고 생각한다. 또 앞에서 '오늘날 일반적으로 강화학파라고 불리는 사람들의 전부가 강화도라는 지역과의 결속을 공유하고 있는 것이 아니라고 서술하였다. 그러나 그들 중 전부가 아니라 할지라도 적지 않은 인물이 강화도와의 지연(地緣)을 가지고 있었던 것 역시 사실이다.[14]

뒤에 상세히 서술할 것이지만, 정제두의 문인 중에는 정제두의 학술을 충실하게 계승한 이광신(李匡臣) 같은 인물도 존재하는가 하면, 학술 계승의 흔적을 전혀 찾을 수 없는 심육(沈錥)이나 윤순(尹淳) 같은 인물도 존재한다. 이러한 점을 본서에서 '강화학파의 하곡학 수용 혹은 비수용'이라는 문제의 성립 방식, 표현의 방식에 의해 논하고자 한다. 즉 나는 이하 본서에서 정제두 그 사람의 학술을 하곡학이라고 칭하고, 정제두 학통의 일원인 인물들을 넓게 강화학파라고 칭하기로 한다. 다만 이것은 어디까지나 편의적 · 실용적인 용법임을 미리 말해둔다.

또한 앞에서도 언급한 『강화양명학연구총서』 3의 『강화학파의 양명학』은 강화학파를 초기 · 중기 · 후기의 3기로 구분지어, 각각의 시기 구분마다 1. 이광사 · 이광신[초기], 2. 이영익(李令翊) · 이충익(李忠翊)[중기], 3. 이

14 강화양명학연구총서 제2책인 『강화양명학연구사 Ⅱ』가 수록하고 있는 강화도 유적조사보고에 의하면, 현재 강화도에는 다음의 유적이 존재한다. ① 鄭勤(정제두의 증조부) · 鄭維城(정제두의 조부)의 묘 ② 鄭尙徵(정제두의 아버지) · 정제두의 묘 ③ 정제두 숭모비 ④ 李大成 · 李眞偉 · 李匡明 · 李是遠의 묘 ⑤ 李建昌 생가 ⑥ 李建昌 묘(「강화학파의 유적지 분포도」에 의거).

건창(李建昌) · 이건방(李建芳) · 정인보[후기]를 언급하고 있다.[15] 이 책의 제1부 '초기 강화학파의 연구'에서 다룰 인물들 중 이광신 · 이광사 · 심육 · 윤순은 정제두에게 직접 입문하여 사사(師事)한 이른바 제1세대이고, 이광사의 아들인 이영익과 그 동배(同輩)인 이충익은 제2세대, 그리고 정후일(정제두의 아들)부터 정계섭(정제두의 7세손)에 이르는 정제두의 후예들 중에서는 그 생존 시기가 근대 시기까지 미친 사람들도 포함하고 있다. '정제두의 후예들' 장은 제1부의 부록 격으로 둔 것인데, 물론 이 장에서 다루어진 인물들 전부를 초기 강화학파라고 칭하려는 것은 아니다. 제2세대에 해당되는 인물들을 중기 강화학파라고 칭하는 것에 대해서도 물론 다름을 주장할 생각은 없다. 본서에서는 근대 시기에 이르기까지의 강화학파의 전모를 조망하지 못하고 강화학파 내에서 비교적 초기에 속하는 인물들을 중심으로 들었기 때문에 '초기 강화학파의 연구'라고 칭하고는 있지만, 여기에서 '초기'라는 말은 반드시 엄밀한 시기 구분에 따라 명명된 것은 아니라는 점을 미리 양해를 구하고자 한다.

Ⅱ. 조선에서의 육왕학(陸王學) 전래

1

우선 조선에서의 육왕학 전래 시기에 관해 간단히 언급하고자 한다. 조선에서 양명학의 전래는 현재 확인된바 중종16년(1521)이다.[16] 이해에 충주 목사로 부임한 눌재(訥齋) 박상(朴祥, 1474~1530)은 청헌(淸軒) 김세필

---

15 강화양명학연구팀(2008) 3, 73~307쪽. 강화양명학연구팀의 한 사람이기도 한 李相勳은 이 3기의 시기 구분을 답습한 상태에서, 초기 강화학파로 이광신 · 이광사, 중기 강화학파로 이영익 · 이충익 · 신대우 · 신작 · 정문승, 후기 강화학파로 이건창 · 이건방 · 정인보를 들고 있다. 李相勳(2009).

16 吳鐘逸(1978), 崔在穆(1987), 中純夫(2005).

(金世弼, 1473~1533), 모재(慕齋) 김안국(金安國, 1478~1534)과 함께 김세필이 운영하는 공자당(工字堂)이라는 곳에 모여 강학하였다.[17] 이때 김세필과 박상 사이에서 『전습록(傳習錄)』을 화제로 시를 응수하였다. 당시 왕수인 50세, 김세필 49세, 박상 48세로 이는 1518년 『전습록』 초간본이 간행된 지 불과 3년 뒤였다. 이와 관련하여 덧붙이자면 『전습록』 중권(中卷)은 가정(嘉靖) 3년(1524) 이후, 하권(下卷)은 가정35년(1556) 성립되었다. 그러므로 조선에 처음 전래된 『전습록』은 당연히 설간(薛侃) 초각본[今本의 上卷]이 된다. 이때 지은 시는 지금 김세필의 작품밖에 남아 있지 않다. 그 시는 이하의 3수이다.

(제4수) 양명옹은 심학을 다스려, 유불도 삼교의 사이를 출입하였으나 만년에는 도를 들을 수 있었다. 이렇게 천 년간 공맹(孔孟)의 학맥을 전했으나 털끝만한 차이가 있는 것을 유감으로 생각한다.[18]

(제5수) 자양(주희)이 죽고 나서 사문(斯文)이 멸해버린 지금, 대체 누가 위태로운 인심(人心)과 은미한 도심(道心)을 파악하여 사문에 관한 전승을 고찰할 수 있을 것인가. (양명옹의) 학문은 육상산을 답습하여 병폐가 많으니, 이상 나의 견해에 대해 그대에게 이제 한번 논평을 구하고자 하네.[19]

(제6수) 목탁(木鐸)이라 평가되는 공자의 남은 가르침도 이제는 끊겼고, 한

---

17 『訥齋集』 附錄 卷2 「敍述」. “金十清結屋於忠州知非川上. 先生時補忠州, 爲經營之. 屋形如工字, 兩邊爲寢室, 中廳爲講學之所. 時經己卯斬伐之禍, 以學爲諱, 而惟先生常往來工字堂, 與十清慕齋金安國國卿講道彌篤, 敎誨後學.” 『訥齋集』 附錄 卷1 「行狀」. “辛巳春, 出爲尙州牧使. 其年夏, 換移忠州. 先生……盡心職事三年.” 『訥齋集』은 『한국문집총간』 18~19책.

18 『十淸軒集』 卷2 「又和訥齋」 第4首. “陽明老子治心學, 出入三家晩有聞. 道脈千年傳孔孟, 一毫差爽亦嫌云.” 『十淸軒集』은 『한국문집총간』 18책.

19 『十淸軒集』 卷2 「又和訥齋」 第5首. “紫陽人去斯文喪, 誰把危微考舊聞. 學蹈象山多病處, 要君評話復云云.”

편의『전습록』조차 이미 '다문(多聞)'에 속한다. 『전습록』의 기재도 이제부터는 우리가 마음으로 취사선택하지 않으면 안 될 것이다.[20]

(6수)의 말미에는 "이 세 수의 시는 왕양명의『전습록』을 논하고 있는데, 보내온 시에 '말한 바에 대해 사람들이 놀라고 이상하게 여길까 염려되네.'라는 구절이 있었다.[此三詩, 論王陽明傳習錄, 來詩有却恐人驚異所云之句]"라는 주석이 있다. 약간 난해한 부분을 포함하고 있으나, 3수가 전체적으로 양명학에 대한 비판적 입장을 나타내고 있음은 분명할 것이다. (4수)의 제2구 '유불도 삼교의 사이를 출입'했다는 것은 젊은 시절 왕수인의 사상 편력, 이른바 '오익(五溺)'을 가리키는 듯하다.[21] 제4구 '털끝만한 차이'는 공맹(孔孟)의 학문(=전통적 정통유교)과 양명학과의 차이는 털끝에 지나지 않는다는 것이 그 표면적인 의미이지만, '호리천리(毫釐千里)'라는 표현처럼 근본에 있어서 호리(毫釐)의 차이는 끝내는 천리의 차이를 초래한다는 의미, 즉 양명학에 대한 강한 경계감과 비판의식이 함의되어 있는 것으로 보고자 한다.

(5수)의 제1구는 주자학만을 정통교학으로 간주하는 김세필의 인식을 명시하는 것이다. 제2구의 '위태로움과 은미함[危微]'은 이른바 '인심(人心)', '도심(道心)'을 가리킨다.[22] 제3구는 육왕학에 대한 김세필의 비판적 입장을 나타내는 것이지만, 조선에서 양명학 전래 당초부터 '육구연-왕수인'이라는 학문계보의 존재가 명료하게 인식되었다는 것을 확인할 수 있는 점도 흥미롭다. 제4구는 김세필이 시의 응수 상대인 박상에게 자신의

---

20 『十清軒集』卷2「又和訥齋」第6首. "木鐸當時餘響絶, 一編傳習亦多聞. 前頭取舍吾心孔, ■■西河學偕云."

21 『王文成公全書』卷37 湛若水「陽明先生墓誌銘」. "初溺於任俠之習, 再溺於騎射之習, 三溺於辭章之習, 四溺於神仙之習, 五溺於佛氏之習."『王文成公全書』卷32「年譜」弘治十五年 三十一歲. "是歲, 先生漸悟仙釋二氏之非."

22 『書經』「大禹謨」. "人心惟危, 道心惟微, 惟精惟一, 允執厥中." 蔡沈集傳. "人心易私而難公, 故危. 道心難明而易昧, 故微."

견해에 대한 논평을 구하는 내용이다.

(6수)의 제1구 '목탁(木鐸)'은 천하를 호령하는 지도자의 의미로, 공자를 가리킨다.[23] 제2구의 '다문(多聞)'도 『논어』에 그 출전을 가진다. 널리 견문한 내용을 그대로 무비판적으로 수용하는 것은 과오나 후회를 초래하므로 의심스러운 점은 신중하게 제외해야 한다는 취지로,[24] 『전습록』을 무비판적으로 수용해서는 안 된다는 의미일 것이다. 제3구의 '전두(前頭)'는 '이제부터'라는 말이다. '취사(取舍)'는 제2구에 이어 『전습록』에서 말한 바는 신중하게 음미 · 취사해야 한다는 의미이다. 제4구는 결자(缺字)를 포함하고 있어 의미가 명확하지 않다.

2

김세필이 『전습록』의 내용을 둘러싸고 박상과 절구 3수를 응수한 것에 대해서는 김세필의 『십청헌집(十淸軒集)』에 부재(附載)된 전기(傳記) 자료에도 언급되어 있다.

a. 선생의 문집 속에는 눌재와 주고받은 절구 세 수가 있는데, 그 내용은 왕양명의 학술을 논평한 것이다. 왕양명의 문장이 전래된 이후로 우리 동방의 유자들은 그 내용을 음미하는 일이 없었다. 선생은 『전습록』을 한번 잠깐 보시고 바로 선학(禪學)임을 깨달아서 눌재에게 시를 부쳐 이처럼 심히 배척하였다. 그렇다면 문인들과 강론할 때에도 양명학을 얼마나 엄정하게 배척하였는지 알 수 있다. 이황은 후진(後進)의 입장으로서 만년이 되어서야 비로소 양명학을 배척하였다. 이황 이전에 양명학의 치우침과 음란함을 깨달은 자는 오직 선생 한 사

23 『論語』「八佾」. "天將以夫子爲木鐸." 何晏集解. "孔曰, 木鐸, 施政敎時所振也. 言天將命孔子制作法度以號令於天下."

24 『論語』「爲政」. "多聞闕疑, 愼言其餘, 則寡尤. 多見闕殆, 愼行其餘, 則寡悔."

람뿐이다.[25]

b. 왕양명의 문장은 우리 동방에 전해진 지 얼마 안 되었기에 그것이 어떤 내용인지 아무도 알지 못했다. 그러나 선생은 일찌감치 그것이 선학임을 간파하여 눌재 박상과 절구 세 수를 응수하였다. 이는 모두 선생의 학문의 순정함을 충분히 나타내는 일이다.[26]

여기에 기록된 대로 김세필은 이황에 앞서 조선에서 최초로 양명학을 언급하고 이를 비판한 인물이었다. 김세필의 전기(傳記) 자료 작성자들도 김세필 학술의 순정함을 나타내는 증거로 이 점을 대서특필하여 김세필을 현창했던 것이다. 또 이황이 「전습록논변(傳習錄論辯)」, 「백사시교전습록초전인서기후(白沙詩敎傳習錄抄傳因書其後)」를 집필하여 양명학을 비판한 정확한 시기는 미상이지만, 임시로 연보의 기술을 따라 가정44년(1565, 이황 65세)에 계년(繫年)해본다면,[27] 김세필에 의한 양명학 비판은 이보다 40년 이상 앞선 것이 된다.

그런데 김세필과 박상이 주고받은 시 중에서, 해당 시가 전존하는 것은 김세필 쪽뿐이고 박상의 시는 현존하지 않는다. 다만 박상 측 전기 자료에도 역시 두 사람 간의 시의 응수에 관해서는 언급이 남아 있다.

---

25 『十淸軒集』 卷4 「附家先記聞」. "先生文集中, 有與訥齋酬唱三絶句, 評論陽明學術者. 陽明文字出來之後, 東儒不省其爲何等語. 先生一見其傳習錄, 已覺其爲禪學, 寄詩訥齋, 深斥如此. 則其與門人講論之際, 排斥之嚴, 可知也. 退陶以後進, 晩年始斥陽明之學. 退陶以前, 覺陽明之詖淫者, 獨先生一人而已."

26 『十淸軒集』 卷4 朴弼周 「金先生諡狀」. "王陽明文字, 東來未久, 人莫知其爲何等語. 而先生早已覰破其爲禪學, 與朴訥齋祥, 有酬唱三絶句. 若是者, 皆足見先生所學之正矣."

27 『退溪集』 「年譜」 嘉靖四十四年乙丑 先生六十五歲條. "作心經後論" 原注. "先生又嘗患中國學術之差, 白沙陽明諸說盛行於世, 程朱相傳之統, 日就湮晦, 未嘗不深憂隱歎. 乃於白沙詩敎陽明傳習錄等書, 皆有論辯, 以正其失云." 『退溪集』은 『한국문집총간』 29~31책.

c. 양명 왕수인의 문장은 우리 동방에 전해진 지 얼마 안 되었기에 우리 동방의 유자들은 그것이 어떤 내용인지 아무도 알지 못했다. 선생은 십청 김세필과 함께 『전습록』을 두루 보고는 선학이라며 배척하였다. 그때 응수한 절구 세 수가 남아 있다.[28]

d. 왕양명의 문장이 우리 동방에 전래되었지만, 동방의 유자들은 그것이 어떤 내용인지 알지 못했다. 선생이 『전습록』을 보시고 선학이라며 배척하여 (그에 대한 내용으로) 십청 김세필과 주고받은 절구 세 수가 있다.[29]

이 기록만 본다면 『전습록』이나 양명학에 대한 박상의 평가는 김세필의 그것과는 완전히 같다고 할 수 있다.

그런데 이 점에 대해 오종일은 흥미로운 지적을 하고 있다. 오종일은 『눌재집』 간행 경위에 비추어보아 위의 기술의 신빙성에 의심을 드러냈다.[30] 『십청헌집』은 1629년 서(序), 1747년 초간(初刊)으로 후세의 증간(增刊)도 없다.[31] 이에 반하여 『눌재집』은 1547년에 정집(正集), 1684년에 속집(續集) · 부집(附集), 1843년에 별집(別集) · 부록(附錄)을 간행하였고 또 1899년에는 새롭게 연보가 편찬된 간행과정을 거치고 있다.[32] 즉 '박상이

---

28 『訥齋集』 附錄 卷2 「敍述」. "王陽明守仁文字, 東來未久, 東儒莫知其爲何等語. 先生與金十淸世弼公碩見其傳習錄, 斥謂禪學. 有酬唱三絶."

29 『訥齋集』 「年譜」. "陽明文字東來, 東儒莫知其爲何等語. 先生見其傳習錄, 斥謂禪學, 與金十淸, 有酬唱三絶詩." 한국문집총간에 실린 『訥齋集』에는 「年譜」가 수록되어 있지 않다. 지금 오종일의 논문 81쪽에 수록된 것과 『譯解訥齋集』(忠州朴氏 文簡公派門中, 訥齋思庵文集譯解發刊委員會, 1979) 附錄 卷4 「年譜」에 의거한다.

30 오종일, 위의 논문, 78~81쪽.

31 권말에 '崇禎後百四年十月驪興閔遇洙謹跋'이라고 되어 있다. '崇禎後百四年'은 1644년(崇禎17년, 順治원년)을 崇禎後 1년으로 한다면, 1747년에 해당하며, 1645년을 숭정후 1년으로 한다면 1748년에 해당한다. 오종일은 전자의 해석에 따른 것으로 보인다. 문집총간본의 卷首에 민족문화추진회가 붙인 「凡例」는 1748년 간행으로 되어 있다.

32 이상의 간행경과에서 1899년 「年譜」 간행 이외의 부분에 대해서는, 한국문집총간본 『訥齋集』 卷首 「凡例」를 통해서도 확인할 수 있다. 그리고 「年譜」에 관해서는 『譯解訥齋集』 부록, 권

양명학은 선(禪)이라고 비판했다.'라는 사실을 전하는 자료 중, c의 「서술(敍述)」은 1843년에 「부록」의 일부로서 간행되었고, d의 「연보(年譜)」는 1899년에 이르러서야 편찬된 것으로 어느 경우든 편집자는 1747년 간행된 『십청헌집』을 참조했을 것이다. 그리고 실제로 a와 c, b와 d가 내용 · 표현이 매우 비슷한 것으로 보아, 이는 『십청헌집』의 기술을 답습하여 후세의 편집자에 의해 부가(附加)된 것임에 틀림없다. 그리고 이러한 부가가 이루어진 것은, 후세의 편집자가 '양명학=이단'이라고 하는 이황 이후의 양명학관을 답습하고 있었기 때문일 것이다.

또한 오종일은 "김세필의 시 (5수)의 제4구 '그대에게 이제 한번 논평을 구하고자 하네.[要君評話復云云]'는 '나와 그대는 견해가 다르므로 그대의 논평을 다시 들려주기 바란다.'라는 의미로, 이 시구는 양자의 양명학관이 달랐다는 것을 말해준다."라고 하였다.[33] 요컨대 양명학의 조선 전래에 있어 김세필과 박상 두 사람 중 김세필은 그것을 비판적으로 수용했으나 박상 쪽은 오히려 호의적으로 수용했던 것으로, 박상이 『전습록』을 한번 보고 선학임을 간파했다는 기술은 후세의 부가에 지나지 않으며, 양명학을 이단시하는 인식이 정착된 것은 이황 이후의 일로 전래 당초에는 반드시 그렇지는 않았다는 것이 오종일의 견해이다.

박상 측 자료의 신빙성에 관한 오종일의 지적은 꽤 예리하여 충분히 수긍할 만하다. 그러나 김세필이 남긴 절구 3수는 분명히 주자학을 옳다고 생각하는 입장으로, 육왕학에 대해서는 비판적이었다. 따라서 양명학이 조선 전래 당초부터 비판적으로 수용되었다는 사실은 변하지 않을 것이다.

---

4 「年譜」 말미에 부기된 鼎休가 지은 「年譜後」에 '崇禎二百三十七年甲子三月日, 不肖孫鼎休謹書'라고 쓰여 있다. 이는 1864년에 해당되는데, 오종일이 말하는 1899년과는 합치되지 않는다.

33 오종일, 위의 논문, 80쪽.

3

육구연의 사상 및 그의 문집이 조선에 처음 전래된 것에 관해서는 지금 상세하지 않다. 앞서 언급했던 김세필의 시 (5수) 제3구의 '학문은 육상산을 답습하여 병폐가 많다.[學踏象山多病處]'는 점으로부터, 양명학의 첫 전래(중종16년, 1521) 때에 육왕학이라는 학문상의 계보가 이미 명료하게 인식되었음은 일단 확인 가능하다. 실제 『조선왕조실록』의 기사에서 4년 거슬러 올라가 중종12년(1517) 8월조에 이미 육구연의 이름이 등장한다.[34]

한편 『상산집(象山集)』의 조선 첫 전래에 관해서 오종일은 중종13년 설을 채용하고 있다. 이는 김세필이나 박상과 함께 강학한 김안국이 (1) 중종13년(1518)에 사은부사(謝恩副使)로서 부연(赴燕)했을 때 성리학 관련 서적을 구입하여 조선으로 돌아온 뒤 홍문관에서의 강습에 쓰도록 조정에 헌상했다는 점, (2) 그리고 그때 헌상한 서적 리스트라고 생각되는 것 중에 『상산집』이 포함되어 있다는 점에 의거한다.[35] 다만 이 오종일의 논정(論定)에는 의문이 있다. 오종일이 (1)의 근거로서 든 것은 김안국의 행장 중종13년 조이다.

> 여름에 사은부사로서 연경에 조회를 갔다. …… 조선으로 돌아와 중국에서 구입한 『주자논맹혹문(朱子論孟或問)』, 『주자대전(朱子大全)』, 『주자어류(朱子語類)』, 『주자연평문답(朱子延平問答)』, 『양정전도수언(兩程傳道粹言)』, 『장자어록(張子語錄)』, 『장자경학리굴(張子經學理窟)』, 『호자지언(胡子知言)』, 『구준가례의절(丘濬家禮儀節)』, 『고금표선(古今表選)』을 조정에 바쳤다. 헌상하며 말

---

34 『朝鮮王朝實錄』 중종12년 8월 癸酉. "迎訪大臣禮曹成均館堂上……(成均館事)南袞曰,……宋時周敦頤, 首明性理之學, 繼而有兩程夫子, 發明其說, 至於朱熹, 其道大備. 如此持久, 然後可以有成矣. 夫性命之學, 至爲微妙, 入於正道爲難. 宋時文運方興, 陸九淵之學, 亦不偶然, 而不得爲眞儒, 眞儒固不可以言而得也."

35 오종일, 위의 논문, 72~73쪽.

하였다. "전하께서 이학(理學)에 뜻을 두고 계시지만 주렴계나 이정자 형제 등 여러 현인들이 저술한 성리서를 우리나라에서 대부분 볼 수 없습니다. 신이 책을 많이 구입하여 바치려 하였으나 서점에서 책을 구하는 것도 한계가 있었습니다. 단지 지금 바치는 이 책들을 구입하였을 뿐입니다." 홍문관에 내려주어 강학할 때 사용하도록 요청하였다.[36]

이에 조응하는 기사는 『조선왕조실록』 중종13년 11월조에 보인다. 실록의 기재에 『주자대전』, 『주자어류』 두 책이 빠진 것 외에, 두 기사에서 거론된 서적명은 완전히 일치한다. 그리고 두 책이 게재된 구입 리스트에는 『상산집』의 서명이 존재하지 않는다.

오종일이 (2)의 근거로서 들고 있는 것은 『모재집(慕齋集)』 권9 「부경사신수매서책인반의(赴京使臣收買書冊印頒議)」이다. 이 자료에 거론된 서적은 이하의 50점이다.

① 『춘추집해(春秋集解)』 12책 ② 『대명률독법(大明律讀法)』 6책 ③ 『대명률직인(大明律直引)』 4책 ④ 『여씨독시기(呂氏讀詩記)』 10책 ⑤ 『고문관건(古文關鍵)』 2책 ⑥ 『황극경세서설(皇極經世書說)』 12책 ⑦ 『역경집설(易經集說)』 14책 ⑧ 『지재집(止齋集)』 8책 ⑨ 『상산집(象山集)』 6책 ⑩ 『적성론간록(赤城論諫錄)』 2책 ⑪ 『고문원(古文苑)』 2책 ⑫ 『초씨역림(焦氏易林)』 2책 ⑬ 『두시주해(杜詩註解)』 4책 ⑭ 『산해관지(山海關志)』 2책 ⑮『안씨가훈(顔氏家訓)』 2책

다만 ⑬에 대해서는 "위의 책은 우리나라에도 인본(印本)이 많으므로 인

---

36 『慕齋集』 卷15 附錄 「先生行狀」 正德13年 戊寅=中宗 13年條. "夏, 以謝恩副使朝京.……其還也, 獻所購朱子論孟或問, 朱子大全, 朱子語類, 朱子延平問答, 兩程傳道粹言, 張子語錄, 張子經學理窟, 胡子知言, 丘濬家禮儀節及古今表選. 曰, 上方向理學, 而濂洛諸賢所著性理之書, 我國多不得見. 臣欲多購來獻, 而求之書肆, 亦不盡有. 只買今所獻而已. 乞下弘文館講習."

출(印出)할 필요가 없다.[右冊, 我國多有印本, 不必印出]"라는 주석이 있으므로, 인행(印行) · 반포해야 할 서적으로서 언급된 것은 ⑬을 제외하고 40점이 된다. 그리고 이에는 확실히 『상산집』 6책의 서명이 실려 있다(⑨). 오종일은 이 「부경사신수매서책인반의」를 「행장」 중종13년 조의 기사와 연결지어 중종13년이 『상산집』의 조선 첫 전래라고 결론지은 것이다.

그러나 한눈에도 분명하듯이 위 두 자료에 게재된 서적 리스트 중에는 일치하는 서물이 하나도 존재하지 않는다. 그도 그럴 것이 「부경사신수매서책인반의」는 김안국이 스스로 북경에서 구입하여 조선으로 돌아온 후 중종13년 조정에 헌상한 서적 리스트가 아니라, 실제로는 한참 뒤 중종37년(1542), 당시 부연사(赴燕使)가 구입하여 가져온 서적 중에 김안국이 인행 · 반포해야 할 것을 선별하여 진언한 때의 리스트이다. 조응하는 기사는 『조선왕조실록』 중종37년 5월 정해(丁亥)의 '예조판서김안국계가인출서왈(禮曹判書金安國啓可印書冊曰)'로 시작하는 조에 보인다. 그리고 그 조에 열거된 서적 14점은 「부경사신수매서책인반의」와 완전히 일치한다. 그러므로 『상산집』의 조선 첫 전래에 관한 자료로는 그대로 오종일이 지적한 「부경사신수매서책인반의」를 들어야 하지만, 이는 중종13년이 아니라 중종 37년으로 연결지어야 할 것이다.

이와 관련하여 「부경사신수매서책인반의」에는 『상산집』 6책에 대해 "주자와 주고받은 변론은 비록 주자와는 지취가 다르지만 심성(心性)의 학문은 이를 통해 강명(講明)하였으니 정주의 가르침을 존숭하는 학자들이 이 문집을 참고한다면 유익함이 없지는 않을 것이다.[與朱子往復辨論, 雖與朱子異趣, 心性之學, 因得以講明, 學者崇尚程朱之敎, 參考此集, 則不無有益]"라는 주석이 있다. 오종일은 이 기술에 주목하여 "당시에는 아직 육왕학을 이단시하는 풍조는 없었다. 그러한 풍조가 일반화되는 것은 이황 만년의 양명학 비판 이후이다."라고 하였다.[37]

---

37 오종일, 위의 논문, 72~73쪽.

이상 조선에서의 육왕학 전래 시기에 관해 현 시점에서 확인된 점을 정리하자면 다음과 같다. ① 육구연의 이름은 『조선왕조실록』 중종12년(1517)에 처음 등장한다. ②『전습록』의 조선 첫 전래는 중종16년(1521)이다. ③ 중종16년에 이미 육왕학이라는 학문계보의 존재는 명료하게 인식되고 있었다. ④『상산집』의 조선 전래가 확인된 것은 중종37년(1542)이다. 이제 절을 바꾸어 조선양명학의 여러 특징에 관해 논하고자 한다.

Ⅲ. 양명학을 둘러싼 사상적 상황

(1) 주자학의 절대적 존숭

(a) 소중화(小中華) 사상과 주자학

중화사상이라는 틀 아래에서 비한민족(非漢民族)이면서 중국대륙의 동단(東端)에 자리했던 조선은 '동이(東夷)'로서의 위치를 피할 수 없었다. 이러한 조선이 '동이'라는 굴욕적인 지위를 벗어나는 유일한 방법은 중화문명의 섭취 · 체득을 통해 스스로 중화세계에 동참하는 것이었다. 이에 중국을 대중화(大中華), 자신들을 소중화(小中華)라고 자부 · 자인하는 사대모화(事大慕華)를 기조로 한, 이른바 소중화 사상을 초래하게 된다. '소중화', '소화(小華)'라는 어휘는 이미 고려시대부터 보이는데[38] 이 소중화 사상은 조선조 시대를 통틀어 조선 인사(人士)의 멘탈리티를 구성하는 중요

---

38 『高麗史』 卷95 「朴寅亮」. "朴寅亮, 字代天, 竹州人, 或云平州人, 文宗朝登第.……(文宗) 三十四年, 與戶部尙書 柳洪奉使如宋.……有金覲者, 亦在是行. 宋人見寅亮及覲所著尺牘表狀題詠, 稱嘆不置, 至刊二人詩文, 號小華集." 『高麗史』 卷120 「金子粹」. "我國家自庚寅癸巳而上, 通儒名士多於中國. 故唐家以爲君子之國, 宋朝以爲文物禮樂之邦, 題本國使臣下馬所曰小中華之館. 自庚癸之後, 不死兵亂則逃入山林, 通儒名士百無一二存者."

한 요소가 된다.[39]

중화문명의 중심은 유교로, 당시 중국[明淸]에서 정통유교는 주자학이었다. 그러므로 주자학을 열심히 배워 독실하게 존숭하는 것이야말로 모화(慕華)의 내실을 이루는 것이 된다. 즉 조선 선비에게 있어 주자학 존숭은 소중화의 기반이면서 민족으로서의 자부를 건 영위(營爲)를 의미한다. 이에 주자학을 절대적 · 배타적으로 존숭하여 주자학이 아닌 것을 때로는 중국 이상으로 가열하게 배제 · 배격하는 조선주자학의 독특한 풍조가 양성(釀成)된 것이다.

(b) 과거(科擧)와 주자학

주지하다시피 중국에서는 원 · 명 · 청을 통틀어 과거에서의 경서 해석에 있어 주자학계통의 주석서를 채용하는 것이 규정되어 있었다. 이는『원사(元史)』(권81), 『명사(明史)』(권70), 『청사고(淸史稿)』(권108)의 각 「선거지(選擧志)」에 명기되어 있다. 한편 조선시대의 과거에 관해서는『경국대전(經國大典)』(권3 禮典「諸科」), 『속대전(續大典)』(권3 禮典「諸科」) 등의 법전류나『증보문헌비고(增補文獻備考)』(「選擧考」) 등의 정서류(政書類)에 과거제도에 관한 일련의 기록은 게재되어 있으나, 경서 해석에 있어 준거해야 할 주석서 등에 관해서는 기록이 존재하지 않는다.

그러나 필자가『사마방목(司馬榜目)』전17책에 수록된 시제(試題)를 전부 조사해본 결과, 주로 다음의 여러 사항을 명확히 할 수 있었다(자세한 것은 본서 제9장을 참조). ① 시제 중의 경문(經文)이나 전문(傳文)에 관한 언급이『대학장구(大學章句)』, 『중용장구(中庸章句)』의 분장(分章)에 의거하고 있다. ②『대학』삼강령(三綱領)에서 '친민설(親民說)'이 아니라 '신민설(新民說)'이 채용되었다. ③『사서집주(四書集注)』중 주자주를 출제 내용으로 하고 있다. ④ 주자학의 기본개념 '미발이발(未發已發)', '이기선후(理氣先後)'

39 三浦国雄(1982), 桑野栄治(2001), 山内弘一(2003).

등을 출제 내용으로 하고 있다. ⑤『사서대전(四書大全)』에 기반한 출제가 이루어지고 있다. ⑥『주역(周易)』「계사전(繫辭傳)」의 분장이 『주역주소(周易注疏)』가 아닌 『주역본의(周易本義)』(및 『주역전의대전(周易傳義大全)』)에 의거하고 있다. ⑦ 시제 중에서 누차 주희를 '주부자(朱夫子)'라 칭하고 있다.

이런 사례로부터 조선시대의 사마시(司馬試)에서도 『사서집주』나 『사서대전』에 준거하여 시제가 작성되었다는 것, 과거수험생도 이 서적을 참조하여 거업(擧業)에 몰두했다는 것이 명확해진다.

(c) 문묘종사(文廟從祀)

조선에서 주자학의 절대적인 존숭은 주자학이 아닌 것에 대한 철저한 배제를 동시에 포함하는 것이었다. 그 단적인 사례는 문묘(공자묘) 종사(從祀) 문제에서 찾을 수 있을 것이다(자세히는 본서 제10장을 참조).

중국에서는 육구연이 가정(嘉靖) 9년(1530), 왕수인이 만력(萬曆) 12년(1548)에 각각 문묘종사가 행해졌다. 조선에서는 선조33년~34년(1600~1601)에 걸쳐 육구연이나 왕수인 문묘종사의 가부가 논의된 일이 있는데, 결과적으로 두 사람의 종사는 허용되지 않았다. 이하 중국에서 육구연 · 왕수인의 문묘종사(혹은 문묘종사의 주청)를 비판하는 조선 측의 발언을 몇 가지 예시로 들어본다.

① 선조4년(융경4년, 1570) 12월

유희춘(柳希春)이 말하였다. "가정 연간, 중조(中朝)의 사대부는 모두 육씨의 학문을 존숭하였습니다. 이 때문에 육구연을 문묘에 종사하였으나 이는 정론(正論)이 아닙니다."[40]

---

40 『朝鮮王朝實錄』 선조4년 12월 3일. "希春曰, 嘉靖中, 中朝士大夫, 皆宗陸氏之學, 故以九淵從祀, 非正論也."

② 선조6년(만력원년, 1573) 1월

유희춘이 말하였다. "……지금 듣건대, 황조(皇朝)의 사정걸(謝廷傑)은 왕수인을 공자묘에 배향하기를 원하여 '주육(朱陸)은 도(道)가 같다.'라는 설을 제창하는 데 이르렀다고 합니다. 흑백을 문란하게 하는 것으로 심히 사설(邪說)입니다."[41]

③ 선조6년(만력원년, 1573) 11월

성절사서장관(聖節事書狀官) 이승양(李承楊)의 「견문록(聞見錄)」에는 이하의 기재가 있습니다. "중조(中朝)에 위시량(魏時亮)이라는 사신(邪臣)이 왕수인의 문묘종사를 청원하였다. 이에 남경어사(南京御史)인 석가(石檟)는 중극전(中極殿)에 주청을 올려 왕수인의 사음(邪淫)을 물리쳐야 한다고 논박하였다." 이 석가의 행위는 실로 정도(正道)를 위해 적치(赤幟)를 세운 것이라 할 만합니다.[42]

④ 선조34년(만력29년, 1601)경

설간(薛侃)의 건의로 육구연을 종사의 반열에 가하였다. 주육(朱陸)의 분변에 대해 가벼이 논하는 것은 곤란하지만, 우리나라는 이미 전적으로 주자의 학문을 존숭하고 있으며 주자는 '육자정(陸子靜)은 분명히 선(禪)이다.'라고 단정하였다. 지금 하필 육구연을 종사의 반열에 가하여 양무(兩廡) 사이에 주자와 나란히 하게 한 것은 타당한 일이라고는 생각되지 않는다. 나는 가정 병인년(1566), 서장관으로서 북경에 갔을 때, 관례에 따라 국자감에 배향된 여러 성현에게 배알하였다.……그 후 만력 기축년(1589), 북경에 가서 성현에게 배알했을 때에는, 설선(薛瑄)의 뒤에 추가된 자로 호거인(胡居仁)·진헌장(陳獻章)·

---

41 『朝鮮王朝實錄』 선조6년 1월 21일. "今聞皇朝謝廷傑, 欲以王守仁配享孔廟, 至爲朱, 陸同道之說, 變亂黑白, 此甚邪說."

42 『朝鮮王朝實錄』 선조6년 11월 21일. "聖節使書狀官李承楊聞見錄有曰, 中朝有邪臣魏時亮, 請以王守仁從祀文廟. 南京御史石檟, 奏中極駁守仁之邪淫, 宜斥去, 眞爲正道立赤幟者也."

왕수인 세 명이 있었다. 왕수인은 이른바 '치양지(致良知)의 학문'을 설파한 사람이다. 다른 사람은 차치하더라도 왕수인은 감히 주자를 양주(楊朱)·묵적(墨翟)에 비긴 인물이다. 무릇 주자를 존숭하는 자라면 무슨 말을 써서 배척하더라도 지나치지 않은 존재이다. 어떻게 양무(兩廡) 종사의 반열에 태연하게 들어가 있는 것을 참을 수 있단 말인가.[43]

이는 모두 주자학을 정통으로 여기고 육왕학을 이단시하는 입장을 명시한 것이다. 황진흥(黃進興)은 만력12년의 왕수인 문묘종사 결정을 '도학다원화(道學多元化)'를 의미한다고 평하였다.[44] 이 표현을 빌리자면 조선조는 실로 주자학적 가치관이 일원적이면서도 강고하게 사회를 지배한 시대였다고 할 수 있을 것이다.

(2) 양명학파의 '부재(不在)'

중국에서 문묘에 배향된 육구연이나 왕수인은 조선에서는 끝내 배향되지 못하였다. 그 배경에는 주자학을 정통교학으로 하는 점은 일치하나 '다원적 가치관을 허용하는 중국과 일원적 가치관을 고수한 조선'이라는 사상적 풍토의 차이가 있었다. 게다가 그러한 배경에는 중화적 세계관의 근원에서 초래된 소중화 사상이라는 민족적 요소가 깔려 있었지만, 단적으로 말하면 배향을 적극적으로 주청·청원하고 그 주청에 찬동하는 사람들의 존재, 요컨대 지지모체(支持母體)가 될 사람들의 존재 유무가 보다 직접

---

43 『月汀集』卷4「文廟從祀議」. "又以薛侃之議進陸九淵從祀, 朱陸之辨, 雖未易遽言, 而我國旣專尙朱子之學, 而朱子謂陸子靜分明是禪. 今乃進陸於從祀之列, 使與朱子竝列於兩廡之間, 未見其可也. 臣於嘉靖丙寅, 以書狀赴京時, 隨例拜聖於國子監而見之.……其後萬曆己丑年赴京拜聖, 則薛瑄之下追入者, 又有胡居仁陳獻章王守仁三人. 王守仁則卽所謂致良知之學者也. 不論其他, 守仁敢以朱子比楊墨. 凡尊崇朱子者所當辭而闢之之不暇, 尙安忍使其晏然於兩廡之祀乎?"

44 黃進興(1994), 283쪽.

적 · 결정적으로 피차의 차이를 초래했던 것이다.[45]

조선에서 왕수인의 문묘배향에 단호히 반대의 입장을 취한 윤근수(尹根壽, 1537~1616)는 "중국에서 왕수인 문묘배향이 결정된 때에도 남북에서는 견해가 갈렸다. 배향 찬성파인 남인이 반대파인 북인보다 우세했기 때문에 배향결정에 이르렀으나 천하의 공론(公論)은 아니다."라고 하였다.[46] 이 발언의 주안점은 본래 배향결정의 정당성을 부정하는 것이지만, 일면으로는 양명학이 융성하였던 강남지역 출신 관료층에 배향 찬성파가 많았던 사실을 시사하고 있다.[47]

조선양명학에 관한 고전적 연구인 정인보의 『양명학연론』「조선의 양명학파」는 "조선에 양명학파는 없었다."라는 서두로 시작하고 있다.[48] 물론 조선의 양명학파로는 정인보 자신이 그 말예였던 강화학파의 존재를 들 수 있겠으며, 성호학파(星湖學派)의 일부 인사에게도 양명학 신봉의 형적은 존재한다. 그러나 중국의 경우처럼 관료로서 일정한 사회적 영향력을 지니고 있으면서 왕수인이나 양명학의 현창에 적극적으로 참여하는 인사가 절강(浙江) · 강서(江西) · 남직예(南直隷, 江蘇 · 安徽) 등의 강남을 중심으로 하는 광범위한 지역에 걸쳐 적잖이 존재했던 것에 비하면, 이런 의미에서 양명학파는 확실히 조선에서는 존재하지 않았던 것이다.[49]

---

45 육구연 및 왕수인의 문묘종사를 상청한 인물을 열거하자면 다음과 같다. (一)육구연, 薛侃(가정9년 11월) (二)왕수인, ①耿定向(융경원년 6월) ②魏時亮(융경원년 10월) ③宗弘暹(융경6년 12월) ④徐栻(만력원년 2월) ⑤謝廷傑(만력원년 5월) ⑥趙參魯(만력원년 7월) ⑦鄒德涵(만력원년 1월) ⑧蕭廩(만력2년 6월) ⑨詹事講(만력12년 11월).

46 『月汀集』 卷4「文廟從祀議」. 『한국문집총간』 47책.

47 융경~만력초년, 왕수인 문묘종사 논의에 관여한 10명 중 종사를 반대한 2명은 모두 강북 출신, 종사에 찬성한 8명은 모두 강남 출신이다. 또 종사 결정을 가져온 만력12년 11월의 조정신하 합동 심의[廷議]에서, 종사에 반대한 4명은 모두 강북 출신, 종사에 찬성한 17명 중 15명이 강남 출신이다. 상세한 것은 제10장을 참조.

48 정인보(1933), 210쪽(쪽수는 전집본에 의거).

49 중국에서 양명학파 고급관료가 사문현창에 힘썼던 사례 중, 徐階(南直隷 松江府 華亭縣 사람) 및 陸光祖(浙江 嘉興府 平湖縣 사람)에 관해서는 각각 中純夫(1991), 中純夫(2008) 참조.

Ⅳ. 강화학파

(1) 강화학파란?

강화학파란, 서두에서도 설명했듯 정제두에서 시작한 학통을 가리킨다. 강화학파라는 명칭은 정제두가 그의 만년(61세~88세) 강화도에 은거했던 것에서 유래한다. 정제두의 증조부 정근(鄭勤)의 후처(최계선의 딸)는 강화 최씨 출신으로, 정근은 왜구의 난을 피해 강화도로 옮겨가 거주하였다. 정제두와 강화도의 관련성은 여기에서 기인한다. 덧붙이자면 정근–정유성(鄭維城)–정상징(鄭尚徵)–정제두는 전부 강화 진강(鎭江)에 매장되어 있다(【系圖1】 참조).

강화학파를 형성하는 것은 정제두 직계 자손, 정제두의 문인 및 문인의 후예들이다. 특히 주목해야 할 점은 정제두의 유력문인 대부분이 정제두의 집안과 혈연 · 인척관계라는 점이다. 심육의 증조부 심약한(沈若漢)의 처와 정제두의 아버지 정상징의 처가 자매지간이었고, 윤순의 처는 정제두의 동생 정제태(鄭齊泰)의 딸이다(【系圖2】 참조). 또 신대우(申大羽)와 이영익(李令翊)은 모두 정제두의 장자 정후일(鄭厚一)의 딸(후처 유씨 소생)과 결혼하였고, 이충익(李忠翊)의 양부 이광명(李匡明)은 마찬가지로 정후일의 딸(본처 이씨 소생)과 결혼했다(【系圖3】 참조). 그리고 이충익의 후손으로부터 이시원 · 이건창 · 이건승 · 이건방 등 강화학파의 유력인사를 근대 시기에 이르기까지 배출하였다(【系圖4】 참조). 이와 관련하여 정인보의 딸인 정양완(1929)도 "혈족으로써 학통을 계승한 것이 강화학파의 전통이다."라고 서술하고 있다.[50]

정제두 및 초기 강화학파를 구성하는 주요 인물 중 몇 사람을 예로 들어 그의 사상적 입장 등에 관하여 간략히 서술해보도록 하겠다. 기술에 대한 근거나 전거 등 상세한 내용은 각 인물을 개별적으로 다룬 각 장을 참조하

---

50 정양완(2005), 533쪽.

기 바란다.

(2) 정제두

정제두는 '심즉리(心卽理)', '지행합일(知行合一)' 등 양명학의 입장에 대해 모두 깊은 이해를 표한 후 이를 수용하였고, 주자학의 '즉물궁리설(卽物窮理說)'에 대해서는 명확하게 비판하였다. 게다가 정리(定理) 의식의 부정과 자득(自得)의 존중에서 보이는 것처럼 양지심학(良知心學)의 본질 · 요점이라 할 만한 사고방식에 대해서도 깊은 공감을 가져 그 입장에서 무선무악설(無善無惡說)도 긍정하고 있다.

그의『대학』해석에서는 ① 텍스트로서의 고본(古本) 대학을 채용, ② 삼강령에서 신민(新民)이 아닌 친민(親民)을 채용, ③ '명명덕(明明德)[체(體)]'과 '친민(親民)[용(用)]'을 일체적(一體的)으로 파악, ④ 격물(格物)에서 '격(格)'을 '정(正)', '물(物)'을 '의지소재(意之所在)'로 훈고, ⑤ 주희의 즉물궁리설을 부정하고 심즉리를 주장한다. 이는 모두 양명학의『대학』해석에 완전히 일치하는 것이다.

또 "주자학은 분석적[離, 二], 양명학은 혼일적[合, 一]", "주자학은 만수(萬殊)에 입각하며 지엽[末]에서 근본[本]으로이고[先從萬殊處入, 自末而之本], 양명학은 일본(一本)에 입각하며 근본에서 지엽으로이다.[自其一本處入, 自本而之末]" 등의 촌평(寸評)에도 보이는 것처럼 주자학과 양명학 쌍방의 특질을 매우 적확하게 파악하고 있다.

한편 정제두에게는 주자학과 양명학을 모두 성인의 학문으로 보아 그 동귀일치(同歸一致)를 주장하는 발언이 적지 않게 남아 있다. 정제두는 정주학(程朱學)과의 대립성의 측면이 아닌 연관성의 측면에서 양명학을 파악했다고 보는 윤남한의 지적은 정확하다.[51] 다만 이는 정제두의 양명학 이해 자체가 주왕(朱王) 절충적이었음을 의미하는 것은 결코 아니다. 정제두

---

51 윤남한(1982).

의 양명학 이해는 매우 체계적이면서도 정확한 것이었고, 또 정제두의 양명학 신봉 자세와 주왕양가(朱王兩可)의 주장은 반드시 이율배반적인 것은 아니었다. 왜냐하면 주자학적 가치관을 유일절대시하는 사회 속에서 주왕의 양가동귀를 주장하는 것은, 이 자체가 주자학의 상대화를 함의할 수 있기 때문이다.

(3) 초기 강화학파

필자의 강화학파 연구는 아직 시작에 불과한 정도로, 근대 시기에 이르기까지의 전모를 조망하는 데에는 도달하지 못하였다. 여기에서는 초기 강화학파 중 주요 인물 몇 명의 양명학 · 하곡학의 수용 방식 등에 대해 약술한다.

미리 말하자면, 초기 강화학파 중에서 양명학 및 하곡학을 가장 충실하면서도 정확하게 수용한 것은 이광신이다. 그리고 이광사와 이영익 · 이충익에게서 양명학 신봉의 형적을 확인할 수 있으며 이광사 · 이영익 부자간에는 일종의 가학전승과 같은 존재를 추측할 수 있다.

(a) 이광신

이광신(1700~1744)의 자는 용직(用直), 호는 항재(恒齋)이다. 초기 강화학파 중에서는 정제두나 양명학에 관해 정리된 저작 · 언급을 가장 많이 남기고 있다. 정제두와 장자 정후일의 제문을 집필하였고 정제두 사후의 유고 편집작업에서도 중심적 역할을 하고 있다. 정제두의 학술을 총론한 「논정하곡학문설(論鄭霞谷學問說)」이나 주왕(朱王)의 동이(同異)를 논한 「의왕주문답(擬王朱問答)」, 「빙탄록(氷炭錄)」이 있다.

이광신은 즉물궁리를 비판하고, 심즉리 · 치양지 · 지행합일을 긍정한다. 또 심즉리 · 치양지 · 지행합일의 세 가지는 모두 즉물궁리 비판을 함의하고 있다는 점에서 서로 유기적으로 연관되어 있다고 파악하였다. 그의 『대학』 해석에서는 왕수인과 마찬가지로 고본 대학을 긍정하고 주희에 의한 격물보전(格物補傳)을 부정하고 있다. 이상의 점으로부터도 이광신이 양명학에 대한 깊은 이해와 공감을 가지고 있었다는 것은 분명하다.

이광신의 주왕관(朱王觀)은 많은 점에서 정제두의 견해를 계승하는 것이었다. "주자학은 분석적[離, 二], 양명학은 혼일적[合, 一]"이라는 것은 정제두가 지적한 부분이었는데, 이광신도 "주자학은 분석을 좋아하고 혼일을 싫어하며[喜離惡合], 양명학은 혼일을 좋아하고 분석을 싫어한다.[喜合惡離]"라고 하였다. 또한 정제두에게는 "주자는 중인(衆人)에 입각처를 두고 양명학은 성인(聖人)에 입각처를 두어, 전자는 지엽에서 근본으로이고 후자는 근본에서 지엽으로이다."라는 평어가 있는데, 이광신도 "주희는 하학(下學)에 중심을 두었고 왕수인은 상달(上達)에 중심을 두어, 주희는 하학의 공부를 중시하여 본체와는 일선을 긋지만 왕수인은 어디까지나 본체를 중시한다."라는 지적이 있다.

또 정제두는 양명학에 대한 깊고도 정확한 이해를 가진 상태에서 주자학과 양명학을 굳이 이항대립적으로 파악하지 않고 오히려 주왕양가의 입장을 채용하였는데, 이 점에 대해서도 이광신의 입장은 정제두와 일치한다. 이상에 의해 이광신은 양명학 및 하곡학을 매우 정확하게 계승한 자였다고 평할 수 있겠다.

(b) 이광사

이광사(李匡師, 1705~1777)의 자는 도보(道甫), 호는 원교(圓嶠)이다. 이광사는 정제두에 심취하여 그에게 수학하기 위해 가족과 강화도로 이사까지 한 인물이며, 정제두 사후에는 그를 향한 존경의 마음에서 장자 정후일의 딸을 자신의 둘째아들 이영익의 처로 맞이하였다. 그러나 이광사의 별집에 있는 『두남집(斗南集)』이나 『원교집선(圓嶠集選)』에는 양명학 수용이나 하곡학 수용의 구체적 내용을 나타내는 자료가 전혀 검출되지 않는다.

그러나 이광찬(李匡贊, 1702~1766)의 『논학집략(論學輯略)』(문중본)에 수록된 「답원교(答圓嶠)」에 의해 다음 사항을 확인할 수 있었다. ① 격물에 관해 '격(格)=정(正)', '물(物)=본말(本末)'의 의미로 해석한다. ② 격물치지를 '선후를 안다'는 의미로 해석한다.[52] ③ '선후본말을 아는 것'을『대학』한 편의 종지로 파악한다. ④『대학』의 텍스트로서 고본을 채용한다.

이상에서 보이는 이광사의『대학』해석은 주희의 해석과 크게 차이가 나지만, 왕수인의 해석과는(그러므로 정제두의 해석과도) 다른 면이 있다. 가장 다른 것은 치양지설을 채용하지 않고 있다는 점이다. 이광사의 이 같은 견해를 사상사적으로 어떻게 평가할 것인지는 어려운 문제이다. 다만 필자는 이영익 · 이충익의 입장도 사정(射程)에 넣은 뒤에 이를 양명학 수용의 하나의 변형으로 파악하고자 한다.

(c) 이영익과 이충익

이영익(1738~1780)은 자 유공(幼公), 호 신재(信齋)로 이광사의 차남이다. 이충익(1744~1816)은 자 우신(虞臣), 호 초원(椒園)으로 이광현의 차남인데, 후에 이광명의 양자로 들어간다. (이광사 · 이광현 · 이광명은 서로 종형제 사이이다.【系圖4】참조)

우선 두 사람의『대학』해석에 대해 ① 이영익은 격물의 물을 '물유본말지물(物有本末之物)'의 의미로, 치지의 지를 '지소선후지지(知所先後之知)'의 의미로 해석한다. ② 이충익은 격물치지란 성의(誠意)를 실천하기 위한 방도로 파악하여 ①에서 이영익의 훈고를 부정한다. ③ 이영익과 이충익 두 사람은 함께『대학』한 편의 요체를 '본말선후를 안다.'에 있다고 본다. ④ 두 사람은 모두 고본 대학을 긍정한다.

① ③ ④ 세 부분에서 이영익의 견해는 아버지 이광사와 완전히 일치하며, ③ ④와 관련해서는 이광사의 견해가 이충익에게도 공유되고 있었음

---

52 『論學輯略』21條. 이 조목에는 '截八條爲六條'라는 표현이 보인다. 격물치지가 그 자체로서 공부의 내실을 지니는 것이 아니라 단순히 공부의 선후본말을 整序하는 의미라면, 8조목은 실질적으로는 6조목이 된다. 이 격물치지 해석은 정약용의「格致六條說」과 매우 유사하다.

을 알 수 있다.

다음으로 두 사람의 양명학관에 대해서, 이영익은 '부고염선(浮高染禪)'이라는 표현으로 양명학의 단점을 지적한다. 이는 자신을 양명학도로서 규정한 뒤, 양명학에 내재한 폐해나 왕학말류의 폐해를 직시하고 통렬히 자계자성(自戒自省)하는 마음을 담아 서술한 것이다. 그리고 자신보다 더 노골적으로 왕학을 신봉하는 이충익에게 '단점을 묵살하고 모두 긍정하려고 하는 것은 오히려 왕학을 손상시키는 행위'라며 엄하게 비판한다.

이광사의 양명학관은 이를 직접적으로 말해주는 자료가 존재하지 않는 이상 확인할 수 없다. 그러나 그 『대학』관의 주요 부분은 이영익이나 이충익에게 계승되었고, 여기에서 일종의 가학에 의한 전승 흔적을 엿볼 수 있다. 그리고 자신을 양명학도로 규정하고 있는 이영익의 의식 또한 아마 아버지 이광사로부터 계승된 것이라고 추측된다. 또한 이광사와 이영익은 모두 고문상서(古文尙書)를 위서라 보고 있는데, 이 점에 있어서도 두 사람 사이에는 가학전승의 형적을 확인할 수 있다.

(d) 심육

심육(1685~1753)은 자 화보(和甫), 호 지수재(知守齋)로 정제두 사후의 유고 편집작업에 중심적인 역할을 하였고 정제두의 행장과 제문을 집필하였다. 다만 『저촌유고(樗村遺稿)』를 봤을 때 심육은 일관되게 주자학을 존숭하고 육왕학을 비판하는 입장에 서 있다. 즉 주희의 격물보전 및 즉물궁리설을 긍정하고 왕수인의 격물해석을 비판하며 주희를 존숭하는 마음을 곳곳마다 피력하는 한편, 양명학을 음성미색(淫聲美色)처럼 멀리해야 한다고 단정하고 있다.

심육은 『주자대전(朱子大全)』, 이황의 『주자서절요(朱子書節要)』, 송시열의 『주자대전차의(朱子大全箚疑)』를 각각 좌우에 구비하였고, 주희의 저작을 읽는 것이 자신에게 있어 '일생공부(一生工夫)'라고 할 정도였다.

또 최신 연구에 의해 심육이 명재(明齋) 윤증(尹拯, 1629~1714)의 문인이었다는 사실이 밝혀졌다.[53] 따라서 심육을 강화학파 · 정제두의 문하라는 틀만으로 파악하는 것에 대하여 재고가 요구된다.

(e) 윤순

윤순(1680~1741)은 자 중화(仲和), 호 백하(白下)로, 역시 정제두 사후 유고 편집작업 중심인물 중 한 사람이다. 당초 행장의 집필을 맡고 있었으나 작업 중반에 사망하여 행장은 심육이 대신 집필하게 되었다. 그러나 『백하집(白下集)』에 주자학 · 양명학 · 하곡학에 대한 언급은 전무하다. 따라서 유감이지만 그의 사상적 입장을 살펴볼 방법이 없다.

(4) 정제두의 후예

정제두의 후예는 '정후일(鄭厚一)—정지윤(鄭志尹)—정술인(鄭述仁)—정문승(鄭文升)—정기석(鄭箕錫) · 정규석(鄭奎錫)—정원세(鄭元世)—정계섭(鄭啓燮)'이라는 계보로 근대 시기까지 이어져 있다. 다만 정제두의 후예 중에서 오늘날 별집이 전하는 것은 정기석(정문승의 장남)의 『부군유고(府君遺稿)』뿐이다.

윤남한은 정제두 사후의 유고 편집작업을 전부 5차로 정리하고 있다.[54] 정후일 · 이광신 · 심육 · 윤순 · 이진병(李震炳) · 이덕윤(李德胤)이 참여한 것이 사망 직후의 제1차, 정술인과 신대우를 중심으로 행해진 것이 제2차, 그리고 신작(申綽)에 의한 제3차, 정문승에 의한 제4차, 정계섭에 의한 제5차에 이른다.[55] 이처럼 정제두의 유고 편찬작업이 정제두의 직계 자손에 의해 단속적으로 근대까지 계속된 것은 강화학파의 하곡학 전승 · 승계의 문제를 고찰함에 있어서 무엇보다도 중요한 것이다. 그러나 그들에 관한

---

53 白井順(2011).

54 윤남한(1982), 236~241쪽.

55 윤남한은 정문승에 의한 편집을 제3차, 신작에 의한 편집을 제4차라고 보고 있는데, 본서에서는 이를 위 본문에 기재한 대로 수정하였다. 상세한 것은 제7장을 참조.

1차 자료의 결정적인 부족으로 인해 현 단계에서는 정제두 후예의 양명학이나 하곡학 수용 실태에 관해서는 거의 해명할 수 없다.

Ⅴ. 성호학파

성호(星湖) 이익(李瀷, 1681~1736)에게서 시작된 성호학파는 조선실학파로서 저명하다. 성호학파의 양명학 수용 문제에 관해서는 이미 선학(先學)에 의한 지적이 있다.[56] 그 선행연구에 의거하여 성호학파의 양명학 수용 사례에 대해 간단하게 소개하고자 한다.

(a) 권철신

권철신(權哲身, 1736~1801)은 자 기명(旣明), 호 녹암(鹿菴)으로, 순암(順菴) 안정복(安鼎福, 1712~1791)과 함께 이익의 유력문인이다. 이익 문하는 주자학에 대한 비판 및 서양문화의 적극적 수용 등의 경향을 가진 성호좌파와, 그러한 경향에 대해 부정적인 성호우파로 크게 구별된다. 그 중 권철신은 성호좌파, 안정복은 성호우파의 대표적 인물이다.[57]

안정복에 의하면 권철신은 치양지설을 긍정하고[58] 고본 대학을 긍정하여 주희에 의한 격물보전을 부정했다.[59] 안정복은 편지에서 이러한 권철신

---

56 서종태(1989), 서종태(1992).

57 강재언(1996), 194~195쪽.

58 『順菴集』 卷6 「答權旣明書」 丙戌. "向日君過時, 深以陽明致知之說爲當." 이에 대한 안정복의 비판은 다음과 같다. "陽明所以得罪先儒者, 以其入頭工夫錯誤故也.……又以心之所知爲良知. 夫人之氣質不同. 聖人之心, 則固皆出於良知之本然. 而衆人之心, 則爲氣所乘, 流於偏塞. 其心之知, 多出於人欲. 陽明此說, 認人欲爲天理. 其流之弊, 可勝言哉?"

59 『順菴集』 卷6 「答權旣明書」 戊子. "公每謂大學古本自好, 不必改定. 又謂格致章自存, 不必補亡." 이에 대한 안정복의 비판은 다음과 같다. "愚意則常謂, 讀章句爛熟, 其於朱子

의 입장을 언급하고 주자학을 옳다고 보는 입장에서 이를 전면적으로 비판하였다.

(b) 한정운

한정운(韓鼎運, 1741~1819)은 자 사응(士凝), 호 소암(素菴)으로 윤동규(尹東奎)·안정복·이상정(李象靖) 등의 문하에서 수학한 인물이다. 한정운이 『양명집(陽明集)』을 즐겨 읽었다고 하는 언급이 한정운에게 보내는 안정복의 편지에 보인다. 이 경우도 안정복은 정주학을 옳다고 보는 입장에서 양명학을 비판하고 한정운을 나무라고 있다.[60]

(c) 이기양

이기양(李基讓, 1774~1802)은 자 사흥(士興), 호 복암(茯菴)으로 이병휴의 문인이며 성호좌파로 분류된다. 안정복에 의하면 이기양은 왕학을 옳다고 보는 입장에서 주자학의 경(敬)이나 격물치지설을 비판하였다.[61]

성호학파에도 좌파를 중심으로 양명학 수용의 흔적을 나타내는 다수의 사례가 존재한다는 점은 일단 주목할 만한 가치가 있다. 그러나 그 사례를

本意, 一句一字, 皆有下落, 然後始觀諸說, 觀其議論而已. 今無積累專精之工, 而客見新義橫在肚間, 率爾曰 此是而彼非. 其於進學之工, 有何益?"

60 『順菴集』 卷8 「答韓士凝書」 乙未. "好書至多, 陽明集何以觀之乎?……盛諭云, 其到處, 有非口耳者之所敢論. 善學者看之, 則有所取焉." 이에 대한 안정복의 비판은 다음과 같다. "公於經書, 雖爛熟誦習, 而微奧所存, 想多未得. 故留意此事, 已至多年, 而路徑猶迷. 泛覽雜書, 則其中毒必矣. 鄙人亦嘗觀此書矣. 其驚天動地之論, 有可以奪人魄而懾人膽者. 是以當世之人, 莫不靡然向從. 甚可畏也."

61 『順菴集』 卷8 「答李士興書」 己丑. "公又與旣明書, 謂敬易流于禪, 格致易流于口耳. 此皆指兩門末弊而言. 公如知其弊, 則當用力於程子之敬, 主一無適, 而不偏於靜, 致功於朱子之格致, 車輪鳥翼, 交脩幷進, 不落一偏, 斯已至矣. 何必以門下之不善學者, 致疑于不當疑者耶?" 『順菴集』 附錄, 黃德吉 「順菴先生行狀」. "嘗有一種議論, 主張明季王學之說, 謂敬易流於禪, 格致易失於口耳. 先生倡言排之曰, 用力於程子之敬, 主一無適而不偏於靜, 致功於朱子之格致, 交修進德而不流於記誦, 斯已至矣. 何必以門下之不善學者, 致疑於不當疑也?"

보여주는 자료는 지금 매우 단편적이므로 자료의 발굴이 한층 더 필요할 것이다.

(d) 정약용

다산(茶山) 정약용(丁若鏞, 1762~1836)은 권철신의 문하로 성호좌파에 속한다. 정약용의『대학』해석을 나타내는 것으로「대학공의(大學公義)」가 있다.[62] 정약용『대학』해석의 특색을 나열하자면 다음과 같다. ①『대학』의 텍스트로서『대학장구(大學章句)』가 아닌 고본 대학을 채용한다. ② '명명덕(明明德)'을 타자와의 관계의 장[인륜(人倫)]에서 영위하는 것으로 규정한다. ③ '친민(親民)'을 '신민(新民)'으로 고친 정주(程朱)의 교정을 비판한다. ④ 격물을 즉물궁리라고 한 주희의 해석을 채용하지 않는다. ⑤ '격(格)'을 '양탁(量度)'으로, '물(物)'을 '물유본말(物有本末)'의 '물(物)'로 해석하는 것이 심재(心齋) 왕간(王艮, 1483~1541)의 이른바 '회남격물설(淮南格物說)'과 유사하다.[63] 이상의 여러 점을 훑어봄에 정약용의『대학』해석은 양명학 계통의 해석이라고 파악할 수 있다. 그러나 ⑥『대학』에서 말하는 공부를 학자 모두가 힘써야 할 것으로는 보지 않고, 주자(冑子=天子의 적자나 서자, 三公諸侯의 적자)의 학문으로 파악했다. ⑦ 친민의 '민'을 타자일반(他者一般)이 아니라 '하민(下民)', '소민(小民)'의 의미로 해석한다. ⑧ 친민이란 교화에 의해 백성을 서로 친밀히 하나 되게 함을 의미하고, 따라서 정약용은 실제로 친민과 신민설을 병용한다. ⑨ 격물, 치지는 그 자체가 구체적 실천 내용을 지니지는 않으며, 성의(誠意)에서 평천하(平天下)까지 여섯 가지 조항의 선후본말을 정서(整序)하는 것을 의미한다[格致六條說].

---

62 『與猶堂全書』第2集 卷1「大學公議」. 이하 언급하는 정약용의『大學』해석은 모두「大學公議」에 따른다. 그리고 정약용의『大學』해석에 관해서는 中純夫(2002) 참조.『與猶堂全書』는『한국문집총간』281~286책.

63 '格物'의 '物'을 '物有本末'의 '物'로 보는 해석은 중국에서 南宋의 王柏 이후로 많은 사례가 있다. 中純夫(2010).

이 내용을 종합적으로 보자면, 정약용의 『대학』 해석은 주자학과도 양명학과도 다른 매우 독자성이 강한 것이라 할 수 있다. 다만 성호학파 중에서 양명학 수용의 일정 계보가 존재했다고 한다면, 정약용의 입장도 하나의 변형으로 평가할 수 있을 것이다.

(e) 수사학(洙泗學)과 주자학의 상대화

이익이나 권철신 등의 학술은 주자학에서 수사(洙泗=공자)로 더 거슬러 올라가 성인의 깊은 뜻을 탐구하려 했다는 점에서 그 특색의 일단이 있다고 생각된다.[64] 수사에까지 거슬러 올라가 성인의 본지를 탐구하는 것은, 주자학이나 양명학의 해석에 얽매이지 않는 자유로운 발상에서 경서와 마주하는 입장을 의미할 것이다. 주자학을 극복하여 직접 성인의 가르침을 배우고자 했던 일본의 고학파(古學派)에 대해 정약용이 긍정적 평가를 지니고 있던 것도 그 지향성의 공통점이 있었기 때문일 것이다.[65]

성호학파에서 수사의 학문이라는 방법론이 주자학을 다소 상대화하는 계기를 내포하는 것이라고 한다면, 그들 중에서 양명학(혹은 비주자학적인 입장)을 긍정 내지는 허용 · 수용할 소지가 있었다 해도 반드시 이상하다고는 할 수 없을 것이다. 이렇게 생각한다면 성호학파 일부의 양명학 수용의 흔적도 단순한 우발적 · 고립적 현상이라 단언할 수는 없지 않을까. 이 점은 검토의 여지를 남겨둔다.

---

64 『星湖全書』 卷21 「答尹幼章」 庚辰. “道旣不行, 猶可以誘導逢掖之士, 舍洙泗而何適.” 『與猶堂全書』 1集 詩文集 15卷 「鹿菴權哲身墓誌銘」. “星湖先生, 篤學力行, 沿乎洛閩, 溯乎洙泗, 開發聖門之扃奧, 披示來學. 及其晩慕得一弟子, 曰鹿菴權公. 穎慧慈和, 才德兩備, 先生絶愛之.” 上同 「先仲氏墓誌銘」. “公諱若銓……以承受星翁之學, 沿乎武夷, 溯乎洙泗.……旣又執贄請教於鹿菴之門.” 『與猶堂全書』 第1集 18卷 「示二子家誡」. “喪禮四箋. 是吾篤信聖人之文字. 自以爲回狂瀾而障百川, 以反洙泗之眞源者.” 강재언(1996), 195쪽, 204쪽.

65 『與猶堂全書』 第1集 詩文集 12卷 「日本論」.

Ⅵ. 강화학파와 성호학파의 교차

이광찬의 『논학집략(論學輯略)』에 이광사에게 보내는 편지가 수록되어 있어 이광사의 사상적 입장을 알아봄에 있어 귀중한 자료가 된다는 것은, 이광사를 다룬 항목에서 언급하였다. 이광찬도 강화학파에 이름을 올린 인물이다. 그런데 『논학집략』에는 성호우파에 속하는 신후담(愼後聃, 1702~1761)에게 보내는 편지도 수록되어 있다.[66] 이는 이광찬과 신후담 사이에 일종의 학술교류가 존재했다는 사실을 말해준다. 또 신후담이 강화학파의 신대우와 교섭을 가진 사실도 확인할 수 있다.[67] 더욱이 신대우의 셋째 아들 신작과 정약용 사이에도 ① 서한의 왕복 ② 직접 면회 ③ 시의 증답 등을 통한 교류가 존재했다.[68] 신대우 · 신작 부자는 모두 초기 강화학파의 중요 인물이다.

또 민영규는 ① 정약용이 신작 형제 및 대연(岱淵) 이면백(李勉伯, 이충익의 아들)과 교류한 것 ② 이면백의 자손인 이시원(李是遠) · 이상학(李象學)은 모두 정약용의 『목민심서(牧民心書)』를 외워 실제 목민에 임했다는 것 ③ 이상학의 아래 항렬인 난곡(蘭谷) 이건방(李建芳)의 「난곡묘표(蘭谷墓表)」에 '독추정문도(獨推丁文度)'라는 기재가 있는 것을 지적하고 있다.[69]

---

66 『論學輯略』 31~61條 「答愼後聃」.

67 愼後聃 『河濱雜著』Ⅰ 卷5 書 「答申大羽書」(『河濱先生全集』 冊7).

68 ① 서한의 왕복에 관해서는 申綽의 『石泉遺集』 後集 卷6 「答丁承旨」, 정약용의 『與猶堂全書』 第1集 卷20 「答申在中綽」, 「與申在中」 ② 직접 만남을 가진 것에 관해서는 『石泉遺集』 後集 卷6 「答丁承旨」(순조19년, 신작 60세)의 '溪雪騎牛, 臨宿討論, 開豁甚多. 別來思仰更切.' 및 『石泉遺集』 後集 卷8 「日乘」의 순조23년(64세) 6월 辛丑條, 24년(65세) 4월 甲寅條. 26년(67세) 6월 己巳條 등 ③ 시 증답에 관해서는 『與猶堂全書』 第1集 卷7 「江村賞雪懷申學士兄弟走筆寄呈」 및 『石泉遺稿』 卷3 「次韻丁令公雪中見寄」. 『與猶堂全書』 第1集 卷7 「旣歸數日追述鄙懷奉呈申學士兄弟」 및 『石泉遺稿』 卷3 「和丁令公」. 『石泉遺集』은 『조선학보』 제29~34집에 수록(영인 수록), 『石泉遺稿』는 『한국문집총간』 279책. 신작과 정약용의 교섭에 관해서는 심경호(1999) 참조.

69 민영규(1972), 82~83쪽(쪽수는 1992년에 따른다). 그리고 민영규가 들고 있는 위의 여러 사항 전부에 대해 증거가 잡히는 것은 아니지만, 이하 관련되는 기사를 기록해둔다. 이상학과 정약

성호학파는 소위 사색당파로는 남인에 속하여 소론계인 강화학파와는 당파를 달리한다. 두 파 간 당파당론의 제약을 넘어선 인적 · 학술적 교류가 존재했다면, 두 파의 양명학 수용의 문제와 아울러 흥미롭다. 이 점도 또한 앞으로의 검토 과제이다.

Ⅶ. 부론(附論): 북학파와 성호학파의 교차

이와 관련하여 다른 당파 간의 학술상 교류 · 영향관계로서는 박지원(朴趾源, 1737~1805) · 박제가(朴齊家, 1750~1805)와 정약용의 사례를 들 수 있다.[70] 박지원과 박제가는 북학파(北學派) · 이용후생파(利用厚生派)[노론(老論)], 정약용은 성호학파[남인(南人)]로, 조선시대를 대표하는 2대 실학파 사상가들이다. 정약용은 박제가의 「북학의(北學議)」 및 박지원의 「열하일기(熱河日記)」를 읽고 그들의 북학 사상에 깊이 감명을 받아, 북학[과거 · 공업 · 군사부터 천문 · 역법에 이르기까지 실용에 이바지하여 부국강병에 보탬이 되는 학술기술을 중국으로부터 적극적으로 도입하는 것]을 전문으로 담당하는 '이용감

용의 관련에 대해서는, 이건창의 『明美堂集』 卷17 「先府君行狀」에 "先考府君諱象學……府君少習丁氏欽欽書, 幾成誦."라는 구절이 있다('欽欽書'는 정약용의 『欽欽新書』). 이건방과 정약용의 관련에 대해서는, 이건방의 다음과 같은 언급이 있다. 『蘭谷存稿』 卷3 「邦禮艸本序」. "余自髫齡, 已知有茶山先生爲近世宏儒. 所著書累十種, 如欽欽新書, 牧民心書, 皆恤獄便民, 功近精當之書. 而至若邦禮艸本, 尤爲先生經邦制治, 繼往開來之大典." 이 문장은 1908년, 최남선이 정약용의 『邦禮艸本』을 刊刻하려고 할 때 집필된 것이다(『與猶堂全書』 第1集 卷12 「邦禮艸本序」). 정약용의 학문이 '이면백–이시원–이상학–이건방'으로 전승되었다고 한다면 이는 매우 흥미로운 사실이다. 이와 관련하여 이면백의 조부인 이광사의 격물치지 해석이 정약용의 '格致六條說'과 매우 유사한 것에 대해서는 이미 서술하였다. 이광사는 나주괘서사건에 연좌되어 薪智島(전라도 강진)로 유배되었는데, 정약용이 辛酉教難에 연좌되어 18년간을 보낸 유배지도 역시 강진이었다. 두 사람 사이의 영향관계에 대해서는 검토의 여지가 남아 있다. 그리고 정약용이 이광사의 학술에 대해 언급하고 있는 사례에 대해서는 山內弘一(1982), 57쪽 및 서종태(1992), 256~257쪽을 참조.

70 강재언(1996), 288쪽 이하. 강재언(2001), 400쪽 이하.

(利用監)'이라는 부국(部局)의 설치를 건의하였다.[71] 정약용의 『여유당전서』에는 박제가에게 보내는 편지가 수록되어 있어 양자 간 직접 교섭의 존재를 말해주고 있다.[72]

또 정인보는 ① 홍대용의 친구인 박지원 · 박제가는 함께 이익의 『성호사설』을 읽고 있었다는 것 ② 두 사람은 모두 정철조와 교섭이 있었다는 것 ③ 박제가는 정약용과도 교유했다는 것을 든 다음에 ④ 홍대용의 학술이 이익의 영향을 받았고, 유형원으로 더 거슬러 올라갔다고 지적하고 있다.[73] 홍대용은 또 북학파 중에서도 중요한 인물이다.

Ⅷ. 양명학 신봉의 도회(韜晦) · 은폐(隱蔽)

정인보는 조선의 양명학파를 이하 세 가지로 분류했다.[74]

① 뚜렷한 저서 혹은 증거가 있어 외견상으로는 몰랐을지라도, 양명학파라 하기에 의문의 여지가 없는 이들: 최명길(崔鳴吉), 장유(張維), 정제

71 『與猶堂全書』 第5集 「經世遺表」 冬官工曹第六 「利用監」. "臣謹案, 春秋傳正德利用厚生, 爲王者致治之大目.……其後又見奎章閣檢書官朴齊家所著北學議六卷. 其後又見故儒臣朴趾源所著熱河日記二十卷. 其載中國器用之制, 多非人意之所能測. 昔將臣李敬懋嘗謂臣曰, 今兵器火器, 皆是新制. 日本鳥銃, 今爲古調. 此後南北有憂, 不復以鳥銃鞭棍至矣. 今之急務, 在於北學中原. 誠識務之言也. 臣謂別設一司, 名之曰利用監, 專以北學爲職."

72 『與猶堂全書』 第1集 卷18 「答朴次修齊家」, 「與朴次修」.

73 정인보 「湛軒書序」(홍대용 『湛軒書』 卷首所收, 또는 『薝園文錄』 4 「湛軒書目錄序」 『薝園鄭寅普全集』 第5冊). "先生英正間人……而是時, 星湖猶未沒. 子孫門弟多崇寔致用, 爲新進所依歸. 雖門戶有閡, 聲氣互流, 同焉者應. 故先生所善朴燕巖趾源朴楚亭齊家, 皆夙籀星湖僿說, 而皆善鄭石癡喆祚. 楚亭又善茶山. 知先生之學, 內實漸漬星湖, 以上溯磻溪." 강재언(1996), 161쪽. 『湛軒書』는 『한국문집총간』 248책.

74 정인보(1933), 211쪽 이하.

두, 이광신, 김택수(金澤秀)

② 양명학을 비난한 말은 있지만 이는 궤사(詭辭)로, 마음속으로는 양명학을 주장하고 있던 것을 가릴 수 없는 이들: 이광사, 이영익, 이충익

③ 양명학에 대해 일언반구의 언급도 없고 그가 신봉하는 것은 주자학이지만, 그 평생 주장의 근간이 되고 있는 정신을 보면 양명학임을 알 수 있는 이들: 홍대용

정인보에 의한 이러한 분류의 타당성에 대해서는 예시된 인물에 나아가 별도로 검토 · 검증해야 할 것이다.[75] 다만 이러한 분류가 제기된 것 자체가 주자학적 가치관이 일원적이면서도 강고히 지배하고 있던 조선사회에서, 스스로 양명학 신봉을 감추고 은폐하지 않을 수 없었던 조선양명학파의 특이한 성격을 여실히 말해준다고 할 수는 있을 것이다. 이 점에 관한 사적(事績)에 대해 작고 단편적인 것들도 포함하여 열기(列記)해둔다.

(a) 정제두의 연보, 행장, 제문

정인보는 "하곡의「연보」를 보아도 하곡의 일생의 종지(宗旨)를 알 수 없다. 양명학파라 하기보다는 회암학(晦菴學)을 고수한 사람처럼 호도되어 있다."라고 하였다.[76] 실제로『하곡집』의「연보」,「행장」,「제문」을 훑어보아도 양명학 수용의 사실을 긍정적 필치로 묘사한 기록은 전무에 가깝다.

가령「연보」에서는 "정제두는 정주(程朱)를 독실하게 믿었다. 양명학을 포함한 제가(諸家)의 설에 대해서도 취할 만한 것은 취하고 버릴 만한 것

75 이 중 이광사, 이영익, 이충익을 제2유형으로 분류한 것의 타당성에 관해서는 본서 제3장 및 제4장을 참조.

76 정인보(1933), 223쪽.

은 버리는 태도로 접하며 무조건 이단시하여 배척한 적이 없었다. 그렇다고 해서 정제두를 왕학 신봉자로 보는 것은 무망(誣妄)이다."라고 하였다.[77]

또 심육이 지은「행장」에서 정제두와 양명학의 관계에 대해 언급한 유일한 부분도 그러한 세평이 존재함을 지적하는 데 그치고 있다.[78] 게다가 문인 등이 집필한「제문」에서도 대부분 정제두를 독실한 정주학자로서 묘사하고 있다.[79]

(b) 이광신의「제하곡정선생문(祭霞谷鄭先生文)」

『하곡집』 권11 소재의 제문은 전부 '문인모모제문약왈(門人某某祭文略曰)'과 같은 형태로 기록되어 있으며 절략(節略) 인용된 것이다. 그리고 위에서 말한 것처럼 정제두의 양명학 신봉에 대해서는 전혀 언급이 없고 오히려 독실한 정주학자로서의 측면만을 강조하는 경향이 있다. 가령 이것이 정제두의 양명학 신봉 사실을 호도 · 은폐한 것으로 본다 하더라도, 문제는 그것이 누구에 의한 호도 · 은폐였는가 하는 것이다. 즉 제문을 지은 사람에 의한 것인가, 아니면 제문을 절략(節略) 편집한『하곡집』의 편찬자인가. 이는 각 제문마다 검토해야 할 문제인데 그 중 이광신이 지은 제문에 관해서는 이광신의 별집인『선고(先藁)』 책3에 실린 전문과 대조해봄으

---

77 『霞谷集』 卷10「年譜」. "篤信程朱, 而其於諸家之說, 亦去短用長而已. 未常以愛憎扶抑也. 世之斥陽明者, 旣未能盡其說, 遽然目之以異端, 至使禁不得語言. 先生之意殊不然. 曰, 彼獨非學孔子者耶? 苟可取則取之, 不可取則不取. 惟在我之權度而已. 豈可以不問顚末而隨世雷同也?……而世或不達先生之旨, 以辨辟之不廓, 歸之於新建學者, 斯亦妄人而已. 豈足以輕重先生也?" 또『霞谷集』 卷11「遺事」에도 '世之疑公以新建之學者, 蓋亦不諒公本意之所存主也'로 시작하는 거의 같은 취지의 한 구절이 있다.

78 『霞谷集』 卷10「行狀」. "世人或竊疑先生爲新建之學, 而此於先生, 豈足爲輕重也哉?"

79 『霞谷集』 卷11. ① 李震炳「祭文」"遡伊洛關閩之源, 講周孔思孟之道." ② 從子 俊一「祭文」"蓋其規模氣像, 一以程伯子爲師表, 而節文儀度, 準則於朱夫子, 德器渾厚義理纖悉, 則爲退陶後一人." ③ 宋德淵「祭文」"學究天人, 道傳關閩." ④ 吳世泰「祭文」"先生河南政脈, 洙泗眞源." 등.

로써 그 점을 해명할 수 있다.

이광신의 제문은 그 서두 부분에서 ① 양명학 및 하곡학을 주자학에 배치(背馳)되는 것으로 파악하여 이단시하는 세평이 존재한다. ② 양명학이나 하곡학이 만일 지견(知見)을 장애로 파악하고 요오(了悟)를 구경(究竟)으로 파악하는 것이었다면 이단시되는 것이 당연하다. ③ 그러나 양명학은 결코 경훈(經訓)·이의(理義)를 등한시한 것이 아니다. ④ 정제두의 학문도 당우(唐虞)·수사(洙泗)로부터 염락관민(濂洛關閩)과 유초(游酢)·양시(楊時)·사양좌(謝良佐)·채원정(蔡元定)에 이르는 여러 설, 예악산수(禮樂算數), 성력곤여(星曆坤輿)에 이르기까지 궁구하지 않는 것이 없다고 서술하여 양명학도 하곡학도 주자학에 배치하는 것이 아님을 논하고 있다.[80] 그런데 『하곡집』 권11 소재의 제문은 이 중 ④의 부분만을 인용한다. 이 때문에 정제두와 양명학의 관련은 전혀 언급되지 않고 정제두가 염락관민의 학문에 깊은 조예를 가지고 있었다는 점만 강조된 결과가 되었다. 이는 분명히 『하곡집』 편찬자의 의도적인 조작에 의한 것이다.[81]

(c) 이광신이 지은 「논정하곡학문설(論鄭霞谷學問說)」

『선고(先藁)』 책1 소재의 「논정하곡학문설」은 정제두 문하가 정제두의 학문을 논한 매우 드문 문헌이다.[82] 그 말미 가까이에 다음의 구절이 있다.

---

80 『先藁』 冊3 「祭霞谷鄭先生文」. ① "於乎, 知道者希. 名實不明而同異難分. 認紫爲朱者, 固妄矣. 指朱爲紫者, 亦惑矣. 世以先生爲王氏之學, 而徑庭乎考亭也, 鮮能尊信而慕嚮焉. 甚者則視以端緖之異, 門路之差, 有若白黑之判, 不翅如紫之於朱, 其亦不思也已." ② "如使王氏與先生之學, 離絶事物, 脫略文字, 以知見爲障碍, 以了悟爲究竟, 則謂之背朱子, 可也. 異端亦可也." ③ "而然王氏之學, 不但於一片良知上單傳妙契, 而又復稽驗經訓, 硏精理義, 彌綸乎事務, 發揮乎文章, 則其不可謂染空寂也明矣." ④ "先生亦已先立其大者, 而優優乎學博而知多. 上自唐虞洙泗微言奥旨, 下逮濂洛關閩遊楊謝蔡夥然衆說, 參互講商, 如誦己言. 以至禮樂算數星曆坤輿, 凡理之所寓, 靡不淹貫."

81 『霞谷集』은 정제두의 현손 정문승이 편찬한 것이다. 卷首에 정문승이 지은 「箚錄」이 수록되어 있다.

82 이 문장은 『霞谷集』 卷11 「門人語錄」에 '李匡臣曰'로 수록되어 있다.

선생의 문인 후학들도 구래의 견해를 답습하는 것을 면치 못하여 양명이 이단이 아니라는 것을 이해하지 못하고 반드시 (선생의 학문을) 꾸며 옹호하고자 한다. 그래서 혹은 "선생이 양명학에 손을 담갔다는 일 따위 있을 리가 없다." 라고 강변하니, 이는 도리어 선생에 대한 무고(誣告)가 되는 것이다.[83]

이는 정제두의 문인들 중 걸핏하면 정제두의 양명학 신봉을 호도 · 은폐하려는 경향이 있었다는 것을 단적으로 지적한 동시대인에 의한 증언 · 고발로서 크게 주목할 만한 가치가 있다. 위의 이광신의 증언은 이러한 호도 · 은폐가 하곡학에 관련된 여러 현존문헌에도 이미 행해진 가능성을 시사하는 것이기도 하다.

덧붙이자면 위 문장의 기재에도 분명하듯 이광신 자신은 양명학을 이단시하는 풍조에 대해서는 명확하게 다름을 주장하고 있으며, 따라서 이와 같은 호도 · 은폐를 행하는 것에 대해서도 비판적이었다. 이로 미루어본다면 이광신이 정제두를 위해 집필한 제문이 『하곡집』에 수록될 때를 즈음하여 양명학 신봉에 관한 부분이 대폭 삭제된 것은 이광신 자신의 입장에서는 본의가 아니었을 것이다.

(d) 이광려의 「원교선생묘지(圓嶠先生墓誌)」

이광려가 이광사를 위해 쓴 「원교선생묘지」(『이참봉집(李參奉集)』 권3, 『원교집선(圓嶠集選)』 권말 수록)에는 "공은 경전과 사서(四書)를 해석할 때 선유들의 설을 따르지 않았다. 하곡 정제두 선생을 존숭하여 그를 따랐다. 하곡선생은 왕씨의 학문을 중시하였으나, 공은 양명학의 치양지설(致良知說)에는 납득할 수 없었다. 그러나 평소 하곡의 정치(精緻)한 경서해석이나 귀중한 가르침에 말이 미치면 여러 번 선생을 칭송하였다. 선생이 돌아가시

---

83 『先藁』 冊1 「論鄭霞谷學問說」. "至於門人後學, 不免承沿舊見, 未能眞知陽明之不爲異端, 而必欲彌縫掩護, 或以爲先生何嘗爲陽明學云爾, 則是亦誣也."

자 상복을 입고 장례에 나아갔다.[公於諸經四書, 多不能曲從先儒. 尊事鄭霞谷先生, 而先生主王氏, 公於王氏, 亦未契致良之說. 平日精義異聞, 屢稱鄭先生. 先生喪, 服麻會窆]"라는 문장이 있다. 이는 ① 이광사가 정제두를 사사(師事)했다는 것 ② 정제두가 양명학을 신봉했다는 것 ③ 이광사는 양명학의 치양지설에 승복할 수 없었다는 것 등을 기록한 부분으로 매우 중요하다. 그런데 『이참봉집』의 기록은 "하곡선생은 왕씨의 학문을 중시하였으나, 공은 양명학의 치양지설에는 납득할 수 없었다.[而先生主王氏, 公於王氏, 亦未契致良之說]"라는 부분이 누락되어 있어, 정제두와 양명학의 관련이나 이에 대한 이광사의 평가 부분이 전부 말소되어 있다. 단정할 수는 없지만 여기에도 『이참봉집』의 편자에 의한 의도적인 산삭의 가능성이 느껴진다.[84]

(e) **이광사의 『두남집(斗南集)』, 『원교집선(圓嶠集選)』과 이광찬의 『논학집략(論學輯略)』**

이광사의 양명학관에 관한 자료는 생전에 스스로 지은 문집인 『두남집』이나 사후에 편찬된 『원교집선』에는 전혀 보이지 않고, 이광찬의 『논학집략』이라는 문중본을 통해 겨우 그 일단을 확인 내지 추정할 수 있는 정도이다. 이는 이광사 자신 및 그의 사후 문집편찬에 관여한 문인 혹은 후예가 양명학에 관련된 내용(이광찬과의 왕복서한 등)을 일부러 수록하지 않았다는 가능성을 시사한다.

반대로 말하면, 강화학파의 멤버들 중 오늘날 남겨진 문집 · 별집 속에 양명학 신봉 내지는 비주자학적 입장을 전혀 보이고 있지 않은 인물, 예를 들면 심육이나 윤순 등에 관해서도 새로운 자료, 가령 문중본으로서 전승되어 아직 간행되지 않은 것 등의 발견에 의해서 앞으로 그 면모를 일신할

---

84 『李參奉集』(『한국문집총간』 237책)은 이광려의 사후 23년에 해당되는 순조5년(1805), 이만수(李晩秀) 등에 의해 수집 · 간행된 것이다. 卷首에 이만수 및 신대우가 지은 서문이 수록되어 있다.

수 있는 가능성도 있겠다.

이 점에 대해서 부언하자면, 『원교집선』 권6 「제항재종형문(祭恒齋從兄文)」은 이광신이 정제두를 통해 주자학에서 양명학으로 전환하여 나중에는 다시 주자학으로 회귀했다고 하는 사상편력이 서술되어 있다. 그러나 최근 발견된 이광신의 별집인 『선고(先稾)』(문중본)에는 그의 양명학 신봉의 자취는 분명히 확인되지만, 최종적인 주자학으로의 회귀라는 점에 있어서는 확실한 증거를 전혀 찾을 수 없다. 이 점에 관한 이광사에 의한(혹은 『원교집선』 편찬자에 의한) 윤색에는, 일정 정도의 확실성을 갖춘 개연성이 있다는 것을 감히 지적해둔다.

(f) 이능화가 본 『하곡집』 부전(付箋)의 존재

이능화는 자신이 목도한 『하곡집』 속의 「존언(存言)」 상 · 중 · 하에는 난외(蘭外)에 "양명의 설은 삭제해야 한다.[陽明說當刪去]"라는 부전(付箋)이 붙여져 있으며 이러한 사례는 한두 번에 그치지 않는다고 하였다. 이능화는 아마 후세에 『하곡집』을 검열한 자가 양명학설에 관한 부분을 제거하려 했던 것이라고 추측하고 있다.[85] 이능화가 본 『하곡집』은 현재 산실되었다.[86]

(g) 소론(少論)의 양주음왕(陽朱陰王)

고교형(高橋亨)의 술회에 의하면, 정만조(鄭萬朝)는 "조선은 주자학이 국학이었기 때문에 사류(士流)의 가학(家學)도 표면은 주자학이었지만 실제로 반드시 주자학 일색은 아니었고, 현재 동래정씨(東來鄭氏) 우리 집안도 전주이씨(全州李氏)의 영재(寧齋, 이건창) 집안에서도 실제 받드는 것은 양명학이다. 양주음왕(陽朱陰王)이 우리 소론 집안의 가학이다."라고 하였

---

85 이능화(1936), 125쪽.

86 윤남한(1982), 232~233쪽.

다.[87] 정만조는 동래정씨의 정계(正系)로 장녀를 이건창의 자식에게 시집 보냈고, 정인보는 그의 아래 항렬에 해당된다(정인보의 아버지는 鄭誾朝).

Ⅸ. 근대 시기의 양명학: 박은식과 정인보

이 책의 주된 고찰 대상은 초기 강화학파이기에, 근대 시기 조선양명학에 대한 본격적인 연구는 앞으로의 과제로 남겨두어야 할 것이다. 여기에서는 근대 시기 대표 양명학자인 박은식과 정인보를 한번 훑어보고 해당 과제에 대한 대략의 전망을 보이고자 한다.

(1) 박은식

박은식(朴殷植, 1859~1925)은 자 성칠(聖七), 호 겸곡(謙谷)·백암(白巖)·태백광조(太白狂奴)이며 대한제국기부터 식민지 시기에 걸친 독립운동가·역사가이자 『한국통사(韓國痛史)』(1915), 『한국독립운동지혈사(韓國獨立運動之血史)』(1920)의 저자로서 저명하다. 『한국통사』가 상해에서 간행된 것과 함께, 1915년 조선총독부는 『조선반도사(朝鮮半島史)』의 편찬사업에 착수하였다. 이는 민족독립운동을 조장하는 민족주의사학의 입장에 의한 저술활동에 재빨리 대항하기 위한 것이었다고 지적된다.[88] 이 『조선반도사』의 편찬사업은 그 후 약간의 곡절을 겪고 총독부에 의한 『조선사(朝鮮史)』 편찬사업으로 승계된다.

박은식에게는 『왕양명선생실기(王陽明先生實記)』(1911)라는 저서도 있는

87 高橋亨(1953), 155쪽.

88 箱石大(2007).

데, 그는 근대 조선양명학파의 대표적 인물이기도 하다.[89] 박은식은『왕양명선생실기』의 말미에서 "오늘날 성현의 학문[修己及人의 학문]에 종사함에 있어 왕학의 간이진절(簡易眞切)함이야말로 시의적절한 것이다."라고 하여, 왕학을 '오늘날 학계의 유일무이한 양약[今日學界獨一無二之良藥]'이라고 한 양계초(梁啓超)의「덕육감(德育鑑)」의 말을 인용하고 있다.[90]

박은식은 동경(東京) 양명학회(陽明學會)와도 교섭이 있었다. 동경치(東敬治, 1860~1935)는 명치(明治) 39년(1906), 명선학사(明善學社)에서『왕학잡지(王學雜誌)』를 간행, 그 후 명선학사를 양명학회라고 개칭하여 명치41년부터는 잡지『양명학』을 간행하였다. 박은식은 이 동경치에게 편지를 보내 명치유신(明治維新)을 추진한 호걸의 대부분이 양명학자였다는 것 등을 언급하고 있다.[91] 유신 지사(志士)의 양명학 신봉 문제는 저작 속 곳곳에 언급하고 있는데 박은식의 관심 소재를 나타내는 것으로서 주목할 가치가

89 박은식에 관해서는 주로 유명종(1983), 강재언(2001), 張崑將(2011)을 참조.

90『朴殷植全書』中「王陽明先生實記」. "盍吾儕之所以爲學者, 何事? 非爲其修己及人以有補於世者乎?……如欲講明此學, 以爲修己及人之要領, 則惟王學之簡易眞切爲適於時宜. 故梁啓超云. 吾儕生於今日社會, 事物日以複雜, 各種科學, 皆有爲吾儕所萬不可不從事者. 然則此有限之日力, 其能劃取之以爲學道之用者.……竊以爲惟王學爲今日學界獨一無二之良藥者, 是也." 원문에는 한글 현토가 붙어 있으나, 인용할 때에는 이를 생략하였다(이하 동일). 梁啓超의 말은「德育鑑」(1905)의「知本」第三에 보인다(『飮氷室合集』飮氷室專集, 卷26).

91『朴殷植全書』下「再與日本哲學士陽明學會主幹東敬治書」(1909),「日本明學會主幹에게」(1910). 前者에서 다음과 같이 말하였다. "伏奉惠覆, 情見於辭.……貴報逐號抵眼, 開發甚多. 謹摘其要, 載之弊會學報, 要與多士兒共之耳. 盍陽明是活用孔孟之學者也. 貴國諸賢, 又活用陽明之學者也. 故維新豪傑, 多是姚江學派. 其實效之發展, 優於支那者遠甚. 況至今日, 繼以貴會之益加昌明, 則其有裨于精神敎育者, 何可量也?" 이 내용으로부터 박은식과 東敬治 사이에는 서한의 왕복이 있었으며, 일본 양명학회에서 잡지『양명학』이 박은식에게 전달되었음을 알 수 있다. 그리고 後者는 오늘날 왕학을 창도해야 할 이유 네 가지를 열거하고 있는데, 그 첫 번째에는 "陽明王子, 以卓越孤詣之見聞, 開示簡易直截之法門.……方今世界之進化日新不已, 人事之繁劇日甚, 學術之複雜愈多, 而吾人智力有限, 百年之光陰有涯. 當此時代, 欲從事於哲學, 樹人道之根本者, 有簡易直截之法門, 則實無暇致力者, 一也."라 하고 있다. 이는 앞서 인용한「王陽明先生實記」의 말미와 마찬가지로 분명히 양계초의「德育鑑」「知本」第三에 있는 주장에 근거한 것이다.

있을 것이다.[92]

앞서도 언급한 「덕육감」의 양계초는 '구시양약(救時良藥)'으로서의 양명학 정신이 중강등수(中江藤樹), 웅택번산(熊澤蕃山), 대염팔랑(大塩八郎), 길전송음(吉田松陰), 서향융성(西鄕隆盛)부터 오늘날의 일본 군인에 이르기까지 계승되고 있는 사실을 지적한 후, 오늘날 추구해야 할 정신교육에 있어서 양명학을 이길 것은 없다고 하였다.[93] 그리고 이 말 또한 『왕양명선생실기』에 인용되어 있다.[94]

근대 중국 및 근대 조선의 양명학에 대한 관심이 일본의 근대 양명학에 촉발되어 초래된 것이라는 점은 일찍부터 적생무박(荻生茂博)이 지적하고 있다.[95] 박은식의 존재는 '독립', '근대화'라는 시무적인 문제의식에 촉발되

---

92 (1) 『朴殷植全書』 中 「夢拜金太祖」(1911). "四百年前, 支那學問界, 朱學勢力, 宏大深固. 王守仁, 不顧天下誹謗, 主唱良知學, 振作士氣. 五十年前, 日本幕府武斷力, 强勁嚴酷. 吉田矩方, 擲一身生命, 唱大和魂, 設維新基礎. 奈何朝鮮如許熱血兒, 不作政治革命學術革命." (2) 『朴殷植全書』 下 「雲人先生鑑」(1924). "日本之吉田矩方, 以王學之活氣創維新之業." (3) 『朴殷植全書』 下 「與韋庵書」. "盍陽明是道學家也, 軍略家也, 政治家也, 氣節家也, 文章家也. 至于今日, 此學大昌于世. 日本維新豪傑, 多是王學派. 支那學家, 亦多宗王學. 以其知行合一論爲適於時宜也."

93 「德育鑑」「知本」 第3. "觀此則知王學絶非獨善其身之學, 而救時良藥, 未有切於是者.……日本則佛教最有力焉. 而其維新以前所公認爲造時勢之豪傑, 若中江藤樹若熊澤蕃山若大塩後素若吉田松陰若西鄕南洲, 皆以王學式後輩, 至今彼軍人社會中, 猶以王學爲一種之信仰. 夫日本軍人之價値, 旣已爲世界所共推矣. 而豈知其一點之精神教育, 實我子王子賜之也? 我輩今日求精神教育, 舍此更求何物."

94 『朴殷植全書』 中 「王陽明先生實記」 嘉靖五年八月條. "梁啓超德育鑑曰" 云云.

95 박은식의 『王陽明先生實記』는 최남선이 주재하는 잡지 『少年』 4-2(通卷 23호)에 게재되었다. 이 호는 최남선의 논설 '王學提唱について' 이외에는 모두 『王陽明先生實記』가 차지하고 있는 특이한 체재로 되어 있으며, 간행 후에 곧바로 발행 중지 처분을 받아 『少年』은 폐간하게 되었기 때문에 이 호가 『少年』의 최종호가 되었다. 그 최종호는 권두의 그림으로 왕수인의 초상을 싣고, 다음 쪽에는 西鄕隆盛 · 吉田松陰 · 佐久間象山 세 사람의 초상화를 게재하고 있다. 이는 최남선의 양명학이 일본 근대 양명학에서 유래되었다는 것을 단적으로 말해주고 있다. 이상 荻生茂博(2008-B). 그리고 "일본의 메이지유신을 선도한 것은 양명학이었다."라는 언설이 梁啓超 · 章炳麟 · 孫文에게 공통적으로 보이는데, 그들은 모두 일본에서 유학하였으며 이러한 인식은 그들이 일본에서 중국으로 가지고 돌아간 것이다. 이상 荻生茂博(2008-A). 그리고 '大鹽中齋-吉田松陰-西鄕隆盛'이라는 일본양명학파의 계보는 井上哲次郎 등 明治 시기의 학자가 창작한 것이라는 점에 대해서는 小島毅(2006)의 지적이 있다(114쪽, 205쪽).

어 흥기한 근대 조선양명학 신봉의 하나의 전형을 나타내는 것이라 할 수 있다.[96]

(2) 정인보

정인보(鄭寅普, 1893~1950)는 자 경업(經業), 호 위당(爲堂)·담원(薝園)으로, 『양명학연론』이라는 저서가 있으며 그 책의 제6장 「조선양명학파」는 조선양명학에 관한 최초의 본격적 논고이다. 정인보 및 「조선양명학파」에 관해서는 본장에서도 이미 몇 번 언급하였고 다음 장 이하에서도 수시로 언급하게 될 것이다. 여기에서는 정인보가 조선양명학사에서 차지하고 있는 위상에 대해 조금 고찰해보고자 한다.[97]

이미 서술한 대로 정인보는 조선의 양명학파를 세 가지로 분류하였는데, 제1유형인 '뚜렷한 저서 혹은 증거가 있어 외견상으로는 몰랐을지라도 양명학파라 하기에 의문의 여지가 없는 이들'로, 최명길·장유·정제두·이광신·김택수를 들고 있다. 여기에서는 그 중 최명길을 들고 있다(이하 정인보가 논한 것을 요약·소개할 때, 『양명학연론』의 해당 쪽수를 괄호 안에 기록한다).

지천(遲川) 최명길(崔鳴吉, 1586~1647)과 계곡(谿谷) 장유(張維, 1587~1638)를 양명학파로 규정함에 있어 정인보가 방증으로 삼은 것은, 최명길의 증손인 곤륜(昆侖) 최창대(崔昌大, 1669~1720)가 집필한 다음의 한 문장이다(220쪽).[98]

공과 계곡이 젊은 시절 강학을 할 때 육왕학의 글을 보고서 그 내용이 본체

---

96 그리고 유명종은, 김택영이 박은식의 『學規新論』에 서문을 쓴 것(『朴殷植全書』 中 「學規新論」卷首), 박은식에게는 김택영에게 보내는 서한이 남아 있다는 것(『朴殷植全書』 中 「與金滄江書」)으로부터, 박은식이 김택영을 통하여 강화학파인 이건창·이건승 형제와 접촉했을 가능성을 추측하고 있다. 유명종(1983), 268쪽.

97 정인보에 관해서는 홍원식·이상호(2002), 나카 스미오(2006), 장곤장(2011)을 참조.

98 정인보의 原著에서는 지문으로 해당 자료의 내용을 소개할 뿐, 전거를 명시하지 않고 있다.

를 직접 가리키고 가지와 잎을 떼어버린 것에 기뻐하였다. (이에) 두 공이 모두 육왕학에 심취하였다. 공은 중년에 육왕의 학술에 하자가 있음을 깨닫고 여러 번 문장에 드러내었다. 완릉군(최후량: 최명길의 아들)이 조금 장성하여 학문을 배울 때 공이 심양으로 사신을 가면서 완릉군에게 편지를 남겼는데 양명학술의 병폐를 따져 논한 내용이었다. (하지만) 계곡은 노년이 되어서도 당초에 가졌던 견해를 바꾸지 않았다.[99]

이에 의하면 최명길과 장유는 청년 시기에 함께 육왕의 학문을 좋아하였으나, 장유는 만년에 이르기까지 양명학 신봉의 입장을 고치지 않았다고 한다. 무엇보다도 최명길이 당초 육왕학 신봉의 입장을 나중에 버렸다고 하는 위의 기사에 대해 정인보는, 최창대가 화를 면하기 위하려 한 계책이라 보고 있다(221쪽).

그런데 최명길의 양명학 신봉에 관해 정인보가 인용한 1차 자료는 이하의 두 가지이다.

① 양명의 책에 "마음은 본디 활물(活物)이어서 오랫동안 지켜서 붙들어놓으면 또한 마음에 병이 생길까 염려된다."라고 하였다. 이는 분명 절실하게 깨달은 것이 있고 스스로 분명하게 체험하였기 때문에 이렇게 말한 것이다. 양명의 고명한 학술도 오히려 근심할 만한 점이 있는데, 하물며 그대는 당장 불우한 상황에 처해 있으니 심사가 어찌 보통 사람처럼 태연할 수 있겠는가?[100]

② 남은 모르는데 자신의 마음은 홀로 안다.(213쪽)[101]

---

99 『昆侖集』 卷20 「遲川公遺事」. "公與谿谷, 少時講學也, 見陸王之書, 悅其直指本體, 刊落枝葉. 兩公皆深取之. 公則中年, 覺其學術之有疵, 屢形於言論. 完陵公稍長涉學, 公嘗赴瀋道, 遺完陵公書, 備論陽明學術之病. 谿谷至老不改初見云."

100 『遲川集』 卷17 「寄後亮書」. "陽明書云, 心本爲活物, 久久守着, 亦恐於心地上發病. 此必見得親切, 自家體驗分明, 故其言如此. 以陽明之高明, 猶有是憂, 況汝方處逆境, 心事何能和泰如平人乎?"

101 『遲川集』 卷17 「復箴」. "人所罔覺, 自心獨知." 총 12장 중 제6장.

이 두 글을 보면 최명길이 양명양지학(陽明良知學)을 전승한 자였음은 분명하다고 정인보는 말한다(213쪽).

정인보의 이른바 제1유형이란 양명학파라는 근거가 문헌자료 속에 명시되어 있는 것인데, 그러한 정의에 비추어보면 최명길을 제1유형으로 분류하는 것에 대해 약간의 의문이 있다. ②에 대해 말하자면, 확실히 왕수인은 누차 양지(良知)를 독지(獨知)와 결부하여 설명하고 있다.[102] 그러나 ②와 비슷한 표현은 '신독(愼獨)'의 '독(獨)' 자에 대한 주희의 주석 등에서도 용이하게 부연될 수 있는 것으로, 양명학파로서의 명확한 증거라 하기에는 근거가 박약할 것이다.[103] 또 ①은 확실하게 양명학 내지는 왕수인에 대한 긍정적 평가를 나타내는 것이긴 하나, 이것만으로는 역시 불충분한 증거임을 면할 수 없다.[104]

그런데 정인보는 최명길의 전기적 사적 소개에 더욱 많은 지면을 할애하여 그의 삶의 방식 속에서 양명학파로서의 진면목을 발견하려는 듯 보인다. 주지하다시피 최명길은 거듭되는 청군의 침입에 솔선하여 화의(和議) 교섭으로 국난을 구원한 인물이기도 하다. 당시 많은 인사들은 이적(夷狄)인 청과의 강화는 『춘추(春秋)』의 뜻을 거스르는 행위이며 항전만이 대의라고 주장하여 화의를 비판했다. 그러나 그들도 사실 청군의 압도적인 우위를 목도하고는 두려움을 안고 내심 화의의 성립을 기대하고 있으면서도 비난을 두려워하여 그것을 입 밖으로 내지는 못했던 것이다. 그들은 내심 화의를 바라고 있었으면서 외면으로는 화의를 그르다고 하는 대언(大言)을 계속해서 내뱉은 것이었고, 그러한 행동을 취한 것도 화의를 바

102 『王文成公全書』 卷20 「答人問良知二首」 1. "良知却是獨知時, 此知之外更無知. 誰人不有良知在, 知得良知却是誰." 『傳習錄』 卷下 117條. "所謂雖人不知而己所獨知者, 此正是吾心良知處."

103 『大學章句』 傳6章. 朱注. "獨者, 人所不知而己所獨知之地也."

104 그리고 "心本爲活物, 久久守着, 亦恐於心地上發病."이라는 왕수인 말의 전거 또한 미상.

라고 있는 속마음은 자신은 알아도 남들은 알지 못하기 때문이었다(217쪽).

이것에 대하여 최명길은 당세 사람들 모두가 말하는 대의를 무시할 수는 있어도, 자기 마음속에서 홀로 아는 불안함(=군부의 위급, 종묘사직의 존망)을 스스로 속여가면서 간과할 수는 없던 것이었다(214쪽). 어떠한 비난공격을 받는다 해도 그의 그만둘 수 없는 순수한 마음은 조금도 꺾이지 않았다. 최명길은 은미한 자신의 마음이 밝게 비추는 것을 무슨 일이 있어도 버릴 수 없었던 인물이었다(215쪽).

여기에서 말하는 '은미'는 『중용장구(中庸章句)』 1장의 "숨겨진 곳보다 드러남이 없으며 미세한 것보다 나타남이 없으니, 군자는 그 홀로를 삼간다.[莫見乎隱, 莫顯乎微, 故君子愼其獨]"에 근거한 것이다. 정인보의 이러한 서술은 앞의 "남은 모르는데 자신의 마음은 홀로 안다.[人所罔覺, 自心獨知]"와도 조응한다. 그리고 권위나 가치관에 속박되지 않고 자신의 내면의 소리에 귀를 기울였다는 것은, 확실히 양지심학(良知心學)의 요점이다.[105] 이런 의미에서 문헌상 남아 있는 양명학적 언사에만 의거하지 않고, 인물의 실제 삶의 방식을 통해 양명학파로서의 면모를 검증하려는 정인보의 방법은 어느 정도 평가할 만한 가치가 있을 것이다.

다만 최명길의 행동을 통해 그려낸 내면 심리란, 결국 저자에 의한 추측의 소산에 지나지 않으며 이러한 수법에는 저자의 생각이 다분히 투영되었을 것이다.[106] 그런 의미에서 최명길을 '분명한 저서' 또는 '분명한 증거'라고 하는 제1유형의 범주에 포함시키는 것에 대해서는 역시 의심을 품지

---

105 『傳習錄』 卷中 「答羅整菴少宰書」. "夫學貴得之心. 求之於心而非也, 雖其言之出於孔子, 不敢以爲是也, 而況其未及孔子者乎? 求之於心而是也, 雖其言之出於庸常, 不敢以爲非也, 而況其出於孔子者乎?"

106 다만 排和論者도 내심으로는 화의의 성립을 바라고 있었다는 점에 대해서는, 다음의 기술에 근거한다(217쪽 인용). "時虜兵屯平山, 去江都百餘里, 而行朝守備寡弱, 人情危懼. 守斥和者, 外爲大言, 內實幸和議之成, 而畏浮議, 莫敢明言. 獨子謙遇事輒首發, 無所顧避, 卒以是被彈去."(『谿谷集』 附 『谿谷漫筆』 卷1, 『한국문집총간』 92책) 子謙은 최명길의 字이다.

않을 수 없다.

다만 정인보에게 최명길이라는 인물에 대한 깊은 생각이 있었다면, 그 자체가 정인보 양명학의 본질을 고찰함에 있어 매우 시사적이라고 생각한다. 이 점에 관해 정인보에 의한 조선고대사 연구도 시야에 넣어가면서 고찰을 진행하고자 한다.

정인보는 1910년 이래 이건방을 사사하였다. 1913년에는 상해로 건너가 일본에 의한 식민지 지배를 계기로 중국에 망명하고 있었던 박은식·신채호 등의 동제사(同濟社)에 의한 광복운동에 참여하였다. 그 후 1923년 연희전문학교(후의 연세대학교) 전임, 1936년에는 교수, 1947년에는 국학대학장을 맡는 등 교육연구에 쭉 종사하여 국학이나 동양학을 강의하였다. 한국전쟁 중이었던 1950년 북한에 납치되어 소식이 끊겼다.[107]

그런데 정인보는 경성제국대학을 중심으로 하는, 식민지사관에 뿌리한 일본에 의한 조선학에 대항하여, 민족주의 입장의 국학연구에 종사하여 조선고대사 분야에도 업적을 남겼다.[108] 그 하나로 「광개토경평안호태왕릉비문석략(廣開土境平安好太王陵碑文釋略)」이 있다.[109] 이는 유명한 광개토왕비의 해석에 관한 연구이다. 그 비문에서

(A) 百殘新羅, 舊是屬民, 由來朝貢

(B) 而倭以辛卯年來渡□破□□新羅以爲臣民

---

107 이상은 주로 『薝園鄭寅普全集』 第1冊 「年譜」에 의거한다. 1910년 이건방에게 사사했다는 내용은 정양완(2005)에도 언급이 있다. 同濟社에 참여한 내용에 관해서는 홍원식·이상호(2002)에 의거한다.

108 정인보는 1928년, 최남선이 朝鮮史編修會(1925년, 朝鮮史編纂委員會에서 조직 개편)에 참가한 것에 대하여 "그는 죽었다."라는 弔文을 집필한 것으로 상징되듯, 조선총독부에 의한 『朝鮮史』 편찬에 비판적이었다.

109 『鄭寅普全集』 第5冊 薝園文錄 三에 수록. 이 정인보의 논문에 관해서는 井上秀雄·旗田巍의 『古代日本と朝鮮の基本問題』(學生社, 1974)에 磯部眞의 일본어 번역이 수록되어 있다.

라고 하는 부분은, 통상 '신묘년조기사(辛卯年條記事)'라 칭해진다. 그 중 (B)에 관해서는 통설로 "왜가 신묘년(391년)에 와서 바다를 건너, 백제[百殘]·신라를 격파하고 신민(臣民)으로 삼았다."라는 방향으로 해석되어 있다. 그러나 정인보는 이 부분을 다음과 같이 해석한다. "왜가 일찍이 고구려에 내침하였고, 고구려도 또 바다를 건너 (왜에게) 왕침(往侵)하여 서로 공격하였다. 그리고 백제가 왜와 내통하여 신라는 불리한 정세가 되었다. 태왕은 '백제도 신라도 자신의 신민인데 어째서 이러한 일을 하는 것인가.'라고 생각했다. 이리하여 태왕은 직접 수군을 이끌고 출진하였다."[110] 즉 정인보는 왜가 신묘년에 '온' 장소는 고구려이고, 또 '건너가 격파했다'의 주어는 고구려, 그 목적어는 왜이며, '이위(以爲)'를 '생각하다'로 풀이하고 그 주어를 태왕으로 하였다. 통설로는 왜의 활약이 강조되어 왜가 백제와 신라를 신민으로 삼았다고 해석했으나, 정인보설은 오히려 고구려가 주도적인 역할을 하였고 왜는 고구려의 격파 대상이 된다. 통설이 '왜 주도형(主導型)'의 해석인 것에 비해 정인보설은 '고구려 주도형'의 해석이다.[111]

(B)의 해석에 관한 정인보설은 겨우 열 자 정도의 기사에 대해, 본래 문장에 없었던 주어나 목적어를 보충하여 읽는 '조작'을 불가결의 조건으로 하여야만 비로소 성립하는 것으로, '매우 특이한 석독(釋讀)'이라 평하지 않을 수 없다.[112] 정인보가 억지로 이런 해석을 고집한 배경은 아마 과거 왜의 조선반도 진출 사실을 당시 일본에 의한 조선 식민지배를 정당화하는 논거로 이용하려는 일부 역사학연구의 양상에 강하게 대항하는 의도가 있었던 것이라고 생각된다.[113] 즉 정인보설 제기의 배경에는 시사적 문제에

---

110 앞 주석에서 인용한 磯部眞의 번역에 의거한다.

111 '辛卯年條記事'에 관한 통설의 내용이나 정인보설의 분석에 관해서는, 전부 武田幸男의 『高句麗史と東アジア』 -「廣開土王碑 硏究序說-」 7章 「辛卯年條記事の再吟味」(岩波書店, 1989)에 의거한다.

112 武田幸男, 위의 책, 158쪽.

113 광개토왕비 연구를 비롯한 근대 일본에서의 고구려사 연구가 일본의 조선반도·대륙 진출을 정당화하고 강화하려는 움직임과 불가분의 관계로 결속되어 수행되었다는 점에 관해서는,

대한 강고한 관심이 깔려 있었을 것이다.

마찬가지로 「조선양명학파」에서 최명길에 대한 생각은 병자호란이라는 미증유의 국난과 대치했던 그의 삶에, 일본에 의한 식민지 지배라는 현실에 직면하고 있는 자신들의 모습을 투영한 결과일 것이다. 즉 정인보에게는 양명학연구에도 국학연구에도 시국에 대한 강한 문제의식이 공통적으로 기저에 깔려 있었던 것이다.[114]

정인보는 『양명학연론』 「후기(後記)」의 말미에서, 이건방에게서 사학(斯學)의 대의를 수학한 것에 대한 사의(謝意)를 고함과 동시에, 지하의 박은식에게 책의 질정(叱正)을 청할 수 없게 된 무상함을 서술하고 있다.[115] 『양명학연론』의 말미에 이건방과 박은식 두 사람의 이름이 기록되어 있는 것은 정인보 양명학의 위치를 고찰함에 있어서 매우 시사적이다. 이건방에게 사사받은 정인보는 정제두 이래의 강화학파 학통의 일원이 되었다. 한편 정인보의 양명학은 박은식과 마찬가지로 시사적인 문제의식과도 밀접한 관련을 맺고 있기도 했다. 조선양명학에서 근세 정제두 이래의 전통에 이어지는 흐름과 근대 시사적 문제의식에 촉발되어 흥기하는 흐름 두 가지가 있다고 한다면, 정인보는 실로 그 두 가지 흐름이 교차하는 결절점에 자리하던 존재였다.

정인보는 근대 최초의 조선양명학 연구자인 동시에 강화학파의 말예에 몸을 둔 양명학 신봉자이기도 하였다. 그의 「조선양명학파」에는 자의적인 추론이나 과도한 생각에 의지한 부분이 포함되어 있다는 점은 부정할 수

井上直樹(2004)를 참조.

114 정인보는 『陽明學演論』 「後記」에서 백제와의 전투에서 목숨을 바친 신라의 무장 김흠운(金歆運, ?~655)의 사적을 언급하며, 그가 본심성의(本心誠意), 자심독지(自心獨知)가 명하는 대로 행동한 점을 칭찬하고 있다. 정인보는 김흠운이나 최명길의 獨知의 정신에 양명학의 정신을 겹쳐보고, 이를 조선독립운동의 정신적 원동력으로 삼기를 꾀한 것이다. 張崑將(2011), 315쪽.

115 정인보는 박은식의 서거에 애도의 시를 올렸다. 『薝園鄭寅普全集』 第2冊 「十二哀」 三 「故白巖朴殷植先生을 생각하고」.

없다. 그리고 순연한 학술연구서로서 평가하는 한, 그러한 부분은 객관적인 타당성이나 실증성을 손상시키는 것이라고 평하지 않을 수 없다.

그러나 이런 부분은 격동의 시대를 살았던 정인보가 양명학에서 무엇을 발견하고 무엇을 구하려고 했던 것인지를 말해주는 것으로서 훌륭한 자료 가치를 지녔다고 할 수 있지 않을까.

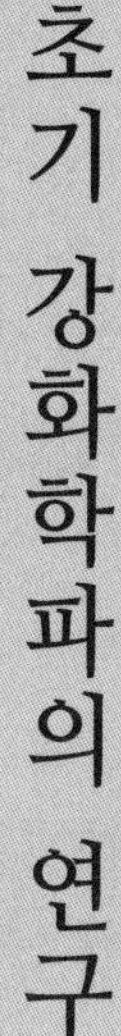

제1부 초기 강화학파의 연구

제1장
하곡(霞谷) 정제두(鄭齊斗)

정제두는 조선 최초의 본격적 양명학 수용자로 평가할 수 있는 인물이다. 만년에는 강화도에 은거했기 때문에 정제두의 학문을 계승한 학파는 강화학파로 불리며, 그 학파는 조선말기에 이르기까지 연면하게 전승되었다.

조선양명학을 논함에 있어, 정제두 및 이와 관계된 강화학파는 빠뜨릴 수 없는 존재이다. 이 장에서는 정제두의 양명학 수용을 추적하는 것을 목적으로 한다.[1] 이 책에서는 정제두의 문집으로 『하곡집(霞谷集)』 22권(『한국문집총간』 160책 수록, 민족문화추진회, 1995)을 저본으로 사용한다.

Ⅰ. 정제두와 그의 시대

1

정제두(1649~1736)의 자는 사앙(士仰)이며, 만년에 강화도 하곡(霞谷)에

1 정제두를 포함, 조선양명학과 관련된 국내외 연구동향에 관해서는 中純夫(2005) 참조.

은거했기 때문에 하곡선생(霞谷先生)이라 불린다. 정씨(鄭氏)의 본관은 경상도 영일현(迎日縣)이다. 정제두는 자주 '오천(烏川)의 정제두', '오천의 정 아무개'라 자칭하고 있다.[2] 오천은 영일의 옛 이름이다.[3] 고려 말의 주자학자로 문공가례를 조선사회에 정착시켜 '동방 이학(理學)의 종주'[4]로서 공자묘에도 배향된 정몽주(鄭夢周, 1337~1392)는 정제두의 11세조에 해당된다.

정제두의 생애는 그의 거주지에 따라 세 시기로 구분할 수 있다. 즉 경거(京居) 시기(1세~41세), 안산(安山) 시기(41세~61세), 강화(江華) 시기(61세~88세)이다.[5] 정제두는 24세 가을에 별시(別試) 전시(殿試)에 낙방하자 거업을 버리고, 이록(利祿)의 길은 아우 정제태에게 넘기고 자신은 벼슬길을 단념하였다.[6] 그러나 조선사회를 계속해서 흔들었던 동시대의, 이른바 당론·당쟁과 관련하여 그의 생애도 결코 무관할 수는 없었다. 그의 규벌(閨閥)이나 학문상의 사승관계에 비추어보면 정제두는 서인으로, 서인이 노론과 소론으로 분열한 뒤에는 소론에 속한다고 지적된다.[7]

이황(李滉, 1501~1570)의 사단이발칠정기발설(四端理發七情氣發說)과 이에 반론하는 기대승(奇大升, 1527~1572)의 왕복서한에서 발단한 소위 사칠논쟁(四七論爭)은 기대승의 의견에 찬성한 이이(李珥, 1536~1584)에 의해 계속되어, 이황의 학설을 종주로 하는 영남학파(嶺南學派)[경상도 중심, 주리파(主理派)]와 이이의 학설을 종주로 하는 기호학파(畿湖學派)[경기도·충청도 중심, 주기파(主氣派)]가 형성된다. 학파 간의 대립은 단순한 학문상의 논쟁에 그치지 않고 정치상 당파와의 관계를 강화하였다. 즉 영남학파는 동

---

2 『霞谷集』 卷6 「祭李某文」, 「祭鄭安山楧文」, 「祭洪永川禹相文」, 「祭李參判廷謙文」 외.

3 『新增東國輿地勝覽』 卷23 慶尙道 「迎日縣」 條.

4 『宋子大全』 卷154 「圃隱鄭先生神道碑銘幷序」.

5 윤남한(1982), 206쪽.

6 『霞谷集』 卷10 「行狀」. 이하 정제두의 전기적 기술 시에 「年譜」나 「行狀」에 근거한 경우, 특별한 사항을 제외하고 전거를 기록하지 않는다.

7 윤남한(1982), 206쪽. 정제두가 소론에 속한다는 것은 선행연구 또한 마찬가지로 지적하는 바이다. 이능화(1936), 高橋亨(1953).

인, 기호학파는 서인과 결합하였고 곧 동인은 북인과 남인으로, 서인은 노론과 소론으로 각각 분열하였다[사색당파(四色黨派)].[8]

정제두의 조부 정유성(鄭維城, 1596~1664)은 효종 때에 형조·예조·이조·호조판서(정2품)를 역임하였고 현종 때에는 의정부 우의정(정1품)까지 오른 재경(在京)의 대관(大官)으로, 정제두는 한성에서 태어나 자랐다. 당시 북인은 긴 시간 동안 완전히 실각해온 상태였고 오로지 서인과 남인이 정권을 다투고 있었다.[9] 효종10년(1659, 정제두 11세) 기해예송(효종의 붕어에 대한 자의대비의 복상 기간을 둘러싼 논쟁)에서 송시열 등의 서인과 윤휴 등의 남인의 대립이 격화되었다. 현종15년(1674, 정제두 26세)의 갑인예송(효종비의 붕어에 대한 자의대왕대비의 복상 기간을 둘러싼 논쟁)에서는 남인이 승리하였고, 곧 숙종이 즉위하자 남인정권이 수립되었다. 숙종6년(1680, 정제두 32세)의 경신환국에서는 남인이 실각하고(윤휴 등 처형) 서인정권이 수립되었다. 숙종9년(1683, 정제두 35세)에는 서인이 송시열 등의 노론과 윤증 등의 소론으로 분열하였다. 숙종15년(1689, 정제두 41세) 기사환국에서는 남인정권이 부활(송시열 등 처형)하여 정국은 빠르게 움직이고 있었다.

2

정제두가 서인(소론)에 속하는 것은 선학들이 이미 지적한 바이지만, 다시『하곡집』에 징험하여 그의 입장을 간단히 확인해보고자 한다. 사단칠정 논쟁에 관해 정제두는 '사단이발칠정기발설'을 명확하게 부정하고 있다.[10]

---

8 高橋亨(1929).

9 당론·당쟁에 관련된 것은 武田幸男『朝鮮史』(山川出版社, 1985), 이만열『韓國史年表』(역인사, 1985),『韓國人名大事典』附錄「朝鮮黨爭系譜圖」(신구문화사, 1995) 등을 참조.

10 『霞谷集』卷8「存言」上「四端七情說」, 卷9「存言」下 14條, 51條, 52條. 그 중「存言」下 52條에서 다음과 같이 말하고 있다. "有以爲情之四端出於性也, 七情出於氣也. 四端爲理, 七情爲氣. 四端七情之其發, 各異也, 何也? 曰, 夫四七者, 以純言理雜於氣而謂也, 非理氣之別也. 若以理氣, 以純於性者爲四端而性亦在氣. 以雜於氣者爲七情而氣

이 점에서도 주리파(영남학파, 동인)와 주기파(기호학파, 서인)의 대립에 있어 정제두가 기호=서인의 입장이었음이 확인된다.

갑인예송 때 사림이 일망타진의 타격을 받자, 이중보(李仲輔)는 학생 90여 명과 함께 상소를 올려서 군소(群小)의 음악(陰惡)을 드러내 송시열이 받은 무고에 대해 변론하여 숙종의 노여움을 샀다. 북쪽 변방으로 폄적 처분이 내려졌으나, 이를 중재하던 자들로 인해 유배지는 영암군(靈巖郡, 전라도)으로 변경되었다. 유배지로 갈 적에 한마디 부탁받았을 때 정제두는 이해(利害)에 임하여 일신을 돌아보지 않고 단지 의로움만을 따르며, 위협과 화가 가까워옴에 뜻을 굽히지 않는 자는 드물다고 하면서 이중보를 칭찬하는 글을 썼다(卷7, 「送李仲輔謫靈巖序」). 이중보는 이 글에 의하면 백사(白沙) 이항복(李恒福)의 증손이라고 하는데, 휘는 미상이다.[11] 어쨌든 이중보의 행동을 칭찬하는 필치에는 서인에 가담한 입장을 명확하게 간파할 수 있다.

이와 관련하여 『하곡집』에는 송시열에게 보내는 편지 5통(권1)이 수록되어 있고, 송시열의 『송자대전(宋子大全)』에는 정유성에게 보내는 편지 1통(권42), 정제두에게 보내는 편지 1통(권119), 정몽주의 신도비명(권154), 정유성의 신도비명(권158), 정창징(鄭昌徵, 정제두의 백부)의 묘표(권198)가 실려 있다. 그 중 정유성의 신도비명은 정제두 · 정제태 형제가 박세채가 지

亦是理也. 七情而純於理則是亦可以爲四端, 而徇於氣則是亦所謂七情之從氣而已. 四端亦有氣, 七情亦有理也."

11 『朝鮮王朝實錄』 숙종 卽位年 甲寅에 의하면, 京畿의 유생 李必益 등은 상소를 올려 郭世楗(송시열을 논핵한 인물)의 처분과 송시열의 초치를 청하여 숙종의 노여움을 사서(10월 28일 戊午), 慶源(함경도)으로의 유배처분이 내려진다(29일 己未). 사간원 대사간 鄭晳이나 사간원 정언 宋最 등은 처분의 취소를 요구했고(11월 朔 庚申), 게다가 의정부 영의정 許積이 嚴冬에 경원이라는 몹시 추운 지역으로 유배 가게 된다면 도중에 죽을 수도 있다고 잘 중재하여 '北道稍近之地'로 유배지가 변경되었다(2일 癸亥). 따라서 이중보를 이필익이라고 보기에는 최종적으로 결정된 유배지가 일치하지 않는다. 후의 고찰을 기다린다. 이와 관련하여 그 후 11월 11일에는 李胤岳 등 성균관 학생 90여 명이 郭世楗은 賢儒를 무고했음에도 불구하고 문책을 받지 않고, 이를 비판한 이필익은 먼 곳으로 유배를 가는 처분에 불복한다며 상소를 올리고 성균관에서 퇴거하는 사건을 일으키고 있다(『朝鮮王朝實錄』 11월 11일 庚午).

은 행장을 들고 집필을 부탁해온 것에 응한 것이고, 정창징의 묘표는 그의 손자 정태일(鄭台一)이 정제두가 지은 행장을 들고 집필을 부탁한 것에 응한 것이다. 위의 사항들로부터 노소분열 후, 노론의 영수였던 송시열과의 사이에 초기에는 우호적인 관계를 맺고 있었던 것이 확인되었다.

또 소론의 윤증이나 박세채와의 교우에 대해서는, 윤증에게 보내는 편지 10통(44세~61세), 박세채에게 보내는 편지 13통(28세~46세)이 마찬가지로 『하곡집』에 수록되어 있다.[12]

정제두가 41세 때 안산군(安山郡, 경기도) 추곡(楸谷)에 이주한 것도, 같은 해 기사환국(숙종15년, 남인집권, 서인실권)이 직접적인 원인이라고 생각해도 좋다. 이미 언급했듯 정제두는 24세에 벼슬을 단념하였고 그 후 여러 번 추천을 받아 관직이 내려지면 사퇴하는 일이 반복되었다. 그러다 숙종 14년(정제두 40세) 12월에 평택현(平澤縣, 충청도) 현감으로 배명되자 다음해 2월 처음으로 실제로 부임하였다. 그러나 중앙정계에서는 송시열이 파출되는 등 서인의 영수가 모두 실각하였고, 이이 및 성혼과 같은 기호학파 거괴(巨魁) 두 사람이 공자묘의 배향에서 내쳐지는 사태에까지 이르렀다.[13] 6월에는 송시열이 사사(賜死)되었다. 이러한 상황에서 정제두는 4월에 관직을 버리고 안산 추곡으로 돌아갔는데, 멋대로 임지를 떠날 때 관리의 심문을 받았지만 이를 용서받자 7월 정식으로 안산에 거주지를 옮겼다.[14]

정제두의 6세조 정광윤(鄭光胤)과 5세조 정운(鄭雲)은 모두 안산 추곡에 매장되어 있으며, 또 조모(정유성의 처, 정경부인)나 아버지 정상징도 나중에 강화도로 이장되었으나 당초에는 안산 추곡에 매장되어 있었다. 즉 안산

---

12 모두 『霞谷集』 卷1. 그리고 정제두의 아버지 정상징의 처인 貞夫人은 李基祚의 딸, 그 정부인의 오빠인 李星齡의 처는 윤명거의 딸, 그리고 尹溟擧와 尹拯의 아버지인 尹宣擧는 종형제지간이다. 즉 정제두와 윤증은 인척관계였다. 白井順(2011).

13 『朝鮮王朝實錄』 숙종15년 3월 18일 乙酉. 『承政院日記』 3월 16일 癸未.

14 『霞谷集』 卷10 「年譜」 숙종15년. "四月, 棄官歸, 對吏. 時李文成成文簡二先生黜文廟從享. 先生不樂居官, 棄歸安山楸谷. 按使以擅離聞, 就吏. 七月, 宥歸安山居焉."

추곡은 정씨 대대로 묘가 있던 곳 중 하나로, 정제두에게는 고향과 같았던 존재였다. 이주 후 얼마 안 되어 집필된 것으로 보이는 편지 속에서 정제두는 다음과 같이 술회하고 있다.

> 내가 고향에서 사는 것은 오래전부터의 계획이었는데, 이렇게 새롭게 괴로운 상황으로부터 도망쳐 이사해보니, 무궁한 흥취를 더욱 깨닫는다.[15]

3

기사환국에 의해 수립된 남인정권도 얼마 못 가 붕괴한다. 즉 숙종20년(1694, 정제두 46세) 정권은 노론으로 교체되어 남인은 완전히 실각하였다(갑술옥사). 이후 당쟁은 전적으로 노론과 소론 사이에서 행해지게 되었다.

정제두가 강화도로 이주한 것은 61세(숙종35년) 때의 8월이었다. 기사환국으로 서인은 노론 · 소론 모두 실각하였고, 갑술옥사 이후 노론정권하에서 소론은 계속 실각의 시대였다. 「연보」나 「행장」은 같은 해 2월 장손의 요절을 비탄하여 강화도로 은거를 결의했다고 기술한다. 그것이 직접적 계기였던 것은 부정할 수 없으나, 안산 시기의 정제두는 연달아 친구나 육친의 죽음을 맞이하였다. 박세채(정제두 47세), 아우 정제태(50세), 민이승(50세),[16] 부인 서씨(52세), 박심(60세), 그리고 장손의 요절(61세). 가정이나 교우에 있어서 불행 · 비운이 겹쳤고 게다가 소론파가 정권에서 계속 배제되었던 상황에서 정제두의 둔세(遁世)가 결의된 듯하다.[17]

정씨의 본관이 영일이라는 것은 이미 서술하였는데, 정제두의 증조부인

---

15 『霞谷集』 卷3 書5 「答李景益書」 己巳. "弟鄉居自是宿計, 而新從苦海中來, 益覺其趣味之無窮也."

16 「霞谷年譜」는 48세(숙종22년)에 '哭誠齋閔公'이라 하였으나, 『肅宗實錄補闕正誤』는 숙종 24년 10월 丙子에 민이승의 사망을 기록하고 있다. 지금 이를 따른다.

17 윤남한, 앞의 책, 209쪽.

정근은 왜구의 난을 피하여 강화도로 이주하였다. 정근의 처음 부인은 강화 최씨 최계선(崔繼善)의 딸로, 처의 실가에 의지하여 이주했던 것이다. 부인 최씨는 얼마 못 가 세상을 떠나 정근은 창원(昌原) 황씨, 황치경(黃致敬)의 딸과 재혼한다. 부인 황씨와의 사이에서 태어난 것이 정유성이다. 정근은 사망 후 강화 진강(鎭江)에 매장되었다.[18] 나중에 정유성과 정상징도 진강산에 매장된다. 즉 정제두에게 있어서 강화는 증조부 · 조부 · 부의 묘가 존재하는 지역으로, 결국에는 자신도 묻히게 될 만년의 은거지로 선택한 것이다. 강화 이주 직후 9월, 사헌부 집의(종3품)의 배명을 사퇴한 상소에서 정제두는 다음과 같이 말하고 있다.

> 신은 병이 깊어져서 이미 죽음에 가까운 희미한 숨을 내뱉으며 무덤에 들어갈 날이 닥쳐오고 있습니다. 조상의 무덤이 있는 산이 강화 외진 곳에 있어 이곳으로 돌아가 죽고 싶다는 생각이 더욱 간절하니, 조상의 산소에 엎드려 다만 목숨이 다하는 날을 기다리고자 할 뿐입니다. 어찌 임금의 은혜와 영예를 모독하고 세상에 허물을 끼치는 생각을 품을 수 있겠습니까.[19]

현재의 행정구역으로는 강화군 양도면 하일리에 정제두 및 아버지 정상징, 어머니 정경부인(韓山崔氏)의 묘가 남아 있다. 하일리의 약간 동북쪽에 진강산이 있다.

강화 시기에도 경종원년 · 2년(1721 · 22, 정제두 73 · 74세)의 신임사화(노론실각, 소론정권 부활), 영조원년(1725, 77세)에 소론실각과 노론 부활, 영조3년(1727, 79세)에 소론의 재등용(정미환국) 등 당쟁은 계속되었다. 그러나 만년의 경종조 · 영조조에 정제두는 이례적인 후한 대우를 받게 된다. 정제두

---

18 『霞谷集』 卷6 「博士公墓表」.

19 『霞谷集』 卷4 疎1 11 「辭執義疏」 己丑 九月. "臣疾病危痼, 已是垂死餘氣, 塡壑日迫. 父祖墳山在江都海曲, 歸死故山之思益急, 來伏丘壟, 惟以待盡. 寧有餘念復冒恩榮, 貽尤當世哉."

가 양명학에 경도되어 스스로 양명학 신봉을 지우들에게 표명했다가 크게 물의를 빚게 된 것은 오직 경거 · 안산 시기로, 강화도 시기의 편지 등에는 양명학적 입장을 명시하는 문언은 전혀 발견되지 않는다. 만년에 정제두가 양명학에 관해 침묵하지 않을 수 없었던 것과, 이례적인 입신을 이루게 된 것에 어떠한 관련이 있는 것일까. 그 주변의 기미(機微)에 대해서는 뒤에서 언급하기로 하고, 지금은 절을 바꾸어 정제두의 양명학 수용에 대해 고찰하고자 한다.

Ⅱ. 양명학의 신봉

1

정제두의 문인 이광신의 「논정하곡학문설(論鄭霞谷學問說)」(『先藁』 책1, 문중본)에 의하면 정제두도 초년에는 주자학에 종사하여 『주자대전』, 『주자어류』에 정통하였으나, 다만 그 격물치지의 해석에는 아무래도 위화감을 느끼고 있었다고 한다.[20] 이광신은 초기 강화학파의 중요한 인물 중 한 사람으로 정제두 및 그의 장자 정후일 아래에서 학문을 닦았고, 정후일의 부탁으로 정제두 문집의 교감 · 정리에도 종사하였다.

서장에서 이미 서술하였듯이, 『하곡집』 권11에 수록된 문인들의 제문은 오히려 순정 · 독실한 주자학자로서 정제두를 현창(顯彰)하는 논조가 주된 것이다. 즉 스승이 양명학으로 경도되었던 태도를 억지로 묵살 · 은폐하는, 혹은 그렇게 하지 않을 수 없었던 것 자체가 당시 양명학을 신봉하는

---

20 『先藁』 冊1 「論鄭霞谷學問說」. "先生初年, 從事考亭之學. 大全語類等書, 義理精微, 蠶絲牛毛, 靡不硏窮玩索. 而顧於格致之說, 反之心驗諸事, 終有所牴牾者." 그리고 이 「論鄭霞谷學問說」은 『霞谷集』 劵11 「門人語錄」에도 '李匡臣曰'로 거의 같은 문장이 수록되어 있다(字句에는 상당한 차이가 있다).

것에 대한 비난이 있었음을 말해주는 증거로, 그런 의미에서의 자료적 가치는 있다. 그러나 정제두에 관한 사실을 얻기 위해서는 감안하여 받아들여야 할 부분이 꽤 있다. 이에 반하여 위의 이광신의 말은 앞 절에 이어 정제두의 양명학 신봉을 명기하고, 또 문인 후학이 정제두의 양명학과의 연관성을 분식(粉飾)·은폐하는 것은 도리어 스승을 왜곡하는 행위라고 판단하고 있다(제2장 참조). 그러므로 초년 주자학 종사의 기술도 포함하여 그 신뢰성이 높다고 판단된다.

정제두의 양명학 수용의 시기를 고찰함에 있어 우선 문제로 삼아야 할 것은 다음의 자료이다.

> 내가 『양명집』을 보니 그 도가 간략하고 요약하면서도 매우 정밀한 점이 있어서 마음으로 몹시 기뻐하고 좋아하였다. 신해년 6월 동호(東湖)로 가서 유숙을 하였는데, 그때 꿈속에서 홀연히 왕씨의 '양지(良知)를 지극히 하는 학문[致良知之學]'이 매우 정밀하다고 생각하였다. 그러나 그 폐해로는 혹 정(情)을 따라 욕망대로 하는 면이 있다.【이 네 글자[任情縱欲]는 참으로 왕학의 병폐를 터득한 것이다.】[21]

신해년은 23세(현종12년) 혹은 83세(영조7년) 중 한쪽이다. 문장의 '동호(東湖)'는 한성(서울)을 관통하여 흐르는 한강의 일부를 이루는 지역으로, 현재 지도상 한강을 끼고 성동구 옥수동과 강남구 압구정을 잇는 위치에서 동호대교의 존재를 확인할 수 있다. 연보상에는 동호에서의 숙박의 사적은 기재되어 있지 않다. 『하곡집』 권7에는 「동호구추석등(東湖九秋夕登)」이라는 제목의 시 한 수가 있는데 상황증거는 검출할 수 없다. 23세는 경거(京

---

21 『霞谷集』 卷9 「存言」 下 43條. "余觀陽明集, 其道有簡要而甚精者, 心深欣會而好之. 辛亥六月, 適往東湖宿焉, 夢中忽思得王氏致良知之學甚精, 抑其弊或有任情縱欲之患.【此四字眞得王學之病】"【 】내는 쌍행소주, 이하 동일.

居) 시기였고 83세는 강화도 시기였는데, 연보 83세의 조에 의하면 6월 정제두를 도성으로 부르려고 사관(史官)이 파견되고, 8월 장릉(長陵, 인조의 능)의 천봉(遷奉)에 즈음하여 13일 교하(交河)의 신릉(新陵)에서 파주(坡州)의 구릉(舊陵)까지 정제두도 동행, 8월 21일 하곡으로 돌아온다. 이처럼 당시에도 결코 강화도에만 틀어박혀 있었던 것은 아니었기 때문에 동호에서의 숙박 가능성도 부정할 수 없다. 게다가 경거 시기에 있어서는 말할 것도 없을 것이다. 따라서 정제두의 소재지나 이동 상황에 비추어보아도, 지금으로서는 신해년이 23세 · 83세의 어느 쪽인지 확정하기 어렵다.

당장 고증이 불가능한 이상 신해년에 관한 판단은 보류해야 하지만, 위 인용문의 말을 23세에 연결시킬지, 83세에 연결시킬지에 따라 발언이 가지는 의의는 크게 양상을 달리한다.

83세로 보는 경우, 정제두는 30대 전반에는 스스로 양명학 신봉을 명확하게 표명하기 시작하여 양명학을 옳다고 하는 입장에서 지우들과 논쟁의 서한을 주고받고 있다. 그러한 활동은 대개 안산 시기의 말기에 이르기까지 계속된다. 그러므로 83세의 정제두가 새삼스레 왕수인의 치양지 학문의 훌륭함에 전심하는 꿈을 꾸는 것은 적잖이 부자연스럽다. 이런 까닭으로 83세 설의 경우, 술회의 중점은 말미의 한마디에 놓이게 된다. 실제 윤남한은 신해년을 영조7년, 즉 83세로 보고 이를 왕학의 폐해를 비판하는 말이라고 하여, 정제두 만년 정주학으로의 회귀경향과 영조 초반 각별한 은혜 · 왕실에의 접근을 관련시켜 지적하고 있다.[22]

23세로 보는 경우, 이 말은 정제두의 양명학 신봉 초반 시기를 나타내는 자료로서의 의미를 띠게 된다. 30대 전반 이후의 활동에 비추어보아도 이 해석은 충분히 타당성을 지닌다. 문제가 있다고 한다면, 역시 말미의 한마디이다. 다만 "정(情)을 따라 욕망대로 한다."는 말은 왕학 비판의 상

22 윤남한, 앞의 책, 292쪽.

투적 표현으로 그 자체가 특별히 새로운 것은 아니다.[23] 양명학을 접한 당초부터 양명학의 폐해에 대한 이러한 지적을 아울러 듣게 된 것도 충분히 있을 수 있는 일이다. 그러므로 폐해의 존재는 그것대로 인식하면서도 양명학에 깊이 경도하였던 젊은 날의 술회로 읽는 것은 충분히 가능하다. 혹은 꿈의 내용은 앞의 한 구절이고, '억(抑)' 이하는 훗날(『존언』 집필 당시)의 술회일 가능성도 있다.

내용상의 검토를 했지만 두 설 중 한쪽을 제거할 수 있는 결정적 요인은 검출할 수 없었다. 더 이상 무익한 추론은 삼가야 할 것이다. 그러나 가령 만년의 정제두에게 양명학 비판의 발언이 있었다는 인식이 문인 후학에게 널리 공유되었다면, 정제두의 양명학 신봉을 호도 · 은폐하려 한 사람들(『하곡집』의 편찬자들)은 이 사실을 적절한 재료로써 크게 선전하여 정제두의 학술이 최종적으로는 주자학에 배치(背馳)되는 것이 아니었다는 점을 크게 강조했을 것이다. 그러나 이러한 기술은 『하곡집』 수록 제문, 행장, 문인 어록의 어디에서도 전혀 발견할 수 없다.[24] 이 점에서 필자는 적잖이 신해 23세 설에 기울어 있다. 또 꿈에 의한 영감이라는 모티브에 비추어보아도 83세보다는 23세 쪽이, 그리고 내면 성찰적 비판보다는 직감적인 깨달음 쪽이 내용적으로도 보다 어울리지 않을까 하는 심증을 버리지 못하고 있는 것도 감히 부언해둔다.[25]

---

23 양명학 · 심학에 관심을 나타내는 宣祖에 대해 유성룡이 이를 비판하는 내용의 문답이 『朝鮮王朝實錄』에 보이는데, 다음과 같이 말하였다. 『朝鮮王朝實錄』 선조27년 7월 癸巳. "上曰, 陽明才高. 我國才質卑下之人, 不可學也. 其所謂常常顧心之說, 是也. 成龍曰, 其心則無準則之心.……古人云, 儒主理, 禪主心, 道主氣, 此說極好. 蓋主理, 故以爲事物有當然之理. 主心, 故以爲光明, 而終有猖狂自恣之弊. 上曰, 陽明之言曰致良知. 成龍曰, 此言僞矣."

24 이와 관련하여 『朝鮮王朝實錄』 영조12년 8월 11일 「右贊成世子貳師鄭齊斗卒」의 기사에 "齊斗少喜陽明之說, 先輩士友貽書規責, 卒歸於程朱法門."이라고 되어 있는데, 정제두가 최종적으로는 양명학에서 정주학으로 회귀했다는 견해가 드러나 있다. 그러나 이능화는 이 기사에 의문을 표하며 "是則說不以實, 不可謂之信史者也."라고 하였다. 이능화(1936), 124쪽.

25 이와 관련하여 양명학의 '弊害'에 관해서는 83세까지 갈 것도 없이, 정제두의 다음 발언이 있

이미 언급했듯 정제두는 24세 가을에 거업을 폐한다. 같은 해의 「연보」 기술에 의하면, 그 이후 정제두는 문을 닫고 바깥일을 사절하고, 육경(六經)부터 백가중류(百家中流) · 음양성력(陰陽星曆) · 병농의약(兵農醫藥) · 감여복서(堪輿卜筮) · 패관소설(稗官小說) · 자집전고(子集典故) 등의 서적을 두루 섭렵했다고 한다. 거업에서 해방되어 순수하게 자신의 지적 욕구를 채우기 위한 독서에 몰두하는 것이 가능했던 것이다. 20대 중반부터 양명학으로의 경도가 시작되었다면, 이러한 조건 · 환경도 큰 도움이 되었다고 생각된다.[26]

2

정제두가 서한을 통하여 양명학을 논한 상대는 박세채 · 윤증 · 민이승 · 최석정 등이다. 그 편지의 내용은 일찍이 선학에 의해 상세한 소개가 이루어져 있다.[27] 여기에서는 박세채 및 윤증과의 왕복서한을 중심으로 중요한 점만을 지적하고자 한다.

박세채(朴世采, 1631~1695)는 자 화숙(和叔), 호 남계(南溪)이며 서인 · 소론의 중진으로 정제두보다 18세 연장자이다. 정제두의 「행장」에서 거업 단념의 기술에 이어 "때때로 남계 박선생의 문하에 출입하였다."라고 서술한 것처럼 정제두에게는 연장의 벗이자 스승이기도 한 존재였다.

다. 『霞谷集』 卷1 書2 5 「答閔彦暉書」. "使其不善學之, 則斯二者(=朱子 · 陽明)之弊, 正亦俱不能無者." 집필 연도의 기록은 없으나, 閔以升(자 彦暉, 호 誠齋)은 정제두가 50세일 때 죽었으므로, 이 편지도 당연히 그 이전에 쓴 것이다. 그리고 辛亥가 23세인지 83세인지 확정하려면, 당연한 이야기지만 「存言」의 집필 시기를 고려하지 않을 수 없다. 그러나 현재 이는 미상이다.

26 필자는 2004년 10월에 개최된 제1회 '강화양명학파 국제학술대회'에서 「초기 강화학파의 양명학 수용 -霞谷 · 恒齋 · 樗村-」이라는 제목으로 발표하였는데 그중에서도 '辛亥 23세 설'의 가능성을 지적하였다. 그 뒤 최재목은 필자의 설을 소개한 뒤, '辛亥 23세 설'이 타당하다는 견해를 표명하였다. 최재목(2005).

27 이능화, 앞의 논문, 高橋亨(1953).

34세에 박세채에게 보낸 서한에서 "심성(心性)의 뜻은 왕문성의 설을 바꿀 수 없을 듯합니다.[心性之旨, 王文成說, 恐不可易也]"[28]라는 말이 보이는데, 정제두가 박세채에게 자신의 양명학 신봉을 표명한 것은 32~33세 때이다.

> 제가 이제까지 학문의 근원에 대하여 실로 크게 의심스러운 점이 있었기에 일찍이 경신(庚申)·신유(辛酉)[32~33세]년경, 이를 선생께 질정하였습니다. 그런데 여전히 의문을 품은 채 마음속으로 통하려 힘쓰고 애태우며 어찌할 바를 몰라 해답을 찾으려 했으나 얻지 못했습니다.……그렇기 때문에 만약 이 부분에 있어 투철하게 알지 못한다면 진정한 학문은 이룰 수 없을 것입니다.[29]

여기에서 말하는 '크게 의심스러운 점[大段疑病]'이 스스로의 양명학 신봉에 관한 것이라는 점은 바로 뒤에 인용된, 박세채가 정제두에게 보내는 서한에 징험해보아도 분명하다. '학문의 근원[學問源頭]'이란 '주자학과 왕학 중 어느 것이 옳은가'라는, 스스로의 전인격(全人格)을 건 대답이 요구되는 발본적(拔本的) 문제를 의미한다. '지의(持疑)', '분비황혹(憤悱惶惑)'이라는 표현은 주자학과 왕학 사이에서 흔들리고 있다기보다, 주자학의 정통·정당함을 자명하다고 보는 풍조 속에서 도저히 왕학으로의 지향을 그만두기 어려운 자신이 품고 있는 번뇌를 토로한 것인 듯하다.

> 제가 왕씨의 학설에 정성을 쏟는 이유가 혹시라도 남다른 것을 구하여 사사

---

28 『霞谷集』 卷1 書1 19 「擬上朴南溪書」 壬戌. 같은 해 정제두의 다음 발언도 참조. 『霞谷集』 卷7 「壬戌遺敎」. "後世學術不能無疑, 竊恐聖旨有所未明. 惟王氏之學, 於周程之後, 庶得聖人之眞."

29 『霞谷集』 卷1 書1 22 「答朴南溪書」 丁卯. "惟是齊斗向來於學問源頭, 實有大段疑病, 嘗在庚辛歲間, 以此學正於先生. 而猶且持疑往來, 憤悱惶惑, 求解未得.……故竊以爲若於此關未透, 無以學問爲也."

로움을 이루려는 데에서 나온 것이라면, 이를 결단코 제거하여 끊어버리는 것은 어려운 일이 아닙니다. 다만 우리가 학문을 하는 목적은 장차 무엇을 위해서입니까? 생각건대 성인의 뜻을 찾아서 실로 그것을 얻고자 할 뿐입니다. 지금 이미 성학의 올바른 길이 과연 어디에 있는지 분별하지 못하여 이대로 일생을 망칠까 하는 두려움이 마음속에 절실히 있는데, 꽉 막힌 의혹을 풀기 전에 무엇을 결연히 버릴 수 있겠습니까. 여러 해 전부터 마음에 잊지 못하는 것이 바로 이 때문입니다.[30]

여기에서도 왕학을 버리라는 주위의 기대 · 충고에 대해 도저히 응하지 못하는 데에서 생기는 정제두의 고충이 나타나 있다. 왕학으로의 지향이 '우리가 학문을 하는 목적이란 애초에 무엇인가'라는 근원적인 문제의식과 대치하는 마음속에서 억누를 수 없이 생겨난 것인 이상, 정제두에게 있어 그것은 무슨 일이 있어도 양보할 수 없는 일선이었던 것이다. 덧붙이자면 "주자에게 다름을 제창하기가 차마 어려운 것은 자신의 속일 수 없는 본심이다. 부득이하게 감히 다름을 제창하는 것은 진리[道]를 밝히기 위해서이다."라는 것은 다름 아닌 왕수인의 술회이다.[31]

3

다음으로 박세채가 정제두에게 보내는 편지를 예로 든다. 약간 길지만 흥미로운 내용을 포함하고 있다고 생각되므로, 적절하게 단락을 끊어가면

---

30 『霞谷集』 卷1 書1 23 「答朴南溪書」 丁卯 정제두 39세. "蓋齊斗所以眷眷王氏之說, 倘出於求異而濟私, 則決去斷置, 非所難焉. 但未敢知吾人爲學, 將以何爲耶? 思欲求聖人之意而實得之而已. 今旣莫卞於聖學之的路果是何在, 而枉了一生之懼, 方切于中, 則蓬茅未開之前, 夫孰能決以舍諸? 年來耿耿, 政爲是爾."

31 『傳習錄』 卷中 「答羅整菴少宰書」. "其爲朱子晩年定論, 蓋亦不得已而然.……平生於朱子之說, 如神明蓍龜. 一旦與之背馳, 心誠有所未忍. 故不得已而爲此.……蓋不忍牴牾朱子者, 其本心也. 不得已而與之牴牾者, 道固如是, 不直則道不見也."

서 고찰해보고자 한다.

(1) 오늘날 사우들 가운데 기품의 단정함과 학업의 정밀함은 그대보다 뛰어난 자가 없습니다. 비록 나는 노쇠하고 태만하여 그때그때 의심나는 바를 질정하지 못하나, 마음속으로 늘 그대의 존재로 인하여 우리 도가 올바르게 돌아갈 것이라 믿고 있습니다. 그런데 그대가 도중에 왕양명의 학술에 끌려가게 될 줄은 생각지도 못했습니다. 그것이 점점 심해짐에 더욱더 애통합니다. 다만 그대가 학문을 함이 넓지 못해서 근원을 중시하는 간이한 방법을 구하려다가 우연히 여기에 빠지게 된 것이니, 응당 조만간 음사(淫邪)한 본질을 간파하여 정학(正學)으로 돌아올 것이라 생각합니다.[32]

주자학을 정학(正學)이라 믿어 의심치 않는 박세채에게 있어 양명학이 '음사(淫邪)'한 이학(異學)에 지나지 않음은 자명한 이치로,[33] 따라서 정제두의 양명학 경도도 일시적인 차질일 수밖에 없다. 사도(斯道)를 담당할 인물로 기대되던 정제두였기에, 반드시 그를 정학으로 돌려놓지 않으면 안 되었다.

(2) 지난날 편지에서 그대가 "성학(聖學)은 회암의 설도 하나의 입장이고 양명의 설도 하나의 입장이니 두 설이 모두 통합니다. 그러나 회암은 둘로, 양명은 하나로 보았는데 양명이 나은 듯합니다. 그리고 양명의 말은 모두 인륜의 상도와 경서의 가르침이니 선불(禪佛)의 취미(臭味)는 전혀 없습니다."라고 하였습니다. 내가 그 이야기를 듣고 몹시 놀라 실망을 금치 못했습니다. 경신(庚申) ·

---

32 『南溪集』 卷32 「與鄭士仰」 丁卯五月十二日 정제두 39세. "今日士友中, 氣品之端良, 學業之精專, 殆無以踰於士仰者. 雖此衰暮怠廢, 不克以時奉質所疑, 而心常自恃, 以爲必俾吾道有所歸宿也. 不意中間被王陽明所掣. 展轉深痼, 益切痛惜. 第謂左右爲學不泛, 務求本源簡易之法, 而偶爾蹉跌於此, 計當早晩覷破其淫邪之大致, 以返正學也."

33 박세채에게는 양명학을 비판하는 다음의 저작이 있다. 『南溪集』 卷55 「格物訓義說」 「良知天理說」, 卷59 「王陽明學辨」.

신유(辛酉) 이후에 처음으로 그대의 뜻이 이와 같은 데에 있음을 알았으니, 어찌 말로써 변론하고 배척하여 그대가 선현이 남긴 법을 따르도록 하고 싶지 않았겠습니까. 그때마다 매번 그대가 필시 잘 돌이켜서 갑작스레 옳지 못한 명성을 더하지 않을 것이라 생각하여, 주저하며 아무 말을 하지 않은 지 이미 8년이나 되었습니다.[34]

'경신 이후(庚辛以後)' 아래 구절로부터, 정제두는 32~33세 때에 처음으로 자신의 양명학 신봉을 박세채에게 표명하고 있었음을 알 수 있다. 그런데 '회암은 둘이고, 양명은 하나이다.[晦菴二, 陽明一]'라는 말은, 주자학은 심(心)과 이(理), 지(知)와 행(行)을 둘로 분별하고 양명학은 그 불이합일(不二合一)을 주장한다는 것이다. 주자학의 입장은 분석적, 양명학의 입장은 혼일적이라는 것은 확실히 정제두가 가지고 있던 인식이었다. 무엇보다도 박세채를 아연실색하게 만들었던 것은 '회암의 설도 한 가지, 양명의 설도 한 가지'라는 구절이었다. 주자학도 하나의 입장이고 양명학도 하나의 입장이라는 것은 양자를 함께 성인의 학문 내의 하나로서 상대시(相對視)하는 견해임에 틀림없다. 그것은 주자학을 절대시하는 박세채에게 있어 도저히 용인할 수 없는 발상이었다. 또한 조선 학자에게 있어서도 양명학을 선불(禪佛)에 견주는 것은 주자학자 측의 상투적 수단이었다.[35]

(3) 이제는 형세가 어쩔 수 없으므로 나의 어리석음과 미천함을 잊고 선현의 가

---

34 『南溪集』 卷32 「與鄭士仰」 丁卯五月十二日 정제두 39세. "豈意前日奉誨乃曰, 聖學, 晦菴所論爲一件, 陽明所論爲一件, 兩家俱通. 而晦菴二陽明一, 恐此爲勝, 且其所言皆主倫常經訓, 無一禪佛之味, 愚竊聞之, 不勝愕然失望. 蓋自庚辛以後, 始知雅意所存如此, 豈不欲聲言卞斥, 以循古賢之遺矩? 而每謂士仰必能善反, 非可遽加以不韙之名, 遲回泯默者, 已八年所矣."

35 『退溪集』 卷41 「白沙詩敎傳習錄抄傳因書其後」. "滉謹按, 陳白沙王陽明之學, 皆出於象山, 而以本心爲宗. 蓋皆禪學也." 『西厓集』 卷15 「王陽明以良知爲學」. "王陽明專以致良知爲學, 而反詆朱子之論爲支離外馳, 正釋氏之說也."

르침을 대략 서술하여 그대를 깨우치려 하니, 삼가 그대의 판단을 기다립니다. 정학이 되느냐 이단이 되느냐는 한 번의 행동에 달려 있으니 그대가 어떻게 처신할지 모르겠습니다.[36]

이미 좌시하고 묵인할 수 있는 단계가 아니라고 판단한 박세채는 그 아래에 주자의 육학(陸學) 비판, 이황의 왕학(王學) 비판의 언사를 인용하고 나서, "육왕(陸王)의 학문에 대해서는 일찍이 주자와 퇴계가 이처럼 명백히 변설하고 통렬하게 배척하여 천하후세가 그 해독을 받지 않도록 주밀히 배려를 했는데도 불구하고 어째서 그대는 양명학을 신봉하여 위대한 주자의 가르침에 마음을 돌리려고 하는가."라고 개탄한다.

⑷ 그대가 송연히 마음을 움직여 통렬히 스스로 잘못을 후회하여 이것과 저것의 본말을 궁구하고서 한 번에 정학으로 돌이키기를 바랍니다. 음사한 양명의 학설이 다시금 조선에 성행하지 않도록 하여, 지난날 중국의 화란(禍亂)처럼 천하를 이끌어 이적(夷狄)에 귀의케 한 사태에 이르지 않는다면 매우 다행일 것입니다. 부디 깊이 생각하여 속히 도모하길 바랍니다.[37]

이상 주자학을 정학으로, 주자학이 아닌 것을 이단으로 배척하는 강고한 숭정사벽(崇正闢邪)의 사상적 입장이 박세채에게도 명확하게 발견됨을 확인하였다.

조선에서 주자학 존중의 풍조가 때로는 본국인 중국 이상으로 엄격하고 가열찬 양상을 띠고 있었다는 것은 잘 알려진 사실이다. 그 배경을 이루

---

36 『南溪集』 卷32 「與鄭士仰」 丁卯五月十二日 정제두 39세. "今則勢不獲已, 輒忘愚賤, 略述先賢之訓, 以相啓告, 謹以俟賢者之裁處. 爲正學爲異端, 在此一擧, 不審左右何以處之也."

37 『南溪集』 卷32 「與鄭士仰」 丁卯五月十二日 정제두 39세. "惟乞左右悚然感動, 痛自悔責, 究極彼此本末, 一反正學, 毋使陽明淫邪之說, 更熾於海邦, 不至如向來中朝之禍, 率天下以歸夷狄, 則其幸大矣. 千萬深念而亟圖之."

는 조선인의 멘탈리티에 대해서도 이미 고찰이 행해져 있다. 삼포국웅(三浦國雄)은 조선의 『문공가례(文公家禮)』 및 주자학 존숭과 관련하여 조선이 중국의 변경에 위치한 동이(東夷)·편방(偏邦)이라는 열등의식이 조선 지식인의 근저에 있었다. 이 때문에 중국의 예에 의한 호속(胡俗)의 개변(改變), 그리고 중국의 정통적 교학을 섭취하는 것이 중화에의 귀속의식을 가져와 그들의 아이덴티티가 근거할 곳이 될 수 있었다고 지적하였다.[38] 사대모화를 기조로 한 이른바 소중화 사상이다.

하나 더, 이는 삼포국웅도 지적하였고 또 보다 널리 일반적으로 지적된 사항이기도 한데, 풍신수길(豊臣秀吉)에 의한 조선출병(임진왜란 1592년, 정유재란 1597년)에 즈음하여 명나라는 조선에 원군을 보냈다. 명에 있어서는 이른바 만력 3대 정벌의 하나로, 명나라 조정의 재정적 기반을 크게 흔든 사건이 되었다. 머지않아 여진족은 조선에 침입을 반복함과 동시에(정묘호란, 병자호란) 마침내 명 왕조를 멸망시키는 데 이르렀다(1644년). 이러한 상황을 겪은 조선 인사에게는 명에 대한 친근한 감정 및 명을 멸망시키고 중화의 땅에 군림하는 이민족 청 왕조에 대한 증오의 마음이 뿌리 깊이 존재하였다[尊明排淸].[39] 그리고 명(大中華)이 멸망해버린 지금, 우리 조선이야말로 중화문화를 체현할 것이라는 강고한 자부를 품는 데 이르렀다.[40] 조선의 인사들은 그러한 자부를 걸고, 중화문화의 정통교학인 주자학을 준

---

38 三浦國雄(1982).

39 숙종30년(1704), 임진왜란 때 조선에 원군을 보내준 神宗의 '再造之恩'에 보답하기 위해 신종을 제사 지내기 위한 제단으로서 창경궁 후원에 大報壇이 설치되었다. 그리고 영조25년(1749)에는 병자호란 때 원군을 보내준 毅宗과 洪武帝가 並祀되었다. 대보단은 명청 이후의 존명배청을 기조로 하는 조선 소중화 의식의 가시적 실천의 장이었다. 이상 桑野榮治(2001) 참조.

40 『南塘集拾遺』 卷6 「拙修齋說辯」. "當此天地丕塞, 海內腥膻之時, 乃以一隅偏邦, 獨能保中華之治, 承前聖之統." 山內弘一(1997). 또 大寶殿에서 洪武帝·神宗·毅宗 3황제를 親祭할 때에 영조의 발언에도 다음과 같은 말이 보인다. 『朝鮮王朝實錄』 영조27년 3월 19일 丙辰. "教曰, 三皇報祀之後, 今日毅皇忌辰, 望拜御苑. ……追惟往歲, 不覺涕沾. 嗚呼! 一隅海東, 大明猶在." 桑野榮治(2001).

수(遵守)하는 것에 책임감을 가지고 정열을 기울였던 것이다.[41]

앞의 박세채의 편지 말미 한 구절에도 양명학의 만연함이 명의 멸망, 더 나아가 이적에 의한 중화의 지배를 초래한 중국의 전례를 일대의 통한이라고 하면서, 우리나라에서 결코 같은 전철을 밟아서는 안 되며 고루(孤壘)를 사수해야 한다는 강고한 의식을 명료하게 간파할 수 있다. 덧붙이자면 양명학의 성행이 명의 멸망을 초래했다는 논조는 주자학자의 의식에서는 결코 괴이한 말이 아니다.[42]

그 후에도 박세채는 정제두에게 정학으로 돌아오도록 편지로 충고를 반복하였다. 마지막 편지에는 "만일 당신이 이대로 구투(舊套)를 벗어나지 못한다면 이제부터 동지로서의 정의(情誼)는 맺을 수 없고, 단지 경조사에 인사만 나누게 될 뿐이다." "우리 집안으로서도 이학을 섬기는 자와 교분을 맺는 도리는 없다."라 하고 있다.[43]

4

다음으로 윤증과의 왕복서한을 들어보겠다. 명재(明齋) 윤증(尹拯, 1629~1714)은 정제두보다 20세 연장자이다. 송시열과의 불화로부터 서인이 노론과 소론으로 분파한, 그 한쪽 편의 기두(旗頭)였다.

왕씨의 학설은 제 견해로 판단해보았을 때 없애버릴 수 없는 점이 있습니다.

---

41 사대모화를 기조로 하는 당초의 소중화 사상이 중국의 명청 교체(華夷變態=大中華의 소멸)를 거치며 尊明排淸 · 排淸自尊의 색채를 짙게 띠는 것으로 변용된 점에 대해서는, 中純夫(2003) 참조.

42 陸隴其『三魚堂文集』卷2「學術辨」上. "故愚以爲, 明之天下不亡於寇盜, 不亡於朋黨, 而亡於學術."「學術辨」下. "周宋之衰, 孔孟程朱之道不行也. 明之衰, 陽明之道行也."

43『南溪集』卷32「答鄭士仰」. "賢須自量, 勇撤前套, 還共此學.……不然則此後無事源源, 只得講世契通慶弔而已. 情雖甚戚, 義無可爲.……蓋吾家於異學, 無幷容交修之理也." 이 편지에는 집필 연도의 기재는 없으나,『明谷集』卷13「與鄭士仰」壬申에 비추어보아, 숙종18년 壬申(정제두 44세)경의 편지일 것이다.

간간이 벗들에게 이야기를 했지만 누가 귀 기울여 들어주겠습니까.[44]

정제두의 주위에는 그의 양명학 신봉에 대해 이해와 공감을 나타내는 사람은 거의 없었음을 엿볼 수 있다. 실제로 『하곡집』을 통람해봐도 "당신이 왕학을 믿는 것에는 분명 진실로 믿을 만하고 즐거워할 만한 본원이 있을 터인데, 이를 살피지 않고 공연히 배척하기만 해서는 당신을 신복(信服)시키지 못할 것입니다."라는 명곡(明谷) 최석정(崔錫鼎, 1646~1715)의 말 등이 그나마 가장 호의적인 부류에 속한다. 그러나 최석정도 결론에 있어서는 왕학을 '전도현란(顚倒眩亂)'이라 평한다.[45]

이른바 왕씨의 학설에도 나름의 본원이 있는 것입니다. 비록 정주(程朱)와 같지 않다고 하나 그 취지는 진실로 하나의 정주입니다.……진실로 정히 부득이함이 있지 않다면, 어찌 감히 한갓 이설(異說)을 주장하여 기꺼이 스스로 패란에 이르겠습니까.[46]

---

44 『霞谷集』 卷1 書1 「答尹明齋書」 壬申 정제두 44세. "王氏之學, 誠以區區一斑之見, 有不能弊鑠者. 間以誦之朋友, 然誰能聽之."

45 『霞谷集』 卷2 書3 「答崔汝和書」 癸酉 정제두 45세. "又謂僕之信於王氏之說, 豈無源本. 必有誠信而樂之者. 不推原其所在, 而徒觝斥之爲事, 不能服其心. 其於論人之情亦切矣. 能無戚戚於中. 某所願得而求效者, 又孰加於此哉? 然其論斥王氏者, 似若有未深考, 而人所爲言之意, 似若有未盡悉焉者, 何與? 夫王氏之明言極論, 尙歸顚倒眩亂之科, 則如某者自顧甚缺缺矣." 그리고 최석정의 말은 『明谷集』 卷13 「與鄭士仰書」 壬申에 보인다. "士仰足下, 頃年因士友間, 得聞足下主陽明之學, 於心竊惑焉.……蓋足下之所以信其說而不回者, 豈其無所源本, 而徒以背馳於朱子爲快哉? 顧其中必有誠信而樂之者, 今不推原其說之所在, 而徒以觝排爲事, 則已有論人刻核之病. 又焉能深服其心而有救正之益哉?" "僕年十三, 讀大學及或問, 厥後蓋嘗屢讀而精研矣. 中間見張谿谷文字, 贊歎陽明之學, 不一而足. 於是遂求陽明文集語錄而讀之. 乍看, 誠有起詣新奇, 可以驚人處. 旣而反覆而讀之, 博極而求之, 則徒見其辭語玅暢, 文章辨博, 而學問蹊逕, 率皆顚倒眩亂. 非但背馳於朱子, 將與孔曾相傳之旨, 一南一北, 有不容於無辨者."

46 『霞谷集』 卷1 書1 「答尹明齋書」 壬午 정제두 54세. "所謂王氏之說, 亦自有本源. 雖云不同於程朱, 其指則固是一程朱也.……苟非正有不得已者, 豈敢徒爲異說, 甘自歸於悖亂哉."

왕씨의 설을 '하나의 정주[一程朱]'라고 단언하는 점은 별도로 검토를 요하는 문제이다. 여기에서는 당시에 왕학을 신봉하는 것이 '이설(異說)', '패란(悖亂)'이라고 지목되는 것을 정제두도 충분히 인식하고 있었다는 것, 그럼에도 불구하고 왕학에의 지향을 끊기 어려웠고, 도저히 그만둘 수 없는 학문상의 신념은 안산 시기의 후반기에 이르기까지 정제두에게 유지되고 있었다는 것을 확인하고자 한다.

윤증이 정제두에게 보낸 편지에서도 정제두의 왕학 신봉에 대한 주위의 만류 방식을 엿볼 수 있다.

> 지난날 양명의 책을 사우들이 근심하였는데, 지금은 이미 그 책을 버렸는지 모르겠습니다.[47]

정제두에게는『근사록』의 체례(體例)를 모방하여 왕수인의 중요한 말들을 하나의 책으로 편찬할 계획이 있었던 듯하다.[48] '지난날 양명의 책'이란 그것을 가리키는 것일지도 모르며, 혹은 왕수인의 원저(原著) 그 자체를 가리키는 것일지도 모른다. 어찌 되었든 앞의「답윤명재서(答尹明齋書)」임신(壬申) 44세의 내용을 뒷받침하듯 정제두의 양명학 신봉은 주위에 파문을 일으켜 큰 물의를 빚었던 것이다.

---

47 『明齋遺稿』卷18「與鄭士仰」정제두 49세. "前日陽明之書, 爲士友之所憂者, 未知今已捨去否."

48 『南溪集』卷32「答鄭士仰」戊辰 5월 15일 정제두 40세. "又因兒子聞, 左右抄陽明學緊要語爲一冊. 幸乞投示."『明谷集』卷13「與鄭士仰書」壬申 정제두 44세. "玄丈云, 足下裒捽王氏文字, 作一書, 略如近思錄之爲者. 亦思一覽耳." '玄丈'은 박세채(玄石先生)이다. 그리고 정제두의『霞谷集』卷7「壬戌遺敎」(34세)에서, 왕수인의 저서를 초록한 것이 탈고하지 않은 상태로 책 상자에 보관되어 있다고 하면서 이를 아우 정제태에게 부탁하고 있다. "後世學術不能無疑. 竊恐聖旨有所未明. 惟王氏之學, 於周程之後, 庶得聖人之眞. 竊嘗委質潛心, 略有班見, 而恨未能講. 乃以其書及所嘗抄錄表識而未及脫稿者, 竝與所藏經書數匣手寫數冊, 藏之一篋以遺之. 惟是毋自卑下, 無忘吾志."

만일 그대가 끝내 양명에 빠진 채 스스로 돌아오지 못한다면, 우리는 그대와 벗이기에 비록 이제 편지 한 통도 왕래하지 않는다 하여도 어찌 후세의 질책을 면할 수 있겠습니까. 부끄러운 것은 스스로의 의사가 이미 쇠잔하고 해이해져 남을 위해서나 자신을 위해서나 전혀 착실한 공부가 없고, 이 때문에 궁구하고 토론하여 서로 함께 참된 시비를 구해서 취사하지 못하는 것입니다.[49]

이학에 미혹되어 빠진 인물을 정학으로 되돌리는 것은 벗의 책무이며, 정제두가 양명학 신봉을 계속 견지한다면 우리는 벗으로서의 책무를 다하지 못했다는 비난을 후세에 면치 못할 것이다. 윤증 자신은 도를 그르친 후학에 대한 충고의 마음을 진지하면서도 절실하게 서술했음이 분명하다. 그러나 정제두의 양명학 신봉은 정제두 개인의 문제에 그치지 않는 논란의 처사인 이상, 그것을 만류하는 측에서는 대단한 심리적 압박 · 갈등을 주었을 것이다.[50] 어쨌든 정제두는 이렇게 매우 강고한 정통의식 · 위정척사의 의식과 대치하면서 경거 · 안산 시기 동안 양명학을 계속 신봉하였다.

Ⅲ. 이정박(李廷樸)에 의한 탄핵사건

1

이미 서술했듯이 정제두는 61세 6월, 부조(父祖)의 분묘가 있는 강화도

---

49 『明齋遺稿』 卷18 「與鄭士仰」 甲申 1월 12일 정제두 56세. “果使左右, 終陷於陽明, 不能自還, 則吾輩在朋友之後者, 雖一不通書, 安能免後世之責乎. 所愧自家意思已闌珊廢弛, 爲人爲己, 都無着實工夫, 以此不能窮討到底, 相與求得眞是非而取捨之.”

50 이를 나타내는 최석정의 말을 인용해둔다. 『明谷集』 卷13 「與鄭士仰書」 壬申. “每念足下天資穎悟, 雖在孔門, 似不多讓於升堂之列. 不幸爲異學所誤而不早回復, 其在朋游知舊之義, 誠不勝其憂愛悶傷之心.”

에 은거한다. 그 은거는 세상 사람과의 교제 및 왕래의 단절을 의미한다.[51] 지우 · 육친의 잇따른 죽음과 조우하는 가운데, 언제 끝날지 모르는 당론 당쟁의 세계로부터 스스로를 차단하려는 생각을 갖게 된 듯하다.[52] 만년에는 시사에 대해서는 침묵하고 말하지 않았다고 한다.[53]

그러나 실제로는 경종 · 영조시대, 만년에 정제두는 특별한 대우를 받게 된다. 즉 경종조에는 사헌부 대사헌(종2품) · 세제시강원 찬선(세제는 나중의 영조) · 이조 참판(종2품) (이상 모두 74세), 성균관 좨주(76세, 정2품), 영종조에 들어와서도 의정부 우찬성(종1품, 86세), 세자시강원 이사(종1품, 88세)로 임명되어 만년에 이르기까지 왕실과의 친밀한 관계를 유지하였다.

그런데 정제두는 성균관 좨주를 명 받은 2년 후인 영조2년 7월(78세), 사헌부 지평 이정박에 의해 탄핵을 받는다. 탄핵의 내용은 『조선왕조실록』, 『승정원일기』를 통해 알 수 있다.

> 좨주 정제두는 완전히 정주학을 등지고 육왕학을 답습하여 "육왕과 정주는 함께 대도(大道)로 나아갈 수 있으나, 육왕학은 숭례문과 같고, 정주학은 돈의문과 같은 것이다."라는 말을 꺼리지 않았습니다. 이는 육왕을 정도(正道)로, 정주를 방계(傍系)로 보는 의도가 있으니, 무지하여 근본을 잘못 본 것이 이 정도로 심합니다. 그가 논한 바는 일찍이 이미 선생장자(先生長者)에 의해 배척을 받고 있습니다. 그러나 명문(名門) 출신인 데다가 스스로도 호도(糊塗)를 했기 때문에, 점차 승진하여 재상의 반열까지 올라 사유(師儒)의 자리를 더럽히는 데 이르렀습니다. 이처럼 놀랍고도 우스운 일이 있겠습니까. 그는 원래부터

---

51 『霞谷集』 卷11 「遺事」 1. "其後又從安山楸下移入島中, 幾與世人隔絕. 雖或傾慕而欲爲從游者, 亦不能涉險往來."

52 『霞谷集』 卷11 「遺事」 2. "公於黨論是非之爭, 絶不向人說道, 未嘗與世干涉, 而且近世儒家聚徒立門, 互相爭論, 心嘗痛惡. 故窮居僻處, 以絶聚會之道. 是公雅性然也."

53 『霞谷集』 卷11 「遺事」 1. "世之知公者, 稱以明體適用之學. 蓋於當世之務, 亦嘗留心, 或箚記著說, 而人有來叩者, 則隨其所問而應之. 不問則亦不言. 至於末年, 見黨論潰裂, 私意橫流, 有不可以救助, 則遂絶口不道時事."

함께 도학을 말할 만한 인물이 아닙니다. 그러나 이토록 정학(正學)에 어둡고 이교(異教)를 숭상하는 무리에 대해 만일 엄하게 막아 조치를 취하지 않는다면, 그 해독이 미치는 바가 반드시 세상을 미혹하고 백성을 속이는 데 이를 것입니다. 세도(世道)에 있어서 결코 작은 근심거리로 지나갈 수 없는 것입니다. 좨주 정제두를 속히 명하여 파출(罷黜)하기를 청합니다.

영조는 이를 윤허하지 않고 산림의 선비를 모욕하는 말이라고 하여 도리어 이정박을 질책하였다.[54]

『승정원일기』 같은 날의 조에 의하면, 이정박은 다시 "제 발언은 저 한 사람의 견해가 아니라, 문순공(文純公) 박세채의 발언에 근거한 것입니다."라고 하며 박세채가 인용한 정제두의 말('회암은 둘로, 양명은 하나로 보았다.[晦菴二陽明一]' '양명의 말은 모두 인륜의 상도와 경서의 가르침이니 선불(禪佛)의 취미(臭味)는 전혀 없다.[其所言皆主倫常經訓, 無一禪佛之味]')을 인용한 뒤, 정제두와 박세채의 왕복서한이 결정적인 증거로, 자신의 발언은 결코 무고가 아니라는 논진을 펴고 있다.[55] 그러나 이정박의 이 말도 역시 받아들여지지 않고 끝났다.

---

54 이상 『朝鮮王朝實錄』 영조2년 7월 19일. 이정박이 올린 상소의 원문은 다음과 같다. "憲府持平李廷樸申前啓, 不允. 又啓曰, 程朱以後, 道學大明, 知行兩進之工, 有如車輪鳥翼之不可偏廢. 而陸九淵頓悟之說, 王守仁致良知之論, 背馳吾道, 深爲世害, 流毒餘烈, 至今未已. 此所謂昔之害, 近而易知, 今之害, 深而難辨者也. 祭酒鄭齊斗, 全背程朱之學, 粗襲陸王之說, 乃敢曰, 陸王程朱, 雖可謂偕入於大道, 而陸王之學, 如崇禮門, 程朱之學, 如敦義門. 此蓋以陸王爲正道, 程朱爲旁岐也. 其不學無識, 全昧頭腦, 若是之甚, 已嘗見斥於先生長者也. 特以出入大家, 稍自修飾之故, 節次推遷, 濫躋宰列, 至玷師儒之席, 事之駭笑, 孰甚焉? 彼固不足與論於道學蹊逕, 而如此昧正道尙異教之類, 若不嚴加隄防, 其流之害, 安保其不爲馴致於惑世而誣民乎? 此誠非世道之細憂. 請祭酒鄭齊斗, 亟命改正."

55 『承政院日記』 영조2년 7월 19일. "臣之此言, 非臣一人之言, 卽先正臣文純公朴世采之言也. 齊斗常與世采辨詰曰, 晦菴陽明之論, 各自爲一件, 而晦菴二, 陽明一, 陽明爲勝. 陽明, 守仁之號也. 此必言朱熹兼知行之工, 故謂之二, 守仁有行而無知, 故謂之一. 且曰, 陽明所言, 皆主倫常經訓, 無一禪佛之味. 惟此往復文蹟, 斑斑俱在, 焉可誣也?" 이 부분은 『조선왕조실록』에는 수록되지 않았다.

앞서 말한 박세채가 인용한 정제두의 말이란, 『남계집』 권32 「여정사앙(與鄭士仰)」(丁卯 5월 12일)에 인용되어 있다. 또 숭례문 · 돈의문의 비유에 대해 정제두는 이 탄핵사건에서 언급되는 편지 속에서 애초부터 자신이 누구에게 했던 말인지, 이를 누가 전했는지는 기억에 없다고 말하고 있지만[56] 『남계집』 권32 「답정사앙」(정제두 44세)에 '숭례 · 돈의의 의론은 너무 심하다.'라 하고 있으므로, 역시 정제두가 박세채에게 보낸 편지에 썼던 것인 듯하다. 즉 이정박은 주로 박세채가 정제두의 양명학을 비판하는 편지를 소재로 하여 정제두 탄핵문을 입론 · 구성한 것이다. 글 중에 일찍이 정제두가 논한 바를 배척했다는 '선생장자(先生長者)'란 박세채를 비롯하여 본고에서도 언급한 윤증 · 민이승 · 최석정을 가리키는 듯하다.

이 탄핵사건을 만난 정제두 주위의 문인들은 반론의 상소를 올려 스승의 오명을 씻고자 하였으나, 정제두는 역으로 그들을 질책하고 이를 허락하지 않았다.[57]

2

정제두를 탄핵한 이정박은 숙종15년 기사년(1689) 생으로, 자는 성질(聖質), 본관은 경상도 성주(星州), 생부는 이세환(李世瑍), 양부는 이세관(李世瓘)이며, 숙종40년 갑오(甲午)의 사마시[생원시]에 합격하고 영조원년 을사(乙巳)의 문과합격자인데 그 이상의 상세한 것은 불명이다.[58]

그런데 『승정원일기』에 따르면, 이정박에 의한 정제두 탄핵은 그날 한 번으로 끝나지 않았으며 이정박 혼자에 의해 이루어진 것도 아니었다. 실은 7월부터 8월에 걸쳐 정제두 파출 요청의 상계(上啓)는 이미 연일 빈번

56 『霞谷集』 卷3 書6 63 「答從子書」. "兩門之說, 未能記得, 未知於何處說, 何人傳之也?"

57 『霞谷集』 卷11 「遺事」 1 14條, 『霞谷集』 卷3 書5 76 「答李栢齡書」 丙午(78세), 『霞谷集』 卷3 書6 63 「答從子書」.

58 『甲午增廣司馬榜目』 生員試 二等. 『國朝榜目』 英祖乙巳增廣榜 丙科.

하게 행해졌다. 아래에 상계한 월일을 열기한다(괄호 안은 상계한 자의 이름, 또『승정원일기』는 李廷樸이 李挺樸으로 되어 있다).

• 7월

19일(사헌부 지평 이정박), 20일(사헌부 장령 李台徵), 21일(上同), 22일(이정박), 25일(上同)

• 8월

2일(上同), 4일(사헌부 장령 李根, 이정박), 5일(上同), 6일(上同), 9일(이근), 10일(上同), 11일(上同), 16일(이근, 이정박), 19일(이근), 20일(上同), 20일(이정박)

이처럼 두 달에 걸쳐 거의 날마다 정제두 파면의 상청(上請)이 집요하고도 빈번하게 반복되고 있었던 것 자체가, 숭정벽사를 목적으로 한 순연한 학술적 관점에 근본한 행위만으로는 도저히 생각되지 않는 모종의 정치적 배경을 상정할 만할 것이었다. 실제로 정제두 탄핵사건의 다음 해인 영조 3년에 단행된 정사환국에서 노론파 관료가 일제히 축출된 사건을 기록한 『조선왕조실록』의 기사에서, 정제두의 탄핵자인 이정박 · 이태징 · 이근은 모두 파출자로 그 이름이 남아 있다(『조선왕조실록』 영조3년 7월 5일 己未). 그렇다면 이정박 등은 분명 노론파의 관료였으므로, 영조 초년 노론이 부활하여 소론에 대한 반대공세를 강화했던 바로 그 시기에 이 탄핵사건이 이루어진 이상, 역시 이는 그러한 정치적 문맥 속에 위치한 사건으로 이해해야 할 것이다(경종~영조 초년 정치동향이나 당쟁에 관해서는 제11장을 참조).

탄핵사건 직후 문인들이 스승을 변호하는 논진을 펴려고 하는 것을 막을 때, 정제두는 "이정박은 어차피 나를 알 수 있는 인물은 아니지만, 이 일은 그 한 사람의 뜻에서 나온 것이 아니다. 일이 되어가는 대로 맡기는 수밖에 없다."라고 하여 사태를 가만히 관망하도록 하였다.[59] 이정박은 단

59 『霞谷集』 卷11 「遺事」 1. "自有李挺樸事後, 凡在慕仰之列者, 莫不爲之忿惋, 而竊觀公

순히 말단 요원으로, 배후에는 그를 사주한 자들이 품고 있는 보다 큰 정치적 의도가 작용하고 있다. 위의 발언은 정제두의 이러한 상황 판단을 나타내주는 것이다.

3

이정박에 의한 정제두의 탄핵은 적어도 왕조의 처우에 관해서는 정제두에게 어떠한 타격도 입히지 못한 듯하다. 탄핵사건 후에도 관직의 지위가 올라갔다는 것은 이미 언급한 대로이다. 탄핵 이듬해, 이조판서의 배명을 사퇴한 정제두의 상소에 대해 영조는 그 비답에서 "그대가 지난날 무고를 받은 것은 언관(言官)의 잘못이라기보다는, 오히려 짐의 부덕함의 소치이다."라고까지 말하고 있다.[60] 영조의 정제두에 대한 독실한 신임은 「연보」 만년의 여러 조에 비추어보아도 보통 이상이다.

윤남한은 이러한 왕실과의 친밀한 일체성의 사실에 근거하여 강화 시기 정제두의 둔세(遁世) · 일민(逸民)적 생활에는 한계성이나 타협성이 있다는 것을 지적하여, 강화 이주 후 그의 언사에 양명학적 입장 표명이 거의 보이지 않게 되는 것을 그러한 한계성과의 관련 속에서 파악하고 있다.[61] 그리고 정제두의 학문적 특색이 실은 주자학과 왕학의 대립성이라기보다는 오히려 그 공통성 · 연계성의 강조에 있었다고 파악하고, 그러한 연계성의 입장에 서지 않았다면 만년 그가 현유 · 종사로서 이처럼 예우받지는 못했을 것이라고 하였다.[62]

無一毫幾微色. 門人輩必欲一疏陳卞, 而公不許曰, 彼雖不能知我, 而亦非渠所自爲說. 在我只當任之而已. 若與之較辨, 則不其勞歟. 門人再三稟請, 公終不之許."

60 『承政院日記』 영조3년 8월 11일. "向日卿之被誣, 非言者之過, 實予誠淺而然矣." 그리고 『霞谷集』 卷4 「疏」「辭贊善疏」 丁未 8월(79세) 참조.

61 윤남한, 앞의 책, 210쪽.

62 윤남한, 앞의 책, 212~214쪽.

중요한 것은 정제두의 학술을 어떻게 평가해야 할지 그 근간에 관한 문제이다. 이 점에 대해서는 나중에 검토를 시도한다. 이에 앞서 절을 바꾸어 정제두의 주왕관(朱王觀) 및 양명학 이해의 내실을 검증해두고자 한다.

Ⅳ. 정제두의 주왕관(朱王觀)

1

이 절에서는 정제두가 주자학과 양명학 각각의 특질을 어떻게 파악하여 대조했는지를 검토한다. 다음의 자료는 주자학과 양명학의 입장을 총론적으로 대조한 것으로서 주목된다.

> 주자는 심(心)을 몸의 주재로 삼고 성(性)을 이(理)로 삼아, 이(理)가 사물마다 갖추어져 있다고 하였다. 사물마다 각자의 당연한 법칙이 있으니, 모두 그 당연한 법칙을 다하기를 구하라는 것이다. 이 때문에 심(心)은 그 성경(誠敬)을 다하고 사물은 그 이치를 궁구한다. 그러므로 그 심(心)을 보존하여 만물의 이(理)를 궁구하고 만물의 법칙에 대응한다는 것이다. 그러므로 그 당연한 이(理)를 궁구하는 것을 지(知)라 하고, 그 당연한 법칙을 따르는 것을 행(行)이라 한다.……왕씨는 심(心)을 이(理)로 삼았으니 곧 양지(良知)이다. 심(心)의 양지(良知)는 체(體)가 되는 것이다. 모든 사물의 작용은 용(用)이 되고 이를 사물의 이(理)라고 하는데, 이(理)는 모두 심(心)에 갖추어져 있다. 심에는 저절로 양지(良知)가 있으니 알지 못하는 이(理)는 없다. 다만 사욕에 빠지는 까닭에 어둡거나 어리석은 자가 있는 것이다. 양지(良知)를 지극히 하여 성(性)을 회복하고, 심(心)의 이(理)를 궁구하며 심(心)의 성(性)을 다한다면, 오륜(五倫)·심성·사물에 있어 천리(天理) 아님이 없는 것이다. 이 때문에 체(體)와 용(用)은 있어도 내외(內外)·정추(精粗)의 구분은 없다. 그러므로 명덕(明德)과 친민(親民)은

하나여서 나눌 수 없는 것이다. 지(知)와 행(行)은 하나로 합친 것이니 지(知)는 행(行)의 시작이고, 행(行)은 지(知)의 지극함이다. 그러므로 도는 하나일 뿐이요 성(誠)일 뿐이니, 둘도 아니고 나뉘지도 않는다.[63]

여기에서는 주자학의 성즉리설 · 즉물궁리설과 양명학의 심즉리설 · 치양지설이 대비되고 있다. 주자학에서는 사물에 나아가 이에 갖추어진 '이(理=當然之則)'를 궁구하여 지식을 체득하는 것이 '지(知)', 알게 된 준칙에 의거하여 이를 준수하면서 행위 · 행동하는 것이 '행(行)'이다. 이런 경우 당연히 '지선행후(知先行後)'라는 선후관계가 상정된다. 또 '궁리(窮理)'는 오로지 사물에 나아가 실천하는 것으로, 궁리와는 별개로 '존심(存心)'의 공부가 세워지는 것이 된다.[64]

한편 양명학에서는 심(心)에 갖추어진 '이(理=良知)'에 믿음을 둔 입장을 취하고 있으므로 그 양지를 발휘하는 것, 즉 치양지(致良知)의 실천만이 요청된다. 또 자기의 명덕(明德)을 밝히는 행위는 타인과 친밀하게 지내는 때에야말로 실천되는 것이다. 이 때문에 '명명덕(明明德, 體)'과 '친민(親民, 用)'은 일체이고, 여기에 자타(自他) · 내외의 구별은 없다. 또한 '지는 행의 시작이고, 행은 지의 지극함이다.'라 한 것처럼 지행은 일체적인 것으로 합일된다.[65]

---

63 『霞谷集』 卷9 「存言」 下 42條. "朱子以心爲身之主宰, 性爲理而謂理在事事物物上. 事事物物各有當然之則, 皆求盡其當然之則. 是故心則盡其誠敬, 事物則窮其理. 故存其心以窮萬物之理, 以應萬事之則. 故窮其當然之理爲知, 遵其當然之則爲行. ……王氏以心爲理, 卽良知也, 心之良知爲體. 凡事物作用爲用, 而謂事物之理, 理皆具於心. 心自有良知, 未有不知之理. 但汨於私欲, 故有昏愚者. 致良知復其性, 窮心之理, 盡心之性, 則於五倫於心性於事物, 無非天理. 是故有體用而無內外無精粗. 故明德與親民一而無分. 知與行合一, 知者行之始, 行者知之至. 故其道一而已, 誠而已, 不貳不歧."

64 『河南程氏遺書』 卷18 28條. "涵養須用敬, 進學在致知." 『大學或問』. "人之所以爲學, 心與理而已矣. ……然或不知此心之靈而無以存之, 則昏昧雜擾而無以窮衆理之妙. 不知衆理之妙而無以窮之, 則偏狹固滯而無以盡此心之全."

65 『傳習錄』 卷上 5條. "知是行的主意, 行是知的功夫. 知是行之始, 行是知之成."

그런데 위의 문장 중에서 정제두는 왕수인의 입장을 '하나여서 나눌 수 없는 것[一而無分]', '합일(合一)', '하나일 뿐이다.[一而已]', '둘도 아니고 나뉘지도 않는다.[不貳不岐]'라는 표현을 사용하여 형용하고 있다. 이것은 당연히 주자학의 입장을 '이(貳)', '기(岐)'라고 평하는 의도를 함의한 것이다. 정제두가 박세채에게 보낸 편지에서도 말한 '회암은 둘이고 양명은 하나이다.[晦庵二, 陽明一]'도 같은 취지이다. 같은 취지의 발언을 아래에 예로 들어본다.

> ① 예컨대 물(物)에 나아가 이(理)를 궁구하면, 덕성(德性)상 갖추어진 이(理)의 본체를 보지 못하고, 이(理)가 심체(心)의 본체에 갖추어져 있음을 생각지 못하고서 "사람이 학문하는 대상은 심(心)과 이(理)일 뿐이다."라 하여 심(心)과 이(理)를 둘로 나누고 지(知)와 행(行)을 둘로 나누게 된다.[66]
>
> ② 양명은 심(心)과 이(理)를 하나로 하고 지(知)와 행(行)을 합치한다.[67]
>
> ③ 선유(先儒)와 양명은……그 원두(源頭)에 있어 이(離)와 합(合) · 일(一)과 이(二)의 구별이 있다. 이것이 그 차이점이다.[68]

요컨대 주자학은 '이(二)', '분(分)', 양명학은 '일(一)', '합(合)'이라는 말로 주자학은 분석적, 양명학은 혼일적이라는 지적이다. 또 ①에서 "사람이 학문하는 대상은 심(心)과 이(理)일 뿐이다."라는 말은 주희의 『대학혹문』의 말에 근거한 것이다.[69] 그리고 '심여리(心與理)'라는 표현이 심과 이를 이분하고 심지어는 지와 행을 이분하는 것이라는 말은, 왕수인이 일찍이 지적

---

66 『霞谷集』 卷9 「存言」 下 56條. "如卽物而窮其理, 不見德性上理體, 不考此理根於心體者, 乃曰, 人之爲學, 心與理而已, 分心與理爲二, 知與行爲兩."

67 『霞谷集』 卷1 書2 5 「答閔彦暉書」. "陽明一心理, 合知行者."

68 『霞谷集』 卷1 書2 4 「答閔彦暉書」. "蓋先儒與陽明……於源頭有離合之分, 一二之別, 是其所異耳."

69 『大學或問』. "人之所以爲學, 心與理而已矣."

한 점이기도 하다.[70] ①의 필치에 비추어보아도, 이렇게 주왕(朱王)을 대조한 정제두가 양명학에 가담한 입장이었음은 틀림없다. 이러한 정제두의 인식은 그의 문하에도 답습되는데,[71] 이는 애초부터 중국에도 널리 행해지고 있던 것이다.[72] 이런 의미에서 정제두의 이런 발언들은 주자와 왕양명의 특질을 잘 파악한 것이라고 평가할 수 있겠다.

2

다음의 자료는 또 다른 각도에서 주왕(朱王)의 입장을 대조한 것이다.

> 주자는 중인(衆人)이 성인(聖人)과 일체가 될 수 없는 지점을 도(道)로 삼기 때문에 그 설이 만수처(萬殊處)로부터 들어간다. 양명은 성인이 중인과 본디 일체인 지점을 도로 삼기 때문에 그 학문이 일본처(一本處)로부터 들어간다. 혹은 지엽에서 근본으로 가고 혹은 근본에서부터 지엽으로 가니 이것이 서로 나뉘게 된 까닭이다.[73]

---

70 『傳習錄』 卷上 33條. "或問, 晦庵先生曰, 人之所以爲學, 心與理而已. 此語如何? 曰, 心卽性, 性卽理. 下一與字, 恐未免爲二. 此在學者善觀之." 『傳習錄』 卷中 「答人論學書(答顧東橋書)」 第4節. "晦庵謂, 人之所以爲學, 心與理而已.……是其一分一合之間, 而未免已啓學者心理爲二之弊.……不可外心以求仁, 不可外心以求義. 獨可外心以求理乎? 外心以求理, 此知行之所以二也. 求理於吾心, 此聖門知行合一之敎, 吾子又何疑乎?"

71 『先藁』 冊1 「與襄仲辨難朱王理氣說」. "王氏之凡論理論學, 必喜合惡離." "若曰, 朱子議論, 喜離惡合, 凡論道論學, 一切分之, 王氏議論, 喜合惡離, 凡論道論學, 一切合之云爾, 則可也."

72 明, 王畿 『龍溪王先生全集』 卷2 「書婺源同志會約」. "晦翁隨處分而爲二, 先師隨處合而爲一, 此其大較也." 明, 劉宗周(『明儒學案』 卷首 「師說」「王陽明守仁」 所引). "朱子之解大學也, 先格致而後授之以誠意. 先生之解大學也, 卽格致爲誠意. 其於工夫, 似有分合之不同." 淸, 張烈 『王學質疑』 卷3 2條. "象山陽明言理, 皆惡分而喜合.……今執其合諱其分, 則天地一物也, 日月一明也, 男女一身也, 君臣一位也, 父子一名也, 可乎?……好渾同惡分析, 深斥卽物窮理."

73 『霞谷集』 卷1 書2 5 「答閔彦暉書」. "蓋朱子自其衆人之不能一體處爲道, 故其說先從萬

주자학은 성즉리(性卽理)를 주장하는데 이(理)와 등치되는 성(性)은 엄밀히는 '본연지성(本然之性)'이다. 본연지성은 육체적 존재인 인간의 현재 모습에 연계된 '기질지성(氣質之性)'과 엄격히 구별된다. 기질지성의 모습은 기(氣)의 청탁후박(淸濁厚薄)에 따라 다양하다[萬殊]. 또 성인(聖人)이란, 요(堯) · 순(舜) · 우(禹) 등 역사상 위대한 인격자인 동시에, 그 이상으로 인간은 본래 만전(萬全)의 존재라고 하는 이념 · 신념[성선설]에 구체적 형상을 부여하여 사념 · 형성된 개념이다. 기질지성이 곧바로 이(理)와는 등치될 수 없듯이, 일반 사람들도 그대로는 성인과 일체가 될 수 없다. '성인을 배워 이르러야 한다.'는 주자학의 구호가 단적으로 말해주듯이, 중인(衆人=學者)과 성인의 사이에는 위학(爲學)이라고 하는 계제(階梯)를 통해 메워야 할 도랑의 존재가 전제되어 있다. 인간 존재의 현실적 다양성[萬殊]에 입각하면서도 학문을 통해 성인의 경지에 도달하는 것을 목표로 한다[自末而之本].

이에 반해 양명학은 심즉리(心卽理)를 주장하여, 인간이 현실적으로 갖춘 심(心)을 곧바로 이(理)에 등치시킨다. 그리고 현실 일반 사람들의 모습에 성인의 본래면목(本來面目)을 인정하는 입장을 취한다. "거리 가득한 사람들 모두 성인이다."(『傳習錄』 下, 113조)라고 말한 까닭이기도 하다. 즉 양명학은 중인과 성인의 본래적 동일성[一本]에 입각하여, 개개인이 자기의 마음에 성인의 본래면목이 갖추어져 있다는 진실을 깨닫는 것을 우선 요구한다[自本而之末].

주자학은 만수(萬殊)에 입각하고 양명학은 일본(一本)에 입각했다는 것은, 황목견오(荒木見悟)의 표현을 빌리자면 "주자학은 현실성에 입각하고 양명학은 본래성에 입각한다."라는 말이다.[74] 또 '지엽에서 근본으로 간

殊處入. 陽明自其聖人之本自一體處爲道, 故其學自其一本處入. 其或自末而之本, 或自本而之末, 此其所由分耳."

74 荒木見悟(1993).

다.[自末而之本]', '근본에서 지엽으로 간다.[自本而之末]'라는 대비는 '주자는 아래로부터의 이론', '양명은 위로부터의 이론'이라는 안전이랑(安田二郞)의 규정을 상기시킨다.[75] 이는 차치하고, 위의 정제두의 촌평은 이것 또한 주자학과 양명학의 본질을 매우 적확하게 찔렀다고 할 수 있을 것이다.

Ⅴ. 정제두의 양명학 이해

앞 절의 고찰에서도 이미 정제두의 양명학 이해의 일단을 엿보았으나, 여기에서는 새롭게 양명학의 대표적인 명제 · 구호에 대해, 정제두가 이를 어떻게 이해하고 또 받아들였는지 개별 검토를 행하고자 한다.

(a) 심즉리(心卽理)

정제두는 인의예지(仁義禮智) 네 가지가 심(心)의 덕(德)으로서 사람들에게 내재되어 있음을 주장하는 문맥에서 '심과 리는 두 가지가 아니다.[心理之無有二也]'라 하였고,[76] 또 보고 들음에 있어 명(明)과 총(聰), 자식과 신하의 효(孝)와 충(忠)이라는 이(理)가 사물이 아닌 심(心)에 존재한다고 하였다.[77] 또 성(性)과 심(心)을 엄격히 구별하고 이(理)와 심(心)을 구분 지어, 자신의 밖에서 구하려고 하는 발상을 비판하는 문맥에서, '심즉시성(心卽是性)', '심즉리(心卽理)'를 주장한다.[78] 또 '심즉리'라고 한 경우, 여기에서의

---

75 安田二郞(1976), 196쪽.

76 『霞谷集』 卷9 「存言」 中. "仁者生理之主, 能發生者也. 義者宰制之宜, 理之裁制也. 禮者節文之理, 理之節文也, 智者明覺之妙, 理之辨別也, 四者心之德也.……皆是無有於內外也.【心理之無有二也】"

77 『霞谷集』 卷9 「存言」 下. "視之明也, 聽之聰也, 子之孝也, 臣之忠也, 是理也, 則理不在於物也, 卽是心."

78 『霞谷集』 卷9 「存言」 中. "謂性自性也. 以性爲非心而別件也. 特求之於靜. 謂理自理

이(理)는 성(性)의 본연에 근거를 두는 것으로, 조수(鳥獸) · 초목(草木)의 이(理) 등을 가리키는 것이 아니라고 말한다.[79]

이상에 의해 정제두가 육왕학의 구호라고 할 수 있는 심즉리설을 긍정적으로 시인하고 있음은 분명하다.

(b) 즉물궁리(卽物窮理) 비판

「존언(存言)」 상(上)의 「성학설(聖學說)」은 "즉물궁리의 실천을 제쳐놓고 이(理)를 심성(心性)에서 구하려 한다면, 이는 선학(禪學)에 빠지는 것이 아닌가."라고 자문한 뒤, 이를 반박하는 형식으로 구성되어 있다. 정제두는 대략 다음과 같이 반박하고 있다. 사단지심(四端之心), 인의예지(仁義禮智)는 천리(天理)로 자기에게 구비되어 있다[惟此之理, 皆出於天而無不本然自有]. 천리가 원래 자신에게 본디 존재하고 있는 것인 이상, 우리는 사욕을 극복하여 인위(人僞)를 제거하고 본연의 본체를 따르기만 하면 되는 것으로 물리(物理)에서 구할 필요가 없다. 경전의 가르침과 성현의 말씀은 전부 이러한 것으로 즉물궁리라는 교설은 어디에도 존재하지 않는 것이다.[80]

이(理)의 '본연자유(本然自有)'란 심즉리와 완전히 똑같은 뜻이다. 정제두는 심즉리설에 입각하여 즉물궁리설을 비판하고 있는 것이다.

'즉물궁리는 고전(古典)에 그 근거를 갖고 있지 않다'는 주장은 정제두에

也. 以理爲非心而在外也. 必求之於外. 其原之所差者以此也. 不知理在於氣, 心卽是性.【心卽理, 道卽器】"

79 『霞谷集』 卷1 書2 7 「答閔誠齋書」. "此所謂心卽理, 以其心之所有, 故謂之心卽理. 又以其出於性之本然, 故謂之天理. 非其在鳥獸草木之理也."

80 『霞谷集』 卷8 「存言」 上 「聖學說」. "問. 嘗聞聖人之學, 其功在先卽物而窮其理也. 其以求之心性者, 禪也. 然乎? 曰, 夫惻隱之心, 仁也.……羞惡之心, 義也.……恭敬之心, 禮也.……是非之心, 知也.……惟此之理, 皆出於天而無不本然自有. 此天之所命於人, 而人之爲性者也. 人之有心, 此其爲本體, 卽所謂天理也. 惟此之理, 其能實有諸己.……其爲功, 則克一己之私, 去人僞之雜, 以循夫本然之體.……此其爲學, 有何不足, 而反以求於物理乎?……此自經傳以來, 從上聖賢之說, 皆謂如此, 明有可考. 曷嘗見有一言及於卽物而窮其理, 以明吾知之謂者乎?"

의해 반복되고 있다. '치양지(致良知)' 세 글자가 공문(孔門)에서 발견되지 않는다(=왕수인에 의한 창의적인 창작에 지나지 않는다)고 비판한다면, 즉물궁리 또한 공맹(孔孟)의 책에서 찾을 수 없지 않은가.[81] '궁지사물지리(窮至事物之理)', '추극지식(推極知識)'이라는 설은 여러 경서 중 어디에도 발견되지 않는데, 어째서 『대학』에서만 이렇게 난해한 해석을 펼 필요성이 있는가.[82]

또 정제두는 즉물궁리의 학문은 물리(物理)와 심신(心身), 물(物)과 아(我)를 이분하는 것으로, 이는 고자(告子)의 '의(義)는 밖에 있다'는 설에 상당하는 것이라 비판한다.[83] 그리고 즉물설(卽物說)과 양지학(良知學)을 대비하여, 전자는 '소이연(所以然)의 이(理)' 및 '소당연(所當然)의 이(理)'를 물(物)에 두고 있다는 점에서 본령(本領)이 결여되어 있고, 후자는 '소이연(所以然)의 이(理)' 및 '소당연(所當然)의 이(理)'를 심(心)에 근거하고 있다는 점에서 통령본원(統領本源)이 있다고 하였다.[84]

이상 심즉리의 입장을 채택하는 정제두는 그 당연한 귀결로, 주자학의 즉물궁리설을 명확하게 부정한다.

(c) 치양지(致良知)

치양지설에 관해서는 「존언」 상, 「치지설(致知說)」이 비교적 정리된 저작이다. 문답체로 구성되어 있는데 요점을 기록하자면 다음과 같다. ① 『대학』에서 말하는 '치지(致知)', '지지(知至)'의 '지(知)'는 인의예지 등 사람에게

---

81 『霞谷集』 卷2 書3 16 「答崔汝和書」 癸酉或疑甲戌. "乃曰孔門無此三字句, 然則卽物窮理之語, 未知見於何經?"

82 『霞谷集』 卷13 大學說 「大學古本」. "窮至事物之理, 推極知識之功之說, 一不槪見於諸經之中, 而何至大學中獨有此艱晦一語?"

83 『霞谷集』 卷9 「存言」 中. "如物理之學, 以物理爲在物而心身爲在我, 岐而求之, 如告子之分仁義."

84 『霞谷集』 卷9 「存言」 中. "然卽物之說, 以其所以然所當然之理, 爲各在於物. 是則無本領也. 良知之學, 以其所以然所當然之理, 物所各有者, 以其源皆出於心也. 卽由心而爲本, 是却有統領却有本源."

성(性)으로 구비되어 있는 지(知)를 가리킨다. ② 이는 『맹자』에서 말하는 '시비지심(是非之心)', 즉 사람이라면 본디 누구나 소유한 것으로, 밖에서 새로 배워 획득하는 것이 아니다. ③ 이는 아버지에 대해서는 효도해야 함을 알며, 임금에 대해서는 충성해야 함을 알며, 선을 좋아할 줄 알고 악을 미워할 줄 아는 능력, 작은 어린이가 생각할 것도 없고 배울 것도 없이 갖추어져 있는 양지양능(良知良能)임에 틀림없다.[85]

또한 '치양지' 세 글자가 공문(孔門)에는 보이지 않는다(=왕수인이 마음대로 만든 말에 지나지 않는다)는 비판에 대해, '치지(致知)'의 '지'는 지식(知識)의 '지'가 아니라 '양지(良知)'의 지임을 명시하기 위해 부득이하게 이러한 표현 수단을 채용하였다, 그 의도[其不得已表出之意]를 받아들여야 한다, 그리고 치양지에 대해 그러한 비판을 한다면 즉물궁리도 공맹의 서적에는 발견되지 않는다고 반박하여 왕수인에 의한 치양지설 제창을 긍정하고 있다.[86] 위와 같이 치양지설에 대한 정제두의 긍정적 입장을 확인할 수 있다.

(d) 지행합일(知行合一)

정제두는 지와 행이 별개의 두 가지 일이 되는 것은 지행이 그 본체를 잃는 것과 다름없으며, 본체에 있어서는 지행은 합일한다고 말한다.[87] 여

---

85 『霞谷集』 卷8 「存言」 上 「致良知」. ① "大學致知知至之知字, 是仁義禮智人性之知耶? 抑別立於人性之知之外者耶? 曰, 是固仁義禮智之知也, 非有二也." ② "曰, 然則孟子云, 是非之心知也, 人皆有之. 無是非之心非人也. 然則是知者, 爲人心所固有者耶? 抑求之於物, 學之於書, 有待於外而後知者耶? 曰, 是固人之所固有者也." ③ "曰, 然則是民之秉彝, 於父焉而知當孝, 於君焉而知當忠. 善焉知好之, 惡焉知惡之. 所謂孩提之童, 所不慮不學而有之良知良能者邪? 曰, 然."

86 『霞谷集』 卷2 書3 16 「答崔汝和書」. "致良知之良字, 不過釋知字之爲良知, 以別於致知識之知字而已. 不然, 致知二字盡之矣. 何必別加一字, 以爲添足之譏乎? 今不察其不得已表出之意, 乃曰孔門無此三字句. 然則卽物窮理之語, 未知見於何經? 孔孟之書, 旣無見也."

87 『霞谷集』 卷9 「存言」 中 60條. "或知或行而二之者, 蔽於欲而不全也. 知行一者本體也." 62條. "朱子伊川以知行爲二, 以庸人之不得本體者言也. 以知行一者, 直以本體言也. 非謂人人皆已得本體然也."

기에서 본체란 '덕성(德性)의 체(體)', '본연(本然)의 지(知)'로서의 양지(良知)를 가리키며, 이는 지식(知識)의 지(知)와는 대비된다.[88] 양지는 지 속에 행이 절로 포함되어 있고 행 속에 지가 절로 포함되어 있어 선후를 분별하는 것이 불가능하다.[89]

양지에서 지행의 양상에 관해, 정제두는 통증이나 가려움을 지각(知覺)하는 경우를 예시로 든다. 사람이 신체의 아픔을 느낄 수 있는 것은 양지의 작용에 의한다. 그리고 통증을 느끼고[知疾痛] 벌레에 물린 것을 알아채는[知嚐螫] 경우부터, 타자에 대해 측은한 마음을 깨닫는 경우에 이르기까지 모두 양지의 작용으로, 양지의 작용에서 심즉리 · 지행합일이 실현되고 있다. 아픔이나 벌레에 물린 것을 일단 알게 된 후에 아픔과 가려움을 깨닫는다는 것은 양명의 취지가 아니다.[90]

정제두는 여기에서 통증을 느끼고 벌레에 물린 것을 알아채는 생리적 · 감각적 레벨에 속하는 사항과 측은의 정이라는 윤리적 · 도덕적 사항을 동일 선상에서 논하고 있다. 이는 아마도 "호색(好色)이나 악취(惡臭)의 지각은 '지'에 속하고, 그것을 좋아하고 싫어하는 것은 '행'에 속하지만, 실제로 이것들은 나눌 수 없는 일체(一體)의 행위이다."라는 비유로 지행합일을 설명한 왕수인의 발상을 본뜬 것인 듯하다.[91]

---

88 『霞谷集』 卷2 書3 20 「答崔汝和書」 甲申. "至於知行之義, 以德性之體本然之知, 良知而良能者言之, 則自當與推識之知有間矣."

89 『霞谷集』 卷2 書4 4 「重答朴大叔問目」. "陽明所謂知行者, 專以我良知良能之體言之. 知此則其知行之義可見矣." "旣曰良知, 則知中有行, 行中有知, 不可以分先後. 分先後, 非陽明本旨."

90 『霞谷集』 卷1 書2 2 「與閔彦暉論辨言正術書」. "人身之能痛能痒者, 卽是良知良能也. 無良知, 是誰能痛能痒耶?……【不惟此所謂知疾痛知嚐螫者而已. 雖其從以之充其惻隱, 以至位天地育萬物焉, 亦惟此能痛痒惻隱之一箇知而已. 故心卽理, 知行一云耳】今謂先知疾嚐, 然後方痛方痒云者, 在陽明無此意, 非所以論陽明."

91 『傳習錄』 卷上 5條. "見好色屬知, 好好色屬行. 只見那好色時, 已自好了. 不是見了後, 又立箇心去好. 聞惡臭屬知, 惡惡臭屬行. 只聞那惡臭時, 已自惡了. 不是聞了後, 別立箇心去惡." 또 같은 조목에서 왕수인 자신이 '知痛', '知寒', '知飢'를 知行本體의 설명에 사용하고 있다. "又如知痛, 必已自痛了, 方知痛. 知寒, 必已自寒了. 知飢, 必已自飢了.

타인에게 느끼는 측은의 정[知]이 통증 · 가려움 · 벌레 물림의 지각이나 호색 · 악취의 지각과 마찬가지로 자기의 생리적 · 감각적 레벨에 기인하여 내발(內發) · 자발(自發)하는 것이라면, 이는 타자에게 구제의 손을 내미는 행위 행동[行]에 자연히 연동 · 직결된다. 그리고 양지(良知)가 생득적으로 자기에게 내재되어 있으며 자기에게서 내발하는 것이라는 확신이 바로 심즉리이다. '격물치지', '즉물궁리'에 의해 규범을 배워[知], 그런 연후에 이를 실천에 옮기는[行] 경우에는 그렇게 해야 함을 알고 있으면서도 실천 · 실행하지 않는 지행의 괴리(당위와 실천의 괴리)가 생길 수 있는데, 이 경우의 '지'는 지식(知識)의 '지'로 양지의 '지'는 아니기 때문에 그 본체를 잃는 것과 다를 바 없다.[92]

즉물궁리설의 채용은 지행선후설에 귀결하고, 심즉리설의 채용은 지행합일설에 귀결한다. 정제두가 심즉리와 지행합일을 일체적으로 파악한 것은 이치상 필연적인 것이다. 그리고 '통증 · 가려움 · 벌레 물림에 대한 지각'이라는 비유의 사용 방식에 비추어보아도, 정제두는 왕수인에 의한 지행합일설 제기의 의도를 충분히 이해한 뒤 이를 시인(是認) · 긍정(肯定)한 것이라고 평가할 수 있겠다.

(e) 정리(定理)의 부정과 자득(自得)의 존중

정제두는 주자학적인 정리(定理) 의식(『大學或問』, "사물마다 모두 일정한 이가 있다.[事事物物, 皆有定理矣]")을 부정하는 듯한 발언도 남기고 있다.

> 이 체(體)는 사리(事理)에 있어, 마치 입이 달거나 쓴 것, 눈이 검거나 흰 것

知行如何分得開. 此便是知行的本體."

92 『傳習錄』卷上 5條. "愛因未會先生知行合一之訓, 與宗賢惟賢往復辯論, 未能決, 以問於先生. 先生曰, 試擧看. 愛曰, 如今人儘有知得父當孝, 兄當弟者, 却不能孝, 不能弟. 便是知與行, 分明是兩件? 先生曰, 此已被私欲隔斷, 不是知行的本體了. 未有知而不行者. 知而不行, 只是未知. 聖賢敎人知行, 正是要復那本體."

에 대하는 것과 같다. 단 것은 절로 달고 쓴 것은 절로 쓰니, 먼저 그 달고 쓰고 검고 흰 것을 강구하여 대상을 파악한 후에야 그 달고 쓰고 검고 흰 것을 밝힐 수 있는 것은 아니다.……예컨대 거울이 비어 있다면 검고 흰 것이나 아름답고 추한 것이 단지 밝은 거울에 비추게 된다. 그리고 저울이 평평하다면 저울추와 저울대가 저절로 오르내리므로 고정된 기준을 가질 수 없다.……【사리(事理)의 지선(至善)은 미리 정할 수도, 끝까지 다할 수도 없는 것이다. 때에 따라 변화하는 것은 모두 마음의 근본에서 나온다】[93]

"사리(事理)의 지선(至善)은 미리 정할 수 없다.[其事理至善, 不可預定]"는 말은 '정리(定理)'의 존재를 자명한 소여(所與)·여건(與件)으로 받아들이는 발상에 대한 비판을 함의하는 것이다. 거울이나 저울의 비유에서도 분명하듯이 소여(所與)·기성(旣成)의 가치관을 습득해가기보다는, 스스로의 양지(良知)에 믿음을 두면서 그 상황에서 가치판단을 내리는 태도를 지향하는 것이다. 또한 '명경(明鏡)', '연치(姸蚩)', '평형(平衡)'의 비유는 모두 이미 왕수인이 사용한 것이기도 하다.[94]

자신의 양지(良知)가 내리는 가치판단에 믿음을 둔다는 입장은 다음의 발언에서도 발견된다.

---

93 『霞谷集』 卷9 「存言」 下 55條. "此體之於事理, 自如口之於甘苦, 目之於黑白. 甘者自甘, 苦者自苦, 不須先講討其甘苦黑白而執定之, 然後明其甘苦白黑.……如鑑之空, 黑白姸媸只在明鏡也. 如衡之平, 權衡進退, 不可典要也.……【其事理至善, 不可預定而不可勝窮, 其隨時變易, 皆出於此心之本】"

94 『傳習錄』 卷上 21條. "問. 聖人應變不窮, 莫亦是預先講求否? 先生曰, 如何講求得許多. 聖人之心如明鏡. 只是一箇明, 則隨感而應, 無物不照. 未有已往之形尙在, 未照之形先具者. 若後世所講, 却是如此. 是以與聖人之學大背." 『傳習錄』 中 「答陸原靜第二書」. "聖人致知之功至誠無息, 其良知之體, 皦如明鏡, 略無纖翳. 姸蚩之來, 隨物見形, 而明鏡曾無留染." 『傳習錄』 卷上 119條. "然不知心之本體, 原無一物, 一向着意去好善惡惡, 便又多了這分意思, 便不是廓然大公.……體當自家心體, 常要鑑空衡平, 這便是未發之中."

> 우리 학문은 안에서 구하고 밖에서 구하지 않는다. 이른바 안에서 구한다는 것은 반대로 내면만을 살피고 외물을 끊어버린다는 것이 아니다. 오직 자기의 내면에서 스스로 만족하기를 구하여 외부의 득실은 일체 고려하지 않는 것이다. 내 마음의 시비(是非)를 다하는 것이고 다른 사람의 시비는 따르지 않는 것이다.……이는 전부 자신의 내면에 달려 있을 뿐이니, 어찌 남에게 관여함이 있겠는가.[95]

타인이 내리는 가치관 판단[人之是非]에 좌우되지 않고 자신이 내리는 가치판단[其心之是非]에 믿음을 두는 입장, 자득(自得)을 중시하는 입장은 왕수인에게서도 발견할 수 있는 점이다.[96]

정리의식의 부정과 자득(自得)의 존중은 왕수인 양지심학의 키워드라고 말해도 좋으며, 여기에서 우리는 양지심학에 대한 정제두의 깊은 공감을 알 수 있다.

(f) 무선무악(無善無惡)

정리의식을 불식하고 스스로의 양지(良知)가 내리는 가치판단에 믿음을 두는 입장에서 제기되는 것이, 곧 양명학의 무선무악설(無善無惡說)이다. 단편적이긴 하나 정제두에게도 양명학의 무선무악설을 염두에 둔 것이라고 생각되는 발언이 확인된다.

---

95 『霞谷集』 卷9 「存言」 下 45條. "吾學求諸內而不求諸外. 所謂求諸內者, 非反觀內省而絶外物也. 惟求其自慊於內, 不復事於外之得失. 惟盡其心之是非, 不復徇於人之是非.……在於吾之內而已, 豈與於人哉?"

96 『傳習錄』 卷中 「答羅整菴少宰書」. "學貴得之心, 求之於心而非也, 雖其言之出於孔子, 不敢以爲是也, 而況其未及孔子者乎? 求之於心而是也, 雖其言之出於庸常, 不敢以爲非也, 而況其出孔於子乎?" 『王文成公全書』 卷21 「答徐成之」 第2書. "夫君子之論學, 要在得之於心. 衆皆以爲是, 苟求之心而未會焉, 未敢以爲是也. 衆皆以爲非, 苟求之心而有契焉, 未敢以爲非也. 心也者, 吾所得於天之理也. 無間於天人, 無分於古今, 苟盡吾心以求焉, 則不中不遠矣. 學也者, 求以盡吾心也."

덕을 말함에 있어서는, 공자(孔子)는 '지선(至善)【인(仁) · 명덕(明德)】', 자사(子思)는 '지성(至誠)【중화(中和)와 지인용(智仁勇)】', 맹자(孟子)는 '선(善)【인의예지(仁義禮智)】', 주자(周子)는 '태극(太極)【성(誠)】', 양명(陽明)은 '무선(無善)【양지(良知)】'이라 하였다.[97]

제자(諸子)의 학문종지를 열거하는 문맥 중에서 양명학의 '무선(무악)'이 그의 양지설 주장에 관한 개념으로서 명기되어 있다. 양지가 무선무악이라는 것은, 가치판단 주체인 양지는 미리 특정 가치관에 물들어 있어서는 안 된다는 말이다.

선악은 정해진 형체가 없다. 그 본연의 이(理)를 따르는 것을 선이라고 한다.……그러므로 선은 특정한 것을 선이라 할 수 없다. 그러므로 이(理)를 따르는 것을 '지선(至善)', '성선(性善)'이라 한 것에 불과하다. 실제로 선이란 특정하여 이름할 수 없는 것이다. 그러므로 무선(無善)이라 한다. 그렇다면 '무선'에서 부정되고 있는 '선(善)' 자는 고정개념으로서의 '선'이지, 지선(至善)의 '선' 자를 부정하는 것이 아니다.[98]

'무선무악은 성선설을 부정하는 것이다', '무선무악과 지선은 모순된다'라는 말은 무선무악설을 비판하는 주자학 진영으로부터 나온 상투구이다.[99] 정제두의 위와 같은 발언은 예기치 않게 이 비판에 대한 반론이 될

---

97 『霞谷集』 卷9 「存言」 中 103條. "其言德也, 孔子曰, 至善【仁明德】, 子思曰, 至誠【中和智仁勇】, 孟子曰, 善【仁義禮智】, 周子曰, 太極【誠】, 陽明曰, 無善【良知】."

98 『霞谷集』 卷9 「存言」 中 66條. "善惡無定形, 以其循本然之理者謂善.……故善不可以一定爲善. 故不過以循理者謂之至善性善而已, 實無善之可定名. 故曰, 無善. 然則無善之善字, 是定名之善字也, 非至善之善字也."

99 許孚遠(1535~1604) 「九諦」(1)(『東越証學錄』 卷1 「南都會語」 所收), 顧憲成(1550~1612) 『小心齋箚記』 卷4 12條, 『涇皐藏稿』 卷12 「朱子二大辨續說」, 『証性編』 卷3 「罪言」 上 3 · 4條.

수 있는 것으로, 무선무악설을 제기한 양명학의 본의를 잘 이해했다고 평가할 수 있다.

Ⅵ. 정제두의 『대학』 해석

즉물궁리 비판이나 치양지설의 채용에서도 정제두의 『대학』 해석이 주자학이 아닌 양명학의 입장이라는 것은 분명하나, 다시 정제두의 『대학』 해석의 입장을 확인해본다.

(a) 『대학』 텍스트

『대학』의 텍스트로 정제두는 명확하게 고본 대학(『예기』 「대학」)을 채택하고 있다. 경문에는 한 마디의 착잡(錯雜)도 없고 전문(傳文)에는 한 군데의 결락(缺落)도 없다.[100] 그러므로 경문에서 '친민(親民)'을 '신민(新民)'으로 바꾸어 읽는 것이나 전(傳)5장에서 결락 부분의 삽입[격물보전(格物補傳)] 등, 주희의 『대학장구』의 입장은 당연히 부정된다.[101] 다만 『대학』 본문을 경(經)과 전(傳)으로 나누고 전체를 분장(分章)하는 등의 점에서는 『장구(章句)』본의 발상을 부분적으로 답습하고 있다.[102]

---

100 『霞谷集』 卷13 大學說 「大學古本」. "古本之文, 其經之一章, 節節完備, 無一語之錯雜. 傳之諸釋, 語皆貫通, 無一處之虧欠. 其大體如此. 未可斷其爲錯亂之書也."

101 『霞谷集』 卷13 大學說 「大學」(2). "大學之道, 在明明德, 在親民, 在止於至善.【親從本字】" 『霞谷集』 卷13 大學說 「大學經文截圖」. "大學之道, 在明明德, 在親民, 在止於至善.【親如字】" 그리고 앞에서 인용한 「大學古本」의 문장은 첫머리에 '格致章欠'라는 표제를 내걸고 있으며, 글 속의 "傳之諸釋, 語皆貫通, 無一處之虧欠."이라는 말이 격물보전의 필요성을 부정하는 뜻을 포함하고 있다는 것은 분명하다.

102 『霞谷集』 卷13 大學說 「大學」(3)에서는 『大學』 전체가 제1장부터 제7장까지로 分章되어 있다고 하였고(經傳의 구분 없이), 「大學」(4)에서는 經(上節, 下節), 傳(1節~7節)의 구분이 나타나 있어 경전의 구별 및 분장의 방식에 있어 두 설이 일치되지 않는다.

(b) 친민(親民)

정제두에 의하면, 삼강령(三綱領)은 성인이 경을 만든 최초의 대제목(大題目)으로 조금이라도 개역(改易)해서는 안 된다. 이를 고칠 수 있다면 애초부터 성인의 경전에 의거할 필요가 없을 것이다(=마음대로 자기의 설을 창작하면 된다). 그럼에도 불구하고 경문을 고치는 행위가 의문시되지 않고, 역으로 성인이 지은 본문대로 따르는 태도가 자의적이라고 비난받는다면 이는 전혀 이해하기 어려운 사태이다.[103] 무엇보다도 '제가(齊家)', '치국(治國)', '평천하(平天下)'는 전부 '친민(親民)'의 내실을 이루는 일로 '신민(新民)'과는 관계가 없다. 이로부터도 신민이라고 바꿔 읽을 이유가 없음은 명백하다.[104]

(c) 명명덕(明明德)과 친민(親民)

'명명덕'과 '친민'은 체용(體用)의 관계이다.[105] '민(民)'이란 '자신과 상대되는 호칭[對己之稱]', 즉 타자 일반(他者一般)을 가리키는 개념으로 집안 · 국가 · 천하는 모두 이에 해당된다. '명명덕'은 '친민(=제가, 치국, 평천하)'을 그 실천의 장으로 하여 '친민'에 의해 비로소 '명명덕'이 행해진다. 체와 용은 하나로, 체를 가까이에서부터 멀리까지 미루어갈 때[家→國→天下], 물아(物我)의 간격이 다하여 만물이 일체가 된다.[106]

---

103 『霞谷集』 卷2 書3 「與崔汝和論親民書」. "三綱首節三言者, 乃聖人作經立言最初第一大節目, 不容於小有敢改易者也. 於此而可改, 何必用聖人之經爲哉? 今乃至於如此處改聖人之經文, 而不以爲疑, 乃反以欲從聖人之本文者, 謂之肆然, 未敢知也."

104 上同. "使親字果是新字, 則其下分目中齊家治國平天下之文, 不當曰齊治平, 必當以革舊更新之說之事爲言也. 而今而曰齊家, 曰治國, 曰平天下, 則皆親底事也."

105 『霞谷集』 卷9 「存言」 中 67條. "博文而約禮, 格物以致知, 親民以明德, 體用之謂也. 體之發必在於用, 用所以行其體也." 『霞谷集』 卷2 書4 3 「答朴大叔大學陽明說疑義問目」. "陽明蓋以爲家齊國治天下平, 然後方是盡心, 方是盡性, 方是爲明其明德之實也. 故其言親民之義, 與本經所云明明德於天下之說, 自爲體用. 夫明德親民, 體用一也, 何足爲異?"

106 『霞谷集』 卷13 大學說 「大學說」. "親, 親之也. 民者對己之稱, 家國天下皆是也. 明明德在親民, 而親民以明其德, 體用一焉. 其體之致, 由近而遠, 物我以盡, 則天地萬物

주자학에서는 '명명덕'은 수기(修己=成己), '신민(新民)'은 치인(治人=成物)에 배속되어 일단 자기의 덕성에 만전을 다한 뒤에 타자에게 감화를 미친다는 실천상의 수순이 상정된다. 이런 의미에서 '명명덕'은 '신민'으로부터 떨어져나간 하나의 독립적인 행위로서 자리매김하게 된다.[107] 그에 비해 양명학에서는, 자기의 덕성을 완전히 발휘하는 행위는 타자에게 친밀히 하는 구체적인 경우에서 실제로 행해진다고 본다. '명명덕'은 만물일체의 체(體), '친민'은 만물일체의 용(用), 양자를 불가분의 관계로 파악하는 점에 양명학의 특색이 있다.[108]

> '친(親)'은 자기를 위주로 하고, '신(新)'은 민(民)을 위주로 한다. 친밀히 하는 것은 나로부터 하는 것이니 그 공을 씀이 자신에게 있고, 새롭게 하는 것은 민을 위주로 하니 일삼는 바가 민에게 있다.[109]

주자학적 해석의 경우 자기의 공부는 '명명덕(明明德)'에서 완결되고 있으므로 '신민(新民)'은 오로지 민(民=타자)에 대한 작용, 타자를 위한 행위라는 성격을 띠고 있다. '친민(親民)'에 있어서도 타자에의 작용이라는 성격은 당연 포함되어 있다. 그러나 '친민'은 '명명덕'을 실현하는 구체적인 장이기도 하므로 태반이 자신의 공부이다. 그렇다기보다는 애초부터 자기의 공부와 타자에의 작용은 별개의 행위로서 떨어질 수 있는 것이 아니다. 자기의

爲一體矣."

107 『朱子語類』 卷114 115條 湯泳 錄. "我旣是明得箇明德, 見他人爲氣稟物欲所昏, 自家豈不惻然欲有以新之, 使之亦如我挑剔揩磨, 以革其向來氣稟物欲之昏而復其得之於天者, 此便是新民." 117條 董銖 錄. "或問, 明明德是自己事, 可以做得到極好處. 若新民則在人, 如何得他到極好處. 曰, 且敎自家先明得盡, 然後漸民以仁, 摩民以義."

108 『王文成公全書』 卷7 「親民堂記」, 卷26 「大學問」.

109 『霞谷集』 卷13 大學說 「大學說」. "蓋親主己, 新主民. 親之自我, 其用功在己. 新之主民, 其所事在民."

덕성을 충분히 발휘하는 행위가 곧 타자와의 완전한 인륜을 구축하는 행위가 된다. 그것이 만물일체이다. 이런 의미에서는 기(己)와 민(民)도 애초부터 나눌 수 있는 것이 아니지만, 대조해서 말하자면 확실히 '신민'은 '민'에 주안점이 있고 '친민'은 '기'에 주안점이 있다고 할 것이다. 반복하자면 자기의 덕성을 완전히 발휘한다는 행위는 타자와의 관계를 차단한 곳에서 자기완결적으로 수행하는 것이 아니라, 타자와의 구체적인 관련의 장에서 비로소 실천될 수 있는 것이다. 정제두의 '명명덕', '친민' 해석은 단순히 훈고상에 그치지 않고 양명학의 본질을 잘 이해한 것이라고 평가할 수 있겠다.

(d) 격물치지(格物致知)

격물치지에 대해서는 '격(格)'은 '정(正)', '물(物)'은 '의지소재(意之所在)', '치지(致知)'는 '치양지(致良知)'라고 훈고하여 완전히 양명학의 해석을 따르고 있다.[110] 이와 관련하여 정제두는 '감응(感應)'이라는 어휘로 '물(物)'을 해석하고 있다.[111] '감응'은 명나라 왕기(王畿, 1498~1583)의 사상에서 중요한 위치를 차지하고 있다. '의지소재(意之所在)'란 현재 자기가 생각을 기울이고 있는 대상으로, 구체적으로는 타자(人 · 物을 포함)를 의미한다. 그리고 자신의 타자에 대한 작용과 타자로부터 자기에의 반응이 '감응'으로, 이는 자기와 타자 쌍방향의 관계의 장을 의미한다. '치양지[자기의 양지를 완전히 발휘함]'의 행위는 그러한 타자와의 관계의 장을 떠나서는 존립할 수 없다. 그리고 타자와의 관계의 장이 되는 것이 '격물[생각의 대상에 나아가 이것을 바룬다]'이다. '명명덕'이 '친민'을 그 구체적 실천의 장으로 하듯, '치양지'

---

110 『霞谷集』 卷13 大學說 「大學說」. "格正也, 正其不正以歸於正也. 知者心之本體也, 是良知之昭明者也. ……物者意之所在也." 『霞谷集』 卷2 書3 16 「答崔汝和書」 癸酉或疑甲戌. "致良知之良字, 不過釋知字之爲良知, 以別於致知識之知字而已."

111 『霞谷集』 卷9 「存言」 下 11條. "物者心之感應也, 事者良知之用也.【物由於心, 心在於物, 不可分缺】 皆意之所着也." 『霞谷集』 卷13 大學說 「大學說」. "蓋至善者, 是本然之善, 出於天而不繫於人. 其發見者良知也, 發見之感應者事物也. 析之而曰知物. 其目爲格物致知也."

는 '격물'을 구체적 실천의 장으로 한다. 즉 '명명덕은 친민에 있다.[明明德在親民]'와 '치지는 격물에 있다.[致知在格物]'는 흡사 병렬적인 관계이다. 그 취지를 왕기(王畿)는 "치양지는 감응의 장(場)을 벗어나지 않는다."라고도 표현한다.[112] '감응'에 관한 정제두의 발언은 단편적이라 왕기 사상의 영향을 받았다고 쉽사리 지적할 수는 없지만, 주목할 만한 문제라고 생각한다.[113]

Ⅶ. 주왕양가(朱王兩可)의 입장

1

여기에서 다시 제3절 말미에서 언급했던 문제를 거론하고자 한다. 정제두 학문의 특색이 주자학과 왕학의 대립성보다는 오히려 공통성·연계성의 강조에 있었다는 윤남한의 지적의 타당성 문제이다. 결론부터 말하자면 이 견해는 대략 타당하다고 생각된다. 이하에서 약간의 자료를 제시하여 이 점을 검증해본다.

정제두의 문하인 이광신은 그의 「논정하곡학문설(論鄭霞谷學問說)」(『先藁』 冊1)에서 정제두의 교법에 대해 다음과 같이 말한다.

---

112 『龍溪王先生全集』 卷8 「大學首章解義」. "良知之感應謂之物." 『龍溪王先生全集』 卷7 「南遊會紀」 2條. "致良知不離倫物感應, 原是萬物一體之實學."

113 윤남한은 정제두의 양명학 사상 수용의 연원으로 몇 가지 가능성을 추측하고 있다. 그 중에서 조부 鄭維城은 현종 즉위년 6월(告訃正使, 『朝鮮王朝實錄』 6월 甲辰) 및 4년 3월(進賀兼謝恩正使, 『朝鮮王朝實錄』 3월 戊子), 두 번에 걸쳐 북경에 갔으므로 그 기회에 明淸의 서적을 구입하여 가지고 돌아왔을 것이다. 이는 정제두의 장자 정후일의 시대까지 王門의 저작이 정씨집안에 전승되고 있던 점으로도 개연성이 있다고 지적하고 있다. 정후일 운운한 것은 『朝鮮史』(朝鮮總督府刊, 東京大學出版會復刊) 제5편 제8권 수록의 圖版第六(516~517쪽)에 『龍溪王先生會語』(卷1, 卷首)를 게재하고 '京城稻葉岩吉氏所藏……鄭氏厚一之章ノ印記アリ'라고 注記되어 있는 것을 가리킨다. 윤남한(1982), 215쪽.

선생의 문하에 찾아온 이가 만약 『장구』와 『집주』를 배우고자 하면, 실로 그에게 『장구』와 『집주』를 가르치고 굳이 양명의 설로 이끌고자 하지 않았다. 독실히 공부한다면 양명학이든 주자학이든 같은 곳으로 돌아가 일치되는 데에는 무방하기 때문이다. 그러나 만약 양명의 학설을 묻는 이가 있으면 또한 꺼리지 않고 묻는 바에 따라서 양 끝을 다 말해주어 부지런히 힘써 알려주었다. 이것이 선생이 학문을 함에 시종일관 주장하던 뜻이었다.[114]

이는 정제두가 문인의 자질이나 지향성에 응하여 주자학도 가르치고 양명학도 가르쳤다는 구절로, 강화학파의 양명학 및 하곡학의 전수 · 전승의 문제를 고찰함에 있어 매우 주목해야 할 내용이다. 그리고 정제두가 이러한 지도방침을 취한 이유로서 이광신은 주자학이건 양명학이건 독실하게 실천만 한다면 둘은 '동귀일치(同歸一致)'한다는 인식을 정제두가 갖고 있었음을 지적한 것이다.

정제두가 이러한 인식을 갖고 있었다는 것에 관해서는, 정제두 측의 자료로도 뒷받침될 수 있다.

주자의 학문 또한 그 학설이 어찌 좋지 않겠는가. 다만 '치지(致知)'의 학문[양명의 치양지의 학문]은 그 공부가 우원(迂遠) · 직절(直截), 완만(緩慢) · 급박(急迫)의 구분이 있어, 그 본체에 분합(分合)의 차이가 있을 뿐이다. 실제로는 똑같은 성인의 학문이니, 어찌 좋지 못한 점이 있겠는가.[115]

또 앞에서 '주자학은 만수(萬殊)로부터 들어가고 양명학은 일본(一本)으

---

114 『霞谷集』 卷9 「存言」 下 41條. "及門者, 如欲以章句集註學之, 則亦授之以章句集註, 不欲必以陽明說誘引. 蓋以其篤實用工, 則以彼此, 不害爲同歸一致故也. 然而若有請問陽明說者, 亦不以諱之, 隨其所叩, 竭兩端而亹亹不已焉. 此先生爲學之始終主意也."

115 『霞谷集』 卷9 「存言」 下 41條. "朱子之學, 其說亦何嘗不善? 只是與致知之學, 其功有迂直緩急之辨, 其體有分合之間而已耳. 其實同是爲聖人之學, 何嘗不善乎?"

로부터 들어간다.', '주자학은 말(末)에서 본(本)으로, 양명학은 본(本)에서 말(末)로'라고 대비한 편지의 한 구절을 소개하였는데, 같은 글에서 이에 이어 다음과 같이 말한다.

> 한쪽만을 위주로 하고 다른 한쪽을 폐하는 바가 없는 한, 주자와 양명은 모두 마찬가지입니다. 만약 잘 배우지 못하면 이 두 학문의 폐해가 모두 없을 수 없게 됩니다. 그러나 만약 잘 사용한다면 두 학문이 또한 절로 같은 곳으로 돌아가는 이치가 있어서 끝내 서로 크게 멀어지지 않을 것입니다.[116]

여기에서도 정제두는 주자학과 왕학의 편폐(偏廢)를 경계하며 '동귀(同歸)'의 전제를 세워 그 병용을 주장하고 있다.

이러한 발언을 보면, 정제두는 주자학과 양명학을 굳이 대립적으로 파악하지 않고 양자를 서로 보완해주는 것으로 보았다. '잘 배우지 못하면[不善學之]', '잘 사용한다면[善用]' 등의 표현이 나타내듯, 배우는 자가 그것들을 어떻게 배우고 실천하는지에 관계된 것이다. 그리고 올바로 배우기만 한다면 주자와 양명 모두 '성인의 학문'으로서 자신에게 도움 되는 점이 있으며, 그렇다면 둘 중 한 가지를 선택할 것이 없다. 이러한 인식은 「논정하곡학문설」의 "독실히 공부한다면 양명학이든 주자학이든 같은 곳으로 돌아가 일치된다.[篤實用工, 則以彼此, 不害爲同歸一致]"라고 한 기술과 조응하는 것으로, 정제두의 이 발언들은 이광신의 증언의 신빙성을 높여주는 것이기도 하다.

---

116 『霞谷集』 卷1 書2 5 「答閔彦暉書」. "其非有所主一而廢一, 則俱是同然耳. 使其不善學之, 則斯二者之弊, 正亦俱不能無者. 而如其善用, 二家亦自有可同歸之理, 終無大相遠者矣."

2

그런데 정제두가 윤증에게 자신의 양명학 신봉에 대해 말했을 때, "만일 진실로 도저히 그만둘 수 없는 것이 있지 않다면, 어째서 굳이 공연히 이설(異說)을 제창하여 스스로 패란의 죄를 범하는 것을 달게 여기는가." 라고 하였다. 이에는 주자학을 정통으로 하는 당시 일반적인 가치관의 존재를 충분히 인식하고 있으면서도 양명학을 택하지 않을 수 없었던 억누를 수 없는 심정이 토로되어 있다. 만약 정제두가 주왕양가(朱王兩可)의 입장에 서 있었다면, 지우들로부터 비난을 받아 고립될 때까지 어째서 굳이 양명학 신봉의 입장을 지킬 필요가 있었는가 하는 의문이 생긴다.

그러나 확고한 양명학 신봉의 입장과 주왕양가의 입장은, 실은 반드시 서로 위배되는 것은 아니었을 것이다. 왜냐하면 주자학만을 존중하여 배타적으로 절대시하는 사회적 분위기 속에서 감히 주왕양가를 주장하는 것은, 그 자체가 주자학과 양명학을 함께 성학(聖學)의 하나로서 상대화하는 주장을 함의할 수 있기 때문이다. 또 주자학을 절대시하는 입장에서 이를 본다면, 주왕양가는 주자학을 절대의 위치에서 상대의 위치로 끌어내리는 것을 의미하기 때문에 도저히 용납할 수 없는 것으로 비추어졌을 것이다. "성인의 학문은 회암의 설도 하나의 입장이고, 양명의 설도 하나의 입장이니 둘은 모두 통한다.[聖學, 晦庵所論爲一件, 陽明所論爲一件, 兩家俱通]"라는 정제두의 발언에 대해 박세채가 "너무 놀라 실망을 금치 못하였다.[不勝愕然失望]"라며 불쾌감을 드러낸 것도 그 시기의 사정을 말해주는 것이다.[117]

한마디로 주왕양가라 할지라도 문맥에 따라 그 톤은 꼭 동일하지는 않다. ① 이른바 왕씨의 학설도 나름의 본원이 있는 것이다. 비록 정주(程朱)와 같지 않다고 하나 그 취지는 진실로 하나의 정주이다.[118] ② 주자의 학

---

117 『南溪集』 卷32 16 「與鄭士仰」 丁卯五月十二日.

118 『霞谷集』 卷1 書1 12 「答尹明齋書」 壬午 정제두 54세. "所謂王氏之說, 亦自有本源. 雖云不同於程朱, 其指則固是一程朱也."

문 또한 그 학설이 어찌 좋지 않겠는가. 다만 치지(致知)의 학문은 그 공부가 우원(迂遠)·직절(直截), 완만(緩慢)·급박(急迫)의 구분이 있어, 그 본체에 분합(分合)의 차이가 있을 뿐이다. 실제로는 똑같은 성인의 학문이니, 어찌 좋지 못한 점이 있겠는가.[119] 두 가지를 비교해본다면, ①에서는 정주학을 정통으로 한 다음 양명학도 허용하자는 어기(語氣)를 느낄 수 있고, 반대로 ②에서는 양명학의 우월을 전제한 다음 주자학도 허용하자는 어기가 느껴진다. 그 중 ①은 주자학을 옳다고 여기는 윤증과의 사이에서 필요 이상으로 마찰이나 알력이 생기는 것을 피하고자 하는 분위기가 약간 작용하고 있다고 보는 것도 가능할 것이다.

3.

윤남한은 정제두의 사상에 대해 (一)경거 시기(~41세)에는 양명학의 신봉과 그 표명을 시작하였다. (二)안산 시기(41세~61세)에는 대체로 양명학에 침잠하였다. (三)강화 시기(61세~88세)에 들어가면 양명학에 관한 발언은 거의 보이지 않게 되고, 경학이나 경세학으로 기울어 있다고 하였다.[120] 윤남한은 또 초년은 정주학(程朱學), 중년은 왕학(王學), 만년은 정주학과 경학(經學)·경세학(經世學)이라고 지적하기도 하였다.[121] 확실히 지우들에게 양명학 신봉을 고백한 것은 거의 안산 시기에 한정되어 있고, 강화 시기에는 거의 보이지 않게 된다는 점은 사실이다. 다만 주왕양가의 입장에 관해 말하자면, 앞의 「답민언휘서」(『하곡집』 권1, 서2, 5) 및 「답윤명재서」 임오년 정제두 54세(『하곡집』 권1, 서1, 12)는 모두 윤남한이 '왕학전치(王學傳

119 『霞谷集』 卷9 「存言」 下 41條. "朱子之學, 其說亦何嘗不善? 只是與致知之學, 其功有迂直緩急之辨, 其體有分合之間而已耳. 其實同是爲聖人之學, 何嘗不善乎?"

120 윤남한, 앞의 책, 208~211쪽.

121 윤남한, 앞의 책, 225쪽.

治)의 시대'[122]라고 칭한 안산 시기에 집필한 것이다(「존언」의 집필 시기는 미상).[123] 또 이광신의 「논정하곡학문설」은 집필 시기가 미상이나, 그 내용은 이광신이 문인으로서 직접 보고 들은 사문(師門)의 교법을 서술한 것이므로 이광신이 입문한 이후의 시기, 따라서 강화 시기의 정제두에 관한 자료라고 볼 수 있다.[124] 이상의 사항으로부터 정제두의 주왕양가의 입장은 안산 시기와 강화 시기를 통틀어 품고 있던 것이며, 정제두가 강화 시기에도 양명학을 배우기를 원하는 문인에게 충분히 양명학을 가르쳤다는 것으로부터, 결국 정제두의 주왕양가의 주장은 양명학 신봉의 입장에서 후퇴했다거나 주자학으로 회귀했음을 의미하는 것이 결코 아니라는 점을 다시 한 번 확인할 수 있었다.

정제두의 주왕양가의 입장을 나타내는 자료는 반드시 많다고는 할 수 없다. 그러므로 이 점에 관한 정제두의 입장이나 진의를 확정하기 위해서는 더욱 신중을 기할 필요가 있을 것이다. 다만 나중에 언급하겠지만, 이 입장은 문인인 이광신에게 있어서 보다 현저한 형태로 주장되는 데 이른다. 여기에는 일종의 사승(師承) 관계의 존재를 상정하는 것이 가능하다. 그러므로 우리는 주왕양가의 주장이라는 측면도 포함하여 이를 하곡학의 특색 중 한 가지로서 이해해야 할 것이며, 이광신의 주왕양가의 주장도 이를 하곡학의 왜곡이 아닌 오히려 하곡학의 수용 · 승계로서 이해해야 할 것이다.

---

122 윤남한, 앞의 책, 220쪽.

123 「答閔彦暉書」의 집필 시기는 미상이나, 閔以升의 사망(정제두 50세) 이전임이 분명하므로 강화도 이주 이전의 집필일 것이다.

124 『圓嶠集選』 卷9 「五兄恒齋先生行狀」은 이광사가 지은 것으로, 이광신이 정제두에게 입문하였을 때의 정황을 기록하고 있는데, 이광신이 강화도에 있는 정제두를 방문한 것을 명기하고 있다.

Ⅷ. 소결

본고의 고찰을 통해 분명해졌듯, 정제두의 양명학 이해는 매우 적확하고 체계적인 것이었다. 또 그의 주자학과 양명학 쌍방의 특질에 대한 파악의 방식도 매우 적확하였다. 그러므로 우리는 정제두가 조선 최초의 본격적이면서 체계적인 양명학 수용자라고 불리기에 적합한 인물이라는 점을 여기에서 다시 한 번 확인할 수 있을 것이다. 정제두의 주왕양가의 면모도 그의 양명학 신봉의 입장과 이율배반되는 것이 아니며, 더구나 정제두의 양명학 이해 자체가 주왕(朱王) 절충적임을 의미하는 것도 아니었다.

조선 최초의 본격적인 양명학 수용자였던 정제두에게 주왕양가의 입장이 보이는 것은 그 자체가 조선양명학의 특질을 여실히 말해주는 것이라고 할 수 있겠다.[125] 주자학적 가치관이 배타적 · 일원적으로 사회를 지배하였던 당시 시대상황에서, 그래도 양명학 신봉의 입장을 관철하기 위해서는 좋든 싫든 양명학이 주자학과 대립 · 위배되는 것이 결코 아니라는 점을 강조함으로써 스스로의 입각점을 찾아내지 않을 수 없는, 일종의 제약이 다소 존재했다는 것은 상상하기 어렵지 않기 때문이다. 정제두 자신의 발언 속에도 그러한 문맥으로 이해해야 할 것이 존재한다는 것은 이미 지적한 대로이다.

다만 뒤집어 생각해본다면, 정도의 차이는 있을지라도 주자학을 정통으로 하는 가치관이 사회를 지배했던 점에 있어서는 중국 근세도 마찬가지였다. 그리고 중국양명학계의 주왕론(朱王論)에 있어서도 실제로 주왕양가의 경향은 현저하게 확인할 수 있다(종장 참조). 그러므로 주왕양가의 주장은 확실히 하곡학, 그리고 그것을 계승한 초기 강화학파 양명학의 특징으로 파악할 수 있으며, 더 나아가서는 조선양명학의 특징이라고도 할 수 있

---

125 윤남한, 앞의 책, 4쪽. "朱王學의 연계성에서 이를 수용하려고 한 양명학의 입장과, 주자학의 대립성에서 이를 배척하려 한 정주학의 體制性, 양자의 대립은 조선시대 양명학이 가진 기본적 성격이었다."

다. 그러나 이는 반드시 중국양명학과 현저히 대조를 이루는 것은 아니라고 생각한다.

제2장
항재(恒齋) 이광신(李匡臣)

본장에서 다룰 이광신은 초기 강화학파의 중요 인물 중 하나이다. 이광신이 정제두를 통하여 양명학을 수용했던 인물이라는 것은 앞서 지적해왔다. 이광신의 사촌형제인 이광사는 이광신의 사후 「제문」과 「행장」을 집필하였다. 이 두 글은 이광신과 정제두의 교섭을 살피는 데 있어 중요한 자료이다. 정인보는 1931년 집필한 「조선고서해제(朝鮮古書解題)」에서 이광사의 별집인 『원교집선(圓嶠集選)』을 들어 위의 행장에 대해서도 언급하여, 이광신의 양명학 수용에 대해 소개하였다.[1] 또 1933년 집필한 『양명학연론』에서는 이광신이 정제두를 위해 지은 제문을 번역하여 소개하고 있다. 이 또한 이광신의 정제두 인식을 전하는 중요 자료이다.[2] 그러나 당시 이

1 『薝園鄭寅普全集』 第2冊 「朝鮮古書解題」「圓嶠集」(연세대학교출판부, 1983).

2 그런데 오늘날 통용되는 『霞谷集』(『한국문집총간』 160책, 저본은 국립중앙도서관 소장본) 권11에 수록된 이광신이 지은 정제두 제문은, 원 글(『先藁』 冊3 所收)의 10분의 1에도 미치지 못하는 節錄이다. 정인보는 원 글의 첫 부분과 끝부분을 제외한 거의 全文을 번역하였으나, 원래 『先藁』를 직접 본 것이 아니라, 『霞谷全書』에 수록된 것을 참고한 듯하다. 윤남한은 『霞谷集』의 판본으로 현존하는 A본~D본과 書目으로만 전해지는 E본~H본의 총 8종을 들고 있으며, 정인보가 본 F본(『霞谷全書』)은 아직 보지 못한 것으로 되어 있다. 윤남한(1982), 231~233쪽. 이와 관련하여 한국문집총간본 『霞谷集』은 윤남한의 이른바 A본에 해당된다.

광신의 별집의 존재가 알려지지 않았기에, 정인보 이후 조선양명학을 다루는 논자들은 이광신을 언급할 경우 대개 정인보가 논한 것을 채용하는데 그치는 정황이 있었다.[3]

그런데 근년 들어 심경호가 문중본『선고(先藁)』(『항재휘광신공유고(恒齋諱匡臣公遺稿)』)를 입수하여 이광신에 관한 전론(專論)을 발표하였다.[4] 그 후『선고』는 한국정신문화연구원(2005년 한국학중앙연구원으로 개칭)의 장서가 되어 현재에 이르고 있다.[5] 고본(孤本)인『선고』가 공적기관에 소장되어 널리 연구자의 이용에 제공되는 상황도 영향을 주어, 현재 이광신은 정제두 문인 중에서 가장 활발하게 연구되는 인물이 되었다.

다만 선행연구에서 이광신 사상에 대한 평가는 크게 나뉜 상태로 오늘날까지 이르고 있다. 지금 이를 약술하자면 다음의 세 종류로 크게 분류할 수 있을 것이다.

① 주자학과 양명학을 절충했다고 보는 입장 – 심경호, 나카 스미오(中純夫), 서경숙[6]

② 양명학의 종지를 충실하게 수용하고 하곡학을 계승했다고 보는 입장 – 정인재[7]

---

3 유명종(1983),『한국의 양명학』제4장「강화학파의 양명학」(1)항재 이광신, 168~173쪽.

4 심경호(1997). 이 책의 표지에『先藁』, 封面에는『恒齋諱匡臣公遺稿』라 기록되어 있다. 위 논문에 의하면 심경호는 이 책을 '수년 전에 입수'하였다(240쪽). 그리고「圓嶠의 학술사상」에서 이 책을 '門中本『先藁』2冊, 李敬翊撰'이라 소개하고 있다(심경호, 1995A, 10쪽). '문중본'이란 일족 내부에서만 공개한 텍스트를 가리킨다. 필자는 1999년 심경호로부터『先藁』의 복사본을 받아 동경대학 문학부에 기증하였다.

5 『先藁』에 관해서 서경숙(2001)은 정신문화연구원 소장, 천병돈(2008A)은 한국학중앙연구원 소장이라고 기록하고 있으므로, 아마 심경호가 발견하고 얼마 뒤, 문중 측에서 한국정신문화연구원(당시)에 기증한 듯하다. 그리고 현재『先藁』는『古文書集成』54 鎭安 · 程川 · 全州李氏西谷李正英後孫家篇(Ⅱ) 한국정신문화연구원(2002)에 수록되어 있다.

6 심경호(1997), 中純夫(2001), 서경숙(2001), 서경숙(2008A). 이광신에 관한 본서에서의 필자의 견해는 舊稿의 견해를 대폭 수정한 것이다.

7 정인재(2008).

③ 양명심학의 계승자로서의 측면과 주왕(朱王) 절충론자로서의 측면이 병존한다고 보는 입장 – 천병돈[8]

결론부터 말하자면 이 책에서 필자의 입장은 ②의 정인재의 견해에 가장 가깝다. 정인재는 (1) 이광신은 주자학과 양명학은 방법론상의 차이는 있지만, 함께 성인에 이르는 것을 지향하는 성학(聖學)으로 파악하고 있다. (2) 다만 그것은 주자학과 양명학의 장점을 어중간하게 절충한 것이 아니고, (3) 이광신은 양명학의 종지를 충실하게 수용하여 하곡학의 실심실학(實心實學)을 계승했다는 등 여러 점을 지적하고 있다. 필자가 본 바 종래의 연구 중 정인재의 견해가 이광신의 사상적 입장 및 강화학파에서의 이광신의 위상을 가장 적절 · 적확하게 나타낸 듯하다.[9]

---

8 천병돈(2009C). 천병돈에 의하면, 이광신은 양명학을 단독으로 논하는 문맥에서는 양명심학의 입장을 그대로 계승하고 있으며 양명학자로서의 일관성을 견지하고 있으나(='一貫性'), 양명학과 주자학을 비교하는 문맥에서는 주자학과 양명학을 혼동하여 일관성을 상실, 朱王折衷論者가 된다(='非一貫性')고 한다. 천병돈은 2008A 및 2008B에서는 「氷炭錄」만을 가지고 이광신의 '전형적인 양명학자'로서의 측면을 지적하고 있으며, 2009A 및 2009B에서는 「與襄仲辯難朱王理氣說」만을 가지고 이광신의 주왕절충론자로서의 측면을 지적하고 있다. 앞의 두 가지는 일관성의 측면, 뒤의 두 가지는 비일관성의 측면을 지적한 것으로, 이 네 논문의 고찰 결과를 정합적으로 설명하고자 한 것이 2009C이다.

9 서경숙(2001)은 理氣論을 이광신 사상의 근간으로 평가한 뒤, 그의 理氣混合說에 착안, 이광신은 주자의 理氣二元論과 왕수인 · 정제두의 理氣一元論을 절충하여 주자학과 양명학을 절충했다고 보았다. 이 견해는 서경숙 2008A에서도 유지되고 있다. 다만 이광신의 이기혼합설이란, 理氣一物을 주장하는 이광찬의 견해를 비판하여 이기의 不離不雜을 주장한 것으로(後述), 필자는 이를 주왕절충적이라고 생각하지 않으며 또한 애초에 이기설이 이광신 사상의 근간을 이룬다고 생각하지 않는다. 따라서 오로지 이기설에 의해 이광신 사상을 주왕절충적이라고 단정하는 서경숙의 견해에는 동의할 수 없다. 또 천병돈(2008B)은 「氷炭錄」의 분석을 통하여 이광신의 良知 · 致良知 · 知行合一 이해가 정확하며 양명학을 충실하게 계승했다고 평하였다(2008A도 거의 같은 취지). 그리고 2009A에서는 「氷炭錄」에 근거하는 한, 이광신은 전형적인 양명학자라고 평하였다. 이광신의 양명학 이해를 정확한 것이라고 보는 점은 필자도 동의한다. 그러나 「氷炭錄」에는 한편으로 朱王兩可 입장을 현저하게 확인할 수 있으므로, 단순히 전형적인 양명학자라고 보기에는 이광신 사상의 전체상과 그 특질을 정확하게 파악한 것이라고 할 수 없다. 한편 「與襄仲辯難朱王理氣說」을 주된 분석대상으로 삼은 천병돈(2009A)은 이광신을 주왕절충론자로 보고, 또 이광신이 이해한 주자학이나 양명학은 본래의 주자학 · 양명학과는 차이가 있으며 스승 정제두의 학문과도 거리가 있다고 평하였다. 이는 이광신이

그러나 정제두로부터 이광신으로의 계승관계에 대하여 정인재는 '실심', '실학'이란 어휘에 착안하여 이를 지적하는 데 그치고 있으며, 『하곡집』과 『선고』의 내용 비교를 통해 각각의 학술을 대조한 뒤 양자의 관계를 논증하는 데에는 이르지 않고 있다.[10] 이 점은 본장에서 가장 주의를 기울여 실증에 힘쓸 부분이다.

본장에서는 이광신의 양명학 수용 양태를 검증하고, 아울러 정제두의 사상적 입장과 대비하여 이광신의 하곡학 수용 모습에 대해서도 밝히고자 한다.

또 이광신의 별집으로는 이미 언급했듯이 장자 이경익(李敬翊)이 편찬한 『선고』(全 3冊, 不分卷, 필사본)가 있다.

Ⅰ. 정제두와의 만남

1

이광신(1700~1744)의 자는 용직(用直), 호는 항재(恒齋)이다. 조선의 2대

주자학 · 양명학 각각의 특질을 정확하면서도 적확하게 파악한 뒤, 양자를 대립적으로 파악하지 않고 함께 학문에 도움이 되는 것으로써 수용하고 있으며 이러한 모든 점에서 이광신의 견해는 정제두를 계승한 것이었다는 필자의 견해와는 완전히 상반되는 것이다.

10 정인재는 ① 정제두의 학술이 문하에 의해 '實心實學'으로 불렸다는 것, ② 이광신 자신도 '實心'의 중요성을 강조하고 있는 것, ③ 이광사는 정제두에게 입문했을 때 '實學'의 요체를 배운 것, ④ 이광사가 편찬한 『先世言行錄』의 발문에서 이광신이 '捨華務實'을 '吾家累世之規模'로 하고 '實心實行'의 중요성을 강조한 것 등을 언급한 뒤, 이광신 및 이광사를 정제두의 실심실학을 계승한 자라고 하였다. 정인재가 각각의 근거로 든 자료는 다음과 같다. ①『霞谷集』 卷11 「再疏(請設書院儒疏)」. "惟我先正實心實學, 爲一世儒宗." ②『先藁』 冊2 「思省錄」. "凡與朋友講說, 不必揀擇精底緊底物事而論之也. 雖粗底閑底物事, 至理存焉. 以實心講論, 則是亦不妨. 若非實心, 則雖精底緊底, 非吾有也." ③『斗南集』 冊3 「書贈稚婦繭紙」. "余慕霞谷鄭先生德義積歲年, 而居稍左. 辛亥春, 始入江都, 拜先生牀下, 聞實學之要." ④『先藁』 冊1 「書先世言行錄後」. "從弟匡師輯吾五世以下言行, 檃栝爲一書.……竊惟我先世至行懿德, 蔚焉盛哉. 而總而言之, 不出乎捨華而務實.……此實吾家累世之規模也.……蓋師之纂集此書, 誠欲想像慕悅, 以資其實心實行."

임금인 정종(定宗)의 열 번째 아들 덕천군(德泉君) 이후생(李厚生)을 시조로 하며, 전주이씨 덕천군파에 속한다. 이광신 자신은 종종 '완산의 이 아무개[完山李某]'라 칭하였다. 완산은 전주의 옛 지명이다. 이광신은 당시 한성에 거주하고 있었던 듯하다.[11] 사후에는 경기도 고양군에 묻혔다.

이광신의 전기 자료로는 이광사가 저술한 「행장」과 「제문」이 중요하다. 우선 「행장」의 한 구절을 소개한다.

> 종부형 항재 선생의 휘는 광신(匡臣)이고 자는 용직(用直)이다. 공정왕(恭靖王) 정종의 아들 덕천군 이후생이 종조(宗祖)가 된다.……이후 강화도에 들어가 문강공(文康公) 정 선생을 배알하였다. 문강공은 대관(大官)의 지위에 있으면서 깊은 학식을 지닌 분이나 세간에서는 혹 그가 양명학을 존숭하고 있다고 말하는 자들이 있었다. 선생이 처음에는 그를 뵙고자 하지 않았는데, 문강공의 학문이 정심하고 독실한 것을 보고서 탄식하여 말하였다. "저작을 읽어보지도 않고서 함부로 비난할 수 없다." 이에 돌아가 왕문성(왕수인)의 문집을 가져다 읽어보고 말하였다. "회옹의 순정함만 같지 못하나, 도를 깨달음이 정밀하고도 간명하니, 요컨대 실로 취할 만한 점이 있다. 어찌 이단으로 배척할 수 있겠는가?" 그러고는 「의주왕문답(擬朱王問答)」을 저술하여 변설하였다.[12]

『선고』에 수록된 글의 대부분은 집필 연도가 간지(干支)로 부기되어 있다. 위에서 언급한 「의주왕문답(擬朱王問答)」 임자(壬子)(전 3편, 『선고』 책1)는 이광신이 33세 때 집필한 것이다. 『선고』를 통람해보건대 이광신이 양명학

---

11 이광신의 아버지 李眞休에 대하여 『壬午式年司馬榜目』(숙종28년)에는 '本全州, 居京'으로 기록되어 있다. 또 『先藁』 冊3 「園亭引」에 '余家在漢城西角麓下'라는 말이 있다.

12 『圓嶠集選』 卷9 「五兄恒齋先生行狀」. "從父兄恒齋先生, 諱匡臣, 字用直. 定宗恭靖王子德泉君厚生爲建宗之祖.……後以事入江都, 拜鄭文康先生. 文康以大老邃學, 世或議其右新建. 先生初不欲見, 及見精深篤實, 歎曰, 不見其書, 未可輕詆. 歸取王文成集讀之曰, 非若晦翁之醇, 然見道精約, 要亦可取. 何至斥以異類? 爲作『擬朱王問答』以辨之."

을 언급한 가장 초기의 문장은 「의주왕문답」이다. 그러므로 정제두를 만나 양명학을 접하여 처음 집필한 것이 「의주왕문답」이었다는 위의 기술은 충분히 신빙성이 있다. 또 이광신이 정제두를 만난 것도 당연히 33세 이전이 된다.

당시 정제두의 왕학 신봉을 비판하는 항간의 평판이 존재했다는 것, 왕학을 이단시하여 비판하는 풍조가 오히려 일반적이었다는 것, 이광신 자신도 당초에는 정제두와의 대면을 떳떳하게 여기지 못했다는 것 등의 상황을 엿볼 수 있다.

이는 모두 주자학을 절대적 권위로서 존숭하는 당시 조선 사회 일반 가치관의 반영이라고 봐도 좋을 것이다. 이광신은 정제두를 만나기 전, 처음에는 주자학에 전심한 시기가 있었다.

이와 관련하여 영조2년(1726, 정제두 78세, 이광신 27세) 7월에는 사헌부지평 이정박이 성균관 좨주 정제두를 탄핵하는 사건이 일어났다. '정도(正道)인 정주학에 등을 돌린 이단인 육왕학을 존숭하는 정제두와 같은 인물이 사유(師儒)의 자리를 더럽히고 있는 것은 세도(世道)의 큰 해로움이다.'라는 취지였다. 이광신이 입문하기 수년 전에 일어난 이 사건도 인용문에서 "세간에서는 혹 그가 양명학을 존숭한다고 말하는 자들이 있다.[世或議其右新建]"라고 기술한 배경의 하나가 될 것이다. 애초에 영조는 정제두를 깊이 신임하여 이정박의 탄핵이 받아들여지지 않았다.

2

「제문」의 기술은 이광신의 학문 형성에 관하여 보다 자세하다.

> 형은 젊은 시절 거업(擧業)에 종사하였는데 문장이 훌륭하여 명성이 성대하였다.……중년이 되자 그 지향이 더욱 독실해져 과거 공부를 그만두었다.……처음에는 회암(晦庵, 주자)을 사모하여 격물치지(格物致知)의 의미를 밝혔으

나, 이후에는 하곡(霞谷)에게 왕수인의 설을 듣고서 마음을 내면에 침잠시켜 지행(知行)을 합일해야 한다고 생각하였다.……형은 마음속으로 양명학을 몇 년간 배워 존숭하고 신모할 것을 맹세하였다. 그러나 끝내 곧 의심이 생겨서 다시 왕양명과 주자의 두 저서를 책상 위에 두고서 하나하나 참조해가며 득실을 비교하였다. 처음에는 (주자와 왕양명에 대한 평가에 있어) 흑백이 분분하게 차이가 났다. 이러한 상태가 여러 해 지속되어도 혈전(血戰)은 그치지 않았다. 마침내 회옹은 순수하여 흠이 없고 왕양명의 학설은 지나치게 고원하여 성급하게 가려는 것임을 알았다. (이에) 왕양명의 책을 다락에 올려두고 오로지 고정(考亭, 주자)에 전심하였다.[13]

이광신의 조부인 이대성(李大成, 숙종25년 己卯, 丙科), 백부 이진유(李眞儒, 숙종33년 丁亥, 丙科), 이진검(李眞儉, 숙종30년 甲申, 丙科), 숙부 이진급(李眞伋, 숙종38년 壬辰, 乙科)은 모두 문과합격자로, 아버지 이진휴(李眞休, 숙종28년 壬午, 생원시)도 사마시 합격자이다. 이처럼 일족이 대부분 과거합격자를 배출하였으며 이광신 본인도 거업에 전심한 시기가 있었다. 거업을 포기한 것은 성학(聖學)에의 지향이 강해졌다고도 볼 수 있겠지만 집안의 몰락과도 관계가 있을지 모른다.[14]

---

13 『圓嶠集選』 卷6 「祭恒齋從兄文」. “兄在若齡, 擧業是鬞, 詞華蒼健, 菀有聲名.……漸向中年, 其志彌篤, 謝絶科擧.……始慕晦庵, 闡明格致. 後聞霞谷, 新建之說, 用心於內, 當合行知.……兄契於心, 求之數歲, 尊崇信慕. 終乃生疑, 復將王朱, 二書在几, 一一參互, 比較得失. 始時黑白, 棼然參差, 如是累歲, 血戰不已. 終見晦翁, 純然無疵, 王之爲說, 過高而捷. 擔閣其書, 專意考亭.”

14 이광신이 거업을 단념한 정확한 시기는 미상이나, 영조 즉위 이후의 정국은 이광신 일족에게는 완전히 겨울시대였다(영조원년은 이광신 26세에 해당된다). 경종원년 · 2년의 신임사화에 의해 노론은 실각, 소론이 정권을 잡게 되고 소론은 완소파와 준소파로 분열된다. 준소파는 노론 사대신을 사지에 내모는 등 노론 탄압의 선봉에 서 있었지만, 머지않아 영조가 즉위하여 노론이 복권되자 준소파는 완전히 실각, 영조 즉위년에는 金一鏡이 처형되고 영조6년에는 李眞儒가 옥사한다. 이광신 측은 가문에서 이진유를 배출했기에 정치적으로 힘든 상황에 처하게 되었다. 이상 심경호(1997), 242~243쪽, 또는 본서 제11장을 참조. 일찍이 노론의 영수였던 송시열에 관하여 이광신은 매우 신랄한 인물평을 남기고 있다. 『先藁』 冊2 「思省錄」 56조, 57조, 58조. 이는 이광신의 소론으로서의 측면을 나타내는 자료라고 할 수 있겠다.

위의 인용문에 의하면 그 후 이광신은 (一)주자학에 전심한다. (二)정제두를 통해 양명학을 알고 이를 존숭한다. (三)머지않아 의문이 생겨 주왕의 득실을 둘러싸고 번뇌하기를 수년, (四)최종적으로는 주자학을 옳다 여기는 입장에 이르는 사상 이력에 다다르게 된다.

제문에 기술된 것이 사실이라면 정제두에 의해 점차 본격적으로 수용된 듯 보이는 조선양명학은 제2세대에 이르러 이미 버려진 것이 된다. 그리고 앞의 행장은 양명학 수용 후의 사상 변천을 언급한 것이 없는데, 애초부터 수용 형태가 주자학을 정통으로 하는 입장을 고수하면서 양명학도 허용하는 것으로 묘사되고 있다.

그러나 이러한 기술, 그 중에서도 주자학이나 양명학에 대한 평가 부분에 대해서는 어디까지를 액면 그대로 받아들여야 할지 판단하기 어렵다. 예를 들면『하곡집』에 수록된 문인들에 의한 제문의 대부분은 정제두의 양명학 신봉은 전혀 언급하지 않고 오히려 독실한 주자학자로서의 스승을 그려내고 있다. 이러한 사례에 비추어보아 집필자(이 경우는 이광사)의 윤색 · 분식(粉飾) 혹은 은폐 · 왜곡의 가능성도 어느 정도 열어둘 필요가 있을 것이다. 요컨대 우리는 어디까지나 이광신 스스로가 남긴 말을 통해 그의 사상적 입장의 재구성을 시도할 수밖에 없다.

3

『선고』의 분석을 통한 이광신의 사상적 입장 해명에 관해서는 아래에서 다시 고찰하겠지만, 우선 이광사가 지은 행장과 제문의 기술 내용에 대해 간단하게 검증해보고자 한다.

일단 행장에서 이광신이 정제두를 통하여 양명학을 접하고 양명학을 이단시하는 견해에서 벗어났다고 한 부분에 대해 살펴보겠다. 이광신은 「논정하곡학문설(論鄭霞谷學問說)」에서 양명학이나 하곡학을 이학 · 이단시하는 세평에 대해 명확히 이를 비판하고 있다. 또한 「답조비경서(答趙飛卿

書)』(이광신 42세)에서도 하곡학을 이단 · 사설(邪說)로 보는 편지의 상대(조진빈)를 정면에서 반박하고 있다. 따라서 이 점에 관한 행장의 기술은 타당하다.

다음으로 제문에서 이광신이 최종적으로 양명학에서 주자학으로 회귀했다고 서술한 부분에 대해 알아본다. "왕양명의 학설은 지나치게 고원하여 성급하게 가려는 것이다.[王之爲說, 過高而捷]"라고 한 행장 속의 양명학 비판에 관해 말하자면, 확실히 이광신에게는 "양명은 근원을 오로지하여 사물을 버리고, 궁리하는 공부는 없이 빨리 등급을 뛰어넘으려는 병폐가 있다.[陽明專本原遺事物, 無窮理之工而有經躐之病]"라는 말이 있다(『선고』책3, 「祭霞谷鄭先生文」丙申, 이광신 37세). 그러나 이는 주자학파에 의한 양명학 비판의 말을 예로 든 것으로, 같은 글에서 이 같은 견해는 이광신에 의해 명확하게 부정되고 있다. 이광신이 한 시기에 양명학 신봉에서 주자학으로 회귀했다는 사실을 나타내는 자료는 『선고』 어디에서도 발견해낼 수 없다. 따라서 이 점에 관한 제문의 기술은 반드시 신뢰할 수는 없다. 오히려 가장 만년에 가까운 시기에 집필한 『빙탄록(氷炭錄)』(44세)과 「여양중변난주왕이기설(與襄仲辨難朱王理氣說)」(44세 이후) 두 저작(모두 『선고』 책1)에서 양명학에 대한 긍정적 평가가 명료하게 간파되는 점으로부터도, 이광신은 정제두와의 해후 이후로 그의 만년까지 양명학 신봉의 입장을 견지했다고 보는 것이 보다 자연스러운 해석일 것이다.

그리고 가령 이 해석이 올바르다면, 이번에는 역으로 제문의 집필자인 이광사에 의한 윤색 · 분식, 은폐 · 왜곡의 가능성이라는 문제가 부상한다. 이 점에 관해 유의해야 할 것은 이광사 『원교집선(圓嶠集選)』의 서적으로서의 성격이다. 서장에서 서술한 대로, 이광사의 양명학 관련 자료는 생전 자신이 편찬한 문집인 『두남집(斗南集)』이나 사후에 편찬된 『원교집선』에는 전혀 보이지 않고, 이광찬의 『논학집략(論學輯略)』이라는 문중본의 존재에 의해 그 일단을 추측할 수 있는 데 불과하다. 이는 이광사 자신, 또 그의 사후 문집 편찬에 관여했던 문인 혹은 후예가 양명학에 관련된 내용(예를 들면 이광찬과의 왕복서한 등)을 일부러 삭제했을 가능성을 나타낸다. 가령 『원교집선』이 이러한 태도로 집필·편찬된 서적이라면 여기에 수록된 동족 이광신에 대한 제문에서도 그의 양명학 신봉을 주자학에의 회귀로 윤색했을 가능성이 충분히 있다고 생각한다.

Ⅱ. 정제두의 유고 편찬사업

1

이광신은 정제두 및 그의 장남인 정후일의 죽음에 제문을 썼다. 모두 이광신과 정제두의 관계를 나타내는 중요한 자료이지만 여기에서는 일단 정후일을 위해 쓴 제문을 예로 든다.

(a) 신유년(1741) 3월, 정장(鄭丈, 정후일)이 한성의 집에서 돌아가셨다. 4월 27일 임술(壬戌)에 발인하니, 발인 이틀 전 경신(庚申)일 문인인 완산 이씨는 닭 한 마리와 술 한 잔을 영전에 올리며 말한다. "아, 나는 어리석고 비루하여 노선생께 정식으로 입문하는 예를 갖추지 못하였으나, 실제로 가르침을 받들어 교분을 맺을 수는 있었으니 선생을 경모(景慕)함은 남에게 뒤지지 않았다. 대들보는 이미 꺾였지만 노성(老成)의 모습이 공께 남아 있었으니, 내가 공을 앙모함은 노선생을 앙모함과 같았다. 올봄 성곽의 남쪽과 서쪽을 왕래할 때 자주 공의 생각을 여쭈었는데, 심학(心學)에 관련된 의론의 대부분은 부군께 전수받았다는 것을 알 수 있어 더욱 공경하는 마음이 깊어졌다."[15]

15 『先藁』 冊3 「祭鄭富平文」 이광신 42세. "歲辛酉三月, 鄭丈卒于京第, 四月二十七日壬戌, 將發靷. 其前二日庚申, 侍生完山李, 一鷄一杯, 以奠靈筵曰, 於乎, 小子蒙陋, 未能束脩於老先生, 而亦獲奉誨而周旋. 景慕之篤, 不後於人. 今梁木已摧矣, 老成典刑, 公尙在焉. 小子之慕公, 如慕老先生. 今春往來于城南城西, 屢叩公所存, 則心學議論, 蓋多過庭之聞矣. 愈加敬重焉."

정후일은 부평도호부(경기도)의 부사 등을 역임한 후 영조17년 3월 13일, 황화방(皇華坊)의 우거에서 죽었다(향년 71세). 아버지 정제두의 죽음 5년 뒤였다. 위의 인용문에 따르면 이광신은 정제두의 정식 문인은 아니었으나 실질적으로 그의 가르침을 받았고, 정후일로부터도 심학(心學)에 관한 정훈(庭訓)을 들었다. 다만 정제두로부터 정후일에게 어느 정도로 가학이 전수되었는지 오늘날 검증할 방법은 없다.

(b) 노선생께서는 평소 저술하기를 좋아하지 않았으나 도학의 근본과 관련하여 밝혀야 할 부분에 대해서는 발명하고 종합한 것이 많았다. 그러나 반드시 후세에 전해지는 데 뜻을 두지 않았기에 선사(繕寫)한 정본이 하나도 없었고 대부분 보관해둔 상자 속에 산란(散亂)된 고지(故紙)뿐이었다. 공께서는 이것이 산일(散逸)되어버리는 것을 참을 수 없어 이를 정돈하고 수합하였으나, 노령의 정력으로는 미치지 못하는 바가 있어 그 일을 도울 사람이 필요하게 되었다. 내가 참람됨을 무릅쓰고 마침내 약간 권을 취해 대조하고 교정하여 일이 추진되도록 힘썼다. 그런데 공이 갑자기 세상을 떠나버렸으니 이 일을 장차 어찌해야 하는가. 나는 감히 공의 죽음으로 마음을 바꾸지는 않으나 공경히 이 일을 마치더라도 우러러 질정할 곳이 없게 되었다. 「유사(遺事)」는 공이 이미 편찬하시고 다시 교정하여 삭제하거나 보충하라고 명하였고, 「행장(行狀)」은 백하(白下, 윤순)에게 부탁하려 했는데 공이 돌아가신 지 수십 일 뒤에 백하 또한 세상을 떠났으니 이 일을 어찌한단 말인가.[16]

윤순(尹淳, 1680~1741, 자 仲和, 호 白下)은 3월 24일, 평안도 관찰사 재임

---

16 『先藁』 冊3 「祭鄭富平文」 이광신 42세. "老先生平生不喜著述, 惟其道學本根不得不明處, 則其所發明錯綜, 更互不爲不多, 而亦無意必於垂後, 一未有繕寫定本. 率皆衍篋中散爛故紙. 公則不忍其蕪滅, 整頓收拾, 而白首精力, 有不能逮, 要有以相其役. 小子忘其僭冒, 遂取若干卷, 商証讎校以期就緖, 公遽沒矣, 此事將如之何. 小子不敢以幽明貳心, 敬當卒業, 而仰質無所矣. 遺事則公旣已纂次, 又命檃括删補, 將付之白下以狀德, 而公沒數十日, 白下又沒, 此事尤當如何."

중 임지인 평안도 벽동군에서 죽었다. 정후일 사후 10일쯤이다. 윤순은 정제두를 위해 쓴 제문에서 '사문(師門)에 있은 지 40년 남짓'이라고 술회하였는데,[17] 최고참에 가까운 유력한 정제두 문하였다. 정후일은 정제두 유고의 정리를 이광신에게, 행장의 집필을 윤순에게 각각 부탁하였는데 작업 도중 정후일과 윤순이 차례로 사망했던 것이다.

『하곡집』 권11 「부문인등이선생문집사왕복서독(附門人等以先生文集事往復書牘)」에는 "선생(정제두)의 「대학설(大學說)」, 「이기설(理氣說)」, 「중용설(中庸說)」은 현재 교열 중으로 곧 그쪽에 보낼 것이다."라고 하였는데, 정후일 생전에는 역시 그를 중심으로 유고의 정리작업이 진행되고 있었음을 알 수 있다. 또 '신유(辛酉) 4월', 즉 정후일과 윤순의 죽음 익월에 해당하는 연월을 붙인 「심저촌여이서(沈樗村與李書)」에서는 유고 편찬작업을 진행함에 있어서 윤순의 죽음이 얼마나 타격이었는지 절절하게 하소연하고 있다.[18] 이처럼 『하곡집』에 남겨진 자료로 보자면 정제두 죽음 직후의 유고 정리작업(윤남한의 이른바 '제1차 편집작업'[19])에 참여한 중심인물로 이름이 거론되는 것은 정후일 · 윤순 · 심육 · 이진병으로, 여기에 이광신의 이름은 보이지 않는다. 이광신의 참여는 『선고』 발견과 함께 확인된 새로운 사실 중 하나라고 할 수 있을 것이다.

2

하곡 유고의 제1차 편집작업은 정후일과 윤순의 죽음(영조17년, 1741)에

---

17 『白下集』 卷9 「祭霞谷鄭先生齊斗文」. "嗚呼小子……出入門墻餘四十載."

18 「沈樗村與李書」는 『樗村遺稿』 卷31 「與遁谷」 제58서에 해당된다.

19 윤남한, 「하곡학의 성립」(1982), 236쪽 이하를 참고하였다. 윤남한은 제1차~제5차에 걸친 총 5회의 편집사업을 추적하였다. 今本 『霞谷集』 22券(국립중앙도서관 소장본=『한국문집총간』 160책, 윤남한의 소위 A본)은 정제두의 현손 정문승에 의한 所輯本, 혹은 그것의 淨書本일 것이라고 추정하고 있다.

더하여, 남은 중심 멤버였던 심육과 이진병(영조32년, 1756)의 죽음에 의해 중단될 수밖에 없었다. 그 후 제2차 편집작업은 정후일의 사위인 신대우(1735~1809)를 중심으로 하였고, 제3차 편집작업은 신대우의 아들인 신작(1760~1828)에 의해, 제4차 편집작업은 정제두의 현손인 정문승(1788~1875)에 의해, 그리고 제5차 편집작업은 정제두 7세손인 정계섭(1876~?)에 의해 각각 진행되었다.

이처럼 유고의 정리 · 편집작업이 오랜 세월을 지나올 수밖에 없었던 배경에는, 그 당시 중심인물의 죽음이라는 사정과 함께 또 다른 요인도 있었던 듯하다.

> 선조(=정제두)께서 돌아가신 뒤 부평군(富平君, 정후일)도 이어 돌아가시게 되어 후사(後嗣)는 실낱같이 가는 상태였다. 게다가 이 일에 종사한 문인들도 가벼이 일에 착수하여 세인들의 시끄러운 비난을 받게 되는 것을 꺼렸다. 이 때문에 상자 속에 넣어둔 지가 어느새 재주갑(再周甲:120년)이 되었는데, 너덜너덜해진 초고들 중 열에 아홉이 산일되어버렸다.[20]

문인들에게도 정제두의 문집을 출판하여 세상에 알리는 것을 주저하는 분위기가 존재하여, 이것이 작업의 진척을 막는 요인 중 하나였다고 한다. 편집사업의 추진이 어째서 '세인들의 시끄러운 비난'을 초래하게 되는 것일까. 이는 역시 정제두의 사상 내용과 무관하지는 않다.

하곡 유고 편집사업의 경과를 추적하는 것은 본장의 목적은 아니므로 화제를 이광신의 시대로 돌리자면, 유고 정리작업에 종사한 이광신 주위에도 실제로 작업의 수행 자체를 우려하는 목소리가 있었다.

---

20 『霞谷集』 卷首 目錄後 鄭文升 「箚錄」. "蓋先祖沒後, 富平君繼逝, 後嗣如綫. 而門人之執斯役者, 亦有所不敢輕易下手, 以取末俗之囂囂. 因以藏在箱筐者, 居然再周甲, 而斷爛片草, 十亡八九矣."

보내오신 편지에서 하옹(霞翁)의 문집에 대해 논한 내용은 잘 알았습니다. 다만 부평장(富平丈)이 지난번 산란된 초고를 부탁하며 저로 하여금 정리하고 선사(繕寫)하게 하였습니다. 그런데 지금 부평장이 이미 작고하셨지만 진실로 차마 그 부탁을 저버릴 수 없어 일을 마무리하여 책을 그의 본가로 돌려보낸 뒤 상자에 보관하도록 하려 했습니다. 편집한 뒤에 세상에 밝히는 것은 하옹의 본의도 아니며, 그 집안과 저의 뜻도 아닙니다. 그대의 염려는 기우가 아닐는지요. 다만 그대는 이 설이 한번 세상에 나오면 장차 혹세무민(惑世誣民)하여 우리의 도에 크게 해가 있을 것이라 여기는 모양입니다만, 이는 너무 지나칩니다. 종래 그대의 치우친 소견이 어찌 이리도 한결같이 답답한 것입니까.[21]

조진빈(자 飛卿)은 이광신의 친구 중 한 명으로 이 서한을 주고받은 이듬해 7월에 사망하였다. 이광신은 그의 죽음을 깊이 슬퍼하여 그를 위해 제문 2통, 곡문(哭文) 3통을 보냈다(모두 『선고』 책3 수록). 위의 인용문에 따르면 조진빈은 정제두의 문장이 세상 사람들의 눈에 띄는 것을 두려워하였으므로 이광신이 유고 정리작업에 종사하는 것에 대해서도 호의적으로 받아들이지는 않았을 것이다.

정제두는 30대 전반부터 50대에 걸쳐 박세채나 윤증 등 선배들과의 왕복서한을 통하여 스스로의 양명학 신봉을 고백하고 학문적 신조를 피력하였다. 주위 사람들은 일제히 경악 · 실망하여 정제두가 하루라도 빨리 양명학을 버리고 주자학으로 되돌아오도록 설득을 그치지 않았다. 그들의 서한을 볼 때마다 주자학적 권위가 일원적으로 지배했던 당시 조선사회에서 양명학을 신봉하는 것이 주위에 얼마나 커다란 파문을 일으키는지, 또

21 『先藁』 冊3 「答趙飛卿書」 辛酉 이광신 42세. "霞翁文字事, 謹悉來諭. 而第富平丈, 前時以其亂藁付之, 俾得以釐正繕寫, 而今此丈已故, 誠不忍孤其付托, 欲卒業以歸其家, 藏之筐笥. 至於編輯表章, 非霞翁本志, 亦非其家與鄙意之所存也. 飛卿之慮, 或過也耶? 但高明似其此說一出, 將惑世誣民, 大有害於吾道者然, 是則似尤過也. 終是高明所見之偏處, 一何沓沓耶?"

반감이나 빈축을 사는 행위로 받아들여지고 있었는지는 상상하기 어렵지 않다. 만년의 정제두가 왕학 신봉 때문에 이정박의 탄핵을 받은 일은 앞에서도 언급하였다. '혹세무민'은 기이하게도 탄핵문 속에서 이정박이 사용한 말이기도 하다.[22]

조진빈에 대해 이광신은 두 가지로 나누어 반론하고 있다. 하나는 이번의 작업은 유고를 정리 · 정서(淨書)하여 집안에서의 보관용으로 정본(定本)을 작성하는 것이 목적이며 사설(師說)의 유포 · 현창을 계획하는 일이 아니라는 것, 그리고 "우리 도에 큰 해가 있게 된다."고 한 조진빈의 정제두 평 그 자체에 대한 반론이다.

전자에 대해서는 당시 이 작업에 종사하고 있던 사람들이 실제로 당초부터 가장(家藏)을 목적으로 하고 있었는가, 또 이에 대해 주요 멤버가 인식을 공유하고 있었는가에 대해서는 지금 검증할 도리가 없다. 이와 관련하여 심육은 "선생 생전의 뜻을 헤아려보면 사람들에게 알려지지 않게 상자 속에 감춰두어야 하지만, 우리 뒤에 남겨진 자들의 입장에서 보자면 반드시 선생의 유지에 얽매여 있을 필요는 없다. 요지는, 어떻게 해야 가장 타당할지 숙고하는 것이 좋겠다."라는 말을 하였는데, 적어도 문인의 일부에는 유고 공간(公刊)의 의지 · 의욕이 있었다는 점을 시사한다.[23]

후자에 대해서는 이광신은 이어서 반론을 전개하고 있다.

> 도는 육경에 실려 있는데 육경은 주자에 이르러 남김없이 발휘되었습니다. 천지 사이에 주자의 설 하나면 충분합니다. 그러나 천지는 싣지 못하는 것이 없고, 만물은 나란히 길러져서 서로를 해치지 않고, 도는 나란히 행해져서 서로

---

22 『朝鮮王朝實錄』 영조2년 7월 19일. "如此昧正道尙異敎之類, 若不嚴加堤防, 其流之害, 安保其不爲馴致於惑世而誣民乎? 此誠非世道之細憂. 請祭酒鄭齊斗, 亟命改正."

23 『霞谷集』 卷11 「附門人等以先生文集事往復書牘」, 「沈樗村與李書」 辛酉 4월. "遺集, 以先生雅志言之, 不嶄人知, 只作箱篋中物. 亦何所介介. 而自後死者道理觀之, 亦不敢一如先生之意者. 蓋意之所在, 與之推致而無害也."

어긋나지 않는 법입니다. 이미 주자의 설이 있고서 또 계산(稽山, 왕수인[24])과 하곡의 설이 있으면 좋은 것입니다.[25]

여기에서 이광신은 주자학을 배타적 · 절대적으로 존숭하는 입장은 취하지 않고, 양명학이나 하곡학에 대해서도 일정의 존재 의의는 인정해야 한다는 견해를 나타내고 있다. 이 점은 우선 크게 주목할 만하다. 왜냐하면 초기 강화학파 중 다른 주요 멤버들(심육, 윤순, 이광사, 이영익, 이충익)의 어느 저작에서도 이렇게 양명학이나 하곡학의 존재 가치를 정면으로 긍정하는 발언은 발견할 수 없기 때문이다. 이러한 사실로부터도 이광신은 양명학이나 하곡학에 대한 비난이 강했던 당시 사회적 분위기 속에서 하곡학을 전승 · 계승하는 의식을 충분히 자각한 뒤, 그의 유고 편찬작업에 종사했다는 것을 확인할 수 있다.

그러나 이광신이 주자학, 양명학, 하곡학을 어떻게 평가하고 있었는지에 대해서는 검토의 여지를 남겨두고 있다. 위의 인용문에서는 양명학이나 하곡학의 존재 의의는 허용되고 있으나, 한편으로는 그 대전제로서 주자학을 절대적 가치기준으로 하는 입장이 마치 자명한 것처럼 말하고 있기 때문이다(이 점은 이미 인용한 이광사가 지은 행장에서 '이광신의 양명학 수용이 주자학을 정통으로 하면서 양명학도 허용한다'는 내용과 부합한다). 이 발언의 진의를 확인하는 것도 포함하여, 이광신의 입장을 보다 정확하게 파악하기 위해서는 우선 그의 양명학 이해의 내실을 검증해볼 필요가 있다.

---

24 稽山은 浙江省 紹興府 會稽山이다. 왕수인이 태어난 곳이 紹興府 餘姚縣이었으므로, 여기에서는 왕수인을 가리킨다.

25 『先藁』 冊3 「答趙飛卿書」 辛酉 이광신 42세. "道載六經, 六經至朱子, 發揮無餘. 天地間, 一朱子說足矣. 然天地無不持載, 萬物竝育而不相害, 道竝行而不相悖. 旣有朱子說, 又有稽山霞谷說, 好矣."

Ⅲ. 이광신의 양명학 이해

이광신의 양명학 이해가 어떠한 것이었는지, 여기에서는 「빙탄록(氷炭錄)」과 「여양중변난주왕이기설(與襄仲辯難朱王理氣說)」(모두 『선고』 책1)을 중심으로 고찰을 진행하겠다. 「빙탄록」은 모두 92조로, 주자학과 양명학의 동이(同異)를 전적으로 언급한 계해년(영조19년, 이광신 44세)의 저작이다. 「여양중변난주왕이기설」은 모두 네 통으로 기년(紀年)의 기재는 없지만 제3통에 「빙탄록」에 대한 언급이 보이는 것, 그리고 네 통의 화제가 내용적으로 일관되어 있어 거의 동일 시기의 서한으로 추측되기에, 네 통 모두 「빙탄록」 이후에 집필한 것으로 보겠다.[26] 이광신은 45세에 죽었으므로 집필 시기로 보아도 이 두 자료는 사상적 입장의 도달점을 보여주는 저작이라 해도 좋을 것이다.

이제 양명학의 기본적 명제에 관한 이광신의 입장을 순차적으로 확인하고자 한다.

(a) 심즉리(心卽理)

「여양중변난주왕이기설」에서 변난(辨難)의 상대인 이광찬(李匡贊, 1702~1766, 자 襄仲, 호 中翁)은 이광신의 사촌형제이다. 편지에 의하면 이광찬은

---

26 「與襄仲辨難朱王理氣說」 4통 중, 제1~제3통은 기본적으로 '襄曰……直曰……'의 문답을 반복하는 형태로 서술이 진행되고 있다('襄'은 이광찬, 자 襄仲, '直'은 이광신, 자 用直을 가리킨다). 제4통은 오로지 이광신의 말로만 구성되어 있는데, 단락마다 행을 바꾸었다. 이하 편의상 제1통은 8절, 제2통은 12절, 제3통은 4절, 제4통은 9절로 나누고, 인용할 때에는 그 절의 번호로 나타내고자 한다. (一)1襄曰理氣分明一物, 2襄曰程朱以理氣爲二物, 3襄曰朱子求理於事物, 4襄曰然則程子朱子說, 5襄曰然則朱子所謂, 6襄曰果不同, 7襄曰二說之所故, 8直又曰若看得理氣. (二)1直曰誠如君說, 2直曰理氣一物之說, 3直曰王氏之凡論理, 4直曰是則誠然, 5直又曰傳習錄, 6直曰彼澄之所問, 7襄曰天地之間, 8直曰以心之光明, 9襄曰心分明是氣, 10襄曰朱子分理氣, 11直曰爲王陸之說者, 12襄曰人之氣稟. (三)1直曰吾旣爲問答錄, 2襄曰兄以爲心具理, 3襄曰心卽理, 4襄曰傳習錄六段. (四)1王之斥朱子窮理, 2王之致良知, 3禪家直指心爲性, 4禪家直指心爲性, 5襄以爲陽明心卽理說, 6心卽理說, 7襄之意以爲朱子, 8襄以爲程子所言, 9朱子固當分理氣矣.

'정주(程朱)는 이기(理氣)를 구별했기 때문에 성즉리(性卽理)를 말했고, 양명은 이기를 일물(一物)로 파악했기 때문에 심즉리(心卽理)를 말했다.'고 한다.[27] 주왕(朱王)의 기본 자세에는 분(分)과 합(合)의 차이가 존재하나 이것도 모두 이기의 분합(分合)에 근본한다는 것이 이광찬의 견해였다.[28]

이에 대해 이광신은 양명에 의한 심즉리설 제기의 의도는 즉물궁리설(卽物窮理說) 비판에 있었던 것으로, 이기설(理氣說)에 그 주안점이 있던 것이 아니라고 하였다.[29] 주왕(朱王)에는 확실히 분합의 차이가 있지만, 그것은 이광찬이 말한 것처럼 이기의 분합에 근본하는 것이 아니라 어디까지나 심리(心理)의 분합에 근본하는 것이다.[30] 이 점에서 이광신은 이황에 의한 심즉리설 비판(심즉리설은 기를 리로 보는 오류를 범하는 것이라는 비판)도 양명의 취지를 잘못 파악한 것이라 지적하였다.[31]

양명학의 심즉리설이 즉물궁리설 비판과 일체(一體)라는 것은 이광신이 반복하여 지적하는 점이다.[32] 원래 왕수인이 주자학과 결별한 것도 심(心) 밖에서 리(理)를 구하는 주자학의 학문 방법론의 잘못을 깨닫고 심즉리라는 새로운 명제를 발견했기 때문이었다(龍場大悟).[33] 이 점에서 이광신의

---

27 『先藁』 冊1 「與襄仲辨難朱王理氣說」(一) 제2절. "襄曰, 程朱以理氣爲二物, 故曰性卽理. 陽明以理氣爲一物, 故曰心卽理."

28 『先藁』 冊1 「與襄仲辨難朱王理氣說」(三) 제1절. "襄以爲朱子工夫之分, 由其理氣之分. ……襄又以爲陽明工夫之合, 由其理氣之合."

29 『先藁』 冊1 「與襄仲辨難朱王理氣說」(一) 제2절. "大抵王氏心卽理之說, 本非爲明理氣源頭而發也. 只爲對朱子窮事物之理而發也."

30 『先藁』 冊1 「與襄仲辨難朱王理氣說」(三) 제1절. "然則二家源頭之分, 不由乎理氣之分合, 迺在於心理之分合." 「氷炭錄」73조. "陽明朱子說異同, 在於心理分合."

31 『先藁』 冊1 「與襄仲辨難朱王理氣說」(二) 제3절. "退翁之便斥以爲認作一物者, 則恐已不相悉之故耳. 而況如斥心卽理爲認氣爲理者, 竊恐尤未照勘王氏立言主意之所在故也.【主意只爲對事物, 非爲論理氣】"

32 『先藁』 冊1 「與襄仲辨難朱王理氣說」(一) 제2절. "所謂心卽理者, 患人之外心求理, 故指心字曰, 心卽理也. 此則意之所重, 着在心字上, 要使人求理於心也." (四) 제1절. "王之斥朱子窮理於事物, 必曰心卽理."

33 『王文成公全書』 卷32 「年譜」 正德3년 37세. "始知聖人之道, 吾性自足, 向之求理於事物者, 誤也."

이해는 왕수인의 의도를 정확하게 파악한 것이라고 할 수 있다. 게다가 이광신은 주희의 즉물궁리설에 대해 '오용공부(誤用工夫)', '실의(失宜)'라는 표현을 사용하여 이를 비판하고 있다.[34] 이는 이광신이 심즉리설을 정확하게 이해하고 있는 것에 그치지 않고 자신도 이에 동조하는 입장이었음을 명시하는 것이다.

또 이광찬은 심즉리와 이기일물(理氣一物)을 연관 지어 해석할 뿐만 아니라 스스로도 이기(理氣)를 일물(一物)로 보는 입장에 있었다. 이에 대해 이광신은 이기혼합(理氣混合)을 주장하지만 그 취지는 이기의 불리불잡(不離不雜)을 지적하는 점이었다.[35]

(b) 치양지(致良知)

이광신에 의하면 『대학』에서 말하는 치지(致知)는 오로지 덕성(德性)의 지(知)에 대해 서술한 것으로, 덕이야말로 학문을 하는 근본이다. 그 점에서 왕수인의 치양지설은 타당한 것이다. 지식(知識)도 '지'와는 다르지 않지만, 그것은 성인이 되기 위한 실천공부와는 관계가 없는 것이다.[36] 이상의 주장으로부터도 이광신이 치양지설에 대해 분명히 긍정적 입장을 취했음을 확인할 수 있다.

또 '덕성(德性)의 지(知)'는 송학(宋學) 이후로 '견문(聞見)의 지(知)'와 대비

---

34 『先藁』 冊1 「與襄仲辨難朱王理氣說」(三) 제3절. "心卽理三字, 雖是本體上說, 而蓋亦有所爲而發.【蓋爲朱子分心與理, 誤用工夫故也】" (四) 제6절. "心卽理說, 此爲斥朱子窮理失宜而發也."

35 『先藁』 冊1 「與襄仲辨難朱王理氣說」(一) 제1절. "襄曰, 理氣分明一物. 直曰, 如是看得, 輒易矣. 第理氣本自混合, 一而二, 二而一, 不相離, 不相雜, 不可分, 不可不分." 제7절. "直曰, 理氣分而言之, 則似二物, 而又非可以爲二物也. 合而言之, 則似一物, 而又非可以爲一物也."

36 『先藁』 冊1 「氷炭錄」 37條. "大學致知云者, 專就德性上知. 故王說致良知之說, 實近似焉. 蓋德是學之本故. 知識則固亦可謂之知, 而無關於作聖之功故也." 「氷炭錄」 1條. "知豈獨良知. 凡見聞知識, 皆知也. 而但作聖之功, 主心學. 故王以良知爲說." 「氷炭錄」 90條. "後世學者, 以致知之知爲知識之知, 而用功多偏於知識. 陽明見其流弊, 而以爲知識非爲學之本云爾.……故又以爲此知字非知識之知, 乃良知之知云云."

되어 사용되는 말이다.[37] 왕수인에게도 "덕성의 양지는 견문에서 말미암는 것이 아니다.[德性之良知, 非由於聞見]", "덕성이 어찌 밖에서 구할 수 있는 것이겠는가.[德性, 豈可以外求哉]"라는 말이 있다(『傳習錄』 卷中 「答人論學書」 제11절).

그리고 이광신은 양지(良知)를 '심지본체(心之本體)', '오심본연지선지지(吾心本然至善之知)'라고도 칭하여 이를 '지식의 지'와 구별하고 있다.[38] '덕성의 지'와 '견문의 지'의 구별, '양지의 지'와 '지식의 지'의 구별은 심(心) 밖에서 리(理)를 구하려는 주자학의 즉물궁리설에 대한 비판을 함의하는 것으로, 그 점에서 심즉리와 치양지의 취지는 일관되어 있다는 것이 이광신의 이해이다.[39]

(c) 지행합일

'치지(致知)의 지(知)'가 '지식(知識)의 지'를 의미하는 경우 지행(知行)은 절로 이물(二物)이 된다. 왜냐하면 우선 이(理)를 알고 그런 뒤에 이를 행동에 옮기기 때문이다.[40] 그러므로 주자학의 지행론(知行論)은 지선행후(知先行後)의 형태를 취하게 된다.[41] 반면 치지의 지가 '양지(良知)'를 의미하는 경우 지행은 절로 합일한다. 왜냐하면 양지는 마음속에 내재하며 실재하는 존재로 행과 떨어질 수 없는 것, 바꾸어 말하자면 행에 연동되지 않을

---

37 張載『正蒙』「大心」. "見聞之知, 乃物交而知, 非德性所知. 德性所知, 不萌於見聞."

38 『先藁』 冊1 「氷炭錄」 10條. "王說致良知, 本是平實, 而但以知爲心之本體." 「氷炭錄」 88條. "所謂致知之知, 則吾心本然至善之知, 而非知識見聞之知."

39 『先藁』 冊1 「與襄仲辨難朱王理氣說」(四) 제4절. "王所謂心卽理, 致良知說頭……蓋爲辨析朱子求知於外, 故不得不就裏面說知之本體也."

40 『先藁』 冊1 「氷炭錄」 91條. "若以致知爲知識之知, 則知行自嘗二也. 何者先知得這理而措之行故也?"

41 『先藁』 冊1 「氷炭錄」 12條. "朱子之意, 則似以爲知在於先, 故以知爲先." 『朱子語類』 卷9 1條 李閎祖 錄. "論先後, 知爲先. 論輕重, 行爲重." 4條 程端蒙 錄. "致知力行, 用功不可偏. 偏過一邊, 則一邊受病. ……但只要分先後輕重. 論先後, 當以致知爲先. 論輕重, 當以力行爲重."

수 없기 때문이다.[42] 치양지(致良知)에서 지와 행의 관계에 대하여 이광신은 '그 사이에 한순간도 끼어들 여지조차 없다.'라는 표현을 써서 긴밀한 일체성 · 연동성을 강조하고 있다.[43] 그러므로 지는 행위 행동에 옮겨져야만 진정한 지인 것이다.[44]

지와 행은 일련(一連) · 일체(一體)의 행위로 지는 행에 연동되지 않을 수 없는 것이라는 점에서, "호색(好色)이나 악취(惡臭)의 지각은 지에 속하고 그것을 좋아하거나 싫어하는 것은 행에 속하지만, 실제로 그것들은 불가분의 일체의 행위이다."라는 왕수인의 비유를 상기해보면 좋을 것이다.[45] 물론 이 경우의 '여색을 좋아함[好好色]', '악취를 싫어함[惡惡臭]'은 생리적 · 감각적 차원의 화제에 불과하다. 그러나 도덕적 · 논리적 당위의식 또한 자신의 내발적인 진정(眞情=良知)의 발로로 여겨, 생리적 · 감각적 욕구와 동일한 차원으로 기초를 확고하게 하는 것이 실은 양지심학의 요점임에 틀림없다. '부모님에게 효도해야 한다'는 윤리규범을 예로 들자면, 그 규범에 관한 자기의 인식이 곧바로 실천으로 연동되지 않을 수 없는 것이 아니라면 그 인식은 자기에게 혈육화 · 내재화되어 있지 않은 것이므로 단순히 부여된 당위의식이며, 이는 진정한 지가 아니다.[46]

이처럼 이해한다면 지행합일은 실제로 지가 행에 옮겨지는 것 자체에

---

42 『先藁』 冊1 「氷炭錄」 36條. "王說以良知爲知, 不以知識爲知者, 以知識非良知故也. 而不但以良知爲知, 又以爲行者, 其良知實在內在心, 實不可與行爲二故也."

43 『先藁』 冊1 「氷炭錄」 91條. "如以致知爲良知之知, 則知行自嘗一也. 何者此卽心術幾微處, 知而存之, 間不容息故也."

44 『先藁』 冊1 「氷炭錄」 9條. "馳騖於外之知識者, 不可謂之知, 蓋不能行故也. 行然後謂之知, 知是心之理故也."

45 『傳習錄』 卷上 5條. "見好色屬知, 好好色屬行. 只見那好色時, 已自好了. 不是見了後, 又立箇心去好. 聞惡臭屬知, 惡惡臭屬行. 只聞那惡臭時, 已自惡了. 不是聞了後, 別立箇心去惡."

46 『傳習錄』 卷上 5條. "愛曰, 如今人儘有知得父當孝, 兄當弟者, 却不能孝, 不能弟, 便是知與行分明是兩件. 先生曰, 此已被私欲隔斷, 不是知行的本體了. 未有知而不行者, 知而不行, 只是未知."

중점을 둔 사상이 아니라, 오히려 행에 연동되지 않을 수 없는 것으로서 지를 규정하는 것에 그 주안점이 있는 것이다. 치지(致知)의 지가 양지(良知)임을 지적하는 것에 지행합일설의 주된 뜻이 있다는 이광신의 말도 그 때문이다.[47]

결국 지행합일설이란 단순히 실천주의, 행동주의[行]를 선전하는 사상이 아니라 오히려 인식의 양상[知]을 새롭게 묻는 것에 주된 뜻이 있다. 극언하자면 현실에서 행동에 옮겼는지의 여부는 오히려 부차적인 문제이다. 규범을 알고[知] 이를 실천에 옮긴다 해도[行], 그 규범[理]이 자기에게 내재화되지 못하면 지행합일이라고 말할 수 없는 것이다. 역으로 리(理)를 진실로 인식할 수 있다면(리가 자기에게 내재화되고 당위가 필연·자연화 되었다면) 그것을 실제로 행동에 옮기지 않았어도 이미 지행은 합일한 것이다. 행했는지 행하지 않았는지는 문제 되지 않는 것이다.[48]

이상에서 본 것처럼 이광신의 지행합일 이해는 왕수인에 의한 지행합일설 제기의 의도를 매우 깊고도 정확하게 짐작한 것이라 할 수 있겠다. 또 이광신은 심즉리, 치양지, 지행합일을 서로 유기적이면서도 불가분의 연관된 것으로서 일체적으로 파악하고 있었다.[49] 이러한 점으로부터도 이광신의 양명학 이해가 매우 체계적인 것이었음을 확인할 수 있을 것이다.[50]

---

47 『先藁』 冊1 「氷炭錄」 13條. "知行合一云者, 以驗致知之知爲良知而不是知識之知也." 42條. "知雖是良知, 知行合一……而知之本體, 則本與行無二. 故王說主意, 蓋欲使人知致知之知眞良知也."

48 『先藁』 冊1 「氷炭錄」 39條. "王曰知行合一云, 而凡不能篤實力行者, 古不足言. 而今有明此理而未必措之行, 或明此理而未及措之行, 則是豈知行合一乎? 曰, 是雖未能措之行, 而其體合一, 故是亦可謂知行合一. 至於求之於事物者, 則勿論已行未行, 不求之於內, 是原非知行合一也. 所謂知行合一者, 蓋以理之在內耳. 不計行與不行也." 7條. "有不能行者, 謂之不知. 有知而不及於行者, 則雖未及於行, 是又知行合一."

49 『先藁』 冊1 「氷炭錄」 14條. "心卽理, 故知是良知, 故知行合一. 然則人不可求之於事物." 46條. "以心卽理, 故以知爲良知, 而以知爲良知, 故以爲知行合一. 而以知行合一, 故以致知爲良知而屬之行."

50 왕수인에게도 다음과 같은 말이 있다. 『傳習錄』 卷中 「答人論學書」. "外心以求理, 此知行之所以二也. 求理於吾心, 此聖門知行合一之敎."

(d) 격물치지(格物致知)의 훈고(訓詁)

치지의 지를 지식의 지가 아닌 양지(良知)라고 하는 이광신의 입장(=致良知說)에 대해서는 이미 언급하였다. '격물(格物)'에 대해 주희는 '격(格)'을 '지(至)'로, '물(物)'을 '사(事)'로 훈고하여 그의 즉물궁리설을 전개하였다. 반면 왕수인은 '격'을 '정(正)'으로, '물'을 '의지소재(意之所在)'라 훈고하여 주희의 즉물궁리설을 비판했다. 격물의 훈고에 관한 이광신의 언급은 거의 드물지만 '격'을 '정', '물'을 '의지소재'라고한 양명학의 해석을 소개하는 발언이 남아 있다.[51] 한편 주희의 즉물궁리설에 대해서는 비판적 언급을 하고 있다.[52] 이광신의 심즉리설 긍정과 즉물궁리설 비판의 입장을 감안해보면 격물치지의 훈고에 대해서도 이광신은 왕수인의 해석에 동조하는 입장이라 해도 지장은 없을 것이다.

또 즉물궁리 비판에 대해서 말하자면 심즉리, 치양지, 지행합일은 서로 유기적으로 묶여 연관되어 있는 것이다. 즉 심즉리는 이(理)의 내재(=心外求理의 부정)를, 치양지는 덕성양지(德性良知)의 존중(=見聞知識의 부정)을, 지행합일은 치양지에서 지행의 연동일체(=견문지식에서의 지행의 분열 · 괴리)를 각각 합의하였다. 그렇다면 이 세 가지는 모두 주희의 즉물궁리설에 대한 안티테제로서의 성격을 공유하는 것이다.[53]

(e) 고본 대학(古本大學)

이광신에 의하면 주자는『대학』경문의 '격물치지(格物致知)'와 '성의(誠意)'를 각각의 독립된 실천항목으로 보았으므로, 대응하는 전문(傳文)이 각

---

51 『先藁』 冊1 「氷炭錄」 59條. "陽明以物字爲意之所接之物, 物之方接, 以審其幾, 以正其物云爾."

52 『先藁』 冊1 「氷炭錄」 92條. "晦翁格致說, 終於格字訓, 似臬兀不安."

53 『先藁』 冊1 「與襄仲辨難朱王理氣說」(三) 第2節. "大抵王氏所謂心卽理, 致良知, 知行合一等說, 何爲而作也? 王氏之所與角立者何人. 朱子也. 所以角立而斥之者, 何事? 斥其窮至事物之知也. 斥其知之非本然之知, 則吾之所以建旗而攻之者, 不過揭致良知三字而已. 故曰, 致良知, 知行合一, 又曰心卽理."

각 있어야 한다고 생각하여 격치(格致)에 대한 전문을 보충하였다. 반면 양명은 격치와 성의를 일체불가분의 실천으로 보기 때문에 보전(補傳)의 필요성을 부정하여 고본(古本)에 대한 주자의 텍스트 개변(改變)을 쓸데없는 것으로 생각하였다.[54]

주자는 『예기』 「대학」 제42장을 독립된 텍스트로 단행(單行)할 때 구본(舊本)에는 연문(衍文)이나 궐문(闕文), 난정(亂丁)이 있어 그대로는 의미가 통하기 어렵다고 생각하여 뜻으로써 이를 개정함과 동시에, 본문 전체를 경(經) 1장[공자의 뜻을 증자가 조술한 부분]과 전(傳) 10장[經에 대한 증자의 해설을 증자의 문인이 필록한 부분]으로 분장(分章)하여 주석을 달았다(『대학장구』). 특히 경문에서 이른바 8조목 중 격물 · 치지에 대하여 전에 해당하는 부분이 구본에는 탈락되어 있다고 생각하여 '차위지지지야(此謂知之至也)'의 앞에 스스로 전문(傳文)을 보충하였다(傳 제5장, 이른바 格物補傳).

이에 대해 왕수인은 주자의 『대학장구』를 부정하고 다시 고본 대학을 현창하였다(『王文成公全書』 권7 「大學古本序」). 그리고 '심(心)', '의(意)', '지(知)', '물(物)'에 대해 "몸을 주재하는 것이 심(心)이고, 심(心)이 발하는 것이 의(意)이고, 의(意)의 본체는 지(知)이고, 의(意)가 있는 곳이 물(物)이다. [身之主宰便是心, 心之所發便是意, 意之本體便是知, 意之所在便是物]"라는 독자적인 해석을 하였다(『傳習錄』 卷上 6조). 이러한 개념 규정으로부터의 당연한 귀결이지만, 양명학에서는 성의(誠意)도 치지(致知)도 그 구체적 실천의 장은 격물(格物)에 수렴되는데, 이런 의미에서도 세 가지는 일련의 행위로 일체시된다.[55]

이광신도 왕수인과 마찬가지로 치지와 성의의 실천은 일체불가분의 것

---

54 『先藁』 冊1 「氷炭錄」 86條. "朱子以格致爲窮事物, 與誠意各項工夫. 故以爲古本脫致知章而遂補之. 陽明則以格致爲致良知, 致良知卽誠意之功. 故以爲古本本無致知章, 不可補之也."

55 『王文成公全書』 卷7 「大學古本書」. "大學之要, 誠意而已矣. 誠意之功, 格物而已矣." "然非卽其事而格之, 則無以致其知. 故致知者誠意之本也, 格物者致知之實也."

으로 파악하였고, '고문(古文)의 뜻' 즉 텍스트의 본의에 비추어보아도 치지와 성의는 한 장을 이루는 것이라 하였다.[56] 양명학의 해석에 서는 한, 치지와 성의는 일체적인 것이며 또 그래야만 지행은 합일한다는 견해는 「빙탄록」에서 반복하여 나타난다.[57]

이상 「빙탄록」, 「여양중변난주왕이기설」 두 저작의 분석을 통하여 만년에 가까울 때 이광신이 양명학에 대한 깊은 이해를 갖추고 있었으며 이를 긍정하는 입장에 서 있었다는 것이 확인되었다.

Ⅳ. 이광신의 주왕론(朱王論): 하곡학의 계승

여기에서는 다시 이광신이 주자학과 양명학의 특질을 어떻게 파악하고 있었는지 이광신의 하곡학 계승이라는 문제에도 유의하면서 검토를 행하고자 한다.

(a) 원두처(源頭處)에서의 리(離)와 합(合)

주자학과 양명학에는 그 원두처(源頭處. 근원, 출발점, 기본 자세)에서 '리(離)・합(合)의 구분', '일(一)・이(二)의 나뉨'이 있다는 점은 정제두가 앞서 지적한 부분이다. 주자학은 분석적, 양명학은 혼일적이라는 말이다.[58] 구

56 『先藁』 冊1 「氷炭錄」 86條. "蓋大學八條, 雖各分開, 而亦相貫徹. 至如誠意致知, 則尤是大築底極精切處, 間不以髮, 原無可分. 所以經文知之至也下, 卽承誠其意者. 而凡惡惡好好, 與其下所引詩書語, 無非誠意之事. 是眞致知之功, 而誠意致知, 混爲一章. 古文之意自如此, 而陽明有道乎是而以証其說耶?"

57 『先藁』 冊1 「氷炭錄」 25條. "至如格致, 則格致時格致, 誠意時誠意, 必若膠守格致, 而必待格致了後方誠意, 則知行果分爲二也." 89條. "大學八條先後字, 自有次第界分. 就以致知誠意言之, 似是各項先後事, 而如陽明致良知之訓, 則致知誠意, 只是一件一時事矣."

58 『霞谷集』 卷1 書2 4 「答閔彦暉書」. "蓋先儒與陽明……於源頭有離合之分, 一二之別.

체적으로는 주자학은 심(心)과 이(理)를 분별하여 지행(知行)의 선후를 구별하지만 양명학은 이를 일체시한다는 의미이다.[59]

이광신도 정제두와 동일하게 주왕(朱王)의 원두처에서 분합(分合)의 차이를 언급하고 있다.[60] 이광신은 이를 다시 부연하여 주자학의 '리(離)를 좋아하고 합(合)을 싫어함[喜離惡合]'과 양명학의 '합을 좋아하고 리를 싫어함[喜合惡離]'으로 대조한다. 주자학은 분석을 좋아하고 혼일을 싫어하며, 양명학은 혼일을 좋아하고 분석을 싫어한다는 의미이다.[61] 보다 구체적으로는 심(心)과 리(理)를 대치하는가, 아니면 양자를 일체시하는가[心與理와 心卽理]라는 기본 자세의 차이가 존심(存心)과 궁리(窮理), 지(知)와 행(行), 정(精)과 일(一), 박(博)과 약(約)이라는 차이를 초래하는 것이다.[62] 또 『대학』의 격물, 치지, 성의, 정심에 대해서도 주희는 '격물치지'→'성의정심'의 선후를 구분하여 공부의 점진적인 단계를 중시하는 반면, 왕수인은 '격물치지'와 '성의정심'을 일체적으로 파악하였다고 양자의 입장을 대조하였다.[63]

是其所異耳."『霞谷集』卷9「存言」下 41條. "朱子之學, 其說亦何嘗不善. 只是與致知之學, 其功有迂直緩急之辨, 其體有分合之間而已耳."

59 『霞谷集』卷9「存言」下 56條. "乃曰, 人之爲學, 心與理而已. 分心與理爲二, 知與行爲兩."『霞谷集』卷1 書2 5「答閔彦暉書」"陽明一心理, 合知行者."

60 『先藁』冊1「與襄仲辨難朱王理氣說」(三) 第1節. "然則二家源頭之分, 不由乎理氣之分合, 迺在於心理之分合."「氷炭錄」73條. "陽明朱子說異同, 在於心理分合."

61 『先藁』冊1「與襄仲辨難朱王理氣說」(二) 第3節. "王氏之凡論理論學, 必喜合惡離." (三) 第1節. "若曰, 朱子議論, 喜離惡合, 凡論道論學, 一切分之, 王氏議論, 喜合惡離, 凡論道論學, 一切合之云爾, 則可也."

62 『先藁』冊1「與襄仲辨難朱王理氣說」(三) 第1節. "蓋朱子非不知心理本體之妙合, 而以爲心固存之於方寸之微, 理則當窮之於事物之著. 遂將心對理而言曰心與理. 旣以心與理而分之, 存心焉爲一件, 窮理焉爲一件, 知行便分而爲二. 所以精一也分, 博約也分, 明誠也分, 尊德性道問學也分, 無往而不分焉. 至如王氏, 則亦豈不知心理之有些可分. 而蓋病夫朱子之以存心窮理兩下工夫, 而所謂窮至事物, 似若一向向外求之者然. 故以爲心之本體, 萬里全備, 理求之於心, 不可外心而求理於事物. 若求理於事物, 是不知心是理之所在處也. 遂直指心曰心卽理. 旣曰心卽理而合之, 存心便是窮理, 窮理便是存心, 知行便合之而爲一. 此是致良知也. 所以精一也合, 博約也合, 明誠也合, 尊德性道問學也合, 無往而不合焉. 此王朱源頭工夫之所由分合處."

63 『先藁』冊1「擬王朱問答」1 壬子. "王朱論學之分, 其要在格致之說. 朱則以爲格致先於

또 정제두에게도 주자학과 양명학에 있어 심(心)과 리(理)의 분합이 양자의 지(知)와 행(行), 명명덕(明明德)과 신민(新民, 親民)의 분합을 가져왔다고 하는 발언이 보인다.[64]

(b) 심여리(心與理)와 심즉리(心卽理)

주희의 『대학혹문』에 "사람들이 학문하는 대상은 심(心)과 리(理)일 뿐이다.[人之所以爲學, 心與理而已矣]"라는 말이 있다. 이 자체는 존심과 궁리의 편폐(偏廢)를 경계하는 문맥에서 나온 발언이지만, 왕수인은 '심여리(心與理)'라는 표현을 문제시하여 '여(與)'라는 하나의 글자를 둔 것이 이미 심과 리를 이분하는 주희의 입장을 드러내는 것이며 심과 리를 이분하기 때문에 지와 행도 둘로 나뉘는 것이라고 하여 이를 비판하였다.[65]

정제두는 아마 왕수인의 비판을 염두에 두고, 이 말을 들어 '심여리(心與理)'는 심과 리를 이분하고 더 나아가서는 지와 행을 이분하는 것이라며 이를 비판하였다.[66] 이광신도 정제두와 마찬가지로 이를 들어서 『대학혹문』의 표현은 심과 리를 이분하고 지와 행을 이분하는 것이라 하였다.[67]

誠正. 王則以爲不必有先後."

64 『霞谷集』 卷9 「存言」 下 42條. "朱子以心爲身之主宰, 性爲理, 而謂理在事事物物上, 事事物物各有當然之則, 皆求盡其當然之則.……故窮其當然之理爲知, 遵其當然之則爲行.……王氏以心爲理, 卽良知也.……而謂事物之理, 理皆具於心, 心自有良知.……故明德與親民一而無分. 知與行合一. 知者行之始, 行者知之至."

65 『傳習錄』 卷上 33條. "或問, 晦庵先生曰, 人之所以爲學, 心與理而已. 此語如何? 曰, 心卽性, 性卽理. 下一與字, 恐未免爲二. 此在學者善觀之." 『傳習錄』中 「答人論學書」 第4節. "晦庵謂, 人之所以爲學, 心與理而已.……是其一分一合之間, 而未免已啓學者心理爲二之弊.……不可外心以求仁, 不可外心以求義. 獨可外心以求理乎? 外心以求理, 此知行之所以二也. 求理於吾心, 此聖門知行合一之敎, 吾子又何疑乎?" 이광신은 이 두 자료를 모두 참조하고 있다. 「與襄仲辨難朱王理氣說」(一) 第2節, (三) 第4節.

66 『霞谷集』 卷9 「存言」 下 56條. "如卽物而窮其理, 不見德性上理體, 不考此理根於心體者, 乃曰, 人之爲學, 心與理而已. 分心與理爲二, 知與行爲兩."

67 『先藁』 冊1 「與襄仲辨難朱王理氣說」(一) 第2第. "蓋朱子以存心窮理爲兩下工夫, 存心於內, 窮理於事物. 大學或問所論, 人之所以爲學, 心與理而已云. 故所以王氏以爲, 如朱說, 則心理爲二, 知行不合. 心卽理, 理宜求之於心, 求理於心, 方可以知行合一云

그런데 이광신은 「여양중변난주왕이기설(與襄仲辨難朱王理氣說)」의 말미에서 다음과 같이 말하고 있다.

> 근세의 하곡 정공이 평생토록 저술한 것은 주자의 '심과 리[心與理]', 양명의 '심이 곧 리이다.[心卽理]'라는 내용이다. 그러나 이는 주자와 양명의 학술에 있어 내외분합(內外分合)의 차이로 본 것이지 일찍이 이기(理氣) 분합의 차이로 본 것이 아니었다.[68]

이는 주희의 이기구별과 왕수인의 이기일물을 각각 '심여리', '심즉리'로 연결지어 논하려고 한 이광찬을 비판하는 문맥에서 나온 발언이다. 이 한 구절로도 이광신이 (一)주왕 양자의 원두처에서의 내외분합의 차이를 '심여리', '심즉리'로써 상징적으로 표현했다는 것, (二)그러한 착안은 정제두로부터 계승된 것이었다는 점을 확인할 수 있다.

또 「여양중변난주왕이기설」에서는 이광찬도, 이광신도 '심여리'와 '심즉리'를 주왕 각각이 의거한 입장을 전형적으로 나타내는 어휘로서 언급하고 있다.[69]

(c) 공부(工夫)와 본체(本體), 위(緯)와 경(經)

이광신은 주왕(朱王)의 원두(源頭)에서 분합(分合)의 차이에 대해 다음과

爾."

68 『先藁』 冊1 「與襄仲辨難朱王理氣說」(四) 第9節. "且如近世霞谷鄭公, 一生所著錄, 無非朱王心與理心卽理之說. 而且只是以此爲學術內外分合之異, 而未嘗以此爲理氣分合之異矣."

69 『先藁』 冊1 「與襄仲辨難朱王理氣說」(二) 第9節. "襄曰, 心分明是氣. 陽明以心爲氣, 而謂理氣一物, 故曰心卽理. 朱子亦以心爲氣, 而謂理氣爲二物, 故曰心與理." (三) 第1節. "直曰……至如朱子心與理說, 王氏心卽理之說, 則自不干理氣說. 襄不須引以証之.……而襄之謬見, 以爲朱之心與理, 謂以心爲氣, 以理爲理云.……而襄之謬見, 以爲王之心卽理, 謂以心爲氣, 以氣爲理云."

같이 말하였다.

이가(二家)의 근원(根源)에서의 구별은, 이(理)와 기(氣)의 분합(分合)에 연유한 것이 아니라 바로 심(心)과 리(理)의 분합에 근본한다.……다만 그 나뉘고 합하는 것에는 각자의 소견을 끌어다가 횡(橫)과 수(竪), 경(緯)과 위(經)의 차이가 있다. 주자는 하학(下學)에서의 교수(交修)에 중점을 두고, 본체(本體)로 거슬러 올라가 이를 하학의 공부와는 구별 지어 (그 하학의) 존심(存心) · 궁리(窮理)를 교수(交修)하는 장으로 삼는다. 이것이 주자의 '분(分)'에서의 근원주의[源頭主意]로, 그 나뉨은 횡(橫)이면서 위(緯)이다. 왕씨는 심(心)과 리(理)가 본체에서 합하는 것에 중점을 두고, 본체에 그대로 순응하는 것을 존심 · 궁리 합일의 장으로 삼는다. 이것이 왕씨의 '합(合)'에서의 근원주의로, 그 합함은 수(竪)이면서 경(經)이다.[70]

여기에서 주목해야 할 것이 두 가지 있다. 하나는 주왕(朱王) 각각의 본체와 공부의 관계에 대한 이광신의 견해이고, 다른 하나는 주왕의 입장을 이광신이 각각 횡(橫)과 수(竪), 경(緯)과 위(經)라는 표현으로 평한 점이다.

첫 번째 사항에 대해서는, 이광신은 주희는 본체와 공부를 구별한 뒤 공부에 중점을 두었고, 왕수인은 심즉리라는 본체의 양상에 중점을 두어 본체 그대로 따르는 것으로써 공부를 한다고 하였다.[71] 단적으로 말하자면 주희는 공부에 입각처를 두었고, 왕수인은 본체에 입각처를 두었다는 말

---

70 『先藁』 冊1 「與襄仲辨難朱王理氣說」(三) 第1節. "二家之源頭之分, 不由於理氣之分合, 迺在於心理之分合.……但其所以分所以合者, 亦各引其所見而有橫竪緯經之不同. 朱子則見夫下學交修之意, 而泝以分其本體, 據以爲存心窮理交修之地. 此朱子所分之源頭主意處, 而其分也, 橫而緯矣. 王氏則見夫心理本體之合, 而因其順乎本體以爲存心窮理合一之地. 此王氏所合之源頭主意處, 而其合也, 竪而經矣."

71 『龍溪王先生全集』 卷1 「天泉証道記」. 왕수인은 天泉橋問答에서 "上根-卽本體便是工夫" "中根以下-用工夫復還本體"라 하였다.

이 될 것이다.[72] 주자학의 성인가학설(聖人可學說)[성인은 배워서 이를 수 있다(聖人可學而至)]이 어디까지나 학자의 상황에 입각처를 둔 상태에서, 위학공부(爲學工夫)를 통해 어떤 사람이든 성인의 경지에 도달할 수 있다고 말한 반면, 왕수인은 보다 단도직입적으로 '길거리에 가득한 사람 모두 성인[滿街人都是聖人]'이라 하였다. 주자와 왕수인의 이 같은 성인관(聖人觀)을 상기해보아도 인용문에서 이광신의 주왕(朱王) 대비는 양자의 본질을 꿰뚫고 있었다 해도 좋을 것이다. 그리고 정제두에게도 "주자는 중인(衆人)에 입각처를 두었고 양명은 성인에 입각처를 두어, 전자는 '말(末)에서 본(本)'으로 후자는 '본(本)에서 말(末)'로이다."라는 평어가 있다.[73] 그러고 보면 본체 공부론을 둘러싼 주왕관(朱王觀)에 대해 정제두와 이광신은 거의 그 인식을 공유하고 있었다고 할 수 있을 것이다.

두 번째 사항에 대해서는, 정제두는 일찍이 정주학을 돈의문에, 육왕학을 숭례문에 비유하였는데 나중에 이 비유는 정주학을 방계(傍系)에, 육왕학을 정도(正道)에 비교했다는 비난을 받게 된다.[74] 숭례문에서 경복궁 등의 왕궁으로 곧장 북상(北上)하는 남북의 길과 돈의문에서 왕궁으로 향하는 동서(東西)의 길, 이는 주자학은 '횡(橫) · 위(緯),' 양명학은 '수(竪) · 경(經)'이라는 이광신의 표현과 이미지를 실로 공유하는 것이다. 그렇다면 주자학과 양명학에 대한 기본적 평가에 있어서도 정제두와 이광신은 입장을 공유하고 있었다고 볼 수 있다.

---

72 『先藁』 冊1 「氷炭錄」 8條. "王說則主上達矣, 朱說則主下學矣." 「與襄仲辨難朱王理氣說」(三) 第3節. "心卽理三字, 雖是本體上說, 而蓋亦有所爲而發, 則其本意多在工夫上說. 豈但空指本體而已? 況理旣合, 則只依本體而用工夫, 本體外不可得以毫末增損焉. 其恒言曰, 本體不離工夫, 工夫不離本體, 此知行合一之意."

73 『霞谷集』 卷1 書2 5 「答閔彦暉書」. "蓋朱子自其衆人之不能一體處爲道. 故其說先從萬殊處入. 陽明自其聖人之本自一體處爲道. 故其學自其一本處入. 其或自末而之本, 或自本而之末, 此其所由分耳." 『霞谷集』 卷9 「存言」 下 48條. "工夫本體, 不得爲二." "出於天理, 則其工夫本體一也."

74 『朝鮮王朝實錄』 영조2년 7월 19일. "陸王之學, 如崇禮門, 程朱之學, 如敦義門. 此蓋以陸王爲正道, 程朱爲旁岐也. 其不學無識, 全昧頭腦, 若是之甚." 제1장 참조.

이상의 고찰을 통해 주자학과 양명학의 특징 · 본질을 둘러싼 이해 및 주자학과 양명학에 대한 평가에서, 이광신은 정제두와 그 인식을 대부분 공유하고 있었다는 것이 명확해졌다. 이는 이광신의 하곡학 계승을 단적으로 보여준다고도 말할 수 있을 것이다.

Ⅴ. 주왕양가(朱王兩可)의 입장

1

이상 두 절의 고찰을 통해 분명해졌듯, 이광신은 양명학에 대해 매우 정확한 이해를 나타내고 있었으며, 그의 주왕관(朱王觀)에 있어서도 대부분의 점에서 정제두와 인식을 공유하고 있었다. 여기에서 우리는 초기 강화학파의 양명학 및 하곡학에 대한 수용 · 계승의 명확한 하나의 사례를 발견해낼 수 있었다. 그러나 실제로 이광신은 단순하게 왕학을 옳다고 여기고 주자학을 그르다 여긴 입장을 취한 것은 아니었다. 이 절에서는 그 문제를 다루고자 한다.

『선고』에서 이광신 자신이 「빙탄록」을 언급한 것은 다음의 한 곳뿐이다. 이 한 구절은 「빙탄록」이라는 서명에 담긴 이광신의 의도를 헤아리는 데 있어 중요하다.

> 양중(襄仲, 이광찬)이 말하기를 "심즉리설에 대해서는 저도 본디 취할 만한 점이 있다고 깊이 생각하였습니다. 그러나 이는 정주의 성리설(=성즉리설)과는 물과 불 같은 관계입니다. 그런데도 형님께서는 이러한 점을 일찍이 같은 것이라 생각하셔서 미봉하여 합하려 하셨습니다. 이는 형님께서 왕양명과 주자에 대해 늘 양가조정(兩可調停)의 뜻을 가지고 있었기 때문이니, 소위 「빙탄록」도 모두 이러한 뜻일 것입니다. 그러므로 이번에 성(性)의 동이(同異)를 논하는 경

우에 있어서도, 역시 왕양명의 설을 가져다가 주자의 설로 들어가거나 주자의 입장을 왕양명의 입장에 동화시키는 점을 면치 못하였습니다."라고 하였다. 이는 나의 의도를 이해하지 못하는 것이다. 왕주(王朱) 학문의 입두처(入頭處)는 연(燕)나라로 가느냐 월(越)나라로 가느냐와 같은 큰 차이가 있다. 다만 그들이 논한 바에는 서로 득실(得失)이 있어서 얼음과 숯처럼 서로 보완하는 관계라는 생각을 마음에 품지 않을 수 없었다. 이 때문에 내가 「빙탄록」을 저술한 것이다. 그러나 실로 내가 의심나는 부분을 기록한 것일 뿐이니 이것과 저것을 억지로 끌어다 합쳐서 하나의 설로 만든 것은 아니다.[75]

여기에서 이광찬은 이광신이 심즉리와 성즉리를 완전히 동일시하고 있다며 비판하고, 이는 주왕(朱王) 양가조정(兩可調停)이라는 이광신의 기본 자세에 기인한 것으로 「빙탄록」도 그러한 입장에 따라 집필한 저술이라는 것을 지적하고 있다. 한편 이광신은 이는 자신의 의도를 오해한 것이라 반박하고 있다.

이미 언급했듯이 이광찬은 "정주는 이기(理氣)를 별개의 이물(二物)로 보았으므로 성즉리를 말하였고, 왕수인은 이기(理氣)를 일물(一物)로 보았으므로 심즉리를 말했다. 왕수인의 심즉리설은 성즉리설을 반박하기 위해 제기된 것이다."라고 주장한다. 이에 반해 이광신은 "심즉리는 세상 사람들이 심(心) 밖에서 리(理)를 구하는 폐해에 빠지는 것을 근심하여 왕수인이 제기한 것으로, 이기설에 관하여 정주와 다름을 제창하는 것에 그 주안점이 있는 것이 아니었다."라고 반론했다. 이광찬이 성즉리와 심즉리의 동이(同異)를 둘러싸고 이광신을 비판한 배경에는 이러한 양자의 기본적 인

75 『先藁』 冊1 「與襄仲辯難朱王理氣說」(三) 第4節. "襄以爲心卽理之說, 弟卽固深有取焉, 而其與程朱性理說, 如水火不同. 而兄則以爲未嘗不同, 欲彌縫而合. 此蓋兄於王朱常有兩可之意, 所謂氷炭錄, 皆是此意. 故於此論性同異處, 亦未免援王而入朱, 以朱而準王云. 是不知吾意也. 蓋王朱爲學入頭處, 如燕越相似, 而但其所論互有得失, 不能無氷炭於胸中, 所以著氷炭錄者也. 然亦只志吾之疑而已, 未嘗牽合彼此以爲一說."

식의 차이가 존재하였다.

이광신이 심여리, 심즉리라는 표현을 사용하여 주왕의 입장을 대조한 사실로 보아 이광신이 성즉리와 심즉리를 완전히 동일시했다고는 생각하기 어렵다. 그렇다면 이광찬의 비판은 타당성을 잃은 것이다. 다만 주왕의 양가조정(兩可調停) 운운한 문제에 관해서 말하자면, 위 인용문에서 이광신 자신도 "주왕 양쪽에 득실이 있다.[但其所論互有得失]"고 인정한 점은 주목할 만하다. 서로 득실이 있다는 것은 양쪽의 한편만을 옳다고 보고 다른 한편을 그르다고 보는 입장이 아니라 양자 각각의 장점과 단점도 충분히 수용하려는 입장을 의미하기 때문이다. 여기에서 다시 이 문제에 대해 「빙탄록」의 내용을 검토해보고자 한다.

또 인용문의 '불능무빙탄어흉중(不能無氷炭於胸中)' 부분에 대하여, 위의 번역에서는 '빙탄불상용(氷炭不相容)'이 아닌 '빙탄상애(氷炭相愛)'의 방향으로 해석해두었다. 이 한 구절은 「빙탄록」이라는 책을 명명한 유래에 관하여 이광신 자신이 남긴 유일한 술회로, 그런 의미에서 매우 중요하다. 이 점에 관해 본절 말미에서 한번 언급하고자 한다.

2

치지(致知)의 지(知)는 양지(良知)의 지(知)로, 지식(知識)의 지(知)가 아니라는 것은 이광신이 반복하여 주장하는 부분이다. 그러나 이광신은 치양지(致良知)만이 사람이 몰두해야 할 유일한 공부라고는 결코 생각하지 않았다.

> 왕양명은 오로지 행(行)으로 학문을 논하였기 때문에 치지(致知)를 '양지를 지극히 하는 것[致良知]'이라 여겼으나, 이른바 양지(良知)라는 것은 어느 경우에서도 존재하는 것이다. 성의(誠意)라는 관문에서 선악(善惡)을 분변하는 것이 바로 치양지(致良知)이다. 그러나 이것 외에 별도로 사물을 궁구하고 지식

을 여는 공부도 또한 존재한다고 생각된다. 이 때문에 주자는 '지(知)'를 지식(知識)의 일에 해당시킨 것이다.[76]

위에서 말하는 '사물을 궁구하고 지식을 연다.[窮事物開知識]'란 주자학적 의미에서는 격물치지(格物致知), 즉 즉물궁리(卽物窮理)임에 틀림없다. 여기에서 이광신은 치지(致知)의 지(知)를 지식(知識)의 지(知)로 해석한 주자학의 즉물궁리론을 허용하고 있는 듯하다. 심즉리의 주장은 즉물궁리 비판과 일체가 된다는 양명학의 상식으로 보자면, 심즉리설의 입장을 취하는 이광신의 위와 같은 발언의 존재는 적잖이 이해할 수 없는 느낌을 준다. 덧붙여 말하자면, 심즉리설이 즉물궁리 비판과 불가분의 관계라는 것은 이광신 자신이 지적한 것이기도 하다.

그런데 치양지만이 사람이 몰두해야 할 위학공부(爲學工夫)가 아니라는 주장은, 실은 위의 발언만으로 그치지 않는다.

> 치양지(致良知) 외에 다른 많은 일들도 학문사변(學問思辨)의 공부가 아님이 없다. 그렇다면 『대학』에서 말하는 치지(致知)는 비록 치양지에 속하나, 그 나머지 학문사변의 공부는 이를 지식에 속하는 것으로 보아도 좋다. 어찌 굳이 치양지로만 귀속시킬 필요가 있겠는가.[77]

24조와 30조를 아울러 판단해본다면 『대학』 해석으로서 치양지설을 채용하는 것과 실천공부론으로서 즉물궁리설을 허용하는 것은, 이광신에게 반드시 모순되는 것은 아니었던 것이다.

---

76 『先藁』 冊1 「氷炭錄」 24條. "王專以行論學. 故以致知爲致良知, 而所謂良知, 無處不在. 誠意關頭審別善惡, 是致良知也. 然而此外似別有窮事物開知識底工夫. 故朱子以知屬之知識事."

77 『先藁』 冊1 「氷炭錄」 30條. "致良知之外許多事, 不無學問思辨之功, 則大學致知, 雖屬之致良知, 而其餘學問思辨, 屬之知識, 可也. 何必一歸於致良知乎?"

치양지뿐만 아니라 즉물궁리의 공부도 있어야 한다는 점에 관해 이광신은 왕수인 자신도 실은 즉물궁리의 공부를 행했을 것이라 서술하고 있다.

양명의 학문에 있어서도 강습(講習) · 토론(討論)하고 사색하는 공부가 없지 않으니, 그 점에서는 주자의 궁리격물(窮理格物)과 다름이 없는 듯하다.[78]

양명은 궁리격물(窮理格物) 공부를 그만두었다고 하지만, 지금 격물치지(格物致知)의 훈고(訓詁)로 말해보자면, '지(知)'는 '양지(良知)'로 해석하고 '격(格)'은 '바로잡음[正]'으로 해석해야 한다는 등의 문제에 대해 반복하여 강습(講習) · 토론(討論)하는 것은, 이야말로 궁리격물의 일이 아니겠는가.[79]

이 지적은 어떤 의미에서는 지극히 당연한 것으로 주자학에서 말하는 즉물궁리에 해당하는 학문적 행위는 왕수인에게만 한정되지 않으며, 또 본인이 그것을 자각했는지 못했는지를 막론하고 실은 누구라도 일상적으로 행하고 있는 것이다. 이광신은 또 이 점을 지적하여 "왕수인의 주희 즉물궁리 비판은 상대를 부당하게 억누르려는 것이다."라고까지 말하고 있다.

양명도 의리를 사색하지 않음이 없을 것인데 이는 사물의 이치를 궁구하는 것이 아닌가. 주자의 소위 궁리격물도 이러한 것에 불과할 것이다. 그럼에도 불구하고 양명은 매번 "주자의 궁리격물은 오로지 범연히 사물(事物)에 있다."라 하니 이는 상대를 억누르는 논법이다.[80]

---

78 『先藁』 冊1 「氷炭錄」 74條. "陽明之學, 亦不無講討思索之工, 似無異於朱子窮格."

79 『先藁』 冊1 「氷炭錄」 71條. "陽明雖廢窮格之工, 而今以論格致文義言之, 知之可爲良知, 格之可爲正, 反後講討, 是則不是窮格之事乎?"

80 『先藁』 冊1 「氷炭錄」 81條. "陽明亦不能不思索義理, 是非窮事物乎? 朱子所謂窮格, 不過如是. 而陽明每以爲朱子窮格, 專在泛然事物上云, 是則抑勒也."

'범연사물(泛然事物)'이란, 심(心) 밖에서 리(理)를 구하는 주자학적 학문 방법론에 대한 왕수인의 비판을 의미하는 듯하다. 그렇다면 이는 이광신 자신의 이른바 '심여리(心與理)'와 '심즉리(心卽理)'의 대립, 즉 주자학적 사유와 양명학적 사유의 대립의 근간에 관한 문제이기도 한 것이다. 왕수인에 의한 즉물궁리 비판의 주안점이 심즉리설의 선양(宣揚)에 있다고 한다면, 그의 즉물궁리 비판을 '억누른다[抑勒]'는 표현을 써가며 부정적으로 평가한 것은 어째서인가. 이광신 자신이 명확하게 심즉리설을 긍정하는 입장이었다는 것은 이미 확인한 대로이다. 이와 같다면 애초부터 이광신 자신이 근거한 입장이 대체 어느 쪽이었는지 불명료한 인상을 받게 된다.

3

여기에서 다시 이광신의 양명학 수용·하곡학 수용 양상에 대해 검토해 보고자 한다. 이 문제를 고찰함에 있어서 「논정하곡학문설(論鄭霞谷學問說)」(『선고』 책1)에 주목하고자 한다. 집필 시기는 미상이나 정제두 문하가 정제두의 학문을 어떻게 파악했는지를 아는 데 있어 가장 정리되어 있으면서도 거의 유일한 문헌이다. 다소 길지만 다음과 같이 전문을 소개하고자 한다. 편의상 세 문단으로 나눈다.

① 선생은 초년에 고정(考亭, 주자)의 학문에 종사하였다. 『대전(大全)』과 『어류(語類)』 등의 책에 있어서, 그 의리의 정미(精微)함을 누에의 실이나 소의 터럭같이 세밀하게 연구하고 사색하지 않음이 없었다. 다만 격물치지의 설에 관해서는 마음속에 돌이켜보고 여러 일에 나아가 징험해보아도 끝내 위화감이 있었다. 중년 이후에 왕양명의 저서를 얻어 읽어본 바, 그 치양지·지행합일의 설이 간이(簡易)하고 정결(淨潔)하여 자신도 모르게 뛰어오를 정도로 성찰함이 있었다. 다시 여러 경서를 참고해봄에 정(精)과 일(一), 명(明)과 성(誠)의 오묘한 뜻이 분명하게 서로 부합되었다. 마침내 여기에 마음을 오로지하고 뜻을 다하

였으니, 이는 일부러 고정의 학문에서 다름을 구하려 한 것이 아니다. 단지 입문하여 착수하는 곳에서 (주자, 양명 양자에게) 번다함과 간략함, 분리되고 합함의 차이가 있기 때문에 그러한 것이다. 그러나 주자를 존신(尊信)한 점에 있어서는 실로 처음과 다르지 않았으며, 그 밖에 문의(文義)가 명확하고 타당한 부분에 있어서도 일찍이 변경한 적이 없었다.[81]

② 선생의 문하에 찾아온 이가 만약『장구(章句)』와『집주(集註)』를 배우고자 하면, 그에게『장구』와『집주』를 가르치고 굳이 양명의 설로 이끌고자 하지 않았다. 독실히 공부한다면 양명학이든 주자학이든 같은 곳으로 돌아가 일치되는 데에는 무방하기 때문이다. 그러나 만약 양명의 학설을 묻는 이가 있으면 또한 꺼리지 않고 묻는 바에 따라서 양 끝을 다 말해주어 부지런히 힘써 알려주었다. 이것이 선생이 학문을 함에 시종일관 주장하던 뜻이었다.[82]

③ 세간에 길거리에서 떠도는 소문을 듣고 떠들어대는 자들은 고정(주희)과 양명(왕수인)이 어떤 도(道)와 어떤 학문을 하는지 알지 못하고서, 마치 유교와 불교처럼 얼음과 숯이 서로 용납되지 못하는 것으로 보고 양명을 배척하여 이단이라 하고 선생(하곡)을 배척하여 이학자(異學者)라고 하니 진실로 함께 논할 가치도 없다. 명재 윤증(尹拯), 남계 박세채(朴世采), 명곡 최명길(崔鳴吉), 성재 민이승(閔以升)과 같은 선배나 어른들이 일찍이 (선생의 양명학 신봉을) 몹시

---

81 『先藁』 冊1 「論鄭霞谷學問說」. "先生初年, 從事考亭之學. 大全語類等書, 義理精微, 蠶絲牛毛, 靡不研窮玩索. 而顧於格致之說, 反之心驗諸事, 終有所牴牾者. 中年以後, 得陽明書讀之, 至其致良知行合一之說, 簡易潔淨, 不覺躍如而有省. 又復參之諸經, 凡精一明誠之妙, 鑿鑿相符. 遂乃專心致志於此, 此非故欲求異於考亭. 只以入門下手處, 不能無繁簡離合之差而然也. 然尊信考亭, 實不異於初. 而其他文義之明當處, 亦未嘗移易."

82 『先藁』 冊1 「論鄭霞谷學問說」. "及門者, 如欲以章句集註學之, 則亦授之以章句集註, 不欲必以陽明說誘引. 蓋以其篤實用工, 則以彼此, 不害爲同歸一致故也. 然而若有請問陽明說者, 亦不以諱之, 隨其所叩, 竭兩端而亹亹不已焉. 此先生爲學之始終主意也."

걱정하였는데, 이 또한 양명학을 깊이 고찰하지 못하여 그 걱정이 지나쳤던 것이다. (선생의) 문인이나 후학들도 종래의 견해를 답습함을 면치 못하여, 양명학이 이단이 아님을 알지 못하고서 기필코 미봉하고 덮어 감추려 하여 혹 "선생이 어찌 일찍이 양명학을 하셨겠는가."라고 하니, 이는 선생에 대한 무고이다.[83]

우선 ③의 기록에 대해서, 여기에서는 정제두의 문인 · 후학이 정제두의 양명학 신봉을 걸핏하면 미봉 · 엄호하거나 왜곡 · 은폐하려는 경향이 있었다는 사실을 지적하고 있다. 이는 사문(師門)의 양명학 신봉을 호도 · 은폐하지 않을 수 없을 정도로 양명학을 이단시하고 배격하려는 풍조가 강했던 당시의 사회 상황을 단적으로 말해주는 것으로, 그 자체가 동시대 사람들에 의한 매우 귀중한 증언이라 볼 수 있을 것이다. 여기에서 더 유의해야 할 것은 이광신 자신은 결코 양명학이 이단이라고 인식하지 않았다는 것, 따라서 스승의 학문 내용을 호도 · 은폐하려는 것은 오히려 스승에 대한 무고이며 모독이라고 단언하는 점이다. 이는 양명학이나 하곡학에 대한 이광신 자신의 기본적 입장을 명확하게 선언한 것으로서 역시 주목할 만하다.

그리고 가령 그의 선언처럼 이 문장 자체가 이와 같은 호도 · 은폐를 일체 배제하고 있는 그대로 스승의 학문을 서술한 문헌이라고 본다면, 여기에 기술된 정제두의 입장이나 정제두와 문인 간의 사승(師承) 양상은 고도의 신빙성을 갖춘 기록으로 받아들일 수 있을 것이다. 이 점을 확인하고 나서 다시 ① ②의 내용을 확인하고자 한다.

---

83 『先藁』 冊1 「論鄭霞谷學問說」. "世之塗聽道說, 不知考亭陽明之爲何道何學, 視若儒釋氷炭之不同, 斥陽明爲異端, 譏先生爲異學者, 固不可與議. 而先輩長者, 如明齋尹先生, 南溪朴先生, 崔明谷, 閔誠齋諸公, 蓋嘗深憂之, 而亦恐於陽明考之不深, 而其憂之也過矣. 至於門人後學, 不免承沿舊見, 未能眞知陽明之不爲異端, 而必欲彌縫掩護, 或以爲先生何嘗爲陽明學云爾, 則是亦誣也."

① ②에 의하면 정제두는 주왕 양쪽에는 그 '입문하여 착수하는 곳[入門着手處]'에 '번다함과 간략함[繁簡], 분리되고 합함[離合]'의 차이가 있으나 독실하게 실천만 한다면 양자는 동귀일치(同歸一致)한다고 파악하였다. 주자학의 격물치지설, 즉물궁리설을 '번(繁) · 리(離)'라 하고, 양명학의 치양지설이나 지행합일설을 '간(簡) · 합(合)'이라 한 뒤, 기본적으로는 양명학에 경도되어 이런 이유에서 중년 이후로 이에 전심치지했으나, 이는 반드시 주자학으로부터의 이반을 의미하는 것이 아니며, 무엇보다도 주자학을 향한 배제 · 비판 등을 의미하는 것이 아니었다. 그리고 이는 문인에 대한 지도방법에도 반영되었던 것으로, 정제두는 문인의 자질이나 지향의 형태에 응하여 주자학도 가르치고 양명학도 가르쳤다.

이상의 기술을 믿는다면 정제두는 기본적으로는 양명학을 신봉하면서도 주자학과 양명학 양자를 반드시 이항대립적, 양자택일적으로 파악하지 않고, 오히려 자신에게 보탬이 되는 점이 있다면 그 중 어느 것이라도 허용한다는 입장에 서 있었다. 그리고 그러한 정제두의 입장은 정제두 측의 자료에 의해서도 대략 근거를 얻을 수 있다(제1장 참조). 그렇다면 정제두의 입장을 '주왕양가조정적(朱王兩可調停的)'이라 평해도 무방할 것이다. 다만 이는 정제두의 양명학 이해가 주왕절충적이었음을 의미하는 것은 결코 아니다. 양명학에 대한 매우 정확한 이해를 지닌 상태에서, 이를 주자학과 서로 배제 · 배척하는 것으로 보지 않고 양자의 병존을 허용하는 것이다.

「논정하곡학문설」에 의하면 이광신은 주왕에 대한 정제두의 기본 자세를 위와 같이 파악하고 있었다. 이에 입각하여 다시 이광신으로 눈을 돌린다면, 이 점에 관한 이광신의 입장은 실제로는 정제두의 그것을 거의 계승한 것이었음이 분명해진다.

4

이광신은 주왕(朱王)의 동이(同異)는 격물치지(格物致知)에 관한 훈고해석상의 차이에 불과하며, 실제 위학공부(爲學工夫)에 있어서 양자의 본질적 차이는 없다고 하였다. 다소 장문이지만 집필 시기가 다른 세 종류의 문헌으로부터 해당 부분을 번역해둔다.

① 또 생각해보건대 격물치지는 위학(爲學)에 있어 최초의 착수처로, 그 훈고의 득실에 대해서는 시비를 분명히 하지 않으면 안 된다. 그러나 그 실지(實地)의 공부는 반드시 '격(格)' 자의 훈고 여하에 따라 제약되는 것은 아니다. 왜냐하면 애초부터 자포자기한 사람이 아닌 이상, 학문에 뜻을 둔 사람이라면 의리(義理)를 밝혀야 함과 본원을 바로잡아야 함은 알고 있는 것이다. 본래 '격(格)' 자를 '지(至)'로 훈고함으로써 독서하고 사색해야 함을 처음 알게 되는 것이 아니라면, 또한 '격'을 '정(正)'으로 훈고함으로써 존성(存性)하고 극기복례(克己復禮)해야 함을 처음 알게 되는 것이 아니다. 그렇다면 격물의 본뜻은 공자의 본지가 '지(至)'와 '정(正)' 어느 것이었는지는 차치하고, 요지는 의리를 밝히는 것과 본원을 바로잡는 것 두 가지에서 벗어난 것이 아니다. 지금 당장은 '지(至)'와 '정(正)' 중 어느 것이 더 나은가의 문제는 놓아두고, 의리를 밝히고 본원을 바로잡는 것에 실지의 공부를 기울여야 하는 것이다.……어째서 예로부터 결착(決着)되지 못하고 있는 하나의 '격(格)' 자에 대한 안건에 구애되어 성과 없는 논쟁을 야기할 필요가 있겠는가. 또 말하기를, 회암과 양명의 두 설은 대략 보자면 회암의 설은 사물을 선(先)으로 하고 본원을 후(後)로 하는 듯하며, 양명의 설은 본원을 오로지하고 사물을 버리는 듯하니 각각 주안점이 있다. 그러나 실제로 그렇지는 않다.……이는 단지 훈고 해석상의 차이에 불과한 것이니 실제로 학문을 하는 방법이나 교수의 방법에 어찌 편체(偏滯)가 있겠는가.……그렇다면 가령 자신이 회암을 옳다고 인정한다 해도 이는 '지(至)'의 훈고를 옳다고 여김에 불과한 것으로, 이에 의해 본원을 뒤로 해서는 안 된다. 또 가령 자신이 양명을 옳다고 인정한다 해도 이는 '정(正)'의 훈고를 옳다 하는 것에 불과한 것으로, 이에 의해 사물을 등한시해서는 안 된다. 왜냐하면 (본원과 사물 두 가지는) 수레의 양쪽 바퀴, 새의 양 날개와 같은 것으로 한쪽을 폐해서

는 안 될 뿐만 아니라, 원래 편폐(偏廢)할 수 없는 것이기 때문이다.[84]

② 아! 주왕(朱王)의 대립은 생각건대 격물의 훈고에서 기인하는 것이다. 주자는 '지(至)'라 훈고하여 사물에 이르러 그 리(理)를 궁구하는 것이라고 하였다. 왕수인은 '정(正)'이라고 훈고하여 본원을 성실하게 바로잡는 공부라고 하였다. 이렇게 후세의 학자들은 각각 어느 한쪽을 종지로 삼았다. 왕수인을 종지로 삼는 자들은 "회암은 사물을 우선하고 본원을 뒤로 하여, 우리 몸에 돌이키는 근본의 일을 결여하여 지리(支離)한 폐해가 있다."라고 주장한다. 주자를 종지로 삼는 자들은 "양명은 본원을 오로지하여 사물을 버리고 궁리(窮理)의 공부는 결여한 채 지름길로 가고 등급을 뛰어넘는[捷徑躐等] 폐해가 있다."라고 주장한다. 그러나 내가 생각건대 이는 잘못된 것이다. 지금 '격(格)'을 '지(至)'라고 해석하는 것과 '정(正)'으로 해석하는 것, 그 중 어느 것이 공자와 증자의 본지를 얻은 것인지는 알 수 없다. 그러나 주왕 양가(兩家)의 학문은 '격(格)' 자의 훈고에 제약을 받아 (사물과 본원) 어느 한쪽에 편향된다고 할 것은 아니다. 왜냐하면 자포자기한 인물이 아닌 이상, 학문에 뜻을 둔 정도의 사람이라면 궁리(窮理)와 성신(誠身) 두 가지는 저절로 양쪽의 공부를 행하지 않을 수 없는 것이다.……이는 '격(格)'을 '지(至)'로 할 것인지 '정(正)'으로 할 것인지에 의해 강색(講索)해야 하거나 존성(存誠)해야 함을 처음 알게 되는 것이 아니다. (두 가지는) 수레의 양쪽 바퀴, 새의 양 날개와 같은 것으로, 한쪽을 행하고 다른 한쪽을

---

84 『先藁』 冊1 「疑王朱問答」 3 壬子 이광신 33세. "又以爲格致是爲學最初下手處, 不可不明其訓詁之得失. 而用力之實, 亦不必局於格字之如何? 何者, 夫人除非自暴自棄者外, 若既有志于學, 則便知明義理正本原.……本非因格字之爲至而後方始知做讀書思索也. 亦非因格字之爲正而後方始知做存誠克復也. 然則格物之義, 未知孔子之旨在於至在於正, 而要不出乎明義理正本原二者. 而今姑捨至字正字之孰得孰失, 而只宜實用力於明義理正本原.……何必坐守一格字長帶不決之疑, 惹起無益之爭也耶? 又曰, 晦庵陽明二說, 泛觀之, 則晦庵說似乎先事物而後本原, 陽明說似乎專本原而遺事物, 各有所主. 然而其實則不然.……此特訓說之不同而已. 其所以爲學與垂敎, 何嘗如是之偏滯也哉?……然則假令吾是晦庵, 不過曰至字訓是也. 不可因此而後本原. 假令吾是陽明, 不過曰正字訓是也. 不可因此而遺事物. 何者, 車之兩輪, 鳥之兩翼, 不惟不得不然, 本自不能不然故也."

폐하는 일은 애초부터 있을 수 없다.……이 때문에 이는 단지 『대학』의 훈고 해석상 각각 그 주안점을 두는 방식에 따라 '지(至)'라 하거나 '정(正)'이라고 하는 것에 불과하며, 양가의 학문이 그 훈고의 차이에 구속되어 편향이 생기는 것은 아니다.[85]

그리고 주자학과 양명학에 대한 이러한 견해는 그대로 주자학과 하곡학에 대한 이광신의 견해에도 반영되어 있다.

③ 지금 그대가 하곡의 설을 배척하여 세상에 행해질 만한 것이 아니라고 주장하는 것은 어째서입니까. 생각건대 이는 격물치지의 훈고에 있어 주자의 훈고와는 다른 점이 있어서겠지요.……그러나 만일 이처럼 훈고상의 차이를 이유로 하여 "하곡은 주자학의 문도가 아니요, 이단사설과 같다."라고 배척한다면 이 얼마나 그릇되고 망령된 것입니까.……양명의 설이 주자와 다르다 하여 주자설을 종지로 삼는 자가 대번에 이를 외도(外道)와 같은 것으로서 배척해야 할 것은 아닙니다. 생각건대 이는 경설(經說)의 동이(同異)를 가지고 도(道)의 동이와 동일시해서는 안 되기 때문입니다.[86]

---

85 『先藁』 冊3 「祭霞谷鄭先生文」 丙辰 이광신 37세. "嗚呼! 王朱之分, 蓋原於格物之訓. 朱訓以至而以爲窮至事物之理. 王訓以正而以爲誠正本原之功. 於是乎後之學者, 各有所主. 主於王者謂, 晦庵先事物後本原, 無反身之要而有支離之弊. 主於朱者謂, 陽明專本原遺事物, 無窮理之工而有經躐之病. 然愚竊以僞不然. 今格字之爲至爲正, 未知其孰得於孔子曾子之旨. 而兩家之學, 未必局於斯而有所偏也. 何者, 今夫人除非自暴自棄者, 若旣有志乎學, 則窮理誠身斯二者, 自不能不兩下工夫.……此不待格字之爲至爲正而方知講索而存誠也. 而車鳥之輪翼, 自不可擧一而廢一故也.……故曰, 此特就大學訓義上, 各隨主意之如何而爲至爲正而已. 而兩家之學, 未必局於斯而有所偏也."

86 『先藁』 冊3 「答趙飛卿書」 辛酉 이광신 42세. "今高明斥霞谷之說, 以爲不可行, 何也? 蓋以格致之訓有異於朱子訓故也.……而若以此不同之故, 便斥之以非朱子之徒, 而有若異端邪說者然, 則豈不妄哉?……稽山之說雖異於朱子, 而主朱說者, 亦不可遽斥之若外道者, 蓋不可以經說之異同, 斷以爲道之異同故也."

①은 이광신이 정제두를 통하여 양명학을 수용한 초기의 저술, ②는 그보다 수년 후의 저술, ③은 45세에 죽은 이광신의 만년에 가까운 시기의 저술이다. ①~③을 통하여 이광신의 견해는 거의 동일하며, 이것이 이광신의 시종일관된 입장이었음을 확인할 수 있다.

격물치지의 훈고 해석을 둘러싼 주왕의 대립은 '리(理)를 어떤 것으로 파악하는가, 심(心), 나아가 인간 존재 그 자체를 어떤 것으로 파악하는가.'라는 양자 각각의 존재론이나 인간관과 밀접하게 연결되어 있다. 따라서 지(至)와 정(正)의 차이를 단순한 경학해석상의 차이에 불과한 것이라고 보는 것은, 주왕 간 동이(同異)의 의미를 왜소화하고 희박화하려는 태도라고 평하는 것도 가능하다. 그러나 '심여리(心與理)'와 '심즉리(心卽理)'의 대조를 통하여 주왕을 대조한 이광신이 양자 간 동이(同異)의 의미를 깊고도 정확하게 인식했다는 것은 이미 밝혀진 사실이다. 그렇다면 이광신이 ①~③을 통해 이런 종류의 발언을 반복한 의도는 주자학과 양명학을 대립적으로 파악하는 것이 아니라, 주자학이나 양명학이나 그 실천공부를 통하여 스스로에게 도움 되는 바가 있는지 아닌지가 중요하다는 스스로의 신조를 표명한 것이라고 보아야 할 것이다. 왕수인에 의한 즉물궁리 비판은 지나치다고 한 발언을 남긴 것도 아마 같은 의도에서 나온 것이라고 생각된다. 그리고 정제두가 그의 생전에 주왕의 동귀일치(同歸一致)를 말했다면, 그 점에 있어서도 이광신의 인식은 실로 정제두의 입장을 계승 · 답습한 것이다.

이광신이 양명학에 대해 매우 정확한 이해를 가지고 있었다는 것은 이미 확인한 대로이다. 이광신은 양명학을 정확하게 이해하고 또 이를 수용하였다. 그러나 스승인 정제두와 마찬가지로 주자학과 양명학을 반드시 이항대립적 · 양자택일적으로 파악한 것이 아니라 둘 다 학문을 하는 데 보탬이 있는 것으로 보았다. 이상을 종합적으로 판단하여 이광신은 초기 강화학파에서 하곡학을 가장 잘 수용 · 계승한 자라고 평하겠다.

또「빙탄록」명명(命名)의 의도에 관해서는 앞에서 일단 해석을 보였다.

「빙탄록」이라는 서명으로부터는 주자학과 양명학을 빙탄과 같이 서로 수용할 수 없는 것으로서, 즉 서로 배반하고 대립하는 것으로서 파악하는 입장이 연상되기 쉽다. 그러나 「빙탄록」을 포함하여 이광신 자신의 입장은 결코 그런 것이 아니라, 오히려 주자학과 양명학을 서로 보완하는 것으로서 파악하고 있다. 실제로 빙탄(氷炭)에는 '빙탄불상용(氷炭不相容)'이라는 용법 외에 '빙탄상애(氷炭相愛)'라는 용법이 있다. 얼음과 숯은 성질이 정반대이기 때문에, 오히려 서로 보완한다는 의미이다.[87] 이광신 자신이 그러한 함의를 의도했는지 아닌지는 책으로부터 검증할 도리는 없다. 다만 실제로 이광찬은 주왕양가(朱王兩可)를 주장한 것이 「빙탄록」 집필의 도라고 단정하고 있다. 「빙탄록」이라는 서명에 주자와 양명이 서로 어울리는 것으로 평가하는 의도가 담겨 있었다면, 이 서명은 실로 이광신의 사상적 입장을 단적으로 표명하는 것이라고 할 수 있을 것이다.

Ⅵ. 소결

이광신에게 주왕양가조정(朱王兩可調停)의 발언이 존재했다는 것은 명확한 사실이다. 문제는 우리가 이를 어떻게 평가해야 하는가이다.

앞 절 가장 마지막에 인용한 조진빈에게 보내는 편지에서 이광신은 앞의 인용문에 이어 다음과 같이 말하고 있다.

> 하물며 하곡의 학문은 주자가 읽은 책을 읽고, 주자가 실천한 행위를 행하고, 주자가 입은 옷을 입는 것이었습니다. '격물치지'에 이르러서는 오히려 계산(稽山, 양명)의 뜻을 따르고 주자의 훈고와는 달랐으나, 그 나머지 견해에 있

---

87 『淮南子』「說山訓」. "天下莫相憎於膠漆, 而莫相愛於氷炭." 高誘注 "冰得炭則解歸水, 復其性. 炭得冰則保其炭. 故曰相愛."

어서는 또한 가깝습니다. 그 공부한 부분에 있어서는 오로지 사물과 장구(章句)에 힘을 기울여 자못 주자보다 뛰어났습니다. 지금 하곡의 「경설(經說)」에서도 이를 볼 수 있으니 그렇다면 하곡의 학문은 실제로 주자의 학문인 것입니다. 지금 하곡의 설은 주부자의 우익(羽翼)이 될 만합니다.[88]

여기에서 이광신은 왕수인의 학문은 격물치지의 훈고에서는 주자학과 다른 점이 있었지만 이는 작은 차이에 불과하고, 넓은 안목으로 보자면 주자학과 다르지 않으며 오히려 주자학의 날개가 될 수 있다고 하였다. 편지의 상대방인 조진빈은 하곡의 설이 한번 세상에 행해지게 되면 '혹세무민(惑世誣民)'의 폐해를 초래하여 우리 도에 큰 해가 있을 것이라고 지적하며 당시 이광신이 관여하고 있던 정제두 유고 편찬작업에 대해 우려를 표명한 인물이었다. 조진빈으로 대표되듯이, 당시 조선사회에서는 주자학을 정통교학으로 하는 인식이 자명하여 양명학의 수용이나 신봉은 매우 금기 · 배척해야 하는 일로 지목되어 있었을 것이다. 그러한 사회풍조 속에서 사문(師門) 혹은 자신의 양명학 신봉의 정당성을 주장하기 위해서는, 양명학이 결코 주자학에 배치되는 것이 아니라는 점을 소리 높여 강조하지 않을 수 없던 정황이 확실히 존재했을 것이다. 위의 구절도 그러한 문맥 속에서 받아들이는 것이 타당할 듯하다.[89]

---

88 『先藁』 冊3 「答趙飛卿書」. "況霞谷之學, 讀朱子所讀之書, 行朱子所行之行, 服朱子所服之服, 而至於格致, 雖從稽山之旨, 違朱子之訓, 其他見處亦近. 而若其用功之處, 則專在於事物章句上, 殆亦過於朱子. 今於說經可見, 則是實爲朱子之學也. 今霞谷之說, 足以爲朱夫子之羽翼."

89 심경호(1997)는 이 구절에 대하여 "이는 주자존숭자들의 배척으로부터 양명과 하곡을 변호하려고 한 權法의 의미도 없지는 않으나, 양명 및 하곡의 격물설을 주자의 그것과 절충하고자 하는 의도하에서 양명(및 하곡)의 본지를 왜곡한 측면도 없지 않다."라 하였다(252쪽). '權法'(편의적 수단, 편법)이라는 지적은 타당하다. 그러나 이 논문에는 이외에도 "양명이나 하곡의 본지를 올바르게 파악했다고는 할 수 없다."(253쪽), "빙탄록의 다음과 같은 말은, 항재가 양명과 회암을 동류로서 귀일시키기 위해 양명의 본지를 왜곡시킨 것이 아닌가 하는 의심을 품게 한다."(269쪽)라는 지적이 있다. 모두 이광신의 朱王兩可(심경호의 논문상 표현으로는 '朱王保合') 입장에 대한 논평인데, 필자는 이광신의 주왕양가 입장을 하곡학에 대한 왜곡이 아닌, 오

그럼 우리는 이광신의 주왕양가조정(朱王兩可調停) 발언에 대해, 문맥 속에서 즉 일종의 호교적(護敎的) 입장에서의 방편(方便)·강변(强辯)의 색채를 띠고 있는 것으로서 받아들여야 하는가. 환언하자면 이광신의 주왕양가 주장은 결국 그 순연한 학문적 신념의 표명으로 받아들여야 하는가, 아니면 양명학이나 하곡학을 지탄의 목소리로부터 지키기 위해 본의 아니게 주자학과의 친근성을 강조할 수밖에 없었던 결과로서 받아들여야 하는가. 이는 사실 필자에게도 매우 판단하기 어려운 문제이다. 전자인지 후자인지 어느 한쪽으로 판단을 내리는 것 자체가 애초부터 곤란한 것일지 모른다. 왜냐하면 가령 이광신 자신의 주관으로는 스스로의 순연한 학문적 신조의 피력으로서 주왕의 양가(兩可)를 말한 것이라 할지라도, 이광신이 놓인 당시 조선사회의 정황, 즉 주자학을 정통으로 하는 절대적 가치기준이 확고하게 엄존했던 당시 정황 아래에서는 본인이 그렇게 의식하든 아니든 간에 주왕양가적인 형태로 스스로의 입각점을 찾을 수밖에 없었기 때문이다. 그러한 객관적 정황이 가져오는 제약이 심층심리에 작용하지 않았다고는 그 누구도 단언할 수 없을 것이다. 이 점을 더 천착해보아도 객관적 증거가 될 문헌자료가 존재하지 않는 한, 성과 없는 의론에 빠질 것이다.

아무튼 기본 자세로서의 양명학 신봉, 양명학에 대한 정확한 이해, 주자학과 양명학의 특질에 관한 깊은 통찰, 그리고 주자학과 양명학을 이항대립적으로 파악하지 않고 양가병존을 주장하는 점에 있어서도, 이광신은 정제두의 학문적 입장을 충분히 수용하고 계승한 인물이었다고 평가할 수 있을 것이다.

히려 이것도 포함하여 하곡학의 계승으로서 파악하고자 한다.

제3장
원교(圓嶠) 이광사(李匡師)

조선양명학에 관한 고전적 연구서인 『양명학연론』의 「조선양명학파」에서 정인보는 조선의 양명학파를 다음의 셋으로 분류하였다.[1] ① 뚜렷한 저서 혹은 증거가 있어 외견상으로는 몰랐을지라도, 양명학파라 하기에 의문의 여지가 없는 이들 ② 양명학을 비난한 말은 있지만 이는 궤사(詭辭)로, 마음속으로는 양명학을 주장하고 있던 것을 가릴 수 없는 이들 ③ 양명학에 대해 일언반구의 언급도 없고 그가 신봉하는 것은 주자학이지만, 그 평생 주장의 근간이 되고 있는 정신을 보면 양명학임을 알 수 있는 이들이다. 정인보는 ①로 최명길 · 장유 · 정제두 · 이광신 · 김택수, ②로는 이광사 · 이영익 · 이충익, ③으로 홍대용을 예로 들고 있다.

이러한 분류가 제기된 것 자체가 주자학적 가치관이 일원적이면서도 강고하게 지배하고 있던 조선사회에서 자신의 양명학 신봉을 호도 · 은폐하지 않을 수 없었던 조선양명학파의 특이한 성격을 여실하게 말해주고 있는 것이라 할 수 있을 것이다.

무엇보다도 정인보에 의한 이러한 논정(論定)이 타당한지 아닌지에 대

1 정인보(1993), 211쪽.

해서는 예시된 개개의 인물에 나아가 실증적으로 검토하지 않으면 안 된다. 특히 이광사는 초기 강화학파 중에서도 정제두와 직접적 교섭을 가진 이른바 제1세대에 속하는 인물이다. 그런 만큼 이광사의 학문 내용을 검토하는 것은 강화학파의 양명학 · 하곡학 수용 · 계승 혹은 변용의 문제를 고찰하는 데 있어서도 매우 중요하다.[2]

Ⅰ. 이광사 관련 1차 자료에 대해

여기에서 미리 이광사 관련 1차 자료에 대해 총괄하여 언급해두고자 한다.

①『두남집(斗南集)』 불분권(不分卷), 4책, 서울대학교 규장각 소장, 초본(抄本).

②『원교집선(圓嶠集選)』 10권, 서울대학교 규장각 소장, 초본(抄本), 『한국문집총간』 221책 수록.

이광사는 영조31년(1755, 乙亥, 이광사 51세) 나주괘서사건에 연좌되어 체포당해 부녕부(富寧府, 함경도)에 폄적당하였다. 또 7년 뒤인 영조38년

---

2 이광사에 관한 선행연구로서 주로 다음의 연구가 있다. 정양완(1995), 「員嶠李匡師論」「員嶠와 信齋의 東國樂府」 모두 『강화학파의 문학과 사상』(二) 所收, 한국정신문화연구원. 심경호(1995), 「員嶠의 학술사상」『강화학파의 문학과 사상』(三) 所收, 한국정신문화연구원. 서경숙(1999), 「원교 이광사의 양명학」 한국양명학회 『양명학』 3호, 서경숙(2008), 「원교 이광사의 이기 일원론적 양명학」 강화양명학연구팀 『강화학파의 양명학』 한국학술정보. 특히 심경호의 논문은 관련 1차 자료를 구사하여 이광사 사상을 포괄적이면서도 상세히 논하고 있어 매우 중요하다. 서경숙의 1999년 논문은『先藁』를 사용하여 이광사의 理氣善惡 문제에 대해 논하고 있다. 다만『論學輯略』을 참조하고 있지 않기 때문에, 이광사의 양명학 수용 문제에 관한 검토가 불충분하다는 점은 부정할 수 없다. 그리고 서경숙의 논문 2008년B는 기본적으로 1999년의 내용을 답습한 것이기에 이후로 본고에서 논하는 서경숙의 논문은 1999년을 대상으로 한다.

(1762, 이광사 58세)에는 신지도(薪智島, 전라도 강진현)에 옮겨져 결국 그곳에서 죽었다(정조원년, 1777, 향년 73세). ①은 권수에 이광사 자신에 의한 「두남집제사(斗南集題辭)」를 싣고 있는데, 이에 의하면 『두남집』은 부녕 시기에 스스로 편찬한 것이다.[3] 한편 『원교집선』은 권말에 이광사의 묘지명(이광려撰)이 실려 있는 것으로도 분명하듯, 이광사의 사후 편찬된 것이다. 여기에는 신지도 이배(移配) 이후의 저술도 수록되어 있다.[4] 『원교집선』에 수록된 것에는 을해년(이광사 51세) 이전의 저작도 약간 포함되어 있으나, 기본적으로는 을해년 이후의 것이다.[5]

『두남집』과 『원교집선』에는 두 책에 공통으로 수록된 저작도 있고, 한쪽에는 실려 있지 않은 저작도 각각 존재한다. 그러므로 자료적으로는 서로 보완하는 관계이다. 이에 더하여 특별한 점은 『원교집선』이 통상 별집의 체재대로 「악부(樂府)」, 「시(詩)」, 「잡저(雜著)」, 「서(書)」, 「제문(祭文)」, 「묘지명표(墓誌銘表)」 등 장르별로 저작이 분류·편찬되어 있는 것에 반해, 『두남집』은 거의 전체 수록 작품의 제목 아래에 집필한 (년)월일이 주기(注記)되어 있으며 전 작품이 장르에 상관없이 집필 시기 순으로 배열되어 있다는 점이다.[6] 이는 『두남집』이 문집으로서 정리·편찬되기 전의 초고와 같

---

3 『斗南集』 卷首 「斗南集題辭」. "斗南者, 北斗之南也. 歲乙亥, 余蒙罔極之恩, 謫富寧. 富瀕極邊, ■■■北, 以爲視北斗則猶南也. 到富後纂著, 號卷曰斗南集. 杜甫詩曰, 每依北斗望京華. 用是義, 能付晨夕戀闕之誠." ■은 판독이 곤란한 부분이다.

4 심경호의 「원교의 학술사상」에서는 "이광사의 문집에는 富寧 유배 시기의 『斗南集』과 薪智島 유배 시기의 『壽北集』이 있는데, 이 둘을 합쳐 편찬한 것이 『圓嶠集選』이다. 다만 『壽北集』은 발견되지 않았다."라고 하였다. 10쪽 및 23쪽.

5 『圓嶠集選』 卷10 「圓嶠先生墓誌」. "少時不喜爲文辭. 今所存草藁若干卷, 皆五十以後在謫時漫筆, 初不數數於篇章." 그러나 예컨대 「祭白下尹尚書淳文」「祭閔兄士相鈺文」(모두 卷6)은 내용으로 보아도 영조17년(37세)에 집필한 것이며, 또 「來道齋記」(卷8)는 말미의 紀年으로부터 영조19년(39세)에 집필한 것임을 알 수 있다. 그리고 『圓嶠集選』에 수록된 것 중 乙亥 이전의 것은 『新編圓嶠李匡師文集』(후술⑦)卷1 및 卷2에 일괄적으로 수록되어 있다.

6 제목 아래의 注記 등을 참조해보면, 각 책에 수록된 글들의 집필 시기는 다음과 같다. 冊1, 영조31년(乙亥) 5월~12월. 冊2, 영조32년(丙子) 5월~10월. 冊3, 영조33년(丁丑) 1월~34년(戊寅) 5월. 冊4는 처음의 「東國樂府」(全 30首)부터 「天問辨答四條」까지의 다섯 저작에는

은 성질을 띠고 있는 것임을 시사한다. 더구나 『원교집선』 소재의 저작에는 제목 아래에 집필 (년)월일의 주기(注記)가 존재하지 않는다. 따라서 두 책에 공통으로 수록된 저작의 경우, 『원교집선』에 의거해보았을 때 명확치 않았던 집필 시기가 『두남집』을 참조함으로써 특정할 수 있게 된다. 이런 의미에서도 규장각본 『두남집』의 존재는 귀중하다.

또한 『두남집』과 『원교집선』에는 각각 다음과 같은 판본이 있다.

③ 『두남집』 불분권, 2책, 천리도서관(天理圖書館) 금서문고(今西文庫) 소장, 초본(抄本).

천리도서관 소장본의 수록 내용은 규장각본과는 거의 일치하나 집필 시기를 나타낸 제목 아래의 기록이 모두 삭제되어 있고, 배열은 「시(詩)」, 「문(文)」처럼 장르별로 되어 있다. 이처럼 체재상의 차이로 판단해보자면 2종의 『두남집』 중 규장각본이 원본이고, 천리도서관 소장본은 원본을 2차적으로 재편한 것으로 보인다. 이하 본고에서 『두남집』을 인용하며 특별히 언급하지 않는 경우, 전부 규장각본으로 한다.

④ 『원교집선』 10권, 한국정신문화연구원(현 한국학중앙연구원) 장서각 소장, 초본.

규장각본과 장서각본은 모두 반엽(半葉) 10행, 1행에 20자로 판식(版式)은 일치하여 분명히 같은 계통의 초본이나, 장서각본에는 낙장(落張)이나 난정(亂丁)이 있으며 두 본에는 가끔 문자의 동이(同異)가 있다.[7] 본고에서

집필 시기에 관한 注記가 없고, 마지막 「深衣說」에만 제목 아래에 '十一月二十七日'의 기록이 있다. 이것이 戊寅 11월을 의미하는 것으로 보아야 할지에 대해서는 확실치 않다.

7 규장각본 · 장서각본은 모두 卷6의 卷首에는 「祭文」, 卷7의 卷首에는 「墓誌銘表」의 표제가 붙어 있다. 그리고 규장각본에는 卷6에 17통, 卷7에 20통의 저작이 수록되어 있다. 그러나 장서각본에는 내용적으로 卷7에 수록되어야 할 15통이 卷6 중간에 삽입되어 있는데, 이는 분명

는 규장각본을 저본으로 하여 필요에 따라 장서각본을 참조한다.

별집 이외에 이광사에 관한 1차 자료로서 다음과 같은 것이 있다.

⑤ 이광신의『선고』불분권, 3책, 문중본, 초본,『고문서집성(古文書集成)』54, 진안(鎭安)·정천(程川)·전주이씨서곡이정영후손가편(全州李氏西谷李正英後孫家篇) (Ⅱ), 한국정신문화연구원, 2002년, 수록.

항재 이광신(1700~1744)은 이광사와 마찬가지로 전주 이씨 덕천군파에 속하여, 이광사와는 같은 항렬의 인물이었다. 그의 문집인『선고』에는「변도보이기설(辯道甫理氣說)」(壬戌, 영조18년, 이광사 38세)(冊1),「답도보서(答道甫書)」(甲寅, 영조10년, 이광사 30세),「여도보서(與道甫書)」,「여도보(與道甫)」(乙卯, 영조11년, 이광사 31세) (이상 冊3)의 편지가 수록되어 있어 이광사의 이기설(理氣說)을 고찰하는 데 특히 중요하다. 또 오늘날 전하는 이광사 관련 1차 자료의 대부분이 을해년(이광사 51세) 이후인 가운데, 이광사의 30대의 입장을 전하고 있다는 점에서도 귀중하다.

⑥ 이광찬의『논학집략』불분권, 문중본, 초본.『고문서집성』53, 진안·정천·전주이씨서곡이정영후손가편 (Ⅰ), 한국정신문화연구원, 2002년, 수록.

이광찬(자 襄仲, 호 中翁, 1702~1766) 또한 전주이씨 덕천군파에 속하며 이광사나 이광신과는 같은 항렬의 인물이다. 이광사가 가장 친밀하게 교유한 것이 장형(長兄)인 이광태(李匡泰) 및 이광신, 그리고 이광찬이었다고

한 亂丁이다. 게다가 장서각본에는 卷6 제일 처음의「爲從父兄祭霞谷鄭先生文」의 도중부터 두 번째「祭白下尹尙書淳文」의 첫머리 부분까지, 1장의 뒷면과 2장의 앞면에 落張이 있다. 이러한 亂丁과 落張이 장서각본 그 자체에 존재하는 것인지, 마이크로 촬영 시에 발생한 것인지는 확인할 수 없다.

한다.[8] 『논학집략』 총 181조는 학술상 문제에 관하여 지우와 주고받은 문답서한의 체재를 취하고 있으며, 주기(注記)를 통해 누구에게 보낸 편지였는지 거의 판명된다. 그 중 이광사에게 보낸 편지가 수십 조목 포함되어 있다. 여기에는 이광사의 학문적 입장에 관한 언급이 꽤 존재하여 이광사의 사상 내용을 연구함에 있어 매우 중요하다. 또한 『논학집략』에 수록된 이광찬의 이광사에게 보내는 편지도 을해년 이후, 이광찬의 몰년(영조 42년, 1766, 이광세 62세)까지의 것이라고 볼 수 있다.[9]

이상의 1차 자료를 새롭게 편집하고 조판하여 인쇄한 문집으로는 다음의 것이 있다.

⑦ 『신편원교이광사문집(新編圓嶠李匡師文集)』 17권, 배인본(排印本), 심경호 · 길진숙 · 유동원 공편, 시간의 문제, 2005년.

이 책은 규장각본 『두남집』 및 규장각본 『원교집선』 소재의 여러 자료를 편년(編年)하여 집필 시기 순서대로 배열 · 수록하였고, 최종 권에는 「원교 관련자료집성」으로서 『선고』나 『논학집략』 소재의 관련 자료도 수록하고 있다. 이광사에 관한 1차 자료를 일괄 수록하고 있다는 점에서 매우 유용하다.[10]

---

8 『圓嶠集選』 卷10 「圓嶠先生墓誌」. “公與伯氏无妄公恒齋正字二從兄, 文學相師友. 天倫之樂, 同堂之勝事, 亦人家罕比.”

9 乙亥獄으로 인하여 이광사는 富寧으로, 이광찬은 甲山으로 유배되었다. 부녕과 갑산(모두 함경도)은 비교적 가까웠기 때문에 두 사람은 서한의 왕복을 통하여 학문상의 토론을 행하였다. 이러한 서한의 왕복은 이광사가 신지도로 유배 간 이후에도 계속되었다. 이상 심경호, 「원교의 학술사상」, 10~11쪽. 그리고 정양완의 「員嶠李匡師論」에서는 이광찬의 아들 李良翊이 지은 「先府君言行遺事」(문중본)를 인용 · 소개하고 있는데, 관련된 부분을 인용해둔다(129쪽). “府君嘗與員嶠公, 講理氣說, 天人性命之本, 義利善惡之分, 揭扢探討. 時復商權古文, 對坐輒竟日乃罷. 及謫同道, 地相近, 講學不以窮厄而廢, 書以質難.……晩年, 員嶠論大學以質之. 府君著說, 卞其誤解, 一從朱注, 精微曲折……不啻累千言.”

10 참고로 각 권의 내용을 기록하면 다음과 같다. 卷1 「乙亥獄 이전, 詩」, 卷2 「乙亥獄 이전, 散文」, 卷3 「斗南集, 乙亥稿, 詩」, 卷4 「斗南集, 乙亥稿, 文」, 卷5 「斗南集, 丙子稿, 詩」, 卷

Ⅱ. 문제의 소재: 정인보의 논정(論定)

이광사(李匡師, 1705~1777)는 자 도보(道甫), 호 원교(圓嶠)[11]로, 전주이씨 덕천군파에 속한다. 이광사의 아버지인 이진검(李眞儉, 1671~1727)은 숙종 25년(1699) 사마시 생원시에 등제, 숙종30년(1704)에는 문과[춘당대정시(春塘台庭試) 병과(丙科)]에 급제하였고 예조판서까지 지낸 인물이다.[12] 그러나 이광사 본인은 과거에 합격하지 못하여 벼슬길에는 운이 없었다.

그런데 정인보가 이광사를 조선양명학파 중 두 번째 유형으로 분류한 것은 어째서인가?

이광려(李匡呂)의「원교선생묘지」에 의하면 "이광사는 제경(諸經)과 사서(四書)를 해석할 때 선유들의 설을 따르지 않았다. 하곡 정제두 선생을 존숭하여 그를 따랐다. 하곡은 왕씨의 학문을 중시하였으나, 이광사는 양명

6「斗南集, 丙子稿, 文」, 卷7「丁丑戊寅稿, 詩」, 卷8「丁丑戊寅稿, 文」, 卷9「東國樂府」, 卷10「斗南集, 詩文拾遺」, 卷11「富寧謫所, 辛巳壬午稿, 詩」, 卷12「富寧謫所, 辛巳壬午稿, 文」, 卷13「壽北集拾遺, 詩」, 卷14「壽北集拾遺, 文」, 卷15「書訣」, 卷16「斗南集序」, 卷17「圓嶠關連資料集成」. 권17에 대해서 말하자면, 예컨대 '이광사와 이광찬의 왕복서한 – 이광찬의『論學輯略』에 수록된 이광사 관련 글–'이라는 제목 아래에 '『大學章句』 비판', '格物致知論', '意心本論', '知行合一論', '大學觀'이라는 다섯 항목을 세워, 각 항목마다『논학집략』에서 이광사에게 보내는 서한을 수록하고 있다. 이 다섯 항목은 심경호의「원교의 학술사상」Ⅲ '格物致知論' 제1절~제5절의 각 절제목과 완전히 일치한다. 그러나 필자는 이러한 항목을 세워 이광사의 사상을 정리하는 것이 과연 타당한지에 대하여 약간의 의문을 품고 있다. 무엇보다도 이러한 자료집을 편찬하는 경우, 해당 자료를 편집자의 주관에 따라 발췌 · 분류 · 재편하는 것이 아니라, 오히려『논학집략』에 수록된 이광사에게 보내는 서한의 전부를 取捨를 가하지 않고 일괄 수록하는 것이 이용자의 연구에 보다 유익할 것이라고 생각된다.

11 '圓嶠'라는 호는 漢城에서의 居宅에서 연유한 것이다.『斗南集』冊1「亡妻孺氏文化柳氏紀實」12절. "又明年, 復還京,……是歲買屋圓嶠下, 爲久計." 그리고「立春詩」(『斗南集』冊2,『圓嶠集選』卷2)에는 "圓嶠子曰"이라는 표현이 보이는데, 이광사 자신의 자칭이기도 하였다. 그러나 이광려의「圓嶠先生墓誌」(『圓嶠集選』卷末) 첫머리에 "員嶠公生於肅宗乙亥"라고 되어 있는 것처럼 '員嶠'라고 표기되어 있는 경우도 있다(『李參奉集』卷3에 수록된 것에는 제목도「員嶠先生墓誌」로 되어 있다).『論學輯略』에서의 언급은 전부 '員嶠'이다. 본고에서는 기본적으로 '圓嶠'로 표기하나, 인용자료나 선행연구의 표기가 '員嶠'로 되어 있는 경우에는 이를 따른다.

12 李眞儉에 관해서는『圓嶠集選』卷7「府君墓表」, 卷9「府君行狀」이 있다.

학의 치양지설(致良知說)에는 납득할 수 없었다. 그러나 평소 하곡의 정치(精緻)한 경서해석이나 귀중한 가르침에 말이 미치면 여러 번 정제두 선생을 칭송하였다. 선생이 돌아가시자 이광사는 상복을 입고 그의 장례에 나아갔다."라고 되어 있다.[13]

이에 대하여 정인보는 다음과 같이 서술하고 있다. "하곡의 평생 학문은 양명학이었다. 양명학의 핵심은 치양지설인데, 원교가 치양지설을 마음에 들어 하지 않았다면 원교와 하곡의 관계는 소원했을 것이다. 그런데 하곡의 죽음에 상복을 입은 것은 어째서인가? 여러 번 하곡을 칭송했다는 것도 이상한 일이 아닌가? 무엇보다도 여러 경전과 사서(四書)에 대해 선유를 따르지 않았던 원교가 하곡을 따르고 하곡을 칭송하며 하곡을 위해 상복을 입었다면, 이런 행위들이 공연하게 이루어지지는 않았을 것임을 알 수 있지 않을까."[14]

요컨대 평소부터 정제두를 칭찬하고 그의 죽음에 복상(服喪)했던 이광사의 행동은 정제두의 학문에 대한 깊은 경도 없이는 생각할 수 없는 것이므로, 이광사가 "치양지설에 납득하지 못하였다."라는 「묘지(墓誌)」의 기술은 의심스럽다는 것이 정인보의 해석이다.

정인보의 해석대로라면 이광사가 자신의 양명학 신봉을 은폐 · 도회하고 있었거나, 혹은 「묘지」를 지은 이광려가 의도를 가지고 윤색을 가하였다는 것이 된다. 그렇다면 애초부터 왜 그렇게 할 필요가 있었는가. 이 점에 대해 정인보는 다음과 같이 서술한다. "원교가 양명학을 마음에 들어 하지 않았다는 것은 실제로는 궤사(詭辭)이다. 마음속에서는 양명학을 주장했음을 숨길 수 없다. 영조 을해년(1755) 이후 집안의 화에 연루되어 남북으로 유배를 다니면서 후반의 생을 보내는 가운데 위기가 빈발하여, 유

13 李匡呂 「圓嶠先生墓誌」. "公於諸經四書, 多不能曲從先儒. 尊事鄭霞谷先生, 而先生主王氏. 公於王氏, 亦未契致良之說. 平日精義異聞, 屢稱鄭先生, 先生喪, 服庣會窆."

14 『陽明學演論』 232쪽.

배지인 신지도에서는 고호(皐號, 육친의 죽음에 통곡하는 것)조차 '망외(望外)'의 바람이었던, 화를 두려워하여 스스로 속이는 말임이 틀림없다(『원교집선』 참조)."[15]

위의 글 속에서 '을해' 운운한 것은 영조31년 을해년(이광사 51세) 2월에 일어난 나주괘서사건을 가리킨다. 나주괘서사건이란, 전라도 나주의 객사에 "간신이 조정에 가득하고 백성들은 도탄에 빠졌다.[奸臣滿朝, 民陷塗炭]"라고 쓰인 흉서(凶書)가 걸렸는 데, 얼마 뒤 그 주모자로 윤지(尹志)라는 인물이 체포된 사건이다. 그리고 3월에는 이광사 및 몇 명이 윤지와 내통하고 있다는 혐의로 체포되는 데 이른다(나주괘서사건에 대한 상세한 내용은 제4장을 참조).

이광사가 체포되자 부인 유씨(柳氏)는 앞날을 비관하여 자결하였다. 이광사는 부녕으로 폄적, 이어서 신지도로 이배(移配)되어 그대로 유배지에서 죽었다. 이광사에게 있어 나주괘서사건은 실로 통분하고 통곡할 만한 재앙이었을 것이다. 그럼에도 불구하고 사죄(死罪)가 아닌 부녕으로 폄적한다는 처분이 내려진 것을 "망극한 은혜를 입다.[蒙罔極之恩]",[16] "다시 살려주시는 은혜를 입다.[蒙再生恩]",[17] "특별한 은혜를 입다.[蒙特恩]"[18] 등으로 표현할 수밖에 없었다. '망외(望外)' 운운한 정인보의 표현도 결코 과장은 아닐 것이다. 51세 이후 이광사가 유배지에서 숨죽이고 지내기를 강요받은 것은 사실일 것이다.

그러나 정인보가 이광려가 지은 「묘지」의 기재 내용만을 직접적 근거로 하여 '궤사(詭辭)' 운운하며 단정 짓는다면, 지나친 독단이라고 평하지 않을

15 『陽明學演論』 233쪽. 말미의 괄호 내용으로부터도 정인보가 의거한 자료는 오로지 『圓嶠集選』임을 알 수 있다. 그리고 「薝園鄭寅普全集」 第2冊 「朝鮮古書解題」에는 「圓嶠集」의 해제가 수록되어 있다.

16 『斗南集』 卷首 「斗南集題辭」. "歲乙亥, 余蒙罔極之恩, 謫富寧."

17 『圓嶠集選』 卷2 「春草」. "前年三月三十日, 蒙再生恩."

18 『圓嶠集選』 卷3 「述恩幷序」. "今上三十一年乙亥三月六日, 匡師陷不測之辜. 其晦日, 蒙特恩原赦, 命以緣坐本律, 流富寧."

수 없다. 학문상의 입장이나 견해 차이를 넘어 사제가 정신적으로 깊은 유대로 맺어져 있는 상황은 결코 있을 수 없는 일은 아닐 것이다(이 점에 관해서는 예를 들어 주자학을 존숭하고 육왕학을 비판하는 심육과 정제두와의 사제관계를 상정하고자 한다. 제5장 참조). 정제두의 죽음에 복상했다는 이유로 이광사가 치양지설에 대해 회의적이었을 리가 없다고 단정하는 것은 적잖이 설득력을 결여한 것이다. 요약하자면, 이광사의 사상적 입장은 어디까지나 이광사 자신과 관계된 1차 자료에 나아가 재검토되지 않으면 안 될 것이다.

Ⅲ. 이광사와 정제두

1

이광사가 자신과 정제두의 관계에 대해 말한 것은 다음에 인용할 「서증치부견지(書贈稚婦繭紙)」가 거의 유일하다. 이는 『두남집』 책3과 『원교집선』 권2 양쪽에 모두 수록되어 있다. 『두남집』 소재의 제목 아래에 '십이월팔일(十二月八日)'이라는 주기가 있는데, 영조33년(이광사 53세) 12월 8일에 집필한 것이다. 편의상 세 단락으로 나누어 인용한다.

(1) 내가 하곡 정 선생의 덕의를 사모한 지 여러 해였으나, 선생의 거처와는 약간 떨어져 있었다. 신해년(영조7년, 이광사 27세) 봄, 비로소 강화도에 들어가 선생께 배알하고 실학(實學)의 요체를 들었다. 이듬해 다시 강화도로 들어가 몇 달을 머무르며 더욱 가르침을 들었고, 그 뒤에도 간혹 왕래하였다. 병진년(영조12년, 이광사 32세) 8월, 집안 식구들과 전부 강화도로 이주하여 (선생의 슬하에서) 오로지 학업을 마칠 계획이었다. 그런데 배가 갑곶진(甲串津)에 정박하였을 때, 선생께서 이미 세상을 떠나셨다는 소식을 들었다. 나는 상복을 입고 달

려가 곡을 하고 장례에 참관하였다.[19]

정제두는 숙종35년(1709, 61세) 8월 강화도로 이주하여 은거했다. 정제두가 그곳에서 죽은 것은 영조12년 8월 11일이었다(향년 88세). 또 글 속의 '갑진(甲津)'은 갑곶진(甲串津)일 것으로 추정된다.[20]

> (2) 선생의 아들 부평군(富平君)은 관료로서 한성(漢城)에 체재했던 기간이 길었으며, 돌아가신 나의 아버지(이진검)와 같은 해인 신해년(현종12년, 1671)에 태어났다. 나는 어려서부터 종종 부평군을 가까이서 자주 모셨다. 부평군은 선생의 훈도(薰陶)로 백가(百家)의 정수(精髓), 각지의 가요(歌謠), 일월성신(日月星辰)의 운행, 음률서수(音律書數)의 기예 등 그 근원을 궁구하지 않음이 없었다. 나 또한 그 한두 가지를 함께 들은 적이 있었다.……대개 선생의 학문은 내면을 오로지하고 자기에게 실득(實得)하는 것이었다.[21]

정제두의 맏아들인 정후일은 부평도호부사(富平都護府使)에 임관되었으므로 부평군이라 부르고 있으나, 그 전후에는 사축서 별제(司畜署別提),

---

19 『圓嶠集選』 卷2 「書贈稚婦繭紙」. "余慕霞谷鄭先生德儀積歲年, 而居稍左. 辛亥春, 始入江都, 拜先生牀下, 聞實學之要. 其明歲復入留累月, 益有聞, 後或往來. 丙辰八月, 盡室入江都, 專爲卒業計, 舟次甲津, 聞先生已觀化. 秫絰趨哭, 至觀葬."

20 『新增東國輿地勝覽』 卷12 京畿道 「江華」 山川. "甲串津, 在府東十里." 甲串津과 甲津이 동일한 지명인지에 관해서는 다음의 자료를 참조. 李安訥 『東岳集』 卷12 「江都錄」「鎭海樓」 原注 "在甲串津"(『한국문집총간』 78책), 윤봉구 『屛溪集』 卷4, 詩 「渡甲津登鎭海樓」(『한국문집총간』 203책). 또 『江華府志』 卷上, 關梁 「甲串津」(한국지리지총서, 邑志11, 京畿道② 所收, 아세아문화사)에도 "甲串津, 通陸大路.……一名童津. 金昌協詩曰, 雪裏悲歌望甲津, 北風吹馬度城闉.……甲津上流舊名濟淸串……"라고 하였다. 인용된 시는 김창협 『農巖集』 五 詩 「甲串有感」(『한국문집총간』 161책 所收)에 보인다. 그리고 현재도 조선반도와 강화도를 잇는 강화대교의 서쪽 부근에 '甲串里'의 지명이 남아 있다.

21 『圓嶠集選』 卷2 「書贈稚婦繭紙」. "先生之胤富平君多宦遊京城, 與我先公同辛亥降. 余從幼屢獲跪侍. 君以先生故, 百家精華, 萬方風謠, 日月星歷之運, 音律書數之藝, 無有不窮其原. 余亦有一二與聞者.……盖先生之學, 專於內, 實於己."

사요사 주부(司搖寺主簿), 종친부 전부(宗親府典簿), 상의원 첨정(尙衣院僉正) 등의 경관(京官)을 역임하였다.[22]

(3) 부평군이 죽었을 때 세 살의 어린 딸이 있었는데, 나의 작은아들과 나이가 비슷하였다. 나는 선생을 깊이 경모하였기에 직접 아들과의 혼례를 부탁하여 임신년(영조28년)에 부평군의 딸을 맞이하였다.[23]

정후일은 본처 이씨(李瑞相의 딸)와의 사이에서 1남 2녀를, 후처 유씨(柳春陽의 딸)와의 사이에서 1남 3녀를 두었다. 여기에서 언급되고 있는 것은 유씨와의 사이에서 낳은 셋째 딸로, 그녀는 이광사의 차남 이영익에게 시집갔다.

이상의 기술로부터 ① 이광사는 27세부터 32세까지 가장 만년의 정제두(83세~88세)에게 직접 사사받았다는 것 ② 이광사는 정제두뿐만 아니라 정후일로부터도 가르침을 받았다는 것 ③ 정후일의 셋째 딸이 이영익에게 시집감으로써 이광사는 정제두의 종가와 인척관계를 맺게 되었다는 것 등을 확인할 수 있었다. 무엇보다 주목해야 할 것은 이광사가 정제두의 곁에서 가르침을 청하기 위해 일부러 일가(一家)를 데리고 강화도로 이주하였다는 것이다.[24] 정씨 집안과 인척관계를 맺은 것도 정제두에 대한 경모의 마음이 깊었기 때문임을 스스로 술회하고 있다. 이는 이광사가 정제두를 매우 사모했음을 말해주는 것이 틀림없다.

덧붙여 말하자면 정후일과 본처 이씨와의 사이의 장녀는 이광명(이충익

---

22 정후일의 官歷에 관해서는 제7장을 참조.

23 『圓嶠集選』 卷2 「書贈稚婦繭紙」. “富平君卒時有三齡幼女, 與余少子年相比. 余以慕先生深, 自託爲婚媾. 歲壬申迎入門.”

24 이광사 일가가 강화도로 이주한 것에 관해서는 이외에도 기술이 있다. 『斗南集』 冊1 「亡妻孺氏文化柳氏紀實」 12절. “甲寅春, 眷歸于京, 秋, 出居三休里. 明季秋, 貰屋敦義門外. 明季, 捲入江華. 又明年, 復還京.”

의 양부)에게, 후처 유씨와의 사이의 차녀는 신대우에게 시집갔다. 이영익 · 이충익 · 신대우는 모두 초기 강화학파의 중요 멤버이다. 이처럼 학통과 혈통의 양면에서 강고한 유대를 갖고 있었던 것이 강화학파의 큰 특색이다.[25]

그렇다면 이제 우리의 문제의식에 있어 관심을 끄는 것은 이광사가 만년의 정제두로부터 구체적으로 어떠한 학문을 전수받았는가, 또 이광사는 애초에 정제두의 학문을 어떻게 평가하고 있었는가 하는 문제이다. 그런데 이런 점에 관하여 위의 자료가 언급하고 있는 것은 (1)의 "신해년 봄, 비로소 강화도에 들어가 선생께 배알하고 실학(實學)의 요체를 들었다."와 (2)의 "대개 선생의 학문은 내면을 오로지하고 자기에게 실득(實得)하는 것이었다."라는 부분뿐이다. 전자에서 말하는 '실학'이라는 것은 후자의 내용에 비추어 생각해보면 '실득지학(實得之學, 자신의 내면에서 절실하게 得心하는 것을 중시하는 학문)'을 의미하는 것이라고 추측할 수 있다.[26] 그리고 그러한 학문적 입장은 다름 아닌 왕수인이나 정제두가 지향한 바이기도 하였다.[27] 그렇다면 위의 자료를 통해 이광사는 정제두로부터 양명학에 대한 가르침을 받았으며, 이광사가 '하곡학의 신수(神髓)는 양명학에 있다.'고 평가했다고 파악하는 것이 꼭 틀린 것은 아니다. 실제로 (1)의 실학이 양명학을 가리키는 것이라고 본 선행연구도 존재한다.[28] 그러나 이광사의 양

---

25 정양완(2005), 533쪽.

26 이광사는 明의 李攀龍이나 王世貞의 古文辭를 평하기를, 古人의 문장을 모방 · 표절할 뿐 마음에 자득한 바가 없다고 비판하였는데, 그 문맥에서 '實學', '實得'이라는 어휘를 사용하고 있다. 『斗南集』 冊3 「讀滄溟鳳洲文」. "文章之盛, 莫盛於六經, 皆古人所以躬行心得, 而發以爲言者.……今觀滄溟鳳洲文, 果有一字一辭之出於己而不偷竊者乎?……二子皆偷古人文句奇麗者成章, 如優孟假衣, 閼黨居位, 其能有自得於心者乎?……二子……亡實學, 亡實得."

27 『傳習錄』 卷中 「答羅整庵少宰書」, 『王文成公全書』 卷21 「答徐成之」 第2書, 『霞谷集』 卷9 「存言」 下 45조. 그리고 제1장의 五 (e) 및 주석 96번 참조.

28 민영규(1972), 78쪽(쪽수는 1993년에 의거). "먼저 이광사의 경우, 實學은 鄭霞谷의 陽明學을 가리키고 있다. '余慕霞谷鄭先生德義積歲年, 而居稍左. 辛亥春, 始入江都, 拜先生牀下, 聞實學之要.'로 시작되는 실학이 바로 그것이다. 같은 글에서 圓嶠는 '蓋先生之學,

명학 · 하곡학 수용의 문제를 고찰함에 있어서 위의 자료는 너무나 단편적이라는 점을 부정할 수 없다.

2

「서증치부견지(書贈稚婦繭紙)」 이외에 이광사가 정제두의 학술을 언급한 것은 모두 『원교집선』에 수록된 다음의 문헌이다. ① 권6 「위종부형제하곡정선생문(爲從父兄祭霞谷鄭先生文)」 ② 권9 「오형항재선생행장(五兄恒齋先生行狀)」 ③ 권6 「제항재종형문(祭恒齋從兄文)」. 그 중 ①은 '종부형(從父兄)'을 위해 이광사가 대작(代作)한 정제두의 제문이다.[29] 여기에는 "말류들이 선지후행(先知後行)에 치달리니 공은 이를 염려하여 합일에 힘썼다.[先知後行, 末流多騖. 公寔有思, 合一是務]"라는 한 구절이 있다. 정제두는 선지후행을 주장한 말류의 폐해를 우려하였고, 지행합일의 입장을 취하였다는 내용이다.

② ③은 이광신을 위해 쓴 「제문」과 「행장」으로, 이광신의 하곡학 수용에 대해 서술한 문헌으로서 중요하다. ②에는 정제두의 양명학 신봉에 대한 세평을 듣고 처음에는 경원(敬遠)하고 있던 이광신이 나중에 실제로 정제두를 만나보고는 그의 인물됨을 사모하였으며, 왕수인의 저작을 읽고 주자학에는 미치지 못하나 취할 만한 점이 있다고 평가하여 「의주왕문답(擬朱王問答)」을 집필했다는 것이 서술되어 있다. 또 ③에는 주자학을 배운 이광신이 정제두를 통해 양명학의 지행합일설 등을 접하고 한때는 이에 빠졌으나, 나중에는 의심이 생겨 주자학과 양명학의 득실에 대해 수년간의 숙고를 거친 뒤 최종적으로는 주자학에 회귀했다는 내용이 기록되어 있다.

專於內實.' 운운이라 하여, 실학의 내용을 더욱 분명하게 규정하고 있다."

29 정양완은 '從父兄'이 이광신과 이광명 중 누구를 가리키는지 단정할 수는 없으나 정제두의 손녀사위인 이광명이 아닐까 추측하고 있다. 정양완, 「員嶠李匡師論」, 49쪽.

그러면 ① ② ③은 모두 정제두와 양명학의 관련성에 대해 언급하고 있다. 특히 ② ③은 모두 양명학에 대한 평가를 포함한 것으로서 주목할 만하다. 다만 이것들은 어디까지나 이광신의 양명학 평가를 기술한 것으로, 이광사 자신에 의한 평가를 직접 서술한 것은 아니다. 물론 이러한 문장에서 일반적으로 집필자 본인의 가치관이 투영 · 반영될 가능성은 다분할 것이다. 그러나 이런 기술만으로 이광사의 하곡학 · 양명학 평가를 논하는 것에 대해서는 역시 신중해야 한다고 생각한다.

요약하자면 『두남집』, 『원교집선』에는 이광사의 하곡학 수용 및 양명학 수용의 실체를 구체적으로 검증할 만한 자료가 결정적으로 부족하다.

Ⅳ. 이광사의 격물치지(格物致知) 해석

1

이미 서술했듯이 이광찬의 『논학집략(論學輯略)』에는 이광사에게 보내는 답문 서한 수십 조가 수록되어 있다. 여기에는 이광사의 견해를 직접 언급하는 것 외에도 직접적 언급은 아니지만 의론의 내용이나 필치로부터 이광사의 입장을 추측할 만한 것들이 있다. 어찌 되었든 『두남집』과 『원교집선』에는 이광사의 사상적 입장을 나타내는 자료가 희소한 가운데, 『논학집략』은 이광사의 사상을 말함에 있어 매우 유력하고도 유용한 자료이다. 여기에서는 『논학집략』에 나아가 이광사의 『대학』 해석에 관한 입장을 밝히고자 한다.[30]

고찰에 앞서 『논학집략』의 구성에 대해 서술하겠다. 제1조 맨 처음은

30 선행연구 중 『논학집략』을 이용한 것은 심경호의 「員嶠의 학술사상」뿐이다. 심경호의 논문은 이광사의 『대학』 해석에 대해서도 상세히 언급하고 있다. 다만 심경호의 견해에 대하여 필자가 異論이 없는 것은 아니다. 이 점에 관해서는 이하 필요에 따라 注記하도록 하겠다.

'답원교왈(答員嶠曰)'로 시작하여 제30조 말미에는 '이상병답원교설(已上竝答員嶠說)'의 쌍행소주가 있다. 마찬가지로 제31조 처음은 '답신후담왈(答愼後聃曰)'로 시작하여 61조 말미에는 '이상병답신후담설(已上竝答愼後聃說)'의 쌍행소주가 있다. 이러한 기재의 존재로 각 조가 누구에게 쓴 편지인지 대부분 판명할 수 있다. 그 구성을 나타내면 다음과 같다.

- 1~30조 답원교(答員嶠) [이광사]
- 31~61조 답신후담(答愼後聃)
- 62~71조 답항재(答恒齋) [이광신]
- 72~120조 ?
- 121~125조 답원교(答員嶠)
- 126~143조 ?
- 144조 답종질영익(答從姪令翊) [이영익]
- 145~147조 ?
- 148조 답원교(答員嶠)
- 149~181조 답원교(答員嶠)?

이 중 '?'이라고 기록한 것은 주석이 결여되어 수신인을 특정할 수 없는 것이다. 다만 149~181조에는 분명 이광사의 견해라고 생각되는 것을 언급하는 조목이 다수 있으므로, 잠정적으로 일괄하여 이광사에게 보내는 것으로 추정한다. 이하 인용할 때에는 위의 정리를 따라 수신인을 주기한다.

2

이광찬은 주자학에 대해 긍정적 입장에 서 있었고 양명학에 대해서는 비판적이었다.

주자와 다름을 주창하여 우열을 다투려는 듯한 언사를 하는 것에 힘쓰고 있다. 그러한 풍조는 왕백안(王伯安, 왕수인)에게서 시작되었다. 이는 경계해야 할 것이지 모방해야 할 것이 아니다. 명도선생(明道先生, 程顥)도 경서해석에 있어서는 신기(新奇)를 구하려는 태도를 경계하고 있다. 우리도 이 점을 깊이 반성해야 한다.[31]

따라서 이광찬은 기본적으로 주희의 경서해석을 답습하는 입장을 취하였다.

주자의 『시집전(詩集傳)』, 『서집전(書集傳)』, 『논어집주(論語集注)』, 『맹자집주(孟子集注)』는 모두 제가의 해석을 수집 · 편집하여 완성시킨 서물이다. 더구나 후학들은 더욱 그러한 태도를 지켜야 하지 않겠는가. 게다가 주자는 여러 설을 절충하여 그 문장과 의리는 이 이상 정밀할 수 없으니 전혀 그르다고 할 곳이 없다. 공자의 뜻을 주자가 터득하였다면 주자도 또한 한 명의 공자이다. 주자의 뜻을 후인(後人)이 터득한다면 그 사람 또한 하나의 주자이다. 의리란 천하공공의 것인데 어째서 자신이 자득(自得)한 것만을 자득이라고 보는 것인가? 선유가 밝혀놓은 의리를 깊이 이해하는 것도 또한 자득이 아니겠는가.[32]

위대한 주자마저도 경서해석에 있어서는 선학의 제설을 절충하는 것으로써 타당한 해석을 얻었다. 더구나 우리 후학들이 주자를 비롯한 여러 선학들의 해석을 충분히 의거 · 참조해야 함은 물론이다. 선학에 대항하여 독자적인 해석을 내는 것만이 자득은 아니며, 선학의 설을 충분히 저작(咀

---

31 『論學輯略』150條「수신인 불명」. "必求異於朱子而務爲角勝之言, 其習始倆於王伯安. 可戒而非可學也. 明道先生說經務新奇之戒, 當猛省也."

32 『論學輯略』9條「答員嶠」. "朱子詩書集傳, 論孟集注, 於諸家說, 無不裒輯以成其書, 況後學乎? 又況朱子旣已折衷群言, 文意義理, 至精至密, 更無毫髮餘憾. 孔子之意, 朱子得之, 則是亦孔子也. 朱子之意, 後人得之, 則是亦朱子也. 義理者天下之公物, 何必自家之自得爲自得. 深知先儒之義理爲非自得邪?"

嚼)·체득(體得)하는 것 또한 훌륭한 자득이다. 여기에서 이광찬은 이광사의 입장을 직접적으로 언급하고 있지는 않다. 그러나 전체의 필치를 감안하자면 '이광사는 자득을 중시한 나머지, 때때로 주희의 경서해석에 대해서도 다름을 주장하고 있다'는 것으로, 이를 경계하는 데 조목의 주안점이 있음을 읽어낼 수 있다. 이와 관련하여 이광사가 '실학(實學)', '실득(實得)'을 중시하는 입장에 서 있었다는 것은 이미 서술하였다.

3

『논학집략』 속에서 이광사의 『대학』 해석에 관한 직접적 언급이 있는 것은 다음의 한 조목뿐이다.

> 원교는『대학』의 주안점을 '본말(本末)의 물(物)을 바로잡는[正] 것'이라고 생각하였다. 곧 당시(공자나 증자가『대학』을 편찬한 당시) 사람들이 수기(修己)에 힘쓰지 않고 치인(治人)에 종사하여 본말을 경도시켰던, 그러한 폐해에 빠지지 않도록 하는 취지이다.[33]

'당시 사람들'이란『논학집략』29조의 기재에 의하면 관중(管仲)이나 안영(晏嬰)을 가리킨다.『대학』삼강령의 명명덕(明明德)과 신민(新民)의 관계는 '명명덕(明明德)=수기(修己)=본(本), 신민(新民)=치인(治人)=말(末)'로, 수기(修己)를 빠뜨린 채로 먼저 치인(治人)에 종사한다면 이는 본말이 경도된 것이다. 이러한 본말의 경도를 경계하여 본말을 바로잡는 것이야말로『대학』한 편의 주안점이라는 것이다.

이 조목에 의하면 이광사는『대학』의 '격물(格物)'에 대해 '격(格)'을 '바로

---

33 『論學輯略』29條「答員嶠」. "員嶠以大學不過在正其本末之物而已. 毋如當時人不修己而欲治人, 令本末倒置也云云."

잡다[正]'로 훈고하고, '물(物)'을 '본말(本末)'의 의미로 해석하고 있던 것이 된다. 또 '물'을 본말의 의미로 해석하는 경우, 그 전거는 말할 것도 없이 『대학』 본문 중의 "물건에는 본말(本末)이 있고 일에는 시종(始終)이 있으니, 먼저 하고 뒤에 할 것을 알면 도에 가까울 것이다.[物有本末, 事有終始, 知所先後, 則近道矣]"에서 구한 것이다.

다음 인용할 여러 조목은 모두 이광사의 견해를 직접 언급한 것은 아니지만, 29조를 참조하여 함께 생각해본다면 분명히 이광사의 견해를 비판하는 것이다.

> 만일 선후본말(先後本末)을 아는 것이 『대학』 한 편의 요지라면, (『대학』을 편찬했던) 성인의 의도는 어찌 그리 천박한 것인가.……『대학』이 오로지 명명덕(明明德)에 힘쓰지 않고 신민(新民)에 종사하려는 자들의 폐해를 경계하기 위해 편찬되었다는 것이 어찌 있을 수 있겠는가.……지금 성의(誠意)를 제쳐두고서 '선후를 안다'라는 어떠한 실질적 공부를 동반하지 않는 것을 『대학』 한 편의 종지라고 한다면, 이는 마치 평성(平城)의 전투에 임하여 궁전의 두 계단 사이에서 간우(干羽)의 춤을 추는 것과 같지 않겠는가.……본말선후를 아는 것은 단순히 공부의 순서를 정할 때에 필요한 것으로, 본래 공부의 실질적 내실을 동반하는 것이 아니다. 공부의 실질적 내실을 동반하지 않는 것을 들어 "공자·증자가 『대학』을 편찬한 의도는 여기에 있다."라고 말한다 하더라도, 나는 그러한 도리는 절대 없다고 생각한다.[34]

이광사는 앞에서도 인용했던 『대학』의 경문(물건에는 본과 말이 있고, 일에는 종과 시가 있으니, 먼저 하고 뒤에 할 것을 알면 도에 가까울 것이다.[物有本末, 事有

---

34 『論學輯略』 27條 「答員嶠」. "若以知先後本末爲一篇大旨, 聖人之意, 豈若是淺淺乎?……豈專爲不務明德只欲新民者發哉?……而今於誠意之外, 以全無工夫之知先後爲一篇宗旨, 則無乃如平城之戰, 舞干羽于兩階乎?……知本末先後, 只可用於工夫次序, 而本非工夫中實事. 以非工夫實事謂孔曾作書之意在於是, 吾則以爲決無是理也."

終始, 知所先後, 則近道矣])에 의거하여 '격물'을 '본말을 바로잡다'의 의미로 해석한 뒤, 본말선후를 아는 것이 『대학』 한 편의 대지(大旨)이며 종지(宗旨)라고 생각했던 것이다. 이에 대해 이광찬은 "선후본말을 아는 것은 힘써야 할 공부(3강령, 8조목 등)의 선후본말을 정서(整序)하는 의의를 가지는데 불과하며 그 자체는 구체적 실천 내용을 동반하지 않는다. 이렇게 구체적 실천 내용을 동반하지 않는 것을 『대학』 한 편의 종지라고 보는 것은 절대 불가능하다."라며 이광사의 입장을 정면에서 비판한 것이다.[35]

또 '평성의 전투'란 한 고조(漢高祖) 7년(BC200), 고조가 평성 땅에서 7일간 흉노군에게 포위되었는데 진평(陳平)의 계책에 의해 간신히 포위망을 뚫고 탈출했던 사건을 가리킨다.[36] 또 '간우의 춤'이란 순임금이 삼묘(三苗)의 백성을 토벌하려 할 때, 신하인 익(益)이 덕을 통한 감화를 진언하자 순임금이 군사를 이끌고 궁전의 계단에서 간(干)과 우(羽)를 손에 쥐고 춤을 추니 이윽고 삼묘가 귀순하였다는 고사를 가리킨다.[37] 간우의 춤은 무력을 행사하지 않고 덕에 의한 감화로 이민족을 복종시킨다는 옛날의 미담이지만, 현실에 닥친 군사적 위급을 타개하기에는 무력하다. '간우의 춤으로 평성의 포위를 푼다'는 것은 고사(故事)에 구애되어 임기응변의 현실적 대응

---

35 심경호, 「員嶠의 학술사상」 Ⅲ 「格物致知論」은 5절 「大學觀」에서, '先後本末을 안다'는 것을 『대학』의 요지로 삼는 이광사의 입장에 대해 명확하게 지적하고 있다(67~71쪽). 그러나 2절「격물치지론」에서, 이광사는 '格物'의 '物'을 '心內의 物'로 보고, '격물'을 '不正을 바로잡다'의 의미로 해석하고 있음을 지적하였다(57~60쪽). 이광사가 '格'을 '正'으로 훈고하였다는 점에 있어서 이견은 없지만 '物'을 '心內의 物'로 보았다는 점에 있어서는, 심경호도 그 직접적인 근거를 명시하지 않고 있으며 『論學輯略』에도 그러한 훈고에 관한 언급은 존재하지 않는 이상, 수긍하기는 어렵다. 무엇보다도 심경호의 해석에 근거하면, '선후본말을 안다'는 것을 『대학』의 본지로 삼은 이광사의 견해가, '格物'의 '物'을 '物有本末之物'로 훈고하는 그 해석에 입각한 것이라는 이광사 『대학』관의 골격을 잃게 되며, 이영익의 격물치지 해석이 아버지 이광사의 견해를 계승한 것이었다는 점도 간과해버리게 된다.

36 『史記』 卷8 「高祖本紀」 高祖7年. "匈奴圍我平城, 七日而後罷去." 『史記』 卷56 「陳丞相世家」. "卒至平城, 爲匈奴所圍, 七日不得食. 高帝用陳平奇計, 使單于閼氏, 圍以得開. 高帝旣出, 其計秘, 世莫得聞."

37 『書經』「大禹謨」. "帝乃誕敷文德, 舞干羽于兩階. 七旬, 有苗格."

을 하지 못하는 어리석음을 말한다.[38] 여기에서 이광찬은 '본말선후를 안다'는 것을 간우의 춤에 비유하여 실천공부론으로서의 내실이 결여되어 있음을 비판한 것이다. 다음의 조목도 거의 같은 취지이다.

> 양명이 지(知)와 행(行)의 종시(終始)·선후(先後)를 구별하지 않고 지행합일론(知行合一論)을 주장했던 것은, 『대학』 경문의 본지와는 동떨어진 것으로 매우 타당성이 결여된 것이다. 그럼에도 불구하고 치양지(致良知)를 주장하는 점에서는, 격물치지에는 또 공부의 내실(內實)이 부여되어 있으며, (知와 行 중) 지(知)의 측면을 완전히 제거하려고 한 것은 아니었다. 만일 8조를 줄여 6조로 한다면 지의 측면은 그 자리를 잃게 된다. 지 측면의 공부를 완전히 결여한 채로 어떻게 성의(誠意)·정심(正心)·수신(修身)을 실천할 수 있겠는가. '선후를 아는 것'을 '격물치지'라 하여, 이를 지행(知行)의 지에 해당시키려는 것인지도 모르겠지만, 지행의 지는 학자가 죽을 때까지 힘써야 할 공부이다.……'선후를 안다'라고 하는 실질적 공부 내용도 동반하지 않는 것을 어떻게 이에 적용시킬 수 있겠는가?[39]

이 조목에 따르면 이광사는 '선후를 안다'라는 것을 '격물치지'의 내용으로 보았다는 것이 된다. 『대학』의 8조목, 즉 '격물 → 치지 → 성의 → 정심 → 수신 → 제가 → 치국 → 평천하' 중 맨 처음의 두 조목인 격물치지 그 자체가 독자적인 공부 내용을 지니지 않고 단순히 공부의 순서를 정서(整序)하는 의의만 가질 뿐이라고 한다면, 8조목은 실질적으로 6조목이 되어

---

38 『後漢書』 卷52 「崔駰列傳」. "故聖人能與世推移, 而俗士苦不知變, 以爲結繩之約, 可復理亂秦之緖, 干戚之舞, 足以解平城之圍."

39 『論學輯略』 21條 「答員嶠」. "陽明之不分知行終始先後而爲知行合一之論, 與經文本旨逈異, 雖甚未安, 然猶以致良知爲主, 則格致尙有工夫, 而知一邊, 未敢全削. 若截八條爲六條, 則知一邊, 無去處矣. 安有全無知一邊工夫而能誠意正心修身乎? 雖欲以知先後爲格致而爲知行之知, 然知行之知, 卽學者歿身工夫.……此豈無工夫之知先後所可擬議者乎?"

버린다. '8조를 줄여 6조로 한다'란 이 점을 공격한 것이다. 또 8조목 전체를 가령 지(격물 · 치지)와 행(성의~평천하)으로 나눈다면, 이광사의 입장은 지 한쪽을 완전히 결여한 것이 된다.

이광찬은 주희의 '격물보전(『대학장구』 傳 제5장)'을 전면적으로 긍정하고 있다(『논학집략』 10조 後述). 그리고 『대학장구』 전 제5장이란, 격물치지를 해석하여 즉물궁리론을 전개한 문헌이 틀림없다. 또 그렇게 해야 지행(知行)의 지(知)를 담당할 수 있게 된다. 그러한 이광찬의 입장에서 이광사의 견해는 도저히 용인할 수 없는 것이었다.[40]

4

주지하다시피 『대학』의 텍스트에 관해 주희는 『예기』 「대학」에는 착간(錯簡)이나 연문(衍文)이 많이 포함되어 있다고 하여, 독자적으로 배열을 고치고 나서 전체를 경1장과 전 10장으로 개정 · 편찬하고 주석을 내어 『대학장구』를 찬술하였다. 이에 대해 왕수인은 고본 대학(=『예기』 「대학」)대로 하더라도 하등의 문제가 없다고 주장하여, 주희의 『대학장구』를 전면적으로 부정했다. 왕수인에 의한 『대학장구』 비판은 단순한 경학상의 견해 차이에 그칠 뿐 아니라, 『대학』 해석에서 전개된 주자학적 공부론에 대한 결별도 포함하는 것이었다. 따라서 『대학』의 텍스트로서 주희의 『대학장구』를 채택할 것인지, 아니면 왕수인과 마찬가지로 고본 대학을 채택할지는 그 인

---

40 심경호, 「員嶠의 학술사상」 Ⅲ 4절 「格物致知論」에서는, 이 『論學輯略』 21조를 인용하고서 "中翁(이광찬)의 비판을 통하여 보자면, 員嶠(이광사)가 왕양명의 설을 따라 『大學』 古本을 옳다고 보고, 致良知설을 수용하였으며, 지행합일론을 지지했다는 것을 충분히 알 수 있다."라 결론짓고 있다(67쪽). 그러나 본문 중의 인용에서도 명확하듯, 21조는 오히려 왕수인의 치양지설과 이광사의 격물치지 해석을 대조하여, 전자에는 그래도 공부의 내실이 동반되나 후자는 그것이 결여되었다는 입론으로 이광사의 격물치지설을 비판하는 것이다. 따라서 이 조목으로부터 이광사의 치양지설수용을 논하는 것은 분명히 타당치 못하다. 또 지행합일설에 관한 이광사의 견해도 21조만으로는 판단하기 어렵다는 것이 필자의 솔직한 생각이다.

물의 사상적 입장을 파악함에 있어 유력한 지표의 하나가 된다. 그『대학』의 텍스트에 관해 이광찬은 다음과 같이 서술하고 있다.

> 주자가『대학』의 전문(傳文)에 관하여 배열을 바꾸어 궐문(闕文)을 보충했던 것은 (고본의) 격물치지의 훈고가 통하지 않아 자신의 설을 무리하게 성립시키기 위해 경솔히 고본을 개변(改變)한 것이 아니다. 경문의 순서와 항목을 고려한 결과, 전문(傳文)에는 착간 · 궐문이 있음을 알았던 것이다. 주희가 보충한 전이 결국 공자나 증자의 취지에 정확하게 부합하는지 아닌지는 알 수 없지만, 분명 딱 들어맞지는 않더라도 비슷하기는 할 것이다. 그 배열에 관해서는 전적으로 경문의 순서에 근거하고 있다. 그러므로 그 선후(先後)나 천심(淺深)은 가지런하게 정밀하다. 가령 공문(孔門)의 올바른 텍스트가 세상에 출현한다고 해도 이는 분명 (『대학장구』와) 동일한 판본으로 인쇄한 것과 같을 것이다.[41]

여기에서도 이광사의 견해가 직접적으로 언급된 것은 아니다. 그러나 주희에 의한 고본 대학의 개편, 그 중에서도 전 5장을 증보하였던 행위의 정당성을 변호하며 그 의의를 강조하고 있는 필치로부터, 이광사가『대학장구』에 대해 비판적이었다는 것, 이 조목은 이광사의『대학장구』비판에 대한 반격을 목적으로 쓰여진 글이라는 것을 추측할 수 있다. 이광사는 '격(格)'을 '정(正)'으로, '물(物)'을 '본말(本末)'의 의미로 해석하여, 격물치지를 '선후본말을 안다'는 의미로 해석하였다. 이는『대학장구』에서 전개된 격물치지 해석과는 전혀 다른 것이다. 따라서 이러한 격물치지 해석을 취한 이광사가『대학장구』, 특히 전 5장에 대해 비판적이었음은 이미 분명할

---

41 『論學輯略』10條「答員嶠」. "朱子於大學傳文, 不得不遷易補闕者, 非以格致訓求之不通, 必欲成就己說, 輕動古本. 考之經文第次條目, 而知傳文之有錯簡闕文也. 雖未知所補之傳, 果皆與孔曾之旨符合無間, 而亦當不中不遠矣. 至於簡編之次, 則一依經文序次. 故先後淺深整齊精密. 雖使孔門正本復出於世, 必當如印一板矣."

것이다. 이광찬은 왕수인이 고본 대학을 채용한 것에 대해 비판적이었다.

> 주자 이후로는 왕수인이 처음으로 고본 그대로도 옳다고 생각했다. 그러나 왕수인은 고본에 나아가 문의(文義)의 해석을 명확하게 한 것은 아니었다. 이 때문에 나는 왕수인의 견해를 취하여 읽을 때마다 그 타당성을 결코 신뢰하지 못하고 오히려 의혹이 더욱 깊어져갔다.[42]

고본 대학에 관하여 왕수인에게는 「대학고본방석(大學古本傍釋)」이란 저술이 있다(『百陵學山』 수록).[43] 다만 이는 『왕문성공전서(王文成公全書)』에는 수록되지 않은 것으로 이광찬은 그 존재를 알지 못했을 것이다. 어찌 되었든 주희의 『대학장구』를 긍정하는 입장에서 보자면 이광찬이 고본 대학을 부정하는 것은 당연한 것으로, 여기에 이광사 비판의 뜻(이광사의 고본 긍정을 비판하는 뜻)까지 읽어내는 것에 대해서는 또 신중을 기할 필요가 있다. 그러나 이광사의 입장을 생각해봄에, 『대학장구』를 부정했다면 달리 취할 만한 제3의 텍스트의 존재가 상정되지 않는 이상, 이광사는 고본 대학을 취하는 입장에 있었다고 추측해두는 것이 역시 가장 자연스러울 것이다.[44] 또한 이광사의 아들 이영익이 고본 대학을 긍정하는 입장이었다는 것도 이광사의 고본 긍정에 대한 하나의 방증으로 볼 수 있을 것이다.

---

42 『論學輯略』 15條 「答員嶠」. "朱子以後, 王文成始以古本爲正, 而亦未嘗以古本文義分明解釋. 故每取而讀之, 終未敢信其必然而疑惑滋甚."

43 水野實(1994) 참조.

44 明代, 朱熹의 『大學章句』와 古本大學 이외에 중국에 유행했던 『大學』 텍스트로는, 豊坊(嘉靖2년 1523, 進士, 『明史』 卷191)의 僞作이라고 하는 石經大學이 있다. 『千頃堂書目』 卷2 「豊坊石經大學, 一卷」 原注 '坊所僞託' 또 『經義考』 卷160 「豊氏坊石經大學, 二卷, 存」 그러나 당시 이미 石經大學이 조선에 전래되었다고 해도, 만일 이광사가 石經大學을 推奬하는 입장이었다면 이광찬이 이에 대하여 무언가 언급을 했을 것이다. 실제 『논학집략』에는 石經大學에 관한 일언반구의 언급도 없다.

5

이상『논학집략』「답원교」 모든 조목을 통하여 확인된 이광사의 견해를 정리하자면 다음과 같다.

① 선후본말을 아는 것을『대학』한 편의 대지(大旨)로 보았다(27조).
② '격(格)'을 '정(正)'으로, '물(物)'을 '본말(本末)'로 훈고 · 해석하였다(29조).
③ 격물치지를 '선후를 안다'의 의미로 해석하였다(21조).
④『대학』의 텍스트로 고본을 채용하였다(10조, 15조).

이러한 이광사의 견해에 입각하여 지적할 만한 것은 우선 다음의 세 가지이다. (一)이광사의 격물치지 해석은 왕수인이나 정제두의 그것과는 다른 것이다. (二)이광사의 입장은 차남인 이영익에게 계승되었고, 또 부분적으로 이충익에게도 공유되고 있다. (三)이광사의 격물치지 해석[截八條爲六條]은, 정약용의 이른바 '격치육조설(格致六條說)'과 매우 비슷한 것이다.[45]

(一)에 대해 말하자면, 주지하다시피 왕수인은 '격(格)'을 '정(正)', '물(物)'을 '의지소재(意之所在)'로 훈고하고, '치지(致知)'를 '치양지(致良知)'의 의미로 해석한다. 정제두 또한 이를 답습하고 있다. 특히 치양지설이 양명학의 핵심인 이상, 이광사가 치양지설을 채용하고 있지 않았다는 사실은 이광사의 양명학 · 하곡학 수용 · 비수용의 문제를 고찰함에 있어 매우 중대하다. 또 이광사의 견해와 양명치양지설과의 차이에 대해서는 이광찬도 지적하고 있다(『논학집략』21조, 이미 인용).

그런데 이광사가 치양지설에 납득할 수 없었다는 사실은 이광려의「원교선생묘지」에 지적된 바가 있다(하곡은 왕씨의 학문을 중시하였으나, 이광사는

---

45 정약용의『大學』해석에 대해서는 中純夫(2002) 참조.

양명학의 치양지설(致良知說)에는 납득할 수 없었다.[公於王氏, 亦未契致良之說]). 그리고 정인보는 이 한 구절을 의문시하여 '궤사(詭辭)'로 단정 짓고, 화를 두려워하여 스스로 속인 말에 지나지 않는다고 해석하였다. 그러면 위의 ①~④에 정리한 이광사의 입장을 특히 양명학의 수용 · 비수용이라는 관점에서 어떻게 규정해야 할 것인가. 이는 매우 어려운 문제이다. 여기에서 (二)에서 지적한 이영익 · 이충익의 존재도 고려 대상에 포함시킨 뒤, 절을 바꾸어 검토하고자 한다.

Ⅴ. 이광사와 이영익 · 이충익

이영익과 이충익의 사상에 관해서는 다음 장에서 새롭게 논할 것이다. 여기에서는 이광사의 사상적 입장을 검증하는 데 필요한 범위 내에서 그 내용을 간단하게 확인 및 정리하고자 한다. 또 논지를 전개해감에 있어 다음 장과 중복되는 부분이 생기는 것에 대해서는 미리 양해를 구한다.

이영익(李令翊, 1738~1780)은 자 유공(幼公), 호 신재(信齋)이며 이광사의 차남이다. 이충익(李忠翊, 1744~1816)은 자 우신(虞臣), 호 초원(椒園)이며 이광현(李匡顯)의 차남이다. 부친 이광현의 종형제인 이광명(李匡明)에게 아들이 없어 나중에 그의 양자로 들어간다. 이광사, 이광현, 이광명은 서로 사촌형제들이다(각각의 부친들이 형제관계).

이충익은 이영익 및 자신의 학문적 입장에 관해, 다음과 같이 서술하고 있다.

(1) 나는 일찍이 왕씨의 치양지설을 좋아하였다. 선생께서 말하였다. "왕씨의 학문은 부박(浮薄)하며 고답적으로, 선학(禪學)에 물들어 있다. 회암(晦庵)을 배워야 바른 학문이 된다." 나는 꽤 나중이 되어서야 선생이 말씀하신 대로 믿

게 되었다.[46]

(2) 선생은 『대학』에서 '격물(格物)'의 '물(物)'은 '물유본말(物有本末)'의 '물(物)'을 가리켜 '치지(致知)'란 '지소선후(知所先後)'의 '지(知)'를 다하는 것이라고 말씀하셨다. 나는 '격물치지'란 성의(誠意)를 실천하기 위한 방도로, 만일 '물유본말'의 '물'과 '지소선후'의 '지'를 가리켜 그것이 격물치지의 '물'과 '지'라고 한다면, 문의(文義)가 타당하지 않다고 생각하여 마침내 의견이 일치됨을 보지 못하였다. 그러나 우리 두 사람은 모두 고본 대학에는 착간 · 탈락이 없다고 보아, 『대학』 한 편은 오로지 '본말선후(本末先後)'를 서술한 것으로 '지소선후'를 한 편의 요체로 보는 점에 있어서는 그 견해가 일치하였다.[47]

우선 (2)의 내용을 정리해보겠다. ① 이영익은 '격물(格物)'의 '물(物)'을 '물유본말(物有本末)'의 '물(物)'의 의미로, '치지(致知)'의 '지(知)'를 '지소선후(知所先後)'의 '지(知)'의 의미로 해석한다. ② 이 훈고에 대해 이충익은 동의하지 않고 있다. ③ 이영익과 이충익 두 사람 모두 『대학』 한 편의 요체를 '본말선후를 안다'는 것에 있다고 본다. ④ 두 사람 모두 고본 대학을 긍정한다.

이에 의하면 ① ③ ④ 세 가지에 걸쳐 이영익의 견해는 이광사의 그것과 완전히 일치함을 알 수 있다. 또 ③ ④ 두 가지에 관해서는 이광사의 견해가 이충익에게도 공유되고 있다. ①과 ②에 관해서는 이영익 측의 자료로부터 증거를 취할 수 있다.[48] 따라서 (2)에서 이충익의 증언은 신뢰하기 충

---

46 『椒園遺稿』 冊2 「從祖兄信齋先生家傳」. "忠翊嘗喜王氏致良知之說. 先生曰, 王氏之學, 浮高染禪, 須學晦庵爲正. 忠翊久而後信其然."

47 『椒園遺稿』 冊2 「從祖兄信齋先生家傳」. "先生謂大學格物, 卽指物有本末, 而致知者, 致知所先後之知也. 忠翊謂格物致知卽誠意之方. 而若以物有本末之物, 知所先後之知, 指爲格物致知之物與知, 則文義未協, 竟未相合. 而同謂古本無錯脫, 同謂一篇專言本末先後, 而知所先後爲其要, 則亦未爲不同也."

48 『信齋集』 冊2 「與虞臣」 9. "子則曰, 致其良知而誠此意. 吾則曰, 格其本末而誠此意. 是皆欲專功於愼獨省察之際. 以求理事物, 猶謂之騖外也." 그리고 '騖外' 운운한 구절로부터도 두 사람 모두 주자학의 즉물궁리설에 대해 비판적인 입장이었음을 알 수 있다.

분하다고 할 수 있겠다.

다음으로 (1)의 내용에 대한 것이다. 이영익이 양명학에 대해서 그 '부고염선(浮高染禪)'이라는 단점의 존재를 지적하고 있던 것은 사실이다.[49] 그러나 다음 장에서 자세히 논할 테지만, 이영익은 실제로 주자학을 옳다고 여기는 입장에서 양명학을 비판한 것이 아니었다. 오히려 스스로를 양명학도로 평한 뒤, 양명학에 내재하는 폐해 또는 왕학말류의 폐해를 직시하고 통렬하게 경계하고 반성하는 생각을 서술하였다.[50] 그리고 자신보다 더욱 무조건적으로 왕학을 신봉하는 이충익에게는 "그 단점을 묵살하고 전부 긍정하려고 하는 것은 도리어 왕학을 손상시키는 행위이다."라며 엄하게 비판한다.[51]

정인보가 이영익과 이충익을 조선양명학파의 제2유형으로 분류했던 것은 본장 처음에서 이미 서술하였다. 지금 정인보의 주장 내용을 단순화하여 정리하자면, (2)의 내용에 비추어보아도 두 사람 모두 양명학 신봉자였음은 분명하다. 따라서 (1)의 "왕씨의 학문은 부박(浮薄)하며 고답적으로, 선학(禪學)에 물들어 있다. 회암(晦庵)을 배워야 바른 학문이 된다." 및 "나는 꽤 나중이 되어서야 선생이 말씀하신 대로 믿게 되었다."라는 말은 모

---

49 『信齋集』 冊2 「與虞臣」 4. "稽山之學, 誠有浮高染禪與明的灑落之兼有. 故非若朱子用功純一也.……至其末流, 則譃浪雜散, 出入異教, 無所不至. 其明的灑落之補於世少, 而浮高染禪之害滔天, 可不嘅哉?"

50 『信齋集』 冊2 「與虞臣」 9. "體理集義, 吾輩所說之學也. 先求事物, 吾輩所憪之弊也. ……稽山之學, 再傳而爲顔鈞, 三傳而爲李卓吾. 滔天之弊, 百倍舊學. 今吾輩, 無乃攀顔李之餘種, 助其頹波者乎? 凡爲舊學者, 雖多支離拘硋, 俱不失爲矜飭人. 未聞有言貌浮誕近似於吾與汝者." '吾輩', '吾與汝'라는 단어의 사용에 비추어보아도, 여기에서 이영익은 주자학('舊學')의 卽物窮理論('先求事物')을 비판하는 자신들(이영익과 이충익)이 왕학말류의 弊風을 답습하여 주자학자보다도 못한 추락을 보이고 있다며 엄하게 자기비판을 하고 있다.

51 『信齋集』 冊2 「與虞臣」 5. "十尺之材, 有一尺之朽. 良工截去其朽, 用其不朽, 則便爲美材. 一尺不足累九尺之美. 若强欲歸此材於無欠, 便謂朽處尤見其美而不去, 則此本終爲朽材. 吾子之論稽山, 不幸近是. 其所好之, 適以害之." 또 이 편지에는 "子之前日之信朱, 今日之信王, 要之皆非實體而得其可信."이라는 언급이 있어 당시 이충익이 당초에는 주자학을 신봉하다가 양명학을 신봉하게 되었음을 알 수 있다.

두 화를 두려워하여 스스로 속였던 말에 불과하다고 한 것이다.[52]

그러나 '부고염선(浮高染禪)' 운운한 것은 이영익 자신의 말로, 이영익에게 양명학 비판의 언사가 있었다는 것은 사실이다. 그리고 이영익이 양명학을 비판한 말은 정인보가 주장하는 것처럼 자신의 양명학 신봉을 도회(韜晦)하기 위한 '궤사'가 아니다. 오히려 이영익은 자신들(이영익과 이충익)을 양명학도로 스스로 인정한 뒤, 양명학이나 왕문(王門) 후학의 폐해 · 폐풍에 대해 진지하게 반성하고, 주자학으로부터도 겸허히 배우지 않으면 안 된다고 서술하고 있다. 이충익이 이영익의 충고를 받아들여 자신의 입장을 수정한 점[忠翊久而後信其然]에 대해서는『신재집(信齋集)』에도,『초원유고(椒園遺稿)』에도 뒷받침할 만한 자료는 모두 없다. 그러므로 그 사실 인정에 관해서는 판단을 보류해야 한다.

그러면 '격물치지'를 '선후본말을 안다'의 의미로 해석한다, 선후본말을 아는 것을『대학』한 편의 본지로 한다,『대학』고본을 긍정한다는 이광사의 견해는 모두 차자인 이영익에게 계승되고 있다. 그리고 뒤의 두 가지 견해는 이충익에게도 공유되고 있었다. 이는 이광사의 학문이 이영익과 이충익에게, 일종의 가학(家學)으로서 계승된 가능성을 시사한다. 이는 강화학파 학문 전승의 하나의 사례를 나타내는 것으로서 매우 흥미로운 사실이다. 게다가 이영익과 이충익은 모두 왕학 신봉자로서 자인(自認)하고 있었다. 이광사 자신이 양명학을 어떻게 평가하고 있었는가에 대해서는 이를 직접적으로 말해주는 1차 자료가 존재하지 않는 이상 확신할 수 없다. 다만 위에서 확인한 학문 전승의 정황에 비추어보면, 이영익이나 이충익의 왕학 신봉 의식 자체가 가학의 형태로 이광사로부터 계승되었다고 보는 것에는 충분히 개연성이 있다.

그리고 남겨진 문제가 또 있다. 애초에 '격물(格物)'의 '물(物)'을 '물유본말(物有本末)'의 '물(物)'로 훈고 · 해석하는 '격물' 해석을 양명학적인 격물

52 『陽明學演論』, 234~235쪽.

해석으로 볼 수 있는가라는 문제이다. 이 문제에 관해서 현재 필자는 솔직히 명확한 예측을 가지는 데에는 이르지 않았다. 여기에서는 중국에서 '격물(格物)'의 '물(物)'을 '물유본말(物有本末)'의 '물(物)'로 해석하는 방법을 채용한 대부분의 인물들이 양명학 계통이었다는 사실을 지적해두는 것에 그치고자 한다.[53]

Ⅵ. 정인보의 논정(論定)

여기에서 다시 정인보의 논정의 타당성을 검토하고자 한다.[54] 정인보는 이광사를 조선양명학파의 제2유형으로 분류하였다. 즉 이광사에게는 양명학 비판의 말이 있지만, 이는 궤사(詭辭)로 실은 양명학을 신봉하고 있었다는 이해이다. 이 중 이광사에게 양명학 비판의 말이 있었다는 것은 이광려의 「원교선생묘지」의 "공은 양명학의 치양지설(致良知說)에는 납득할 수 없었다.[公於王氏, 亦未契致良之說]"라는 한 구절을 가리킨다. 다만 이광사의 격물치지 해석은 이미 밝혔듯이 양명치양지설과는 분명히 다른 것이다. 그렇다면 「원교선생묘지」의 기술은 오히려 일반(一斑)의 진실을 고하

---

53 中純夫(2001).

54 선행연구 중 심경호의 「員嶠의 학술사상」에는 정인보의 논정에 관한 特段의 언급은 없다. 한편 서경숙(1999)은 정인보의 설을 소개한 뒤, 대략 다음과 같이 서술하고 있다. 양명학의 宗旨인 '良知說'이 마음으로 납득되지 않았다는 것은, 정제두로부터 실학의 요체를 듣기 위해 전 가족을 데리고 멀리 인적 드문 강화도에 이주할 정도로 정제두를 경모하였으며 그의 상에도 복을 한 이광사의 태도와는 합치되지 않는다. 또 '心卽理', '格物致知說', '知行合一' 등 양명학의 명제는 전부 '良知說'을 그 근본으로 하는 것이다. 따라서 '良知說'을 납득하지 못했다는 것은, 이광사가 정제두의 心學을 전혀 받아들이지 않았음을 의미한다. 그러나 이는 아마 그가 조우했던 시련이나 당시 학계의 정황 탓에 그렇게 썼을 것이라 생각된다(186~188쪽). 이는 정인보의 논정을 전면적으로 긍정·답습하는 입장이다. 그러나 이미 서술했듯이, 서경숙은 『論學輯略』을 참조하지 않았기 때문에 이상의 논단은 정인보와 마찬가지로 정황증거에 의한 추측일 뿐이다.

는 것으로 보아야 할 것이지, 이를 곧바로 궤사라고 단정지어서는 안 될 것이다.

그렇다면 이광사를 양명학파로 분류하는 것은 타당한 것인가? 이광사의 격물치지 해석은 분명히 주희의 그것과는 다르다. 또한 고본 대학에 대해서도 긍정적이었을 것이라고 추측되는 점도 주자학과는 일선을 그은 입장이다. 이광사의『대학』해석은 이영익에게 계승되었고, 그 일부는 이충익에게도 계승되었다. 그리고 이영익과 이충익은 모두 양명학도로서 자인하고 있었다. 이러한 의식까지 포함하여 가학의 전승이라 볼 수 있다면, 이광사 본인은 기본적으로 양명학을 신봉하는 입장에 몸을 두고 있던 것이 된다. 다만 그의 격물치지설은 왕수인의 그것과는 (따라서 양명학을 정확하게 계승한 정제두의 그것과도) 다른 것이었다. 또한 이영익은 왕학을 신봉하는 입장에 몸을 두고 있으면서도, 왕학이나 왕학말류의 폐해에 대한 엄격한 반성과 경계하는 마음을 품고 있었다. 이러한 사실들에 입각하여 종합적으로 판단해본다면, 양명학은 이광사에게도 기본적으로 수용되었지만 그 내용은 이미 크게 변용을 거쳤고, 그러한 이광사의 양명학 이해가 이영익에게도 가학으로 계승되었다는 것이 되겠다.

무엇보다도 필자는 이광사의 사상적 입장을 '양명학적', '양명학 계통', '양명학의 일변용(一變容)' 등으로 규정하여 반드시 양명학파로 분류하는 데에 집착하는 것은 아니다. 자료적 제약도 있어 이광사의 양명학관을 엿볼 수 있는 기술은 매우 단편적 · 간접적인 형태로만 전해지고 있다. 이렇게 한정된 재료를 근거로 하여 이광사의 입장이 양명학적인지 아닌지를 논하고자 해도 소득 없는 작업이 될지도 모른다. 다만 적어도 이광사는 주자학을 정통으로 하는 당시의 조선사회에서 꼭 주자학을 절대시하지 않고, 오히려 주자학과는 다른『대학』해석을 나타내고 있다. 그리고 이러한 견해는 가학으로서 이영익에게 계승되었다. 이것만은 확실한 사실이다. 그리고 주자학을 절대시하지 않는 이광사의 견해는 정제두와의 학문적 교류에서 촉발되어 초래되었다고 보는 것이 자연스러울 것이다. 어쨌든 '이광사–이영익'에게서 보이는 가학의 전승은 초기 강화학파의 학문 전승 · 계승의 실태를 나타내는 일례로 매우 귀중하다.

주자학과는 일선을 그은 이광사의 사상적 입장은 『두남집』, 『원교집선』이라는 문집 속에는 전혀 흔적을 남기지 않았고, 이광찬의 『논학집략』이라는 문중본의 존재를 통해 처음으로 밝혀졌다. 『두남집』이나 『원교집선』만으로는 이광사의 사상적 입장을 구체적으로 알 수 없고, 또 이영익의 입장이 실제로 이광사의 그것을 거의 답습했다는 사실도 명확하지 않았다. 이런 사실로부터 적어도 두 가지를 말할 수 있다.

하나는 이광사가 자신의 사상적 입장(양명학 신봉, 혹은 비주자학적 입장)을 문집 중에 분명히 말하는 것을 꺼려 도회하였을 가능성이 있다는 것이다. 『두남집』, 『원교집선』에 수록된 것은 기본적으로 을해년(이광사 51세) 이후의 자료로, 이광찬의 『논학집략』에 수록된 이광사에게 보내는 편지도 마찬가지로 을해년 이후의 것이다. 따라서 앞의 두 문집과 후자에 수록된 자료의 내용상 차이는 집필 시기의 차이에 따른 사상적 입장 변화 등의 요소와는 일단 관계가 없을 것이다.

다른 하나는 강화학파의 멤버 중 오늘날 남겨진 문집 · 별집을 통해 보았을 때 양명학 신봉 내지는 비주자학적 입장을 전혀 나타내지 않는 인물, 예를 들면 심육이나 윤순 등에 관해서도 새로운 자료, 가령 문중본으로 전승되고 아직 간행되지 않은 것 등의 발견에 의해 앞으로 그 면모를 일신할 가능성이 있다는 것이다.[55] 어찌 되었든 문중본 『논학집략』의 존재는 강화학파의 학술 전존(傳存) 정황이라는 문제를 고찰함에 있어 시사하는 바가 크다.

정인보는 아마 『원교집선』에만 의거하여 이광사를 제2유형으로 분류하였을 것이다. 그 추론 자체는 다분히 주관적으로 판단한 측면이 있다. 그러나 자료로서 남겨진 것 이외에 수면 아래 감추어졌던 존재를 탐지한 후

---

55 심육과 윤순에 관해서는 본서 제5장, 6장을 참조.

각은, 결과적으로는 매우 날카로웠다고 말하지 않을 수 없다. 그 의미에서도 강화학파의 말예였던 정인보의 혜안을 우리는 솔직히 인정해야 할 것이다.

Ⅶ. 소결

이광찬의 『논학집략』에는 30조목 남짓, 신후담에게 보내는 조목(31~61조)이 수록되어 있다. 신후담(愼後聃, 1702~1761)은 자 이로(耳老), 호 하빈(河濱)이며 성호 이익의 문인으로, 조선실학파로 저명한 성호학파의 일원이다. 성호학파는 이른바 사색당파로는 남인에 속하여, 소론계의 강화학파와는 그 당파를 달리한다. 「답신후담(答愼後聃)」의 존재는 이광찬과 신후담 사이에 구체적인 학술교류가 존재했다는 증거가 되는 것으로, 그 자체가 크게 주목할 만하다. 게다가 「답신후담」의 내용에 비추어 보았을 때 신후담의 격물치지 해석은 이광사의 그것과 매우 유사하였다.[56] 그리고 이는 신후담 측의 1차 자료로부터도 증거를 얻을 수 있다.[57] 이는 이광사와 신후담 사이에도 학술교류나 학문상의 영향관계가 있었다는 가능성을 시사한다. 다만 그 구체적인 증거는 잡히지 않는다.[58]

이 점에 관해 말하자면, '격물(格物)'의 '물(物)'을 '물유본말(物有本末)'의

---

56 『論學輯略』 52條 「答愼後聃」. "高明格物之解曰, 正明新之序. 致知之解曰, 窮至善之理.……高明以格物之物字, 卽貼物有本末之物字. 致知之知字, 卽貼知止之知字."

57 『河濱集』 內篇 I 卷5 「大學後說」(『河濱先生全集』 冊1, 371쪽, 아세아문화사, 2006). "愚按, 竊嘗以爲八條, 格物言其知明德新民之本末也. 故於此還以本末釋格物, 反覆相証, 亦妙矣." 上同(372~373쪽). "蓋朱子以格物之物異於物有本末之物, 致知之知異於知止之知, 故其說如此. 今如愚見, 若以兩物字相貼, 兩知字相貼, 則格物只是辨明德新民本末之序而已. 致知只是窮至善之理而極其知而已."

58 愼後聃에게는 강화학파의 중요 인물인 申大羽에게 보내는 서한이 있어, 강화학파와의 교섭의 일단을 시사한다. 『河濱雜著』 I 卷5 書 「答申大羽書」(『河濱先生全集』 冊7, 438쪽~).

'물(物)'로 해석하는 방법은 신후담 이외에도 안정복, 권철신, 정약용 등 성호학파의 인물에게 공통적으로 보인다.[59] 또한『두남집』에는 마테오 리치의 지구설(地球說)을 수용하고 있다는 증거가 있다.[60] 성호학파의 서학(西學) 수용 사실을 상기해볼 때, 이 점에서도 이광사의 학술과 성호학파의 공통점이 떠오른다. 강화학파와 성호학파 사이에 무언가 학술교류나 학문상의 상호 영향관계가 존재했다고 한다면 매우 흥미로울 것이다. 이런 문제들에 대해서는 지면 관계상 이번에는 전혀 언급하지 못하였다. 훗날 논고를 다시 검토해보고자 한다.[61]

---

59 安鼎福『順菴集』卷6「答權旣明書」. "愚亦於少時, 妄論格致章之不必補, 曰, 經文物有本末之物字, 已是格物之物字. 知所先後之知字, 已是致知之知字." 丁若鏞『與猶堂全書』1集 詩文集 卷15「鹿菴權哲身墓誌銘」. "其論大學, 以爲格物者, 格物有本末之物. 致知者, 致知所先後之知."

60『斗南集』冊3「讀朱子語類識疑」제3조. "地, 德方而其體則圓.……利瑪竇曰, 地形亦圓. 問何以驗. 曰, 月食時, 黑者是地影, 而每蝕從四面入者皆圓. 是說甚透."

61 강화학파와 성호학파의 交錯에 관해서는 본서의 序章에서 약간 언급하였다. 그러나 西學 수용을 포함한 이광사와 성호학파와의 관련에 대해서는 후의 과제로 남겨둔다. 또 이 문제를 고찰함에 있어서 '少論의 서학 수용 전통'이라는 문제에 관해서도 주목할 필요가 있을 것이다. 가령 소론의 영수이기도 한 明谷 崔錫鼎(1646~1715)의 天文 · 輿地의 학문이나 수학은 마테오 리치 등의 서학을 수용하면서 형성된 것이었다. 姜在彦(1996), 79쪽, 川原秀城(1996).

제4장

신재(信齋) 이영익(李令翊)과 초원(椒園) 이충익(李忠翊)

이 장에서 다룰 신재 이영익(1738~1780)과 초원 이충익(1744~1816)은 모두 초기 강화학파의 중요 인물로, 그 중 이영익은 앞 장에서 다룬 이광사의 차남이다. 앞 장에서도 언급했듯이 정인보는 조선양명학파를 세 유형으로 나누어, 이광사 · 이영익 · 이충익 세 사람을 제2유형, '양명학을 비난하는 말은 있으나 그것은 궤사(詭辭)로, 마음속으로는 양명학을 주장하고 있는 것을 감출 수 없는 사람들'에 분류하였다. 이 논정(論定)의 당부(當否)는 별도로 검토해야 하겠으나, 초기 강화학파의 양명학 수용 문제를 검토함에 있어 이 세 명이 매우 중요한 존재였음은 말할 필요가 없을 것이다.

앞 장에서 이광사의 사상적 입장을 확인해보면서 이광사와 이영익 · 이충익의 학문상 사승관계도 약간 언급하였는데, 이 장에서는 다시 이영익 및 이충익의 1차 자료에 나아가 두 사람의 사상적 입장을 상세하게 검토하고, 아울러 정인보에 의한 논정의 타당성에 대해서도 필자의 의견을 서술하고자 한다.[1]

1 선행연구로서 다음의 연구가 있다. 정인보(1933), 유명종(1973), 제4장 '강화학파의 양명학'; 심경호(1995B), 최영성(1995), 제4장 제4절 2 '양명학파의 발전'; 한예원(2007), 유철호(2008),

사용하는 자료는, 이영익은 『신재집(信齋集)』(고려대학교 중앙도서관 소장본, 불분권, 2책, 『한국문집총간』 252책 수록), 이충익은 『초원유고(椒園遺稿)』(서울대학교 규장각 소장본, 불분권, 2책, 『한국문집총간』 255책 수록)이다.[2]

또 이충익에게는 『초원담로(椒園談老)』(고려대학교 소장본)라는 저서가 있고(『椒園遺稿』에는 미수록[3]), 마찬가지로 강화학파의 일원인 이광려에게는 『독노자오칙(讀老子五則)』(『李參奉集』 卷4)이, 신작(申綽)에게는 『노자지략(老子旨略)』(『石泉遺稿』 卷2 「老子旨略序」)의 저술이 있다. 여기에서는 이를 언급할 겨를은 없으나 최근 한국에서 이 저작들은 강화학파의 노자 해석으로서 주목을 모으고 있다.[4]

Ⅰ. 이영익 · 이충익과 정제두 집안

이영익의 전기(傳記) 자료로는 이충익이 지은 「종조형신재선생가전(從祖兄信齋先生家傳)」(『초원유고』 책2)이 있다. 또 심경호가 1995년 연구에서 '신재 이영익의 생애'라는 장을 두어 그의 사적을 상세하게 논하였고 권말에 「신재연보(信齋年譜)」를 붙여두어 참고가 된다. 이충익의 전기 자료로는 이면백(李勉伯)이 지은 「선고비합장지(先考妣合葬誌)」(『岱淵遺藁』 卷2) 및 신작이 지은 「초원공묘표(椒園公墓表)」(『石泉遺稿』 卷3)가 있다.[5] 또 정동진(鄭東進)이 지은 「제초원부군문(祭椒園府君文)」이 있다고 하나 아직 보지 못하였

조남호(2008).

2 각각의 卷首에 수록된 「凡例」에 의하면, 『信齋集』은 '저자의 再從弟인 李忠翊이 家藏 草稿를 蒐集 · 編次한 것으로, 그 傳寫의 경위는 불명이다.' 또 『椒園遺稿』는 '傳寫經緯不明의 寫本'이라 한다.

3 『岱淵遺藁』 卷2 「先考妣合葬誌」. "有集二卷, 談老杜詩畧說各一卷, 藏之家."

4 심경호(2007), 제3절 '강화학파와 『老子』'; 김윤경(2009).

5 『石泉遺稿』와 『岱淵遺藁』는 각각 『한국문집총간』 279책, 290책.

다(李建芳『蘭谷存稿』卷8「書鄭順安祭椒園府君文後」참조).

이영익과 이충익은 모두 전주이씨 덕천군파에 속한다.[6] 그들은 종종 완산 이씨라고 자칭하기도 한다.[7] 이영익은 자 유공(幼公), 호 신재(信齋), 서예가로 저명한 이광사의 차남이다. 이충익은 자 우신(虞臣), 호 초원(椒園)·수관거사(水觀居士)[8]로 이광현(李匡顯, 1707~1776)의 차남이다. 이충익은 아버지 이광현의 종형제인 이광명(李匡明, 1701~1778)에게 아들이 없었기 때문에 나중에 그의 양자로 들어간다. 이충익은 이광현을 '본생선고(本生先考)', 이광명을 '선고(先考)'라 칭하고 있다. 그리고 이광사의 아버지 이진검(李眞儉), 이광현의 아버지 이진급(李眞伋), 이광명의 아버지 이진위(李眞偉)는 모두 이대성(李大成)의 아들로 서로 형제지간이다. 또 강화학파의 중요 멤버 중 한 사람인 이광신(李匡臣)은 이진휴(李眞休)의 아들인데, 이진휴 또한 이대성의 아들이다(【系圖4】참조).[9]

또 이충익의 양부인 이광명은 정제두의 아들인 정후일과 본처 이씨(李瑞相의 딸) 사이에서 태어난 장녀를 아내로 맞이하였으며, 이영익은 정후일과 후처 유씨(柳春陽의 딸) 사이에서 태어난 셋째 딸을 아내로 맞이하였다. 또 강화학파의 유력 멤버인 신대우(申大羽)는 정후일과 후처 유씨 사이에서 태어난 차녀를 아내로 맞이하고 있다(【系圖3】참조).[10] 부언하자면 초

---

6 『椒園遺藁』冊2「伯達墓誌」. "我李以厚陵子德泉君爲始祖."「仲宣墓誌銘」. "我李受姓于定宗別子德泉君." (厚陵은 정종이 매장된 陵墓)

7 『信齋集』冊2「題騎于訪牛溪圖」. "庚辰正月十八日完山李令翊敬題."「祭通德郎李君汶文」"完山李令翊敬祭于故通德郎李君之靈."『椒園遺藁』冊2「敬陵參奉閔公墓誌銘」. "我英廟二十一年夏, 敬陵參奉驪興閔公卒. 其葬也無誌. 公之孫景涑, 以爲言於其友完山李忠翊."

8 李勉伯이 지은「先考妣合葬誌」(『岱淵遺藁』卷2)에 "自號椒園, 又稱水觀居士."라고 하였다. 그리고 이충익은「新修望月寺記」,「林下錄序」,「題眞言集後」(모두『椒園遺藁』冊2)의 말미에서 '水觀居士'라 자칭하고 있다.

9 『椒園遺藁』冊2「李先生考學生府君墓誌」,「先考妣合葬誌」및 이광사의『圓嶠集』卷9「五兄恒齋先生行狀」,「圓嶠先生墓誌」참조.

10 『椒園遺藁』冊2「外祖母柳夫人墓誌銘」등 참조.

기 강화학파의 유력 멤버인 심육(沈錥)이나 윤순(尹淳) 역시 정제두와 인척 관계였다. 즉 심육의 증조부 심약한(沈若漢)의 부인과 정제두의 부친 정상징의 부인은 자매지간이었다.[11] 또 윤순은 정제두의 동생 정제태의 딸을 아내로 맞이하였다(【系圖2】 참조).[12] 즉 이영익이나 이충익을 포함한 소위 강화학파는 그 인척관계에 있어서도 정제두의 가계와 깊은 관계를 맺고 있었던 것이다. 이러한 학통과 혈통 쌍방의 결속이라는 특색은 20세기 초반에 이르기까지 강화학파에서 유지되고 있었다고 한다.[13]

Ⅱ. 나주괘서사건

이충익이나 이영익의 생애에 있어 일대 사건은 영조31년 을해년(1755)에 일어난 의옥(疑獄)사건이다. 같은 해 2월, 전라도 나주의 객사에 "간신이 조정에 가득하고 백성들은 도탄에 빠져 있다.[奸臣滿朝, 民陷塗炭]"라고 쓰인 흉서가 게재된 사건이 일어난다(나주괘서사건).[14] 이윽고 그 주모자로 윤지(尹志)라는 인물이 체포된다.[15] 그리고 3월 이광사 등 몇 명이 윤지와

11 『霞谷集』 卷6 「贈贊成公墓碣」, 「外王母贈貞敬夫人李氏墓誌銘」 및 『明谷集』 卷23 「弘文館應敎贈吏曹參判沈公墓碣銘」 등을 참조.

12 『白下集』 卷7 「廣州府尹鄭公墓誌銘」.

13 정인보의 딸인 정양완은 汶園 洪承憲(1854~1914), 耕齋 李建昇(1858~1924), 學山 鄭寅杓(1851~1935) 등의 인척관계를 언급하고서 "혈통으로써 학통을 계승하는 것이 강화학파의 전통이다."라고 하였다. 정양완(2005).

14 『朝鮮王朝實錄』 영조31년 2월 4일. "全羅監司趙雲逵馳達羅州客舍掛凶書之變, 上命左右捕將及本道監司, 刻期譏捕. 時辛壬餘黨及戊申遺孽, 寔繁有徒, 怨國日深, 浮言日起. 識者憂之, 而上下恬憘不以爲慮, 至是有掛書之變. 書中有奸臣滿朝, 民陷塗炭等語. 上召左議政金尙魯右參贊洪鳳漢刑曹參判李成中等, 示以狀達, 笑曰, 此黃巾之類, 而必是戊申餘孽也."

15 『朝鮮王朝實錄』 영조31년 2월 11일. "發遣禁府都事於羅州, 捕尹志等諸賊. 志, 逆賊就商子也. 謫在羅州. 陰懷逆圖, 怨望朝廷, 締結徒黨, 張掛凶書. 全羅監司趙雲逵, 鉤得

내통하고 있다는 혐의로 체포되어 신문을 받는 데 이른다.[16] 그러나 실제로 이 사건의 배경에는 당파 간의 뿌리 깊은 대립항쟁이 있었다(경종~영조조에 걸친 정국과 당쟁의 상세한 내용에 관해서는 제11장에서 다시 논한다).

경종원년(辛丑, 1721) 10월, 노론은 즉위한 지 얼마 되지 않은 경종에게 왕세제(경종의 배다른 아우, 훗날의 영조)에 의한 대리청정을 진언하였다. 소론은 이에 강하게 반발, 노론을 경종에 대한 역신(逆臣)이라고 하며 격하게 공격하였다. 결국 대리청정책은 노론 측의 완전한 실패로 끝났고 소론은 이를 호기로 삼아 노론에 대한 정세를 강화하여, 이듬해 경종2년(壬寅, 1722)에는 대리청정책 추진의 수괴(首魁)로 간주된 노론 사대신이 처형되었다(壬寅獄, 辛壬士禍). 이렇게 정권은 소론의 손에 돌아가게 되었으나, 이때 노론에 대하여 준엄한 처벌을 내리기를 요구한 것이 준소(峻少), 보다 온건 · 관용의 입장을 취한 것이 완소(緩少)이다. 그리고 이대성의 아들인 이진검 등과 형제관계였던 이진유(李眞儒)는 준소의 영수 중 하나였다.[17] 또 준소는 노론 규탄에 있어서 남인을 사주하였다.

얼마 뒤 경종이 병으로 죽고(경종4년 8월) 왕세제가 즉위하였다. 바로 영조이다. 영조의 즉위로 정국은 일변한다. 애초부터 영조를 왕세제로 책봉했던 것은 노론으로, 왕세제에 의한 대리청정책이 완전히 실패하여 이를 주도한 노론 사대신이 처형된 정세였기에 왕세제의 지위는 매우 불안정했다. 이렇게 곤란한 경우를 겪고 즉위한 영조는 준소에 대해 큰 원한을 품고 있었다. 이처럼 영조가 즉위하자 준소 및 남인은 완전히 실각하고 노론 정권이 수립되었다.

영조4년(戊申, 1728) 3월에는 남인인 이인좌(李麟佐)에 의한 반란이 발발

其情節, 馳奏於朝. 上卽命發捕." 윤취상은 경종 연간 노론파 탄압의 선두에 섰던 峻少派 중 한 사람으로, 영조원년에 처형된 인물이다.

16 『朝鮮王朝實錄』 영조31년 3월 6일. "上御內司僕, 親鞫問李匡師尹尚白等. 以其有與志相通跡也. 匡師, 眞儒之姪. 尚白, ঌ之子. 邃之從子, 斥邃俱入戊申獄."

17 이은순(1988), 74~87쪽. 준소와 완소의 분파에 관해서는 본서 제11장을 참조.

하였다(이인좌의 난). 이 반란에는 실각한 준소 및 남인 다수가 참여하고 있어, 영조 및 노론정권에 대한 불만분자에 의한 반란이라는 성질을 다분히 띠고 있었다.[18] 반란 진압 후 영조는 노소(老少) 병용의 탕평책을 추진하여 왕권의 강화와 정국의 안정을 꾀하였다. 그러나 영조의 기본적 입장은 어디까지나 노론의 당론에 동조하는 쪽이었다. 영조17년(1741) 9월에 『어제대훈(御製大訓)』을 제술시키고, 영조31년(1755) 6월에 『천의소감(闡義昭鑑)』을 편찬시킨 영조는 세제 대리청정의 추진을 국가에 대한 충의로 보고, 임인(壬寅)의 옥(獄)을 면죄한다는 평정(評定)을 내외에 명시하였다.[19]

이러한 정치상황은 준소에 있어서는 완전한 역풍이었으며, 이러한 상황하에서 영조31년 나주괘서사건이 발생하게 된다. 애초에 이 사건은 발생 당초부터 '신임여당(辛壬餘黨)', '무신유얼(戊申遺孼)'에 대한 탄압을 목적으로 한 의옥사건의 양상을 짙게 띠고 있던 것으로, 사건의 주모자로 체포된 윤지 또한 준소인 윤취상(尹就商)의 아들이었다. 또한 함께 사건 주모자의 한 사람으로 지목된 심확(沈鑵, 심육의 동생)도 준소파의 인물이었으며, 이인좌의 난에 호응하여 체포되어 옥사한 심유현(沈維賢)과도 깊은 관계를 가지고 있었다.[20] 또 이광사를 시작으로 이광현이나 이광명이 이 사건에 휘말리게 된 것도 그들이 준소의 영수인 이진유의 혈연이기 때문이었다.[21] 어찌 되었든 이 사건은 이영익이나 이충익의 생애를 번롱(飜弄)한 것이었다.[22] 당시 이영익은 18세, 이충익은 12세였다.

---

18 上同. 87~88쪽.

19 上同. 100~102쪽. 이은순은 『御製大訓』을 『論告大訓』이라 표기하고 있다.

20 沈維賢은 沈鑵의 동생인 沈鉍의 養父이다. 나주괘서사건에서 심확은 처형되고, 심필은 연좌되어 폄적되었다. 심유현 · 심확 · 심필에 관해서는 본서 제13장 참조.

21 『朝鮮王朝實錄』 영조31년 4월 1일 條에, 司諫院正言 宋文載의 발언이 다음과 같이 기록되어 있다. "罪人匡師, 以賊儒之從子, 累出賊招, 而與光哲綢繆親密之狀, 亦載於光哲日記. 請稟于大朝, 罪人匡師, 更加嚴鞫得情." 이광사가 尹光哲(尹志의 아들)과 내통했다는 혐의에 대하여 추급하는 내용이나, 이광사를 '역적 李眞儒의 從子'로서 언급하고 있는 점이 주목된다.

22 乙亥의 疑獄사건이 정제두 가문과 후학에게 있어 큰 타격이었음은 다음의 기술로부터도 알

한편 나주괘서사건에 연좌된 이광사는 같은 해 부녕부(富寧府, 함경도)에 편적되어 9년 뒤 영조38년(1762)에 신지도(전라도 강진현)에 이배(移配)되었다.[23] 아들인 이영익은 아버지를 따라 유배지에 나아갔다.[24] 그리고 정조 원년(1777) 이광사는 신지도에서 서거하였다(향년 73세).[25]

이충익의 친부인 이광현은 영조31년 기장현(機張縣, 경상도)에 편적되었다. 당시 이충익의 누이는 19세였는데 아직 시집을 가지 않았으므로 모친과 큰형(李文翊, 호 窠山子), 막냇동생(李弘翊)과 함께 한성에 남고 차남인 이충익만이 아버지를 따라 기장현에 갔다. 한성에 남은 어머니와 형들도 끼니를 거르는 날이 며칠이나 계속될 정도의 생활이 계속되었다. 후에 영조36년이 되어서야 마침내 누이가 시집을 갔기 때문에 어머니 · 형 · 아우를 포함한 일가가 아버지의 유배지에 합류하였다. 유배지에서의 삶

수 있다. 鄭箕錫의 『府君遺稿』 卷2 「霞谷集序」. "先生沒後, 先高祖富平公使先生文人沈樗村尹白下諸公相其編緯之役矣. 先高祖與沈尹諸公先後下世於幾年之間, 而先曾祖繼又早世, 後生之習于先生者, 多罹乙亥之禍, 此事更無可托." 부평공은 정제두의 장자 정후일, 심저촌은 심육, 윤백하는 윤순, 선증조는 정지윤을 가리킨다. 정제두부터 정기석에 이르는 관계는 '정제두-정후일-정지윤-정술인-정문승-정기석'이다.

23 영조38년에 薪智島로 移配된 것에 관해서는 다음의 자료를 참조. 『朝鮮王朝實錄』 영조38년 7월 25일. "憲府持平尹冕東……又啓曰,……近聞匡師錀, 假息北塞, 多聚士人, 以敎文筆. 荒裔愚俗, 安知無煽動淪胥之患哉? 請會寧府安置罪人匡師, 甲山府爲奴罪人錀, 幷移配絶島. 亦令本道, 曉諭兩邑士民, 俾知凶孽之不可交通. 其中親密者, 摘發科治, 以杜日後之弊. 上從之. 匡師, 珍島郡安置. 其學徒, 令府使決杖. 錀令道臣嚴刑一次, 黑山島爲奴. 其學徒, 令府使刑推一次." 『朝鮮王朝實錄』 영조38년 9월 6일. "上御景賢堂, 晝講中庸. 掌令韓必壽啓曰, 向來臺臣之請, 移錀匡師於絶島者, 蓋出於深遠之慮也. 錀則移於黑山島, 允爲得當, 而匡師則移配於珍島, 雖曰海島, 素稱善地. 且是官府所處之地, 則不可移此等罪人也. 請罪人匡師, 更移邊遠小島, 俾絶交通外人之弊. 上從之." 이광사의 移配는 당초 전라도 진도군이 후보지였으나, 최종적으로 전라도 강진현의 신지도로 결정되었음을 알 수 있다.

24 『椒園遺藁』 冊2 「從祖兄信齋先生家傳」. "信齋李先生, 諱令翊, 字幼公. 父諱匡師.……年十八, 而員嶠先生坐律, 謫富寧府. 又九歲而徙于湖南之薪智島. 南北極邊也. 先生恒隨侍." 『信齋集』 冊2 「送方祥喆歸北塞序」. "壬午, 大人遷于南." 『信齋集』 冊2 「贈薪智島李生」. "歲壬午, 余隨大人到島."

25 『圓嶠集』 卷末 「圓嶠先生墓誌」. "而乙亥事作, 兄弟分配南北, 家盡破. 富寧尤極塞荒絶.……丁酉八月二十六日, 啓手足于薪島之謫舍. 壽七十三."

은 원래보다 빈곤하였고, 집이 협소하여 가족 전원을 수용할 수 없을 정도였다.[26] 영조52년(1776), 이광현은 이 유배지에서 서거하였다(향년 70세).[27]

이충익의 양부인 이광명도 마찬가지로 영조31년 갑산부(甲山府, 함경도)에 폄적되었다. 당시 이광명은 55세였다. 이미 언급했듯이 이광명의 부인은 정후일의 딸이다. 이광명은 일찍이 가문이 융성했을 적부터 도읍인 한성에서 사는 것을 좋아하지 않아, 정씨와 혼인하고 머지않아 강화도 마니산 근처로 거처를 옮겨 그 후 30년을 한성에는 발을 들이지 않았다고 한다. 이 마니산은 정제두의 집이 있던 강화 진강으로부터 10여 리 떨어진 곳으로, 이광명은 진강에서 정제두를 방문하고서 수학하였다고 한다.[28] 이광명의 마니산 이주를 25세 때라고 가정한다면 당시 정제두는 77세였다. 이광명은 정제두가 88세에 사망할 때까지 약 12년간 정제두 곁에서 종학(從學)하는 기회를 얻었던 것이다. 이광명도 55세에 죄에 연좌되어 갑산부에 폄적된 뒤 그대로 유배지에서 서거하였다. 당시 정조2년(1778), 향년 78세였다.[29]

이충익이 언제 이광명의 양자가 되었는지는 현재 미상이다. 다만 (1) 이광현이 영조31년 기장현에 폄적되었을 때 이충익(당시 12세)이 그를 따라

---

26 『椒園遺藁』 冊2「本先生妣孺人羅州林氏墓誌」. "至乙亥, 先考坐律, 謫嶺南之機張縣, 而家遂破. 又六年, 而盡室踰嶺, 就先考." 「姉氏墓誌銘」. "年十九, 尙擇對. 未行而先考遭家難, 竄謫嶺海. 家宜從, 以姊故先妣與伯兄留漢京. 更五年, 擇壻潘南朴君淸老. 姊旣有歸, 伯兄卽奉先妣, 從先考于嶺海." 「伯兄窠山子墓誌銘」. "英廟乙亥, 君年二十一, 先君遭家難, 竄配嶺南之機張縣, 仲子忠翊從. 君與稚弟弘翊, 奉先妣留漢京, 以妹未行故. 家素貧, 至是益殘破, 至累日不食.……至庚辰春, 始歸妹. 是夏, 盡室就先君. 屋狹不能容, 貧益甚."

27 『椒園遺藁』 冊2「伯兄窠山子墓誌銘」. "丙申, 先君歿于嶺外."

28 『椒園遺藁』 冊2「先考妣合葬誌」. "先考姓李氏, 諱匡明, 字良轉.……文康公霞谷鄭先生, 以其子府使君厚一之女, 歸之.……先考往來多從文康公, 學于江華之鎭江山下. 先考於門戶盛時, 已不樂京居, 卜宅於摩尼山東, 去鎭江十餘里.……跡不入城府三十年. 至乙亥, 坐律, 謫北塞之甲山府."

29 『椒園遺藁』 冊2「先考妣合葬誌」. "正宗戊戌十一月十一日, 終于謫舍. 壽七十八."

동행했다는 것, (2) 영조36년(당시 17세)에 어머니와 큰형, 막냇동생이 아버지의 유배지에 합류했음을 서술한 구절에서, 그 시점에 이미 양자로 나갔음을 엿볼 수 있는 기술이 보이지 않는 것, (3) 영조37년(당시 18세) 8월에 큰형 이문익이 객사했다는 것을 기록하는 기술 중, 이미 이광명의 양자가 되었음이 기술되어 있는 사실로부터 대개 17~18세 무렵으로 추정된다. 그리고 양자로 들어갔을 때 이충익은 양부의 폄적지인 갑산부가 아닌 원래 거주지인 강화도(아마도 마니산) 쪽으로 옮겨 살았다.[30] 이충익이 갑산부에서 이광명을 처음 방문한 것은 영조41년(당시 22세)이 되어서였다.[31] 또한 이충익은 정조11년(1787, 44세)까지 강화도에 거주하다가 같은 해 이량(李梁, 경기도 삭녕군)으로 이주했고, 정조15년(1791, 48세)에는 개성으로 이주했으며, 정조21년(1797, 54세)에는 장서부(長瑞府, 경기도)로 이주하였다.[32]

Ⅲ. 「종조형신재선생가전(從祖兄信齋先生家傳)」의 분석

이영익과 이충익의 양명학 수용 문제를 고찰함에 있어 매우 중요한 자료가 이충익이 지은 「종조형신재선생가전」이다. 이 자료는 이충익이 일찍이 스스로 양명학 신봉을 언급한 유일한 문헌인 동시에, 그가 나중에는 이영익의 경계를 수용하여 양명학을 버렸는지에 대한 기술을 볼 수 있기 때문이다.

---

30 『椒園遺藁』 冊2 「伯兄窠山子墓誌銘」. "卒, 卽歲辛巳之八月二十三日, 年財二十七.…… 忠翊前已出後從祖叔父于沁島.……踰月, 忠翊自沁島至."

31 『椒園遺藁』 冊2 「記康泰雍事」. "先府君遷于夷山.……乙酉, 余始覲省于夷山."

32 『椒園遺藁』 冊2 「龜槎說」. "余平生多不在家.……所履行蓋累萬里, 居又數遷. 丁未春, 自沁島舟至幢梁. 在幢梁. 五年三四遷. 辛亥秋, 至松岳之陽. 復七年, 卜居于長湍之都納山下.……歲丁巳芒種日, 書于龜槎草屋."

내가 일찍이 왕양명의 치양지설(致良知說)을 좋아하였는데, 선생께서 "왕씨의 학문은 부박(浮薄)하면서도 고답(高踏)적이며 선학(禪學)에 물들어 있으니, 모름지기 회암을 배워야만 올바른 학문이 된다."라고 하였다. 나는 한참 뒤에야 선생의 말씀이 옳음을 믿게 되었다. 선생은 고문상서가 위작이라고 의심하였는데 나는 그렇게 생각하지 않았다. 선생께서 편지를 왕복하여 간절히 변난하고 힐책하셨기에 나는 마침내 이에 심복하였다.[33]

이 기술에 의하면 이영익은 주자학을 옳다고 여기는 입장에 서서 양명학을 비판하였고, 일찍이 양명학을 신봉하고 있던 이충익도 이윽고 이영익의 충고를 받아들여 양명학에 비판적인 견해를 품는 데 이르렀다고 한다.

이 기술이 사실이라면 고문상서의 진위 문제에 관해서 이충익은 이영익 생전에 그의 주장에 논파당하여 굴복한 것처럼 읽힌다. 한편 양명학의 시비에 관해서는 이충익이 이영익의 주장에 납득한 것이 이영익의 생전인지, 사후인지 바로 단정하기는 어렵다. 이영익의 몰년은 정조4년(1780), 향년 43세로 당시 이충익은 37세였다. 이 「가전(家傳)」은 집필 시기가 기재되어 있지 않으나 이영익 서거 직후의 집필은 아니다. 문장 중에 이천익(李天翊, 자 性源, 호 凡翁, 1793년 사망, 당시 이충익 50세)의 물고(物故)가 언급되어 있으므로, 적어도 이충익 50세 이후의 집필이다.[34]

위의 인용에 이어 다음의 구절은 두 사람의 『대학』 해석의 일단(一端)을 나타낸다는 점에서 중요하다.

---

33 『椒園遺藁』 冊2 「從祖兄信齋先生家傳」. "忠翊嘗喜王氏致良知之說, 先生曰, 王氏之學, 浮高染禪, 須學晦庵爲正, 忠翊久而後信其然. 先生疑尙書古文之贋, 忠翊不然, 先生往復辨詰甚苦, 忠翊遂服."

34 『椒園遺藁』 冊2 「從祖兄信齋先生家傳」. "先生窮居斷交. 從唯與再從兄凡翁性源氏, 窠山子純士氏, 及愚弟忠翊, 年歲相近, 共相慕愛. 窠山子最先卒. 逮先生歿, 忠翊與凡翁兄聯句, 爲哀悼之詩累十韻.……今詩藁佚不存, 而凡翁已作千古人, 忠翊亦老病垂死矣." 이천익의 몰년에 관해서는 『椒園遺藁』 冊2 「從兄念齋君墓誌銘」에 "正宗戊申, 忠翊流寓北峽之李梁, 而念齋君卒于盤石坊第.……後六年, 凡翁君沒."라고 되어 있는 것에 의거하였다.

> 선생께서는 『대학』에서 말한 '격물(格物)'의 물(物)은 '물유본말(物有本末)'의 '물(物)'을 가리키고, '치지(致知)'는 '지소선후(知所先後)'의 '지(知)'를 지극히 하는 것이라고 하였다. 나는 격물치지란 바로 성의(誠意)를 실천하는 방도로, 만약 '물유본말(物有本末)'의 '물(物)'과 '지소선후(知所先後)'의 '지(知)'를 가지고 '격물치지(格物致知)'의 '물(物)'과 '지(知)'를 가리키는 것이라 여긴다면, 글자의 해석이 타당하지 않다고 생각하여 결국 의견의 일치를 보지 못하였다. 그러나 고본 대학에 착간이나 빠진 글자가 없으며 『대학』 한 편은 오로지 '본말선후(本末先後)'를 말한 것으로 '지소선후'를 한 편의 요체로 파악한 점에 있어서는 둘의 견해가 일치하였다.[35]

여기에서 서술하고 있는 두 사람의 『대학』 해석의 요점을 우선 간단하게 정리해두고자 한다.

> (1) 이영익은 '격물(格物)'의 '물(物)'을 '물유본말(物有本末)'의 '물(物)', '치지(致知)'의 '지(知)'를 '지소선후(知所先後)'의 '지(知)'로 해석하였다.
> (2) 이충익은 이 훈고를 부정하였고, 격물치지는 성의(誠意)를 실천하기 위한 방도라고 보았다.
> (3) 이영익과 이충익은 모두 『대학』의 텍스트로서 고본 대학을 긍정하였다.
> (4) 이영익과 이충익은 모두 본말선후를 아는 것으로서 『대학』 한 편의 요체로 삼았다.

요컨대 이영익은 (1) (3) (4), 이충익은 (2) (3) (4)의 입장을 취하고 있었다. (1)에 대해 말하자면, 이영익이 채용했다고 하는 이 같은 훈고는 『대

---

35 『椒園遺藁』 冊2 「從祖兄信齋先生家傳」. "先生謂大學格物, 卽指物有本末, 而致知者, 致知所先後之知也. 忠翊謂格物致知, 卽誠意之方. 而若以物有本末之物, 知所先後之知, 指爲格物致知之物與知, 則文義未協, 竟未相合. 而同謂古本無錯脫, 同謂一篇專言本末先後, 而知所先後爲其要, 則亦未爲不同也."

학』 본문의 "물건에는 본말(本末)이 있고 사물에는 시종(始終)이 있으니, 먼저 하고 뒤에 할 것을 안다면 도에 가까울 것이다.[物有本末, 事有終始, 知所先後, 則近道矣]"에 그 근거를 가진다. 그리고 이러한 격물치지 해석의 선례로는 왕간(王艮)의 이른바 '회남격물설(淮南格物說)'이 가장 저명할 것이다. 그러나 그 전례를 더욱 소급하여 여립무(黎立武)쯤에서 찾을 수 있으며, 실제로는 그 이후 원 · 명 · 청을 통틀어 많은 사례가 존재한다. 또한 조선에서는 뒤의 정약용의 이른바 '격치육조설(格致六條說)'이 가장 저명할 것이나, 그 선례는 이언적(李彦迪)쯤으로 소급할 수 있다.[36] 그리고 앞 장에서도 언급했듯이 실제로 이영익의 부친 이광사도 똑같은 훈고를 채용하였다. 아무튼 이 같은 훈고는 주희의 그것과도, 왕수인의 그것과도 다른 것이다.

(2)에 대해 말하자면, 격물치지를 성의 실천을 위한 방도라고 보는 이충익의 해석은 '격물→치지→성의'라는 점진적 실천 수순을 주장하는 주희의 입장과는 다르며, 격물 · 치지 · 성의를 일체적인 것으로 파악하는 왕수인의 입장에 오히려 가깝다.[37]

(3)에 대해 말하자면, 고본 대학(『예기』「대학」)에 착간 · 탈락이 없다는 이영익 · 이충익의 입장은 주희의 『대학장구』를 부정하고 고본 대학을 현창한 왕수인의 견해에 일치하는 것이다.

(4)의 견해는 이영익에 있어서는 (1)의 훈고 해석에 연동되어 도출된 것으로 추측되지만, (1)의 훈고 해석을 채용하지 않은 이충익이 (4)의 견해를 이영익과 공유한 이유는 남겨진 자료만으로는 불명확하여 확실치 않다.

여기에 기술된 두 사람의 『대학』 해석이, 이충익이 이영익의 충고를 받

---

36 中純夫(2010).

37 『明儒學案』 卷首 「師說」「王陽明守仁」. "朱子之解大學也, 先格致而後授之以誠意. 先生之解大學也, 卽格致爲誠意." 양명학이 格致誠正을 일체적으로 파악한다는 점에서 주자학의 입장과는 큰 차이가 있다는 것, 그리고 그것이 주자학 진영에서의 양명학 비판의 주요 논점 중 하나가 된다는 것에 대해서는 中純夫(2007) 참조.

아들이기 전 단계인지, 아니면 이를 받아들인 후에 다시 양자 간 이러한 견해의 차이가 존재하는 것인지는 전후의 문맥만으로는 판단하기 곤란하다. 또 두 사람 각자의 『대학』 해석의 전체상이 어떠한 것이었는지 위의 기술만으로는 꼭 확실하게 드러나지 않는다. 다만 적어도 말할 수 있는 점은, 이영익이 "왕씨의 학문은 부박하고 고답적이며 선학에 물들어 있다. 회암을 배워야 올바른 학문이 된다.[王氏之學, 浮高染禪, 須學晦庵爲正]"라 했다고 하여, 이 발언만으로 단순히 주시왕비(朱是王非)의 입장이었다고 단정할 수는 없다는 것이다. 고본 대학의 긍정이라는 하나의 사실만으로도, 이충익뿐만 아니라 이영익에게도 왕학의 입장에 근사하는 측면이 존재했다는 것을 예측할 수 있기 때문이다. 덧붙여 말하자면 양명학을 수용한 정제두는 당연한 것이긴 하지만, 고본 대학에 착간 · 탈락이 있다고 한 주희의 견해를 전면적으로 부정하고 있다(제1장 참조). 정인보는 위의 구절을 인용하고서 다음과 같이 판단하고 있다.

> 격치(格致)를 성의(誠意)의 방도라고 한 이상, 양명의 양지설이 아니면 이를 해석할 수 없다. 또 '물유본말'의 '물'을 '격'이라 하고, '지소선후'의 '지'를 '치(致)'라 한 것은 왕심재의 설과 비슷하니, 이것들은 모두 회암의 학문이 아니다. 이뿐만 아니라……'지소선후'가 요체라고 한 이상, '궁구하여 사물의 이치에 이르다[窮至物理]'의 설과는 전혀 다른 것이다. 이로써 고찰해본다면 신재가 초원에게 한 말은 궤사(詭辭)로, 이는 전부 화를 두려워하여 스스로 속인 것이다.

여기에서 정인보는 "왕씨의 학문은 부박하고 고답적이며 선학에 물들어 있다. 회암을 배워야 올바른 학문이 된다.[王氏之學, 浮高染禪, 須學晦庵爲正]"라는 이영익의 말과 "나도 오랜 뒤에야 그러함을 믿게 되었다.[忠翊久而後信其然]"라는 이충익의 술회를 모두 자신의 양명학 신봉을 도회하기 위한 궤사에 지나지 않는다고 단정하였다. 그리고 이러한 입장에 선 정인보는 이영익과 이충익을 '양명학을 비난하는 말이 있으나 전후를 종합해

보면 그것은 거짓말로, 마음속에서는 양명학을 주장하고 있던 것을 감출 수 없었던 이들'로 분류했던 것이다.[38]

『초원유고』에는 위의 「가전」 이외에 양명학에 관한 직접적 언급이 전혀 없기 때문에, 이충익의 사상적 입장을 본인이 남긴 1차 자료에 나아가 검증하는 것은 불가능에 가깝다.[39] 다만 『신재집』에 수록된, 이영익이 이충익에게 보내는 편지에는 양명학을 둘러싼 약간의 언급이 있다. 이에 그 편지를 통해 이영익과 이충익의 입장을 검증하고, 아울러 정인보 논정의 시비에 대해서도 검토해보겠다.

Ⅳ. 『신재집(信齋集)』 수록, 이충익에게 보내는 서한 분석

『신재집』 책2에는 전부 12통의 편지가 수록되어 있다. 그 내역은 이충익에게 보내는 것이 9통, 신대우(자 儀父, 1736~1810)에게 보낸 것이 2통, 유혼(柳混)에게 보낸 것이 1통이다. 지금 이를 열거하자면 다음과 같다(총12통 내의 배열 순서를 아라비아 숫자로 표시, 이충익에게 보내는 9통에 대해서는 배열 순서를 한자 숫자로 나타냄).

1「답재종제우신(答再從弟虞臣)」一, 2「답우신(答虞臣)」二, 3「답우신(答虞臣)」三, 4「답신의부(答申儀父)」, 5「답우신(答虞臣)」四, 6「여신의부(與申儀父)」, 7「답우신(答虞臣)」五, 8「답우신(答虞臣)」六, 9「답우신(答虞臣)」七, 10「답우신(答虞臣)」八, 11「여우신(與虞臣)」九, 12「답류혼(答柳混)」

---

38 『陽明學演論』「朝鮮之陽明學派」 211쪽. 그리고 정인보의 「朝鮮之陽明學派」에 관해서는 中純夫(2005) 참조.

39 『椒園遺藁』 冊2 「假說上」「假說下」에 양명학적 사고를 발견하고자 한 선행연구는 존재한다. 한예원(2007), 조남호(2008).

이 편지들은 집필 시기를 나타내는 간지(干支)의 기재 등이 전혀 없으므로 각각의 집필 시기를 특정하기는 어렵다. 편지의 배열은 수신인별로 정리된 것은 아니므로, 일단 집필 순으로 배열된 것이라고 생각된다. 다만 집필 시기를 특정하는 단서가 되는 상황증거에 관한 언급은 거의 보이지 않는다.

일단 이영익은 43세에 사망하였으므로(당시 이충익은 37세), 적어도 모든 편지가 그 이전에 집필되었을 것임은 물론이다. 신대우는 이영익 사후 30년 가까이 생존한 인물이므로 신대우에게 보낸 편지의 존재는 집필 시기의 하한선을 좁히기에는 도움이 되지 않으며, 유혼(柳混)이라는 인물은 미상이다. 6「여신의부」에는 이영익이 신지도에서 부친의 슬하를 섬기며 날을 보냈다는 언급이 있다.[40] 이미 말했듯이 이광사가 신지도로 폄적된 것은 영조38년(당시 이영익 25세), 유배지에서 이광사가 서거한 것은 정조원년(당시 이영익 40세)이다. 그러므로 6은 이영익 25~40세(이충익 19~34세)의 집필이 된다.[41] 또 7 이후로는 이영익 25~43세(이충익 19~37세)의 집필이 된다. 9「답우신」七에는 이충익이 강화도에 거주하고 있다는 언급이 있다.[42] 다만 이충익이 강화도에 거주한 것은 위에서 언급했듯 17~18세부터 44세까지의 일이므로, 이 정보는 편지의 집필 시기를 좁히는 데에는 전혀 도움이 되지 않는다. 편지의 집필 시기에 관한 고찰은 이쯤에서 그만두고, 이

---

40 『信齋集』 冊2 6「與申儀父」. "此島, 是南絶海.……僕於晨昏侍歡之暇, 戶讀古人書." 이광사의 繼配柳氏(이영익의 생모)는 영조31년 을해옥사 때 자결하였다(『圓嶠集』 卷7「亡室孺人文化柳氏墓誌銘」).

41 심경호는 이영익에게「遊薪智島石窟記」(『信齋集』 冊2, 영조41년, 28세) 및「丁亥冬到薪智用少陵秦中詩韻二十首戊子春始訖」이라는 제목의 시(『信齋集』 冊1, 영조43년, 30세), '歲壬辰之仲春, 令翊自南歸逆旅.'(『信齋集』 冊2「無口匏說」 영조48년, 35세)의 기술이 있는 사실로부터, 이영익은 영조38년(25세) 아버지의 移配를 따라 적어도 28세 7월까지는 신지도에 머물렀고, 그 후에 일단 한성으로 돌아왔다가 30세 겨울 다시 신지도로 가서 35세 중춘에 한성으로 돌아왔다, 고 하였다. 심경호(1995), 184~188쪽.

42 『信齋集』 冊2 9「答虞臣」 七. "書中頗有獨立無鄰之意, 何必乃爾? 子在沁, 則宗兄及功宣兄弟無非師友, 所在皆然."

하 언급 · 인용할 때에는 번잡함을 피해 이충익에게 보내는 9통 내의 배열 순서만을 한자로 나타낸다.

그럼 이충익에게 보내는 9통의 편지 중 양명학의 언급이 보이는 것은 「답우신」 四 후반 부분부터이다. 그에 앞서 보낸 편지, 특히 「답우신」 二, 「답우신」 三, 「답우신」 四의 전반 부분은 전부 고문상서의 진위를 둘러싼 논의이다. 여기에서는 양명학 평가를 둘러싼 논의로 좁혀 글을 전개하고자 한다.[43] 또한 고문상서의 진위 문제에 관해서는 본장의 말미에서 다시 언급할 것이다.

(1) 「답우신(答虞臣)」 四

a. 하단에서 그대가 학문의 문로(門路)에 대해서 장황하게 이야기하고 있지만, 이는 공자께서 빙긋이 웃으신 일[44]처럼 지나갈 수는 없는 문제이다. 군자의 학문은 실천을 귀하게 여긴다. 만일 성의(誠意) · 정심(正心) · 수신(修身)을 실천하고 근본을 확립한다면, 비록 스스로 어디의 문인이라 하지 않더라도 진실로 성인의 무리인 것이다. 만약 실천하지 못하고 학문의 문로만 정한다면, 장차 주자를 따르더라도 주자에게 누를 끼치고, 왕양명을 따르더라도 왕양명에게 누를 끼칠 것이다. 그러니 비록 주자를 등진다 할지라도 어찌 주자에게 손실이 있겠으며, 비록 왕양명을 따른다 할지라도 어찌 왕양명에게 보탬이 있겠는가. 그대는 이러한 것을 생각하지 않고 굳이 그대와 내가 어떤 학문을 하는지 밝히려 하는가.[45]

---

43 이하에서 인용한 세 통의 편지, 즉 「答虞臣」 四 · 「答虞臣」 五 · 「與虞臣」 九는 앞의 심경호의 논문에 그 全文이 번역되어 있다(344~349쪽). 본서에서도 이를 종종 참조하였다.

44 『論語』 「陽貨」. "子之武城, 聞弦歌之聲. 夫子莞爾而笑曰, 割鷄焉用牛刀. 子游對曰, 昔者偃也聞諸夫子曰, 君子學道則愛人, 小人學道則易使也. 子曰, 二三子, 偃之言是也. 前言戲之耳."

45 『信齋集』 冊2 「答虞臣」 四. "下段以學問門路張皇爲說, 誠不滿一莞爾也. 君子之學, 行之爲貴. 苟能行誠正修而立大本, 則雖不自謂某門, 固聖人之徒. 若不能行而徒定門

위의 내용에 비추어보면, 이충익은 학문종지에 관한 자신의 설을 개진하고서 이영익에게 "당신은 대체 주자학과 왕학 어느 입장에 서 있는 것입니까?"라고 힐문한 것으로 추측된다. 이충익은 당시 왕학을 옳다고 보는 입장이었다. 그에 대하여 이영익은 주자학인지 왕학인지를 운운하기 이전에 일단 성의 · 정심 · 수신을 실천하는 것이 간요(肝要)하다는 입장을 취하고 있다.

b. 계산(稽山, 왕수인)의 학문에는 참으로 부박하고 고답적이며 선학에 물들어 있는 측면과 명확하고 쇄탈(灑脫)한 측면이 병존한다. 그러므로 그 실천이 주자처럼 순일(純一)하지 못하니, 실로 이러한 점을 속일 수 없다. 대저 주자의 도는 밝기가 일월(日月)과 같아서 사람들에게 분명하게 게시되어 있다. 한편 계산에 있어서는 세상 사람들은 모두 그가 어떤 사람인지 알지 못하고 그의 실천 방법은 연구하지도 않고서 한갓 헐뜯고 비난하는 것으로 이로움을 삼으니, 나는 이러한 풍조를 근심하였다. 그러나 또한 어찌 장점을 고집하여 단점을 비호하며, 반대로 단점을 부정하여 장점을 매몰시켜서야 되겠는가.[46]

'계산(稽山)'이란 절강성(浙江省) 소흥부(紹興府)의 회계산(會稽山)을 의미하나, 왕수인이 태어난 지역이 소흥부 여요현(餘姚縣)이었으므로 여기에서는 왕수인을 가리킨다.[47] 여기에서 이영익은 일단 양명학에는 '부박하고

路, 則將附朱則累朱, 附王則累王. 雖曰, 背朱, 何損於朱. 雖曰, 附王, 何德於王? 子不此之思, 而必欲明子與我爲某學邪?"

46 『信齋集』 冊2 「答虞臣」 四. "稽山之學, 誠有浮高染禪與明的灑落之兼有. 故非若朱子用功純一也, 實不可誣也. 夫朱子之道, 若日月之明, 昭揭于人, 而於稽山則世皆不知爲何人, 不究其用功, 徒以詬詆爲利, 吾固病之. 然亦豈可固其長而並護其短, 斥其短而遂埋其長哉?"

47 왕수인을 '稽山'이라고 칭한 용례는 이광신에게도 보인다. 『先藁』 冊3 「答趙飛卿書」. "道載六經, 六經至朱子, 發揮無餘. 天地間, 一朱子說足矣. 然天地無不持載, 萬物竝育而不相害, 道竝行而不相悖. 旣有朱子說, 又有稽山霞谷說, 好矣.……稽山之說雖異於朱子, 而主朱說者, 亦不可遽斥之若外道者, 蓋不可以經說之異同, 斷以爲道之異同故

고답적이며 선학에 물들어 있는 측면[浮高染禪]'과 '명확하고 쇄탈한 측면[明的灑落]'의 양면이 병존함을 말하였다. 물론 전자는 그 단점, 후자는 장점으로 언급한 것이다. 그러고서 이영익은 양명학이 무엇인지도 모르면서 이를 비방 · 중상하는 세간의 풍조에 대해서는 명확하게 이를 비판한다. 게다가 단점과 장점 어느 한쪽에만 역점을 두고 다른 쪽을 무시하는 평가 방식은 모두 부정되고 있다. 또 '부고염선(浮高染禪)'은 「종조형신재선생가전」에서 이영익이 이충익의 양명학 신봉을 경계할 때 서술한 말로 인용된 것이다.

c. 계산의 식견은 투철하였으며, 그 성찰(省察) · 극치(克治)의 방법이나 집의(集義) · 양기(養氣)의 설[48]에 관련된 발언은 모두 명확하고 쇄탈한 면이 있으니 공리(功利)를 추구하는 말세의 폐단에 매우 유익하다. 그러나 제자에게 부채를 쓰도록 권하면서 "예절에 얽매여서는 안 된다."라 하고, "이천(伊川)이었다면 반드시 증점을 꾸짖었을 것이다."라고 말하는 데 이른 것은[49] 바로 부박하고 고답적인 측면이다. 문인이 실상(實相)과 환상(幻相)을 질문하자 양명 선생은 그 도리를 자세히 설명하였는데,[50] 이는 석가모니가 열었던 법좌(法座)에서 공생

也."

48 『傳習錄』上 84條. "先生曰, 今爲吾所謂格物之學者, 尙多流於口耳. 況爲口耳之學者, 能反於此乎? 天理人欲, 其精微必時時用力省察克治, 方日漸有見."『傳習錄』中「答聶文蔚」第2書. "孟子集義養氣之說, 固大有功於後學. 然亦是因病立方, 說得大段. 不若大學格致誠正之功, 尤極精一簡易, 爲徹上徹下, 萬世無弊者也."

49 『傳習錄』下 57條. "王汝中省曾侍坐. 先生握扇, 命曰, 儞們用扇. 省曾起對曰, 不敢. 先生曰, 聖人之學, 不是這等捆縛苦楚的. 不是裝做道學的模樣. 汝中曰, 觀仲尼與曾點言志一章略見. 先生曰, 然. 以此章觀之, 聖人何等寬洪包含氣象? 且爲師者, 問志於群弟子, 三子皆整頓以對, 至於曾點, 飄飄然不看那三子在眼, 自去鼓起瑟來, 何等狂態? 及至言志, 又不對師之問目, 都是狂言. 設在伊川, 或斥罵起來了."

50 『傳習錄』下 137條. "先生起行征思田, 德洪與汝中追送嚴灘. 汝中擧佛家實相幻相之說. 先生曰, 有心俱是實, 無心俱是幻. 無心俱是實, 有心俱是幻. 汝中曰, 有心俱是實, 無心俱是幻, 是本體上說工夫. 無心俱是實, 有心俱是幻, 是工夫上說本體. 先生然其言."

(空生)들이 오른쪽 어깨를 드러내어 동의를 표현했던 일과 같으니,[51] 이것이 바로 선학에 물든 측면이다.……그 말류에 이르러서는 마음대로 일탈하고 이교(異敎)에 드나들어 못하는 짓이 없었다. 그 분명하고 쇄탈한 점은 세교(世敎)에 보탬이 되는 것이 적었고, 부박하고 고답적이며 선학에 물든 폐해는 만연하였으니 탄식하지 않을 수 있겠는가. 그대가 학문을 함에 있어서도 이러한 점을 인식하여 정밀하게 선택해야 할 것이다.[52]

여기에서는 '명적쇄락(明的灑落)'과 '부고염선(浮高染禪)'이 양명학의 어느 측면을 가리켜 부여된 평어인지 구체적으로 나타나 있다. 그리고 그 이상으로 주목해야 할 점은, 이영익이 양명학의 단점과 장점이 길항(拮抗)한다고는 보지 않고, 단점 쪽이 훨씬 크다고 생각했던 점이다. 그렇다면 b 말미의 '장점을 고집하여 단점을 비호하며[固其長而並護其短]', 반대로 '단점을 부정하여 장점을 매몰시키는 것[斥其短而遂埋其長]'은 표면상으로는 똑같이 부정되고 있으나, 사실은 전자의 폐해가 보다 심각하게 받아들여지고 있다는 것이 된다. 그리고 다음에 인용하는 「답우신」 五의 내용에서 분명해질 것이지만, '장점만을 고집하여 단점을 비호하는 것'은 실은 이충익의 입장을 염두에 두고 말한 것이다.

---

51 『金剛般若波羅密經』 卷1. "如是我聞. 一時佛在舍衛國祇樹給狐獨國, 與大比丘衆千二百五十人俱,……敷座而坐. 時長老須菩提在大衆中. 卽從座起, 偏袒右肩, 右膝著地, 合掌恭敬而白佛言." 이러한 용례는 佛典에 빈출한다.

52 『信齋集』 冊2 「答虞臣」 四. "稽山見識透悟, 其言省察克治之方, 集義養氣之說, 俱明的灑落. 甚有益於末世馳騁功利之弊. 然如勸弟子用扇, 而謂不可以禮節綑縛, 至言伊川必斥罵曾点, 則是其浮高也. 門人以實相幻相爲問, 而先生敷演其理, 眞是能仁敷座, 空生偏袒, 則是其染禪也.……至其末流, 則謔浪雜散, 出入異敎, 無所不至. 其明的灑落之補於世少, 而浮高染禪之害滔天, 可不嘅哉! 雖子之爲學, 亦不可不知此而精擇也."

(2)「답우신(答虞臣)」 五

a. 계산은 일찍이 오로지 외면상의 위엄을 지키는 데 힘쓰는 것을 경계한 적이 있다.[53] 이 설은 폐해가 그렇게 심하지 않다. 그러나 예절의 속박을 운운한 데에 이르러서는 억지로 감싸고 변호해서는 안 된다. 같은 자리에 앉은 모든 이들에게 부채를 사용할 것을 권유하였으며, 모두 예절에 얽매이지 말 것을 권유하였으며, 모두 증점의 방종한 광태(狂態)를 배우게 하였다. 그리고 이천의 근엄한 태도를 비난하고 표표한 방일(放逸)함으로 일문(一門)의 풍속을 이루고자 하였다.[54] 이것이 과연 군자가 사람을 가르치는 도(道)라고 할 수 있는가? 그대가 말한 것처럼 과연 이것이 다만 움츠리고서 긴장하고 있는 한 명의 제자를 가르치기 위한 말이었다고 볼 수 있는가.……내 일찍이 옹일(翁日, 신대우)과 말하기를 "회암의 학문의 근본은 바꿀 수 없는 것이다."라고 하였다.……왕씨도 도(道)에 대한 통찰이 명확하여 취할 만한 점이 없는 것은 아니지만, 검속(檢束)을 꺼려 부박하고 고답한 것을 지향함에 있어서는 또한 성정(性情)이 편향된 것이다.……길이가 열 자 되는 재목에 한 자 길이의 썩은 부분이 있을 때, 솜씨 좋은 목공은 그 썩은 부분을 제거하고 썩지 않은 부분을 쓰니 곧 훌륭한 재목이 된다. 그렇게 되면 한 자가 아홉 자의 훌륭함에 누를 끼칠 수 없는 것이다. 만약 억지로 이 재목을 흠이 없는 것으로 돌리고자 하여 썩은 부분이 더욱 그 아름다움을 드러내준다고 하면서 도려내지 않는다면, 이는 결국 썩은 재목이 되고 말 것이다. 그대가 계산에 대해 논한 것이 불행히도 이에 가까우니, 그 좋아함 때문에 오히려 그것을 해치고 있는 것이다. 계산은 도리를 고찰한 것이 훌륭한 점은 많고 좋지 않은 점은 적다. 그러니 좋지 않은 점을 가지고서 훌륭한 점을 가려서는 안 된다고 말하면 괜찮지만, 어찌 단점까지 아울러 옹호하여 강

---

53 『傳習錄』下 32條. "門人在座, 有動止甚矜持者. 先生曰, 人若矜持太過, 終是有弊. 曰, 矜得太過, 如何有弊? 曰, 人只有許多精神. 若專在容貌上用功, 則於中心照管不及者多矣."

54 『傳習錄』下 57條.

변(强辯)한단 말인가.[55]

부채에 얽힌 일련의 이야기는 앞의「답우신」四에서도 양명학의 부박하고 고답적인 측면을 나타내는 예로 언급되고 있다. 반복하여 인용하고 있는 점으로 보아 이영익에게는 상당히 참을 수 없는 일이었던 듯싶다. 이에 대해 이충익은 아마 '이는 단순히 너무 예절에 엄격했던 제자를 경계하기 위한 일시적인 방편, 말하자면 병에 따라 약을 주는 것에 불과한 것으로 이로써 양명학 전반의 부박 · 고답을 논란하기에는 타당하지 않다.'라는 취지의 반론을 부쳐온 것이다. 썩은 재목의 비유에서도 분명하듯이 이영익의 눈으로 본 이충익의 입장은 '양명학의 결점을 결점으로 인정하지 않고 양명학을 모두 긍정한다.', 그리고 이영익의 양명학 비판에 대해서는 '양명학 옹호의 논진을 펼쳐 강변한다.'는 것이었다.

b. 그대가 이전에 주자학을 신봉한 것과 오늘날 왕학을 신봉하는 것은, 요컨대 모두 실제를 체득하여 믿을 만한 점을 얻은 것이 아니다. 처음에는 객기 위에 주의(主意)를 정하였고, 결국에는 그 주의(主意) 속에서 의리(義理)를 세운 것이다. 그러한 마음으로 오랜 시간이 경과되면 스스로 그 마음이 자기의 진정한 실심(實心)인 것처럼 여겨지지만, 이는 결국 처음 그대로의 마음인 것이니 바로 객기로부터 나온 것이다. 이와 같다면 어찌 오늘날 그대가 말한 진실되고 절

---

55 『信齋集』 冊2「答虞臣」五. "稽山嘗戒專用力於外面矜持, 此說則弊猶不甚. 至若禮節細縛之說, 正不可强掩護. 勸一座皆用扇, 皆不以禮節細縛, 皆學曾點放狂. 譏斥伊川謹守, 欲以飄飄放逸成一門風俗. 是果所謂君子敎人之道, 而果只敎一箇弟子局促不豁, 如子所言乎?……吾嘗與瓮日言曰, 晦菴爲學之本, 無以易之.……王氏亦非無造道明的之可取, 至於憚拘撿趣浮高, 亦性偏耳.……十尺之材, 有一尺之朽, 良工截去其朽, 用其不朽, 則便爲美材, 一尺不足累九尺之美. 若强欲歸此材於無欠, 便謂朽處尤見其美而不去, 則此本終爲朽材. 吾子之論稽山, 不幸近是, 其所好之, 適以害之. 稽山見理善者多, 不善者少. 謂不當執其不善而蔽其善則可, 豈可竝護所短而强作呶呶乎?"

실한 근본도 과연 실제로 참된 근본을 체득한 것이라고 할 수 있겠는가.[56]

이 기술이 사실이라면 이충익은 당초에는 주자학을 신봉하였고, 이 당시에는 왕학을 신봉하고 있었던 것이 된다. 어쨌든 이충익의 왕학 신봉을 명기하고 있다는 점에서 중요한 구절이다. 다만 이영익의 시선으로 보자면, 이충익의 학문은 이전의 주자학이건 현재의 왕학이건 그 어느 쪽도 절실한 문제의식에 근본하여 실제 체득한 것이 아니라, 그때그때의 변덕과 생각에 근본한 천박하고 피상적인 학문에 불과했던 것이다.

(3) 「여우신(與虞臣)」 九

a. '리(理)를 체득하고 의(義)를 모은다'는 것은 우리가 이야기하는 학문이요, '먼저 사물에 구한다'는 것은 우리가 근심하는 폐해이다. 그러나 사물의 이치에 완심(玩心)하는 자는 반드시 모든 사물에 대해서 철저하게 궁구하려 하기 때문에 마음에 근거하여 지키는 바가 있고 행동에 통제되는 바가 있어서, 이러한 것들이 점차 조금씩 쌓임으로써 방일한 데에 이르지 않는다는 것이다. 우리 같은 경우, '물(物)에서 구한다'라는 학문의 방식이 옳지 않은 것임을 이미 알고 있기 때문에 마침내 사물 자체를 경시하게 된 것이다. 그러나 '마음에서 구한다'라는 방법에는 실리를 쌓는 것이 어려운 일로, 광경(光景, 실리에 근본하지 않는 공허한 관념)이 먼저 드러난다는 폐해가 매번 문제가 된다. 결국 마음 붙일 대상이 없는 채로, 도리어 시문(詩文)과 잡기(雜技)에 치달리게 된다. 부박하고 고답적인 것을 즐기며 얽매이고 검속되는 것을 꺼리면서도, 그 언어와 행동에 있어서는 오히려 스스로를 제어하지 못하니 또한 슬프지 아니한가.[57]

---

56 『信齋集』 冊2 「答虞臣」 五. "子之前日之信朱, 今日之信王, 要之皆非實體而得其可信. 始於客氣上定主意, 終於主意中立義理. 立心之久, 自顧其心眞若實心, 而終是當初, 則自客氣來也. 如此則安知今日所言頭腦眞切者, 果是實體得眞箇頭腦乎?"

57 『信齋集』 冊2 「與虞臣」 九. "體理集義, 吾輩所說之學也. 先求事物, 吾輩所憫之弊也.

여기에서 말하는 '먼저 사물에 구한다[先求事物]', '물(物)에서 구한다[求之物]'라는 것은 분명히 주자학의 즉물궁리를 가리키고 있다. 그리고 이와 대비하여 말하고 있는 '리(理)를 체득하고 의(義)를 모은다[體理集義]', '마음에서 구한다[求之心]'라는 것은 즉물궁리를 부정하고 심즉리를 주장한 양명심학의 방법론을 가리키는 것이라고 생각해도 좋을 것이다.[58] 이를 확인하고서 위의 자료로부터 읽어낼 수 있는 사항을 두 가지 지적하고자 한다.

하나는 '우리[吾輩]'라는 용어의 사용이다. 맨 처음 두 문장에서는 '즉물궁리설을 비판하고 양명심학의 입장을 취하는 우리'라는 어기(語氣)가 명료하게 간파된다. 이 경우 '우리'란, 말할 필요도 없이 이영익 자신과 이충익 쌍방을 포함하고 있다(다음 구절에는 '吾與汝'라는 표현이 보이고 있다. 「여우신」 九 b). 이충익의 양명학 신봉에 관한 이영익의 언급은 이미 확인했으나(「답우신」 五 b), 여기에서 이영익은 본인을 양명학에 종사하는 자로 표현하고 있는 것이 된다.

다른 하나는 그럼에도 불구하고 여기에서는 이영익의 양명학에 대한 비판적 입장이 명료하게 간파된다는 점이다. 즉물궁리에 종사하는 자는 궁리의 대상에 마음을 기울이는 것에 의해 마음이 수렴되므로, 마음이 방자하게 산란되는 일이 없다.[59] 그에 반해 즉물궁리를 비판하는 우리는 이치

然玩心物理者, 必欲凡於事物, 窮究到底. 故得以心有據守, 業有綰束, 積銖累寸, 不至放逸. 而吾輩則旣知學不可求之物. 故遂慢忽事物. 所謂求之心者, 則每患實理難積, 光景先露. 終至無所遊心, 反馳騖於詩文雜技之中. 樂浮高憚拘檢, 而言貌坐作之間, 尙且不能自攝, 不亦哀哉."

58 왕수인은 『孟子』「公孫丑上」에 출전을 둔 '集義'를 心의 본체를 회복하는 행위로 파악, 후에는 치양지와 같은 의미로 해석하고 있다. 『傳習錄』 上 81條. "心之本體, 元自不動. 心之本體, 卽是性, 性卽是理. 性元不動, 理元不動. 集義是復其心之本體." 『傳習錄』 中 「答聶文蔚」 第2書. "孟子言必有事言, 則君子之學, 終身只是集義一事. 義者宜也. 心得其宜之謂義. 能致良知, 則心得其宜矣. 故集義亦只是致良知." 그리고 '集義'에 관한 정제두의 해석이 양명학의 입장을 답습하고 있다는 점에 대해서는 黃俊傑(2005) 참조.

59 예컨대 독서는 보통 窮理의 행위로서 평가된다. 『河南程氏遺書』 卷18 27條. "凡一物上有一理, 須是窮致其理. 窮理亦多端. 或讀書, 講明義理, 或論古今人物, 別其是非, 或應接事物而處其當, 皆窮理也." 그러나 독서에 전념하는 것에 의해 마음이 유지 · 수렴된다는

를 사물이 아니라 마음에서 구해야 한다고 주장하고 있지만, 마음을 쏟아야 할 구체적 대상을 자주 놓치게 되어 결국 마음을 제어하는 것도 뜻대로 되지 않는 것이다. 이 두 가지는 반드시 모순되는 것은 아니다. 요컨대 이영익은 양명학에 종사하는 입장에 서 있으면서도 양명학에 내포된 문제점을 지적하고 있는 것이다.

즉물궁리설의 부정은 심즉리설에 대한 확신과 표리일체가 되는 것으로, 이 때문에 양명학도에게는 양보할 수 없는 일선이다. 이는 정제두의 즉물궁리 비판의 언사에 비추어보아도 분명할 것이다.[60] 정제두도 초년에는 주자학에 종사하여 『주자대전』, 『주자어류』에 정통하였으나, 다만 그의 격물치지 해석 및 즉물궁리설에 대해서는 납득할 수 없었다는 것이 이광신의 하곡평이기도 하다.[61] 그러나 여기에서 이영익은 일률적으로 즉물궁리설을 부정하는 것에 대해 주저하는 듯한 감회를 표명하였다. 이것이 문자 그대로 양명학에 대한 방법론적 회의를 의미하는지, 아니면 양명학도의 실천 양상에 대해 경종을 울리기 위한 일종의 수사(修辭)에 불과한 것인지 판단이 어렵다. 그러나 왕수인을 향한 '부고염선(浮高染禪)'의 폄사와 함께 생각해본다면, 역시 여기에서는 양명학에 대한 심각한 반성의 생각을 읽어내야 하지 않을까.

발상은 張載나 주희에게도 있었다. 張載『經學理窟』「義理」. "讀書少, 則無有考校得義精. 蓋書以維持此心. 一時放下, 則一時德性有懈. 讀書則此心常在, 不讀書則終看義理不見."『朱子語類』卷11 3條. 襲蓋卿錄. "人常讀書, 庶幾可以管攝此心, 使之常存. 橫渠有言. 書所以維持此心. 一時放下, 則一時德性有懈. 其何可廢."『朱子語類』卷114 33條 潘時擧錄. "先生曰, 書所以維持此心. 若一時放下, 則一時德性有懈. 若能時時讀書, 則此心庶可無間斷矣."『朱子語類』卷119 8條 黃義剛錄. "張子曰, 書所以維持此心, 一時放下, 則一時德性有懈. 也是說得維持字好. 蓋不讀書, 則此心便無用處."

60 『霞谷集』卷1 書2 7「答閔誠齋書」. "此所謂心卽理, 以其心之所有, 故謂之心卽理. 又以其出於性之本然, 故謂之天理. 非其在鳥獸草木之理也."『霞谷集』卷9「存言」中. "如物理之學, 以物理爲在物而心身爲在我, 岐而求之, 如告子之分仁義."

61 『霞谷集』卷11「門人語錄」. "李匡臣曰, 先生初年, 從事於考亭之學. 凡大全語類義理精微, 蠶絲牛毛, 靡不貫穿硏索. 顧其格致之訓, 卽物窮理之說, 終覺有牴牾未入者." 또는『先藁』冊1「論鄭霞谷學問說」을 참조.

또 말미의 '부박하고 고답적인 것을 즐기며 얽매이고 검속되는 것을 꺼림[樂浮高憚拘檢]'이란, 앞의 「답우신」 五 a의 '검속을 꺼려 부박하고 고답한 것을 지향함[憚拘撿趣浮高]'과 똑같은 취지로 여기에서도 분명히 왕학의 폐해를 지적하고 있다.

b. 계산의 학문이 두 번 전하여 안균[顔山農]이 되고, 세 번 전하여 이탁오[李贄]가 되었다.[62] 하늘에까지 닿을 정도로 만연한 폐단은 구학(舊學)의 백 배가 되었다. 지금 우리는 안균이나 이탁오의 여습(餘習)을 답습하고 그 폐습을 조장하는 자가 되어 있는 것은 아닌가. 무릇 구학을 하던 자들은 비록 지리하고 구애된 측면이 많았으나 모두 근엄한 인물이 됨을 잃지 않았으니, 저들 가운데 나와 그대처럼 언어와 용모가 경박한 자가 있다는 것은 듣지 못했다. 주자가 육자정(육상산)의 문인을 평한 말을 읽고,[63] 또 왕양명 문하 말류가 하는 행위를 볼 때마다, 경박하고 오만한 습속과 하나의 입장만을 고집하여 이를 주장하는 병폐가 완연히 우리의 선생이다. 어찌 괴이한 일이 아니겠는가.[64]

위에서 말하는 '구학(舊學)'은 '지리하고 구애되는 면이 있다[枝離拘礙]'고 한 부분과 연관하여 논하고 있는 것으로 볼 때, 주자학을 가리킨다고 할

---

62 顧炎武『日知錄』卷18「朱子晩年定論」. "王門高弟, 爲泰州龍溪二人. 泰州之學, 一傳而爲顔山農, 再傳而爲羅近溪趙大洲. 龍溪之學, 一傳而爲何心隱, 再傳而爲李卓吾陶石簣."

63 주희가 육구연 문인을 비판한 말로 예를 들면 다음과 같은 것이 있다. 『朱子語類』卷114 34條, 訓潘時學. "如陸子靜門人, 初見他時, 常云有所悟. 後來所爲, 却更顚倒錯亂. 看來所謂豁然頓悟者, 乃是當時略有所見, 覺得果是淨潔快活. 然稍久, 則却漸漸淡去了, 何嘗倚靠得?"『朱子語類』卷117 51조. 訓陳淳. "近日陸子靜門人寄得數篇詩來, 只將顔淵曾點數件事重疊說, 其他詩書禮樂, 都不說. 如吾友下學, 也只是揀那尖利底說, 粗鈍底都掉了. 今日下學, 明日便要上達."

64 『信齋集』冊2「與虞臣」九. "稽山之學, 再傳而爲顔鈞, 三傳而爲李卓吾. 滔天之弊, 百倍舊學. 今吾輩, 無乃攀顔李之餘踵, 助其頹波者乎. 凡爲舊學者, 雖多枝離拘礙, 俱不失爲矜飭人, 未聞有言貌浮誕近似於吾與汝者. 獨每讀朱子論子靜門人者, 又見王門末流所爲, 則輕傲之習, 主張之病, 宛然吾輩先生也. 豈不怪哉?"

수 있을 것이다. 여기에서 이영익은 자신들 두 사람('吾與汝')을 왕학말류의 폐해를 답습 · 조장하는 자들로 평하고, 그 실태는 주자학에 종사하는 자보다도 오히려 악질이라 판단하고 있다.[65] 문제는 그러한 폐해를 초래한 바탕이 양명학 안에 이미 내포된 것으로 보아야 하는가, 아니면 양명학에 종사하는 자신들의 학문 태도에 기인하는 것으로 보아야 하는가이다. 즉 양명학 평가의 근간에 관한 문제이다.

c. 그대는 "양지(良知)를 지극히 하여 뜻을 성실히 한다."라 하고, 나는 "본말(本末)을 올바르게 하여 뜻을 성실히 한다."라 하였다. 이는 모두 신독(愼獨)하고 성찰(省察)하는 때에 오로지 공력을 쏟고자 하는 것이다. 이치를 사물에서 구하는 방법론에 대해서는, (내면의 마음을 놔두고) 밖으로 치달려 구하는 것이라 간주한다. 그 학문 방법론으로서의 명목은 참으로 긴절하고 독실하여 조금이라도 부박하고 잡박(雜駁)한 면이 없지 않은가. 그런데 실제 행동은 비록 구학(舊學)에 종사하는 자들 가운데 가장 부패한 자조차도 부끄럽게 여기는 소행을 하고 있다. 이것이 대체 어떻게 된 것인가? 이는 진실로 알기만 하고 행동하지 않은 결과이다. 그러나 '지이불행(知而不行)' 네 글자를 어찌 입만 열면 '지행합일(知行合一)'을 말하는 자가 저지르고 있단 말인가? 알지 못하겠다. 이 학문(양명학)에는 서둘러 지름길로 가려는 폐해가 있어서 우리에게 이르러 그 폐해가 극에 달한 것인가. 아니면 원래 학문 자체는 진실되고 적확한 것인데 우리 스스로가 잘못한 것인가. 알지 못하겠다. 만약 우리가 다시 사물의 이치를 정밀하게 연구하는 학문 방법론을 채용한다면 혹 심신이 의지할 곳이 있어 이처럼 방종한 데에 이르지 않을 것인가. 아니면 우리가 방종한 것은 피차(주자학과 양명학)를 논할 것 없이 모두 실천에 힘쓰지 않은 잘못이 원인이기 때문에,

---

65 이지에 대한 부정적 평가는 이충익에게도 보인다. 『椒園遺藁』 冊2 「答韓生書」. "葢文必以慧識爲主.……是故貴夫學. 敎化不醇, 學術壞裂, 文之傾譎, 至於李贄, 淫靡至於錢謙益, 醜悖至於金人瑞, 而凌遲不可復振矣."

비록 논의를 바꾸더라도 여전히 원래의 상태에 머무르게 될 것인가.[66]

우선 처음의 격물 · 치지 · 성의에 관한 기술은, 이충익의 「종조형신재선생가전」에서 "선생께서는 『대학』에서 말한 '격물(格物)'의 물(物)은 '물유본말(物有本末)'의 '물(物)'을 가리키고, '치지(致知)'는 '지소선후(知所先後)'의 '지(知)'를 지극히 하는 것이라고 하였다. 나는 격물치지란 바로 성의(誠意)를 실천하는 방도라고 하였다.[先生謂大學格物, 即指物有本末而致知者, 致知所先後之知也. 忠翊謂格物致知, 卽誠意之方]"라고 한 기술에 부합한다. 이영익 측의 자료와 이충익 측의 자료가 이 점에 관해 부합한다는 것은 두 사람의 자료로서의 신빙성을 뒷받침한다고 볼 수 있을 것이다. 그리고 즉물궁리의 방법론을 '밖으로 치달린[騖外]' 것으로 보아 피하는 점에 있어서도, 두 사람은 모두 양명학의 입장에 서 있었다는 것이 다시 확인되었다. 게다가 앞에서와 마찬가지로 자신들의 소업(所業)은 가장 부패 · 추락한 주자학자조차 부끄러워서 하지 않는 일이라고 하여 스스로를 경계하면서도 이충익을 엄격하게 경계하고 있다.

문제는 인용문의 말미에 두 번 반복되고 있는 '未知……邪', '抑……邪'의 부분을 어떻게 해석해야 하는가이다. 자신들의 현상이 도저히 만족 · 용인할 수 없는 것은 부정할 수 없는 사실로서, 그 원인과 타개책을 대체 어디에서 구해야 하는가? 양명학이란 학문 방법 그 자체에 폐해가 내포된 것인가, 아니면 양명학 자체에는 아무런 문제가 없고 다만 그것에 종사하는 자신들의 몰두 방법에 문제가 있는 것인가. 만일 전자라면, 양명학을

---

66 『信齋集』 冊2 「與虞臣」 九. "子則曰, 致其良知而誠此意. 吾則曰, 格其本末而誠此意. 是皆欲專功於愼獨省察之際. 以求理事物, 猶謂之騖外也. 其爲學之名, 豈不切近篤實, 無一分浮雜之理者哉? 乃所爲則雖舊學之極靡濫者, 亦羞爲者也. 此將奈何? 此固知而不行之致. 然知而不行四字, 夫豈開口便說知行合一者之所可爲哉? 未知此學果有太快過捷之弊, 以至吾輩而極邪, 抑學固眞的, 而吾輩自誤邪. 未知使吾輩復以精究物理爲學, 則或心身有依, 不至此放浪邪. 抑吾之放浪, 是無論彼此, 都不用力之罪, 故雖改言議, 將依舊此習氣邪."

버리고 주자학의 즉물궁리의 실천에 다시 몰두하는 것으로 현상의 폐해를 타개 · 극복할 수 있을 것이다. 만일 후자라면, 자신의 학문 태도를 고치지 않는 한 아무리 양명학에서 주자학으로 갈아탄다 하더라도 결과적으로는 아무런 변화가 없을 것이다.

'未知……邪', '抑……邪'의 표현 방법은 두 가지 가능성을 제시하여 그 중 어느 것을 골라야 하는가를 묻는 것이지만, 일반적으로는 그 답이 발화자에 의해 자명하게 드러난 경우가 많다. 즉 '결국 어느 쪽인가?'라는 의문 형식을 취하고는 있으나, 물음을 던지는 자신 속에 '말할 것도 없이 전자(또는 후자)일 것이다.'라는 답이 이미 포함되어 있는 경우가 있다. 그러나 위의 인용문의 경우, 나는 이를 문자 그대로의 의문 제시로서 받아들이고자 한다. 즉 여기에서 이영익은 원인을 전자와 후자 어느 것에 돌려야 하는지, 단번에 결정하기 어려운 자신의 생각을 솔직히 서술하고 있는 것이다. 그리고 어느 한쪽이라고 정하기 어려운 것은, 단적으로 말하자면 그 양쪽 모두 상응하는 원인이 있다는 것이다. 이 점에 대해 지금까지 검토해 온 이충익에게 보내는 편지의 내용을 되돌아보면서 확인하고자 한다.

우선 학문에 종사하는 자세에 문제가 있다고 하는 점에 대해서 보자. 이영익은 이충익에게 주자학인지 왕학인지 소리 높여 운운하기 전에 일단 실천에 힘써야 함을 충고하고 있다(「답우신」 四 a). 또 이충익이 일찍이 주자학을 신봉했던 것과 현재 왕학을 신봉하는 것은 어느 것도 실지(實地)에서 체득한 결과가 아니라, 그때그때의 기분에 휩쓸린 천박 · 피상적인 것에 불과하다고 비판하고 있다(「답우신」 五 b). 더욱이 이영익은 이충익과 자신을 포함, '지행합일(知行合一)'을 표방하는 양명학도이면서 '지이불행(知而不行)'의 폐단에 빠져 있다고 엄격한 자기비판을 하고 있다(「여우신」 九 c). 이상의 여러 점에 근거해보면, 학문 방법론의 시비 이전의 문제로서 이영익이 자신들 두 사람의 학문에 몰두하는 자세를 엄격히 반성하고 있다는 점은 분명하다.

다음으로 학문 방법론 그 자체의 평가에 대해서 보자. 이영익은 주자학에 대해서는 "주자의 실천은 순일하다.[朱子用功純一也]"(「답우신」 四 b), "회암의 학문하는 근본은 바꿀 수 없다.[晦庵爲學之本, 無以易之]"(「답우신」 五 a)라고 서술하는 등 대개 긍정적인 평가를 내리고 있다. 한편 양명학에 대해서는 '명확하고 쇄락함[明的灑落]'이라는 장점과 '부박하고 고답적이며 선학에 물들어 있음[浮高染禪]'이라는 단점이 병존함을 지적하였으나, 왕학 말류의 폐해에 비추어보면 장점보다도 단점 쪽이 크다고 서술하였다(「답우신」 四 b · c). 또 주자학의 즉물궁리가 심(心)을 대상에 매어두지 않아 산란되지 않는 실천상의 효용을 갖춘 것에 비해, 즉물궁리를 비판하고 심(心)을 중요시하는 양명학도가 종종 심(心)의 수렴에 실패하는 사례를 지적하며 개탄하고 있다(「여우신」 九 a). 마지막 사례는 양명학 그 자체에 대한 비판인지, 양명학도의 모습에 대한 비판인지 그 진위를 결코 쉽게 가릴 수 없다. 그러나 즉물궁리설을 취하는지 아닌지가 주자학과 양명학을 가르는 최대의 대립점인 것을 염두에 두자면,[67] 역시 양명심학 그것에 내재하는 방법론상 문제를 지적한 발언으로 보아야 할 것이다.

이상의 고찰에 의해 이영익은 양명학도로서의 이충익이나 이영익 자신의 학문 태도에 통렬한 반성을 가함과 동시에, 양명학 자체에 내재하는 폐해에 관해서도 심각한 문제의식을 가지고 있었다고 생각된다.

---

67 中純夫(2007) 참조. 이황에 의한 양명학 비판도 양명학의 심즉리설과 즉물궁리 비판에만 향해져 있다. 『退溪集』 卷41 「白沙詩教傳習錄抄傳因書其後」. "於是創爲心卽理也之說, 謂天下之理之在於吾內, 而不在於事物. 學者但當務存此心, 而不當一毫求理於外之事物. 然則所謂事物者, 雖如五倫之重, 有亦可, 無亦可, 剗而去之亦可也. 是庸有異於釋氏之敎乎哉."

Ⅴ. 이영익의 양명학관과 불교관

이영익 및 이충익의 양명학에 대한 태도를 추측할 수 있는 주된 자료는 『신재집』 및 『초원유고』를 통틀어 앞 절에서 인용한, 이영익이 이충익에게 보낸 편지에 거의 다 있다고 할 수 있다. 그 외에 왕수인 또는 양명학에 대한 언급으로 볼 수 있는 자료는 『신재집』, 『초원유고』 각각의 칠언절구 중 한 수에서 '계산(稽山)' 운운한 것이다.

그 중 『신재집』의 용례는 책1의 「우신은 근래 불교의 이치를 잘 알았다. 듣건대 마니산 망경대 폭포 아래에 승려와 함께 작은 암자를 지어 스스로 폭포암 주인이라 불렀는데, 거의 완성됨에 관아의 금지를 두려워하여 재목을 거두어 묻어버렸다 하였다. 이를 듣고는 나도 모르게 놀라 급히 14절구를 써서 부친다.[虞臣近長佛理. 聞與釋子構小庵於摩尼山望京臺漫布下, 自號瀑布庵主人. 甫落, 畏官禁, 旋撤材藏埋, 不覺絶倒. 走筆寫十四絶句以寄]」라는 장문의 시제를 가진 전체 14수의 절구 중, 제14수이다.

> 불교의 말을 가져다 계산(稽山)에 부회(附會)하지 말라
> 실리(實理)는 공관(空觀)과는 천 리(千里)의 거리가 있다네
> 계산은, 불가는 모두 상(相)에 집착하고 있다 하였으니
> 누구의 신묘한 견해가 이 경지에 도달할 수 있으랴[68]

강화도 마니산은 이충익의 양부 이광명의 거주지로, 이충익이 양자로 들어갔을 때 이광명의 폄적지(함경도 갑산부)가 아닌 마니산에 거주했다. 폭포암(瀑布庵)은 마니산에 세운 것이며, 이충익이 함께 암자를 지은 승려는

68 『信齋集』 冊1 「虞臣近長佛理. 聞與釋子構小庵於摩尼山望京臺漫布下, 自號瀑布庵主人. 甫落, 畏官禁, 旋撤材藏埋, 不覺絶倒. 走筆寫十四絶句以寄」 "莫將夷語附稽山, 實理空觀千里間, 能說佛家都着相, 何人妙解到斯關."

혜운(慧雲)이라는 인물이었다.[69] 시제의 첫머리에서 말한 것처럼 이충익은 불교를 좋아하여 불자와의 교류도 적잖이 있었다.[70] 이충익이 수관거사(水觀居士)라 자칭한 것은 이미 언급한 대로이다.[71] 아마 불교와 겹쳐진 양명학 이해를 나타내고 있는 이충익을 나무라는 입장에서 쓴 것이 위의 시일 것이다.

'착상(着相)' 운운한 것은 "일반적으로 유교는 상(相, 현상)에 구애되어 있고 불교는 상에 대한 구속이 없다고 하지만, 실제로는 그 반대이다. 불교에서 출가를 함으로써 부자 · 군신 · 부부의 인간관계를 끊는 것은 오히려 그것들에 구애되어 있기 때문이다. 유교는 부자 · 군신 · 부부의 인간관계를 인(仁) · 의(義) · 별(別)에 귀결시키고 있으니 구속과는 전혀 무관하다."라는 왕수인의 말에 근거하고 있다.[72] 여기에서 이영익은 실리(實理)를 주장하는 세간법(世間法)으로서의 유교 · 양명학과, 공관(空觀)을 주장하는 출세간법(出世間法)으로서의 불교를 구별하고 양명학에 대한 긍정적인 평가를 나타내고 있다.

---

69 『信齋集』 冊1 「題虞臣詩軸」이라는 시의 제목 아래 原注에 "虞臣與僧慧雲結瀑布庵, 作庵主. 雲後宣淫逃. 又遇嶺南瀚惺上人, 甚善."이라 하였다.

70 승려와의 교류에 대해서는, 앞 주에서 인용한 慧雲, 瀚惺上人 이외에 『椒園遺藁』 冊2 「天峯師塔碑」가 天峯(俗姓 金泰屹, 字 無等)과의 교류를 말해주며, 위 글 첫머리에는 "余多見所謂大禪師者矣."라는 말이 있다. 그의 불교학 研鑽에 관해서는 『椒園遺稿』 冊1(이하, 시 앞에 붙여진 아라비아 숫자는 모두 冊1 전체의 배열 순서에 따른 번호를 나타낸다), 34 「次韻凡翁從兄新年有感見寄」의 "二十年間事雜然, 亦曾儒學亦曾禪." 96 「間記內典不得戲作」의 "在家嗜讀釋氏書, 琅函玉軸粉盈車." 등이 있다. 그 외에도 불교 신봉을 엿볼 수 있는 시구는 다음과 같은 것들이 있다. 35 「兄女長殤之訃, 聞於五月十二日, 十五日成服, 月下信筆寄哀. 女以四月晦, 沒于湖西之靑陽縣」. "今朝稽首瞿曇佛, 乞取來生度汝身.", 98 「悲願」. "減己年壽增親壽, 親所受苦己代受, 不知諸佛有心不, 稽首蓮臺陳請久.", 169 「夢覺作」. "平生無奈苦情多, 近歲灰心學佛陀."

71 이충익은 한자와 諺文으로 된 범어사전인 『眞言集』(龍巖肅公, 白巖俶公 編)을 重刊할 때 水觀居士라는 필명으로 識語를 썼다. 『椒園遺稿』 冊2 「題眞言集後」.

72 『傳習錄』 下 36條. "先生嘗言, 佛氏不著相, 其實著了相. 吾儒著相, 其實不著相. 請問, 曰, 佛怕父子累, 却逃了父子. 怕君臣累, 却逃了君臣. 怕夫婦累, 却逃了夫婦. 都是爲箇君臣父子夫婦著了相, 便須逃避. 如吾儒, 有箇父子, 還他以仁, 有箇君臣, 還他以義, 有箇夫婦, 還他以別. 何曾著君臣父子夫婦的相."

이는 이영익이 「답우신」 四에서 양명학이 선학(禪學)에 물들어 있음을 그 단점으로 지적하고 있다는 사실과 언뜻 모순되는 듯 보인다. 편지의 집필 시기를 구체적으로 특정할 수 없기 때문에 위 시구와의 시간적 선후관계도 미상이므로,[73] 발언 시기의 차이에 의한 양명학관의 변화라고 하는 가능성을 남겨둘 필요가 있을지도 모른다. 그러나 일단 집필 시기의 문제는 차치하고, 나는 이를 꼭 모순이라고 볼 필요는 없다고 생각한다. 왜냐하면 애초부터 이영익이 '염선(染禪)'의 근거로 든 '실상 · 환상(實相 · 幻相)'을 둘러싼 문답이나, '실리와 공관은 천 리 차이[實理空觀千里間]'라는 판단의 근거로 든 '착상 · 불착상(着相 · 不着相)'을 둘러싼 문답 모두 『전습록』에 수록된 왕수인의 말이 틀림없기 때문이다. 즉 불교 비판의 의론이 전개되는 한편, 불교어를 둘러싸고 난해 · 고원한 문답이 전개된 것이 『전습록』의 거짓 없는 실태로, 이영익은 양 측면을 각각 지적하여 보인 것에 불과하다. 양명학의 '염선(染禪)'적인 측면을 비판하면서도, 그렇다고 해서 '양명학=선(禪)=이단'이라는 스테레오 타입의 형식을 내세워 양명학 자체를 모두 부정하지는 않았다. 장점을 강조한 나머지 그 단점까지 옹호하거나, 단점을 강조하여 그 장점까지 말살하려는 듯한 모습은 이영익 본인이 경계한 점이었다(「답우신」 四 b). 그런 의미에서 이영익은 자신의 눈에 비친 양명학을 등신대(等身大)에 평가하려 했다고 말할 수 있을 것이다.

73 이영익의 이 시는 시제의 내용으로 판단해볼 때 『椒園遺稿』 冊1 20 「營小庵于望京谷. 有以官禁沮, 埋材以俟後. 幼公從兄以詩嘲. 信筆自解」와 같은 시기에 지어진 것이라 생각된다. 『椒園遺稿』 冊1에 수록된 시 총 292수(동일 시제 아래의 여러 首는 편의상 포함시키지 않았다)는 간혹 집필 시기가 기록되어 있다. 또 시제 중에 언급된 상황증거 등에 의해서도 집필 시기를 추정할 수 있는 것이 적잖이 존재한다. 그것들을 감안하자면, 20~73세까지의 시가 집필 시기 순으로 배열되어 있음을 알 수 있다. 그 중 7은 20세, 89는 31세의 작품이다. 따라서 20은 이충익 20~31세 사이의 작품으로 추정된다. 그리고 『椒園遺稿』의 '稽山'의 용례도 이 20의 8수 중 여덟 번째 수에 보이는 것이다. "捨符稽山已度人, 三乘時教揔非眞, 隨緣導說何論跡, 閉戶開門只一身."

Ⅵ. 정인보에 의한 논정(論定)의 검토

여기에서 다시 정인보 주장의 당부(當否)를 검토하고자 한다. 이미 서술한 대로 정인보는 이충익이 지은 「종조형신재선생가전(從祖兄信齋先生家傳)」의 "왕씨의 학문은 부박하고 고답적이며 선학에 물들어 있으니, 회암을 배워야 바르게 된다.[王氏之學, 浮高染禪, 須學晦庵爲正]"라는 이영익의 말, 그리고 "나도 오랜 뒤에야 그러함을 믿게 되었다.[忠翊久而後信其然]"라는 이충익의 술회는 모두 스스로의 양명학 신봉을 도회하기 위한 궤사로, 화를 두려워하여 자신을 속인[畏禍自詭] 결과라고 단정하였다.[74]

정인보가 「종조형신재선생가전」에만 의거하여 이러한 결론을 도출한 것은 아니다. 『양명학연론』에는 『신재집』의 이충익에게 보내는 서한도 부분적으로 인용되어 있다. 구체적으로 말하자면 ①「여우신」九 a, ②「여우신」

---

74 정인보의 論定의 시비에 관하여, 선행연구는 모두 별다른 검토를 하지 않고 있다. 유명종(1983)은 「강화학파의 양명학」 장에 '신재 이영익', '초원 이충익' 항목을 두어 각각의 학술을 간단히 소개하고 있으나 그들의 양명학관에 관해서는 깊이 파고든 검증은 볼 수 없으며, 정인보설에 관한 언급도 없다. 심경호(1995)는 이영익에 관한 최초의 專論이기도 하며 질과 양적으로도 충실한 내용을 갖추고 있다. "신재나 초원은 왕학의 浮高染禪을 병폐로 지적했을 뿐, 그 기본 사상을 배격하지는 않았다."(342쪽) "그(이영익)는 하곡 정제두가 격물치지 해석에서 왕양명의 이론에 대체로 동의한 것과는 달리, 치양지설에 불만을 품고 있었으며……"(343~344쪽)라고 하는 등, 이영익이 양명학을 기본적으로 수용하면서도 부분적으로는 비판했다고 보는 점에서, 본고의 견해와 대개 일치한다. 다만 정인보의 논정에 관한 언급 · 검증은 보이지 않는다. 최영성(1995)은 「양명학파의 발전」 절에 '이영익', '이충익' 항목을 두고 있다. 이영익에 관해서는 "일찍이 再從弟인 이충익이 양명학을 전공하는 것을 보고 이를 경계하는 듯했지만, 실은 그도 양명학에 深造 · 自得한 인물이었다. 때때로 양명학이 禪學에 미혹되었다고 말한 바가 있으나 이는 위장이다."(346쪽), 이충익에 관해서는 "충익이 오랜 뒤에 영익의 말이 옳았음을 믿게 되었다고 말하는 것도 가장하여 서술한 말로, 이렇게 거짓말로 위장하는 것은 화를 입지 않을까 염려했기 때문일 것이다."(348쪽)라고 하는 등, 정인보가 논한 것을 거의 그대로 답습하고 있다. 한예원(2007)은 정인보의 설에 대한 언급이 보이지 않는다. 유철호(2008)는 정인보 『양명학연론』의 해당 부분("신재는 늘 초원이 왕씨의 학문을 오로지하는 것을 은근한 말로 경계했다고 하나, 이것 또한 詭辭이다.")을 긍정적으로 인용하고 있으나, 그 當否는 검증하지 않고 있다. 조남호(2008)는 주석(17)에서 정인보의 논정을 비판한 필자의 舊稿의 주장을 일부 인용 소개하고 있는데, 조남호 자신은 정인보 설의 當否를 특별히 검토 대상으로 삼고 있지 않다(여기에서 말하는 필자의 舊稿는 본 장의 근본이 된 졸고를 가리킨다).

九 c, ③「답우신」五 b 세 부분이다. 우선 ①을 인용하여 '자신의 일상생활에 대한 경계의 마음을 절실하게 말한 것'이라 하였고, 다음으로 ②를 인용하여 '양명학 일파의 실천이 부족한 점을 서로 경고한 것'이라 하였다. 마지막으로 ③을 인용하여 "그의 심중을 말하자면, 초원(椒園)의 신념을 한층 더 격발시켜 조금이라도 실제에서 미진한 바가 있음을 스스로 용납하지 못하게 하려는 것이었다. 그러면서도 일면으로는 양명학을 부고(浮高)하다고 비난하지만, 신재는 본의(本意)를 행간에 감출 수 없었던 것이라 추측할 수 있다."라고 서술하고 있다(이상 『양명학연론』, 233~234쪽).

그러나 ①의 인용은 '軆理集義~詩文雜技之中'까지로 '樂浮高憚拘檢' 이하는 인용되지 않았다. 또 ②의 인용은 '子則曰~此將奈何'까지로 '此固知而不行之致' 이하는 인용되지 않았다. 이 때문에 정인보가 인용한 자료만으로는「가전」에서 말하는 '부고염선(浮高染禪)'이 확실히 이영익 본인의 말이라는 것이 명시되지 않으며, 이영익에 의한 비판적 언사가 전적으로 양명학도로서의 모습(정인보가 말하는 '일상생활', '실천')을 향해 있는 듯한 인상을 준다. 그러나 이영익의 비판이 양명학 그 자체에도 향해 있다는 점은 이미 검증한 대로이다.

앞의 '화를 두려워하여 자신을 속였다[畏禍自詭]'는 것에 대해, 이영익이나 이충익의 항목에는 구체적인 설명이 없다. 다만 정인보는 이영익의 아버지 이광사도 제2유형(양명학 비판의 말을 남기고는 있으나 그것은 궤사로, 실은 양명학 신봉자인 사람)으로 분류하고 있다.[75] 그리고 그 배경에 관해 "원교(이광사)가 양명학에 대해 '마음에 들지 않았다'라 한 것은 실은 궤사이다. 마음속에서는 양명학을 주장하고 있었던 것을 감출 수 없었다. 그것은 영조 을해년 이후 집안의 화에 연좌되어 남북으로 폄적되면서 후반의 생을 보내는 와중에 위기가 빈발하여, 신지도의 유배지에서 육친의 죽음을 통곡하는 것조차 오히려 망외(望外)의 바람이었다고 한 원교의, 화를 두려워하

---

75 『陽明學演論』 232쪽.

여 스스로 속이는 말이었음은 의심할 것이 없다."라고 서술하고 있다.[76] 영조 을해년의 화는 이미 서술한 나주괘서사건을 가리킨다. 이 사건이 소론 준소파의 영수 이진유를 배출한 이씨 일족에게 큰 타격을 주어, 이영익이나 이충익의 생애가 그에 의해 크게 번롱(飜弄)된 것은 사실이다. 정인보는 이 두 사람에 대해서도 당연히 이광사의 경우와 마찬가지로 정치적 정황을 '궤사'의 배경으로 상정하고 있는 것이다.

그렇다면 우리는 정인보의 논정을 어떻게 평가해야 할 것인가. 논의를 정리하기 위해 이영익과 이충익을 나누어 이 문제를 고찰하고자 한다.

우선 이영익의 양명학 비판에 대해서 살펴보자. 정인보는 "왕씨의 학문은 부박하고 고답적이며 선학에 물들어 있다. 회암을 배워야 올바른 학문이 된다.[王氏之學, 浮高染禪, 須學晦庵爲正]"에 보이는 양명학 비판의 말에 대해 자신의 양명학 신봉 입장을 은폐 · 도회하기 위한 궤사라고 판단하였지만, 이 논정은 이중적인 의미로 옳지 않다. 일단 '부고염선(浮高染禪)' 운운한 것은 확실히 이영익 본인의 발언으로(「답우신」 四 b · c) 결코 날조된 것이 아니다. 다음으로 이영익은 자신들(이영익과 이충익)이 양명학에 종사하는 사람이었다는 것을 결코 도회 · 은폐하지는 않았다. 그것은 "이(理)를 체득하고 의(義)를 모으는 것은 우리가 이야기하는 학문이요, 먼저 사물에 구하는 것은 우리가 근심하는 폐해이다." "우리는 '물(物)에서 구한다'라는 학문의 방식이 옳지 않은 것임을 이미 알고 있다."(「여우신」 九 a)라고 한 구절에 의해서도 분명하다. 이 두 가지를 우선 확인하고자 한다.

그래도 남은 문제는 또 있다. 이영익에게 양명학 비판의 발언이 있다는 것은 사실이나, 그 발언 자체에 자신의 입장을 도회하려는 측면이 전혀 없었다고 말할 수 있는가이다. 솔직히 말해 이는 매우 판단하기 어려운 문제이다. 앞에 서술한 대로 이영익의 양명학 비판에는 양명학 그 자체에 대한 비판과 후세 양명학도(중국의 왕학말류나 자신들 두 사람을 포함)에 대한 비판 ·

---

76 『陽明學演論』 233쪽.

경계 · 반성의 두 측면이 포함되어 있다. 이 중 후자는 일단 의심의 여지없이 이영익의 진지하고 솔직한 고백 · 술회로 보아도 지장이 없을 것이다. 정인보도 그것마저 궤사였다고는 보지 않았다. 그러나 전자는 어떨까. 정인보가 이를 궤사라고 단정한 것은, 이영익도 이충익도 고본 대학을 채용하여 '지소선후(知所先後)'를 『대학』의 요체로 이해하였다는 「종조형신재선생가전」의 기록에서 두 사람이 양명학의 입장에 서 있다는 것을 확인할 수 있고, 이는 「가전」의 양명학 비판 언사와 서로 용납되지 않는다는 논리에 근거한다. 그러나 이는 양명학의 입장에 서서 양명학에 내재한 폐해 · 문제점을 비판했다는 구도로 이해한다면(이충익에게 보내는 편지를 분석함으로써 의해 이미 본고가 실증한 점이다), 모순 없이 받아들일 수 있을 것이다. 그런 의미에서 정인보의 논정은 명백한 근거를 잃었다고 말할 수 있다. 따라서 여전히 이를 궤사라고 의심한다면 이는 이미 단순한 추측, 단적으로 말하자면 억측의 영역을 벗어나지 않는 것인 듯하다. 나주괘서사건에서 시작한 가혹한 정치적 · 사회적 상황은 궤사를 초래한 배경 설명으로 확실히 유력한 상황증거가 될 수 있을 것이다. 그러나 이는 어디까지나 방증(傍證)을 위한 논거로 결정적인 근거는 되지 못한다.

물론 나는 양명학 그 자체에 대한 비판이 궤사였을 가능성을 전면적으로 부정하지는 않는다. 부정할 만한 결정적 이유는 이 또한 하나도 존재하지 않기 때문이다. 때로는 언외(言外)의 뜻을 읽어낼 필요가 있을 것이다. 소론의 '양주음왕(陽朱陰王)'의 사실이라는 정만조의 증언도 중요하게 받아들여야 할 것이라고 생각된다(서장 참조). 그러나 1차 자료에 기재된 사실을 부정하고 새로운 사실을 재구성하기 위해서는 그 나름의 유력한 논거가 필요하며, 논거를 결여한 논단(論斷)에 대해서는 설령 그것이 대담하고도 매력적인 주장일지라도 역시 신중한 자세로 임해야 한다고 생각한다. 이상의 이유로 나는 이충익에게 보내는 편지에 보이는 이영익의 발언을 우선 문자 그대로 받아들일 생각이다.

다음으로 이충익이 이영익의 양명학 비판을 수용했다는 문제에 대해서는『초원유고』전체를 통틀어「가전」이외에 그의 양명학관을 엿볼 수 있는 자료가 거의 없는 이상,「가전」기술의 신빙성을 이충익 자신이 써서 남긴 다른 자료와 대조해가며 검토할 수밖에 없다. 적어도 이영익이 이충익에게 보내는 편지를 보면, 이충익이 이영익의 충고에 따라 양명학 신봉의 입장을 고쳤다는 형적은 전혀 확인할 수 없다. 다만 이영익이 43세에 서거했을 때 이충익은 37세로, 그 후 이충익이 73세로 서거할 때까지는 아직 36년의 세월이 남아 있었으므로, 그사이 이충익의 사상적 입장의 변천 유무는 징험할 만한 자료가 결여된 이상 판단을 보류하지 않을 수 없다.

또「가전」에서 "선생이 말씀하였다. '왕씨의 학문은 부박하고 고답적이며 선학에 물들어 있다. 회암을 배워야 올바른 학문이 된다.'[先生曰, 王氏之學, 浮高染禪, 須學晦庵爲正]"의 기술에 대해서는, 이영익이 양명학의 폐해와 대조하여 주자학의 긍정적 측면을 언급한 것은 사실이다. (「여우신」九c "우리가 다시 사물의 이치를 정밀하게 연구하는 학문 방법론을 채용한다면 혹 심신이 의지할 곳이 있어 이처럼 방종한 데에 이르지 않을 것인가.[未知使吾輩復以精究物理爲學, 則或心身有依, 不至此放浪邪?]") 그렇다면「가전」의 이 한 구절은 확실히 하나의 사실을 전하는 것이다. 그러나「가전」의 이 부분만을 읽는다면 이영익은 주자학의 입장에서 양명학을 비판하였다는 단순한 구도를 그리는 것이 오히려 자연스럽다. 그리고 이는 결코 이영익 사상의 실태는 아니었을 것이다. 이영익의 일련의 발언은 양명학도로서의 자성이나 번민, 그리고 이러한 인식을 공유할 수 없는 이충익에 대한 답답함 등 복잡한 심정에 근본한 것이었다. 그러한 요소를 일체 차치하고 명확하게 주시왕비(朱是王非)의 입장에 선 자로서 이영익을 묘사하고자 힘쓴 것이라 한다면, 여기에서는 확실히 정인보가 지적한 궤사의 가능성을 읽어내는 것도 가능하다.

이상의 고찰에 입각하여 다시 논점 정리를 해보면 다음과 같이 말할 수 있다. (1) 정인보는 이영익과 이충익을 모두 제2유형으로 분류했으나, 이 논정에는 부분적으로 수정을 가할 필요가 있다. (2) 이영익에 의한 양명학 비판의 언사는 궤사가 아니라 문자 그대로 받아들여야 할 것이다. (3) 이영익은 자신이 양명학도라는 것을 도회 · 은폐하지 않고 오히려 이를 명시하고, 양명학 그 자체 및 후세 양명학도의 양상에 대해 깊은 자성을 표명하였다. (4) 이충익에게는 적어도 한때 이영익 이상으로 양명학에 심취한 기간이 있었다는 것은 확실하다. (5) 다만 이영익의 양명학 비판 견해를 수용하여, 이충익이 양명학에 관한 문제의식을 이영익과 공유하는 데 이르렀는지 아닌지는 검증할 방법이 없으므로 판단을 보류하지 않을 수 없다. (6) 「가전」에서 그린 이영익은 단순 · 명확하게 주시왕비(朱是王非)의 입장이었던 인물 같지만, 이는 이영익 사상의 실태와 반드시 일치하지는 않기 때문에 여기에서는 궤사의 가능성을 인정할 여지가 있을 것이다.

Ⅶ. 소결

『신재집』이나 『초원유고』를 통람하며 느낀 현저한 특색 중 한 가지는 정제두에 대한 언급이 적다는 점이다. 『신재집』의 언급은 「복건명(幅巾銘) 정문강선생 유복(鄭文康先生遺服)」이라는 글뿐이다.[77] 명(銘)의 후반에는 "(선생은) 후인들이 우러르는 바요, 자손들이 지켜야 할 존재이네. 유복(遺服)을 지키는 것이 아니라 덕을 이어받는 것이네. 덕을 이어받지 않는다면 유복을 지킴이 어찌 오래가리오. 그대는 선조를 생각하며 유복이 썩지 않도록 해야 하네."라는 취지의 내용이 기술되어 있으므로, 정제두에 대한 경모의 마음은 읽어낼 수 있다.[78] 이영익의 아내는 정후일의 딸이었다. 그러나 그 이외에 정제두나 정후일의 일사(逸事)와 관련된 문장은 전혀 수록되어 있

77 그 외에 「題霞谷鄭莊壁」이라는 오언절구의 시가 수록되어 있는데(『信齋集』 冊1), 여기에서 말하는 '霞谷鄭莊'이 정제두가 은거한 곳을 가리키는지는 미상이다.

78 『信齋集』 冊2 「幅巾銘」. "後士所仰, 孫子之守. 匪服是守, 德將嗣受. 德之不受, 守服焉久. 汝懷乃祖, 圖服不朽."

지 않다. 무엇보다도 『신재집』에는 아버지 이광사의 「행장」, 「제문」마저 수록되어 있지 않다.[79] 이충익이 「선고비합장지(先考妣合葬誌)」, 「본생선고학생부군묘지(本生先考學生府君墓誌)」, 「본생선비유인나주임씨묘지(本生先妣孺人羅州林氏墓誌)」를 모두 각각의 사후 20~30년에 해당되는 순조9년(66세)에 일괄적으로 집필하였던 사례에 비추어보면, 이영익(향년 43세)이 조금 오래 살았더라면 이 문장도 집필되었을 가능성이 있을지도 모른다. 또한 이영익의 문집은 그의 『경설(經說)』과 함께 본인이 생전에 부단히 개정하였는데 탈고하지 않은 채로 사망하여 각각 약간 권이 가장(家藏)되어 있다고 하였으므로,[80] 오늘날 전해지는 『신재집』에는 미정고(未定稿)로서 생략된 것이 있을지도 모른다. 어찌 되었든 현행 『신재집』은 정제두의 학술에 대한 언급은 일체 포함하고 있지 않다.

이미 서술했듯이 이충익의 양부 이광명의 처는 정후일의 딸이다. 이광명은 서울에서의 생활을 좋아하지 않아 강화도 마니산으로 거주를 옮겨, 진강에서 정제두를 찾아가 학문을 배웠다고 한다(『초원유고』 책2 「先考妣合葬誌」). 또 이충익은 양자로 들어갔을 때, 아버지의 폄적지가 아닌 강화도(아마도 양부의 거주지였던 마니산)로 옮겨가 살았다. 이충익이 이광명의 양자로 들어간 시기를 17~18세쯤으로 추정한다면, 이는 영조36년~37년(1760~1761)경이다. 정후일(1671~1741) 사후로 이미 20여 년이 경과했지만, 지리적으로도 혈통적으로도 하곡학을 계승하기 적합한 환경에 처해 있었다는 점은 확실하다. 그러나 「선고비합장지」에도 정제두의 학술 내용에 관한 언급이나 논평은 전혀 존재하지 않는다. 또 신대우를 위해 쓴 묘지명(『초원유고』 책2 「戶曹參判申公墓誌銘」)에는 신대우와 정제두 · 정후일 부자와의 인척관계를 언급하였으나, 역시 정제두의 학술에 대한 언급은 보이지

---

79 『信齋集』 冊2에 「祖考妣遷葬祭文」이 수록되어 있을 뿐이다.

80 『椒園遺藁』 冊2 「從祖兄信齋先生家傳」. "遺文集幾卷, 經說幾卷. 每有新得, 又病少時輕詗古人, 不住刊改, 未脫藁, 並藏于家."

않으며, 신대우가 하곡집의 편찬사업에 참여한 사실(윤남한의 이른바 제2차 편집사업[81])에 관한 언급도 전혀 보이지 않는다.[82]

물론 이러한 언급이 없는 것이 그들의 하곡학 계승 사실이 없었음을 곧 바로 의미하는 것은 아니다. 이영익이 자신들(吾輩)을 양명학에 종사하는 자로서 규정하고 있던 사실은, 하곡학을 계승해야 할 자로서의 자각을 그들이 품고 있었다는 것을 상상케 한다. 또 두 사람의 문집에서 정제두 혹은 양명학에 대한 언급이 지극히 적은 것은 꽤 부자연스럽다. 특히 이영익으로부터 왕학 신봉에 대한 주의를 받은 이충익의 『초원유고』에 「종조형신재선생가전(從祖兄信齋先生家傳)」을 제외하고 양명학에 관한 언급이 전혀 보이지 않는다는 점은 더욱더 부자연스럽다. 정인보가 아니라도 여기에 무언가의 의도적인 개입을 상상해보는 것은 반드시 독단이라고 할 수는 없을 것이다. 이와 관련하여 이영익의 아버지 이광사의 경우도 『두남집』이나 『원교집선』 등의 문집 중에 그의 양명학관을 나타내는 자료는 전혀 수록되어 있지 않았고, 이광찬의 『논학집략』이라는 문중본의 존재를 통해 가까스로 그의 사상적 입장의 일단이 드러나게 되었다.

어찌 되었든 이영익과 이충익이 양명학에 종사한 입장에 서 있었다는 것은 틀림없다. 그리고 그의 『대학』관의 공통성으로 판단해볼 때, 이광사와 그들 사이에 일종의 가학전승과 같은 것이 존재했다고 추측되는 점은 앞 장에서도 이미 지적한 대로이다. 이것 자체가 초기 강화학파의 양명학 수용 사례로서 크게 주목해야 할 사항이다. 윤순의 『백하집(白下集)』에 양명학이나 하곡학에 관한 언급이 전혀 없는 것, 심육의 『저촌유고(樗村遺稿)』가 주자학 신봉과 육왕학 비판의 언사로 가득한 것을 상기해볼 때, 이러한 생각은 한층 더 강해진다.

---

81 윤남한(1982), 237~238쪽.

82 『霞谷集』 卷首, 정문승 目錄跋. "右, 文康先祖文集拾遺二十二卷目錄也. 先祖沒後, 樗村沈公與遁谷李公諸門人, 收集遺文, 未及出草, 兩公繼沒. 其後宛丘申公更釐爲三十五卷目錄. 而今所存經說書疏若干而已, 則其時成書與否, 有不可考."

이영익의 양명학에 대한 심각한 반성의 술회는, 정제두에 의해 처음 본격적으로 수용된 양명학이 초기 강화학파에서 일찍 변용을 이루어갔을 가능성을 시사한다. 그러나 정제두는 양명학 신봉을 그의 기본 입장으로 하면서도 주자학과 양명학을 반드시 대립적으로 파악하지 않고 오히려 주왕양가(朱王兩可)의 입장을 채용하며, 또 그러한 입장에 서서 제자에 대한 지도를 맞추고 있었다. 그리고 주왕양가의 입장은 이광신에게도 계승되었다. 그렇다면 양명학의 폐해를 주자학을 통하여 시정하려는 이영익의 자세 그 자체를 하곡학의 하나의 수용 형태로서 평가하는 것도 가능할지 모른다.

마지막으로 이영익이 고문상서를 위작이라고 판단한 것의 의미에 대하여 간단히 언급하고자 한다. 주희는 『상서(尙書)』(『서경(書經)』)에 관해 공안국(孔安國)이 지었다고 하는 「대서(大序)」, 공자가 지었다고 하는 「소서(小序)」 및 공안국이 지었다고 하는 「전(傳)」을 모두 위서로 보았다. 그리고 금문(今文)과 고문(古文)의 문체상 차이(금문은 晦澁, 고문은 平易) 등에 대해서도 관심을 기울였다. 제자인 채침(蔡沈)이 지은 『서집전(書集傳)』에도 『상서』의 각 편에 금문과 고문의 구별이 명기되어 있다.[83] 다만 주희는 고문을 위서라고 보는 입장은 취하지 않았다.[84] 그리고 주자학의 도통설(道統說)에 있어 매우 중요한 근거가 되는 이른바 '우정전심결(虞庭傳心訣=인심은 위태롭고 도심은 은미하니, 정(精)히 하고 한결같이 하여야 진실로 그 중(中)을 잡을 수 있다.[人心惟危, 道心惟微, 惟精惟一, 允執厥中])'은 『상서』 「대우모(大禹謨)」(古文)에 출전을 가진다. 이 때문에 고문상서 위서설은 주자학 도통설의 근저를 흔들지도 모른다는 의미에서 큰 타격이 될 수 있는 것이었다.[85] 따라서

83 『書集傳』에서는 각 편제 아래에, 今文에 대해서는 '今文古文皆有', 古文에 대해서는 '今文無古文有'의 注記가 달려 있다.

84 古文尙書에 대한 주희의 견해는 赤塚忠(1986), 劉人鵬(1992), 王春林(2009)을 참조.

85 예컨대 黃宗羲는 「大禹謨」를 僞書로 보는 것에 대한 친구 朱朝瑛의 반발을 다음과 같이 기록하고 있다. 『黃宗羲全集』 第10冊, 南雷詩文集 上, 「尙書古文疏証序」. "憶吾友朱康流謂余曰, 從來講學者, 未有不溯源於危微精一之旨. 若無大禹謨, 則理學絶矣, 而可以僞之乎?" 吉田純(2006), 34~37쪽 참조.

양명학을 신봉한 이영익이 경학에서도 고문상서 위작설을 채용한 사실은, 여기에 반주자학 내지는 비주자학이라는 공통의 사상 기반의 존재를 상정해보는 것도 가능할지도 모른다.

그러나 결론부터 말하자면 이러한 구도로 사항을 이해하는 것은 아마 타당하지 않을 것이다. 이영익 이상으로 양명학을 깊이 신봉했다는 이충익은 고문상서의 진위 문제에 관하여 당초에는 이영익과 대립하고 있었고, 나중에는 같은 뜻으로 전향했다고 한다(『초원유고』 책2, 「종조형신재선생가전」). 이 문제를 언급한 이영익의 「답우신」 二, 「답우신」 三, 「답우신」 四(『신재집』 책2)를 보면, 이 편지들을 왕복한 시점에서는 두 사람의 견해가 대립하고 있던 그대로이다. 그리고 여기에서 이충익은 자신이 고문상서를 위서라고 보지 않는 이유에 대해 '주자와 같은 대현(大賢)조차 단안을 내리지 못한 문제에 대해 우리 같은 이들이 판단을 내릴 수 없다.'라고 하였다. 이에 대해 이영익은 '확실히 이 문제에 관해 주자는 판단을 내리고 있지 않으나, 고문상서에 대한 의심은 품고 있었다.'라고 생각하여, 자신의 주장이 주희설에 위배되는 것이 아니라 오히려 주희설을 추진 · 전개한 것이라는 인식을 나타내고 있다.[86] 게다가 이영익은 '고문상서가 위작이라 하더라도 여기에 내용적으로 볼만한 내용이 있다면, 그 내용까지는 자신도 부정하지 않는다.'라는 입장을 취하고 있다.[87] 후자에 관해 말하자면, 이영익의 고문상서 위작설은 '우정전심결'의 부정이나 주자학의 도통설 부정을 함의한다는 것은 전혀 아님을 확인할 수 있을 것이다.

---

86 「答虞臣」 二. "書古文說, 愚兄年少氣率, 不覺言出僭妄, 得賢弟砭誨, 甚知自瞿. 子以爲朱子大賢, 不敢斷此, 况以吾輩遽斷朱子不斷之事乎? 語到此, 則吾父子安敢辭責. 然子令無斷朱子不斷之事, 則敢不自勉. 苟令無作朱子所疑之疑, 則亦有不得盡從." 上同. "在先賢, 則疑信相半, 故不欲斷之."

87 「答虞臣」 四. "夫區區於古文, 亦只疑之耳.……至於義理, 則吾亦好之. 吾雖疑古文之非眞, 非敢削去不讀. 讀今文, 則必讀古文. 遇格言, 則銘心不忘." 上同. "區區所言, 只辨其非出聖手而已. 若言之善, 則君子不以人廢之. 集古格言, 固吾所欲爲者. 今不勞吾功, 而前人已爲之, 其可愛可取, 豈止二三策哉?"

이상의 내용으로부터 ① 이충익에게 있어서는 경학상의 주자설 존중과 스스로의 양명학 신봉이 모순 없이 양립 병존하고 있었다는 점, ② 이영익에게 있어서도 그의 고문상서 위작설 주장은 주자설에 대한 대항 · 비판의 의도를 전혀 포함하지 않았다는 것을 확인할 수 있을 것이다. 즉 이영익이나 이충익에게 있어 자신의 양명학 신봉과 경학상의 고문상서 진위 문제는 전혀 다른 차원의 문제였던 것이다.

다만 이영익의 고문상서 위작설은 아버지 이광사로부터 계승된 듯한데, 여기에서도 일종의 가학전승의 형적이 확인되는 것은 매우 흥미롭다.[88]

덧붙여 말하자면 『상서고문소증(尙書古文疏證)』을 집필하여 고문상서가 위서임을 실증한 염약거(閻若璩, 1636~1704)에게도 주희나 주자학을 비판 · 공격할 의도는 없었다는 것은 그 자신이 일찍이 술회한 부분이다.[89] 염약거가 육구연 및 왕수인을 문묘에서 파출시켜야 함을 주장한 「공묘종사말의(孔廟從祀末議)」가 『상서고문소증』에 부재(附載)되어 간행된 사실은 시사하는 바가 크다 할 수 있을 것이다(제10장 참조).

---

88 86번 주석에서 인용한 '語到此則吾父子安敢辭責'이라는 한 구절은, 고문상서 위작설이 이광사와 이영익 공통의 견해였음을 시사한다. 이광사의 『尙書』觀을 나타내는 저작으로는 「呂刑辨」, 「答正字從兄論洛誥辨書」(『圓嶠集選』 卷4)가 있으나, 모두 蔡沈의 『書集傳』 해석을 비판한 내용으로, 今文古文 문제에 대해서는 전혀 언급하지 않았다('呂刑', '洛誥'은 모두 今文). 그리고 이충익에게는 南正和의 『說文新義』나 申綽의 『詩次故』에 대한 序文이 있다(『椒園遺稿』 冊2 「說文新義序」, 「詩次故序」). 조남호(2008)는 고전학에 대한 높은 관심은 조선양명학의 특징임을 지적하고 있다.

89 『尙書古文疏證』 卷首 閻詠 序. "家大人徵君先生著尙書古文疏証若干卷. 愛之者, 爭相繕寫, 以爲得未曾有. 而怪且非之者, 亦復不少. 徵君意不自安, 曰, 吾爲此書, 不過從朱子引而伸之, 觸類而長之耳. 初何敢顯背紫陽, 以踏大不韙之罪." 吉田純(2006), 48~49쪽, 井上進(2011), 283쪽 참조.

제5장
저촌(樗村) 심육(沈錥)

심육은 정제두 사후 그의 유고 정리 · 편찬작업에서 중심적인 역할을 하였고, 정제두의 행장을 집필하는 등 정제두 문하의 중요 인물 중 한 사람이었다. 하곡학 혹은 강화학파에 관한 종래의 선행연구에서도 이 유고 편찬작업이나 행장의 내용을 언급하는 형식으로 심육에 관한 약간의 소개가 되어 있다.[1] 그렇기는 하지만 필자가 본 바로는 심육의 문집을 정밀히 조사한 뒤에 그의 학술 내용을 검토한 선행연구는 전무하며, 심육에 관한 전론(專論)은 일본은 물론 한국 내에서도 발표되지 않았다. 이 장에서는 심육의 학술을 고찰하여 그의 학문적 입장을 밝히고, 정제두의 학문적 입장과의 비교를 통하여 초기 강화학파의 하곡학 수용 양상의 일단을 해명하고자 한다.

여기에서 사용하는 심육의 별집은 『저촌유고(樗村遺稿)』 전 47권(『한국문집총간』 207~208책 수록, 민족문화추진회, 1998년)이다. 문집총간 권 첫머리의

---

1 윤남한(1982)은 정제두 사후 문인들에 의한 유고의 제1차 편찬작업을 논하며 심육의 역할을 언급(236~237쪽), 심육이 지은 정제두의 행장 내용을 통해 하곡학에 대한 심육의 파악 방식이나 그의 하곡학 계승 방향성에 관하여 간결하게 분석하였다(245~246쪽). 또한 심경호(1993), 310쪽, 326쪽과 심경호(1997), 253쪽도 심육에 의한 유고 편찬작업에 대해 언급하고 있다.

'범례'에 의하면, 저본은 이건방(李建芳)이 소장하고 있던 사본(寫本)을 1938년 조선총독부 중추원에서 등사한 사본(서울대학교 규장각 소장본)이다. 실제로 저본의 각 권말에는 몇 군데에 걸쳐 '원본소유자: 이건방. 원본간사별: 사본(寫本). 등사년월: 소화13년 2월. 교정자: 정계섭[原本所有者, 李建芳. 原本刊寫別, 寫本. 謄寫年月, 昭十三年二月. 校正者, 鄭啓燮](권20 말엽)', '원본소유자: 경성(京城) 이건방. 원본간사별: 사본. 등사년월: 소화13년 7월. 교정자: 정계섭[原本所有者, 京城李建芳. 原本刊寫別, 寫本. 謄寫年月, 昭和十三年七月. 校正者, 鄭啓燮](권48 말엽)'이라 써넣은 것이 보인다.[2] 이건방(李建芳, 자 春世, 호 蘭谷, 1861~1939)은 초기 강화학파의 유력 씨족인 이광사·이광신·이광찬을 배출한 전주이씨 덕천군파의 후예이다.[3] 또 정계섭(鄭啓燮)은 정제두의 7대손으로, 정제두의 문집 제5차 편찬작업에 종사한 인물이기도 하다.[4] 이러한 『저촌유고』의 전존(傳存) 상황은 강화학파의 학맥·학통이 근대 이후에 이르기까지 면면히 계승되고 있던 실태의 일단을 나타내주는 것이라 할 수 있겠다.[5]

---

2 『한국민족문화대백과사전』(한국정신문화연구원, 1991) 제19책 「樗村遺稿」 항목에 김동현의 해제가 실려 있다. 해제 내용 중에 '이건방 소장본을 1938년에 필사하여 정계섭이 교정'이라고 되어 있으므로 이 해제도 규장각본을 대상으로 한 것이다.

3 정인보, 『薝園文錄』 卷5 「祭蘭谷李先生文」, 『薝園文錄』 卷6 「蘭谷李先生墓表」(『薝園鄭寅普全集』 第6冊 所收, 연세대학교출판부, 1983). 「蘭谷李先生墓表」에 의하면 이건방의 어머니는 靑松 沈氏로, 심육과는 동성동본이다. 유명종(1983), 제4장 「강화학파의 양명학」 (14) 蘭谷 李建芳, 223쪽~.

4 정계섭에 관해서는 제7장을 참조.

5 高橋亨이 중심이 되어 조선양명학 관계사료 필사작업을 진행했을 때, 주로 이건방 소장본을 차용하여 정서한 후에 정계섭이 이를 교정하였다고 한다. 윤남한(1982), 234쪽. 규장각 소장본 『樗村遺稿』도 같은 경위로 필사된 것이다. 제7장 참조.

Ⅰ. 심육의 약력

1

심육(沈錥, 1685~1753)은 자 화보(和甫), 호 지수재(知守齋)로 본관은 경상도 청송이다. 심육의 조부인 심유(沈濡, 자 聖潤 1640~1684)는 숙종10년 문과에 급제하여 세자시강원 설서(世子侍講院說書, 정5품), 사간원 정언(司諫院正言, 정6품), 홍문관 응교(弘文館應敎, 정4품) 등을 역임한 인물이다.[6] 또 아버지인 심수현(沈壽賢, 자 耆叔, 호 止山, 1663~1736)은 숙종30년 문과에 급제하여 양양 부사(襄陽府使), 이조 참판(吏曹參判, 종2품) 등을 역임하였으며 영조 대에는 의정부 우의정(議政府右議政, 정1품), 중추부 판사(中樞府判事, 종1품), 의정부 영의정(議政府領議政, 정1품)까지 이른 대관이었다.

심육에 관한 전기자료는『저촌유고』에는 전혀 실려 있지 않고, 동시대인 혹은 후세 인물이 집필한 제문 · 묘지명도 현재 볼 수 없다.[7] 심육에 관한 전기자료가 전무에 가까운 것은 심유현(심필의 양부) 및 심육의 동생 심확 · 심필 주변 인물이 모두 국가에 의해 처형 내지는 처벌된 사건의 영향일 것이다(제13장 참조).

심육은 숙종31년 을유년, 21세로 사마시에 합격하였다.[8] 그리고 문과 급제를 목표로 하여 거업에 종사하였으나[9] 합격하지는 못하였다. 그래서 임관은 아버지 심수현이 고관이었기에 음사(蔭仕)였을 것이다. 관력(官歷)

---

6 『明谷集』卷23「弘文館應敎贈吏曹參判沈公墓碣銘」(『한국문집총간』154책).

7 『國朝人物志』3編 英祖朝「沈壽賢」에 다음의 기사가 실려 있다. "子鏵字彦魯……鏵兄錥, 號知守齋, 有孝行, 以遺逸進官至贊善." 이 점에 관해서는 본장 말미의 附說에서 보충하겠다.

8 『乙酉增廣司馬榜目』進士試 三等.『樗村遺稿』卷37「日記」1條. "余年二十一時, 果幸占小科."『樗村遺稿』卷42「祭從弟進士文」. "記在乙酉之秋, 君以弱冠上庠, 而余亦從君後而得忝." '君'은 종제 李縉基를 가리킨다.

9 30세의 심육이 거업에 열심히 종사하기로 결의를 다진 문장이 일기에 남아 있다.『樗村遺稿』卷37「日記」46條. "如是優游行且三十歲矣.……自今以後, 每事當以振作爲務, 雖彼擧業, 亦當加意爲之. 得失則不必橫却肚中而已."

의 대략은 『조선왕조실록』, 『승정원일기』의 기사를 통해 알 수 있다. 그 개략을 기록하자면 다음과 같다(괄호 안의 연월일은 최초의 2건만이 『승정원일기』이고, 나머지는 전부 『조선왕조실록』에 기재된 부분이다).

38세 세제익위사 세마(경종2년 1월 14일), 세제익위사 시직(경종2년 12월 24일)
41세 세자익위사 부율(정7품, 영조원년 2월 갑오)
43세 세자시강원 자의(정7품, 영조3년 8월 을사)
44세 사재감 주부(종6품, 영조4년 정월 정사)
45세 사헌부 지평(정5품, 영조5년 윤7월 갑신)
49세 종부사 주부(종6품, 영조9년 6월 임자), 사헌부 장령(정4품, 영조9년 11월 경인)
51세 사헌부 집의(종3품, 영조11년 9월 계묘), 승정원 승지(정3품, 영조11년 10월 갑신)
52세 세자시강원 찬선(정3품, 영조12년 정월 병신)
60세 호조 참의(정3품, 영조20년 2월 정묘), 성균관 좨주(정3품, 영조20년 3월 신묘)
62세 형조 참판(종2품, 영조22년 윤3월 갑인)
63세 사헌부 대사헌(종2품, 영조23년 12월 기사)

위의 관력에서 주목할 점은 심육이 경종 대에서 왕세제(훗날의 영조)에게 춘궁(春宮) 관료로서 벼슬하고 있었다는 점, 그리고 노론이 복권한 영조 대 이후에도 심육이 순조롭게 승진을 하고 있었다는 점이다. 뒤의 사항에 대해 말하자면 이는 심수현 · 심육 부자가 소론 완소파에 속하고 있었다는 것, 소론 준소파와 남인은 경종 붕어 · 영조 즉위에 의해 정치적으로 완전히 실각하지만 완소파는 영조 대 이후로도 일정한 정치권력을 지닐 수 있었다는 정국 · 정치동향과 관련지어 이해할 수 있을 것이다(자세한 내용은 제11장 및 13장 참조).

영조의 술회에 의하면 동궁 시절 심육은 동궁 관료로서 영조를 측근에서 모셔 영조의 신망을 얻었다.[10] 심육이 위의 기록처럼 영달을 이룰 수 있었던 것은 완소파가 처했던 당시 정치적 위치의 측면과 더불어 영조의 신임에 의한 부분이 컸던 것은 아닐까 생각된다. 심육이 69세로 죽었을 때 그의 부음을 접한 영조는 애도의 뜻을 서술하여 직접 제문을 짓기도 하였다.[11]

심육의 생애에 관해 말하자면 26세부터 27세에 걸쳐 당시 의주 부윤(義州府尹)이었던 심수현과 함께 의주 지역에 체재했던 것, 44세 때 사은진주 정사(謝恩陳奏正使)로서 북경에 갔던 심수현과 동행했던 것도 주목할 만한 일이다. 이러한 체험에 관한 심육의 술회는 본장에서 언급할 겨를은 없으나, 그의 화이관념이나 소중화 사상을 엿보기에 좋은 재료를 제공해 주고 있다.[12]

2

별집의 이름에도 쓰이고 있는 '저촌(樗村)'은 그의 거주지에서 유래한 듯하다. 다만 심육의 생애를 통한 거주지의 실태에 대해 상세한 내용은 미상이다. 심수현과 심육은 오래도록 서울에서 관직에 있었던 인물들이므로 그들이 한성에 가옥을 소유하고 있었던 것은 말할 필요도 없을 것이다. 심수현은 한성에서 생장했다고 한다.[13] 심육 본인의 술회에 의하면 심육 일

---

10 『朝鮮王朝實錄』 영조19년 9월 5일. "上曰,……予之在東宮時, 桂坊如尹東源,……沈錥者皆有經術, 而予有善言文義處, 則錥必起拜, 其質實可貴矣." '桂坊'은 世子翊衛司를 가리킨다.

11 『朝鮮王朝實錄』 영조29년 10월 9일. "又敎曰, 今聞都憲沈錥逝狀, 愴懷曷喩? 凡諸等事, 依鄭祭酒例擧行." 11월 22일. "上親製祭文, 致祭于故判府事金若魯, 故祭酒沈錥, 故領府事趙顯命."

12 中純夫(2003) 참조.

13 『樗村遺稿』 卷44 「宣告領議政府君遺事」 6條. "公生長京第, 而自少時至晩年, 鄕居之日

가는 심육이 30~31세쯤 별도로 경기도 안성군(安城郡)에 우거(寓居)를 지었다.[14] 안성은 한성에서 남하하여 1박의 여정이다.[15] 그 후 심육은 만년에 이르기까지 오로지 한성과 안성을 왕복하는 생활을 보냈던 모양이다.[16]

그 외에 심육이 묘참(墓參)·우거 혹은 경유지로서 체재하거나 방문하여『저촌유고』중에 빈출하는 지명으로는 '파(坡)', '추(楸)', '금(衿)', '도(桃)', '귀계(歸溪)' 등이 있다.

경기도 파주(坡州)는 한성의 약간 북서쪽, 여기에는 심육의 증조부 심약한이나 조부 심유가 매장되어 있었다.[17] '추(楸)'는 정제두도 한때 거주하고 있던 경기도 안산군(安山郡) 추곡(楸谷)일 것이다. 당시 심씨의 묘는 이 추곡에도 있었던 모양이다.[18] 안산군은 안성군보다 약간 북서쪽, 한성과 안성을 왕복하는 도중에 위치하고 있다.[19] 심육이 안성에 거주를 정한 이유

爲多."

14 『樗村遺稿』卷41「日記」34條. "吾家之欲以白城爲歸者, 盖久矣. 以無地可着屋子, 故計數年未就焉. 至甲午冬, 爲近湖營便省觀, 乃提攣兒輩, 來寓于安之郡東所識人家." 白城은 安城의 옛 지명. 24條. "歲乙未十月十六日, 攣妻兒來安城.……隨而來者, 達吉兩弟若乙丁壬三子."

15 『新增東國輿地勝覽』卷10 京畿道「安城郡」. "去京都一百五十二里."『樗村遺稿』卷41「日記」26條. "此去京洛, 不過一宿而往."

16 『樗村遺稿』卷30「與遁谷」第2書. "弟客歲十月末間, 携率兒曹往白城, 以爲過寒計.……開旬以後, 欲般歸京第."「與遁谷」第6書. "弟入夏以來, 多在都下."「與遁谷」第1書에 癸卯 8월 8일이라는 날짜가 붙어 있으므로 제2서 및 제6서는 마찬가지로 경종3년 癸卯=심육 39세 이후의 편지이다.『樗村遺稿』卷28「答良甥」第15書. "吾擬於來旬還安城耳." 제13서에 丁卯 6월 26일, 제17서에 戊辰 2월 18일의 날짜가 붙어 있으므로 제15서는 영조23년 丁卯=심육 63세 때의 편지이다.

17 『霞谷集』卷6「贈通政大夫承政院左承旨沈公墓表」. "公諱若漢……公葬坡州牛浪谷乾坐之原."『明谷集』卷23「弘文館應敎贈吏曹參判沈公墓碣銘」. "葬坡州廣灘牛浪谷, 從先兆也.……君諱濡."

18 『樗村遺稿』卷25「與澹雲」第4書. "數月有事於墓下, 頃始歸家.……自楸下歸, 亦已旬餘日."『樗村遺稿』卷31「與遁谷」第33書. "數日後將赴楸下, 爲營石役." 영조12년(1736) 8월에 정제두, 10월에 심수현이 죽었다.「與遁谷」第28書에 정제두의 죽음이 언급되어 있으며, 이 제33서에는 '哀感之至', '春寒未解'라는 표현이 보이므로 영조13년=심육 53세 봄의 집필이다. 따라서 '爲營石役'이란 아버지 심수현의 墓石을 세우는 일을 가리킨다.

19 『新增東國輿地勝覽』卷9 京畿道「安山郡」. "北至衿川縣界十四里, 去京都五十一里."

중 하나에는 그러한 지리적 이점도 있었을 것이다. 또 한성과 안산 추곡 도중에 위치한 금천현(衿川縣)은 '한성 → 금천 → 안산 추곡 → 안성' 루트의 경유지로서 이용되었고,[20] 심육은 금천에도 우거를 소유하고 있던 형적이 있다.[21]

그렇다면 저촌이라는 지명은 지금의 지지류(地誌類)에는 검출되지 않지만, 경기도 양성현(陽城縣) 소재인 듯하다.[22] 양성현은 안성군 바로 서쪽에 인접하고 있다.[23] 심육이 저촌에 우거하고 있었다는 것은 본인이 자주 술회하는 점이기도 하다.[24] 그러나 이른바 양성 저촌의 우거와 안성군의 우거가 동일한 것을 가리키는지, 따로 존재했던 것인지는 미상이다.

Ⅱ. 심육과 정제두

1

심육의 증조부 심약한의 처와 정제두의 아버지 정상징의 처는 자매지간

---

20 『新增東國輿地勝覽』 卷10 京畿道 「衿川縣」. "南至安山郡界十六里……去京都三十一里." 『樗村遺稿』 卷29 「與吳聖登」 第2書(60세). "僕爲趁節祀赴楸下,……作到衿陽留數日." 『樗村遺稿』 卷28 「答李錫予」 第30書(61세). "擬於十九日, 作省墓行, 往來當經由衿陽." 『樗村遺稿』 卷28 「答李錫予」 第31書. "楸行昨始來到衿陽."

21 『樗村遺稿』 卷47 「朔寧衙下記室」. "擬於歲翻後, 始還衿寓." 『樗村遺稿』 卷42 「祧廟移奉告辭」. "今以顯高祖考某官府君, 顯高祖妣某封某氏神主, 奉還于衿川寓舍."

22 심육의 죽음 직후에 영조가 옛 성균관 좨주 심육을 언급하며 홍양한과 말을 주고받은 가운데 다음의 구절이 있다. 『承政院日記』 영조29년 11월 22일. "又教曰, 祭酒葬期, 在來月耶? 良漢曰, 然矣. 上曰, 祭酒本居於何處耶? 良漢曰, 在於陽城樗村矣. 上曰, 祭酒爲人甚質實矣."

23 『新增東國輿地勝覽』 卷10 京畿道 「陽城縣」. "東至安城郡界三里."

24 다음은 모두 시의 제목에 '樗村'이 언급된 예이다. 『樗村遺稿』 卷6 「樗村夜坐, 忽有抱琴而至者」, 卷10 「乙丑三月初三日, 作安陰行, 自樗村朝發」, 卷11 「明日將還樗村」, 卷21 「翌日還樗村」, 卷42 「樗村土地神祭文」 8수가 있다.

이다. 즉 심육과 정제두는 인척관계였다. 그 관계를 나타내면【系圖2】대로 이다.[25]

심육이 정제두를 위해 집필한 제문의 첫머리에서 '척종손청송심육(戚從孫靑松沈錥)'이라 자칭한 것은 이 인척관계 때문이다.[26] 또 심육이 정제두의 아들인 정후일을 종종 '정숙(鄭叔)'이라 칭한 것도 정제두의 어머니가 심유(沈濡) 어머니의 여동생이었기 때문일 것이다.[27] 덧붙여 말하자면 정제두는 심약한을 위한 묘표와 심육을 위한 제문을 각각 집필하고 있다.[28]

『저촌유고』를 통람한 뒤 솔직한 인상은 정제두와 관련된 언급이 예상외로 매우 적다는 것이다. 심육이 정제두와 관련하여 집필한 문장으로는「상하곡(上霞谷)」 2통(38세, 39세, 『저촌유고』 권25), 「진강문답(鎭江問答)」(38세, 『저촌유고』 권38), 「제하곡정선생문(祭霞谷鄭先生文)」(52세, 『저촌유고』 권42), 「하곡선생유사(霞谷先生遺事)」(『저촌유고』 권44)가 있으며, 그 외에 친구에게 보낸 편지나 일기 중에 약간의 언급이 남아 있다. 또 심육이 집필한 정제두의 행장은『저촌유고』에는 수록되지 않고, 『하곡집』 권10에 수록되어 있다. 그리고『하곡집』 권3에는「답심화보서(答沈和甫書)」 3통이 수록되어 있다.

심육이 구체적으로 언제부터 정제두의 가르침을 청하려고 했던 것인지는 미상이다. 다만 두 집안이 인척관계였다는 사실로부터, 심육도 어린 시절부터 정제두의 존재를 알았으며 경모의 마음을 품는 데 이르렀다고 생각된다.[29]

---

25 『霞谷集』 卷6「贈贊成公墓碣」,「外王母贈貞敬夫人李氏墓誌銘」 및『明谷集』 卷23「弘文館應敎贈吏曹參判沈公墓碣銘」등을 참조.

26 『樗村遺稿』 卷42「祭霞谷鄭先生文」. "維歲次丙辰九月壬辰朔十五日丙午, 戚從孫靑松沈錥, 敬以酒果之奠, 敢昭告于霞谷先生鄭公之靈而哭之曰." 또한 심육이 지은『霞谷集』 卷10「行狀」. "某之祖父, 亦與先生爲從母昆弟."

27 『樗村遺稿』 卷25「與鄭富平叔」등. 鄭富平은 富平都護府(경기도) 府使의 직임을 맡고 있던 정후일을 가리킨다. 申大羽『宛丘遺集』 卷8「富平都護府使鄭公行狀」.

28 『霞谷集』 卷6「贈通政大夫承政院左承旨沈公墓表」,「祭姨兄沈公之文」.

29 『霞谷集』 卷10「行狀」. "某以通家子弟, 自幼慕仰特深. 又得出入門墻久矣."

『저촌유고』에서 심육과 정제두의 학문적 교섭의 자취를 나타내는 가장 초기의 자료는 권38의「진강문답」임인(壬寅) 납월(臘月)이다. 당시 심육은 38세, 정제두는 74세였다. 그 뒤 정제두 사후에 쓴 일기 중 심육은 스승을 회상하면서 '문하에 출입한 지 10여 년[出入門墻十餘年]'이라 기록하고 있다(권38「日記」戊午, 54세, 17조). 정제두는 심육이 52세 때 죽었으므로 이는「진강문답」을 나눈 지 14년째에 해당된다. 따라서 심육이 정제두에게 입문한 것도「진강문답」을 나누었던 38세였는지, 일기의 기록을 소급해보아도 수년 내외의 시기일 것이라고 추정된다.

심육이 정제두로부터 어떠한 학문적 훈도를 받았는지, 남겨진 자료로부터는 반드시 분명하지는 않다. 적어도 말할 수 있는 것은『저촌유고』를 통람해보건대 심육이 정제두에게 양명학의 가르침을 청하고 심육 자신이 양명학을 신봉하는 데 이르렀다는 사실을 나타내줄 형적·흔적은 전혀 없다는 것이다.

심육과 정제두의 학문적 교섭의 자취를 다소나마 구체적으로 나타내는 드문 자료가 앞에서도 말한「진강문답」이다. 정제두는 61세 이후로 강화도 진강에 은거하고 있었다.「진강문답」은 심육이 진강으로 정제두를 찾아갔을 때 주고받은 문답일 것이다. 전부 11조로 되어 있으며 1~7조는 정주(程朱)의 심성론이나『중용』해석 등을 둘러싼 질의, 8조는 정이 및 주희와 정호의 성격·기질의 차이에 관한 화제, 9~10조는 정제두의 장수나 건강에 대한 화제, 11조는 계사(繼嗣)에 관한 정이의 발언을 둘러싼 화제이다. 이 조목들로부터 이 당시 문답은 거의 정주학에 관련된 질의응답이 중심이었던 모습을 엿볼 수 있다.

2

정제두는 영조12년(1736) 8월 11일, 88세의 나이로 죽었다. 다음의 편지는 그 직후에 집필한 것이다.

사문이 불행하여 하곡 선생께서 이달 11일 축시(丑時)에 홀연히 후학을 버리고 떠나셨습니다. 산이 무너지는 듯이 통곡과 의지할 어른을 잃은 슬픔은 형님도 저도 같은 마음일 것이라 생각됩니다.[30]

편지의 상대인 이진병(李震炳, 자 炳然, 호 遁谷, 1679~1756)은 마찬가지로 정제두의 문인으로, 후술할 것이지만 정제두 사후 유고 편찬작업에 관여한 유력 멤버 중 하나였다. 여기에 이어서 「여둔곡(與遁谷)」 제29서~31서(모두 영조12년 가을)에 심육이 이진병에게 권유하여 함께 말을 타고 강화도에 조문을 가고 싶다는 것, 만일 이진병이 떠날 수 없다면 자신 혼자라도 조문을 갈 계획이다, 운운하는 뜻이 기록되어 있다.

다음의 편지 또한 정제두의 서거에 대해 언급하고 있는데 수신인은 미상이다.

하곡 선생께서 홀연히 후학을 버리고 떠나신 것은 사우들이 애통하게 생각합니다. 더구나 저처럼 선생을 스승으로 섬긴 지 오래되어 은애(恩愛)를 입음이 더욱 깊은 경우는 애통함이 응당 어떠하겠습니까. 다만 한스러운 것은 선생님처럼 도가 있는 분을 직접 모시게 되어 간절히 앙모하였는데도 끝내 수용한 실제가 없었고, 게다가 여러 해 전부터 병이 심해져 날로 학문을 게을리하여서 평소 선생께서 알아주고 장려해준 뜻을 저버린 것입니다. 이 때문에 슬픔과 부끄러움을 견딜 수 없습니다.[31]

『저촌유고』의 편지 중에서 정제두의 서거에 대해 말한 것은 앞의 이진병

---

30 『樗村遺稿』 卷31 「與遁谷」 第28書. "斯文不幸, 霞谷先生以此月旬一日丑時, 奄棄後學. 山頹之慟, 安放之悲, 想吾兄與弟同此懷也."

31 『樗村遺稿』 卷34 「答人」 第1書. "霞谷丈席奄棄後學, 士友普切痛悼. 而如某之獲事旣久, 愛與甚深者, 隕痛當復如何? 第所恨者, 躬親有道, 慕仰亦切, 而卒無受用之實, 重以年來沉疾, 日益放廢, 有負平日知獎之意. 以此尤不勝怛然省懼也."

에게 보내는 4통의 편지 이외에는 이 「답인(答人)」 제1서가 유일하다. 그 외에 생전 정제두의 동정(動靜)에 대해 언급한 것, 사후의 유고 편찬작업에 관련한 것 등 전부 이진병에게 보내는 편지이다. 심육과 이진병은 도의(道義)의 교분을 맺은 친구 사이로, 『주역』에 대해 묻는 자가 있으면 늘 이진병에게 가르침을 청하기를 권하는 등 그의 학식에 대해서도 심육은 깊이 신뢰하고 있었던 듯하다.[32] 심육에게도 이진병이 동문(同門)의 친한 친구인 이상, 두 사람 사이에서 정제두의 화제를 주고받는 것은 자연스러우면서도 당연한 일이다. 반면 심육이 이진병 외의 친구와 주고받은 편지에서 정제두에 관한 언급을 거의 하지 않고 있다는 것은 『저촌유고』의 현저한 특색 중 하나라 해도 과언이 아니다. 정제두에 관한 화제나 감회를 공유할 수 있는 친구는 심육에게 있어서 이진병을 포함하여 지극히 한정된 사람뿐이었던 것일까. 적어도 현존하는 『저촌유고』를 통람해보건대 정제두를 중심으로 한 인간관계의 연결고리에 관해서는 지극히 한정된 사람으로 구성된 닫힌 집단이라는 인상을 금할 수 없다.

이와 관련하여 『저촌유고』 권37~41에는 「일기」가 수록되어 있는데, 이 중에서 정제두에 대해 언급한 것도 꿈에서 돌아가신 스승이 나타난 것을 기록한 권38의 한 조목뿐이다.[33]

---

32 『耳溪集』 卷31 「遁谷李先生墓碣銘幷序」. "我舅氏樗村沈先生, 有道義之友, 曰遁谷李先生. 少從霞谷鄭先生, 聞爲己之學. 及摳衣于明齋尹先生之門,……其讀書自四子五經, 至洛閩諸賢書, 通貫反覆, 日有課程. 尤用力於易經禮書, 如誦己言. 學者問易於樗村, 則先生輒曰, 往質于遁谷." 묘갈명의 말미에 있는 시에도 "師維明翁, 友則樗村."이라는 구가 있다. 윗글에서의 明齋·明翁은 윤증(尹拯, 1629~1714)을 가리킨다. 이진병과 윤증의 관계에 대해서는 본장 말미의 附說을 참조.

33 『樗村遺稿』 卷38 「日記」 戊午 17條. "十月初八日, 是上丁也. 竊想霞谷先生禫祭, 必在是日. 夜夢先生儼坐一室, 堂宇廓廡之屬甚盛, 而從先生者甚衆.……其學舍之序列, 生徒之聚集, 非如先生平日靜處簡接之氣像. 而某亦廁身其間, 先生嚴敬之容, 亦與前日從容和豫大異矣."

3

앞에서 말했듯, 정제두가 죽은 직후 유고의 정리 · 편찬작업에 관한 심육의 언급은 『저촌유고』에서는 오로지 이진병에게 보낸 편지 속에서 보인다.[34]

> 진강(鎭江)의 정숙(鄭叔, 정후일)이 멀리서 저를 찾아와 「유사(遺事)」의 기술에 대해 논의한 점이 있었습니다. 하지만 저는 망연하게 어느 하나도 보았거나 기억나는 바가 없어서 정숙이 직접 와서 물은 뜻에 부응할 수 없었으니, 다만 몹시 부끄럽고 두려웠습니다.[35]

> 정숙이 「유사」와 「연보」에 대해서 나와 함께 논의하고자 하였으나, 의거할 만한 기록이 없습니다. 비록 나의 정성을 다하고 싶어도 어쩔 수 없으니, 다만 부끄럽고 두려울 뿐입니다. 약간의 정리된 초고(草稿)가 있어 정숙이 돌아가는 길에 형에게 의견을 물으려 했었는데, 때마침 형이 숙직을 하였기에 묻지 못했다고 하니 그런 일이 있었는지요. 이는 실로 우리의 잘못입니다. 정숙이 간곡하게 부탁한 뜻에 부응할 수 없으니, 어찌한단 말입니까.[36]

제50서 및 제52서에는 모두 기년(紀年)이 없으나 앞뒤의 편지 내용 등으로부터 판단하면, 56세(영조16년)의 집필이다. 정제두의 서거로부터 4년째이다. 현행 『하곡집』에는 권10에 「연보」, 「행장」이, 권11에 「유사」가 수록되

---

34 『霞谷集』 卷11 「附文人等以先生文集事往復書牘」은 「沈樗村與李書」 3통, 「李震炳與富平公書」 2통을 節略의 형태로 수록하고 있다. 그 중 「沈樗村與李書」 3통은, 순서대로 『樗村遺稿』 卷31 「與遁谷」 第58書, 第59書, 『樗村遺稿』 卷27 「與遁谷」 第4書에 대응한다.

35 『樗村遺稿』 卷31 「與遁谷」 第50書. "鎭江鄭叔荷此遠臨, 且以遺事記述有所商量. 而茫然無所覩記, 不能副其臨問之盛意, 第深愧懼."

36 『樗村遺稿』 卷31 「與遁谷」 第52書. "鄭叔以遺事年譜要與之商量. 俱無文字之可按據者. 雖欲自效而不可得, 秖切愧懼而已. 有若干草定者, 歸時將以此質扣于兄, 而値在直廬不果云, 然否. 此實吾輩之責, 而不能副其勤托之意, 奈何奈何?"

어 있다. 정제두가 죽은 뒤 머지않아 정후일은 그 「연보」, 「유사」, 「행장」 등의 편찬을 기획하여 주된 문인에게는 협력을 요청하였다. 그때 문자로 써서 남긴 기록이 충분하게 남아 있지는 않으므로, 오늘날에 전하는 「유사」 등은 오로지 정후일이나 문인들의 기억을 근거로 집필된 것이라고 생각된다.

> 정숙(鄭叔)이 생각지도 못하게 갑자기 세상을 떠났습니다. 본가의 여러 가지 사정을 생각해보면 앞으로 어떻게 계획을 할지 모르겠습니다. 문호(門戶)에서 의지해야 할 것은 다만 어린아이 한 사람뿐입니다. 하곡의 유집은 선생의 평소 뜻으로 말해보자면 남들이 알아주기를 바랄 것이 없으니 상자 속의 물건이 되는 것을 어찌 괘념하겠습니까마는, 지금 세상에 남은 자의 도리에서 보자면 감히 선생의 뜻대로 할 수 없는 것은 대개 의(義)가 있기 때문이니 이에 따라 변통하여도 무방할 것입니다. 정숙이 여러 해 전부터 이 일의 중대성을 인식하여 종전과 같은 망설임이 없었습니다. 작업을 맡은 우리도 미력이나마 다할 생각이어서 사업이 성취될 것이라는 바람이 있었습니다. 그런데 인사가 갑자기 이렇게 되었으니 장차 어찌한단 말입니까.[37]

정후일은 영조17년(1741, 辛酉) 3월 13일, 71세의 나이로 죽었다.[38] 정제두가 죽은 뒤 5년이다. 정후일의 장남 정지윤은 이때 11세였다. 당시 「연보」나 「유사」의 편찬과 병행하여 유고 정리작업도 정후일을 중심으로

---

37 『樗村遺稿』 卷31 「與遁谷」 第58書. "鄭叔意外傾逝. 本家種種事勢思之, 莫知其何以爲計. 門戶之托, 只有藐孤一人. 而霞谷遺集, 以先生平日雅志言之, 不蘄人知, 只作箱篋中物. 亦何所介介. 而自後死者道理視之, 亦不敢一如先生之意者. 盖義之所在, 與之推欲而無害也. 鄭叔年來, 以此事能作大事看, 不似從前之悠悠. 吾輩執役, 思效一分之力, 事有就緖之望, 而人事遽然至此. 其將奈何." 『霞谷集』 卷11 「附文人等以先生文集事往復書牘」에 수록된 「沈樗村與李書」 第一에는 本書를 인용하여 '辛酉四月'이라는 注記를 붙였다. 신유는 영조17년, 심육 57세 때이다.

38 申大羽 『宛丘遺集』 卷8 「富平都護府使鄭公行狀」, 李匡臣 『先藁』 冊3 「祭鄭富平文」.

진행되고 있었다. 그렇다기보다도 「연보」, 「행장」, 「유사」 등은 당초부터 하곡의 유집에 실을 목적으로 편찬되었을 것이다. 그 작업이 실마리가 보이려던 참에 정후일이 서거했던 것이다. 또 '선생의 평소 뜻'이란 생전 정제두가 저술을 좋아하지 않았다는 것, 자신의 저작을 후세에 남길 의도가 희박했다는 것을 가리킨다. 이런 이유도 있었는지 상자 아래에 남겨져 있던 유고는 정리되지 않은 상태로 산란되었으며, 고지(故紙)도 마찬가지 상태였다.[39] 그만큼 그 정리작업에는 정후일이나 유력문인에 의한 교열이 불가결이었던 것이다.

게다가 3월 24일에는 지금 한 사람의 유력문인으로 유고 정리작업의 중심인물 중 하나이기도 한 윤순(尹淳, 1680~1741, 자 仲和, 호 白下)이 죽었다.[40] 정후일의 사후 거의 10일 남짓의 일이다.

> 백하(白下, 윤순)의 죽음은 공사(公私)에 걸친 애통함으로 이루 말할 수 없는 점이 있습니다. 이 일이 끝내 완성하는 일에 있어 다만 이 사람을 희망으로 여긴 것은 그가 문장을 잘했을 뿐 아니라, 선생의 사적을 기술함에 있어 분명 다른 사람이 알지 못하는 점을 잘 알고 있었기 때문입니다. 문장의 결구(結構)가 묘한 이치가 있어 경솔하게 될까 하는 염려가 없을 것이라고 생각을 했더니, 지금 갑작스레 이렇게 되었으니 이제는 다시 부탁할 사람이 없습니다. 깊은 밤 생각하니 저도 모르게 마음이 근심에 잠깁니다.[41]

---

39 『霞谷集』 卷10 「行狀」. "平生不喜著述, 不聚門徒.……苟其少有志於立言垂後, 則豈若是其泯泯然耶? 箱篋中有少日筆草幾軸, 而亦復棄置不收, 又未嘗使子弟就加料檢. 今雖欲爲之整頓, 茫然無可尋之緒. 此在後學無限之恨, 而自先生論之, 自是先生一着高處." 『先藁』 冊3 「祭鄭富平文」. "老先生平生不喜著述,……而亦無意必於垂後, 一未有繕寫定本. 率皆衍筐中散爛故紙."

40 『白下集』 附錄 李匡師 「祭文」.

41 『樗村遺稿』 卷31 「與遁谷」 第58書. "白下之歿, 公私之痛, 有不可言. 而此事之畢竟成就, 只以此台爲望. 不但其有文而已. 事行之述, 亦必有他人所不能知而能知之者. 文字結搆, 想亦有妙理, 必不至輕脫之慮矣. 今忽若此, 從今以後, 更無可托處. 中夜念之, 不覺怛然以傷也."

윤순은 정제두에게 깊이 친자(親炙)했기에 정제두의 사적을 숙지함에 있어 타의 추종을 불허하는 자부를 갖고 있었다. 따라서 결국 심육이 집필한 「행장」도 당초에는 윤순이 집필을 맡고 있었다고 한다.[42] 그만큼 정후일에 이어 윤순의 서거는 심육 등에게 있어 실로 일대의 통한이었을 것이다.

> 그러나 산란(散亂)된 원고의 내용에 대해서는 형께서도 이미 다 보셨을 터입니다. 본가에서 장례를 다 치르기를 기다렸다가 검토하여, 매몰되어 산일(散逸)되지 않도록 하는 것이 좋겠습니다.[43]

일단은 유고의 산일(散逸)을 막고 보존 · 보관한 뒤에 교열 · 취사 작업에 착수할 필요가 있었다.[44]

이에 이어지는 「여둔곡(與遁谷)」 제59서에서 심육은 난고(亂藁) 중에서 판독 가능한 것과 판독 불가능인 것을 변별하는 작업을 이진병에게 의뢰하였고, 그러고 나서 자신도 참여하여 정본(淨本)을 작성할 즈음 최종적인 취사선택의 상담을 행하고자 하는 것, 보충해야 할 자료를 찾아 이덕윤(李德胤)으로부터 이진병에게 보내도록 하는 것 등을 서술하고 있다.[45] 여기에서 언급되는 이덕윤(자 錫予, 李徵成의 아들, 1717~1791)은 심육의 문인으

---

42 『霞谷集』 卷10 沈錥 撰 「行狀」. "前日尹淳仲和嘗言. 他人之習於先生者, 莫我若也. 可不待家狀, 而先生狀德之文, 吾欲無辭焉. 仲和沒後, 此事顧無分付處. 區區乃敢爲之纂次. 只就遺事, 略加檃括而已. 若使仲和而見之者, 未知以爲何如也."

43 『樗村遺稿』 卷31 「與遁谷」 第58書. "然亂藁中所在者, 想兄亦幾盡過眼. 容竢本家葬事後, 使之料檢, 俾不作埋沒以失之則好矣."

44 『樗村遺稿』 卷19 詩 「示遁谷」 七에 붙여진 편지에는 "聞霞谷遺稿不失之云, 心甚爲幸." 이라는 문장이 있다. 집필 시기는 미상이다.

45 『樗村遺稿』 卷31 「與遁谷」 第59書. "文字事, 更無可託. 只當收拾於亂藁中明白可知者書出, 不可知者置之. 此則吾兄之責. 然後從容商量取捨, 以入淨本之際, 弟亦何敢不盡其所見耶?……此意已言于李德胤, 使之一併搜出, 以送于兄所." 第59書와 내용적으로 대응되는 『霞谷集』 卷11 「附文人等以先生文集事往復書牘」에 수록된 「沈樗村與李書」 第2에는 '同年五月'이라는 주석이 붙어 있다. 이에 따르면 이 편지는 영조17년 5월의 집필이 된다.

로,[46] 그의 여동생이 정지윤(정후일의 아들)의 부인이었다. 이렇게 정후일이나 윤순의 사후, 유고의 정리 · 편찬작업은 심육과 이진병, 그리고 이광신이나 이덕윤을 추가한 문인들 몇 명의 손에 맡겨졌던 것이다.

또 그 외에 『저촌유고』 권27 「여둔곡(與遁谷)」 제4서에는 "정숙이 「연보」와 「유사」를 부쳐와 이것으로 「행장」을 지어주기를 요청하였다.[鄭叔以年譜遺事寄來, 要以此成行狀]"로 시작하는 일련의 기술이 있다. 정숙(鄭叔)이 심육에게 「연보」와 「유사」를 송부하였고 그것을 근거로 하여 「행장」을 집필하도록 부탁한 것이다. 이하 이 편지에서 심육은 ① 「행장」은 사의(私意)를 개입하지 말고 사실에 근거하여 집필할 것 ② 그러기에는 「연보」, 「유사」의 기술이 너무 간략하다는 것 ③ 상자 안의 유고를 자신은 애초부터 본 적이 없다는 것 ④ 우선은 이진병이 유고의 정리를 행해야 한다는 것 ⑤ 그 후에 다시 두 사람이 취사의 검토를 행해야 한다는 것 ⑥ 그 작업과정에서 「행장」에 이용할 수 있는 재료도 저절로 얻을 수 있을 것이므로, 「행장」 집필은 그때 하더라도 늦지 않는다는 것을 서술하고 있다.[47] 이 편지는 '9월 14일(九月十四日)'이라는 주석이 있는데, 「행장」 같은 권의 「여둔곡」 제1서 '계해 윤월 1일(癸亥閏月一日)'의 주석으로부터 영조19년(1743, 심육 59세)의 집필로 보인다.[48] 『하곡집』 권11 「부문인등이선생문집사왕복서독(附門人等

46 『宛丘遺集』 卷9 「李先生行狀」. "先生李氏諱德胤, 字錫予……先生少從祭酒沈先生錥學. 游先生門者, 多當時秀俊之士, 而至於任重質行, 人人皆自以爲不如也."

47 『樗村遺稿』 卷27 「與遁谷」. "鄭叔以年譜遺事寄來, 要以此成行狀, 而竊以爲事行所述不免草草, 此外又無可据爲說者. 似此曲折, 前此與兄商量, 亦已審矣. 吾輩爲先生執役, 有可以致力者, 曷敢有一毫他意. 第其狀德之文, 有不可以私意杜撰. 只當考據實迹, 審愼辭令. 而顧其所以憑依者, 乃草畧如此. 屢入思量, 誠無發揮結纂之道. 其將奈何? 然念箱篋中未嘗料檢, 輥置不成段落者甚多. 弟未曾一窺, 而兄則略知之矣. 區區所嘗勉兄者, 只欲討一靜僻處, 早晚看閱, 俾有頭緒之可尋, 一再脫藁, 亦不必一一收錄. 然後容竢合席講量, 以定其取捨, 則其中亦必有可以收入者. 行狀成就, 恐不可指期速成矣."

48 바로 앞의 편지인 「與遁谷」 第3書(8월 15일)에 '前月遭姑母喪'의 기술이 있다. 卷28 「答李錫予」 第19書(癸亥 8월 5일)에 '某姑母棄背', 卷44 「先妣贈貞敬夫人李氏遺事」 14조에 '況今年又失姑母矣.……癸亥十一月十六日.'이라고 되어 있어, 제3서도 계해년의 집필이다.

以先生文集事往復書牘)」에 수록된 「심저촌여이서(沈樗村與李書)」 제3도 본서를 인용하여 '계해(癸亥)'라고 주석을 붙였다. 다만 위에서 말한 것처럼 정후일은 영조17년(1741)에 이미 죽었다. 따라서 이 서한의 계년(繫年)이나 정후일의 몰년이 변동되지 않는 한, 글 중의 '정숙(鄭叔)'이 정후일을 가리키는 일은 있을 수 없다.[49] 그러나 정후일 이외에 심육이 '정숙'이라고 부를 만한 인물이 있었는지는 미상이므로 의문이 남는다.

Ⅲ. 하곡학 및 육왕학에 대한 심육의 평가

1

심육이 정제두의 학술을 어떻게 평가하였으며 이를 수용하였는가는 직접적인 언급이 적으므로 그 실태는 반드시 분명치 않다. 심육의 하곡학 평이라고 볼 만한 것도 「행장」이나 「제문」에서 문자 그대로 존평이 남아 있을 뿐이다.

> 세간에서 선생의 학문이 양명학이라고 이러쿵저러쿵하는 것은 과연 무슨 말인가? 선배들이 선생을 경계하는 말이 있었던 것은 본디 서로 절차탁마하자는 취지로 보아도 무방하다. 그러나 말속(末俗)에서는 시끄럽게 떠들며 이를 구실로 삼았다. 이것이 선생께 있어 그 학문의 경중(輕重)을 좌우할 수 있는 것이겠는가. 내가 선생을 따른 지 오래되었으나 일찍이 선생께서 한마디라도 이를 언급함을 보지 못했고, 나 역시 일찍이 스승께 묻지 못하였다. 이는 감히 세속의

후속의 제7서에는 '甲子二月十五日'이라는 주석이 붙어 있다. 그리고 이 제3서에도 '此意亦宜與鄭叔商量, 而遺藁盡數携去, 以爲吾輩自效之圖, 如何如何?'라는 언급이 있다.

49 윤남한(1982)은 글 속의 '鄭叔'을 정후일로 번역하고 있다. 237쪽.

말로 선생의 도에 의혹을 품어서는 안 된다고 생각했기 때문이다.[50]

처음에 '유세차(維歲次) 병진년(丙辰) 9월 임진삭(壬辰朔) 15일 병오에 척종손인 청송 심육은[維歲次丙辰九月壬辰朔十五日丙午, 戚從孫靑松沈錥]'이라 운운하였는데, 정제두 사후 1개월 남짓(영조12년 9월)의 집필이다. 이 기술에 의하면 정제두와 심육의 사이에는 양명학에 관한 학문상의 사승전수는 고사하고, 한마디의 언급조차 없었다. 더구나 심육이 감히 그에 대한 화제를 언급하지 못했던 것은 세평에 좌우되어 스승의 학문의 본질을 오해하게 해서는 안 된다는 스스로의 경계가 담긴 의식적 태도에 의한 것이라고 한다. 그렇다면 심육이 하곡학의 본령이 양명학이 아니라고 파악했다는 것은 분명할 것이다.

그리고 '선배들이 선생을 경계하는 말[先輩相規之言]'은, 정제두가 그의 30대 시절 이후로 윤증 · 박세채 · 최석정 · 민이승 등과의 서한 왕복에서 스스로의 양명학 신봉을 표명 · 고백하여 그들로부터 일제히 격렬한 논란 · 충고를 받았던 사실을 가리킨다.[51] 그리고 후에 영조2년 7월, 당시 성균관 좨주였던 정제두(78세)는 사헌부 지평 이정박에 의해 그의 양명학 신봉을 탄핵받는데, 탄핵문에서 이정박은 박세채가 정제두에게 보낸 편지를 채용하여 입론의 근거로 삼고 있다. '말속(末俗)에서는 시끄럽게 떠들며 이를 구실로 삼았다.[末俗嘵嘵以爲口實]'란 아마도 이를 가리키는 듯하다. 「행장」의 언급은 「제문」보다도 더 간략하다.

---

50 『樗村遺稿』 卷12 「祭霞谷鄭先生文」. "世之以新建之學竊議于先生者, 果何說耶? 先輩相規之言, 固不害爲切磋之義. 而末俗嘵嘵以爲口實. 此於先生, 豈足爲輕重哉? 小子從先生久, 而未嘗見先生一言及乎此, 小子亦未嘗請問於函丈者. 蓋不敢以世俗之言, 有惑於先生之道也."

51 『先藁』 冊1 「論鄭霞谷學問說」에도 다음의 구절이 있다. "世之塗聽道說, 不知孤亭陽明之爲何道何學, 視若儒釋氷炭之不同, 斥陽明爲異端, 譏先生爲異學者, 固不可與議. 而先輩長者, 如明齋尹先生南溪朴先生崔明谷閔誠齋諸公, 蓋嘗憂之."

> 세상 사람들이 혹 선생이 양명학을 하였는지 의심하였으나, 이것이 선생에게 있어 그 학문의 경중(輕重)을 좌우할 수 있는 것이겠는가. 선생의 저술로는 「경설(經說)」 약간의 말이 있다. 후세에 선생의 학문을 관찰하고자 하는 사람이 여기에서 구한다면 그 본령(本領)의 소재를 대략 알 수 있을 것이다.[52]

여기에서도 심육은 '정제두의 학문은 양명학이다'라는 세평에 대하여 직접적으로 진위의 판정을 내리는 것은 피하면서도, 하곡학의 가치는 이러한 세평의 존재에 의해 좌우되는 것이 아니라는 인식을 나타내고 있다. 그렇게 단언할 수 있는 것은, 역시 심육이 하곡학의 본령은 양명학과는 다르다는 점에 있다고 생각했기 때문일 것이다.

그리고 위에서 언급된 「경설(經說)」이란 『하곡집』의 모든 판본 중, 윤남한의 이른바 B본(서울대 고서본, 11책) 및 C본(국립도서관 소장본, 10책)에서 채용된 편명으로, 내용적으로는 A본(국립도서관 소장본 22권본=한국문집총간본) 권16 소재의 「시차록습유(詩箚錄拾遺)」, 「서차록습유(書箚錄拾遺)」, 「춘추차록습유(春秋箚錄拾遺)」에 대응한다고 한다.[53] 즉 심육은 하곡학의 본령을 그 경학 속에서 판단해야 한다고 보는 것이다.

---

52 『霞谷集』 卷10 「行狀」. "世人或竊疑先生爲新建之學, 而此於先生, 豈足爲輕重也哉? 所著有經說若干言. 後之欲觀先生者, 於此求之, 亦可略見其所存主矣."

53 윤남한(1982), 232쪽 및 316쪽. 필자가 본 서울대학교 규장각 소장 『霞谷集』(11冊本)의 第9冊은 「經說」로서 「詩箚錄拾遺」, 「書箚錄拾遺」, 「春秋箚錄拾遺」를 수록하여 그 내용은 22卷本의 권16에 수록된 것과 일치한다. 그리고 22권본 卷首에 수록된 정문승의 「箚錄」에 "右, 文康先祖文集拾遺二十二卷目錄也. 先祖沒後, 樗村沈公與遁谷李公諸門人, 收集遺文. 未及出草, 兩公繼沒. 其後宛丘申公更釐爲三十五卷目錄, 而今所存經說書疏若干而已."라 하였다. 심육 · 이진병 등에 의한 제1차 편집, 신대우 등에 의한 제2차 편집, 정문승에 의한 제4차 편집(今本 22권본의 祖本)이라는 일련의 편집과정에 있어, 신대우本의 「經說」은 내용적으로는 정문승本에 계승되었지만, 「經說」이라는 호칭은 채용되지 않았던 것으로 추측된다.

2

『저촌유고』 중에서 양명학 혹은 육왕학에 대한 언급은 반드시 많지는 않으나, 그 모두가 비판적 · 부정적인 논조이다. 그 중에서 집필 시기를 특정할 수 있는 것은 거의 60대 만년의 발언이다.

> 제가 양명학에 대해 유독 그러한 것은 그 기개와 문장이 사람을 감동시키기에 충분하므로 그 설에 빠지기가 더욱 쉽기 때문입니다. 마땅히 음탕한 음악과 아름다운 여색과 같이 여겨 멀리해야 합니다. 이렇게 말하면 형님은 분명 저의 말을 너무 과격하다고 여기시겠지요.[54]

'음성미색(淫聲美色)'이란 사람을 끄는 마력이 있어 한번 이에 빠지면 몸을 망치게 되는 존재를 비유한 것으로, 정주학의 불교비판에서 쓰이는 어휘이기도 하다.[55] 양명학도 그 기개나 문장에 사람을 끄는 매력이 있는 만큼 더더욱 준엄하게 이를 배척해야 한다. 첫머리의 '제가 양명학에 대해 유독 그러한 것은'이라는 표현은 의미가 분명치 않으나 말미의 한 구절을 감안해보면, 심육이 양명학을 비판하는 혀끝이 사우들 사이에서도 유달리 가혹했다는 취지일 것이다.

> 무릇 천하의 도가 하나가 아니라 둘이고 셋이라면 그만일 것이다. 그렇지 않고서 공자의 도를 옳게 여긴다면, 여기에서 벗어나 저기로 들어감은 필시 공자

---

54 『樗村遺稿』 卷27 「與遁谷」 第70書 65세 이후. "區區於陽明獨然者, 以其氣魄文章有足以動人者, 故入其說尤易. 當如淫聲美色以遠之矣. 想必以弟言爲過於分數耶." 『樗村遺稿』 권27 「與遁谷」 第41書 말미에 '此以下己巳以後不記年條'의 注記가 있다. 己巳는 영조25년, 심육 65세 때이다.

55 『河南程氏遺書』 卷2 上 89條. "學者於釋氏之說, 直須如淫聲美色以遠之. 不爾, 則駸駸然入於其中矣." 『朱文公文集』 卷49 「答滕德粹」 第5書. "釋氏之說, 易以惑人, 誠如來喩. 然如所謂若有所喜, 則已是中其毒矣. 恐須於吾學有進步處, 庶幾可解. 不然雖欲如淫聲美色以遠之, 恐已無及於事, 而毒之浸淫侵蝕日以益深也."

> 에게 배척을 당할 것이다. 나는 왕양명에 대하여 감히 그 인물을 양주 · 묵적이나 향원(鄕愿)으로 보는 것은 아니지만, 공자의 도가 아니라는 점은 확신하고 있다. 그의 문장과 기절(氣節)을 보면 결코 말세의 인물이 아니거늘 그가 스스로 기뻐하고 자기를 높다 여기는 기상에는 참으로 가릴 수 없는 점이 있다.…… 생각건대 공자 이외에 다른 도는 없다. 진실로 공자의 도를 옳다 여긴다면 향원과 양주 · 묵적과 왕양명은 다만 오십보백보를 다툴 뿐이다.[56]

주지하다시피 '향원(鄕愿)'이란 공자가 '덕(德)의 적(賊)'이라고 한 사이비 군자이며, 양주 · 묵적은 공자의 도에 적대하는 자로서 맹자가 격하게 공격한 대상이었다.[57] 공자의 도를 유일한 정통으로 보는 한, 이에 조금이라도 배반하는 것은 모두 이단이며 공자의 배척을 면할 수 없다. 여기에서도 심육은 양명학을 향원이나 양묵과 동렬로 취급하여 이단으로서의 낙인을 찍는다.

이상의 두 예를 보면 심육의 양명학 평가는 거의 전면 부정이라고 해도 무방하다. 그렇다면 심육은 구체적으로 양명학의 어느 측면을 비판의 대상으로 한 것일까? 위의 글에서 '스스로 기뻐하고 자기를 높다고 여기는 기상[自喜自高之氣像]'이라는 표현은 그 단서일지도 모른다. 그리고 '자기를 높다고 여긴다'란, 이 경우 왕수인 그 사람의 자존자대(自尊自大)를 가리킨다기보다는 역시 양명심학 · 양지심학의 인간이해에 관한 것으로서 받아들여야 할 것이다.

---

56 『樗村遺稿』 卷36 雜著 「惡鄕愿」 第1條. "夫天下之道不一而二三則已矣, 不然而以孔子之道爲是, 則出此入彼, 必皆見斥於孔子者也. 區區於陽明, 非敢以其人爲楊墨爲鄕愿. 而必知其非孔子之道也. 見其文章氣節, 決非衰世人物. 而若其自喜自高之氣像, 則誠有掩不得者.……竊以爲孔子之外無他道. 苟以孔子之道爲是, 則鄕愿與楊墨與陽明, 只爭五十步百步間而已."

57 『論語』「陽貨」. "子曰, 鄕原, 德之賊也." 『孟子』「盡心」下. "孔子曰, 過我門而不入我室, 我不憾焉者, 其惟鄕原乎. 鄕原, 德之賊也.……孔子曰, 惡似而非者.……惡鄕原, 恐其亂德也." 『孟子』「滕文公」下. "楊墨之道不息, 孔子之道不著."

3

심육의 육왕학에 대한 논평에서 자주 키워드로 등장하는 것이 '본천(本天)', '본심(本心)'이라는 상대 개념이다.

> 주자가 말하기를 "석씨(釋氏)는 마음에 근본하고, 성인은 하늘에 근본한다." 라고 하였으니, 둘의 차이를 분석한 것으로 이 말처럼 자세하고 바꿀 수 없는 것은 없다.……성(性)은 형이상(形而上)에 속하니 이(理)이고, 심(心)은 형이하(形而下)에 속하니 기(氣)이다. 그러니 성(性)과 심(心)을 섞어서 말할 수 없음은 분명하다.……석씨의 '식심(識心)'이나 '견성(見性)'은 무슨 말인지 알지 못하겠으나 대저 그 말은 심과 성이 별개의 이물(二物)이 됨을 인정하려 하지 않은 것이다.[58]

'석씨본심(釋氏本心)' 운운한 것은 정이의 말을 주희가 답습한 것으로, 위에서 볼 수 있는 것처럼 원래는 유불(儒佛)을 분별하는 문맥에서 나온 개념이다.[59] '천명지위성(天命之謂性)'이라는 말에 단적으로 나타나듯이 성(性)은 하늘에 그 근거를 가지며, 형이상의 이(理)와 등치된다[性卽理]. 따라서 인간존재에 있어 '性=理'란 마땅히 그러해야 할 본래의 모습이며, 의거해야할 규범이기도 하다. 즉 '본천(本天)'이란 이(理)를 규범으로서 배워 몸에 익히고, 이(理)를 통해 내 몸을 규제하는 것을 의미한다. 주자학의 입장에서 보면, 그것만이 성인의 가르침이며 정통유학의 길인 것이다. 한편

---

58 『樗村遺稿』 卷35 雜著 「本心本天之辨」. "朱子曰, 釋氏本心, 聖人本天. 辨晰於二者之間, 未有如此言之精密不可易者.……性自是形而上者, 理也, 心自是形而下者, 氣也. 其不可以混淪說去者, 亦明甚.……釋氏識心見性, 吾不知其何說, 而大抵其言, 每不欲心與性之自爲二物."

59 『河南程氏遺書』 卷21 下 7條. "書言天敍天秩. 天有是理, 聖人循而行之, 所謂道也. 聖人本天, 釋氏本心." 『朱文公文集』 卷30 「答張欽夫」 第2書. "且如釋氏擎擧竪拂運水般柴之說, 豈不見此心, 豈不識此心, 而卒不可與入堯舜之道者, 正爲不見天理而專認此心以爲主宰. 故不免流於自私耳. 前輩有言, 聖人本天, 釋氏本心. 蓋謂此也."

"심이 성 · 정을 통솔한다.[心統性情者也]"(『張載集』「性理拾遺」)라는 말이 나타내듯이 심(心)은 형이상인 성(性)과 형이하인 정(情)이 교차하는 장소로, 그 상태로는 기품(氣稟)의 영향을 면치 못한다. 그런 의미에서 주자학에서 '심'이란 윤리적으로 불완전한 존재, 그대로는 의거할 수 없는 존재이다. 이에 이(理)를 배워 몸에 갖추는 실천=즉물궁리 · 격물치지의 필요성이 자리하게 되는 것이기도 하다.

그렇다면 불교에서는 '즉심시불(卽心是佛)', '즉심즉불(卽心卽佛)'이라는 선문(禪門)의 테제가 단적으로 나타내듯이 인간의 지금 있는 그대로의 마음을 통째로 긍정하여, 여기에서 인간존재의 진면목(=佛性)을 간파하려고 한다.[60] 이는 주자학의 입장에서 보자면 불완전한 것을 완전한 것으로 잘못 생각하는 오류, 위 글의 표현을 빌리자면 심과 성을 혼동하는 태도로 현실의 인간존재에 대한 안이한 자기 긍정일 뿐이다. '석씨본심'이라는 말에는 그러한 비판이 함의되어 있다.

심즉리를 표방하는 육왕학도 주자학 측에서 보자면 석씨와 동일한 오류를 범하고 있음에 틀림없었다. 육왕학을 불학이나 선학과 등치시키는 논법은 주자학 진영의 육왕학 비판에서 상투적 수단이기도 하였다.[61] 그 사정은 조선에서도 마찬가지였는데, 왕학은 그 전래된 당초부터 이미 선학의 낙인이 찍혔다.[62] 심육의 「본심본천지변(本心本天之辨)」도 그 주안점은 육왕학 비판이었다. 위의 인용문에 이어 심육은 비판의 창끝을 육왕학에

---

60 『馬祖の語錄』(禪文化硏究所, 1984). "大梅山法常禪師, 初參祖問, 如何是佛. 祖云, 卽心是佛. 常卽大悟." "僧問馬祖, 如何是佛. 曰, 卽心是佛." 『傳心法要 · 宛陵錄』(筑摩書房, 1969). "問, 何者是佛. 師云, 汝心是佛, 佛卽是心, 心佛不異, 故云, 卽心卽佛." "上堂云, 卽心是佛. 上至諸佛, 下至蠢動含靈, 皆有佛性."

61 陳建 『學蔀通辨』 後篇 卷上. "此卷所載, 著象山師弟作弄精神, 分明禪學, 而假借儒書以遮掩之也." 卷中 "若陸學果與孔孟同, 與禪佛異, 則其學是矣. 則其與朱子之同, 不待辨矣. 若陸學果與禪佛同, 與孔孟異, 則其學非矣. 則其與朱子之異, 不待辨矣." 陸隴其 『三魚堂文集』 卷2 「學術辨」 上. "自陽明王氏倡爲良知之說, 以禪之實而託儒之名."

62 序章 '二. 조선에서의 육왕학 전래' 참조.

향하고 있다.

> 육상산과 왕양명 두 사람과 같은 경우, 성인을 배우는 것으로서 자신을 지켰으니 어찌 공자를 배운 자들이라고 하지 않을 수 있겠는가? 그러나 증자가 깊은 못과 빙판에서 조심스럽고 신중하게 행동했던 기상[63]과는 전혀 달라서 언행과 문장이 일세를 전도시킨 것이다. 그들을 호걸지사라고 한다면 괜찮겠지만, 공자의 법문을 본받았다고 한다면 잘못된 것이다.[64]

여기에서 '깊은 못과 빙판에서의 기상[戰兢臨履之氣像]'이란, 스스로가 과실이나 오류를 범할 수 있는 존재라는 것을 충분히 인식 · 자각한 뒤에 신중에 신중을 거듭하여 나를 삼가고 내 몸을 규제하려는 태도를 가리킨다. 그리고 육왕학은 그러한 태도를 결정적으로 결여한 것이기 때문에 공자의 법문이 아니라는 판단을 내렸던 것이다.

선학이나 양명학이 구분해야 할 성(性)과 심(心)을 혼동하여 일체시한다는 것 또한 주자학에 의한 왕학 비판의 상투적 표현이다.[65] 심육의 육왕학 비판 입장은 그의 시 속에서도 자주 표명되고 있다.

> 왕육은 분명하게 마음에 근본하는 입장을 취하여
> 그곳(=心)을 추호도 침범할 수 없는 곳으로 보았다
> 하지만 성인의 도는 증씨에게서 볼 수 있듯이

---

63 『論語』「泰伯」. "曾子有疾, 召門弟子曰, 啓予足, 啓予手. 詩云, 戰戰兢兢, 如臨深淵, 如履薄氷, 而今而後, 吾知免夫, 小子."

64 『樗村遺稿』 卷35 雜著「本心本天之辨」. "而至如陸王二氏, 以學聖人自持其身, 亦豈不曰學孔子者? 而殊與曾子戰兢臨履之氣像不相似, 言行文章顚倒一世, 稱之爲豪傑之士則可矣, 而律之以孔子法門則未也."

65 『三魚堂文集』 卷2 「學術辨」 中. "陽明以禪之實而託于儒. 其流害固不可勝言矣. 然其所以爲禪者, 如之何? 曰, 明乎心性之辨, 則知禪矣. 知禪則知陽明矣.……心也者, 性之所寓而非卽性也. 性也者, 寓於心而非卽心也. 先儒辨之亦至明矣." 上同. "陽明之病, 在認心爲性."

다만 전전긍긍하며 깊은 못에 임하듯 하는 것이다[66]

제1구는 육왕의 학문이 '본심(本心)'의 입장에 서 있음을 논하고 있으며, 제2구는 '본심'의 학문의 당연한 귀결로서 심(心)을 완전한 것으로 보는 육왕심학의 인식을 지적한다. 그리고 제3구와 제4구에서는 심(心)의 불완전함을 충분히 인식 · 자각하기에, 전전긍긍 자신의 몸을 삼가는 것이야말로 성인의 문로(門路)라고 하여 이를 육왕학과 대조하고 있다.

반짝이는 빛을 두고 이 마음을 가리킨다 하고
멋대로 행동함을 진심의 발로라고 하네
천리(天理)로 주재(主宰)를 삼지 않고
양지(良知)가 본심이라 함부로 말하네[67]

자신의 양지(良知)에 전폭적인 신뢰를 두는 양명심학의 입장은 그 한 걸음을 잘못하면 방종하여 일정한 법도가 없는 자기의 행동을, 양지[眞心]의 이름하에서 자기 긍정하는 폐단에 빠지기 쉽다. 제1구와 제2구는 직접적으로는 불교를 염두에 둔 것일 테지만,[68] 천리(天理)에 의거하지 않는 점에서는 석씨도 양명학도 '본심(本心)'의 폐해를 공유하는 것으로 보고 있다. 이외에도 심육은 '본천(本天)'과 '본심(本心)'을 엄격히 구분해야 함에 대해

---

66 『樗村遺稿』 卷20 「永興李陽來問求放心」 第2首. "王陸分明是本心, 上頭那得一毫侵, 聖人門路看曾氏, 只在深淵戰戰臨."

67 『樗村遺稿』 卷21 「本心」. "爍爍光中指此心, 肆行胡走認眞心, 不教天理爲存主, 縱說良知亦本心." 卷21에 「本天」, 「本心」이라는 제목의 시 2수가 실려 있다. 『樗村遺稿』 卷27 「與遁谷」 第95書(65세 이후)에 "以本天本心之别有所吟, 幸隨謬所而卞示之也."라고 되어 있으므로, 이 시들은 이진병에게 보낸 것이라고 생각된다.

68 『樗村遺稿』 卷21 「次遁谷」 第2書. "許多方外紛紜說, 爍爍光中指本心." 그리고 다음의 용례도 참조. 『朱文公文集』 卷31 「答張敬夫」 第14書. "儒釋之異, 亦只於此便分了. 如云常見此心光爍爍地, 便是有兩箇主宰了. 不知光者是眞心乎? 見者是眞心乎?"

곳곳마다 발언을 반복하고 있다.[69]

Ⅳ. 주자학의 존숭

1

육왕학에 대하여 비판적이었던 심육은 주자학에 대해서는 거의 절대적이라 해도 과언이 아닐 정도로 경도됨을 나타내고 있다.

> 사람이 '생이지지(生而知之) · 안이행지(安而行之)' 할 수 있는 성인이 아닌 이상, 좋은 스승을 만나는 것에 달려 있을 뿐이다.……그렇지만 아득히 천 년 전을 우러러보아도 성인에게 직접 가르침을 받을 수는 없다. 그러나 회옹이 나타난 이후로 지도하고 훈도한 공적은 거의 성인에게 직접 가르침을 받는 것과 같았다. 만일 스승을 택하고자 하는 사람이 이 밖에 다른 곳에서 스승을 구한다면, 아마도 초나라와 월나라의 먼 거리를 가는 것처럼 갈팡질팡하다가 돌아갈 곳을 잃게 될 것이다.[70]

---

69 『樗村遺稿』 卷21 「心理」 第1首. "本心自與本天殊, 是理分明不可誣. 這裏倘無知覺在, 一身誰復主張乎?" 卷35 雜著 「五常之性感物而動」 第8條. "七篇之言, 大抵多在於先立其大者. 苟不能知此意, 但曰先立其大者, 如陸王之說而已, 則夫豈孟子所稱大者乎? 本心本天之學, 只於是可辨, 不勞許多證引也." 卷42 「祭尹台受甫文」. "本天本心, 所爭毫末. 端倪少差, 理氣遂別." 卷47 「與叔謝上帖」. "本天本心之別, 旣能辨認, 則尤無可疑. 而第或自信之過, 日用沒緊要處, 草草打去, 則大不可. 只以弘毅戰兢等語, 常切操持, 勿使小有放失, 則此卽曾夫子所傳授之家法也."

70 『樗村遺稿』 卷35 欠題 9條. "然人不能生知安行, 則只在能自得師而已.……邈矣千載之上, 顧無以接承親炙, 而自晦翁出後, 指導訓迪之切, 殆若接承親炙者之爲也. 苟欲擇師者, 外此他求, 則竊恐其適楚適越, 只將倀倀而無所歸宿也." 卷35 「雜著」는 저본의 제1면에 欠損이 있다. 卷首目錄은 「理氣」, 「格物」 이하 15개의 제목을 기록하고 있는데, 「理氣」는 18면에서 시작하고 있다. 따라서 1면에서부터 18면까지 수록된 문장은 제목이 결여되어 있다. 이 欠損은 이건방 집안 소장본 이후의 것이라고 한다(卷首 「凡例」).

이 문장의 집필 시기는 미상이나 심육은 20대 전반부터 만년에 이르기까지 주희의 문집에 침잠해온 인물이기도 하다. 주희에 대한 깊은 경애·경앙의 마음은 『저촌유고』 곳곳에서 볼 수 있다. 지금 몇 수의 시를 예로 들어 이를 확인해보도록 한다.

> 성인은 천 년 멀리 있으나
> 우리의 도는 회옹이 전하셨네
> 어둠 속에 촛불 있지 않았다면
> 성(性)이 천(天)에서 나온 줄 어찌 알았으랴[71]
>
> 성인이 남긴 경서 공연히 남아 있으나
> 그 진정한 전승은 누구에게서 찾을까
> 우러러 의지할 만한 주부자께서
> 풀숲을 헤쳐 성인의 길을 열어주셨네[72]
>
> 독서하며 부질없이 괴로워하다가
> 성(性)을 이루는 것이 성학의 진전(眞傳)임을 알았네
> 주부자가 있지 않았던들
> 나무에 올라 물고기나 구하였겠지[73]

서로 다른 시들이지만 내용적으로는 거의 비슷한 것으로, 모든 시에서

---

71 『樗村遺稿』 卷16「書朱子大全題目」. "聖人千載遠, 吾道晦翁傳, 不有冥行燭, 那知性出天."

72 『樗村遺稿』 卷23「朝從愼甫所, 少話而歸, 玆以一詩送呈耳」. "遺經空自在, 正脉孰尋眞, 仰賴朱夫子, 能開聖路榛."

73 『樗村遺稿』 卷23「本天」. "讀書空自苦, 成性是眞傳, 不有朱夫子, 求魚等木緣." '求魚等木緣' 구절은 『孟子』「梁惠王」上. "以若所爲, 求若所欲, 猶緣木而求魚也."에서 인용.

주희의 존재를 통해 성학이 올바르게 후세에 전승되었으며 이에 대한 감사의 마음을 서술하고 있다. 이외에도 주희의 저작에 대한 경도를 나타낸 시,[74] 주희를 자기의 스승으로서 우러르는 마음을 서술한 시[75] 등을 『저촌유고』 속에서 검출할 수 있다.

2

다음의 자료에 의하면 심육은 20대 전반에 이미 주희의 저작에 접촉하기 시작했음을 알 수 있다.

> 주서(朱書)를 어찌 잠깐 사이에 곧 엿볼 수 있겠는가. 나는 이 글을 본 지가 이미 40여 년이 되었는데도 매번 볼 때마다 옛적에 소루(疏漏)했던 점을 알게 된다. 이는 평생의 공부이니 어찌 감히 겨우 10일~20일 정도 읽은 데에서 효용을 바라겠는가.[76]

편지의 상대는 아마도 심육보다 나이가 적은 사람일 것이다. 주희의 저작으로부터 성급하게 답이나 효용을 끌어내려고 하는 권회(權誨)에게 충고해주는 내용이다. 심육에게 있어 주희의 저작을 읽는 것은 문자 그대로 '일생공부(一生功夫)'였다.

> 주서(朱書)를 읽을 줄 안다면, 그 의미를 잘 이해하였는가? 퇴계의 이른바

---

74 『樗村遺稿』 卷14 「五子近思錄」. "平生慣讀晦翁書, 諸子多言覺甚踈." 卷18 「金光中來見送後有吟兼示趙文甫」. "寄言吾黨士, 心信晦翁編."

75 『樗村遺稿』 卷19 「臥吟」. "願學朱夫子, 循循善誘人." 卷21 「學之爲言效也」. "先覺爲誰後覺誰, 晦翁遺訣即吾師."

76 『樗村遺稿』 卷34 「答權誨」 戊辰七月十八日 64歲. "朱書豈能卒乍間便能覷得耶? 吾於此書看來, 已至四十餘年之久, 而每看輒覺舊見之踈漏. 此是一生功夫, 何敢責效於一句二句之讀耶?"

"대수롭게 볼 것인가, 대수롭지 않게 볼 것인가."라는 말은 사람으로 하여금 매우 계발(啓發)하게 한다. 나는 이 책을 보아온 지가 40여 년이 되었다. 그러나 매번 볼 때마다 문득 종전에 대수롭지 않게 보고 지나친 것을 알게 되니, 그제야 비로소 쉽게 읽을 수 없는 책임을 알았다.[77]

「답양생(答良甥)」 제13서가 '정묘 6월 26일(丁卯六月二十六日, 63세)', 제17서가 '무진 2월 18일(戊辰二月十八日, 64세)'의 날짜가 있으므로 제16서는 63세의 집필이 되며, 「답권회(答權誨)」 제3서 집필의 전반에 해당한다. 63세~64세의 시점에서 40여 년의 독서이력이 있으므로 그 시작은 20대 전반까지로 소급한다.

그렇다면 위의 편지에서 이황의 말에 대해서는 약간의 설명을 요한다. 『주문공문집(朱文公文集)』 권33 「답여백공(答呂伯恭)」 제40서는 "수일간 매미 소리가 더욱 맑으니 들을 때마다 고풍을 사모하지 않은 적이 없습니다. [數日來蟬聲益淸, 每聽之, 未嘗不悔高風也, 熹又覆]"라는 구절로 끝맺고 있는데, 이황의 『주자서절요(朱子書節要)』는 이 중 말미의 '熹又覆' 세 글자를 제외한 부분을 권4 「답여백공」에 수록하고 있다. 그런데 이황은 남언경(南彦經)에게서 온 편지에서 "이렇게 대수롭지 않은 말을 수록하다니 대체 어째서인가."라는 비난을 받았다.

이에 대해 이황은 "대수롭지 않다고 보면 대수롭지 않은 말이지만, 대수롭다고 보면 대수로운 말이다."라고 대답하고 있다.[78] 여름의 어느 날, 나무 그늘에서 상쾌한 매미 소리에 귀를 맑게 하면서, 주희는 친구 여조겸

---

77 『樗村遺稿』 卷28 「答良甥」 第16書 至月二十八日. "知讀朱書, 能知其有意味否. 退溪所謂作歇後看, 不歇後看, 此語極令人省發. 吾於此書, 看來四十餘年, 每看輒覺從前歇後看, 始知其不易讀."

78 『退溪集』 卷10 「答李仲久」. "嘗得南時甫書, 擧節要中答呂伯恭書, 數日來蟬聲益淸, 每聽之, 未嘗不懷高風也一段云. 若此歇後語, 取之何用? 滉答說, 今不能記得. 其大意若曰, 作歇後看則歇後. 作非歇後看則非歇後云云. 大抵人之所見不同, 所好亦異. 滉平日極愛此等處. 每夏月綠樹交蔭, 蟬聲滿耳, 心未嘗不懷仰兩先生之風."

(呂祖謙, 여백공)의 고결한 인품을 생각하고 있다. 그리고 이 말을 『주자서절요』에 수록한 이황 자신도 여름 매미의 소리를 들을 때마다 주희와 여조겸의 깨끗한 교유에 생각을 치달렸던 것이다. 요컨대 단순히 대수롭지 않은 말이라고 볼 것인가, 아니면 행간에서 주희의 지향(志向)이나 사람됨까지도 읽어낼 것인가. 모두 읽는 사람의 읽는 방법 여하에 달려 있는 것이다. "매번 볼 때마다 문득 종전에 대수롭지 않게 보고 지나친 것을 알게 된다."란 말은, 주희의 말을 단순히 표면적으로밖에 이해하지 못했다는 것, 말의 배후에 있는 깊은 생각까지 읽는 데에는 이르지 못했다는 것을 반복하여 읽을 때마다 깨닫는다는 말이다. 심육이 어떻게 진지하게 주희의 저작과 마주하려 했는지를 말해주는 한 대목일 것이다.

덧붙여 말하자면 심육은 실제로 이황의 도산서원을 몇 번 방문했으며[79] 도산서원은 그의 시제에도 언급되어 있다(『저촌유고』 권6 「陶山」, 권8 「宿陶山」). 그리고 이황에 대한 경모의 마음도 『저촌유고』의 곳곳에서 피력하고 있다.[80]

또한 심육은 앞의 권회(權誨)나 양생(良甥) 이외에 이석여(=李德胤)나 구자순(具子順)이라는 문인 · 지우에 대해서도 주서(朱書)를 숙독 · 완미해야 함을 반복해서 조언하고 있다.[81]

---

79 『樗村遺稿』 卷41 「日記」 130條. "十三日庚辰, 自禮安至陶山." (130조는 전후 조목들이나 干支와 날짜가 일치하므로, 숙종46년 1월 13일, 즉 심육 36세 때의 일기임을 확정할 수 있다.) 卷27 「與遁谷」 第7書 甲子 2월 15일 60세. "弟夜宿陶山."

80 『樗村遺稿』 卷8 「宿陶山」. "天爲東方生此人, 不然吾道屬荊榛." 卷41 「日記」 130條. "而常於退溪先生言行進退之節, 竊有然欣慕之意, 不只如諸先生而已也. 今到先生藏修之地, 旣瞻其祠版, 又入其室而摩挲其器玩, 令人感慕仰止, 有不能自已者."

81 『樗村遺稿』 卷28 「答李錫予」 第8書. "朱書一半, 旣已讀過. 就其中涵泳玩索, 凡爲人底道理, 何所不具?" 「答李錫予」 第10書. "朱書久看愈好, 然後方見意味. 不然而只欲讀滿遍數, 則顧何益耶?" 「答李錫予」 第22書. "朱書已讀訖否? 此書不宜一番披閱而已. 更須尋理, 必令義理浹洽於中爲佳." 「答李錫予」 第42書. "近日看朱書否? 此書亦不易讀.……必得其意味, 然後方可謂善讀." 卷29 「答具子順」 第2書. "近日所讀在朱書, 而亦能漸入佳境否?"

3

그런데 애초부터 심육은 주희의 저작을 어떠한 형태로 읽고 있던 것일까? 주희의 문집(『朱子大全』=『朱文公文集』)을 직접 펴서 열독(閱讀)했던 것인가, 아니면 이황의 『주자서절요』 같은 2차 편찬물을 통하여 읽었던 것인가. 이는 『저촌유고』에 빈출하는 '주서(朱書)'라는 말을 주자서(朱子書)=주자의 서독(書牘)이라는 의미로 해석해야 하는가, 아니면 보다 넓게 주희의 저작 일반으로 해석해야 하는가의 문제이기도 하다. 이 점에 대해서 간단하게 확인하고자 한다.

> 나는 『주자서절요』를 평소에 존신(尊信)하여 서점의 젊은 주인[82]들에게 이 책을 부탁하였다. 그러자 그들은 사문(斯文) 이도재(李道載)가 이미 가지고 가버렸지만, 서구(敍九)의 책보가 여기 있는데 그 속에 아마 『절요』 한 질이 있을 것이라 하였다. 나는 "서구(敍九)의 물건은 나의 물건이다."라 하고, 그대로 그 10책을 취하여 이불 속에 넣어 돌아왔다.……나는 한가한 가운데 다른 하는 일은 없고 『주자서절요』를 취하여 아침저녁으로 열독(閱讀)하였다.[83]

이 기술은 숙종39년(심육 29세)의 것이다.[84] 구체적인 사실관계는 명확하

---

82 '少主人'을 '서점의 젊은 주인'으로 해석한 것에 대하여. 黃丕烈 『士禮居藏書題跋記』 卷5 「蔡中郎文集十卷 校本」 조목에 "乙丑正月十有九日, 展墓還道, 經胥門, 憩經義齋書坊. 坊中小主人胡立羣, 頗習目錄之學. 持明刻蔡中郎集示余."라 되어 있으며, 『士禮居藏書題跋記』 卷1 「春秋繁露十七卷 校本」 조목에 "嘉慶甲戌秋, 偶過胥門經義齋書坊. 坊友胡立羣爲余言."이라고 되어 있다. 게다가 黃丕烈 『蕘圃藏書題識』 卷4 「玄珠密語十七卷 舊抄本」 조목에 쌍행소주로 "經義齋主人, 胡姓鶴名, 立群其字也. 在書估中爲能識古書之人."이라 한 것을 참조하였다. 胥門(蘇州府)의 서점 經義齋와 그 주인 胡立羣에 대해서는, 葉德輝 『書林淸話』 卷9 「吳門書坊之盛衰」에도 언급이 있다. 이상은 모두 宇佐美文理의 敎示에 의거하였다.

83 『樗村遺稿』 卷37 「日記」 57條. "又於朱子節要書, 常尊信焉. 乃要少主人輩倩此書, 則辭以李斯文道載已持去, 而叙九冊袱在此, 其中盖有節要一秩云. 余曰, 叙九物亦余有也, 仍取其十冊, 納衾中而來.……余於閒寂中, 無他業, 取朱書節要, 早晩繙閱."

84 『樗村遺稿』 卷37 「日記」 36, 38, 56조가 윤순의 문과합격(숙종39년 癸巳 增廣榜, 丙科)을

지 않으나, 심육이 늦어도 29세에는『주자서절요』를 입수하여 이를 열독(閱讀)했음을 알 수 있다.[85]

한편 심육이『주자대전』을 좌우(座右)에 갖추어두고 열독하였다는 사실도 확인할 수 있다.

평소 우러러 사모한 것은 회암 뿐이니
성인의 문로(門路)를 진실로 찾을 수 있도다
전서(全書)를 얻어 집에 보관하니
어두운 안개 속 걸어감에 나침반 같다네[86]

이 시의 집필 시기는 미상이다. 제목으로부터 추측하자면 전라도 감사(湖南伯)로부터『주자대전』의 간본(刊本)을 증여받았을 때의 기쁨을 노래한 것이다.

> 책을 읽음에 있어 중요한 것은 정밀함이지 박람(博覽)이 아니다. 하물며 넘쳐흘러 귀착되는 바가 없는 경우에 있어서랴.……일찍이『주자대전』은 매우 방대하여 통람(通覽)하기에 어렵다고 여겼다. 예전에 30여 책까지 한 번 읽다가 그만두었는데, 지금 또 그다음부터 이어 보아서 읽기를 모두 마쳤다. 만약 다른 사람이 물어보면 그래도 "나는『대전』을 일찍이 눈으로 한 번 보았다."라고

언급하였고, 45조 첫머리에도 '癸巳'라는 두 글자가 있다. 또 57조에는 '閏五月'이라는 세 글자가 보인다. 숙종39년은 확실히 5월이 윤달이었다. 그리고 63조 첫머리에는 '甲午誡子書' 다섯 글자가 있다.(숙종40년 甲午=심육30세)

85 『樗村遺稿』 卷37 「日記」 57條에도『朱子書節要』에 관한 언급이 있다. "乃抽朱子節要, 一例看過, 而於其尋常與人酬酢處, 不過一二遍. 至於講說義理, 指切工夫, 有可以玩味而體驗者, 則亦或更看一二遍." 또 같은 조에 '余曾亦見此書'라는 말도 보이므로 심육이『주자서절요』를 읽기 시작했던 것은 29세보다도 이전의 일이 된다.

86 『樗村遺稿』 卷24 「聞湖南伯印送朱子大全」. "慕仰平生獨晦庵, 聖人門路可眞探, 全書已得吾家畜, 霧裏冥行已指南."

답할 뿐이다. 이러한 사실을 스스로의 자랑거리로 삼고자 한다면 혹 괜찮을 것이다. 그렇지 않고서 조금이나마 터득한 것 역시 나의 소유가 되었는지의 여부로 말하자면, 한 번 훑어보기만 한 것은 일찍이 보지 않은 것과 같다. 남독(濫讀)하는 폐해는 이와 같다. 이는 진실로 경계해야 하니, 『대전』 한 질을 다 읽었다는 것을 스스로 기뻐해서는 안 될 것이다.[87]

권41 「일기」는 권수(卷首)의 제목 아래에 '풍악록계사(楓嶽錄癸巳)'라는 주석이 있다. 풍악은 금강산의 이칭으로, 숙종39년(癸巳, 심육 29세) 심육이 금강산을 유람했던 때의 일기를 중심으로 한 것이다. 다만 실제로 같은 권 속에는 29세부터 37세경까지의 일기가 수록되어 있어 139조는 37세 때의 것이라고 생각된다.[88] 위의 기술에 의하면 심육은 37세경에는 『주자대전』의 통독을 일단 완료했음을 알 수 있다.

마찬가지로 권41 「일기」의 137조에는 "위공의 행장은 모두 121판이지만, 중간에 사실을 서술한 것이 한 사건이나 한 구절도 지나치게 미화한 것이 없다. 그렇지 않다면 주부자가 어찌 나를 속였겠는가.[魏公行狀凡一百二十一板, 中間敍鋪事實, 蓋無一事一句之溢美者. 不然, 朱夫子豈欺余哉?]"로 시작하는 한 구절이 있다. 이는 『주문공문집』 권95 「소사위국장공행장(少師魏國張公行狀)」 상 · 하를 읽은 감상을 기록한 것으로, 『대전』 열독의 흔적을 구체적으로 나타내는 자료이기도 하다.[89] 그 외에 『주문공문집』으

---

87 『樗村遺稿』 卷41 「日記」 139條. "看文字貴精不貴博. 況泛濫無所湊泊者歟?……嘗以朱子大全爲浩穰難遍. 曾年一閱幾三十餘冊而止, 今又從其下, 又續看畢之. 若人問之, 則猶應之曰, 吾於大全, 曾一寄目云爾. 以此欲自多則或可矣. 不然而以得寸得尺, 亦爲吾有者言之, 則一回泛看, 又似不曾看過也. 泛濫之病又如許. 此實可戒, 而不可以大全之盡帙爲自喜也."

88 『樗村遺稿』 卷41 「日記」 총 144조 중, 글 속의 언급이나 말미의 注記 등으로부터 유추하면 20, 24조는 숙종41년 乙未(심육 31세), 37조는 42년 丙申(32세), 46조는 44년 戊戌(34세), 120조는 46년 庚子(36세), 135조는 경종원년 辛丑(37세)의 일기이다.

89 영조47년(1771) 간행된 『朱子大全』(보경문화사, 1984)에는 卷95 上은 모두 47면, 卷95 下는 모두 53면, 합계 100면이다.

로부터의 주자의 말 인용은 문자 그대로 하나하나 열거할 수 없을 정도로 『저촌유고』 속에서 빈번하게 행해지고 있다.[90]

심육은 또 송시열의 『주자대전차의(朱子大全箚疑)』도 갖추어두고서 『주자대전』을 열독할 때 참조했던 형적이 있다. 『저촌유고』 권31 「여둔곡(與遁谷)」에 의하면, 심육은 이진병의 의뢰에 응하여 『차의』를 대여해주고 나중에는 이를 돌려달라는 독촉을 하고 있다.[91]

이상에 의해 심육은 『주자대전』이나 『주자서절요』, 『주자대전차의』 등을 곁에 두고서 주희의 저작을 익숙히 접촉하고 있었음을 알 수 있다. 따라서 『저촌유고』 속에 언급되는 '주서(朱書)'도 주희의 서독(書牘)에만 한정시켜 이해할 필요는 없다고 생각된다.

4

주희를 존숭하고 육왕학에 대해서는 비판적이었던 심육의 사상적 입장은 지금까지의 고찰에 의해 거의 분명해졌다. 마지막으로 심육의 격물치지(格物致知) 해석을 들어 실제로 검증해보고자 한다.

주지하다시피 주희는 『대학』의 격물치지를 '사물에 나아가 지(知)를 지극히 한다'라고 풀이하여, 개개의 사물에 나아가 그 이치를 탐구하여 지식을 지극히 한다, 즉 '즉물궁리(卽物窮理)'의 의미로 해석하였다. 그리고 『예기』 「대학」에는 착간이나 탈오(脫誤)가 있다 하여 스스로 새롭게 교정 · 편찬한

---

90 지금 그 중 몇 개를 예로 들어본다. (1)『樗村遺稿』 卷27 「與遁谷」 第36書. "以晦翁盲廢不早之訓, 常切照管, 則未足爲憂也." (『朱文公文集』 卷46 「答潘叔度」 第5書. "頗恨盲廢之不早也.") (2)『樗村遺稿』 卷28 「答李錫予」 第3書. "想能打坐讀書, 而只以循序致精, 如晦翁所訓爲第一義諦, 如何?" (『朱文公文集』 卷14 「甲寅行宮便殿奏箚」 二. "讀書之法, 莫貴於循序而致精.") (3)「答李錫予」 第8書. "晦翁語中, 講了便將來踐履一句, 甚覺有省發處." (『朱文公文集』 卷41 「答程允夫」 第11書 "講了便將來踐履, 卽有歸宿.")

91 『樗村遺稿』 卷31 「與遁谷」 第46書. "箚疑十四冊, 如戒送上, 而其中三冊, 家弟持往齋所. 從後取看, 亦無妨耶?" 第49書. "箚疑看到何處, 而亦有助於平日有疑打不過者耶?" 第56書. "朱文箚疑三冊送上. 前去者雖未畢覽, 就其中已看過者, 還投如何?"

『대학장구』에서 『대학』 전체를 경1장과 전10장으로 분장(分章)하고, 특히 격물치지에 대한 해석 부분은 현행 『예기』「대학」본에는 빠져 있다고 판단하여 자신의 생각으로 이를 보충하였다. 이에 대해 왕수인은 『대학』의 텍스트로서 『예기』「대학」본을 채용하고 『대학장구』를 부정하여 '격물'의 '격'은 '바로잡다', '물'은 '의지소재(意之所在)', '치지'는 '치양지'의 뜻으로 해석하는 등, 주희 『대학』 해석과는 입장 차이가 선명하였다. 이상에 근거하여 심육의 입장을 검토한다.

> 모든 사물(事物)에는 문로(門路)가 있으니, 그러한 연후에야 비로소 앞을 향해 나아갈 수 있는 것이다. 이미 『대학』을 읽었다면 격물치지가 어찌 덕에 들어가는 문이 아니겠는가?[92] 보망장(補亡章)에 이른바 '나의 앎을 지극히 하고자 한다면 사물에 나아가 그 이치를 궁구하는 것에 있다'라고 했으니, 여기에서 말하는 '물(物)'은 곧 '사물(事物)'이다. 움직이고 머물러 있으며 앉고 눕는 것과 말하고 침묵하며 행동하고 정지하는 것이 모두 물(物) 아님이 없다. 반드시 이러한 곳에 있어서 잠시라도 방과(放過)해서는 안 된다. 또 말하기를 '이미 알고 있는 이(理)를 통하여 더욱 궁구한다'라고 한 것은 자신에게 있어 절실한 가르침이다. 바라건대 꼭 여기에 유의하여 스스로 힘쓰도록 하라.[93]

가장 만년에 가까운 68세의 발언이다. 한번 읽어봄에 분명하듯이 『대학장구』 전5장의 "이른바 치지격물이라는 것은 내 앎을 지극히 하고자 한다면, 사물에 나아가 그 이치를 궁구함에 있음을 말한 것이다.[所謂致知格物者, 言欲致吾之知, 在卽物而窮其理也]", "이 때문에 대학에서 처음 가르

---

92 『大學章句』. "子程子曰, 大學, 孔氏之遺書, 而初學入德之門也."

93 『樗村遺稿』 卷34 「答趙匡鎭」 第1書 68세. "凡事有門路, 然後方可進進向前. 旣讀大學, 則格物致知豈非入德之門乎? 補亡章所謂欲致吾之知, 在卽物而窮其理也. 夫物卽事也. 行住坐卧, 語默動靜, 無非物. 必在於此等處, 不宜暫時放過. 而又曰, 因其已知之理而益窮之云者, 切於己. 幸須加之意, 千萬自勵焉."

칠 때 반드시 배우는 자들로 하여금 모든 천하의 사물에 나아가 이미 알고 있는 이치를 인하여 더욱 궁구해서 그 지극함에 이르기를 구하게 하는 것이다.[是以大學始教, 必使學者卽凡天下之物, 莫不因其已知之理而益窮之, 以求至乎其極]"에 근거한 문장으로, '격물치지'를 '즉물궁리'의 의미로 해석하는 입장이 명시되어 있다. 같은 견해가 『저촌유고』 곳곳에 피력되어 있다.

> 일상생활의 수많은 사물들은 어느 하나 힘써야 할 부분 아닌 곳이 없다. 보전장(補傳章)에서 '사물에 나아가 그 이치를 궁구한다'라 한 것은 바로 이 뜻이다.[94]

> 『대학』이 덕(德)에 들어가는 문이 되는 것은 격물치지를 말했기 때문이다. 모름지기 보망장의 이른바 '사물에 나아가 그 이치를 궁구한다'는 것으로 제일의체(第一義締)를 삼아야 한다.[95]

> '격물'의 뜻은 더욱 대충 지나쳐서는 안 된다. 마땅히 보망장의 '사물에 나아가 그 이치를 궁구한다'는 설을 마음에 새겨 이해해야 한다.[96]

이는 모두 '격물'을 주희의 보전장에 의거하여 해석하고 실천해야 함을 강조하는 것이다. 주자학의 격물해석을 옳다고 여긴 이상, 왕수인의 해석은 당연히 비판의 대상이 될 것이다. 다음의 자료는 심육의 육왕학 비판을

---

94 『樗村遺稿』 卷29 「答具子順」 第26書 65세. "日用許多事物, 無非用力之地. 補傳章卽物而窮其理者, 卽此意也."

95 『樗村遺稿』 卷34 「答趙匡鎭」 第2書. "大學爲入道之門者, 只以格物致知而言之也. 須以補亡章所謂卽物而窮其理, 把作第一義締."

96 『樗村遺稿』 卷35 「缺題」 14條. "格物之義, 尤不可草草打過也. 只當以補亡章卽物而窮其理之說, 入心理會."

언급할 때 이미 그 일부를 인용했던 것이다.

> 육상산과 왕양명 두 사람은……공자의 법문으로 보아서는 안 된다. 그들은 존심(存心)과 치지(致知)를 한 가지 일로 보아 격물(格物)에 힘을 쓰려 하지 않으려 하여, '격(格)'을 '바로잡는다[正]'로 풀이하였다.……'약례(約禮)'를 근본으로 삼으면서 '박문(博問)'을 일삼고자 하지 않으니, 한쪽이 굳게 되어 결국에는 어느 한쪽으로 떨어지게 될 것이다. 본심(本心)의 학문(=불교)과 더불어 같은 곳으로 귀결되지 않을 자가 드물 것이다.[97]

"함양은 모름지기 경으로써 해야 하고, 학문을 진전시키는 것은 치지에 달려 있다.[涵養須用敬, 進學則在致知]"(『河南程氏遺書』 권18, 218조)라는 정이(程頤)의 말이 단적으로 나타내듯이 주자학에서는 심신을 함양·단련하는 실천과 지식을 배워 몸에 익히는 실천이 수레의 양 바퀴처럼 중시되어 그 편폐(偏廢)를 경계한다.[98] 위의 기술에서는 그 중 전자와 '존심(存心)', '약례(約禮)'가, 그리고 후자와 '치지(致知)', '박학(博學)'이 각각 겹쳐진 이미지라 생각해도 좋을 것이다. 양명학의 격물이란, 자신이 현재 의념(意念)을 기울이고 있는 대상[意之所在]에 나아가 그 모습을 바로잡는다는 것이다. 심육에 의하자면 이는 '치지'가 아닌 '존심'의 실천이다. 즉 양명학의 실천론은 '치지'를 '존심'에 수렴해버려 그 결과 '치지', '박학'을 결여하고 '존심', '약례' 일변도로만 편향된 것이 되었다. 이러한 이유로부터 심육은 육왕학을 '본심의 학문'과 동일시하는 것이다. 이상 심육의 '격물치지' 해석에 비추어보아도, 양명학설을 물리치고 주자학의 입장을 답습하고 있음이

---

97 『樗村遺稿』 卷35 雜著 「本心本天之辨」. "而至如陸王二氏……律之以孔子法門則未也. 必欲存心致知之爲一事, 而不肯用力乎格物之義, 以格訓正.……盖以約禮爲本, 不欲以博文爲事, 只成偏枯, 而畢竟墮落那一邊去也. 其不與本心之學同歸者, 幾希."

98 『朱子語類』 卷9 16條 廖德明 錄. "德明問, 向承見教, 須一面講究, 一面涵養, 如車兩輪, 廢一不可. 曰, 今只就文字理會, 不知涵養, 便是一輪轉, 一輪不轉."

명료하게 확인되었다.

Ⅴ. 소결

심육과 함께 정제두의 문하였던 이광신은 그의 「논정하곡학문설(論鄭霞谷學問說)」 속에서 대략 다음과 같이 서술하고 있다. 선생도 초년에는 주자학에 종사하여 『대학』이나 『어류』 등의 책은 상세 · 면밀하게 연구하였다. 다만 그 격물치지의 설에는 도저히 납득하지 못하였다. 중년 이후에 양명의 책을 읽고 '치양지', '지행합일'이라는 설에 접하고는 크게 마음에 들어 거기에서 그 학문에 종사 · 전념하게 되었다. 그러나 감히 주자학과 다름을 제창하는 것은 아니었고, 주자학에 대한 존숭의 생각은 그의 초년과 조금도 변함이 없었다.[99]

정제두는 왕수인과 마찬가지로 고본 대학은 텍스트로서 완비된 것이며, 거기에는 착간이나 탈오(脫誤)는 전혀 존재하지 않는다는 입장을 취하였다. 그의 격물치지설은 '격'을 '정(正)'으로, '물(物)'을 '의지소재(意之所在)'로, '지(知)'를 '양지(良知)'로 해석한 것으로, 이것도 완전히 양명학의 『대학』 해석과 일치한다. 따라서 당연한 것이지만 주자학의 즉물궁리설은 엄하게 비판되었다(이상 제1장 참조). 정제두가 주자학의 격물해석에 대해 비판적이었다고 하는 이광신의 지적은 이렇게 정제두의 실제 사상적 입장과도 부합하는 것으로 충분히 신빙성이 있다. 그렇다면 심육은 그의 『대학』 해석에서조차 왕수인 · 정제두의 설을 전혀 수용하지 않고, 오로지 주자학의 해석을 견지하고 있었던 것이다.

---

99 『先藁』 冊1 「論鄭霞谷學問說」, 『霞谷集』 卷11 「門人語錄」. 이광신에도 거의 같은 글이 실려있다.

그런데 이광신의 「논정하곡학문설」은 앞의 한 구절에 이어지는 다음과 같은 흥미로운 일화를 전하고 있다.

> 문인이 만약 『장구』와 『집주』를 배우고자 하면, 실로 그에게 『장구』와 『집주』를 가르치고 굳이 양명의 설로 이끌고자 하지 않았다. 독실히 공부한다면 양명학이든 주자학이든 같은 곳으로 돌아가 일치되는 데에는 무방하기 때문이다. 그러나 만약 양명의 학설을 묻는 이가 있으면 또한 꺼리지 않고 묻는 바에 따라서 양 끝을 다 말해주어 부지런히 힘써 알려주었다. 이것이 선생이 학문을 함에 시종일관 주장하던 뜻이었다.

사문(師門)의 교법이 여기에서 이광신이 지적한 대로 주자학을 청하는 자에게는 주자학을 가르치고 양명학을 청하는 자에게는 양명학을 가르친다는 것이었다고 한다면, 이는 심육의 하곡학 수용 양식을 고찰함에 있어서 매우 시사적이다. 이미 인용한 「제하곡정선생문(祭霞谷鄭先生文)」(『저촌유고』 권12)에도 정제두와 심육 사이에는 양명학에 관련된 화제를 일체 주고받지 않았다고 서술하고 있다. 실제로 「진강문답」에 비추어 보아도 양명학에 관한 질의가 두 사람 사이에 주고받은 흔적은 없다.

심육이 주희의 저작을 익숙하게 접하기 시작한 것은 20대 전반이라고 한다. 한편 심육의 정제두 입문은 「진강문답」을 주고받던 38세 전후일 것이다. 그렇다면 정제두의 가르침을 청한 시점에서, 심육은 이미 주자학의 연찬(硏鑽)을 쌓기 시작한 지 10년 이상의 세월이 흐른 것이 된다. 그리고 그 이후 심육은 가장 만년에 이르기까지 주서를 읽는 것을 문자 그대로 '일생공부'로서 계속 몰두하였다. 결국 자질적으로 주자학에 대한 지향성이 강했던 심육은 정제두에게 입문한 후로도 끝까지 양명학에 대한 친근감 · 공감을 갖지 못하였고, 따라서 정제두로부터도 감히 양명학의 훈도를 받으려고 하지 못했던 것이다.

또 심육에게 "진실로 공자의 도를 옳다 여긴다면 향원과 양주 · 묵적과 왕양명은 다만 오십보백보를 다툴 뿐입니다.[苟以孔子之道爲是, 則鄕愿與楊墨與陽明, 只爭五十步百步間而已]"라는 발언이 있다는 것은 이미 지적한 대로이다. 이러한 학술관은 "회암도 성학 가운데 하나의 입장이고 양명도 성학 가운데 하나의 입장이다."라는 정제두의 인식[100]과 "주자설 이외에 계산(왕수인)의 설도 있어 좋고, 하곡의 설도 있어 좋다."라는 이광신의 인식[101]과는 현격한 차이를 보인다. 정제두로부터 이광신으로의 양명학 및 하곡학 전승의 사실이 존재한다면, 이 점에서도 심육의 학술관은 그들과는 이질적인 것이다. 유력문인 중 심육과 같은 인물이 존재했다는 것은 초기 강화학파의 사상경향을 고찰함에 있어서 크게 유의해야 할 것이다.

소론의 명족이었던 동래정씨의 정계(正系)로서 경성제국대학에서 고교형(高橋亨)과 동료이기도 했던 정만조(鄭萬朝, 호 茂亭)는, 조선의 유학은 주자학 일색으로 무언가 부족하다고 생각하는 고교형에게 다음과 같이 말하고 있다. "조선은 주자학을 국가의 정학(正學)으로 세우고 있으므로, 사류(士流)의 가학(家學)도 표면적으로는 주자학이다. 그러나 내실의 가학은 반드시 주자학 일색은 아니다. 현재 동래정씨인 우리 집안, 전주이씨의 영재(寧齋) 집안에서는 그 자제들이 벼슬을 위해 물론 주자학의 경의(經義)를 배우고 주자의 말을 외지만, 진실로 받들고 있는 도학은 모두 양명학이다. 양주음왕(陽朱陰王)이 우리 소론 집안의 가학이다. 이 점을 숙지하고서 조선의 유서(儒書)를 읽지 않으면 안 된다." 위의 문장 속에서 전주이씨의 영재(寧齋)란 이건창으로, 앞에서도 언급한 이광신과는 동성동본의 후손, 그리고 『저촌유고』를 소장하고 있던 이건방과는 동배항(同輩行)의 인물이다. 그러자 고교형은 "무정(茂亭)의 이 말은 의심할 여지가 없다."라고 평한 뒤, 그 예증으로서 심대윤의 예를 들었다. 심대윤은 심확의 증손으로, 심확은 심육의 아우임에 틀림없다. 심대윤의 유고에서는 주자의 경서해석에 대한

---

100 『南溪集』 卷32 16 「答鄭士仰」. "聖學, 晦庵所論爲一件, 陽明所論爲一件, 兩家俱通."

101 『先藁』 冊3 「答趙飛卿書」. "旣有朱子說, 又有稽山霞谷說, 好矣."

기탄없는 비판이 보이며, 그의 「대학격치해(大學格致解)」에는 "주자의 망령됨은 참으로 변론할 만한 것이 없다.[朱子氏之妄, 固無足辯也]"라는 말까지 있다.[102] 심확은 영조31년(1755, 심육 사후 2년)에 처형되어 그 이후 일족이 몰락하였다. 심대윤은 폐족의 자제로서 영달에 대한 기대를 끊었기 때문에 이렇게 기탄없이 주희를 비판할 수 있었던 것이다.[103]

자신의 양명학 신봉을 도회하고 표면적으로 주자학 존숭을 가장하는 '양주음왕'의 가능성도 확실히 『저촌유고』를 포함하여 강화학파의 자료를 열독할 때 늘 고려해야 할 점일 것이다. 실제로 『저촌유고』의 편찬자들이 심육의 부모나 심육에 관한 전기자료를 집중적으로 수록하는 것조차 꺼려했던 엄격한 정치상황 속에서 편찬작업에 종사했다는 것은 상상하기 어렵지 않다. 그러한 시대정황을 염두에 둔다면 심육의 양주음왕 가능성(『저촌유고』에 보이는 주자학 존숭이나 양명학 비판의 말을 액면 그대로 받아들일 수 없는 가능성)에 대해서도 일정 정도 유보하지 않을 수 없을 것이다. 다만 남겨진 문자자료를 고찰의 대상으로 삼을 수밖에 없는 현 단계에서는 심육의 사상적 입장은 순연한 주자학이었다고 판단 내리지 않을 수 없다.

Ⅵ. 부설(附說): 심육 · 이진병과 윤증

1

2011년 백정순(白井順)은 심육이나 이진병에 관하여 주목할 만한 논고를 발표하였다.[104] 필자는 본장에서 심육에 관한 동시대인 혹은 후세 인물

---

102 『韓國經學資料集成』 冊8, 沈大允 「大學考正」(성균관대학교 대동문화연구원). "朱子氏之妄, 固無足辨也."

103 高橋亨(1953).

104 白井順(2011), 「沈錥と李眞炳と李星齢 －鄭齊斗の周辺－」.

이 집필한 제문 및 묘지명류는 볼 수 없었다고 서술하였으나, 백정순은 홍양호(洪良浩)의 『이계집(耳溪集)』 및 이교년(李喬年)의 『간곡유고(艮谷遺稿)』에 각각 심육의 제문이 실려 있다는 것, 그리고 이진병에 대해서도 『이계집』에는 묘갈명이, 『간곡유고』에 행장이 각각 실려 있음을 지적하였다. 이 이상으로 중요한 것은 이들 자료를 통하여 심육도 이진병도 윤증의 문인이었다는 사실을 처음으로 밝혀냈다는 점이다. 그 중 이진병의 묘갈명은 그 일부를 본장에서도 참조하고 있는데, 여기에는 확실히 이진병과 윤증과의 사제관계가 언급되고 있다. 다만 위에서 언급한 다른 모든 자료를 아울러 봄으로써 강화학파에서의 심육 및 이진병의 평가는 재검토되어야 한다고 해도 과언은 아니다. 오직 백정순의 논고에 근거하여, 본장의 기술에 대해 약간의 보충을 행하고자 한다.

우선 홍양호가 지은 「제백구저촌심선생육문(祭伯舅樗村沈先生錥文)」의 내용을 확인한다.

> 선생께서 늘 말씀하시기를 "도는 『대학』과 『중용』 첫 장에 갖추어져 있다. 배우는 자가 도를 구하면서 이를 버려둔다면 안 된다. 도를 구하는 방법 같은 경우는 주자가 상세히 말하였다."라 하였다. 『집주』에서 "도의 본원은 하늘에서 나와서 바뀔 수 없고, 실체가 나에게 갖추어져 있어서 떨어질 수 없다", "배우는 자가 여기에서 자신에게 돌이켜 구하여 자득해야 한다."라고 한 몇 구절을 들어 사람들에게 고해주기를 "우리 유자들의 학문은 여기에서 다한다."라고 하였다. 또 말씀하시기를 "성인은 하늘에 근본하고, 석씨는 마음에 근본한다. 무릇 육왕의 학문은 모두 마음에 근본하는 것이다. 하늘에 근본하는 학문은 필시 먼저 이치를 궁구한다. 『대학』의 격치(格致)와 『중용』의 명선(明善)이 모두 이 사물이다."라고 하였다. 이것이 바로 선생의 학문의 본령이요, 사람들을 가르치신 강령이다.[105]

---

105 洪良浩 『耳溪集』 卷24 「祭伯舅樗村沈先生錥文」. "先生之恒言曰, 道備於庸學首章. 學

이 제문은 심육의 사승관계에 대해 언급한 부분은 전혀 없지만, 위의 기술은 주자학을 존숭하고 육왕학을 비판하였던 인물로서 심육의 학문적 입장을 총괄하는 것이다. 인용한 주희의 말은『중용장구』'右第一章' 이하에 보인다. 또한 '본심', '본천'의 말을 사용한 육왕학 비판은 이미 본장에서 서술했듯 심육이 즐겨 사용하던 논법이다.

덧붙여 말하자면 위 글 속에서 홍양호는 "내가 선생을 섬긴 지 30년이다.[小子之事先生, 蓋三十年所矣]"라고 서술하고 있다. 홍양호의 어머니는 심수현(심육의 아버지)의 딸이다.[106] 즉 심육은 홍양호의 스승이면서 외삼촌이기도 하였다. 다음으로 이교년이 지은 「제저촌심문(祭樗村沈文)」의 내용을 검토한다.

(1) 예전에 내가 선생께 배알하지 않았을 때 하풍(下風)을 들었는데 우리 선사(先師)이신 일암(一庵)과 조금 다른 듯하였다. 그러나 가르침을 받음에 미쳐서 우리 명재 선생(尹拯)을 자주 일컬어 "명재는 덕을 이룬 군자이시다."라고 하였고, 또 "명재와 퇴계는 서로 비슷하다."라고 하였고, 또 "내가 명재를 비록 스승으로 섬기지 못했으나 앙모한 정성은 그대들에게 뒤지지 않는다."라고 하였다. 대개 명재의 가르침에 훈도(薰陶)되어 이를 계승한 사람은 일암이었고, 명재의 도를 존경하고 사모하여 능히 일치시킨 것은 선생이었다.[107]

者求道, 舍是則罔可. 若其求之之方, 朱子言之詳矣. 因學集註, 道之本原出於天而不可易. 實體備於己而不可離, 學者於此, 反求諸身, 而自得之數句, 以告人曰, 吾儒之學, 盡於是矣. 且曰, 聖人本天, 釋氏本心. 凡王陸之學, 皆本心也. 本天之學必先窮理. 大學之格致, 中庸之明善, 皆是物也. 此乃先生爲學之本領, 敎人之大綱."『耳溪集』은『한국문집총간』241~242책에 수록.

106 『耳溪集』卷32「先府君墓誌」. "府君姓洪氏, 諱鎭輔, 字景仁, 安東豐山縣人也.……府君娶靑松沈氏, 考曰領議政諱壽賢."

107 『艮谷遺稿』卷5「祭樗村沈文」. "伊昔喬年之未拜先生也, 竊聞下風, 則與吾先師一庵, 若小異焉. 及乎承敎, 則未嘗不亟稱我明齋先生. 曰, 明齋, 成德君子也. 又曰, 明齋與退溪, 相似也. 又曰, 余於明齋, 雖未師事, 尊仰之誠, 不後於二三子矣. 蓋薰陶明齋之敎而克繩其武者, 一庵是也. 尊慕我明齋之道, 而克一其揆者, 先生是也."『艮谷遺稿』는 서울대학교 규장각 소장.

이 기술로부터 심육은 윤증에게 직접 입문의 예를 취했던 것은 아니지만 윤증에 대해서는 사숙(私淑)의 제자로서 깊은 경앙(敬仰)의 마음을 품고 있었으며, 윤증을 이황과 나란히 칭할 정도였음을 알 수 있다. 또한 글 속의 일암(一庵)은 윤증의 손자 윤동원(尹東源)이다. 위의 기술로부터 이교년은 윤동원과 심육 양쪽을 사사(師事)했음을 알 수 있다. 그리고 이교년의 처 임씨의 조부인 임진영(任震英)의 처는 윤증의 딸이다.[108] 즉 이교년은 윤증 집안과 인척관계였고 윤증의 손자 윤동원의 문인이기도 하였던 것이다. 이교년은 위 글에서 윤증의 학통을 이은 자로서 윤동원과 심육을 함께 칭하고 있다.

(2) 또 선생의 시를 보면 "(싫어한 양명의 학설을) 몰래 다른 곳으로 옮겼네.[潛敎別路遷]"라고 하였다. 또한 일찍이 주자의 "마음을 보존하는 것을 주로 삼아서 치지(致知)와 역행(力行) 두 가지 모두 폐해서는 안 된다."라는 말을 써서 나에게 주었다. 여기에서 이단을 물리치고 정학을 밝히는 뜻을 볼 수 있으니, 무릇 선생의 도와 덕과 학문은 참으로 이른바 "귀신에게 질정하여도 의심이 없고, 백세에 성인을 기다려도 의혹이 없다."는 것이다.[109]

인용한 시는 『저촌유고』 속에서도 확인할 수 있다.[110] 여기에서 이교년

108 『艮谷遺稿』 卷6 「亡室任氏行蹟」. "亡室恭人豊川任氏, 曾祖諱𡐓, 林川郡守. 祖諱震英, 郡守公託其子於明齋尹先生之門. 先生愛其才志, 以女妻之, 不能充其志而卒. 考諱思敬."

109 『艮谷遺稿』 卷5 「祭樗村沈文」. "又觀詩曰, 潛敎別路遷. 亦嘗以朱子所謂存心爲主而致知力行兩不可廢之說, 書授喬年. 於此以見闢異端明正學之意, 而凡先生之道與德與學, 眞所謂質鬼神而無疑, 俟百世而不惑者也."

110 『樗村遺稿』 卷21 「寄遁谷示志」. "君衰吾亦老, 同病每相憐. 生死俱安命, 行藏不負天. 心將追聖軌, 志欲灑陳編. 所惡陽明說, 潛敎別路遷." 이 시구에 대하여 白井順은 『霞谷集』을 편찬할 때 양명학과 관련된 부분을 제외하는[別路遷] 편집방침을 말해주고 있다는 해석의 가능성을 제시하였다. 그리고 윤증의 문하에서 양명학에 대해 비판적이었던 심육과 이진병 두 사람이 『霞谷集』 제1차 편찬작업의 중심인물이었다는 것이, 그 편찬방침에 영향을 끼친 가능성을 시사한다고 하였다.

은 양명학에 대한 비판과 주자학에 대한 존숭이라는 심육의 입장을 확인하면서, 그의 '이단을 물리쳐 정학을 밝힌다'는 공적을 높이 평가하고 있다.

위의 심육에 대한 제문 두 편에는 모두 심육과 정제두의 관계에 대해 전혀 언급이 없다. 고인의 현창(顯彰)을 목적으로 하여 집필되는 제문에서 정제두와의 관계 서술이 일절 할애되지 않았다는 것은 홍양호나 이교년에게 있어 심육과 정제두의 관련은 특필할 만한 가치가 없었음을 의미하는 듯하다. 또한 두 편의 제문이 그린 심육의 사상적 입장, 즉 주자학을 존숭하고 육왕학을 비판한다는 자체는 본장이 『저촌유고』의 조사를 통하여 확인한 내용과 완전히 합치되는 것이다. 그러나 심육이 윤증에게 깊이 사숙한 인물이었다는 사실을 새롭게 가미하여 고찰해본다면, 이 같은 사상적 입장은 그의 사승관계로부터 말하자면 오히려 당연한 것으로 위화감 없이 받아들여지는 것이 가능하다. 윤증은 정제두가 자신의 양명학 신봉을 표명했을 때 주자학을 정당하다고 여기는 입장에서 이를 강하게 경계한 인물이었다.

2

이어서 이교년이 지은 이진병 행장의 내용을 확인한다.

> 일찍이 시를 짓기를 "누항(陋巷)에서 대그릇의 밥과 표주박의 물을 먹는 안연(顏淵)의 즐거움에 부끄럽고, 봄날 기수(沂水)에서 목욕하는 증점(曾點)의 광간(狂簡)함을 사모하네."라 하였는데, 하곡 정공이 그 시를 보고는 감탄하고 칭찬해 마지않았다. 선생은 하곡에게 일찍이 왕래하고 질의해서 그 지취를 계발시켰으며, 명재 윤 선생의 가르침을 들음에 미쳐서 더욱 순일해졌다. 윤 선생은 늘 그의 독실함에 감탄하였는데, 「이기사칠설(理氣四七說)」을 보고는 가상히 여겨 말하기를 "성(性)과 이(理)가 차이가 없다 하였으니 대원(大原)을 견득했다고 할 만하다."라고 하였으니 학식을 인정받은 것이 이와 같았다. 그리고

> 일찍이 유봉(酉峯)에서 향음주례를 행할 적에 선생을 빈개(賓介)로 삼았으니 또한 예를 잘 아는 자로 인정받은 것이다. 갑오년 정월에 윤 선생의 병이 깊어졌다. 선생께서 공의 자를 부르시기에 나아가자, 공의 손을 잡으며 말하기를 "그대의 자질로 힘써 노력하기를 그치지 않는다면 아무리 멀다 한들 이르지 못하겠는가. 우리 집안의 윤동수(尹東洙)와 윤동원(尹東源) 역시 학문을 향한 정성이 있으니, 모름지기 그대가 그들과 함께 서로를 간절히 권면하여 도움을 주길 바란다."라고 하였다.……그의 학문은 먼저 대강(大綱)을 아는 것이었으며…… 그의 독서는 사서오경(四書五經)에서부터 정주(程朱) 등 여러 현인의 글에 이르기까지 관통하고 반복해 읽었으며 날마다 일정한 학습량을 정해두어서 늙어서도 조금도 게을리하지 않았다. 게다가 『역경』은 더욱 힘써 익혔으니…… 만년에 이르러서는 마치 그 말을 외는 듯이 하였다.…… 배우는 사람이 저촌에게 『역경』의 뜻을 물었는데, 저촌이 바로 대답하기를 "둔곡에게 가서 질정하라." 하였다.[111]

이 행장은 이진병이 죽은 지 32년 후, 이진병의 손자 이규진(李奎鎭)의 부탁으로 쓰여진 것이다.[112] 인용한 문장은 이진병이 거업을 단념한 경위를 서술하여 "스무 살여 남짓 되었을 때부터 오로지 위기지학에 전심을 다하였다.[時年二十有餘矣, 自是專用心於爲己之學]"라 한 부분 뒤에 이어지는 것이다. 따라서 이진병의 정제두 종학(從學)도 아마 이 당시에 시작한 것

---

111 『艮谷遺稿』 卷5「遁谷李先生行狀」. "嘗有詩曰, 簞瓢陋巷慙顏樂, 沂水春風慕點狂, 霞谷鄭公見之, 歎賞不已. 先生於霞谷, 蓋嘗往來質疑, 發其志趣, 及聞明齋尹先生之教, 益醇如也. 尹先生每歎其篤實. 見其理氣四七說, 甚嘉賞曰, 說出性理不差, 可謂見得大原. 其以學識見詡如此. 而嘗行鄕飮酒於酉峯也, 以先生爲賓介. 亦以知禮見重也. 甲午正月, 尹先生疾病. 字先生而進之, 執手訣曰, 以君才質勉勉不已, 何遠之不可到? 吾家東洙東源, 亦有向學之誠, 君須與之切偲輔益也.……其學, 先識其大者……其讀書, 自四子五經, 至洛閩諸賢書, 通貫反復, 日有課程, 到老不少懈. 而尤習於易經……以至晩年, 如誦其言.……學者問易義於樗村, 則輒曰, 往質于遁谷."

112 『艮谷遺稿』 卷5「遁谷李先生行狀」. "先生旣沒, 三十有二季, 先生之孫奎鎭, 以其遺事來諗曰, 子於吾王考, 瞯之熟矣. 不朽之圖, 非子繄誰."

이라고 생각된다. 행장은 이진병의 정제두 종학과 윤증 입문 양쪽을 언급하고 있으나, 이진병이 보다 큰 영향을 받은 것은 윤증 쪽이었다는 서술내용이다. 게다가 윤증 쪽도 이진병을 두텁게 신뢰하고 있었던 상황이 그려지고 있다. 성리학(사단칠정 등)에 관한 학식이나 예학에 대한 조예에 있어서도 윤증은 이진병을 인정하고 있었다. 윤증이 임종할 때 교도(敎導)를 부탁한 윤동원은 윤증의 손자이며, 윤동수는 아우 윤추(尹推)의 손자이다.

홍양호가 지은 이진병의 묘갈명은 이진병의 손자 이경진(李敬鎭)이 이교년이 지은 행장을 가지고 와서 집필 의뢰로 방문한 것에 응하여 집필된 것이다.[113] 따라서 그의 기술은 기본적으로 이교년의 행장 내용을 답습하면서도 약간의 윤색을 가하고 있다.

> 나의 외삼촌인 저촌 심 선생에게는 도의(道義)의 벗인 둔곡 이 선생이 있었다. 젊었을 때 하곡 정 선생을 따라 위기지학(爲己之學)을 배우다가 명재 윤 선생의 문하에서 가르침을 받음에 미쳐서는 법도를 더욱 엄격하게 하고 실천을 더욱 독실하게 하여 성명(性命)의 심오한 경지에 침잠(沈潛)하였다. 일찍이 그가 저술한 「이기사칠설(理氣四七說)」을 명옹(明翁)께서 보시고 감탄하며 말하기를 "그대는 대원(大原)을 견득했다고 할 만하다."라고 하였다.……명옹의 병이 깊어짐에 미쳐서 공의 자를 부르고 손을 잡으며 말하기를 "그대의 재질로 아무리 멀다 한들 이르지 못하겠는가. 우리 집안의 윤동수와 윤동원이 모두 학문에 뜻을 두고 있으니, 그대가 그들을 간절히 권면하여 학문을 이룰 수 있도록 해주게."라고 하였다. 명옹이 세상을 떠난 후에도 한결같이 스승의 가르침을 따라 50년을 힘써 공부하였다. 사람들은 명옹에게 있어 공의 존재를 칭할 때, 공자 문하의 유약(有若)과 같다고 비유하였다.……선생의 학문은 가장 먼저 그 대강을 아는 것이었으니, 한결같이 정주(程朱)를 기준으로 삼아 몸소 실천하고 마

113 『耳溪集』 卷31 「遁谷李先生墓碣銘幷序」. "先生沒三十餘年, 敬鎭賫李公喬年所爲狀來乞銘."

음으로 체득하며 확충하고 수양함에 있어 방도가 있었다. 그의 독서는 사서오경부터 정주 등 여러 현인의 글에 이르기까지 관통하고 반복해 읽었으며 날마다 일정한 학습량을 정해두었다. 더욱이『역경』과 예서(禮書)를 힘써 공부하여 자기의 말을 외는 듯이 하였다. 배우는 사람이 저촌에게『역경』의 뜻을 물으면 저촌 선생은 그때마다 "둔곡에게 가서 질정하라."라고 하였다.[114]

기본적인 사실관계는 이교년의 행장의 기술에 근거하고 있으나, 홍양호의 가필 부분에는 이진병이 윤증 사후에도 스승의 가르침을 준수하여 스스로 정주학에 준거했다는 점이 강조되어 있다.

이상처럼 백정(白井)의 논고에 의해 심육과 이진병 두 사람이 윤증 문하에 있었다는 사실이 분명해졌다. 이진병에 관해 말하자면, 이교년이 지은 행장이 이진병과 정제두, 이진병과 윤증의 두 가지 사승관계를 말하면서도 후자에 보다 비중을 두고 있는 필치로 되어 있는 것은, 이교년이 윤증 집안과 인척관계였으며 또 윤동원의 문인이었다는 사실을 그 배경으로서 유의할 필요가 있을 것이다. 그러나 그렇다고 해도 심육이나 이진병을 강화학파로 일괄하여 파악하는 것은 이미 분명히 잘못된 것이다. 바꾸어 말하자면 강화학파라고 일컬어지는 사람들도 결코 단선적인 학통·사승에 속했던 것이 아니라 여러 학통의 교차나 다른 학통과의 교류 등이 존재했던 것이다. 이 점은 앞으로 강화학파 연구에 있어서도 충분히 유의해야할 것이다.

114『耳溪集』卷3「遁谷李先生墓碣銘」. "我舅氏樗村沈先生, 有道義之友, 曰遁谷李先生. 少從霞谷鄭先生, 聞爲己之學. 及摳衣于明齋尹先生之門, 繩墨益嚴, 踐履益篤, 沈潛性命之奧. 嘗著理氣四七說. 明翁見之, 嘆曰, 君可謂見得大原.……及明翁疾病, 字呼公執手訣曰, 以君才質, 何遠不可到. 吾家東洙東源, 俱志學. 君其切偲而底于成也. 明翁旣歿, 一遵師敎, 力學五十年. 士論稱明翁之於公, 譬之孔門之有若云.……先生爲學, 先識其大者, 一以程朱爲準. 躬行心得, 充養有道. 其讀書, 自四子五經, 至洛閩諸賢書, 通貫反覆, 日有課程. 尤用力於易經禮書, 如誦己言. 學者問易於樗村, 則先生輒曰, 往質于遁谷."

제6장
백하(白下) 윤순(尹淳)

윤순은 초기 강화학파의 중요 멤버 중 하나이다. 정치적으로는 소론 완소파의 영수 중 한 사람으로, 경종 대와 영조 대에 걸쳐 정권의 중추에 몸을 두고 있던 인물이기도 하다. 이 장에서는 초기 강화학파 연구의 일환으로서 윤순을 다룬다. 그리고 윤순과 당론 · 당쟁과의 관계에 대해서는 제11장에서 다시 언급하고자 한다.

결론을 먼저 말하자면 윤순은 별집인 『백하집(白下集)』 전12권을 통람해 보아도 여기에는 양명학 수용의 자취를 구체적으로 나타내는 짧은 구절조차 존재하지 않으며, 정제두와의 사이에서 학문적 수용의 자취를 구체적으로 나타내는 자료도 전무에 가까운 상황이다.

주자학에 대한 절대적 존숭의 분위기가 현저했던 당시 조선사회에서 본인이 스스로 양명학 신봉을 도회 · 은폐한다거나, 혹은 후세의 문중이 선인의 유고 · 문집을 편찬할 때 양명학 수용의 자취를 삭제하는 가능성도 본래 고려할 필요는 있을 것이다. 따라서 오늘날 전하는 문헌자료에 양명학 수용이나 하곡학 수용의 흔적이 발견되지 않는다는 것이 곧 수용의 사실이 없었음을 의미하는 것은 아니다. 그러나 문헌자료에 전하지 않는 이상 윤순의 하곡학 수용 실태를 구체적으로 해명할 수 없다는 사실은 변하지 않는다. 그런 의미에서 『백하집』 통람을 마친 필자가 헛수고한 느낌과 실망감을 금할 수 없었던 것을 솔직히 고백하지 않을 수 없다.

그러나 『백하집』의 통람을 통하여 윤순에 관한 약간의 흥미로운 자료를 적잖이 검출할 수 있었던 것도 사실이다. 윤순은 영조4년 11월부터 5년 4월에 걸쳐 동지 정사(冬至正使)로서 청조 치하의 북경에 방문하였다. 이때의 견문과 체험이 윤순의 대청인식(對淸認識), 화이관념(華夷觀念)에도 많은 영향을 끼쳤다는 것은 『백하집』에 남겨진 단편적인 자료로부터도 엿볼 수 있다. 윤순은 또 조선을 대표하는 서예가로도 저명하다. 『백하집』에는 서예가로서의 윤순에 관한 자료는 결코 많지는 않으나 약간의 재료는 검출할 수 있었다. 정제두와의 관계에 대해서도 『백하집』 속에서의 언급은 매우 적지만, 다른 관련 자료를 통해 어느 정도의 실태는 분명히 알 수 있었다.

이 장에서는 윤순의 대청관(對淸觀), 정제두와의 관계, 서예가로서의 윤순에 대해 논해보고자 한다. 그리고 이에 사용하는 문헌은 『백하집』 12권, 『한국문집총간』 192책 수록, 민족문화추진회를 저본으로 사용한다. 「범례」에 의하면 이 문집총간본의 저본은 성균관대학교 중앙도서관 소장본으로, 윤순의 6대손인 윤성구가 가장(家藏)의 초고본을 사용하여 종6대손 윤용구의 교정을 거쳐서 1927년 석판으로 인행(印行)한 초간본이다. 권수(卷首)에 이건방의 「백하선생문집서(白下先生文集序)」, 권말에는 윤용구의 「백하집발(白下集跋)」이 실려 있다.

Ⅰ. 윤순의 대청관(對淸觀)

1

윤순(尹淳, 1680~1741)의 자는 중화(仲和), 호는 백하(白下), 본관은 경상도 선산군(善山郡) 해평현(海平縣)이다. 윤순의 생애와 그의 경력은 『백하집』에 부록으로 수록되어 있는 윤득여(尹得輿)가 지은 「행장」에 상세히 나와 있다. 윤득여는 윤순의 형 윤유(尹游)의 셋째 아들로, 윤순에게 아들이 없었기 때문에 양자로 들인 인물이다.[1] 「행장」에 근거하여 관력(官歷)의 대강을 기록하자면 다음과 같다.

숙종31년	(26세)	사마시 등제
숙종39년	(34세)	문과 급제(丙科)
숙종42년	(37세)	세자시강원 설서(정7품), 사간원정언 검열, 홍문관 부수찬(종6품)
숙종43년	(38세)	강서 현령
경종원년	(42세)	세자시강원 사서(정6품)
경종2년	(43세)	홍문관 부교리(종5품)
경종3년	(44세)	세자시강원 문학(정5품), 홍문관 응교(정4품). 이해에 사은사 서장관으로 임명되지만, 취임하지 않는다.
경종4년	(45세)	수원 부사
영조원년	(46세)	공조 참판(종2품)
영조3년	(48세)	사헌부 대사헌(종2품), 이조 참판(종2품)
영조4년	(49세)	이인좌의 난에 즈음하여 감호제군사를 배명, 토벌에 공적을 올림. 이조 판서(정2품), 동지 정사로서 赴燕(4년 11월~5년 4월)
영조5년	(50세)	형조 판서(정2품), 의정부 좌참찬(정2품)

1 『白下集』 卷8 「先考司憲府持平贈議政府左贊成三友堂府君家狀」, 卷5 「辭判敦寧仍乞立後疏」.

영조6년	(51세)	예조 판서(정2품)
영조8년	(53세)	함경도 관찰사
영조16년	(61세)	평안도 관찰사
영조17년	(62세)	평안도 관찰사로서의 순안 도중 벽동(碧潼)에서 객사

위의 관력 중에서 영조가 탕평책을 실시하기 시작한 시기에, 단기간이라고는 해도 전정(銓政)의 중추를 담당하는 이조 참판, 이조 판서의 직임에 있었다는 것 등은 특히 주목할 만하나 이 점에 대해서는 지금은 다루지 않는다. 본 절에서는 윤순의 대청관에 대해 그의 중국체험을 통하여 고찰한다.

위에서 언급했듯이 윤순이 동지 정사로서 청나라를 방문한 것은 영조4년 11월부터 5년 4월까지의 일이었다.[2] 이에 앞서 경종3년에도 사은사 서장관에 임명되었으나, 이때에는 취임하지 않았으므로 중국에 가지 않았다.[3] 『한국민족문화대백과사전』 및 『한국인명대사전』의 윤순 항목에 모두 경종3년의 사은사 서장관으로서 부연(赴燕)을 기록하고, 역으로 영조4년의 동지 정사로서의 부연(赴燕)은 언급하지 않고 있는데 이는 명백한 오류이다.[4]

2 『朝鮮王朝實錄』 영조4년 6월 24일 癸卯. “尹淳爲冬至正使, 吳命新爲副使, 趙迪命爲書狀官.” 11월 4일 庚戌. “上引見冬至正使尹淳, 副使趙翼命, 書狀官權一衡.” 영조5년 4월 22일 丙申. “冬至使尹涼, 趙翼命, 權一衡復命.”

3 『朝鮮王朝實錄』 경종3년 11월 9일 乙酉. “密豐君旦爲謝恩正使, 權以鎭爲副使, 尹淳爲書狀官.” 『白下集』 附錄 「行狀」 경종3년 癸卯 10월. “除謝恩使書狀官.” 경종4년 甲辰. “移司憲府執義, 遆拜副應敎, 兼中學敎授, 移司諫院司諫, 復除書狀官, 皆不就.”

4 『韓國民族文化大百科事典』(한국정신문화연구원, 1991), 『韓國人名大事典』(신구문화사, 1995).

2

『백하집』에는 정리된 형태의 「연행록」 류는 남겨져 있지 않다. 다만 권1 시 「구요동(舊遼東)」 이하 「입연관(入燕館)」, 「유관(楡關)」의 세 수는 제목이 나타내듯 연행 때의 작품이다.

윤순의 대청관을 정리된 형태로 나타내는 거의 유일한 자료는 『백하집』 권12 「여김판서(與金判書)」이다. 이 편지는 말미에 '기유(己酉)'라는 주석이 있는데 영조5년(윤순 50세)의 집필이다. 제목에서 분명하듯이 4월에 귀국하여 부연사(赴燕使)의 임무를 막 마친 윤순이 같은 해 겨울 동지 정사(冬至正使)로서 북경에 향하는 김동필(金東弼)에게 보낸 편지이다.[5] 이 편지는 다음의 문면(文面)으로 시작하고 있다.

> 사교(沙郊)에서 이별한 뒤로 마침내 서로 만 리나 떨어지게 되었습니다. 아득히 서쪽으로 치달리는 그리움을 밤낮으로 그칠 수 없습니다. 이쪽에서 편지를 보내려던 참에 갑자기 그대의 편지가 먼저 도착했습니다. 보내주신 편지를 통해 일행이 이미 기성(箕城)에 도착했음을 알았습니다.[6]

이 문면으로부터 부연사 일행이 한성을 출발하여 평양에 도착했을 즈음, 김동필이 윤순에게 편지를 부쳐왔음을 알 수 있다. 본 편지는 그에 대한 답서이다. 이제 압록강을 넘어 중국 땅을 밟으려는 김동필에게 자신의 중국체험을 근거로 하여 약간의 조언을 하는 내용이다. 그리고 첫머리의 '사교(沙郊)'는 사량(沙梁, 경기도 수원군) 교외 등의 지명을 가리키는 것으로 생각되나 자세하지 않다.

---

5 『朝鮮王朝實錄』 영조5년 7월 11일 甲寅. "金東弼爲冬至正使, 李瑜爲副使, 沈星鎭爲書狀官." 영조6년 4월 2일 己亥. "冬至三使自燕還, 上引見. 上使金東弼以明史中仁廟卞誣一冊謄出者, 跪進曰, 云云."

6 『白下集』 卷12 「與金判書」. "沙郊判袂, 遂成萬里. 西望之思, 日夕憧憧. 方擬待撥付候, 台札忽此先辱. 承審行旅, 已抵箕城."

대저 부연(赴燕)의 여정은……용만(龍彎=義州)에 도착한 뒤에……구연성(九連城)을 지나……책문(柵門) 안으로 들어가면 한 무리의 호인(胡人)을 처음 목격하게 됩니다. 그것은 정말로 마치 개가 웅크려 있고 원숭이가 날뛰고 있는 듯한 광경이라 보는 자의 마음을 놀라게 하니 가까이해서는 안 될 듯합니다. 그런데 며칠이 지나면 곧 어물전에서 냄새를 맡지 못하게 되는 것처럼 익숙하게 됩니다.[7]…… 요동에 이르면 비로소 나의 존재가 큰 창고나 넓은 바다의 쌀알처럼 작은 존재임을 깨닫게 됩니다. 백탑(白塔)이 하늘 높이 우뚝하게 서 있는 모습도 하나의 장관입니다. 심양(瀋陽=盛京)의 대도시와 의무여산(醫巫閭山)의 장대함은 보는 자의 가슴속을 탁 트이게 합니다. 장성(長城=山海關)이 뻗어 있는 웅대함과 각산사(角山寺)나 망해정(望海亭)에서 조망하는 굉활함은 문득 남아(男兒)로 하여금 우주를 향해 긴 휘파람을 불게 하는 흥취가 일게 합니다.[8]…… 연도(燕都=北京)에 들어가면 성곽 · 성원(城苑) · 사람들 · 시장의 장대하고 번화한 모습에서 천하의 광대함을 알 수 있는데, 이에 반해 돌이켜 우리나라를 생각하면 마치 우물 안에서 하늘을 바라보는 듯하여[9] 협소함을 견딜 수 없습니다.[10]

책문(柵門)은 조선과 청조의 국경이 되어 조선 측에서는 책문(柵門), 중국 측에서는 변문(邊門)이라 칭한다. 이 문을 한 걸음 빠져나가면 청조 치

---

7 『說苑』 卷17 「雜言」. "孔子…… 又曰, 與善人居, 如入蘭芷之室, 久而不聞其香, 則與之化矣. 與惡人居, 如入鮑魚之肆, 久而不聞其臭, 亦與之化矣."

8 『分類集注杜工部詩』 卷22 「贈秘書監江夏李邕」. "長嘯宇宙間, 高才日陵替. 古人不可見, 前輩復誰繼."

9 『莊子』 「秋水」. "北海若曰, 井蛙不可以語海者, 拘於虛也. 夏蟲不可以語氷者, 篤於時也."

10 『白下集』 卷12 「與金判書」. "大抵此行,……到灣後,……過了九連城,……入柵始見群胡. 如狗蹲猿跳, 令人心駭, 若不可相近. 過數日, 便如鮑肆之不聞其臭矣.……抵遼野, 始覺吾生之爲太倉米滄海粟. 而白塔亭亭立半空, 亦一壯觀. 瀋陽大都會, 巫閭大氣勢, 太半開豁心胸. 長城施之雄, 角山望海騁眺之宏闊, 頓令男兒有長嘯宇宙之興.……入燕都, 城池民物市肆之鉅麗繁華, 可見天下之大, 而回思我東, 若井底觀天, 迫隘不能容也."

하의 중국 땅에 들어가, 조선으로부터의 소식도 끊겨버리게 된다고 한다.[11] 그 책문을 지나 보이는 것이 '호인(胡人)'의 모습이다. 이 경우의 '호인'이란 만주족뿐만이 아닌 변발한 한족을 포함하고 있을 가능성도 있으나, 아무튼 이를 "개가 웅크려 있고 원숭이가 날뛰고 있는 듯하다.[狗蹲猿跳]"라고 형용한 것은 만주족을 이적(夷狄)으로서 업신여기는 심정을 나타낸 것이 틀림없다. 윤순에게 있어서는 목격한 '호인'이 실제로 만주족인지 한족인지보다도, 책문을 넘어 청조 치하의 중국 땅에 발을 디뎠다는 상징적인 의미가 더 중대했던 것인지도 모른다. 그러나 어느새 그 '호인'의 모습에도 눈이 익숙해져 도중 각지의 웅대·장대한 경관에 마음이 씻기고 북경에서는 대도시의 위용에 압도된다.

그렇다면 책문을 빠져나와 목격한 이적의 모습에도 이미 익숙해지고 그 후에는 대륙의 광대함이나 도회지의 번화함을 앞에 두고서 오로지 자기의 비소(卑小)함이나 조선반도의 협소함에 생각이 미친 듯하지만, 민족적인 감정이 그것으로서 불식된 것은 결코 아니었다.

> 그러나 연례(演禮)를 거행함에 이르러 홍려사(鴻臚寺)의 불결한 장소에서 세 번 무릎을 꿇고 아홉 번 머리를 조아릴 때에는, 다만 세상에 늦게 태어나 스스로 예악의관(禮樂衣冠)을 욕되게 하는 것이 한스러워서 가슴속의 일어나는 노기(怒氣)에 머리털이 바짝 서서 관을 뚫는 듯하였습니다.[12]

연례(演禮)란 조의(朝儀)의 연습을 의미하는데, 당시 외국 사절은 천자와의 알현에 앞서 홍려사에서 사전에 조의의 예행연습을 행하는 것이 관습

11 『燕巖集』 卷11 「熱河日記」, 「渡江錄」 乾隆45년 6월 27일조. "一入此門, 則中土也. 鄕園消息, 從此絶矣.……自鴨綠江至此, 該有一百二十里. 我人曰柵門, 本處人曰架子門, 內地人曰邊門."

12 『白下集』 卷12 「與金判書」. "而至演禮, 跪叩於鴻臚糞壤之間, 秪恨生晩天地, 自辱其禮樂衣冠, 而胸中勃勃之氣, 幾乎髮上指耳."

이었다.[13] 명청교체를 거쳐 지금은 중국 땅이 이적의 군주를 천자로서 받들고 있다. 마침 이러한 시대에 태어난 탓으로 자신마저 이적인 천자에 대해 이와 같이 삼궤구고두(三跪九叩頭)의 예를 행하지 않으면 안 된다. 이는 견디기 힘든 굴욕이었음을 윤순은 서술하고 있다.

3

「여김판서(與金判書)」의 내용은 뒷부분이 더 남아 있으나, 여기까지의 부분에서 보인 윤순의 대청관과 같은 방향의 것을 다시 『백하집』에서 몇 가지 뽑아내보겠다. 우선 마찬가지로 연행 때 지은 시 중, 홍려사에서의 연례를 언급한 것이다.

> 연경의 궁궐은 옛적에 황조(=明)의 도성이었거늘
> 세상에 늦게 태어나 이 노정이 수치스럽게만 하네
> 중국의 대지를 봄에 공연히 뜻은 장대해지고
> 구중의 겹친 문 안에 갇힌 우리 몸은 고독한 죄수와 같네
> 길가의 어린아이들은 도리어 예스러운 우리 의관을 비웃고
> 접대하는 역인(役人)들은 그저 공물에 모여들 뿐이네
> 게다가 홍려사에서는 궤배의 예를 강요당했으니
> 오늘날 우리가 동주(東周)라고 누가 말하겠는가[14]

이전 황조(皇朝)의 도성도 지금은 이적 왕조의 도읍으로 전락하여 중화전통의 의관을 몸에 입은 우리들이 오히려 신기하다며 비웃음을 당한다.

---

13 『欽定大淸會典則例』 卷156 鴻臚寺 「演禮」. "順治初年定, 外國朝貢使臣至京, 由禮部先期知會本寺, 赴寺演習朝儀."

14 『白下集』 卷1 「入燕館」. "幽燕城闕舊皇州, 生晩乾坤此路羞, 大地閱來空壯志, 重門鎖却便孤囚, 街兒反笑衣冠古, 儐虜唯耽貨幣優, 更向鴻臚循膜拜, 誰言今日我東周."

중국 땅에서 잃어버린 중화의 전통은 지금 우리 조선만이 계승하여 지키고 있다. 그렇다면 우리야말로 동주(東周=東國에서의 주왕실 문명의 재건)이다. 그러나 그러한 자부도 긍지도 궤배(跪拜)의 예로써 이적 황제에게 몸을 굽힐 때에는 부서져버린다. 시 속에는 난해한 부분이 포함되어 있으나 대강 이러한 취지를 읽어낼 수 있다.

'동주(東周)'란 『논어』에 출전을 둔 말이다.[15] 기자(箕子)는 주 무왕(武王)에게 '홍범구주(洪範九疇)'를 전하였고, 무왕에 의해 기자가 조선에 봉해졌을 때 홍범구주는 조선에도 전해졌다.[16] 따라서 우리나라는 기자조선의 옛날부터 주왕실과 중화문명을 공유하고 있다. 이러한 인식은 당시 조선 인사에게 널리 공유된 것이었다.[17] 위의 시 제8구는 이적인 천자에게 궤배고두(跪拜叩頭)의 예를 행해야 했던 굴욕의 마음을 강조한 것으로, 오히려 조선을 동방예의지국 · 동방의 주나라로서 과시하는 강고한 자부심의 반증이라고 볼 수 있을 것이다.[18] 아무튼 기저에 있는 것은 만주족을 이적으로

---

15 『論語』「陽貨」. "如有用我者, 吾其爲東周乎." 何晏集解. "興周道於東方, 故曰東周."

16 『史記』 卷38 「宋微子世家」. "箕子者, 紂親戚也.……紂爲淫泆, 箕子諫, 不聽.……乃被髮詳狂而爲奴. 遂隱而鼓琴以自悲.……武王旣克殷, 訪問箕子,……箕子對曰,……天乃錫禹洪範九等, 常倫所序.……於是武王乃封箕子於朝鮮而不臣也." 『後漢書』 卷85 「東夷列傳」. "昔武王封箕子於朝鮮. 箕子敎以禮義田蠶, 又制八條之敎, 其人終不相盜, 無門戶之閉, 婦人貞信, 飮食以籩豆." 『書經』「洪範」. "武王勝殷殺受, 立武庚, 以箕子歸, 作洪範." 『三國遺事』 卷1 「紀異」「古朝鮮」. "周虎王卽位己卯, 封箕子於朝鮮."

17 韓元震(1682~1751) 『南塘集拾遺』 卷6 「拙修齋說辨」. "惟我東方, 自太師東來, 八條敷敎以後, 民俗丕變, 已有少中華之稱矣." 沈錥(1685~1753) 『樗村遺稿』 卷6 「燕行錄」「次山字」에도 다음의 시구가 있다. "莫笑年年來玉帛, 箕墟一瓦獨衣冠." 근대로 내려가 張志淵(1864~1921)의 『朝鮮儒敎淵源』 卷1에는 다음의 기술이 있다. "檀君之季, 殷太師箕子避周以來, 以洪範九疇之道敎化東方. 洪範九疇, 天所以錫夏禹而箕子得其道, 以是傳之于周武王者也.……自古聖帝哲王修身齊家治國平天下之大經大法, 皆具於洪範一書. 箕子卽傳于武王, 又躬行于朝鮮, 設八條之敎以敎化吾人.……然則朝鮮雖謂之儒敎宗祖之邦, 可矣." 한원진 및 장지연의 화이관념에 관해서는 山內弘一(1997), (2001)을 참조.

18 기자조선 및 그 국호를 답습한 조선조를 『論語』에서 말하는 東周에 견주는 발상은 국초 이래로 볼 수 있는 것이다. 鄭道傳 『三峯集』 卷7, 朝鮮經國典上 「國號」. "惟箕子受周武之命, 封朝鮮侯. 今天子命曰, 惟朝鮮之稱美, 且其來遠矣. 可以本其名而祖之, 體天牧民, 永昌後嗣.……嗚呼! 天子之德無愧於周武, 殿下之德亦豈有愧於箕子哉? 將見洪範之學,

보는 감정이다.

만주족을 이적시(夷狄視)하는 것에 대해서는 다음의 시 한 구절도 주목할 수 있다.

> 내 나이 50세 백발이 분분한데
> 동으로 남으로 또 서쪽 끝까지 두루 족적을 남겼네
> 왕년에 폐백 싣고 연경에 들어갔을 때
> 경치는 변치 않았으나 그 비린내에는 수치를 느꼈네[19]

이후에 이어지는 시구에 "다만 북해 가를 다 보지 못함이 한스럽네. 올해는 명을 받들어 길주로 오게 되었네[但恨未窮北海濆, 今年奉命來吉州]"라 하고 있으므로, 영조8년(53세) 함경도 관찰사를 배명받아 함경도 길성현(吉城縣=吉州)으로 부임할 때의 작품으로 생각된다.[20] 위 시에서 '전훈(膻葷)'은 야만·미개한 이적에 대한 생리적 혐오감을 담은 경멸의 표현임이 틀림없다.

또 『백하집』 권10 「제신경소구조자앙서후(題信卿所購趙子昂書後)」는 권일형(權一衡)이 북경에서 외국 상인으로부터 입수한 원나라 조맹부(趙孟頫, 1254~1322)의 진필(유종원의 「邕州馬退山茅亭記」, 이백의 「橫江詞」 3수)에 대해 쓴 제발(題跋)이다. 권일형은 윤순이 동지 정사로서 부연(赴燕)할 때, 서장관으로서 이에 동행한 인물이다. 그의 글에서 윤순은 조맹부의 진필의 가치를 높게 평가하는 한편, 중국의 땅이 성전(腥膻)의 기운에 둘러싸여[區宇腥膻] 중화의 문물이 성 밖으로 유출되고 있는 현상, 즉 이 같은 명작을

八條之教, 復行於今日也. 孔子曰, 吾其爲東周乎. 豈欺我哉?"

19 『白下集』 卷1 「古城行」. "我生五十白紛紛, 遍遊東南復西垠, 往年輸幣入幽燕, 山河不改羞膻葷."

20 『白下集』 附錄 「行狀」 영조8년. "十二月, 始敍拜咸鏡道觀察使." 또 『新增東國輿地勝覽』 卷50 咸鏡道 「吉城縣」에 의하면 吉州는 길성현의 별칭이다.

수집 · 가장(家藏)하는 감식안을 갖춘 인물조차 사라져버렸기 때문에 이것이 쉽사리 비천한 상인의 손에 넘어가 마침내 많고 많은 강산을 넘어서 조선 땅에까지 흘러 전해온 것에 대해 오히려 비탄의 심정을 나타내고 있다.[21]

이처럼 윤순은 청조 치하의 중국에 대해 '성전(腥膻)' 혹은 '전훈(膻葷)'이라는 어휘를 사용하여 경멸을 드러낸 것이다. 또 위와 같은 말은 조선 인사가 청조 치하의 중국을 이적시할 때 쓰는 일종의 상투구이기도 하였다.[22]

4

다시 화제를 「여김판서(與金判書)」에 돌리면, 대청관(=소중화로서의 자부와 청조 경시의 사상)은 당시 조선 인사 대부분이 공유하고 있던 것으로 새삼스러운 것은 아니며, 오히려 매우 전형적인 대청관을 피력한 것에 지나지 않는다.[23] 그러나 이에 이어지는 다음의 한 구절에는 적잖이 주목할 만한 내

---

21 『白下集』 卷10 「題信卿所購趙子昂書後」. "右, 子昂所寫柳河東馬退山記, 李靑蓮橫江詞三絶. 信卿捐數金, 得之於燕市賈胡者.……噫! 子昂筆品, 君謨元章後一人. 況又距今四百年眞蹟, 爛然如昨日, 則此卷也, 奚翅拱璧明球. 而區宇腥膻, 文物外地, 乃無一箇隻眼人收拾藏弆, 而厄於駔儈之賤售. 河山陵谷之感, 何往而不酸鼻也?"

22 韓元震 『南塘集拾遺』 卷6 「拙修齋說辨」. "惟我東方, 自太師東來, 八條敷敎以後, 民俗丕變, 已有少中華之稱矣. 至於我朝……當此天地丕塞, 海內腥膻之時, 乃以一隅偏邦, 獨能保中華之治, 承前聖之統." 沈錥 『樗村遺稿』 卷39 「瀋館錄」. "中原有大厄運, 天將以羶腥薰穢之氣, 擧華夏而辱之." 朴趾源 『燕巖集』 卷7 「北學議序」. "吾東之士, 得偏氣於一隅之土, 足不蹈函夏之地, 目未見中州之人……其言曰, 今之主中國者, 夷狄也.……曰, 今之中國, 非古之中國也. 其山川則罪之以腥膻, 其人民則辱之以犬羊, 其言語則誣之以侏離, 幷與其中國固有之良法美制而攘斥之." 마지막 박지원의 발언은, 중국을 이적시하여 지금의 중국으로부터는 배울 것이 아무것도 없다고 하는 동시대 조선 인사의 중국관을 비판하는 것이다.

23 영조4년 1월~6월, 즉 윤순보다 약 반년 전에 謝恩陳奏正使 심수현의 아들로서 赴燕한 심육도 거의 같은 대청관념을 기록하고 있다. 中純夫(2003). 연행록의 대부분이 '고정화된 내용', '매너리즘화된 관념'으로 넘치고 있는 것에 대해서는 夫馬進(2003), 131쪽에 지적되어 있다.

용이 담겨 있다.

> (북경에서) 관사에 머무르던 시기에 겪었던 온갖 고생은 모두 다 말할 수 없습니다. 그보다도 제가 세심한 주의를 기울여 살펴보았던 것은 성곽 · 성벽 · 참호 · 망루의 건축 제도[24]와 기와를 굽고 전차를 만드는 방법,[25] 면화의 섬유에서 씨를 제거하고 솜을 타는 방법과 맷돌과 절구를 이용하여 현미의 겨를 제거하는 방법 등이었습니다. 사용에 편리하고 힘을 덜 수 있는 여러 도구들은 모두 우리나라에는 없는 것들로, 지혜가 얕은 우리나라 사람이 미칠 수 없는 것이었습니다. 그러므로 이러한 기술들을 하나하나 취하여 우리나라에 전래하면 또한 경세에 도움이 될 것입니다. 제가 사행을 갔을 때에는 이러한 사실을 늦게 알아 각각 하나씩 구입해오지 못하였으니 한스럽습니다. 대감을 위하여 말씀드립니다.[26]

윤순은 중국체험에서 성곽 · 성벽 · 참호 · 망루의 건축에서부터 기와 · 수레의 제조, 조면(繰綿)이나 정미(精米)의 방법에 이르기까지 당대 중국 기술의 선진성을 목도함과 동시에 이런 방면에 있어 조선의 후진성을 통감하고 있다. 그리고 우리 조선이 이 기술들을 겸허히 배워야 함을 주장하여 이제부터 중국 땅을 밟게 될 김동필에게 중국의 기술적인 측면에 관해서도 게을리하지 말고 견문을 섭취하도록 조언해주고 있다.

여기에서 언급되는 문물 · 기술에 대해 당시 중국과 조선 양쪽의 수준 격차의 유무를 실제로 검증하는 것은 필자의 역량을 뛰어넘는 문제이기에

---

24 성벽 · 망루에 해당되는 원문은 '雉醮'이지만, '雉譙'로 바꾸어 해석한다. '醮'와 '譙'는 同音[초]이다.

25 '燔甓用車之法'의 의미는 미상이다. 일단 '用車'를 '甲車'로 바꾸어 번역하였다.

26 『白下集』 卷12 「與金判書」. "留館時多少生受, 都不足言矣. 抑其細心留眼處, 在城塹雉醮之制, 燔甓用車之法, 如木綿之去核彈花, 磨舂之播糠下米. 凡百器用之利用省力, 皆東國所無, 而非東人膚淺心計可能及者. 一一取法以來, 亦經世之一助. 弟行時恨晚覺, 而不能各買一副來. 聊爲台誦之耳."

이를 파고드는 것은 단념한다. 다만 이 한 구절을 읽고 바로 상기되는 것은 조선실학파, 그 중에서도 북학파라고 칭해지는 인물들의 주장이다.[27]

정조2년(1778) 진주사의 일원으로 부연한 박제가(朴齊家)는 중국에서의 견물을 근거로 하여 『북학의(北學議)』를 집필하였다. 윤순의 부연 50년 뒤이다. 그 자서(自序)에 다음과 같이 말한다.

> 올여름 진주사(陳奏使)를 파견하는 일이 있었다. 나와 청장관(靑莊館) 이덕무(李德懋)가 사행에 종사하였는데, 연경과 계주(薊州)의 주변을 마음껏 구경하고 오(吳)·촉(蜀) 땅의 선비들과 교유할 수 있었다. 수개월을 체류하는 중에 그간 알지 못했던 것들을 더욱더 알게 되었으니, 옛 풍속이 아직도 남아 있어서 전인(前人)이 나를 속이지 않았다는 사실에 감탄하였다. 남아 있는 옛 풍속 가운데 우리나라에서 시행할 수 있는 것들을 번번이 기록하였는데, 일상생활에 편리한 것을 책에다 기록하고 아울러 그것을 사용하는 편리함과 사용하지 않는 폐해를 덧붙여 작성하였다. 『맹자』에 보이는 진량의 말을 취하여 책을 '북학의'라고 이름하였다.……대저 사용에 편리하고[利用] 삶을 윤택하게 할 수 있는 것[厚生]에 조금이라도 갖추어지지 않은 점이 있으면 그 폐해는 위로는 정덕(正德)에까지 미칠 것이다.……오늘날 민생이 날로 빈곤해지고 재용이 날로 궁핍해지고 있는데, 사대부들은 장차 팔짱만 끼고서 백성을 구제하지 않을 것인가. 아니면 옛 상도를 따라 백성을 다스려서 편안하게 걱정 없이 살도록 할 것인가.[28]

---

27 이하, 박지원과 박제가의 사상에 관해서는 이미 山內弘一의 논고가 있다. 山內弘一(1992), (1998).

28 『貞蕤閣集』文集 卷1「北學議自序」. "今年夏, 有陳奏之使. 余與靑莊李君從焉, 得以縱觀乎燕薊之野, 周旋于吳蜀之士. 留連數月, 益聞其所不聞, 歎其古俗之猶存, 而前人之不余欺也. 輒隨其俗之可以行於本國, 便於日用者, 筆之於書, 並附其爲之之利與不爲之弊而爲說也. 取孟子陳良之語, 命之曰, 北學議.……夫利用厚生一有不脩, 則上侵於正德.……今民生日困, 財用日窮. 士大夫其將袖手而不之救歟? 抑因循故常, 宴安而莫之知歟?"

말미에 "금상 2년 세차(歲次) 무술년 가을 9월 비 오는 소회(小晦, 29일)에 통진(通津)의 시골집에서 위항도인(葦杭道人) 박제가 차수(次修)는 쓰노라.[今上二年歲次戊戌秋九月小晦雨中, 葦杭道人朴齊家次修書于通津田舍]"라는 자서(自署)가 있는데, 정조2년(戊戌) 9월, 즉 귀국 직후의 집필이다. "옛 풍속이 아직도 남아 있었다.[古俗之猶存]"는 것은, 청조가 지배하는 지금 중국에서도 중화문명의 전통은 결코 소실되지 않았다는 말이다. 박제가는 실제 중국체험에 기초하여 '명청교체=중화문명의 멸망=대중화의 소멸'이라는 스테레오 타입의 대청관이 관념적인 것에 불과함을 실감한다. 여기에서 박제가는 당대 중국의 문물 중 '이용(利用)', '후생(厚生)'에 보탬이 되는 것은 적극적으로 조선에 도입해야 한다고 생각하여, 자신의 견문을 상세히 기록으로 남겨『북학의』를 집필한 것이다. 위 인용문에서도 언급되어 있듯이 '북학(北學)'이란『맹자』에 출전을 둔 말이며,[29] '정덕(正德)', '이용(利用)', '후생(厚生)'은『서경』「대우모」에 출전을 둔 말이다.[30]「대우모」에 이른바 삼사(三事) 중, 중국으로부터 섭취 · 도입할 만한 것을 '이용', '후생'의 두 가지 일에 한정하고 있는 것은, '정덕(=주자학을 중심으로 한 유교윤리)'은 자국에 있어서 충분하다는 인식을 나타내는 것이기도 하다. 그들이 '북학파', '이용후생파'라고 불리는 까닭이다.

또한 박제가보다 2년 뒤, 즉 정조4년(1780)에 부연사의 일원으로서 연경, 게다가 건륭제의 피서지인 열하까지 갔던 박지원(朴趾源)은 이『북학의』에 붙인 서문에서 다음과 같이 서술하고 있다.

29『孟子』「滕文公」上. "吾聞用夏變夷者, 未聞變於夷者也. 陳良, 楚産也. 悅周公仲尼之道, 北學於中國."

30『書經』「大禹謨」. "正德利用厚生惟和." 蔡沈『書經集傳』. "正德者, 父慈子孝兄友弟恭夫義婦聽, 所以正民之德也. 利用者, 工作什器商通貨財之類, 所以利民之用也. 厚生者, 衣帛食肉不飢不寒之類, 所以厚民之生也."

우리나라 선비들은 한쪽 구석으로 치우친 땅에서 편벽된 기운을 타고나서[31] 발은 중국의 땅을 밟아보지 못했고 눈은 중국의 사람을 보지 못했으며, 태어나 늙고 병들고 죽을 때까지 조선 강역(疆域)을 떠나지 않는다.……이른바 사민(四民=士農工商)이라는 것도 겨우 명목만 남아 있어서 이용후생(利用厚生)의 도구는 날로 곤궁해져갔다. 이는 다름이 아니라 배우고 물을 줄을 몰라서 생긴 폐단이다. 만일 배우고 묻고자 한다면 중국을 놓아두고 어디로 간단 말인가. 그렇지만 그들은 말하기를 "지금 중국을 차지하고 있는 주인은 오랑캐들이다." 하면서 중국에서 배우기를 부끄러워한다.……내가 북경에서 돌아오니 재선(在先=박제가)이 나를 위하여 그가 지은 『북학의』 내편(內編)과 외편(外編)을 보여주었다. 재선은 나보다 먼저 북경에 다녀온 사람이다. 그는 농잠 · 목축 · 성곽 · 궁실 · 주거(舟車)에서 기와와 대자리, 붓과 자 등을 만드는 방식에 이르기까지 눈으로 헤아리고 마음으로 비교하지 않은 것이 없었다. 눈으로 보지 못한 것이 있으면 반드시 물었고, 마음으로 이해하지 못한 것이 있으면 반드시 배웠다. 내가 시험 삼아 한번 책을 펼쳐보니, 나의 일록(日錄=『열하일기(熱河日記)』)과 어긋나는 것이 없어 마치 한 사람의 손에서 나온 것 같았다. 이 때문에 그가 진실로 즐거운 마음으로 나에게 보여준 것이요, 나도 흐뭇이 여겨 3일 동안이나 읽어도 싫증이 나지 않았다.[32]

---

31 '得偏氣於一隅之土'란, 조선을 東夷로 삼는 중화사상의 발상을 수용한 상태에서 나온 말이다. 주자학에서는 태어날 때에 품부된 氣의 正偏 · 淸濁 등에 따라 '人'과 '物(=인간 이외의 생물)'의 차이, 나아가 人에 있어서 賢愚善惡의 차이를 설명한다. 그리고 夷狄은 人과 禽獸의 중간적 존재가 된다. 따라서 주자학적으로 말하자면, 이적은 氣의 품부에 있어 치우침이 있는 것이 된다. 『朱子語類』 卷4 67條 甘節錄. "性如水, 流於淸渠則淸, 流入汙渠則濁. 氣質之淸者正者, 得之則全, 人是也. 氣質之濁者偏者, 得之則昧, 禽獸是也. 氣有淸濁, 人則得其淸者, 禽獸則得其濁者. 人大體本淸, 故異於禽獸, 亦有濁者, 則去禽獸不遠矣." 『朱子語類』 卷4 11條 甘節錄. "到得夷狄, 便在人與禽獸之間, 所以終難改."

32 『燕巖集』 卷7 別集 「北學議序」. "吾東之士, 得偏氣於一隅之土, 足不蹈函夏之地, 目未見中州之人, 生老病死不離疆域.……所謂四民, 僅存名目, 而至於利用厚生之具, 日趨困窮. 此無他, 不知學問之過也. 如將學問, 舍中國而何. 然其言曰, 今之主中國者, 夷狄也. 恥學焉.……余自燕還, 在先爲示其北學議內外二編. 盖在先先余入燕者也. 自農蠶 · 畜牧 · 城郭 · 宮室 · 舟車, 以至瓦簟 · 筆尺之制, 莫不目數而心較. 目有所未至, 則必問焉, 心有所未諦, 則必學焉. 試一開卷, 與余日錄無所齟齬, 如出一手. 此固所以

'이적(=만주족)이 지배하는 지금의 중국에서는 우리가 배울 만한 것이 하나도 없다.'라는 견해는 명청교체기 이후 대다수 조선지식인들의 인식을 대변하고 있을 것이다. 그러한 가운데 박제가나 박지원은 널리 농공상의 분야에 걸쳐 산업경제 면에서 뒤처지는 조선의 현상을 우려하여, 중국에 현재 우수한 문물 · 기술 · 제도가 존재한다면 이를 겸허히 배우고 적극적으로 조선에 도입해야 한다고 주장했다.

5

그렇다면 이 북학파의 주장을 확인하고 나서 다시 윤순의 「여김판서」의 내용과 대비해보자면, 그들이 중국 땅에서 실제로 착안하고 있는 대상의 구체적 내용에 있어서도, 또 이것들을 조선에 도입하는 것으로 민생의 편리에 보탬이 될 수 있다는 발상에 있어서도 다분히 공통되는 점을 확인할 수 있다.

「여김판서」의 후반부에 보이는 인식, 즉 당대 중국 산업기술의 선진성에 대한 겸허한 평가 등은 『백하집』의 다른 곳 어디에서도 볼 수 없는 부분으로 자료로서는 문자 그대로 단편적이지만, "제가 사행을 갔을 때에는 이러한 사실을 늦게 알아 각각 하나씩 구입해오지 못하였으니 한스럽습니다.[弟行時恨晩覺, 而不能各買一副來]"라는 한 구절에 비추어본다면 중국의 선진기술을 눈앞에서 접했던 체험은 윤순에게 있어 미리 예상했던 상황은 아닐 것이다. 이는 이 편지를 통해 사전에 예비지식을 받은 김동필이나, "전인(前人)이 나를 속이지 않았다.[前人之不余欺也]"라는 표현에서 사전 정보의 존재를 시사한 박제가와는 다르다. 즉 윤순의 경우, 실로 스스로의 중국체험을 통하여 청조 치하의 중국에 대한 인식을 일신한 것이다.

앞의 「북학의서(北學議序)」에서 박지원은 중국 땅을 밟은 적 없는 조선

樂而示余, 而余之所欣然讀之三日而不厭者也."

인사의 관념적인 대청인식에 대해 언급하고 있다. 그러나 실제로 중국 땅을 밟았다고 해서 반드시 본인의 (가지고 있던) 여태까지의 중국인식을 바꾸는 것은 아니다. 중국에서 귀국하여 "여행 중 제일 장관(壯觀)은 무엇이었나?"라는 질문을 받으면 "볼만한 것은 하나도 없었다. 지금 중국에서는 황제 · 대신부터 서민까지 모두 변발을 하고 있다. 변발 따위를 하는 것은 호로(胡虜)이며 개나 양이다. 개나 양이 사는 땅에 대체 볼만한 것이 뭐가 있겠는가!"라고 대답하는 조선 인사의 존재를, 마찬가지로 박지원은 『열하일기』 속에 적어두고 있다.[33] 윤순처럼 스스로 중국체험을 통하여 중국인식을 일신하는 것은 당시에 있어서 오히려 소수파에 속한 것은 아닐까.

이른바 사색당파에서 박지원이나 박제가의 북학파는 노론파에 속한다. 북학파의 실학사상의 선종(先蹤)으로서 예를 들자면 김창협의 존재 등이 지적되지만,[34] 김창협도 마찬가지로 노론계이다. 소론계에 속하는 윤순과, 박제가나 박지원 사이에 사상 계보상 무언가의 접점이 존재했는지 아닌지는 아직 조사하지 못하였다. 물론 연령적으로 보아 직접 교섭이 있을 수 없는 것은 물론이다. 무엇보다도 서예가로서의 윤순의 영명(令名)은 박지원이 이미 알고 있었던 것이다.[35]

그런데 「여김판서」 전반부에 보이는 만주족 멸시의 감정과 후반부에 보이는 청조중국의 선진기술에 대한 평가는 윤순에게 있어 어떻게 타협이 된 것일까. 적어도 말할 수 있는 것은 중국체험을 경계로 하여 그 전후로

---

33 『燕巖集』 卷12 「熱河日記」, 「馹汎隨筆」. "我東人士, 初逢自燕還者, 必問曰, 君行第一壯觀何物也? 第爲拈出其第一壯觀而道之也.……上士則愀然變色易容而言曰, 都無可觀. 何謂都無可觀? 曰, 皇帝也薙髮, 將相大臣百執事也薙髮, 士庶人也薙髮. 雖功德侔殷周, 富强邁秦漢, 自生民以來, 未有薙髮之天子也. 雖有陸隴其李光地之學問, 魏禧汪琬王士徵之文章, 顧炎武朱彝尊之博識, 一薙髮則胡虜也. 胡虜則犬羊也. 吾於犬羊也何觀焉?"

34 예를 들면 山內弘一(1992), 注 (4) 참조.

35 『燕巖集』 卷12 「熱河日記」, 「關內程史」. "徐進士鶴年家……其寢室楣上刻揭白下尹判書淳七絶一首, 戶外楣上刻揭曹參判命采次尹詩. 尹公, 我東名筆也. 一點一畫, 無非古法, 而天才華娟, 如雲行水流, 穠纖間出, 肥瘦相稱."

만주족을 이적으로 보는 태도에 변화가 생긴 것은 아니라는 점이다. 이는 이미 소개했듯이 중국에서 귀국한 뒤 쓴 시문 중에 또 "경치는 변치 않았으나 그 비린내에는 수치를 느꼈네[山河不改羞腥葷]", "성전(腥羶)에 둘러싸이다[區宇腥羶]"라는 표현이 쓰이고 있는 것에 비추어보아도 분명하다. 그렇다면 만주족을 경멸하는 생각과 청조중국의 선진기술을 섭취 · 도입해야 한다는 주장은 오히려 모순 없이 양립 병존하고 있다고 보아야 할 것이다.[36]

후의 북학파가 중국으로부터 배워야 할 대상으로 삼은 것은 오로지 '이용', '후생'의 면에 한정된 것으로, 이는 '정덕(正德)'에 있어서는 우리나라도 충분하다는 그들의 인식을 시사하는 것이기도 하다. 그 발상의 유형에 있어 19세기 조선 개화사상의 '동도서기론(東道西器論)'이나, 같은 19세기 중국 양무운동의 '중체서용론(中體西用論)'에 서로 통하는 점이 있다. 이 두 가지에 있어서도 양이(洋夷)에 대한 경멸의 생각, '도(道)'와 '체(體)'의 분야에 관해서는 자국의 문명이 충분하다는 자부심, '기(器)'와 '용(用)'의 분야에 있어서는 선진기술을 적극적으로 섭취하고자 하는 근대화 지향과는 모두 모순 없이 병존하는 것이다.

이미 서술한 대로 「여김판서」에 보이는 윤순의 대청관은 매우 단편적인 1차 자료에 불과하며, 후세에의 영향의 유무 문제도 포함하여 이 하나의 글로써 사상사적인 평가를 내리는 것에 대해서는 더 신중하지 않을 수 없다. 다만 매우 엉성한 것이지만 말해보자면, 윤순이 살고 있던 때가 반세기 후에 북학파의 사상가들을 배출하는 태동의 시대에 해당된다고 한다면 선종(先蹤)의 한 사람으로서 꼽는 것이 가능하지는 않을까. 덧붙여 말하자면 북학파와 함께 조선실학파를 대표하는 성호학파의 시조인 이익(李瀷)은 윤순과 거의 동시대의 사람이다.

---

36 山內弘一(1992), 183쪽 및 注 (28) 참조.

Ⅱ. 정제두와 윤순

윤순의 처는 정제두의 아우 정제태의 딸이다. 따라서 윤순은 정제두와는 인척관계가 된다. 윤순이 정제태를 위해 쓴 묘지명에 의하면, 윤순이 5세에 아버지 윤세희(尹世喜)와 함께 정제태와 대면했을 때, 윤순을 아꼈던 정제태는 "내 딸의 사위로 삼겠다."라 하였다. 이때는 아직 윤순이 어려 그 장소에서는 농담으로 끝났으나, 그 후 윤순이 10세 때 아버지 윤세희가 사망하자 정제태는 전에 했던 말을 실행하여 정식으로 혼약을 교환하였다고 한다.[37] 이 기술에 비추어보면 윤세희와 정제태는 이전부터 어느 정도의 친교가 있었음을 상상할 수 있다. 간단한 계도를 나타내보겠다.

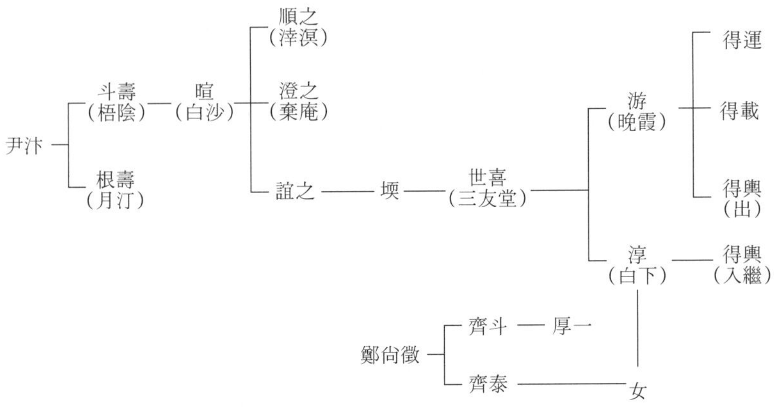

그렇다면 이러한 인척관계의 존재도 영향을 받아 윤순은 곧 정제두의 가르침을 청하였을 것이다. 정제두로의 입문에 관하여 윤득여가 지은 「행장」에는 다음과 같은 기술이 있다.

---

37 『白下集』 卷7 「廣州府尹鄭公墓誌銘」. "公諱齊泰, 字士瞻, 迎日人也.……繼室貞夫人, 廣州李氏……擧四男一女……女歸於淳……淳生五歲, 從先人於騎省內直, 公以內翰過而見之, 撫愛忒異, 戲曰, 吾婿也. 猶以幼故約未成, 及十歲而孤, 則公竟收置甥館, 以實前言."

기사년(1689) 가을, 찬성공(贊成公, 윤세희)께서 돌아가셨다.[38] 성동(成童)이 되자[39] 당대의 사우들 모두가 그를 흠모하여 교우관계를 맺었다. 감시(監試=司馬試)의 초시(初試)에 연속으로 합격하였다. 학교에서 시문과 제술에 대하여 시험을 치르면 항상 상위를 차지하여 그 명성을 떨쳤다. 이학(理學)에 관심을 향하여 하곡 정제두 선생에게 가르침을 청하였다. 선생은 그의 식견이 높고 이해력이 뛰어난 것에 매번 감복하였다. 을유년(1705) 감시에서 초장(初場)·종장(終場) 모두 1등으로 합격하였다.[40]

조선시대의 과거는 사마시(小科, 監試)와 문과(大科)의 2단계로 나뉜다. 그리고 사마시와 문과는 각각 3년에 1번, 식년(子, 卯, 午, 酉)의 전년 가을에 일단 초시(初試)가, 식년의 봄에는 복시(覆試)·전시(殿試)가 행해진다(다만 사마시에는 전시가 없다).[41] 윤순은 15세 이후 26세에 이르기까지 실시된 여러 번의 사마시에서 초시에는 몇 번 합격했으나, 복시에 합격하지는 못했다.[42] 을유년 26세의 '양장일등(兩場一等)'이란 생원시와 진사시 양쪽에 1등으로 합격했다는 것을 가리킨다. 사마시의 초장은 진사시(詩, 賦題), 종장은 생원시(經義)로 수험생은 초장 혹은 종장에서 2제 중 1제만 답하면 되고, 둘 모두에 응시하는 것도 가능하였다. 윤순은 그 양장(兩場) 모두 수험하여 1등으로 합격했던 것이다.[43]

---

38 윤세희는 사후 議政府左贊成에 追贈되었다. 『白下集』 卷8 「先考司憲府持平贈議政府左贊成三友堂府君家狀」.

39 『禮記』 「內則」. "成童, 舞象, 學射御." 鄭玄 注. "成童, 十五以上."

40 『白下集』 附錄 「行狀」. "己巳秋, 丁贊成公憂.……纔成童, 一時士友, 皆慕與之交. 連發解監試. 泮庠課製, 累居前選, 名聲藹蔚. 留心近理之學, 請益於霞谷鄭先生齊斗. 先生每服識解之高明. 乙酉, 中監試兩場一等."

41 제9장 '二. 조선시대 과거제도의 개요' 참조.

42 해당 시기에 실시된 司馬試는 司馬榜目에 의거하면 다음과 같다. 숙종22년(丙子式年), 25년(己卯式年, 己卯增廣), 28년(壬午式年).

43 『乙酉式年司馬榜目』 生員試一等 5인 중 다섯 번째에, 進士試一等 5인 중 세 번째에 윤순의 이름이 기록되어 있다.

이와 관련하여 말하자면, 그 후 윤순은 숙종38년 壬辰(33세), 성균관의 과시(課試=九日製)에서 주석(主席)의 성적을 받아 직부전시(直赴殿試) 자격을 얻었다. 이듬해 39년 기사의 증광문과(增廣文科)의 전시(殿試)를 수험하여 병과(丙科) 합격하였다.[44] 구일제(九日製)란 성균관의 학교시험인 절일제(節日製) 중 하나이다. 1월 7일, 3월 3일, 7월 7일, 9월 9일의 절일에 거행된 제술의 시험으로 이 경우는 9월 9일이다.[45] 다만 이때 9월 9일에는 실행되지 못하고, 다음 해 10월 2일에 이르러 성균관에서 거행되었다. 또 직부전시란 학교의 학력시험 우등자에게 문과 초시 · 복시를 면제하고 곧바로 전시에 나아가게 해주는 제도이다.[46] 증광문과란 식년(정기시험) 이외에 실시되는 부정기시험 중 하나로, 국가에 경사가 있는 경우에 은전(恩典)으로서 거행되는 것이다.[47]

그러면 위의 행장 중 한 구절이 시간 순으로 기술된 것이라면, 윤순은 아마 20대 중반에 이르기까지는 정제두의 문하에 들어가 있었던 것이 된다. 다만 이때 정제두로부터 구체적으로 어떠한 가르침을 받았는지는 자세하지 않다. 그 단서가 될 만한 것은 일단 직전의 한 구절일 것인데, 가령 '이학(理學)에 관심을 향하였다'고 해석한 '유심근리지학(留心近理之學)'은 이대로는 읽기 어려우며 실은 의미가 분명치 않다.

또 「행장」에는 한 부분 정제두에 대해 언급하는 부분이 있으나 학문적

---

44 『朝鮮王朝實錄』 숙종38년 10월 壬子. "以前月九日節製未行之故, 命招弘文提學金鎭圭, 與都承旨偕往泮宮試士. 賜居首進士尹淳直赴殿試." 『白下集』 附錄 「行狀」. "壬辰, 魁九日製. 癸巳秋, 赴殿試, 中丙科." 『國朝榜目』 癸巳三十九年增廣榜, 丙科, 尹淳.

45 『續大典』 卷3 禮典 「諸科」 「節日製」. "元月七日, 三月三日, 七月七日, 九月九日設行. 有故則當月內無故日退行."

46 金文子(1980) 참조.

47 『續大典』 卷3 禮典 「諸科」 「增廣」. (原注) "國有大慶, 或合累慶, 則特設增廣試, 合慶最多者, 名曰大增廣, 稍加額數." 『國朝榜目』 肅宗 「癸巳三十九年增廣榜」. (原注) "以卽位四十年上尊號稱慶, 設大增廣. 十月十一日行." "丙科四十一人……尹淳, 仲和, 白下……乙酉, 員進. 九魁直赴."

사승과는 관계없는 문맥이다.[48]

2

윤순의 정제두 입문 시기를 추측함에 있어 참조가 될 만한 하나의 재료는, 그가 정제두를 위해 집필한 제문 중 다음의 한 구절이다.

> 아, 슬프도다. 나는 어리석어 날마다 백규(白圭)의 시를 세 번 반복하는 근엄함을 가지고 있지 않은데도, 일찍이 공자께서 남용(南容)을 돌보아주신 은혜를 입게 되었다. 선생의 문하에 드나드는 40여 년 동안 "우러볼수록 그 높음을 알게 되고 뚫을수록 그 견고함을 알게 된다."라고 한 안연의 경지에는 이르지 못하였으나 그 한두 가지를 엿보아 헤아릴 수는 있었다. 그 부앙(俯仰)하고 굴신(屈伸)함에 거칠게나마 명교(名敎) 안에 확립된 것은 모두 선생으로부터 훈도(薰陶)된 것임에 틀림없다.[49]

공자의 제자인 남용은 "흰 구슬의 티는 갈아 없앨 수 있지만 말의 허물은 어찌할 수가 없다.[白圭之玷, 常可磨也. 斯言之玷, 不可爲也]"라는 시구를 날마다 세 번 복창하여 스스로의 발언에 신중을 기하였다. 그 근엄한 인물됨을 본 공자가 자신의 형의 딸을 남용에게 시집보낸다는 고사가 『논어』에 보인다.[50] 정제두의 아우 정제태의 딸을 처로 맞은 윤순은 정제두와 자신의 관계를 공자와 남용의 관계에 비유하고 있다. '앙고찬견(仰高鑽堅)'이란

---

48 『白下集』 附錄 「行狀」. "又曰, 晩歲見艮齋崔公奎瑞, 問以時事, 公厲聲曰, 人臣事君之道, 送往事居, 不宜異同. 今之時議耗喪, 士大夫廉義, 終必亡國. 又見霞谷鄭先生, 所言一如艮齋. 吾之平日所執, 本自如是. 而自聞二大老之言, 益篤自信之心."

49 『荷谷集』 卷10 「霞谷先生年譜」. "嗚呼, 小子顓蒙, 未有白圭之三復, 早辱南容之眷視. 出入門牆, 餘四十載, 雖不能仰高鑽堅, 窺測其一二. 若其俯仰屈伸, 粗立於名敎之內, 罔非依藉於先生之風旨."

50 『論語』「先進」. "南容三復白圭. 孔子以其兄之子妻之."

안연이 공자를 일컬은 말이다.[51] 이 탄성은 실제로 공자의 위대함을 안 안연이야말로 비로소 말할 수 있었던 것으로, 자신 따위가 정 선생 학문의 위대한 전모를 엿보아 알 수 없다는 겸사이다.

정제두가 세상을 떠난 것은 영조12년 8월(1736, 향년 88세)로, 당시 윤순은 57세였다. 여태까지 40여 년의 사사(師事)의 이력이 있다고 한다면, 윤순이 정제두를 사사한 것은 10대 후반에 시작된 것이다. 가령 18세를 기점으로 하여 영조12년(57세)은 마침 40년째에 해당되므로 입문은 그 이전, 아마도 18세경이 된다. 앞의 「행장」의 기술 내용은 반드시 사사(師事)의 시기를 명시한 것은 아니므로, 여기에서는 「제문」의 기술에 따라 10대 후반을 정제두 입문 시기로 보고자 한다.

『백하집』 권12에는 정제두에게 보낸 편지 4통이 수록되어 있다. 「상정하곡(上鄭霞谷)」 병신정월(丙申正月=숙종42년, 윤순 37세, 정제두 68세), 「상정하곡선생(上鄭霞谷先生)」 무술농월(戊戌朧月=숙종44년, 윤순 39세, 정제두 70세), 「상하곡선생(上霞谷先生)」 임인삼월(壬寅三月=경종2년, 윤순 43세, 정제두 74세), 「상하곡선생」 을묘팔월(乙卯八月=영조11년, 윤순 56세, 정제두 87세)이다.

한편 『하곡집』 권3에는 윤순에게 보내는 편지 2통이 수록되어 있다. 「답윤중화서(答尹仲和書)」 정미(丁未=영조3년, 정제두 79세, 윤순 48세), 「답윤중화서」이다. 제2서는 연기(年紀)가 기재되어 있지 않지만, 내용적으로 볼 때 앞의 「상하곡선생」(영조11년, 윤순 56세, 정제두 87세) 직전에 집필된 것으로 생각된다.[52]

다만 이 편지에도 학술적인 화제에 대한 것은 전혀 없으므로 정제두와 윤순 간의 구체적인 학문교류의 내실을 알 수 있는 단서는 되지 못한다.

---

51 『論語』 「子罕」. "顔淵喟然歎曰, 仰之彌高, 鑽之彌堅. 瞻之在前, 忽焉在後." 朱熹 注. "此顔淵深知夫子之道無窮盡無方體而歎之也."

52 『霞谷集』 卷3 「答尹仲和書」(第2書)에 "仲和今日事, 可謂便則便矣. 顧念臣節一事, 未知如何?"라 하였고, 『白下集』 卷12 「上霞谷先生」 乙卯 8월에 "便則便之之敎, 惶恐惶恐. 然進退二字, 人臣常分. 如其有不可進者, 退而自靖, 古亦有行之者. 未知如何? 亟欲趍承指敎."라 되어 있는데, 후자는 명확히 전자의 내용을 계승하고 있다.

3

정제두의 사후, 장자 정후일 및 문인인 윤순, 심육, 이광신, 이진병이 중심이 되어 정제두의 유고와 「유사」, 「행장」의 편찬작업이 행해졌다. 이 사실은 그들 모두 초기 강화학파의 중심적 존재였다는 증좌가 된다. 그런데 윤순은 이 편찬작업이 한창일 때 세상을 떠나, 심육이나 이광신을 크게 낙담시켰던 것이 그들이 남긴 문장에 기록되어 있다. 『백하집』에서 정제두 혹은 다른 동문들과의 교섭 · 교류의 자취를 구체적으로 나타내는 자료가 결정적으로 결여되어 있는 현황에서, 이 자료들은 정제두 문하로서의 윤순의 모습을 오늘날에 남기는 것이라고 할 수 있겠다. 이하 유고 편찬작업과 윤순의 죽음을 둘러싼 동문들의 말을 뽑아보았다. 또 제2장, 제5장과 약간 기술이 중복됨은 이해 바란다.

금본 『하곡집』에는 권10에 「연보」, 「행장」이, 권11에 「유사」가 수록되어 있다(그 중 「행장」은 심육이 지었다). 이 편찬은 당초 정제두 유고의 수습 · 정리 · 편찬작업과 병행하여 진행된 모양으로, 심육은 「유사」, 「연보」 편찬에 관하여 정후일로부터 몇 번 상담을 받고 있다.[53] 「행장」에 관해서는 당초 윤순이 집필을 맡는 것으로 되어 있었다. 그런데 영조17년 3월 13일에 정후일이, 같은 해 3월 24일에는 윤순이 이어서 사망한다. 정제두 사후 5년째의 일이었다. 남겨진 문인들에게 있어 이 두 사람의 갑작스러운 죽음은 돌연 큰 아픔이었을 것이다.

> 노선생께서는 평소 저술하기를 좋아하지 않았다.……반드시 후세에 전해지는 데 뜻을 두지 않았기에 선사(繕寫)한 정본이 하나도 없었고, 대부분 보관해 둔 상자 속에 산란(散亂)된 고지(故紙)뿐이었다. 공께서는 이것이 산일(散逸)되

---

53 『樗村遺稿』 卷31 「與遁谷」 第50書. "鎭江鄭叔荷此遠臨, 且以遺事記述有所商量, 而茫然無所覩記, 不能副其臨問之盛意, 第深愧懼." 『樗村遺稿』 卷31 「與遁谷」 第52書. "鄭叔以遺事年譜要與之商量. 俱無文字之可按據者." 모두 영조16년 때의 집필. 제5장 참조.

어버리는 것을 참을 수 없어 이를 정돈하고 수합하였으나, 노령의 정력으로는 미치지 못하는 바가 있어 그 일을 도울 사람이 필요하게 되었다. 내가 참람됨을 무릅쓰고 마침내 약간 권을 취해 대조하고 교정하여 일이 추진되도록 힘썼다. 그런데 공이 갑자기 세상을 떠나버렸으니 이 일을 장차 어찌해야 하는가. 나는 감히 공의 죽음으로 마음을 바꾸지는 않으나, 공경히 이 일을 마치더라도 우러러 질정할 곳이 없게 되었다. 「유사」는 공이 이미 편찬하시고 다시 교정하여 삭제나 보충하라고 명하셨으며, 「행장」은 백하(白下)에게 부탁하려 했는데, 공이 돌아가신 지 수십 일 뒤에 백하 또한 세상을 떠났으니 이 일을 어찌한단 말인가.[54]

위에서 말하는 "백하에게 부탁하여 노선생의 유덕(遺德)을 현창하려 하였다.[將付之白下以狀德]"란 것은, 윤순에게 「행장」의 집필이 위촉되어 있던 사실을 의미한다.

백하의 죽음은 공사(公私)에 걸친 애통함으로 이루 말할 수 없는 점이 있습니다. 이 일을 완성하는 데에 있어 다만 이 사람을 희망으로 여긴 것은 그가 문장을 잘했을 뿐 아니라, 선생의 사적을 기술함에 있어 분명 다른 사람이 알지 못하는 점을 잘 알고 있었기 때문입니다. 문장의 결구(結構)가 묘한 이치가 있어 경솔하게 될까 하는 염려가 없을 것이라고 생각을 했더니, 지금 갑작스레 이렇게 되었으니 이제는 다시 부탁할 사람이 없습니다. 깊은 밤 생각하니 저도 모르게 마음이 근심에 잠깁니다.[55]

---

54 『先藁』 冊3 「祭鄭富平文」. "老先生平生不喜著述,……而亦無意必於垂後, 一未有繕寫定本. 率皆衍筐中散爛故紙. 公則不忍其蕪滅, 整頓收拾, 而白首精力, 有不能逮, 要有以相其役. 小子忘其僭冒, 遂取若干卷, 商証讎校以期就緖, 公遽沒矣. 此事將如之何?……遺事則公旣已纂次, 又命檃括刪補, 將付之白下以狀德. 而公沒數十日, 白下又沒, 此事尤當如何."

55 『樗村遺稿』 卷31 「與遁谷」 第58書. "白下之歿, 公私之痛, 有不可言. 而此事之畢竟成就, 只以此台爲望. 不但其有文而已. 事行之述, 亦必有他人所不能知而能知之者. 文

위에서 말하는 '선생의 사적을 기술한다.[事行之述]' 운운한 것도 「행장」의 찬술을 의미한다. 「행장」 찬술은 윤순에게 부탁하고 있었으며, 윤순만이 가장 적임자로 지목된 것이다. 그런 만큼 윤순의 갑작스러운 죽음은 심육에게 있어서 실로 공사(公私)에 걸친 통한(痛恨)으로 받아들여진 것이다.

윤순의 죽음에 의해 「행장」의 집필은 결국 심육이 맡게 되었다. 심육이 지은 「행장」 중 한 구절에 의하면, 실은 윤순 본인이 「행장」의 집필에 관해서는 남다른 자신과 자부를 지니고 있었음을 알 수 있다.

> 생전에 윤순(尹淳) 중화(仲和)가 일찍이 말하기를 "선생에게 직접 가르침을 받은 사람 중에 나만한 이가 없다. 그러므로 가장(家狀)을 기다릴 것도 없이 선생의 덕을 드러내는 「행장」을 짓는 일은 내가 사양하지 않고자 한다."라고 하였는데, 중화가 세상을 떠난 이후로 이 일을 부탁할 곳이 없게 되었다. 그러므로 내가 감히 이를 편찬하였으니 다만 「유사」를 참조하여 약간의 보정(補訂)을 하였을 뿐이다. 만약 중화가 이 글을 본다면 어떻게 생각할지 모르겠다.[56]

정제두의 사적을 알고 있다는 점에서 윤순이 타의 추종을 불허한다는 것은 자타가 공인하는 것이었다. '문하에 출입한 지 40여 년[出入門墻, 餘四十載]'이라는 「제문」의 기술에 비추어보면, 윤순은 숙종23년(1697, 윤순 18세, 정제두 49세)경까지는 입문을 하고 있었다.

이진병에 관해서는 그의 묘갈명에 '젊어서 정제두에게 종사하였다'는 기

字結搆, 想亦有妙理, 必不至輕脫之慮矣. 今忽若此, 從今以後, 更無可托處. 中夜念之, 不覺怛然以傷也."

56 『霞谷集』 卷1 「行狀」. "前日尹淳仲和嘗言, 他人之習於先生者, 莫我若也. 可不待家狀, 而先生狀德之文, 吾欲無辭焉. 仲和沒後, 此事顧無分付處. 區區乃敢爲之纂次. 只就遺事, 略加檃括而已. 若使仲和而見之者, 未知以爲何如也?"

술 외에, 정제두 입문의 시기에 관한 단서는 존재하지 않는다.[57] 이진병은 숙종5년(1679)에 태어났는데 가령 윤순의 입문 시기라고 추정되는 숙종23년의 시점에는 19세이므로, 가장 이르게 짐작해보아도 윤순과는 거의 같은 시기에 입문한 것이 될 것이다.

심육은 정제두 사후 2년에 해당되는 영조14년의 일기에서, 꿈에 나타난 스승의 위엄 넘치는 모습을 기록하여 "10여 년간 문하에 출입할 때, 일찍이 이렇게 엄한 가르침을 들어본 적이 없었다.[十餘年出入門墻之時, 未曾聞此等嚴敎]"라고 술회하고 있다. 또『저촌유고』중 정제두와 심육의 학문적 교섭의 자취를 나타내는 가장 초기의 자료는 마찬가지로 권38「진강문답(鎭江問答)」임인납월이다. 당시 경종2년(1722) 심육은 38세, 정제두는 74세였다. 이를 기점으로 하자면 영조12년은 15년째에 해당되므로, 앞의「일기」의 기술과 거의 부합한다. 따라서「진강문답」의 경종2년을 입문의 시기로 볼 수 있다. 이광사가 처음 정제두와 대면한 것은 영조7년(이광사 27세, 정제두 83세)이다.[58]

이광사가 지은「행장」에 의하면 이광신은 강화도에서 처음으로 정제두를 방문하여 그 직후「의왕주문답(擬王朱問答)」을 집필하고 있다.[59] 이「의왕주문답」임자(壬子)는『선고』책1에 수록되어 있는데, 임자년 영조8년(1732), 당시에 이광신은 33세, 정제두는 84세였다. 이광신의 입문도 대강 이 시기가 될 것이다.

이렇게 보면 윤순은 정제두 문하 중에서도 입문 시기가 가장 빠르며, 그러므로 입문 이력이 긴 최고참의 문인이었다. 정제두를 앎에 있어 타의 추종을 불허했다고 해도 당연하며, 또 문인 중에서도 고참 중진으로서의 위치를 차지하고 있었음을 상상할 수 있다.

57『耳溪集』卷31「遁谷李先生墓碣銘幷序」. "我舅氏樗村沈先生, 有道義之友, 曰遁谷李先生. 少從霞谷鄭先生, 聞爲己之學."

58『圓嶠集選』卷2「書贈稚婦繭紙」. "辛亥春, 始入江都, 拜先生牀下, 聞實學之要."

59『圓嶠集選』卷9「五兄恒齋先生行狀」.

이러한 윤순이 정제두의 고참 문인으로서 초기 강화학파에서 일정 지위를 차지하고 있었던 것은 틀림없다. 그러나 『백하집』에는 하곡학이나 양명학에 대한 평가나 언급, 게다가 주자학에 대한 언급도 포함, 거의 전무한 상황이다.[60] 따라서 남겨진 자료로만 보는 한, 윤순의 하곡학 수용의 실태는 불명(不明)이라고밖에 말할 수 없다.

Ⅲ. 서예가로서의 윤순

1

윤순이 서예가로서 당대 제일급의 인물이었다는 것은 동시대 및 후세의 자료가 똑같이 인정하는 점이다.[61] 일례로 『백하집』 권말에 실린 종6대손 윤용구가 지은 「백하집발」[62]에는 "공의 서법은 서예가들이 종주로 삼았으니, 사람들이 종이 한 장이라도 얻으면 벽옥을 받들듯 소중히 하였다.[公之書法, 爲筆家所宗, 人得寸紙, 不啻若拱璧]"라는 언급이 있어, 그 일단이 나

---

60 『白下集』에서 주희에 대한 언급은 다음의 일례가 있다. 卷2 肅宗丙申 「辭說書疏」. "然則臣之辜恩負職, 已不勝言, 而毋亦近於朱夫子所謂輔養之具太踈略者耶?" 인용된 주희의 말은 『朱文公文集』 卷12 「己酉擬上封事」의 '其六所謂擇師傅以輔皇儲'에 '上有宗廟社稷之重, 下有四海烝民之生, 前有祖宗垂創之艱, 後有子孫長久之計, 而所以輔養之具, 踈略如此. 是猶家有明月之珠夜光之璧, 而委之衢路之側盜賊之衝也. 豈不危哉?'로 보인다. 또 주자학에 관한 언급도 다음의 일례가 있다. 卷10 「書伊聖所藏自庵帖後」. "昔孔子之門人, 各得其道體之一段, 而未及於楊墨之徒. 甚至李斯而火其書, 乾坤長夜, 斯道遁滅. 而幸有濂洛諸夫子出, 而廓然復明之. 是亦斯文顯晦之期歟." 그러나 이것도 중국 書道史상 流派의 성쇠변천을 서술하는 문맥에서 나온 말로, 윤순의 학술관을 엿볼 정도의 자료는 아니다. 그리고 왕수인, 육구연, 육왕학 등에 관한 언급은 모두 없다.

61 이하 중국 書道史에 관해서는 中田勇次郎(1984), 神田喜一郎(1985), 比田井南谷(1996)을, 조선 書道史에 관해서는 工藤文哉(1932), 吳世昌(1971), 任昌淳(1981), 藤本幸夫(1998), 藤本幸夫(1999)를 주로 참조하였다.

62 첫머리에 "維我白下先生下世, 今爲一百八十餘年."이라고 되어 있는 것에서 1920년경의 집필임을 알 수 있다.

타나 있다. 또 이건방의 「백하선생문집서」에는 다음과 같은 언급이 있다.

> 공은 문장으로 당대에 명성을 드날렸다. 그 문장력으로 왕업을 찬란하게 서술하였고, 국가의 성대한 일들을 아름답게 묘사하였다. 그 중에서도 서법(書法)이 뛰어났는데, 미불(米芾)과 황정견(黃庭堅)의 진수를 체득하여 사람들은 앞다투어 그의 필적을 보배로 여겼다. 빛나는 충의(忠義)는 백관(百官)의 모범이 되었을 뿐만 아니라 위대한 재주 또한 불후의 가치를 지닌 것이었다.[63]

"문장력으로 왕업을 찬란하게 서술하였고, 국가의 성대한 일들을 아름답게 묘사하였다.[黼黻皇猷, 賁飾國家之盛矣]"라는 말은 구체적으로 무엇을 가리키는지 명확하지는 않으나 윤순은 경종, 영조 2대에 걸쳐 수편의 교서, 반교문을 집필하였으므로 혹 그 사실을 가리키는 것일까 생각된다.[64] 또 '충의' 운운한 것은 소론 완소파의 관료로서 경종조에 있어서는 왕세제 대리청정책에 반대하여 경종에 대한 충절을 다한 것, 영조조에 있어서는 영조에 의한 탕평책 추진을 익찬(翼贊)한 것 등을 가리키는 듯하다. 어찌되었든 윤순은 문장 · 서법 양면에서 당대에 명성을 드날렸던 것이다. 윤득여가 지은 「행장」에는 조금 구체적인 기술이 보인다.

> 공은 서예에 있어서 절묘한 경지에 도달하였다. 위진(魏晉)의 서법을 규범으로 삼아 소식(蘇軾)과 미불(米芾)을 이를 잇는 자들로 보았다. 진서(眞書=隸書) · 해서(楷書) · 행서(行書) · 초서(草書) 모두 일가를 이루었다. 크게는 천칭봉(天秤棒)처럼 거대한 붓을 휘둘러 쓰는 글자에서부터, 작게는 파리의 머리처

63 『白下集』 序 「白下先生文集序」. "公以文章擅一時. 黼黻皇猷, 賁飾國家之盛矣. 而尤工書法, 深得米黃神髓, 人爭寶弆之. 蓋不獨忠義彪炳, 可刑百辟, 卽其才藝之盛, 足以不朽."

64 『白下集』 卷9 「領議政文忠公南九萬配享敎書」 壬寅(경종2년), 「右議政忠正公尹趾完配享敎書」 壬寅(경종2년), 「討逆頒敎文」 戊申4월(영조4년), 「王世子誕生頒敎文」 乙卯(영조11년), 「王世子冊封頒敎文」 丙辰(영조12년).

럼 세밀한 글자에 이르기까지 온갖 서체를 구비하였다. 운곡(雲谷) 이광좌(李光佐)는 서도(書道)에 조예가 깊은 사람이었는데 공의 서법을 논할 때에는 반드시 우리나라 제일이라 칭하였다. 세상 사람들 모두 그 평가를 확론(確論)으로 추대하였다.[65]

위의 글에서 이광좌는 소론 완소파의 영수 중 한 사람으로, 영조 초년에는 의정부 영의정으로서 윤순과 함께 영조의 탕평책에 참여한 인물이다. 앞의 「백하선생문집서」의 내용과 대조해보면, 왕희지(王羲之)로 대표되는 위진(魏晉)을 가장 존중하였고, 다음으로 북송 삼대가인 소식(蘇軾, 1036~1101), 황정견(黃庭堅, 1045~1105), 미불(米芾, 1051~1107)을 중시하였다는 것이 윤순의 서론(書論)이었다. 다만 이 점에 대해서는 다음에 다시 논하고자 한다.

2

초기 강화학파의 일원인 이광사는 서예에 있어서 윤순의 문인이기도 하였다. 그가 지은 「서결(書訣)」은 조선에서 몇 안 되는 서론(書論) 중 하나로서 저명하다. 윤순의 서예가로서의 측면에 관해서는 이광사도 약간의 자료를 오늘날에 전해주고 있다.[66]

이광사는 윤순을 위해 집필한 제문에서 사사(師事)의 상황에 대해 다음과 같이 서술하고 있다.

---

65 『白下集』 附錄 「行狀」. “公於書藝, 妙入三昧. 以魏晉爲準的, 蘇米爲羽翼. 眞楷行草, 自成一家. 大而如杠, 細而蠅頭, 百體俱備. 雲谷李相公, 深解筆學, 論公書法, 必以我東第一稱之. 擧世之論, 靡然爲的確.”

66 정양완은 「員嶠李匡師論」 ‘Ⅳ.원교의 사우관계 – 2.백하 윤순과의 만남’에서, 앞서 이광사가 지은 「祭白下尹尙書淳文」과 「書訣」을 들고 있다. 그 중 「祭文」은 全文이, 「書訣」도 윤순을 언급한 부분이 각각 원문에 한국어 해석을 붙인 형태로 소개되었다. 이하 본고의 번역에서도 이 한국어 번역을 참조하였다. 정양완(1995).

> 하물며 나는 어렸을 때부터 참으로 간절한 지우(知遇)를 욕되이 입어왔다.……선생은 나에게 모사(模寫)를 시켜보시고는, 진적(眞蹟)과 분별이 되지 않을 정도라고 칭찬해주셨다. 그리고 앞으로는 위진 시대의 서법을 규범으로 삼으라 하시고 선생을 전승할 이로 나를 허여(許與)하셨다. 과분한 칭찬과 지도를 입어 노둔하고 무능한 내가 몹시 부끄러웠다. 왕년에는 장단(長湍)에 있으면서 여러 날 가르침을 받았다.[67]

글 속의 '단(湍)'은 경기도 장단이다. 장단에는 윤순의 부모에 이르기까지 일족 여러 대의 묘지가 있는데,[68] 나중에 윤순 또한 이 땅에 매장되었다.[69] 중앙관료로서 한성에 저택을 짓고 있었던 것은 당연하였고, 장단에 있던 집은 정계에서 일시적으로 물러났을 때의 은거지이기도 하였다.[70]

위의 기술은 「서결」 중 다음의 단락과 내용적으로 보충되는 것이다.

> 처음에 나는 우리 동인(東人)의 서법이 올바른 문로를 얻지 못한 것이 아닌가 의심하였다. 당시 상서(尙書) 백하 윤순은 그 명성을 세상에 떨치고 있었다.

---

67 『圓嶠集選』 卷6 「祭白下尹尙書文」. "矧余從幼, 辱知最切.……試我雙鉤, 稱逼咄咄. 期以魏晉, 許以衣鉢. 過蒙奬引, 深愧蹇拙. 往歲于湍, 承敎屢日."

68 『白下集』 卷4 「因李成立上言誣罔同伯氏聯署卞暴疏」. "臣家自勝國以來至今日, 十數代祖先諸父兄幾十百塚墓, 俱在於湍之一境." 卷5 「乞省先墓疏」. "臣之父母墳山, 在於長湍地." 卷6 「曾伯祖左參贊涬溟公墓表」. "夫人……墓在長湍盤龍山先兆下丑坐原."

69 『白下集』 附錄 「行狀」. "二十一日, 返柩于湍山舊第.……五月二十八日, 辛卯未時, 附葬于境內松西面盤龍山先塋側負亥原." 앞의 주석에도 '長湍盤龍山先兆'이라 하였다.

70 ①『朝鮮王朝實錄』 경종2년 1월 22일 戊申. "初……李眞儒朴弼夢等, 推金一鏡爲疏頭, 欲上疏論四凶之罪, 尹淳止之曰,……淳仍歸長湍." ② 『白下集』 附錄 「行狀」. "九月, 徵賓還, 爲掌令. 對疏誣辱倍屣,……是亦一鏡指使也. 公大歸于長湍白鶴山下, 日與學徒講習, 無復出世意." ③ 『白下集』 附錄 「行狀」. "去就之節, 一循其正. 鏡夢用事之時, 頤集復官之後, 輒退居湍山, 杜門掃几, 潛心書史, 丹鉛評訂, 聊以自娛." ①은 소론 준소파인 金一鏡 · 李眞儒 · 朴弼夢 등이 노론 사대신을 탄핵했을 때(경종원년 12월 6일), 윤순(소론 완소파)이 이에 동조하지 않았던 때의 기술. ②의 '徵賓'은 소론 준소파인 朴徵賓. ③'鏡夢用事之時'는 소론 준소파인 김일경 · 박필몽 등이 정권을 주도했던 경종 초년을, '頤集復官之後'는 노론 李頤命 · 金昌集(경종2년 처형)의 박탈되었던 관직이 영조16년에 이르러 복관된 것을 가리킨다. 모두 상세한 것은 제11장을 참조.

다른 사람을 통하여 그의 글씨 수권을 입수하여 보았는데, 우리나라 편고(偏枯)한 습속 없이 중화인의 서법을 체득한 것이었다. 그날 이후 자주 문하에 나아가 그의 말을 듣고 붓을 움직이는 것을 관찰하고서 집으로 돌아와 연구에 힘쓴 결과, 백하와 나의 필적을 구별해내지 못하는 사람이 있게 되었다. 30세 즈음부터 나는 오로지 고인의 필적을 본받아 익혔다. 그러나 내가 붓을 어떻게 써야 할지 처음으로 알게 된 것은 백하의 가르침 덕분이었다. 우리나라 필법에 있어 새로운 경지를 개척한 사람은 백하이다. 내가 20세 때에 「성교서(聖教序)」를 임모(臨模)한 것을 보고서, 백하는 "마치 모각을 한 듯하여 진적(眞蹟)을 구별할 수가 없다."고 하였다. 만년에는 항상 사람들에게 말하기를 "이광사의 글씨는 우리나라 수천 년 이래에 없던 것일 뿐만 아니라, 비록 중국에 있어서도 응당 위진 시대에 비견된다. 당 이래의 여러 사람들이 미칠 수 있는 실력이 아니다."라 하였다. 당시 나의 글씨는 아직 역량이 부족하였으니, 후진을 격려하고 북돋아주려는 의도에서 나온 것이라 해도 과분한 평가라고 할 만하다. 백하가 돌아가셨을 때 나의 나이가 37세였다. 만약 백하가 최근에 내가 쓴 글씨를 본다면 무슨 말씀을 하실지 모르겠다.[71]

이광사가 20세라는 것은 경종4년(1724), 당시 윤순은 45세였다. 앞의 「제문」에서 말한 '모사(雙鉤=雙鉤塡墨)' 운운한 것도 아마 이때의 일을 가리킨다. 「성교서(聖教序)」란 현장삼장(玄奘三藏)이 불전(佛典)을 가져온 것과 그 한역(漢譯) 완성을 기념하여 당 태종이 찬술한 「성교서(聖教序)」, 그리고 고종이 찬술한 「성교서기(聖教序記)」를 가리킨다. 이는 일단 저수량(褚遂

71 『圓嶠集選』 卷10 「書訣」. "始余疑東人用筆, 未得其門. 時白下尹尙書淳, 名振一世. 因人求其書數卷, 無東俗偏枯習, 深得華人之法. 後屢造門, 聞其言, 見其運筆, 退而學之, 人或不能別焉. 自年三十餘, 始專法古人. 然使余創知筆意者, 白下之力. 東方筆法之初開荒者, 白下也. 余二十, 白下始見余臨聖敎序, 以爲若刻之, 將不可辨. 晩年常語人曰, 某書不第東方數千年來所無, 雖在中國, 當儗魏晉. 非唐以來可倫. 時余書殊未充量, 雖出引奬後進, 可謂過評. 白下沒時, 余年三十七. 若令見近所書, 其論未知何如也."

良, 596~658)의 서사(書寫)에 의해 영휘(永徽) 4년, 자은사 안탑(雁塔)에 비석으로 새겨지고, 얼마 뒤 승려 회인(懷仁)에 의해 왕희지 작품에서 집자(集字)하여 비각(碑刻)하였다(「集王聖敎序」, 咸亨3년, 672).[72] 여기에서 이광사가 임모(臨模)했다는 것은 아마 「집왕성교서(集王聖敎序)」일 것이다.

또 위에서 말하는 '우리나라 편고(偏枯)한 습속'에 대해서는 「서결」 속 다른 부분에도 언급이 있다. 이광사에 의하면 고인들의 필법은 붓의 터럭[毫]을 똑바로 펴고서 터럭 전체에 균일하게 힘이 들어가 있기 때문에, 한 획 속에서 상하내외(上下內外)에 강약농담(强弱濃淡)의 고르지 못함이 없다. 이에 반해 조선에서는 고려 말 이후로 붓끝을 눕혀서 쓴다. 그래서 한 획 속에서 위쪽과 왼쪽은 붓 끝으로 쓰므로 먹이 진해서 멈춤이 없지만, 아래쪽과 오른쪽은 붓 터럭의 중간 부분으로 쓰므로 먹이 적어 붓도 멈추게 된다. 그 결과 편고(偏枯)의 폐해가 생기게 된다고 한다.[73] 이상의 기술로부터도 윤순이 서예에 있어서는 위진(魏晉) 시대를 최고로 평가하여, 이광사에 대해서도 이를 본받도록 지도했음을 확인할 수 있다. 또 이 가르침은 그대로 이광사에게 답습된다.[74]

---

72 宋. 趙明誠『金石錄』卷4 目錄 唐. "第六百十八, 唐, 三藏聖敎序. 太宗撰, 褚遂良正書, 永徽四年十月. 在京兆府慈恩塔中." "第六百十九, 唐, 述三藏聖敎序記. 高宗撰, 褚遂良正書, 永徽四年十二月." "第六百九十八, 唐, 三藏聖敎序幷述聖記. 太宗高宗撰, 沙門懷仁集王書. 咸亨三年十二月." 淸, 林侗『來齋金石刻考略』卷下「集王聖敎序」. "在西安府儒學墨洞. 咸亨三年, 玄奘法師西域歸, 以二車馳載佛經六百五十七部, 詔譯於慈恩寺僧徒數千人. 太宗爲製聖敎序, 高宗在春宮爲製述聖敎序記. 永徽初, 褚遂良奉勅書石兩通, 竪於慈恩塔門之西東, 遂爲釋氏弁冕緇流仰瞻. 太宗喜右軍眞蹟, 寺僧懷仁以一金錢易一字, 集成斯碑, 合二宗序記批答幷心經勒成. 以天竺儀仗導至慈恩, 天子御樓以觀, 可謂盛矣.……今慈恩已毁, 此石移在郡庠墨洞."

73 『圓嶠集選』卷10「書訣」. "古人筆法, 自篆隷皆直管伸毫而書, 使萬毫齊力, 一畫之內, 無上下內外之殊. 下逮宋明, 雖有勁脆精鈍之差, 運筆大槩皆然. 吾東則麗末來, 皆偃筆端書. 畫之上與左, 毫銳所抹, 故墨濃而滑. 下與右, 毫腰所經, 故淡而澁. 畫皆偏枯不完. 旣團挼其筆, 又手先於筆而引之, 畫遂鈍緩無力. 東國善藝之絶罕, 盡坐於此." "執筆必正竪, 雖畫未及屈折處, 不可少側, 每起畫, 必伸毫下之.……令筆先手後, 意以手從筆後, 專心推去, 令畫之表裏上下, 毫過均一, 靡有强弱濃淡之異."

74 이광사는 「書訣」의 "東國善藝之絶罕, 盡坐於此."에 이어 다음과 같이 서술하였다. "余自幼學書, 心疑于此, 欲一變俗法. 求究魏晉, 始得行畫之妙."

3

서예에 관한 윤순의 견해를 비교적 정리된 형태로 전하는 유일한 자료는『백하집』권10「서이성소장자암첩후(書伊聖所藏自庵帖後)」이다. 약간 장문에 걸친 내용이므로 적절하게 단락을 구별하여 인용한다.

윤순이 위진의 글씨를 존중했던 것은 이미 인용한 여러 사람의 말들이 똑같이 지적하는 바이지만, 그 중에서도 왕희지를 가장 높게 평가했음이 다음의 한 구절로 확인된다.

> (1) 서예는 진나라가 가장 뛰어났는데, 진나라 인물 중에서도 왕희지(王羲之)가 으뜸이 된다. 서예를 애호하는 사람이 왕희지에게서 그 서법을 취하지 않는다면 그것이 어찌 서예라 할 수 있겠는가. 그러나 당의 우세남(虞世南)과 저수량(褚遂良)은 다만 왕희지 서법의 입구에 도달한 것에 불과하다. 안진경(顔眞卿) · 유공권(柳公權) · 소식(蘇軾) · 채양(蔡襄) 같은 이들은 비록 서예가로서 명성을 떨쳤으나 왕씨의 본의와 비교해보면 풍아가 변속한 것과 같은 점이 있다. 이 사람들 이외에는 재능이 세상과 함께 내려가고 서법이 시대와 함께 쇠미해져 왕씨의 필의(筆意)가 세상에 끊긴 지 오래되었다. 비록 이후에 매우 많은 종류의 방계(傍系)와 별파(別派)가 출현했지만 왕씨의 전해지지 않은 서법을 터득한 자는 거의 존재하지 않았다. 그러므로 황명(皇明) 제가(諸家)의 작품이 수천 장에 이르지만 보고 싶지 않은 비루한 것들이다.[75]

'풍아지변(風雅之變)'이란『시경』의 국풍(國風)과 소아(小雅) · 대아(大雅) 중, 왕도와 예의가 쇠퇴하여 정교(政敎)와 풍속이 퇴폐하였던 후세에 생겨

75『白下集』卷10「書伊聖所藏自庵帖後」. "書貴晉, 晉最王. 欲書者不取於王, 則豈書也哉. 然而唐之虞 · 褚只能直造其闕鍵而已. 若顔 · 柳 · 蘇 · 蔡, 雖以筆鳴, 其視王氏本意, 有若風雅之變已. 外此才與世下, 法與時淪, 王之筆意, 絶於世來久矣. 雖旁派別宗, 夥然流於後, 而尠有得其不傳之法者. 故皇明諸家染盡千紙, 而陋之乎不欲觀也."

난 시를 변풍(變風) · 변아(變雅)라 칭하여, 그 이전의 정풍(正風) · 정아(正雅)와 구별한 것을 가리킨다.[76] 요컨대 진(晉)을 정점으로 중국서도사에 있어서는 당(顔 · 柳), 송(蘇 · 蔡) 모두 결국은 쇠세(衰世)에 지나지 않는다는 말이다. 「행장」이나 「백하선생문집서」에 의하면 윤순은 위진에 버금가는 것으로 북송 삼대가를 주장하고 있다. 미불이나 채양에 대해 일정의 평가를 내리고 있는 점은 윤순 자신의 발언으로부터도 확인 가능하다. 다만 위의 논조에 비추어보면, 그들에게는 왕희지에 비견될 정도의 평가는 결코 부여되지 않고 있다.

윤순이 조선서도사에 있어 가장 높게 평가하는 것은 통일신라시대의 김생(金生, 711~?)과 조선시대의 김구(金絿, 1488~1534)이다.

> (2) 우리나라는 크게 서예가를 배출했지만 그 중에서 왕씨의 전승을 이어받은 자는 두 사람이 있다. 먼저 김생(金生)이 등장하고, 자암(自菴) 김공이 그 뒤를 이었다. (자암공은) 진당(晉唐) 이후 수천 년이 지나 서도(書道)의 진수를 추구하고 체득하여 문로를 잃지 않았다. 그래서 명나라 사람들은 공의 필적을 보고서 우군(右軍=왕희지)과 매우 비슷하다고 여겼다. 아, 공이 글씨에 마음을 쓴 것이 부지런하였도다. 지금 세상에서 붓을 잡은 사람들은 대개 비근(卑近)한 서체에 습숙(習熟)하여 고원한 경지에 오르는 자가 드물고, 도리어 왕씨는 모범으로 삼기에 부족하다는 말을 하면서 자암공의 필적이 귀한 줄 모르니 대부분 미혹된 것이다.[77]

---

76 『詩經』「大序」. "至于王道衰, 禮義廢, 政教失, 國異政, 家殊俗, 而變風變雅作矣."

77 『白下集』 卷10 「書伊聖所藏自庵帖後」. "我東有大焉筆家輩出, 而其得王氏脈絡者, 有二人. 金生倡之於前, 自菴金公繼之於後. 晉唐以後, 屢千百載, 眞尋理會, 能不失其門路. 故明人見公筆, 以爲酷肖右軍. 嗚呼, 公之用心於筆, 勤矣. 今世之操毫者, 大率稔習於卑近之態, 而少能翺翔乎高遠之域, 反謂王氏之爲不足法, 而亦不知公筆之爲可貴, 多見其惑也."

위 글 속에서 김생과 김구 두 사람은 모두 왕희지의 서법을 잘 체득했다는 점이 평가의 이유이다. 김생에 대해서는 훗날 고려시대, 숭녕 연간(1102~1106)에 진주사(進奉使)로서 북송의 도변경(都汴京)을 방문했던 홍관(洪灌)이 김생의 글씨를 중국인 관료 두 사람에게 보여주자, 그들은 이를 왕희지의 진필이라고 믿어 의심치 않아 신라인 김생의 글씨임을 몇 번이고 설명해도 믿으려 하지 않았다는 일화가 남아 있다.[78] 그리고 김구에 대해서는, 그의 사마시 답안을 읽은 고관(考官)이 "문장은 한유의 그것이고, 서체는 왕희지의 그것이다."라고 격찬하여 1등으로 합격시켰다는 일화가 전해진다.[79]

윤순은 김구의 글씨를 전부터 수집하고 있었다. 이 「서이성소장자암첩후」도 새롭게 목도한 김구의 필첩 때문에 지은 제발(題跋)이다.

(3) 나는 젊어서부터 서예에 탐닉했지만 일소(逸少=왕희지)의 서법을 가장 좋아하였고, 자암공의 필적을 근세의 스승으로 여겼다. 공의 필적 가운데 붓으로 쓴 것이라면 작은 종잇조각까지도 널리 찾아 보았다. 그런데 이번에 우리 종인(宗人)인 이성(伊聖)의 집에서 본 이 시첩의 말미에 월정(月汀) 선생이 손수 쓴 발문과 송상국(宋相國)의 제후(題後)가 있었다. 아, 단지 공의 필적만 있어도 나는 그것을 숭상하고 애호하는데, 하물며 우리 월정공의 발문이 겸해진 것에 있어서랴. 그래서 가지고 돌아와 삼가 받들어 완상하였다. 그 글자의 획은 연금(鍊金)처럼 섬세하고 글자의 배열은 흐르는 구름처럼 자연스럽게 이루어져,

---

78 『三國史記』 卷48 「金生」. "自幼能書. 平生不攻他藝, 年踰八十, 猶操筆不休. 隷書行草皆入神. 至今往往有真蹟, 學者傳寶之. 崇寧中, 學士洪灌隨進奉使入宋, 館於汴京. 時翰林待詔楊球李革奉帝勅至館, 書圖簇. 洪灌以金生行草一卷示之. 二人大駭曰, 不圖今日得見王右軍手書. 洪灌曰, 非是, 此乃新羅人金生所書也. 二人笑曰, 天下除右軍, 焉有妙筆如此哉? 洪灌屢言之, 終不信."

79 『國朝人物考』 8 「副學自庵先生金銤」 金世濂 撰 「碑銘」. "十六魁漢城試, 二十中司馬, 二十六登文科. 其司馬試也, 考官亟加歎賞, 批其卷曰, 退之作, 羲之書. 遂擢之兩魁, 國朝所罕也."

뜻을 사용한 흔적이 없는 듯하였다. 비록 왕씨의 필첩 안에 잘못 보태져 나열되어 있더라도 분간하기 어려울 정도였으니, 참으로 훌륭하도다.[80]

월정(月汀) 윤근수(尹根壽, 1537~1616)는 윤순의 6대조 윤두수(尹斗壽)의 아우이다. 김구는 나중에 자신의 글씨를 중국인이 사려 한다는 것을 들은 이후로 절필했기 때문에, 그의 글씨는 세상에 전하는 것이 드물었다고 한다.[81] 김구의 진필이 애초에 그렇게 희소한 존재였다면, 게다가 자신의 선조가 직접 쓴 발문이 더해진 필첩을 목도할 수 있다는 것에 윤순은 한층 더 기우(奇遇)의 감정이 깊어졌을 것이다. 윤근수의 발문은 「제자암시첩(題自庵詩帖)」으로 그의 문집에 수록되어 있다.[82] 덧붙여 말하자면 윤근수에게는 「주육논란(朱陸論難)」이라는 저술이 있다(『월정집』 별집 권1). 이는 명종 21년(가정45년, 1566) 성절사 서장관(聖節使書狀官)으로서 연경에 갔던 윤근수가 육광조(陸光祖)와 주고받은 주육논쟁을 필록(筆錄)한 것이다. 이 저서는 육왕학을 옳다고 보는 육광조에 대하여 윤근수가 주자학을 옳다고 보는 입장에서 이를 논란하는 내용이다.[83]

마지막으로 중국 · 조선 서도사상에서의 김생 · 김구의 중요성이 다시 강조되고 있다.

---

80 『白下集』 卷10 「書伊聖所藏自庵帖後」. "余自少癖於書, 甚喜逸少法, 而以公筆爲近師. 凡公之尺紙片墨, 旁搜遍閱, 而今於吾宗伊聖所見此帖尾, 有月汀先生之手跋及宋相國之題後. 噫, 獨公筆尙且奇愛之, 況兼吾月汀公跋歟. 遂袖而歸, 伏而玩. 畫縷如鍊金, 排鋪似流雲, 自然而作, 若無用意處. 雖贋列於王氏筆帖之間, 難以分曉. 不已奇哉."

81 上同. "筆法强健, 自成一家, 世謂之仁壽體. 蓋公之居仁壽坊故也. 後聞華人所購, 絶不書, 以此罕傳于世."

82 『月汀集』 卷4 「題自庵詩帖」 첫머리에 "自庵金公絿, 字大柔. 此帖卽公詩而手自寫者也." 말미에 "萬曆壬寅端陽月, 後學海平尹某題."라고 하였다. 만력30년 壬寅은 선조35년(1602)이다.

83 中純夫(2008).

(4) 옛날 공자의 문인들은 각각 공자 도의 일단(一端)을 배웠다. 그 때문에 말엽에는 양주와 묵적의 무리에 이르게 되었고, 심지어 이사(李斯)는 분서(焚書)를 단행하여 천지는 영원한 어둠에 잠기고 도는 은멸(隱滅)되었다. 하지만 다행히도 염락(濂洛)의 여러 선생들이 출현하여 어둠은 열리고 사도는 다시 밝아지게 되었다. 이는 사문(斯文) 성쇠의 역사이다. 그렇다면 저 안진경 · 유공권 · 소식 · 채양이 왕씨의 서법을 개혁한 것과 그 후 매우 많은 종류의 방계와 별파가 출현했던 것은 공문(孔門)에서 양주와 묵적의 학설이 생겨난 것과 비슷한 것이다. 지금 세상에서 왕씨를 모범으로 삼기에 부족하다고 하는 것은 서가(書家)의 불행을 초래한다는 점에서 이사가 분서를 단행한 것과 다름이 없다. 김생과 자암공이 오랫동안 단절되어 있던 나머지에서, 전해지지 않던 서법을 획득한 것은 그 공적이 염락이 사도를 밝힌 공적에 뒤지지 않는다.[84]

공자 이래의 정통유학이 양주 · 묵적 등 이단의 출현에 의해 한번 단절되고, 염락(周敦頤 · 程顥 · 程頤) 제자(諸子)들의 출현으로 그 전승이 부활했다고 하는 중국유학사 파악 방식은 주자학의 도통론을 답습한 것이다. 여기에서 윤순은 왕희지를 공자로, 안진경 · 유공권 · 소식 · 채양을 양묵으로, 김생 · 김구를 염락제자에 견준 것으로, 여기에서도 왕희지를 거의 유일 절대의 모범으로 삼는 윤순의 입장이 명확하게 반영되고 있다. 다시 말하자면 중국에서 한번 단절된 왕희지의 서법이 우리 동방의 김생 · 김구에 의해 그 전승을 지킬 수 있었다는 위의 인식에는 조선을 소중화로 보는 자부와 긍지를 발견할 수 있을 것이다.

그리고 위의 한 구절에서 윤순이 주자학의 도통론을 계승하는 입장에서

---

84 『白下集』 卷10 「書伊聖所藏自庵帖後」. "昔孔子之門人, 各得其道體之一段. 而末及於楊墨之徒. 甚至李斯而火其書, 乾坤長夜, 斯道遁滅. 而幸有濂洛諸夫子出, 而廓然復明之. 是亦斯文顯晦之期歟. 然則彼顔柳蘇蔡之變王法者, 與旁派別宗之流於後者, 其類孔門之生楊墨. 而若今世所謂王氏之不足爲者, 其爲書家之不幸, 無異李斯之火書. 則金生與自菴公, 能得不傳之法於久絶之餘者, 其功不下於濂洛之倡明斯道."

발언한 것은, 그의 원조(元祖)인 윤근수의 주자학 존중·육왕학 비판의 사실과 함께 일단 주목할 만할 것이다. 그러나 『백하집』에서 주자학에 관한 언급은 이 부분이 문자 그대로 유일하기 때문에, 이것에만 의거하여 그의 사상적 입장을 운운하는 것에 대해서는 역시 신중을 기해야 할 것이다.

이상 「서이성소장자암첩후」의 내용을 검토해보았다. 연관되는 범위 내에서 중국서도사의 흐름을 약술하자면, 진(晉)부터 당(唐) 초기까지는 왕희지, 왕헌지 부자의 글씨가 절대적인 전형이었던 시대였다. 이에 반해 당대 중기에 출현한 안진경은 왕희지라는 전형을 타파하려고 하여 일종의 혁신서파(革新書派)를 일으켰다. 유공권은 전형적으로 그 흐름을 이어받은 인물이다. 북송 시대, 왕희지가 경시된 것은 결코 아니지만, 북송 삼대가인 소식·황정견·미불도 대국적으로는 이 안진경 이래 혁식의 흐름 속에 있었다. 그런데 머지않아 원에 들어오면 왕희지의 전형이 부활한다. 그 가장 선봉에 있던 것이 조맹부였다. 윤순이 조맹부의 글씨를 매우 높이 평가하고 있던 것은, 앞 절에서도 언급한 대로이다. 거기에서는 "자앙의 필품은 군모[蔡襄]와 원장[米芾] 이후의 일인자이다.[子昂筆品, 君謨元章後一人]"라고 하였다(『백하집』 권10 「題信卿所購趙子昂書後」).[85]

윤순이 안진경·유공권·소식·채양을 변풍·변아, 나아가 양주·묵적에까지 비유한 것도, 조맹부를 매우 높이 평가한 것도 모두 왕희지를 유일 절대의 규범, 전형으로 삼은 입장에서 근본한 것이다. 채양에 관한 평가는 「제신경소구조자앙서후」와 「서이성소장자암첩후」에서 어조에 적잖은 차이가 있어 약간 의문이 남는다. 소식과 미불에 대해 말하자면 소식은 안진경 및 유공권을 높게 평가하였고,[86] 이에 반해 미불은 이 두 사람에 대해

---

85 고려시대는 그 후반기에 元에 종속되었기 때문에 元 문화의 영향을 강하게 받아, 서예 쪽에서는 趙孟頫의 서체(松雪體)가 한 시대를 풍미하였다. 이 상황은 조선조에 들어와서도 변하지 않았는데, 예컨대 세종의 셋째 아들 안평대군 李瑢(1418~1453)은 송설체의 명수로 저명하였다. 藤本幸夫(1998), (1999) 참조.

86 『蘇軾文集』 卷69 「書唐氏六家書後」. "顏魯公書, 雄秀獨出, 一變古法, 如杜子美詩, 格力天縱, 奄有漢魏晉宋以來風流. 後之作者, 殆難復措手. 柳少師書, 本出於顏, 而能

혹평을 가하였다.[87] 여기에서 왕희지라는 규범에 대한 소식과 미불의 차이가 나타나 있음을 알 수 있다. 윤순이 소식보다 미불을 높게 평가했다고 한다면 그 이유는 이쯤에도 있다고 생각된다. 어찌 되었든 왕희지라는 확고한 규범 · 척도를 견지했다는 점에서 윤순의 서론(書論)은 일관된 것이었다.

그리고 윤순은 영조6년 옥책(玉冊)의 제술(製述)과 서사(書寫), 영조9년 장릉(莊陵) 비석의 서사(書寫)를 명받았는데, 이 사실도 그의 필명(筆名)이 당대에 저명했다는 것을 말해주고 있다.[88] 또 윤순의 필적을 전하는 것으로 『백하서첩(白下書帖)』이 있다.[89]

自出新意. 一字百金, 非虛語也. 其言心正則筆正者, 非獨諷諫, 理固然也."『蘇軾文集』卷70「書吳道子畵後」"知者創物, 能者述焉, 非一人而成也. 君子之於學, 百工之於技, 自三代歷漢至唐而備矣. 故詩至於杜子美, 文至於韓退之, 書至於顔魯公, 畵至於吳道子, 而古今之變, 天下之能事畢矣."

87 미불이 유공권을 '醜怪惡札의 祖'라고 혹평한 것은 유명하다. 米芾『寶晉英光集』卷3 古詩「寄薛紹彭」"歐怪褚姸不自持, 猶能半踏古人規. 公權醜怪惡札祖, 從玆古法蕩無遺. 張顚與柳頗同罪, 鼓吹俗子起亂離."(歐는 歐陽詢, 褚는 褚遂良, 張은 張旭) 米芾『海嶽名言』"柳公權師歐, 不及遠. 而爲醜怪惡札之祖, 自柳世始有俗書." 안진경에 대한 폄사로서는 다음의 내용이 있다.『海嶽名言』"顔魯公, 行字可教, 眞便入俗品." 그리고 후세에 이르러, 미불이 안진경과 유공권 두 사람을 아울러 '醜怪惡札의 祖'라고 평하였다는 설이 퍼지게 된다. 明, 李東陽『懷麓堂集』卷41「書米南宮眞蹟後」"右米元章跋顔魯公眞蹟. 顔文蓋爲節度李光顔作者, 而今亡矣. 米稱顔柳挑踢, 用意太過, 無平淡天成之趣, 固宜乃以爲後世醜怪惡札之祖." 淸, 姜熙齊『佩文齋書畫譜』卷74「唐顔眞卿李大夫帖」"顔眞卿學褚遂良旣成, 自以挑踢名家, 作用太多, 無平淡天成之趣. 此帖尤多褚法.……大抵顔柳挑踢, 爲後世醜怪惡札之祖, 從此古法蕩無遺矣."

88 『白下集』附錄「行狀」英祖6년 庚戌. "十一月, 以哀冊文製述書寫勞, 有加資命." 9년 己丑. "十月……以莊陵表陰書寫催促, 陳疏辭."『白下集』卷4「辭寫莊陵表石疏」『朝鮮王朝實錄』영조9년 7월 25일 甲辰. "命待秋成立莊陵碑,……碑文, 令藝文館撰進. 書寫官, 令吏曹差出."

89 田間恭作의『古鮮冊譜』에 "白下書帖, 一冊. 尹淳書, 寫本. 眞筆本."이라 하였다. 또 규장각에는『白下墨妙帖』(一帖, 二十四折, 四十九面, 寫本)이 소장되어 있다.『奎章閣韓國本圖書解題 經子部』(서울대학교 규장각, 1978).

Ⅳ. 소결

이상 윤순의 대청관, 정제두 문하로서의 윤순, 서예가로서의 윤순에 대해 주로 『백하집』을 자료로서 고찰을 행하였다. 이미 서술했듯이 『백하집』을 열독한 소기의 목적은 초기 강화학파의 하곡학 수용, 양명학 수용의 실태를 윤순에 나아가 조사 · 해명하는 것이었다. 따라서 본장의 제1절과 제3절은 본래 그 작업의 부산물이 되어야 할 것이었다. 그러나 정제두와의 관계나 윤순의 학술적 입장, 주자학이나 양명학에 대한 평가 등을 구체적으로 나타내는 자료는 거의 남아 있지 않아, 그런 의미에서 유감이지만 소기의 목적을 달성하지 못하였다. 다만 문중본 등 아직 공간(公刊)되지 않은 자료의 발견 · 발굴에 의해 윤순의 사상적 입장이 새롭게 해명될 가능성은 장래에 남아 있다고 생각한다.

제7장

정제두의 후예들

본장은 강화학파 연구 기초 작업의 일환으로서 정제두의 후예에 관한 사적 정리를 시도해본 것이다. 강화학파를 구성하는 것은 정제두의 직접 문인들, 문인의 자손이나 인척, 그리고 정제두 자신의 후예들이다. 강화학파에 관한 연구는 근년 한국을 중심으로 활발하게 행해지고 있다. 그러나 정제두의 학문, 소위 하곡학이나 정제두에서 시작된 조선양명학이 강화학파에서 구체적으로 어떻게 전승되었는지, 전승의 과정에서 어떻게 변용을 이루었는지 등 그 전모는 아직도 해명의 도상에 있다. 그 중에서도 정제두의 장자 정후일을 시작으로 하여 그 후예들의 하곡학 · 양명학 수용 실태는 거의 불명이다.

실태가 해명되지 않은 가장 큰 원인은 1차 자료의 결여이다. 정제두의 후예들 중에서 별집이 전존하는 것은 정기석의 『부군유고(府君遺稿)』뿐이다(국립중앙도서관 소장).[1] 이 때문에 학술의 전승 상황은 물론이고 당사자의

---

1 강화양명학연구팀(2008) 2 『강화양명학연구사Ⅱ』의 'Ⅱ. 문헌조사'에 수록되어 있는 「강화양명학관련문헌목록일람표」(91쪽)는 정문승의 별집으로 '蕉泉集, 4卷 2冊, 목판본'을 게재하고 있다. 그러나 이 蕉泉集을 정문승의 별집으로 보는 것은 오인이다(상세한 내용은 정문승 항목을 참조). 그리고 위 일람표에 정기석의 『府君遺稿』는 수록되어 있지 않다.

개략적인 생애조차 불명인 경우가 적잖이 존재한다. 게다가 자신 혹은 선조의 양명학 신봉을 호도 · 은폐하는 조선양명학 특유의 성격도 실태의 해명을 곤란하게 하는 하나의 원인이 될 가능성이 있다. 이러한 제약 때문에 실제로 이 장에서 특별히 새로운 사실을 발굴한 것은 아니다. 다만 현존 자료로부터 알 수 있는 사적을 조금 정리해본 것에 지나지 않는다. 그리고 이 장에서 이용한 모든 자료 중, 정제두의 후예 전반에 관한 것으로 다음의 두 점에 대해 다시 간단하게 설명해두고자 한다.

①『영일정씨파보(迎日鄭氏派譜)』12권, 12책, 영일정씨족보발행소, 1929년, 고려대학교 도서관 소장[2]

권수에 정묘 중동(丁卯仲冬, 1927년 11월) 정계섭이 지은 서문과 정묘 지월(丁卯至月) 정재홍의 서문을 수록하고 있다. 본서는 영일정씨 제파 중 정종본(鄭宗本)에서 시작하는 사예공파(司藝公派)와 정유성(鄭維城)에서 시작하는 충정공파(忠貞公派) 두 파의 파보를 합찬한 것으로, 자호(字號), 생몰년월일, 과제년(科第年), 관작, 묘소부터 아내의 본관, 성씨, 생몰년월일에 이르기까지 파 아래의 각개 인물에 관한 기본적인 사항이 정확하게 기재되어 있어 영일정씨에 관한 기초 자료로써 매우 유용하다.【系圖1】

②『교지철(敎旨綴)』5책, 서울대학교 규장각 소장

정제두가의 8명의 인물 및 그의 부인에 대한 과제(科第), 관직 임명, 가자(加資), 추증(追贈), 시호(謚號) 등 각종 교지(敎旨), 교첩(敎牒)을 편찬한 것이다.[3] 각 교지와 교첩에는 말미에 연월의 기재도 있다. 8명은 구체적으

---

2 이 책은 국립중앙도서관에도 소장되어 있다. 이번에 필자가 이용한 것은 고려대학교 소장본이다.

3 '敎旨'란, 국왕이 신하에게 관직 · 관작 · 자격 · 시호 · 토지 · 노비 · 특전 등을 하사할 때 쓴 문서이다. 그 중 관료에게 관직 · 관작을 주는 것은 告身, 文 · 武科의 급제자에게 주는 것은 紅牌, 생원 · 진사시 합격자에게 주는 것은 白牌, 死者에게 관작을 주는 것은 追贈敎旨라 칭한다. 그리고 문무관원의 告身 중 4품 이상은 臺諫에 의한 결재 없이 왕명을 발령하나, 5품 이

로 정상징, 정제두(제1책), 정후일(제2책), 정문승(제3책), 정지윤 · 정술인(제4책), 정문영 · 정기석(제5책)이다. 이 책에는 서발이나 지어(識語) 류가 전혀 기록되어 있지 않으며, 편자(編者), 간지(刊地), 간행 시기 모두 미상이다. 『규장각한국본도서해제』는 제5책에 수록된 것이 정원하의 조부(정문영)와 부친(정기석)이며, 또한 수록자료 시기의 하한이 1892년이었던 점으로부터 편자를 정원하, 편찬 시기를 1893년으로 추정하고 있다.[4] 제문, 행장 등의 전기자료를 제외하고 인물에 관해서는 그 약력을 알 수 있다는 점에서 귀중한 참고자료가 되는 것으로, 이 책 또한 정제두가에 관한 유력한 기초 자료의 하나로 꼽을 수 있을 것이다.

Ⅰ. 정후일

1

정제두의 장자인 정후일의 자는 후지(厚之),[5] 전기자료로는 신대우의 『완구유집(宛丘遺集)』 권8 「조선고통훈대부부평도호부사수원진관병마동첨절제사정공행장(朝鮮故通訓大夫富平都護府使水原鎭管兵馬同僉節制使鄭公行狀)」이 있다.[6] 지금 이 행장 및 『교지철』 책2에 의해 그의 관력 및 사후의 추증(정문승의 증조로서의 추증)을 나타내면 다음과 같다.[7]

하는 대간의 결재를 거쳐 吏曹 · 兵曹가 왕명을 받들어 이를 발령한다. 이 5품 이하의 관원에 대한 告身을 특히 '敎牒'이라 한다. 이상 최승희(1989), 77, 92쪽.

4 『奎章閣韓國本圖書解題 續集 史部』 第1冊, 209~210쪽, 서울대학교 규장각, 1994.

5 『迎日鄭氏派譜』 卷1 下. "鄭厚一, 字厚之, 顯宗十二年二月五日生, 英祖十七年三月十三日卒, 享年七十一."

6 『한국문집총간』 251책에 수록. 『宛丘遺集』은 심경호(1993)에도 부록으로서 全文이 수록되어 있다.

7 『敎旨綴』의 年月日 기재는 중국의 원호를 따르고 있는데, 이하 편의상 조선국왕의 朝代로 바

숙종32년	(36세)	선공감 가관
숙종44년	(48세)	12월, 봉렬대부[정4품] 의금부 도사
숙종45년	(49세)	7월, 중훈대부[종3품] 신계 현령
경종2년	(52세)	3월, 통훈대부[정3품] 안성 군수
영조원년	(55세)	8월, 금주 군수
영조3년	(57세)	7월, 가평 군수
영조4년	(58세)	11월, 고양 군수
영조9년	(63세)	5월, 사축서 별제. 8월, 제용감 판관. 사재감 첨정
영조10년	(64세)	1월, 어모장군 세자익위사 사어. 8월, 정제두 사망. 복상(服喪)
영조15년	(69세)	7월, 종친부 전부. 7월, 상의원첨정
고종원년		1월, 사복시 정
고종4년		정대부[정2품] 이조 참의
고종12년		6월, 가선대부[종2품] 이조참판겸동지의금부사오위도총부부총관

생전 관력에 대해서는 「행장」과 『교지철』의 기술은 거의 합치되나, 「행장」에는 한두 가지를 제외하면 서임(敍任)의 연월은 기록되어 있지 않다. 이는 『교지철』의 자료로서의 신뢰성과 유용성을 나타내는 하나의 증좌일 것이다. 「행장」에는 "역산(曆算)을 좋아하여 저술 몇 권이 있다.[好曆算, 有著幾卷]"라고 기록되어 있으나, 정후일의 저작은 전하지 않는다. 이외에 「행장」에는 정후일의 학문 내용에 관한 특별한 언급은 보이지 않는다.

꾸어 표시한다. 官階는 初出 때만 기재하고, 그 이후 동일 官階인 경우에는 기재를 생략한다. 또 각 官階가 나타내는 위계를 괄호 안에 보충하여 표시한다.

2

정제두로부터 정후일에게 어떠한 형태로 학문이 전수되었는지는 매우 흥미로운 문제이다. 그러나 아쉽게도 이에 관한 구체적 정보는 거의 남아 있지 않다. 『하곡집』 권3에는 정제두가 정후일에게 보내는 편지 4통이 수록되어 있으나, 학문의 사승에 관한 특별한 내용은 보이지 않는다.

이광신이 정후일을 위해 쓴 제문에는 다음과 같은 구절이 있다.

> 신유년(1741) 3월, 정장(정후일)이 경사(京師)의 집에서 돌아가셨다. 4월 27일 임술에 발인하였다. 발인 이틀 전 경신일에 문인인 나는 닭 한 마리와 술 한 잔을 영전에 올리며 말하였다. "아, 제가 어리석고 비루하여 노선생(정제두)에게는 정식으로 문하에 드는 예를 행하지 못하였으나, 실로 가르침을 잘 받들어 교의를 사사받은 점은 있습니다. 선생을 독실히 우러르고 사모함이 남에게 뒤지지 않았습니다. 이제 큰 별은 이미 떨어졌지만(정제두의 죽음), 노련한 사표로서 공은 아직 건재하십니다. 제가 공을 앙모함은 노선생을 앙모함과 같습니다. 올봄 성곽의 남쪽과 서쪽을 왕래할 때도 자주 공의 생각을 여쭈었는데, 심학의 관련된 의론의 대부분은 부군께 전수받았다는 것을 알 수 있었습니다. 더욱 공경을 더합니다."[8]

이 기술에 의하면 정후일은 아버지 정제두로부터 심학(心學)에 관하여 어느 정도 훈도를 받은 듯하나, 더 이상 구체적인 것은 알 수 없다.

정제두는 88세로 장수를 누린 인물이지만 젊은 시절에는 병약했던 듯한데, 34세 때 위독한 상태에 빠져 있었다. 그때 아우인 정제태에게 후사

---

8 『先藁』 冊3 「祭鄭富平文」. "歲辛酉三月, 鄭丈卒于京第. 四月二十七日壬戌, 將發靷. 其前二日庚申, 侍生完山李, 一鷄一杯, 以奠靈筵. 曰, 於乎, 小子蒙陋, 未能束脩於老先生, 而亦獲奉誨而周旋. 景慕之篤, 不後於人. 今梁木已摧矣, 老成典刑, 公尙在焉. 小子之慕公, 如慕老先生. 今春往來于城南城西, 屢叩公所存, 則心學議論, 蓋多過庭之問矣. 愈加敬重焉."

를 부탁하면서 집필했던 것이 「임술유교(壬戌遺敎)」이다.[9]

이 「임술유교」에서 정제두는 자신의 장서나 필록(筆錄) · 차기(箚記)에 대해서도 언급하고 있다.

> 후세의 학술에 대해서 나는 의심을 품지 않을 수 없다. 생각건대 성인의 가르침이 아직 밝혀지지 못한 점이 있기 때문이다. 주자(周子)와 정자(程子) 이후로는 오직 왕씨의 학술만이 거의 성인의 참뜻을 얻었다고 할 수 있다. 나는 일찍이 왕씨의 학문에 입문하고 잠심하여 그 대략은 보았으나, 그것을 강술(講述)하지 못함을 유감으로 여겼다. 그래서 왕씨의 저작 및 내가 일찍이 초록하고 표제하였으나 아직 탈고하지 못한 것을, 소장한 경서 몇 갑과 손수 쓴 몇 책과 함께 한 상자에 같이 보관하여 남겨두었다. 스스로를 낮다 여기지 말고 나의 뜻을 잊지 말아라.[10]

이 기술에 의하면 정제두는 자신이 소장한 왕씨의 저작 및 이를 초록한 것을 정제태에게 맡기고 있음을 알 수 있다. 위의 문장에 이어 "양지(良知)의 학문은 곧 진실한 것이니 오직 나의 성(性)은 곧 하나의 천리(天理)일 뿐이다.……진실로 이를 다할 뿐인 것이며, 반드시 세속과 더불어 서로 표방하며 끝머리에서 다투어 변론하여 외면으로 부범(浮汎)할 것은 아니니 오직 스스로 노실(老實)하게 이를 행하라.[良志之學, 直是眞實, 只惟吾性一箇天理而已……惟實致之而已. 且不必與世俗相爲標榜, 而於末梢上爭辨而外面浮汎. 惟自老實爲之]"의 쌍행원주(雙行原注)가 부기되어 있다. 이 내용으로 판

---

9 『霞谷集』 卷10 「霞谷先生年譜」 肅宗八年壬戌 三十四歲. "是年先生疾益劇, 累瀕危殆. 手疏身後事, 付季氏廣州君. 又爲書告訣於南溪朴先生." 季氏 廣州君은 막냇아우 정제태를, 南溪 朴先生은 박세채를 가리킨다.

10 『霞谷集』 卷7 「壬戌遺敎」. "後世學術, 不能無疑. 竊恐聖旨有所未明. 惟王氏之學, 於周程之後, 庶得聖人之眞. 竊嘗委質潛心, 略有班見, 而恨未能講. 乃以其書及所嘗抄錄表識而未及脫稿者, 竝與所藏經書數匣, 手寫數冊, 藏之一篋以遺之. 惟是毋自卑下, 無忘吾志."

단해보자면, 치양지(致良知)의 학문에 독실하게 종사하는 것이야말로 당시 정제두에게는 '나의 뜻[吾志]'이었다. 그 뜻을 행하는 도중 죽음에 가까워진 정제두는 서적과 함께 자기의 학문 계승을 정제태에게 부탁했던 것이다.[11]

「임술유교」가 장남 정후일이 아닌 동생 정제태에게 맡겨진 것은, 당시 정후일은 12세로 아직 어렸기 때문일 것이다. 결과적으로는 병상에서 회복하여 「임술유교」의 내용이 문자 그대로 부탁하게 되는 데에는 이르지 않았다. 그러나 정제두의 가학(家學)이나 장서(藏書)의 전승 양상을 추측하는 데 있어 하나의 유력한 단서가 된다.[12]

정제두가 박세채에게 자신의 왕학 신봉을 고백하기 시작한 것은 32세경부터로, 「임술유교」가 쓰여진 것은 아마도 정제두의 생애에서도 가장 열정적이면서도 절박한 마음으로 왕학에 경도한 시기일 것이다. 강화도에 은거한 만년기(61세 이후)의 자료에는 왕학에 대한 언급이 보이지 않게 된다.[13] 따라서 정제두가 성인이 된 정후일에게, 「임술유교」와 완전히 동일한 입장 · 태도로 가학을 전수했다고 즉단해서는 안 된다는 점을 일단 유의해둘 필요가 있다.

장서의 전승에 대해서도 구체적인 사실관계는 미상이다. 단지 정후일이 예전부터 소장하고 있던 『용계왕선생회어(龍溪王先生會語)』가 강화학파 후예의 한 사람인 이건창에게까지 전해진 형적이 있어,[14] 실태의 일단을 시

---

11 앞 주석에서 말한 박세채에게 보내는 편지에도 왕학 신봉의 입장이 명시되어 있다. 『霞谷集』 卷1 書1 「擬上朴南溪書」. "心性之旨, 王文成說, 恐不可易也. 一部孟子書, 明是可證."

12 정제두가 왕수인의 저작을 초록 · 편찬하려 한 저술은 오늘날 전하지 않지만, 그러한 저술이 확실히 존재했다는 것은 다음의 발언으로부터도 추측할 수 있다. 朴世采 『南溪集』 卷32 「答鄭士仰」. "又回兒子聞, 左右抄陽明學緊要語爲一冊. 幸乞投示.", 崔錫鼎 『明谷集』 卷13 「與鄭士仰書」. "玄丈云, 足下裒捽王氏文字, 作一書, 略如近思錄之爲者, 亦思一覽耳."

13 윤남한(1982), 210쪽.

14 京都大學附屬圖書館藏 『龍溪王先生會語』 6卷(明, 貢安國輯, 萬曆3年 序, 昭和7年 8月 인쇄 · 발행, 발행자 葛城末治) 稻葉岩吉 跋. "龍溪王先生會語六卷, 萬曆四年刊. 予

사하는 사실로서 주목할 만하다.[15]

3

정후일에 대해, 정제두와의 관계에서 논해야 할 것은 정제두가 죽은 직후의 유고 정리 · 편찬사업이다. 『하곡집』의 5차에 걸친 편집사업에 관해서는 윤남한의 「하곡학의 문헌학적 연구」에 상세히 나와 있다.[16] 이 중 정후일이 관여한 것은 윤남한의 이른바 제1차 편집사업이다.

이 정리 · 편찬사업에 대해서는 본서에서, 관여한 문인인 이광신, 심육, 윤순을 다룬 각 장에서 이미 논하였다. 여기에서는 정후일이 맡은 역할에 초점을 맞추어 간단하게 언급하기로 한다. 그리고 총5차에 걸친 편집사업의 전체에 관해서는 이 장 뒤에 있는【『하곡집』 편집사업경과일람】을 참조하기 바란다.

> 지금 선생이 돌아가신지 100여 년이 지났지만 그의 문집은 아직 세상에 간행되지 않았다.……선생은 위대한 학식을 지니고 있으면서도 그 일을 전혀 자랑하지 않는 인품이었기에 스스로의 저작을 후세에 남길 뜻을 두지 않았다. 그러므로 정서(淨書)한 선본은 전혀 없고 초고는 상자 속에 흩어져 있었다. 선생에게 친자(親炙)하고 훈도(薰陶)받아 선생의 학문의 일단을 엿볼 수 있었던 문인들 또한, 이미 대부분 공문(孔門)에서 안회를 통곡한 것처럼 일찍 죽고 말았다. 선생이 돌아가신 뒤 선고조(先高祖) 부평공(富平公=정후일)은 선생의 문인

獲于京城, 有鄭厚一印記. 係寧齋李建昌舊藏云.……卷首表裏帖紙一葉, 疑爲寧齋眞筆. 寧齋少派, 近代名人. 有明美堂集三十卷. 昭和七年七月日, 君山學人稲葉岩吉記."

15 中純夫(2005), '⑧ 윤남한 『조선시대의 양명학 연구』' 항목 참조.

16 윤남한(1982), 'Ⅴ〈Ⅱ〉하곡학의 문헌학적 연구', 235~241쪽. 『霞谷集』의 편집사업에 관해서는 윤남한의 논고에 힘입은 바가 크다. 다만 본서에서는 신작에 의한 편집사업(윤남한의 소위 제4차)을 제3차로, 정문승에 의한 편집사업(윤남한의 소위 제3차)을 제4차로 한다.

인 저촌 심육, 백하 윤순 등 여러 공들에게 편집의 일을 돕게 하였다. 선고조와 심육, 윤순 등 여러 공들은 몇 년 사이에 연이어 서거하시고, 선증조(先曾祖=정지윤)께서도 이어 돌아가셨다. 게다가 선생에게 수업을 받은 후진(後進)의 문인들도 대부분 을해(乙亥)의 화에 연루되고 말았다. 이 때문에 이 사업을 다시 부탁할 만한 인재가 없었다. 이러던 와중에 (상자 속의 초고도) 이미 열 중 그 대여섯은 망실되었다.[17]

정제두가 세상을 떠났을 때(영조17년, 1736), 정후일은 66세였다. 5년 뒤에는 정후일과 윤순이 차례로 서거하였다. 그 후에도 심육의 사망 이듬해에 정지윤이 죽었으며, 또 그 이듬해에는 '을해의 화'가 발생했다. 이는 영조31년 을해 2월에 일어났던 나주괘서사건에서 발단한 일대 의옥사건으로, 주모자의 한 사람으로 지목된 심확(심육의 둘째 아우)이 주살된 것 외에 이광사(이영익의 아버지), 이광찬, 이광현(이충익의 친부), 이광명(이충익의 양부), 심필(심육의 막내아우) 등이 모두 벽지로 유배되었다(제3장, 4장 및 11장 참조).

정후일은 자신이 죽을 때까지 5년 사이에 위에 기록된 것처럼 망부(亡父)의 수제자들과 유고의 정리 · 편찬작업에 종사하였다. 예를 들면 문인 중 한 사람인 이진병은 「대학설(大學說)」, 「이기설(理氣說)」, 「중용설(中庸說)」 등 구체적인 편명을 들어서 그의 편집방침이나 교정에 대해 정후일의 지시를 청하고 있다.[18] 또 정후일은 정제두의 「유사」나 「연보」의 편찬도 계

---

17 鄭箕錫 『府君遺稿』 卷2 「霞谷集序」. "今距先生歿百有餘年, 遺集尙未行乎世.……先生有而不有, 未嘗留意於垂後. 故一未有繕寫淨本, 卒皆衍筐中散爛. 至若門人之授業薰炙, 可尋緖餘者, 已多孔門之哭顔. 先生歿後, 先高祖富平公使先生門人沈樗村尹白下諸公, 相其編緯之役矣. 先高祖與沈尹諸公先後下世於幾年之間, 而先曾祖繼又早世. 後生之習于先生者, 多罹乙亥之禍. 此事更無可托. 於斯之際, 已十亡其五六."

18 『霞谷集』 卷11 「附門人等以先生文集事往復書牘」. "李震炳與富平公書曰, 先生大學說, 沈友必欲使弟勘校, 故敬此袖來. 近已參考矣. 一義而二字分書者, 敢定以一字疊出, 當刪者亦付籤, 考覽如何?" "又書略曰, 先生理氣說, 近方校覽, 而玆未訖工. 中庸說, 亦敬此奉置案上耳." 이 중 「中庸說」과 「大學說」은 각각 22권본 『霞谷集』(『한국문집총간』 160책 수록)의 卷12와 卷13에 실려 있다. 「年譜」와 「遺事」는 각각 22권본 『霞谷集』 卷10, 卷

획하여 심육에게 종종 그에 대한 상담을 하고 있다.[19] 그리고 정제두의 「행장」 집필은 이를 윤순에게 위임하고 있었다. 그러나 머지않아 정후일 자신과 윤순이 1개월도 못 되는 사이에 차례로 세상을 떠나게 되어, 결국 제1차 편집사업은 중도에 꺾이게 된다.[20]

4

강화학파에서 정후일의 위상을 논할 때 한 가지 유의해야 할 것은 그의 인척관계일 것이다. 강화학파는 학통과 혈연 양측에서 강고한 결속을 가졌다는 것에 커다란 특색이 있다. 예를 들면 심육의 증조부 심약한의 아내와 정제두의 어머니가 자매지간이었고(모두 李基祚의 딸), 또 윤순의 아내는 정제태(정제두의 아우)의 딸이다【系圖2】. 게다가 정후일과 본처 이씨(李瑞相의 딸) 사이에서 태어난 딸은 이광명(이충익의 양부)의 아내이며, 정후일과 후처 유씨(柳春陽의 딸) 사이에서 태어난 딸 중 두 사람은 각각 신대우와 이영익의 아내가 되었다(이상【系圖3】).

이와 같이 심육, 윤순과 같은 정제두의 유력문인이 정제두 집안과 혈연관계였다는 사실에 더하여, 강화학파의 중요 멤버인 신대우 · 신작 부자, 이영익 · 이충익 등 전주이씨 덕천군파의 인사가 정후일의 딸들을 매개로 하여 정제두 집안과 인척관계를 맺었다는 것의 의미는 크다.

무엇보다도 이충익의 자손으로 이시원 · 이건창 · 이건승 · 이건방 등 다

11에 수록.

19 『樗村遺稿』 卷31 「與遁谷」 第50書. "鎭江鄭叔荷此遠臨, 且以遺事記述有所商量, 而茫然無所覩記, 不能副其臨問之盛意, 第深愧懼." 글 속의 '鄭叔'은 정후일을 가리킨다.

20 『先藁』 冊3 「祭鄭富平文」 辛酉. "先生平生不喜著述,……亦無意必於垂後, 一未有繕寫定本. 率皆衍筐中散爛故紙. 公則不忍其蕪滅, 整頓收拾, 而白首精力有不能逮, 要有以相其役. 小子忘其僭冒, 遂取若干卷, 商証讎校以期就緖, 而公遽沒矣. 此事將如之何?……遺事則公旣已纂次, 又命檃括删補, 將付之白下以狀德, 而公沒數十日, 白下又沒. 此事尤當如之何?" 정후일의 서거는 영조17년 3월 13일, 윤순의 서거는 같은 해 3월 24일이다. 그리고 윤순의 서거로 「行狀」은 심육이 집필하게 되었다.

수의 유력인사가 배출되어, 그들의 존재로 인해 강화학파가 근대기에 이르기까지 연면히 끊기지 않고 계승된 것이기도 하다(【系圖4】). 그러고 보면 오늘날 이른바 강화학파는 정후일 시대에 그 기본적 골격이 형성된 것이라 해도 과언은 아니다.

Ⅱ. 정지윤

정지윤(鄭志尹, 자 莘老, 1731~1754)은 정후일과 후처 유씨 사이에서 태어난 장남이다.[21] 유씨에 대해서는 이충익이 지은 「외조모유부인묘지명(外祖母柳夫人墓誌銘)」(『초원유고』 책2)이 있다. 이에 의하면 정후일은 본처 이씨(1670~1722)와의 사이에서는 1남 2녀가 있었으나 그 아들(鄭志欽)은 혼인하지 못한 채 요절하였고, 이어서 부인 이씨도 세상을 떠났다(향년 53세, 당시 정후일 52세).[22] 이듬해 유춘양의 딸(당시 19세)을 아내로 맞이하였다. 유씨는 1남 3녀를 두었는데 그 장남이 정지윤이며, 둘째 딸이 신대우와, 셋째 딸이 이영익과 혼인하였다.

정지윤에게는 묘지명, 제문, 행장 류의 전기자료는 없고, 생몰년을 포함해서 『영일정씨파보』 권1 下에 실린 것이 거의 유일한 자료이다. 『교지철』에 수록된 3통의 교지는 모두 사후의 추증(정문승의 조부로서의 추증)이다.

고종 원년 1월, 통정대부[정3품] 이조참의
4년 1월, 가선대부[종2품] 이조참판겸동지의금부사오위도총부부총관
12년 6월, 자헌대부[정2품] 이조판서겸지의금부사오위도총부도총관

21 『迎日鄭氏派譜』 卷1 下. "志尹, 字莘老, 英祖辛亥十月十四日生, 甲戌十一月二十八日卒, 以孫文升貴, 贈資憲大夫吏曹判書. 墓祖文康公墓東越岡癸坐合窆."

22 元配李氏의 생몰년은 『迎日鄭氏派譜』 卷1 下에 의거한다.

정지윤은 정후일이 61세 때 태어난 자식으로 정후일이 71세에 서거했을 때 겨우 11세였다. 이는 그야말로 "후사가 실낱같았다.[後嗣如綫]"라 할 만한 상황으로,[23] 정제두의 문인들에게 있어서도 종가의 앞날은 우려할 만한 것이었다.

> 정숙(鄭叔)이 생각지도 못하게 갑자기 세상을 떠났습니다. 본가의 여러 가지 사정을 생각해보면 앞으로 어떻게 계획을 할지 모르겠습니다. 문호(門戶)에서 의지해야 할 것은 다만 어린아이 한 사람뿐입니다.[24]

정지윤은 영조30년(1754), 24세의 젊은 나이로 세상을 떠났다. 그리고 이듬해 영조1년에는 '을해의 화'가 일어났다. 이미 서술했듯이 이러한 상황 하에서 정제두의 유고도 대부분은 산일되었다고 한다.

Ⅲ. 정술인

1

정술인(鄭述仁, 자 祖希, 1750~1834)은 정지윤의 장자이다.[25] 정술인에 관해서는 박영원(朴永元)의 묘지명 및 이시원(李是遠)의 묘갈명이 있다.[26]

---

23 22卷本『霞谷集』卷首目錄 後, 정문승「箚錄」. "蓋先祖沒後, 富平君繼逝, 後嗣如綫."

24 『樗村遺稿』卷3「與遁谷」. "鄭叔意外傾逝, 本家種種事勢, 思之莫知其何以爲計. 門戶之托, 只有藐孤一人."

25 『迎日鄭氏派譜』卷1下. "鄭述仁, 字 祖希, 英祖二十六年五月二十五日生, 純祖三十四年五月二十二日卒, 享年八十五."『癸卯式司馬榜目』生員試 三等. "幼學鄭述仁, 祖希, 庚午, 本延日, 居江華. 父通德郎志尹. 慈侍下."

26 朴永元『梧墅集』冊12「僉知中樞鄭公墓誌銘」壬子, 李是遠『沙磯集』冊5「贈吏曹參判鄭公墓碣銘」(모두『한국문집총간』302책 수록).

공의 성은 정씨, 휘는 술인(述仁), 자는 조희(祖希), 영일 사람이다.……증조부는 문강공(文康公) 하곡(霞谷) 선생 휘 제두(齊斗), 조부는 부평 부사(富平府使) 휘 후일(厚一), 아버지는 휘 지윤(志尹)으로 요절하였다. 어머니는 전의(全義) 이씨로 부사(府使) 징성(徵成)의 딸이다. 공은 다섯 살에 아버지를 잃었다. 조모인 유부인은 공을 자신의 사위인 완구(宛丘) 신공(申公)에게 나아가 배우게 하였다. 내구(內舅)인 감역공(監役公)은 독실한 행실이 있는 군자였다. 신재(信齋) 이공(李公)과 완구 신공의 아내들은 자매지간이었다. 그리고 나의 조부이신 초원군(椒園君)은 신재의 종조제(從祖弟)이며 공에게는 고자(姑子)에 해당된다. 비익(裨益)을 입을 수 있는 사우(師友)들이 인척 중에 즐비하여, 공은 그들과 교분을 쌓아 지업(志業)이 일찌감치 드러났다. 다만 대부인(유씨)은 공이 영달을 구하는 데에 힘쓰는 것을 바라지 않았으니, 당화(黨禍)에 연루됨을 경계해서였다.[27]

정지윤이 24세의 젊은 나이로 죽었을 때 장자 정술인은 겨우 다섯 살이었다. 다행히 정술인은 조모 유부인의 주선으로 신대우의 가르침을 받게 되었다. 신대우를 시작으로 여기에 이름이 오른 신재 이영익, 초원 이충익은 모두 강화학파의 중요 멤버이다. 또한 이덕윤은 어린 나이에 심육에게 종학한 인물이다.[28] 정술인의 백부(伯父)인 이덕윤은 정제두 사후의 유고 편찬작업에도 관여한 인물이었다(【系圖3】 및 제5장 참조). 또 어린 시절 정술인이 신대우 등의 훈도를 받으면서 면학(勉學)하였던 모습에 대해서는 박

---

27 李是遠「贈吏曹參判鄭公墓碣銘」. "公姓鄭氏, 諱述仁, 字祖希, 迎日人.……曾祖文康公霞谷先生諱齊斗, 祖富平府使諱厚一, 考諱志尹, 早沒. 妣全義李氏, 府使徵成女. 公五歲失怙. 祖母柳夫人使就學於女婿宛丘申公. 內舅監役公, 篤行君子也. 信齋李公, 宛丘友婿也. 我祖考椒園君, 信齋之從祖弟, 而公之姑子也. 師友之益, 萃於姻親. 公周旋於其間, 志業夙著. 而太夫人不願公進取於功名, 懲黨禍也."

28 『宛丘遺集』卷9「李先生行狀」. "先生李氏, 諱德胤, 字錫予.……先生少從祭酒沈先生鏑學, 游先生門者, 多當時秀俊之士, 而至於任重質行, 人人皆自以爲不如也.……英宗四十九年, 補繕工監監役官."

영원이 지은 묘지명에도 기술이 있다.[29]

'조희(祖希)'라는 자도 신대우가 명명해준 것이다. 신대우는 14세가 된 정술인을 위해 「자설(字說)」을 집필하여 "너는 위대한 두 선조, 문충공 정몽주와 문강공 정제두의 인덕(仁德)을 조술(祖述)하라. 선조의 유덕(遺德)을 희구하고 선조의 이름을 욕되게 함이 없도록 하라. 이것이 너의 이름[述仁]과 자[祖希]에 담긴 의미이다. 만일 스스로에게 태만한 마음이 생기거든 자신의 이름과 자를 돌아보라."라는 훈계를 내리고 있다.[30]

그리고 앞의 「정공묘갈명」에서 '당화(黨禍)'란 아버지 정지윤의 죽음 이듬해에 일어난 '을해의 화'를 가리키는 것으로 보아도 좋을 것이다.[31] 「묘갈명」에는 위의 기술 뒤에 관력에 대한 기술이 이어지는데, 역임했던 관직명을 내관과 외관으로 각각 정리하여 열거하고 있어 이대로는 정확한 관력을 알 수 없다. 지금 『교지철』의 기록에 의해 그 관력 및 사후의 추증을 나타내도록 하겠다.

정조	7년	(34세)	10월, 생원삼등제육십인
	8년	(35세)	4월, 동몽교관

---

29 朴永元 「僉知中樞鄭公墓誌銘」. "公五歲而孤. 王夫人暨太夫人, 不以愛故弛教, 命之受業於宛丘申公大羽, 卽公之姑夫也. 稍長, 俛焉劬學. 常節取中庸脈絡要語, 貼屛間誦讀. 信齋李公令翊見之, 嘆曰, 老先生家, 有克類孫也." "公旣少學於宛丘. 宛丘端嚴有文行. 旣又從椒園李公忠翊遊. 李公, 公之表兄也. 卓犖尙氣節. 公於師友之間, 濡染薰炙者, 有素矣. 永元嘗見公侍宛丘坐, 又與椒園及宛丘子弟相對. 裒衣博帶, 侃侃粥粥, 使人望之, 斂袵起敬也."

30 『宛丘遺集』 卷1 「鄭述仁字說」. "故友鄭莘老, 嘗名其五歲兒曰述仁. 其冬莘老歿. 兒來余于學. 九年而成丈夫, 喜可知已. 余字之曰祖希, 推言名字義, 以幾其惕然銘服也. 而祖文忠公, 倡道東土, 竟以仁殉. 而祖文康公, 躬仁秉義, 爲三朝學者師.……不知汝將辱而門乎? 抑欲榮之? 宜莫若善述於仁. 夫仁是而家法. 述家法而不希其祖, 其道何繇哉? 怠心生, 則顧而名若字. 怠心生, 則顧而名若字. 侈心生, 則顧而名若字. 忿忮之心生, 則顧而名若字." 莘老는 정지윤이다.

31 박영원이 지은 묘지명에도 같은 기술이 있다. "公少負公輔望, 太夫人顧不爲公希顯達. 盖懲黨人之禍也. 公遂絶意進取."

9년	(36세)	4월,	병절교위 세자익위사 세마
10년	(37세)	8월,	봉정대부[정4품] 선공감 주부. 12월, 중훈대부 [종3품] 형조 정랑
11년	(38세)	11월,	통훈대부[정3품] 영춘 현감
16년	(43세)	7월,	사복시 주부. 8월, 영희전 영. 11월, 평택 현감
19년	(46세)	9월,	신천 군수
21년	(48세)	1월,	해주목 판관
순조 6년	(57세)	12월,	의금부 도사
7년	(58세)	2월,	장녕전 영. 6월, 종친부 전부. 12월, 사직서 영
8년	(59세)	3월,	전주 판관
29년	(80세)	1월,	통정대부[정3품] 6월, 절충장군첨지중추부사
고종 원년		1월,	가선대부[종2품] 이조참판겸동지의금부사오위도총부부총관
4년			자헌대부[정2품] 이조판서겸지의금부사오위도총부도총관
12년		6월,	숭정대부[종1품] 의정부좌찬성겸판의금부사세자이사오위도총부도총관

2

정술인의 사적으로는 정제두 유고의 정리 · 편찬작업에 관여했던 일을 들 수 있다. 윤남한의 이른바 제2차 편집사업이다. 앞에서 인용한 정기석의 「하곡집서」는 정후일 · 윤순 · 심육 · 정지윤의 계속되는 죽음과 을해옥사 등에 의해 정리 · 편찬사업이 중도에 단절되어 초고도 열 가운데 대여섯은 산일되었다고 서술한 뒤, 그 후의 경위를 다음과 같이 기록하고 있다.

그 뒤 선조고(=정후일)는 완구 신공에게 유고의 수집 작업을 정중하게 부탁

> 했는데, 그 결과 약간 권이 편집되었다. 그렇지만 세상에 진유(眞儒)가 출현하지 않아 시비가 정해지지 않았으니, 말속의 시끄러운 공격을 받는 것보다는 차라리 다른 사람에게 알려지기를 구하지 않은 선생의 평소 뜻을 지키는 것이 낫지 않겠는가. 그래서 다른 사람에게 널리 유포시키지 않고, 다만 대대로 가문에 전하는 보배로 삼기를 기약하였다. 그런데 신공이 그 일이 완성되기 전에 화재를 만나 여러 공들의 기록과 함께 대부분 소실되었다. 탈고한 부분과 아직 탈고하지 않은 부분이 도로 집의 선반에 쌓인 채 또다시 40~50년이 흘렀다.[32]

「정공묘갈명」, 「정술인자설」 등의 기술에 의하면 신대우는 정후일의 사위였는데, 정술인에게는 스승이면서 후견인과 같은 존재였다. 정술인이 정제두의 유고 편찬작업을 신대우에게 위촉했던 것은 두 사람의 관계에서 생각해보아도 극히 자연스러운 결과였다. 다만 신대우에 의한 편찬작업은 『하곡집』의 출판 간행이 꺼려지는 상황 아래에서 진행되었고, 화재에 의한 초고 소실 등의 사정도 겹쳐 다시 중단되었던 것이다.

문장 중 '세상에 진유(眞儒)가 출현하지 않아 시비가 정해지지 않음[眞儒不出, 是非靡定]'이란, 양명학이나 하곡학의 진가를 이해할 수 있는 인사의 출현을 거의 기대하기 어려웠던 당시 상황을 가리키고 있다. 그리고 '말속의 시끄러운 공격[末俗之嘵嘵]'이란 이러한 상황하에서 정제두의 유고를 간행하더라도 오히려 물의를 빚어 쓸데없이 세상의 비난을 초래할 뿐일 것이라는 의식을 나타내고 있다. 또 당초부터 출판 간행은 계획하지 않고 가장(家藏)의 정본(定本) 작성을 목표로 한 것은 제1차 편집사업에 종사했던 이광신이 술회한 것이기도 하다.

문장에서 언급된 화재는 정조22년(1798, 신대우 64세) 2월에 발생한 것이

32 鄭箕錫 『府君遺稿』 卷2 「霞谷集序」. "其後先祖考敬屬宛丘申公, 收拾遺紙, 輯爲幾卷. 而眞儒不出, 是非靡定, 則與其致末俗之嘵嘵, 無寧守先生不求人知之素志? 不要廣布於人, 只將爲傳家之寶藏矣. 申公未卒業而又値回祿, 並與諸公所錄而多所散佚, 其脫藁與未脫藁, 還並尊閣於家中者, 且四五十年矣."

다. 이 화재로 인해 집에 보관하였던 서적, 신대우가 집필한 초고, 신작이 집필한 초고(『詩次故』), 내사본(內賜本) 등이 전부 잿더미가 되었다.[33] 편집 중이었던 정제두의 유고도 이때 소실된 것이다. 제2차 편집사업이 착수되어 종사하게 되는 구체적인 시기는 미상이지만, '신대우가 아직 작업을 끝마치기 전에 화재를 만났다.'는 기술을 통하여, 화재 발생 시점에서 사업이 아직 미완이었다는 것을 알 수 있다. 따라서 제2차 편집사업의 시기도, 임시로 정조 22년 전후로 해둔다.

22권본 『하곡집』(『한국문집총간』 160책 수록, 저본은 국립중앙도서관 소장본)의 권수목록 뒤에 부기된 정문승의 「차록(箚錄)」에도 제1차~제2차 편찬작업에 관한 기술이 있어, 위의 「하곡집서」의 기술과 서로 보완되는 내용을 담고 있으므로 참조하고자 한다.

> 이상은 문강공(文康公) 선조(=정제두)의 문집 습유(拾遺) 22권의 목록이다. 선조께서 돌아가신 뒤 저촌(樗村) 심공과 둔곡(遁谷) 이공 등 여러 문인들은 유문(遺文)을 수집하였다. 그런데 초고를 끝내기도 전에 두 공이 연이어 돌아가셨다. 그 뒤 완구(宛丘) 신공이 다시 35권의 목록으로 정리하였는데, 지금 남아 있는 것은 「경설(經說)」, 「서(書)」, 「소(疏)」 약간일 뿐이니 당시에 문집이 완성되었는지 여부는 지금 알 수 없다. 대개 선조께서 돌아가신 뒤 부평군(富平君=정후일)도 이어 돌아가시게 되어 후사(後嗣)는 실낱같이 가는 상태였다. 게다가 이 일에 종사한 문인들도 가벼이 일에 착수하여 세인들의 시끄러운 비난을 받게 되는 것을 꺼림이 있었다. 이 때문에 상자 속에 넣어둔 지가 어느새 재주갑(再周甲:120년)이 되었는데, 너덜너덜해진 초고들 중 열에 아홉이 산일되어버

---

33 申綽 『石泉遺稿』 冊1 「外祖母柳夫人行狀」. "我先府君嘗爲夫人狀牒, 以昭述盛美. 戊午歲, 失於回祿." 申綽 『石泉遺集』 後集 卷8 「日乘」 正祖21년 2월. "戊申夜, 失火. 家中書籍. 宛丘府君文章, 公之詩次故, 季氏應製, 御考諸劵, 及內賜諸冊, 無一救出者." 『石泉遺稿』는 『한국문집총간』 279책. 『石泉遺集』(前集 卷1~3, 後集 卷1~8)은 『朝鮮學報』 29~34집 수록(今西龍 소장 抄本, 稻葉誠一 교정 해제, 1963~1965).

렸다.[34]

이 기술에 의하면 신대우에 의한 편찬작업 단계에서 35권의 목록이 작성되었음을 알 수 있다. 다만 정문승 때에는 이미 문집은 35권본의 형태로는 전하지 않고, 정리되지 않은 초고가 남겨진 것에 불과하였다. 정기석의 「하곡집서」와 정문승의 「차록」의 내용을 대조해보면 신대우 단계에서 유고의 정리 · 편찬작업은 목록이 작성된 정도까지 진척되어 있었으나, 당초부터 가장본(家藏本)으로서의 편찬을 기하여 출판은 하지 않았기 때문에 화재 등의 영향으로 초고는 용이하게 산일되어버린 듯하다.

나중에 언급할 것이지만 정문승의 소집본(所輯本)은 금본(今本) 22권본 『하곡집』의 조본(祖本)일 것으로 추측된다. 위 문장 중에서 언급한 '경설(經說)', '서(書)', '소(疏)' 중, '경설'은 22권본의 권16에 수록된 「시차록습유(詩箚錄拾遺)」, 「서차록습유(書箚錄拾遺)」, 「춘추차록습유(春秋箚錄拾遺)」에, '서'는 권1~권3의 「서(書)」 1~6에, '소'는 권4~권5의 「소(疏)」 1~2에 각각 대응한다.[35] 금본의 해당 각 권은, 그 전부는 아니라 할지라도 부분적으로는 신대우의 소집본에 연원을 가질 가능성이 있다. 또 마찬가지로 위 문장에서 '재주갑(再周甲)' 운운한 것은 「차록」의 집필 시기를 고찰함에 있어 단서가 되는 부분이지만, 이 점에 대해서는 정문승의 항목에서 다시 다루겠다. 그리고 정술인이 신대우에게 작업을 위촉했다고 한 이상, 스스로가 주도적으로 이 일에 관여했는지 아닌지는 미상이다.

---

34 『霞谷集』 跋 「跋」. "右, 文康先祖文集拾遺二十二卷目錄也. 先祖沒後, 樗村沈公與遁谷李公諸門人, 收集遺文. 未及出草, 兩公繼沒. 其後宛丘申公更釐爲三十五卷目錄, 而今所存經說書疏若干而已, 則其時成書與否, 有不可考. 蓋先祖沒後, 富平君繼逝, 後嗣如綫. 而門人之執斯役者, 亦有所不敢輕易下手, 以取末俗之囂囂. 因以藏在箱篋者, 居然再周甲. 而斷爛片草, 十亡八九矣."

35 「經說」과 「詩箚錄拾遺」, 「書箚錄拾遺」, 「春秋箚錄拾遺」의 대응관계에 대해서는 제5장 참조.

Ⅳ. 정문승

1

정문승(鄭文升, 자 充之, 1788~1875)은 정술인의 셋째 아들이다.[36] 정문승의 전기자료로는 정기석이 지은 「선고효헌공실사(先考孝憲公實事)」(『府君遺稿』 권4, 孝憲은 정문승의 시호), 이유원이 지은 「공조판서미당정공묘갈명(工曹判書美堂鄭公墓碣銘)」(『嘉梧藁略』 책16), 이유원이 지은 「행공조판서정공시장(行工曹判書鄭公諡狀)」(『嘉梧藁略』 책20), 이건창이 지은 「판의금미당정공묘지명(判義禁美堂鄭公墓誌銘)」(『明美堂集』 권19)이 있다.[37]

그리고 강화양명학연구팀 『강화양명학연구사Ⅱ』는 정문승의 별집으로 『초천집(蕉泉集)』을 들고 있는데, 이 책은 김상휴(金相休)의 별집이지 정문승의 것이 아니다.[38] 정문승의 별집은 전존하지 않는다. 지금 『교지철』에

---

36 『迎日鄭氏派譜』 卷4 上. "鄭文升, 字充之, 正祖十二年十月十八日生, 高宗十二年十月十七日卒, 享年八十八." 『庚午式司馬榜目』 進士試 二等. "幼學鄭文升. 羲瑞, 戊申, 本延日, 居京, 一賦, 父通訓大夫前行全州府判官全州鎭兵馬節制都尉述仁. 具慶下, 雁行, 兄文永, 文謙, 文尙."

37 『嘉梧藁略』은 『한국문집총간』 316책, 『明美堂集』은 『한국문집총간』 349책.

38 강화양명학연구팀(2008) 2 『강화양명학연구사Ⅱ』의 'Ⅱ. 문헌조사'에 수록되어 있는 「강화양명학관련문헌목록일람표」는 정문승의 별집으로 '蕉泉集, 4卷 2冊, 목판본'을 게재하고 있다. 이 일람표 및 본문 중의 『蕉泉集』에 대한 해제(304~305쪽)는 『蕉泉集』 소장기관 등의 서지정보에 대해 전혀 언급한 바가 없다. 다만 위의 책(302~304쪽)이 게재한 『蕉泉集』의 목록은 배열에 약간 흐트러짐이 있으나, 규장각 소장 『蕉泉遺稿』 6卷의 4卷까지 수록 내용이 완전히 일치한다. 그리고 규장각한국학연구원 홈페이지(최종 접속 2011년 10월 6일) 장서 검색 결과에도 '蕉泉遺稿, 鄭文升(朝鮮) 著, 刊地未詳, 刊年未詳, 6卷 3冊, 古3428-79'로 기록되어 있다. 그러나 필자의 조사에 의하면, 규장각 소장 『蕉泉遺稿』 6권은 金相休(字 季容, 1757~1827)의 별집으로 정문승의 별집이 아니다. 강화양명학연구팀은 규장각에 의한 사실오인을 그대로 답습한 것이라 생각된다. 게다가 강화양명학연구팀의 일원이기도 한 李相勳은 『蕉泉遺稿』에 수록된 자료(「雷異後應旨陳戒疏」 「玉堂講說 講論語」)를 인용하면서 정문승의 사상적 입장의 특질을 논하고 있는데(李相勳, 2009), 이것도 심히 타당하지 않다. 규장각 소장 『蕉泉遺稿』를 김상휴의 별집이라고 단정하는 근거로서, 『蕉泉遺稿』 중의 발언이 김상휴의 것임을 『承政院日記』와의 대조로 확인할 수 있는 몇 가지를 다음의 표로 나타내보았다. 그 중 ⑦은 『蕉泉遺稿』에 붙여진 연월일이 『承政院日記』와 합치하지 않으나, 내용적으로는 일치한다.

의해 전문승의 관력을 나타내자면 다음과 같다(丁憂의 기사 2건은 『영일정씨파보』 권1 下에 따른다).

순조 10년 (23세) 7월, 진사이등제이십삼인
11년 (24세) 7월 25일, 정모우
19년 (32세) 6월, 효력부위 익위사 세마
22년 (35세) 6월, 통훈대부[정3품] 상의 주부, 형조 좌랑.
11월, 옥과 현감
25년 (38세) 7월, 증산 현령
27년 (40세) 12월, 보은 군수
31년 (44세) 3월, 어모장군 익위사 사어
34년 (47세) 5월, 정부우
헌종 5년 (52세) 1월, 안산 군수

〈『蕉泉遺稿』와 『承政院日記』 대조표〉

	『蕉泉遺稿』 卷3 「疏」	擧例	『承政院日記』	擧例
①	「辭大憲陳戒疏」	伏以臣昨將情病俱苦之狀	6년 9월 4일	掌令金相休疏曰, 伏以臣昨將情病俱苦之狀
②	「雷異後應旨陳戒疏」	伏以天人一理, 災不虛生	6년 9월 10일	掌令金相休疏曰, 伏以天人一理, 災不虛生
③	「冬雷後陳戒因辭校理疏」	伏以書曰, 德惟一, 動罔不吉	7년 10월 10일	弘文館副校理金 相休疏曰, 伏以書曰, 德惟一, 動罔不吉
④	「辭藝文提學疏」	伏以臣昨於病伏昏噎之中	25년 5월 3일	判尹金相休疏曰, 伏以臣昨於病伏昏噎之中
⑤	「辭賓客疏」	伏念臣猥以闇劣淺品, 向叨訊讞重任	25년 10월 12일	義禁金相休疏曰, 伏念臣猥以庸闇淺品, 曩叨訊讞重任
⑥	「辭吏曹判書第三疏」	伏以臣之除拜銓官, 居然爲三朔	25년 12월 19일	吏曹判書金相休疏曰, 伏以臣之除拜銓官, 居然爲三朔
	『蕉泉遺稿』 卷5 「玉堂講說」			
⑦	「講論語」 甲子 11월 23일	臣奏曰, 聖人之德, 至於大而化之之境	6년 1월 24일	相休曰, 聖人之德, 至於大而化之之境
⑧	「講綱目」 甲子 11월 17일	臣對曰, 長星見者, 天變之大者	4년 11월 17일	相休曰, 臣對曰, 長星見者, 天變之大者
⑨	「講綱目」 乙丑 4월 14일	臣奏曰, 勃勃諸將皆曰	5년 4월 14일	相休曰, 勃勃諸將皆曰
⑩	「講綱目」 乙丑 4월 15일	臣奏曰, 李宣澠水無氷之對	5년 4월 15일	相休曰, 李宣澠水無氷之對

	7년 (54세)	1월, 담양 도호부사
	15년 (62세)	7월, 호조 정랑
철종	2년 (64세)	4월, 이천 도호부사
	4년 (66세)	7월, 안주 목사
	12년 (74세)	4월, 호조 정랑. 5월, 장락원정. 8월, 통정대부[정3품]
	12년 (74세)	9월, 절충장군첨지중추부사. 12월, 돈녕부 도정
	13년 (75세)	1월, 공조 참의
고종	원년 (77세)	1월, 가선대부[종2품] 한성부 우윤. 형조 참판. 2월, 용양위호군겸오위도총부부총관. 5월, 겸동지의금부사
	4년 (80세)	1월, 가의대부[종2품] 자헌대부[정2품] 용양위대호군겸오위도총부총관
	4년 (80세)	2월, 지돈녕부사. 공조 판서. 3월, 겸지의금부사. 10월, 한성부 판윤
	7년 (83세)	3월, 정헌대부[정2품]
	11년 (87세)	5월, 지중추부사
	12년 (88세)	6월, 숭정대부[종1품]. 7월, 판의금부사

정문승의 관력 중 주목해야 할 것은 동궁관으로서의 경력이다. 순조19년(1819) 6월, 정문승은 익위사 세마로서 익종(翼宗) 영(旲)을 섬겼다. 익종 영(1809~1830)은 순조와 왕비 김씨 사이에서 태어난 장자로, 순조12년에 왕세자에 책봉되었다.[39] 그리고 정문승이 익위사 세마가 된 순조19년 10월 풍양조씨 조만영(趙萬永)의 딸이 왕세자빈에 책립되었다.[40] 정문승은

39 『朝鮮王朝實錄』 순조12년 7월 6일 丙子.

40 『朝鮮王朝實錄』 순조19년 10월 11일 庚子.

동궁관으로서 가례(嘉禮)에 배석(陪席)하였다.[41] 그러나 익종 영은 순조30년(1830) 5월, 22세의 나이로 훙거(薨去)한다.[42] 같은 해 9월, 익종 영과 조씨 사이에서 태어난 아들이 왕세손으로 책립된다.[43] 훗날의 헌종이다. 정문승은 왕세손도 익위사 사어(翊衛司司禦)로서 섬겼다(순조31년).

한편 순조의 비는 안동김씨 김조순(金祖淳)의 딸로, 외척인 안동김씨가 정권을 좌지우지한 소위 세도정치는 순조 일대(一代)에 걸쳐 행해졌다.[44] 순조의 훙거와 함께 왕세손인 헌종이 겨우 8세에 즉위하자 헌종의 생모를 배출한 풍양조씨가 대두하여 한 시기는 안동김씨와 연립하여 정권을 담당하는 양상을 보였다. 그러나 헌종과 그다음 철종의 비가 안동김씨에서 선발된 점도 있어, 헌종 후반부터 철종 일대에 걸쳐 안동김씨에 의한 정권독점이 계속된다.

머지않아 철종 14년 12월, 철종이 후사 없이 훙거하자 대왕대비 조씨(=翼宗妃)의 교령에 의해 흥선군 하응(昰應)의 둘째 아들 재황(載晃)이 즉위하였다(고종, 당시 12세).[45] 고종이 아직 어렸기 때문에 대원군인 흥선군이 정권을 쥐고서 세도정치 · 문벌정치의 폐해 시정에 힘썼지만, 고종 초년의 한 시기에는 대왕대비 조씨에 의한 수렴정치가 행해졌다(철종14년=고종 즉위년 12월~고종3년 2월).[46]

---

41 鄭箕錫『府君遺稿』卷3「先府君進士回榜帖」. "己卯十月, 翼宗毓德春宮行三加禮及舟梁之禮. 家君以翊衛司洗馬陪從於前後慶禮焉."

42 『朝鮮王朝實錄』순조30년 5월 6일 壬戌.

43 『朝鮮王朝實錄』순조30년 9월 15일 庚午.

44 안동김씨에 의한 세도정치부터 대원군에 의한 정치개혁에 이르기까지의 정치사 흐름에 관해서는 武田幸男(1985), 한영우, 吉田光男 譯(2003)을 참조하였다.

45 『朝鮮王朝實錄』철종14년 12월 8일 庚辰. "卯時, 上昇遐于昌德宮之大造殿."『朝鮮王朝實錄』고종 즉위년 12월 8일 庚辰. "大王大妃曰, 以興宣君嫡己第二子命福, 入承翼宗大王大統爲定矣. 元容曰, 以諺教書下, 恐好矣. 大王大妃自簾內出諺教一紙. 都承旨閔致庠奉覽諸大臣因翻眞讀奏訖, 奉出頒布."

46 『朝鮮王朝實錄』고종 즉위년 12월 13일 乙酉. "上以冕服卽位于昌德宮之仁政門, 受朝賀大赦. 奉大王大妃, 行垂簾同聽政禮."『朝鮮王朝實錄』고종3년 2월 13일. "召見時原任大臣. 大王大妃曰, 予待今日久矣. 今日之召見卿等, 將欲撤簾, 不可不布諭於卿等, 故

그런데 재황(載晃)의 국왕 즉위를 결단하고, 또 그 즉위 후 2년여에 걸쳐 수렴정치를 행하는 등 고종 초년에 대왕대비 조씨가 은연히 정치권력을 장악하고 있었던 것은, 당연히 정문승의 정치생명에도 유리하게 작용하는 것이었다. 전술했듯이 정문승은 익종 영을 관료로서 섬겼고 조씨와 익종 영의 혼례에도 배종(陪從)하였다. 이 일로 인해 정문승은 이 시기에 이르러 다시 조씨의 권고(眷顧)를 얻었던 것이다. 고종원년 1월에 정문승이 가선대부(嘉善大夫, 종2품)로 가자(加資)된 것은 대왕대비 조씨의 직접 명령에 의한 것이었다.[47] 또 고종4년 1월 80세로 장수를 누린 것을 높이사 가의대부(嘉義大夫, 종2품)를 받은 정문승이 얼마 지나지 않아 자헌대부(資憲大夫, 정2품)에 가자된 것도, 이해 60세가 된 조씨를 칭송할 때 이전 익종의 궁료로서의 정문승의 경력을 귀중하게 여겼기 때문이었다.[48] 또 고종12년 6월에 숭정대부(崇政大夫, 종1품)를 가자한 것도, 익종에게 존호(尊號)를 추상(追上)한 것에 기인한 지시였다.[49]

이미 언급했듯이, 정후일 · 정지윤 · 정술인은 모두 고종원년 1월, 고종4년, 고종12년 6월, 각각 정문승의 증조부 · 조부 · 부로서 추증 · 가자의 은전을 입었다.[50] 이처럼 정문승은 왕실과의 관계에 의해 선조의 이름을 드

召之矣. 后妃之垂簾, 卽國家大不幸, 而出於萬萬不得已而行也. 幸賴皇天祖宗, 眷佑陰騭, 主上春秋, 今已鼎盛, 可以總察庶政. 豈有如此慶幸之事乎? 簾諭止於今日. 諸大臣必須善輔我主上也."

47 『府君遺稿』 卷4 「先考孝憲公實事」. "今上元年甲子, 大王大妣殿垂簾日, 下敎曰, 副護軍鄭某, 以翼宗桂坊年近八十, 事甚稀貴. 特爲加資陞嘉善. 蓋翼宗三加及舟梁時陪從宮僚之在世者, 只府君一故也." 『朝鮮王朝實錄』 고종1년 1월 10일 壬子. "大王大妃敎曰, 前都正鄭文升, 卽翼廟桂坊也. 特爲加資."

48 『府君遺稿』 卷4 「先考孝憲公實事」. "丁卯正月, 以年八十陞嘉義. 是歲賀大王大妣殿六旬寶齡, 大臣奏曰, 鄭某以翼宗宮僚當此慶會, 宜有示意之擧. 上可之, 陞資憲." 『朝鮮王朝實錄』 고종4년 1월 15일 庚午. "左議政金炳學……又曰,……行護軍鄭文升, 己卯嘉禮時桂坊也. 今當慶會, 宜有示意之擧. 請特加一資. 允之."

49 『府君遺稿』 卷4 「先考孝憲公實事」. "乙亥六月, 追上翼宗尊號, 特陞崇政." 『朝鮮王朝實錄』 고종12년 6월 11일 丙子. "敎曰, 翼考, 春桂坊人之入參於今春冊禮賀班, 事甚稀貴.……大護軍鄭文升護軍金穰根副護軍南綺元, 竝加資."

50 예컨대 정후일이 고종원년 1월 추증된 것을 보면, 말미에 "嘉善大夫漢城府右尹兼五衛都摠

높였으므로, 이런 의미에서는 정제두의 후예들 중 특히 중요한 존재였다.

2

정문승에 관해서도 학술의 구체적 내용을 전하는 자료는 거의 남겨져 있지 않다. 정기석이 지은 「선고효헌공실사」에는 주자학이나 양명학과의 관계를 나타내는 기사가 2건 발견되나, 모두 지극히 단편적인 것에 불과하다. 하나는 익위사 세마 시절 독서에 관한 기술이다.

> 기묘년(1819) 익위사 세마(翊衛司洗馬)에 처음으로 임관하였다.……당직에 나갈 때마다 『주자서절요』를 가지고 가서 그것을 송독(誦讀)하고 연구하는 필록(筆錄)을 작성하였는데, 평소 집에 있을 때와 다름이 없었다.[51]

다른 하나는 자손에 대한 교육을 언급하는 문맥이다.

> 아들과 손자를 대하는 교계(敎戒)는 엄격하게 하셔서 몸소 시범을 보이셨다. 일찍이 왕양명의 「객좌사축(客座私祝)」을 필사하여 거실에 게시하였다.[52]

전자는 30대의 정문승이 이황이 엮은 『주자서절요』를 숙독하고 있던 모습을 말해주는 것이다. 이와 관련하여 강화학파 중에서는 심육이 『주자서절요』를 애독하였다. 무엇보다도 심육은 송시열이 지은 『주자대전차의』를

府副摠管鄭文升曾祖考依法典追贈"라는 세주가 붙어 있으며, 다른 사례에도 전부 마찬가지로 정문승과 관계된 추증임이 명기되어 있다. 그리고 고종4년의 추증에 대해서는 3건 모두 연월일의 기재가 없으나, 아마 같은 해 1월일 것이다.

51 『府君遺稿』 卷4 「先考孝憲公實事」. "己卯, 筮仕翊衛洗馬.……每就直, 携朱書節要, 誦繹箚錄, 無異於在家時."

52 『府君遺稿』 卷4 「先考孝憲公實事」. "敎子孫以嚴, 而以躬率爲先. 嘗以王陽明客座私祝書, 使揭其所居之室."

좌우에 갖추어두고서 『주자대전』(『朱文公文集』)을 생애에 걸쳐 계속해서 음미했던 인물이기도 하며, 한편으로는 양명학에 대한 다수의 비판적 언사를 남기는 등 오늘날 전하는 자료(『저촌유고』)에 비추어보는 한 오히려 순연한 주자학자였다(제5장 참조). 정문승의 경우, 앞의 한 구절만으로는 그의 사상적 입장까지 추측할 수 없다.

후자는 정문승과 양명학의 관련을 구체적으로 나타내는 유일한 자료로, 그런 의미에서는 주목할 만하다. 현재 윤남한은 이 자료를 인용하고서 이를 정문승의 양명학 신봉의 증거로 삼고 있다.[53] 그러나 이 한 구절을 가지고 곧바로 정문승의 양명학 신봉을 운운하는 것에 대해 필자는 의심이 없을 수 없다. 「객좌사축(客座私祝)」(『王文成公全書』 권24)은 가정6년 정해(丁亥) 8월, 광서(廣西)의 사은(思恩)·전주(田州)의 난 토벌에 출발할 때, 왕수인이 자제들을 경계하기 위해 지은 문장이다. 구체적으로 자제들에게는 양사(良士)[溫恭直諒之友]와 교제하여 덕업에 힘쓸 것, 흉인(凶人)[狂憮惰慢之徒]과 사귀어 나쁜 일에 손대지 말 것을 말하였고, 사우들에게는 후사(자제에 대한 敎導)를 부탁한다는 내용이다.[54] 요컨대 자제들에게 교제해야 할 사우(士宇)를 잘 선택할 것을 경계하는 내용, 이 문장 자체가 특별히 양명학적 입장이나 정신을 내세운다고는 생각하지 않는다.

결국 달리 참조할 만한 자료가 발견되지 않는 한 정문승의 사상적 입장에 관해서는 현재 미상이라고 할 수밖에 없을 것이다.[55]

---

53 윤남한, 앞의 책, 238쪽, 주석 37.

54 말미에 "嘉靖丁亥八月, 將有兩廣之行, 書此以戒我子弟, 幷以告夫士友之辱臨於斯者, 請一覽敎之."가 있다.

55 이건창이 지은 「判義禁美堂鄭公墓誌銘」(『明美堂集』 卷19)에는 「朱子書節要」나 「客坐私祝」에 대한 언급이 없으나, 다음의 한 구절이 있다. "自文康先生之學, 壹於本質, 家世相傳, 懋行誼, 耻近名. 公雖未嘗以經術自命, 而夙誦雒閩之書, 持敬過人, 至老未嘗晝臥. 衣冠必飭, 几案盤盂必潔. 口無諧笑, 顔無遽容, 造次言動, 皆可以爲則." 정제두(文康) 이래의 학풍을 가학으로 계승하고 있다는 점을 논한 문맥인데, 여기에는 양명학을 전혀 언급하지 않고 오히려 근엄·독실한 정주학자로서의 면모를 전하고 있다. 이것이 정문승의 학술·학풍 실태를 나타내는 것인지, 아니면 陽朱陰王적인 일종의 粉飾으로 파악해야 하는지

3

정문승의 사적으로서 주목되는 것은 정제두 유고 편찬작업에의 관여이다. 이는 윤남한의 이른바 제3차 편집사업이다. 그러나 곧 뒤에서 서술할 이유에 따라, 본서에서는 이를 제4차 편집작업이라고 부르고자 한다.

정술인 항목에서 언급했듯이, 22권본『하곡집』의 권수목록(卷首目錄) 뒤에는 "위는 문강(文康) 선조(先朝)의 문집 습유(拾遺) 22권의 목록이다.[右文康先祖文集拾遺二十二卷目錄也]"로 시작하는 정문승의 「차록(箚錄)」이 있다. 이 사실로부터 오늘날 전하는 22권본(윤남한의 이른바 A본)은 정문승에 의한 소집본(所輯本) 그 자체이거나, 그 정서본(淨書本)으로 추정된다.[56] 이런 의미에서도 정문승에 의해 행해진 편집사업은 중요하다.

정문승의 「차록」은 정후일 · 심육 · 이진병에 의한 편집(제1차)이 중단된 것, 그 후 신대우가 35권본을 편찬했으나(제2차) 초고의 십중팔구는 산일되어버린 것을 서술한 뒤, 자신의 편찬작업에 대해 다음과 같이 말하고 있다.

> 나는 시간이 지날수록 초고가 산일되어가는 것을 염려했기 때문에 검토를 가하고 수록하여 몇 책으로 엮었으나, 다만 원본의 체제는 찾을 수 없고 문의할 곳도 없었다. 집필 연차는 초년과 말년의 것이 서로 섞였고, 문자는 연문(衍文)과 탈자 및 잘못된 곳이 많으니 도저히 이를 완성된 책이라고는 할 수 없다. 고루한 몸으로서 선조의 사적을 더럽힌 죄는 감히 피하지 못할 것이다. 다만 마땅히 이 책을 대대로 보배로 간직하여 후세의 식자(識者)를 기다릴 뿐이다. 또 다시 어찌 감히 주제넘게 이 책에 한 마디 말을 더할 수 있겠는가. 현손 문승은

단정하는 것은 삼가고자 한다.

56 윤남한, 앞의 책, 232쪽 및 239쪽. 『한국문집총간』 160책 수록 『霞谷集』 卷首에 부재된 「凡例」에는 "本集은 저자의 현손 문승이 (저자의) 손녀사위인 신대우가 편차한 것을 기초로 수집 · 재편하여 철종 연간에 완성한 繕寫本이다."라고 기재되어 있다. 본문 중에서 언급했듯, 신대우가 편차한 것을 기초로 했다고 할 수 있을지 약간 의문이 남는다.

삼가 쓴다.[57]

이 「차록」에 집필 시기를 나타내는 기년은 없고, 또 「선고효헌공실사」나 「판의금미당정공묘지명」에도 정문승에 의한 하곡 유고 편찬사업에 관한 언급은 전혀 보이지 않는다.

한편 윤남한은 이 정문승에 의한 편집사업에 대해 "신대우의 제2차 편집사업 후 40~50년째, 따라서 심육 · 윤순의 제1차 편집사업 후 60년째에 착수하였다."라고 서술하여, 그 근거로 「차록」의 '재주갑(再周甲)' 운운한 구절을 인용하고 있다.[58] 이는 심육 등에 의한 제1차 편집사업 수행 당시를 기점으로 하여 60년이 경과한 시점을 정문승 편집사업의 착수 시기로 보는 해석이다. 만일 이 해석을 따르자면, 심육의 몰년(영조29년=1753) 60년 뒤는 순조13년(1813), 당시 정문승은 26세가 된다.

그러나 "선조께서 돌아가신 뒤 부평군도 이어 돌아가시게 되어 후사(後嗣)는 실낱같이 가는 상태였다. 게다가 이 일에 종사한 문인들도 가벼이 일에 착수하여 세인들의 시끄러운 비난을 받게 되는 것을 꺼림이 있었다. 이 때문에 상자 속에 넣어둔 지가 어느새 재주갑이 되었다."라고 한 「차록」의 문맥으로부터 생각해본다면, '재주갑'은 역시 정제두의 몰년을 기점으로 해석하는 편이 자연스러울 것이며, 무엇보다도 '재주갑'은 '재주갑자(再周甲子)', 즉 역(曆)이 두 바퀴 돈 것=120년의 경과를 의미하는 말일 것이다. 정제두의 몰년은 영조12년(1736년, 丙辰), 그 120년 후는 철종7년(1856년, 丙辰)에 해당된다. 이때 정문승은 69세이다. 여기에서 정문승에 의한 편집사업이 행해진 것도 대략 이 전후로 볼 수 있겠다.

---

57 『霞谷集』 卷首 「目錄」 後 鄭文升 「箚錄」. "小子懼其愈久而愈失也, 考繹收錄, 編成幾冊. 而墜緖莫尋, 質問無所. 年條則初晩相混, 文字則疊缺多誤, 非敢以是爲成書也. 孤陋忝先, 罪不敢逃. 惟當世世寶藏, 以俟後人而已. 更何敢僭加一語於斯書也哉? 玄孫文升敬書."

58 윤남한, 앞의 책, 238쪽.

그리고 윤남한이 제4차라고 한 신작 주간(主幹)의 편집사업은 순조22년(1822)에 계년된다(後述). 즉 정문승에 의한 편집사업의 시기를 위와 같이 수정하여 해석한다면, 신작에 의한 편집사업은 실은 정문승에 의한 편집사업에 앞서 행해진 것이 된다. 따라서 본고에서는 윤남한의 설을 일부 수정하여 신작 주간(主幹)을 제3차 편집사업으로, 정문승 주간을 제4차 편집사업으로 칭한다.

정기석이 지은「하곡집서」에도 정문승에 의한 편집사업이 언급되었으므로 그 내용을 확인해보겠다.

> 가군(家君)께서는 유고가 시간이 지날수록 더욱 산일되는 것을 염려했기 때문에 심육과 신대우 두 공이 수록한 것과 집에 보관하고 있던 오래된 상자 속의 영쇄(零瑣)한 초고들을 모아, 서로 교감(校勘)하여 수십 권을 편찬하였다. 그러나 이를 이전의 목록과 비교하면 열에 한둘이 보존되어 있을 뿐이었다.……게다가 원래의 초고에는 의문점과 불명확한 부분이 많았고, 사본(寫本)도 그 태반이 누락되거나 생략된 것이 있었다. 원본의 체재는 아득히 그 맥락을 찾을 수 없었고 또 가르침을 구할 만한 선배와 장자도 남아 있지 않았으니, 함부로 가필하고 삭제하며 교감하고 출판하는 것은 다만 감히 하지 못할 뿐 아니라 할 수 없는 점도 있었다. 다만 한번 통일하여 깨끗이 베껴 쓰고 집에 보관해두어서 후세의 군자를 기다릴 것이다.……만약 의문점과 불명확한 부분을 밝히고 누락된 부분을 보충해서 마침내는 정본을 완성하여 그것으로 후학에게 무궁한 가르침을 전할 수 있다면, 이는 사문의 큰 다행일 것이니 어찌 우리 자손 일가에게만 영예로운 것이겠는가. 이는 내가 장래에 깊이 바라는 것이다.[59]

---

59 『府君遺稿』 卷2「霞谷集序」. "家君懼其愈久而愈失亡也, 取沈申兩公所錄, 及家藏舊篋中零瑣雜草, 參互讐校, 編成幾十卷. 而校諸前日目錄, 則十存一二而已.……原草既多疑晦, 謄本太半缺漏. 墜緖茫茫, 旣無以尋其脉落, 又無先輩長者可得以叩質, 則其於妄加存削勘校入梓, 非但有所不敢, 亦有所不得能者. 只以淨寫一統, 藏之于家, 以待後之君子.……如其証其疑晦, 補其缺漏, 終成一部完書, 以詔後學於無窮, 則斯乃斯文之大幸, 豈獨吾子孫一家之榮而已也哉? 此小子所以深有望於來世也."

글 중에 '이전의 목록'이란 「차록」에서 말하는 신대우의 목록 35권을 가리키는 것으로 생각된다. 정문승의 소집(所輯)이 수십 권('幾十卷', 「차록」에 의하면 22권)이라면, 이를 35권본과 비교하여 '열에 한둘만 남아 있을 뿐'이라고 일컫는 것은 분량만으로 말하자면 계산에 맞지 않는다. 그러나 이미 서술했듯이 신대우 소집본(所輯本)은 화재에 의해 그 대부분이 산일되어 버렸다(「하곡집서」). 또 정문승 본인이 심육 · 이진병이나 신대우의 편찬을 거쳐 당시 전해졌던 원고들은 열에 여덟아홉은 없어진 상황이었다고 서술하였다(「차록」). 정문승 소집본의 재료가 된 것은 '심육과 신대우 두 공이 수록한 것' 및 '집에 보관하고 있던 오래된 상자 속의 영쇄(零瑣)한 초고들'이라고 하였는데, 아마도 전자에 관계된 것은 대부분이 이미 산일되어 오로지 후자에 의한 증보가 중심이 되었을 것이다.[60] 그리고 정문승 소집본이 현행의 22권본 『하곡집』이라고 한다면, 그 내용은 결코 '영쇄한 초고들'을 엮어 하나로 만든 듯한 무잡(蕪雜)한 것이 아니라 충분히 읽을 만한 가치가 있는 것일 것이다. 따라서 정문승의 단계에서 꽤 면밀한 교정이 행해졌음을 추측할 수 있다. 다만 정기석의 서문에도 명기되어 있듯이, 정문승 소집(所輯)은 간본(刊本)이 아니라 정서본(淨書本)이다. 그리고 정기석의 「하곡집서」는 이 정문승 소집의 정서본에 붙이기 위해 집필된 것으로 보고자 한다.

Ⅴ. 정기석

1

정기석(鄭箕錫, 자 說卿, 1813~1889)은 정문승의 장자이다.[61] 정기석의 별

60 윤남한, 앞의 책, 239쪽. "그(정문승)는 제1차 · 제2차 所輯의 文稿가 열에 한둘 정도밖에 남아 있지 않았다고 하였으므로, 결국 1, 2차 所輯本으로서 잔존했던 若干冊에 家藏分을 합쳐 위에서 말한 것처럼 編輯成冊한 것으로, 그의 家藏本이 주된 것이었음을 알 수 있다."

61 『迎日鄭氏派譜』 卷4 上. "鄭箕錫, 字說卿, 純祖十三年十一月十八日生, 高宗二十六年

집으로는 『부군유고』 4권(국립중앙도서관 소장)이 있다. '부군'은 부친을 의미하므로, 아마 이 『부군유고』는 정기석의 자식 정원하(鄭元夏)의 편찬으로 이루어진 것인 듯하다. 그러나 이 책 권수나 권말에는 서발류는 일체 부재(部載)되어 있지 않으며, 정기석에 관한 전기자료도 수록되어 있지 않다.

정기석의 전기자료로는 이건창이 지은 「돈녕도정정공묘갈명(敦寧都正鄭公墓碣銘)」(『명미당집』 권20)이 있다.[62] 이 묘갈명은 이건창이 정원하의 부탁을 받아 집필한 것이다.

또 이건창은 묘갈명 집필의 위촉을 자신이 사퇴하였던 이유를 서술하는 구절에서 "나의 고조 초원공(=이충익)은 공(=정기석)의 고조 부평공(=정후일)의 외손으로, 초원공은 일찍이 부평공의 부인을 위해 묘지명을 집필하였다.[63] 그리고 공의 조부(=정술인)의 묘지명도 나의 조부 충정공(=이시원)이 집필하였다.[64] 고조(이충익) 때의 일은 알 수 없으나, 그 집필된 묘지명을 나는 지금까지도 외울 수 있다. 조부(이시원)가 (정술인을 위해) 묘지명을 집필했을 때 나는 곁에서 붓과 벼루를 준비해두고 있었으며, 조부와 효헌공(=정문승)의 교우 · 왕래는 지금도 나의 기억에 남아 있다. 정씨 누대의 유덕(遺德)을 앎에 있어 나를 이길 자는 드물 것이다."라고 술회하여, 정씨와 이씨 두 집안 간의 고조 이래 수세대에 이르는 두터운 교분의 존재를 증언하고 있다.[65] 이 기술은 정후일 자손과 이충익 자손의 깊은 결속의 일단을 나타내는 것이기도 한데, 강화학파에서 이씨 일가의 위상을 고찰함에 있어

九月二十六日卒, 享年七十七."

62 『한국문집총간』 349책.

63 李忠翊 『椒園遺藁』 冊2 「外祖母柳夫人墓誌銘」.

64 李是遠 『沙磯集』 冊5 「贈吏曹參判鄭公墓碣銘」.

65 『明美堂集』 卷20 「敦寧都正鄭公墓碣銘」. "都正鄭公, 葬于鎭川之八年, 改卜于天安郡富士之原而窆焉, 從先兆也. 於是胤子前參判元夏狀公事行, 洪少宰承憲爲之誌, 幷以示建昌, 屬之以顯刻之辭. 建昌辭不敢固. 建昌高祖椒園公, 爲公高祖富平公外孫, 嘗銘富平夫人墓. 而公祖考墓, 又我王考忠貞公銘之. 高祖時不能逮, 尙能誦其文. 王考撰銘時, 建昌尙侍筆硯, 尙記王考與孝憲公往復.……如建昌輩, 在今日已爲舊人. 能言鄭氏世德如建昌者, 亦少也. 其何以辭?"

귀중할 것이다.

정기석의 조부 정술인에게는 4남(文永, 文謙, 文升, 文尙)이 있었다.[66] 정기석의 친아버지 문승은 3남인데, 장자 정문영에게 후사가 없었기 때문에 정기석이 그의 양자로 들어갔다.[67] 이제 『교지철』에 따라 관력 및 사후의 추증(정원하의 아버지로서의 추증)을 나타내보겠다.

철종	5년(42세)	4월, 조봉대부[종4품] 군자감 봉사. 12월, 군자감 직장
	7년(44세)	6월, 군자감 주부
	8년(45세)	3월, 통훈대부[정3품] 문의 현령
고종	3년(54세)	1월, 지평 현감
	4년(55세)	9월, 안성 군수
	8년(59세)	12월, 강화부 판관. 12월, 연안 도호부사
	11년(62세)	5월, 용인 현령
	19년(70세)	1월, 통정대부[정3품]. 1월, 돈녕부 도정
	21년(72세)	3월, 절충장군첨지중추부사겸조사오위장
	29년	6월, 가선대부[종2품] 이조참판겸동지의금부사

덧붙이자면 정기석의 첫째 아들 정원하(1854~1925)는 사헌부 대사성까지 역임한 인물이다.[68]

---

66 『沙磯集』 冊5 「贈吏曹參判鄭公墓碣銘」.

67 『府君遺稿』 卷4 「先考孝憲公實事」. “男, 長箕錫, 出系伯氏後.” 『明美堂集』 卷2 「敦寧都正鄭公墓碣銘」. “公諱箕錫, 曾祖諱志尹. 祖諱述仁, 全州判官, 僉中樞. 考諱文永, 成均生員.……全州公第三子諱文升, 判義禁工曹判書, 號美堂, 謚孝憲. 夫人坡平尹牧使光垂之女, 封貞敬. 實以純祖十三年生公, 立爲生員嗣.”

68 『迎日鄭氏派譜』 卷4上. “鄭元夏, 字聖肇, 哲宗甲寅二月二十二日生, 庚午進士, 甲戌增廣文科, 嘉善大夫司憲府大司成, 乙丑七月五日卒.”

2

『부군유고』 중에서 비교적 중요하다고 생각되는 자료는 「하곡집서(霞谷集序)」, 「족보중수서(族譜重修序)」, 「족보분파속록서(族譜分派續錄序)」(모두 권2 수록)이다. 이 중 「하곡집서」에 대해서는 정후일, 정술인, 정문승 항목에서 이미 언급하였다. 여기에서는 「족보중수서」, 「족보분파속록서」를 들어, 영일정씨의 족보 · 파보 편찬 과정에 대해 훑어보고자 한다(편찬 간행의 경과에 대해서는 뒤에 실릴 【영일정씨 족보 · 파보 간행경과일람】을 참조하기 바란다).

우선 「족보중수서」의 내용을 검토한다.

> 우리 정씨의 족보는 만력 을해년(1575)에 시작하여 우리 영종 갑오년(1774)에 이르기까지 두 번의 중수(重修)를 하였다. 그동안 선조 문강공은 종족의 장로들과 직접 교감을 담당하였는데, 강목(綱目)의 엄정함과 조례(條例)의 상세함은 양반가의 여러 족보에서 모범이 되는 것이었다. 지금 갑오년으로부터 일주갑(一周甲)이다. 이후 이루어진 종족의 수는 이전 족보에 비해 몇 배가 되었다. 그렇지만 전 족보에서부터 계속된 편집작업은 왕왕 시행되다가 중지되었으니, 선조를 현창하고 후세에 계승하는 도가 시간이 지날수록 끊겨버리게 될 까 염려되었다. 무신년(1848), 경기도와 경상도의 여러 종족들이 발분하여 편찬을 기획하여, 종족에게 100여 년 동안의 현안(懸案)이었던 대사업에 신속히 착수하였다. 갑오년 중수할 때의 선조의 구례(舊例)에 삼가 의거하여 감히 한 터럭도 바꾸거나 고치지 않았고, 단지 그 옛 족보의 판을 그대로 써서 그 이후의 부분을 속간(續刊)하는 방식으로 출판비를 절약하였다. 각 분파의 기술을 어느 대에서부터 시작하여 어느 대까지 기술할지, 전후의 계승 관련을 어떻게 나타낼지 등에 관해서는 별도로 위와 같이 범례를 두었다.[69]

---

69 『府君遺稿』 卷2 「族譜重修序」. “吾鄭之譜, 始於萬曆乙亥, 至我英宗甲午, 三重修焉. 其時先祖文康公與宗中長老躬自勘校, 綱目之敬嚴, 條例之詳察, 爲法於縉紳家諸譜. 今距甲午, 又一周甲矣. 後承成就, 比前尤倍. 而繼修之擧, 屢始而施止, 紹先繼後之道,

이 기술에 의하면, 헌종14년(戊申, 1848)에 「갑오보(甲午譜)」(1774) 이후의 부분을 증보하는 형태로 족보의 중수가 이루어진 것이 된다. 「을해보(乙亥譜)」(1575) 이래로 「갑오보」에 이르기까지 두 번의 중수('三重修')가 이루어졌으므로, 이번의 「무신보(戊申譜)」는 네 번째 중수가 된다.

또 갑오년 중수에 이르기까지는 정제두의 관여도 있었다고 기록되어 있다. 정제두에게는 「정씨세보삼수범례(鄭氏世譜三修凡例)」라는 글이 있다.[70] 이 글에는 집필 시기를 나타내는 기재는 없지만, 「연보」 69세(1717년) 조에 족보 편찬에 종사했다는 기사가 보이는 점,[71] 또 73세(1721년) 이후의 집필로 생각되는 편지 중에도 족보 편찬에 관한 언급이 있는 점으로부터[72] 만년의 정제두가 족보의 편찬에 종사하고 있었던 사실은 확인할 수 있다. 그리고 이 「정씨세보삼수범례」에는 구본(舊本)인 「을해보」, 「기축보(己丑譜)」에 대한 언급이 있다. 그 중 을해년은 앞의 「족보중수서」에서 말하는 '만력을해(萬曆乙亥)', 즉 선조8년(1575)이라고 볼 수 있으나 기축년은 1589년, 1649년, 1709년인지 확실하게 정하기 어렵다. 아무튼 「기축보」도 「을해보」와 「갑오보」 사이에 편성된 중수본의 하나일 것이다.

이 「무신보」 중수작업에 정문승이나 정기석이 어느 정도로 관여했는지는, 문장에 언급되어 있지 않으므로 미상이다(당시 정문승은 61세, 정기석은 36세). 정기석의 「족보중수서」에 "별도로 위와 같이 범례를 두고 있다."라고

懼其愈久而愈廢. 歲在戊申, 畿嶺諸宗慨然以述事爲心, 亟擧宗中未遑之大事於百年之餘. 而敬按甲午重修之先祖舊例, 無敢有一毫變改, 只因其舊譜之板, 續刊其後, 承爲閣費之地. 而其於派系之起止, 原續之相承, 別其凡例如右."

70 『霞谷集』 卷7 「鄭氏世譜三修凡例」.

71 『霞谷集』 卷10 「年譜」 肅宗43年 先生六十九歲條 三月. "壬戌至龍仁, 拜先祖文忠公墓. 仍留山下, 與族人鄭山陰纘輝諸人, 移達書院, 修整祭儀及族譜."

72 『霞谷集』 卷2 書4 27 「與鄭景由別紙」. "然則鄭克佐所挾二系者, 蓋是庶派遺落, 而今始願入者也. 今只宜從舊本去之勿錄, 並下諸派, 同作一族譜別錄爲可. ……吾輩今日修譜, 只是從舊錄繼續其後孫而已. 前錄所無者, 吾輩何敢與論? 此類甚多, 安用取捨於其間也? 皆當一切謝之, 舊本之外一毫不動, 可也." 이 편지는 「答鄭景由書」 辛丑 뒤에 배열되어 있으므로, 정제두 73세 이후의 집필이다.

한 점으로부터도, 이 서문은 실제로 중수 · 간행된 간본의 권두에 수록되어 있던 것이라 생각된다. 뒤에 인용하는 「영일정씨파보서」에도 「무신보」의 존재가 명기되어 있다. 그러나 『부군유고』에 「범례」는 수록되어 있지 않다.

다음으로 「족보분파속록서」의 내용을 검토한다.

> 우리 가문의 족보첩(族譜牒)은 만력 을해년(1575)부터 영종 갑오년(1774)에 이르기까지 전부 세 번의 중수(重修)가 있었다. 지금은 갑오년으로부터 재주갑(再周甲)이다. 이후 이루어진 종족의 분류를 증보하여 기록하지 않을 수 없다. 그렇지만 여러 종족들은 각지에 산재 · 할거하고 있어, 정리하는 임무를 맡을 사람이 없어서 작업이 자주 시행되었다가도 중지되었다. 종족 합동의 족보가 끝내 완성될 기약이 없어 조상을 추모하고 후세에 전승하는 도가 시간이 지날수록 지금만 못하게 될 것이 염려되었다. 이에 원보(原譜)에서 충정공파(忠貞公派)의 당내친(堂內親)을 대상으로 각보(各譜)를 편찬하고 새롭게 완성한 범례 한두 조목을 또한 아래에 기술하였다.[73]

우선 "만력 을해년부터 영종 갑오년에 이르기까지 전부 세 번의 중수가 있었다."는 부분은, 앞선 「족보중수서」의 "우리 정씨의 족보는 만력 을해년(1575)에 시작하여 우리 영종 갑오년(1774)에 이르기까지 두 번의 중수를 하였다."와 중수의 횟수가 맞지 않는다. 다음으로 「족보분파속록서」의 집필 시기인데, "지금은 갑오년으로부터 재주갑(再周甲)이다.[今距甲午, 已再周甲]"를 문자 그대로 보자면 고종31년 갑오(1894)를 가리키는 것이 되는데, 그렇게 되면 정기석의 사후 5년의 일이 되어서 말이 되지 않는다.

---

73 『府君遺稿』 卷2 「族譜分派續錄序」. "吾宗族譜牒, 自萬曆乙亥至英宗甲午, 凡四重修焉. 今距甲午, 已再周甲. 後承成就, 不可不添錄. 而諸宗散在主張, 因以無人, 屢始而施止焉. 諸宗合譜訖無後期, 而追遠繼述之道, 將懼其愈久而愈不如今日也. 乃於原譜忠貞公派就其堂內以成各譜, 而新成凡例一二條亦係於下."

충정공은 정제두의 조부 정유성이다. 원보(原譜)인 「을해보」 작성 이래로 이미 300년 가까이 경과하여 여러 파를 망라한 대동보(大同譜)의 작성은 곤란하게 되었다. 이에 영일정씨 충정공파의 파보를 독립시켜 편찬 간행하도록 일이 진행된 것이다. 그러나 이 충정공파 파보가 실제로 간행되었는지 아닌지는 미확인이다. 「영일정씨파보서」에도 언급은 없다.

그리고 『영일정씨파보』 권수에 수록된 서문(정계섭 撰)에도 파보의 성립 과정에 대한 기재가 있는데 참조해보겠다.

> 우리 정씨의 족보는 선조 을해년(1575)에서 시작하여 헌종 무신년(1848)에 이르기까지 전후로 존재하는 네 개의 족보가 모두 대종(大宗)을 하나로 모아 정리한 족보이다. 고종 경진년(1880) 청동(淸洞)의 역사(役事)에서, 처음으로 대동보에서 포은(圃隱) 문충공(文忠公) 이하를 독립시켜 파보를 만들었다. 대개 비조(鼻祖) 이후로 세대가 점차 멀어지고 자손들은 각지에 흩어져 살아서 그 모두를 수록하는 것은 불가능하였기 때문이다.[74]

「무신보」를 제4보라고 하는 점은 앞의 「족보중수서」의 기재와 부합한다. 그리고 「을해보」부터 「무신보」까지의 4보는 전부 영일정씨의 대동보이다. 이에 반해 이번의 「경진보」는 문충공 정몽주를 파조(派祖)로 하는 문충공파의 파보이다. 다음의 정계섭 항목에서 서술하겠지만, 나중에 문충공파 중에서 다시 사예공파(司藝公派)와 충정공파의 파보가 합쳐진다.

74 『迎日鄭氏派譜』 卷首 「迎日鄭氏派譜序」. "我鄭氏之有譜, 自宣祖乙亥始, 而至憲宗戊申, 前後四譜, 皆合大宗而譜之矣. 高宗庚辰淸洞之役, 始就大譜中, 圃隱文忠公以下分爲派譜. 蓋以鼻祖以後, 世代浸遠, 子孫散居, 有不可盡收故也."

Ⅵ. 정계섭

1

정문승에게는 본처 윤씨와의 사이에 2남이 있었다. 장남이 정기석, 차남이 정규석이다.[75] 이미 서술했듯이 정기석은 백부 정문영의 양자로 들어갔기 때문에, 차자 정규석(鄭奎錫, 자 景聚, 1816~?)이 정문승의 계사(繼嗣)가 된 것이다.[76] 정규석의 장자가 정원세(鄭元世, 자 士顯, 1844~1925),[77] 그리고 정원세의 장자가 정계섭(鄭啓燮, 자 景宇, 1876~?)이다.[78] 정계섭에 관한 전기자료는 발견되지 않는다.

정계섭이 관여한 사적으로는 일단 『영일정씨파보』의 편찬을 들 수 있다. 정기석 항목에서도 일부 인용했지만, 『영일정씨파보』의 권수(卷首)에는 정계섭의 서문이 실려 있다. 「경진보」(고종17년, 1880, 문충공파 파보)의 편찬을 언급한 구절에 이어 서문에 다음과 같이 서술하고 있다.

> 30년 뒤 경술년(1910)에 다시 「경진보(庚辰譜)」의 뒤를 이어 증보 · 간행하였다. 그러나 계통과 세대의 기술이 뒤섞여 소목(昭穆)에도 혼란이 있었고, 교정에도 누락이 있어서 명호(名號)에도 오류가 많았다. 이 때문에 여러 종족들이 함께 근심한 지가 오래되었다. 어느 날 충정공파의 자손인 정재홍(鄭在洪)이 나에게 상의하여 말하였다. "만일 「경진보」를 수정한 뒤 이를 속수(續修)한다 하더라도, 그 이후에 이루어진 종족의 수가 이미 불어나 편질 또한 방대해져서 예

---

75 『府君遺稿』 卷4 「先考孝憲公實事」.

76 『迎日鄭氏派譜』 卷4 上에 "鄭箕錫, 純祖己卯正月十七日生, 丙午七月二十日卒."이라 하였다. 丙午는 1846년인지 1906년인지 미상이다.

77 『迎日鄭氏派譜』 卷4 上. "鄭元世, 字士顯, 憲宗十年九月十三日生, 乙丑二月十三日卒."

78 『迎日鄭氏派譜』 卷4 上. "鄭啓燮, 字景宇, 丙子九月九日生, 辛卯生員." 『辛卯慶科增廣司馬榜目』 生員試 三等. "幼學鄭啓燮, 丙子, 本延日, 居大興, 父通訓大夫行醴泉郡守兼安東鎭管兵馬同僉節制使元世."

전의 대동보와 차이가 없게 될 것입니다. 그뿐만 아니라 이 방식으로는 향후의 족보 속수(續修) 작업이 무산될 조짐이 있습니다. 우리 사예공과 충정공 두 파를 합하여 족보를 만드는 것이 어떻겠습니까?" 내가 대답하였다. "좋습니다. 우리 충정공의 고조 검열공(檢閱公)은 사예공의 현손(玄孫)으로 종가에 들어가 파를 계승하였으니, 이러한 입장에서 본생(本生)을 기록하고자 한다면 사예공파와 족보를 합찬한 뒤에야 비로소 근본을 잊는 근심을 면할 수 있을 것입니다." 마침내 사예공파의 종족들과 합의한 결과, 발분하여 족보 편찬의 임무를 담당하게 되었다. 체재와 범례는 옛 족보의 규격을 답습하였다.……정묘년(1927) 11월 충정공의 9세손인 진사(進士) 계섭은 삼가 서문을 쓴다.[79]

「경진보」 및 이를 계승(繼承)·속수(續修)한 「경술보」는 모두 문충공파의 파보였다.[80] 「을해보」부터 「무신보」까지의 대동보에 반해 「경진보」와 「경술보」가 파보의 체재를 채용한 것은, 수록대상이 너무 팽대(膨大)해져 이미 대동보의 편찬이 곤란할 지경이었기 때문이었다. 그러나 문충공 정몽주로부터 세어보면 정계섭은 18세 자손에 해당되는데, 파보라고는 해도 이미 종전의 대동보와는 큰 차이가 없을 정도로 그 수록해야 할 종족의 대상이 거대하게 팽창하였고, 게다가 가장 최근에 편찬된 「경술보」가 무잡(蕪雜)하여 소루(疏漏)한 부분이 많았기 때문에 사예공파와 충정공파를 독립시켜 두 파의 파보를 합치게 된 것이다.

---

79 『迎日鄭氏派譜』 卷首 「迎日鄭氏派譜序」. "後三十年庚戌, 復踵庚辰譜而增補印行. 然系代不愼, 昭穆從以紊亂, 校正不審, 各號亦多謬誤. 由是諸宗之相與咨歎者久矣. 一日忠貞公胤孫在洪甫議余曰, 今欲釐正庚戌譜而續修, 不但後承繁衍, 編簡浩大, 與舊日大譜無異, 亦不無窒礙之端. 盍以我司藝公及忠貞公兩派合爲之譜乎? 余曰, 善. 竊惟我忠貞公高祖檢閱公, 以司藝公玄孫入系宗派, 則欲書本生, 不容不與司藝公派合譜, 然後方可免亡本之患. 遂以司藝公派諸宗收議, 慨然以修擧爲任. 體裁凡例, 仍用舊譜之規.……歲丁卯仲冬, 忠貞公九世孫進士啓燮敬書序."

80 『迎日鄭氏派譜』 卷首 鄭在洪 識語. "吾鄭之有譜, 自萬曆乙亥始, 上下數百年, 凡四修, 而皆用合譜之規. 至高宗庚辰, 世代旣遠, 雲仍益繁, 始用派譜之規. 後三十年庚戌, 仍用舊例而重修之. 然此皆就圃隱文忠公以下而爲譜."

정몽주(문충공)에게는 종성(宗誠), 종본(宗本) 두 아들이 있었다. 종성의 증손인 인창(仁昌)에게는 아들이 없었기에 종본의 현손인 광윤(光胤=검열공)을 양자로 삼았다.[81] 이 정광윤의 현손이 정유성(=충정공)이다. 사예공파와 충정공파 두 파를 합친다는 것은 이러한 이유에서였다.

그리고 이「정묘보」에 앞서는 충정공파의 파보가 이미 독립하여 존재했는가에 대해서는 미상인데, 적어도「영일정씨파보서」에는 이를 확인할 수 있는 기술은 없다. 정기석의「족보분파속록서」는 실로 그 충정공파 파보의 존재를 시사하는 것이지만, 이미 서술했듯 그 간행된 시기나 실제 간행이 되었는지는 모두 미상이다.

이상의 고찰을 바탕으로 하여 현 시점에서 확인할 수 있는 범위 내에서 영일정씨족보 · 파보의 간행경과를 정리해보겠다.[82]

【영일정씨 족보 · 파보 간행경과일람】

- 을해보(선조8년, 1575): 영일정씨 대동보, 초수(初修)
- 기축보(1589년/1649년/1709년): 영일정씨 대동보, 중수(重修)
- 갑오보(영조50년, 1774): 영일정씨 대동보, 삼중수(三重修)
- 무신보(헌종14년, 1848): 영일정씨 대동보, 사중수(四重修)
- 경진보(고종17년, 1880): 영일정씨 문충공(정몽주)파 파보, 초수(初修)
- 경술보(1910년): 영일정씨 문충공(정몽주)파 파보, 중수(重修)
- 정묘보(1927년): 영일정씨 사예공(정종본)파 · 충정공(정유성)파 파보, 초수(初修)

---

81 『霞谷集』 卷6「監察公墓表」,「檢閱公墓表」.

82 『迎日鄭氏派譜』 卷首의「目錄」에는「舊譜凡例」,「舊譜序」,「舊譜跋」이 있으나 현재 필자의 주위에 자료가 없다. 따라서 여기에 기록한 간행경과는 잠정적인 정리에 불과하며, 재조사를 통해 대폭 수정될 여지가 있음을 알린다.

2

정계섭의 사적에 관해 지금 한 가지 들 만한 것은『하곡집』의 편찬이다. 서울대학교 규장각한국학연구원 소장의『하곡집』11冊本 말미에는 정계섭의 발문(跋文)이 실려 있다. 이 정계섭에 의한『하곡집』편찬은 윤남한의 이른바 제5차 편집사업이다.[83] 그리고 본고에서도 이제까지 제1차, 제2차 및 제4차 편집사업을 언급했으나, 제5차는 계통적으로는 제3차 뒤에 이어지는 것이다. 여기에서 이야기를 순서대로 하자면, 우선 신작에 의한 제3차 편집사업에 대해 다루겠다.

위의 11책본의 말미에는 정계섭의 발문 바로 앞에 '문강선생문초산집(文康先生文草散集)'이라는 제목, '임오초월삼십일(壬午初月三十日)'의 날짜를 가진 무기명(無記名)의 발문과, 이 발문에 대한 정계섭의 부기(附記)가 수록되어 있다.[84] 이 무기명 발문에 의하면 정제두의 저술 대부분이 산일되어 전하지 않는 것을 우려한 편자는, 상자 속을 더듬고 널리 채방(採訪)하여 단편잔간(短篇殘簡)에 이르는 것까지 정제두의 유문이라고 생각되는 것들을 수집하고 선사(繕寫)하여 이를『문강선생문초산집』약간편(若干篇)으로 편찬하였다. 당시 순조22년 임오(1822)였다.

이『문강선생문초산집』을 목도한 정문승은 발문의 필적이나 내용으로부터 그 편자를 신작(申綽)이라고 판정함과 동시에, 이 발문을 자신이 편찬한 11책본의 말미에도 채록한 것이다. 신작(호 石泉, 1760~1828)은 정술인의 명을 따라 제2차 편집사업에 관여한 신대우의 친자임에 틀림없다. 이

---

83 윤남한, 앞의 책, 240쪽. 11책본은 윤남한의 이른바 B본(서울대 고서본)이다. 同書 232쪽.

84 十一冊本『霞谷集』卷末「文康先生文草散集」. "先生簡述作, 作亦不以定釐, 賭其傳逮, 無管守從, 多散佚. 嗚呼! 先生書終於如是, 豈非後學之憂與? 所以自忘其顯甚, 搜箱筐博採訪, 苟知爲出於先生, 雖爛簡碎牘, 見輒繕錄, 名散集, 以俟知先生者揀第. 凡若干篇. 字之缺者, 語之剩者, 可以意續去者, 率仍之, 不敢私自定竄. 壬午初月三十日敬書." "此載霞谷集文草中, 而見其筆畫敍次, 申石泉先生綽所述. 故仍附卷後. 啓夑書附."

신작에 의한 『문강선생문초산집』 편찬이, 본고에서 이르는 제3차 편집사업(윤남한의 소위 제4차 편집사업[85])이다. 순조22년(1822)은 신작이 63세였던 해이다. 그러나 신작의 별집인 『석천유고』나 『석천유집』에는 『문강선생문초산집』의 발문과 비슷한 것은 수록되어 있지 않다.

다음으로 11책본에 부기된 정계섭 자신의 발문을 살펴보겠다. 아래에 그 전문을 소개한다. 편의상 세 단락으로 나눈다.

> ① 이상의 문집(文集)은 우리 선조인 하곡 선생의 유고이다. 문집에는 왕양명과 관련된 문장이 있는데, 이는 시휘(時諱)에 관계되었기 때문에 세상에 간행되지 못한 지 200여 년이 되었던 것이다. 나는 어려서부터 늘 부형(父兄)과 어른들에게 들었는데, 시세와 사정이 변하고 자손이 쇠미하고 곤궁하게 되어 짧은 문서나 조각난 간찰마저도 보존하기 어려워서 마침내 없어져버릴까 개탄하였다.[86]

이 발문은 1935년의 집필로, 신기하게도 정제두 사후 200년에 해당된다. 이에 앞서 이미 신작 소집본(제3차, 약간편)이나 정문승 소집본(제4차, 22권)이 존재했지만, 모두 정서본이었고 간본은 아니었다. 그리고 양명학을 '시휘(時諱)'에 저촉되는 것으로 보는 풍조는 정제두가 스스로 양명학 신봉을 사우에게 고백했던 당초부터 이미 강고하게 존재하였다. 22권본 『하곡집』 권수에 수록된 정문승의 「차록」에 있는 "이 일에 종사한 문인들도 가벼이 일에 착수하여 세인들의 시끄러운 비난을 받게 되는 것을 꺼림이 있었다"라는 구절은 이미 지적한 바이다.

---

85 윤남한, 앞의 책, 239쪽.

86 十一冊本『霞谷集』卷末「鄭啓燮跋」. "右集, 我先祖霞谷先生遺稿也. 集中有王陽明文字, 以時諱所關, 未得刊行於世者二百有餘年矣. 不肖自幼, 常聞於父兄長者者, 而慨嘆時事之變遷, 子孫之殘弱困窮, 尺紙瓦簡, 難以保存, 終歸于泯滅乃已."

② 그래서 경오년(1930) 봄, 나는 선생의 문초(文草)를 수집하여 손을 깨끗이 씻고 조심스레 보았더니, 권마다 좀먹거나 훼손이 있었고 글자마저 판독하기 어려웠다. 이에 그 중에서 가장 깨끗한 것을 가려 택하여 비로소 등사하는 작업에 착수할 때에, 왕왕 빠진 글자가 있거나 문리(文理)가 이어지지 않는 부분이 있어서 그때마다 부첨(付籤)을 붙였다. 그러나 감히 한 글자도 교정하거나 고치지 않고 원본대로 등사하여 겨우 11권, 2천여 쪽을 편찬하였다.[87]

정계섭이 『문강선생문초산집』을 목도한 뒤 신작이 지은 것이라 생각되는 그 발문을 굳이 자신의 발문 앞에 전재한 점으로부터 생각해보아도, 위의 문장에서 말하는 '선생의 문초'는 『문강선생문초산집』으로 보아도 좋을 것이다. 즉 윤남한이 이미 지적한 대로, 정계섭의 편집본은 신작의 편집본을 그 주된 저본으로 하여 성립된 것인 듯하다.[88] 신작 편집본의 성립(순조 22년, 壬午 1822년)부터 100년 이상 경과하여 '좀먹거나 훼손이 있었고 글자마저 판독하기 어려웠던' 상태였음은 상상하기 어렵지 않다.

③ 아! 선생의 90년 동안 공을 쌓은 정력(精力)이 모든 것이 여기에 담겨 있도다. 기타 「차록(箚錄)」, 「병학(兵學)」, 「이기(理氣)」, 「의학(醫學)」, 「지리(地理)」, 「만물일체(萬物一體)」 등 책 수십 종목 14권은 이미 산일되어 고증할 수 없다. 자손으로서 유고를 잘 보존하지 못하여 이러한 사태를 초래하였으니 대단히 유감스럽다. 공경히 그 전말을 기록하여 후세의 자손들에게 보이노라. 을해년(1935) 계추(季秋)에 선생의 7세손 계섭이 경서(敬書)한다.[89]

---

87 十一冊本『霞谷集』卷末「鄭啓燮跋」. "故歲庚午春, 不肖收輯先生文草, 盥手敬覽, 卷卷蠹毁, 字字難辨. 於是擇其最精者, 始着手謄寫之際, 往往或缺字, 或文理不接處有之, 隨行付籤. 然亦不敢一字定竄, 依原本謄出, 纔得成編者爲十一卷, 而頁爲二千有餘."

88 윤남한, 앞의 책, 239~240쪽.

89 十一冊本『霞谷集』卷末「鄭啓燮跋」. "嗚呼! 先生九十年來積工精力, 盡在於此. 而其他箚錄兵學理氣醫學地理萬物一體等書, 數十種目十四卷, 已屬散佚難考. 爲子孫者,

글에서 말하는 '수십 종목 14권(數十種目十四卷)'에서 산일된 자료 중, 「차록」은 22권본 『하곡집』 권22 「차록」에 해당될 가능성이 있으나, 다른 것들은 미상이다. 혹 신대우의 목록 35권(제2차 편집)에 수록된 것 중, 현존하지 않는 것을 여기에 열거한 것인지도 모른다. 이와 관련하여 말하자면 정문승의 소집본(所輯本)은 1929년 일본으로 반출된 궁내청(宮內廳) 장서였는데 나중에 반환문화재로 한국에 반환되어 국립중앙도서관의 장서가 되었고, 이를 저본으로 한 영인본이 『한국문집총간』 160책에 수록되는 경위를 거친다.[90] 따라서 정계섭이 『하곡집』 편찬에 종사한 시점에서 정문승 소집본은 일본에 반출되어 있었으므로 그는 이를 목도할 수 없었던 것이 된다.

지금까지 다룬 『하곡집』의 제1차~제5차에 걸친 편찬작업에 대해 간단히 정리해보겠다.

【『하곡집』 편집사업경과일람】

- 제1차

  시기: 정제두 죽음(영조12년, 1736) 직후

  종사: 정후일, 윤순, 심육, 이광신, 이진병, 이덕윤

不能保守至此, 尤用傷歎. 敬識其顚末, 以示後世子孫云爾. 乙亥季秋, 先生七世孫啓燮敬書."

90 윤남한은 일본으로부터의 반환문화재에 포함되어 있던 22책본에는 '宮內廳圖書'의 藏印 및 昭和4년(1929) 4월이라는 受書年月의 기재가 있으며, 前間恭作의 『古鮮冊譜』가 著錄한 '霞谷集, 22冊, 寫本'에는 '曾禰子爵藏書所見'이라는 注記가 붙어 있는 점에서, 曾禰가 한국에서 관직에 있을 때 일본으로 가져간 것이 나중에 宮內廳에 기증되었을 가능성을 지적하고 있다(윤남한, 앞의 책, 234~235쪽). 曾禰는 曾禰荒助(1849~1910). 1907년 9월 ~ 韓國副統監(統監, 伊藤博文), 1909년 6월~1910년 5월, 한국통감. 1902년 男爵, 1907년 子爵. 『韓國本別集目錄』(李顥鍊, 법인문화사, 1995)에도 "霞谷先生文集, 鄭齊斗著, 全二十二卷, 二十一冊, 寫本, 返還文化財, 所藏, 國立中央圖書館"이라는 기술이 있다.

• 제2차

시기: 정조22년(1798, 신대우 64세) 전후

종사: 정술인, 신대우

비고: 35권(목록)

정조22년 2월, 화재로 초고 소실

• 제3차

시기: 순조22년(1822)

종사: 신작

비고: 『문강선생문초산집』(11책본의 祖本)

윤남한이 칭하는 '제4차'

• 제4차

시기: 철종7년(1856) 전후

종사: 정문승

비고: 22권(『한국문집총간』 160책의 祖本)

(정제두 죽음=1736년으로부터) 재주갑, 신대우 집안의 화재=1798년으로부터 45년

윤남한이 칭하는 '제3차'

曾彌荒助 구장(舊藏) → 궁내청(宮內廳) 구장(舊藏) → 반환문화재 → 국립중앙도서관 현장(現藏)

• 제5차

시기: 1930년 봄 ~ 1935년 계추

종사: 정계섭

비고: 11책, 경성제국대학에 등사(謄寫) · 가장(架藏) → 서울대학교 규장각 현장(現藏)

3

규장각한국학연구원에 현재 소장되어 있는 『하곡집』 11책은, 윤남한의 비정(比定)에 의하면 고교형(高橋亨)이 1935년에 정서(淨書)시켜 경성제국대학교에 가장(架藏)한 것이다. 우선 윤남한은 자신이 분류한 바의 B본(11책본, 서울대 고서본)에 대해 다음과 같이 말한다.

> 11책본인 B본은 일본인 고교형이 "자손(정계섭, 필자 注)으로부터 얻은 한 본을 등사하여 경성대학 도서관에 가장(架藏)하였다."라고 술회하고 있으나, 이에 의하면 1935년경에 11책본으로 편찬되어 현재 서울대학교에 소장되어 있음을 알 수 있으며, 그 저본은 하곡의 7세손인 정계섭이 1930~1935년간에 정서한 11책본이었던 것도 권 · 책수의 일치 및 필사 후 정계섭이 교정했다는 후기에 의해 알 수 있다.[91]

또 위의 글 끝에 부기된 각주에서 윤남한은 다음과 같이 서술하고 있다.

> 고교형이 주관하여 필사시킨 양명학 관계사료는, 주로 이건방 소장본을 차람(借覽)하여 정서한 후에 정계섭이 교정한 것임이 말미에 밝혀져 있다(서울대 소장본).[92]

이 중 본문에 인용된 고교형의 술회란 「조선의 양명학파」 중 다음의 한 구절을 가리킨다.

---

91 윤남한, 앞의 책, 234쪽. '(정계섭, 필자 注)'라는 注記도 윤남한이 붙인 것.

92 윤남한, 앞의 책, 234쪽, 주석 14.

> 정제두 하곡집의 간본은 없다. 간행하려 해도 할 수 없었다. 다행히 그 자손이 나에게 이를 보관해 전하여 소화10년 여름, 나는 그것을 보게 되었는데, 크게 기뻐 한 본을 등사시켜 이를 경성대학 도서관에 보관하게 되었다.[93]

고교형이 말하는 '자손(子孫)'을 윤남한이 정계섭이라고 판단한 것은 시대 시기의 부합으로 생각해보아도 당연할 것이다. 정계섭에 의한 정서(淨書)를 1930~1935년 사이라고 한 것도 정계섭의 발문에 의거한 것이다. 또한 각주에서 말하는 '고교형 주관에 의한 양명학 관계사료의 필사' 운운한 부분은 이미 그 전문을 인용 · 소개한 정계섭의 발문 중에는 보이지 않고, 이 발문 이외에 윤남한의 이른바 '후기(後記)'는 필자가 목도한 규장각현장본에는 수록되어 있지 않아 이 부분을 윤남한이 어디에 근거하여 기술했는지는 알 수 없다. 다만 규장각 현장본에는 각 책의 모두(冒頭) 전체에 '경성제국대학 도서장'의 장서인이 찍혀 있으므로, 고교형이 소화10년에 등사시켜 경성제대에 가장(架藏)한 것이 규장각 현장본임은 판단할 수 있을 것이다.[94]

---

93 高橋亨(1953), 140쪽. 高橋는 이에 이어 "그 第10冊에 「연보」를 싣고 있다."라고 하였으나, 규장각 現藏의 11책본도 확실히 제10책에 「年譜」를 수록하고 있다.

94 그러나 필자가 행한 실개조사(悉皆調査) 결과에 따르면, 高橋亨의 논문에서 『霞谷集』을 인용한 부분에는 11책본(규장각 현장본)과 문자의 同異가 꽤 있다. 게다가 편지의 紀年 문제에 대해서도 지적하지 않을 수 없다. 예컨대, 高橋는 ① "癸酉四十五才崔明谷에게 답하는 편지에서"(143쪽) ② "그가 56세 때 明谷에게 답하는 편지에서 말하기를"(144쪽) ③ "그가 57세 때 答明谷書에서 말하기를"(145쪽) ④ "임신 4월에 答尹明齋書를 보내어 그의 衷情을 피력하며 말하기를"(148쪽) 등 『霞谷集』에서 편지를 인용하고 있다. 해당되는 각 편지들은 22권본 『霞谷集』에 있어서는 ①은 卷2 「答崔汝和書 癸酉或疑甲戌」, ②는 卷2 「答崔汝和書 甲申」, ③은 卷2 「答崔汝和書 乙酉」, ④는 「答尹明齋書 壬午」로, 각 편지 제목 아래에 부기된 작은 글자의 干支 注記에 의해 집필 시기를 특정할 수 있다(①~③은 高橋가 말하는 연령이 干支 注記와 일치한다). 다만 11책본에는 이 편지들에 모두 干支의 注記가 존재하지 않는다. 또 ①~③에 관해서는 11책본과 22권본에 문자의 同異는 전혀 없고, 두 본과 高橋가 인용한 것 사이에 적잖은 차이가 있다(④에 관해서는 세 본 사이에 큰 차이는 없다). 高橋가 『霞谷集』을 등사 · 기증한 것이 1935년, 「朝鮮の陽明學派」의 公刊은 1953년으로, 논문을 집필할 때에는 22권본 등도 보았을 가능성이 있다. 편지의 집필 시기 특정 문제는 이로써 설명하였지만, 문자의 同異 정황에 대해서는 알 수 없다. (附記) 최근, 高橋亨의 京城帝大 시대의 자필강

4

앞 절에서 인용한 윤남한의 저서 각주에는 (1)고교형(高橋亨)의 주관에 의해 양명학 관계의 사료를 등사시킨 것 (2)그 저본에는 주로 이건방 소장본이 사용되었다는 것, (3)정계섭이 그 교정의 책임을 맡고 있었다는 것이 지적되어 있다. 윤남한이 이 지적의 근거로 삼은 것으로 생각되는 정계섭의 「교정후기(校正後記)」를 필자가 현재 목도할 수 없는 것을 심히 유감으로 여기나, 이 지적이 사실이라면 그것이 강화학파의 학술이나 서적의 전승 · 전존 상황의 일단을 시사함과 동시에, 일본 식민지 지배하에 있던 당시에 정계섭과 고교형이나 조선총독부와의 관계를 말해주는 자료로써도 매우 흥미로울 것이다. 이하 관견(管見)이 미치는 범위 내에서 이 문제와 관련된 약간의 사례를 소개해보도록 한다.

(1) 심육 『저촌유고』(『한국문집총간』 207~208책)

『한국문집총간』의 권수 「범례」에는 다음과 같은 기재가 있다.

- 본집(本集)은 저촌 심육의 문집이다

의 노트가 소장자인 大谷森繁에 의해 제공되어, 이를 복사 · 제본한 것이 「高橋亨朝鮮思想資料」로서 동경대학 한국조선문화연구실에 架藏되어 공개되는 데 이르렀다. 全66冊의 내용은 通堂あゆみ(2011), 「別表2 高橋亨朝鮮思想資料一覽」에 나타나 있다. 그 중 朝鮮 異學派에 관한 11冊에 대하여, 필자는 權純哲을 통해 복사 · 정리 자료를 볼 수 있었다. 이는 모두 昭和10~11년(1935~1936)에 걸쳐 작성된 강의 노트로, 조선 이학파로서 尹白湖, 朴世堂, 心白雲, 李白雲, 丁茶山, 鄭霞谷, 金阮堂이 언급되어 있다. 이와 관련하여 高橋亨은 昭和11년, '조선 異學派의 유학'이라는 강의를 했다. 그리고 강의 노트의 정제두 항목에는 『霞谷集』에서 편지를 인용할 때, "癸酉四十五才崔明谷에게 답하는 편지에서", "甲申 5월 그가 56세 때 明谷에게 답하기를", "乙酉 봄 57세 때, 答明谷書에서 말하기를" 등, 각 편지의 집필 年次를 명기하고 있다. 이는 위의 ①~③에 대응하는 것으로, 高橋亨은 각 편지의 집필 연차를 昭和10~11년 당시 이미 알고 있었음이 판명된다. 이 年次는 11책본 『霞谷集』 第10冊 「年譜」를 통해서도 전혀 알 수 없는 정보로, 高橋亨이 본 『霞谷集』 각 편지에 기록되어 있었다고 보는 것이 자연스러울 것이다. 이 점으로부터도 高橋亨이 昭和10년에 입수 · 등사한 『霞谷集』이 규장각 現藏의 11책본일 가능성은 더욱 낮아진다.

- 본집은 이건방 소장 사본(寫本)을 1938년, 조선총독부 중추원에서 등사한 사본이다.
- 본 영인의 저본은 서울대학교 규장각 장본(도서번호, 古3428-437)으로, 반엽(半葉)은 10행 20자, 반곽(半郭)의 크기는 18.9×13.9cm이다.

실제로 문집총간본에는 '원본 소유자: 이건방, 원본 간사별: 사본(寫本), 등사년월: 소화13년 2월, 교정자: 정계섭[原本所有者, 李建芳. 原本刊寫別, 寫本. 謄寫年月, 昭十三年二月. 校正者, 鄭啓燮](권20 말엽)', '원본 소유자: 경성 이건방, 원본 간사별: 사본, 등사년월: 소화13년 7월 □일, 교정자: 정계섭[原本所有者, 京城李建芳. 原本刊寫別, 寫本. 謄寫年月, 昭和十三年七月 □日. 校正者, 鄭啓燮](권47 말엽)'이라는 기입이 보인다. 이는 1938년, 이건방 가장(家藏)의 『저촌유고』를 조선총독부 중추원이 등사하여 정계섭이 그 교정을 맡고 있었음을 나타내는 것으로, 윤남한의 지적에 부합하는 사례이다.

(2) 신작 『석천유고』(『한국문집총간』 279책)

『한국문집총간』의 권수 「범례」에 다음의 기재가 있다.

- 본집은 석천 신작의 문집이다.
- 본집은 저자의 자편수고본(自編手稿本)을 정인보가 재편한 최남선 소장본을 1939년, 조선총독부 중추원에서 등사한 사본이다.
- 본 영인의 저본은 서울대학교 규장각 장본(도서번호, 古3436-28)으로, 반엽은 10행 20자, 반곽의 크기는 39.0×24.0cm이다.

문집총간본의 권말에는 정인보가 지은 「석천유고기(石泉遺稿記)」라는 제목의 글이 있어, 그 말미에 '정축년 6월 13일, 후학 동래 정인보 기록[丁丑六月望前二日, 後學東萊鄭寅普記]'이라고 기록되어 있다. 정축은 1937년이다.[95] 그리고 문집총간본의 정인보 「석천유고기」의 말엽에는 '원본 소유자: 경성 최남선, 원본 간사별: 사본, 등사년월: 소화13년 10월 7일, 교정자: 정계섭[原本所有者, 京城崔南善. 原本刊寫別, 寫本. 謄寫年月, 昭和十三年十月七日. 校正者, 鄭啓燮]'의 기재가 있다. 여기에도 1938년 조선총독부 중추원에 의한 등사와 정계섭에 의한 교정 사실이 확인된다. 덧붙여 말하자면 최남선은 이 직후 조선사편수회에 취임하고 있다.[96]

(3) 이시원 『사기집(沙磯集)』(『한국문집총간』 302책)

『한국문집총간』의 권수 「범례」에는 이하의 기재가 있다.

- 본집은 사기 이시원의 문집이다.
- 본집은 저자의 종손(從孫) 건방이 소장한 사본(寫本)을 1934년, 조선총독부중추원에서 등사한 사본이다.
- 본 영인의 저본은 서울대학교 규장각 장본(도서번호, 古3428-199)으로, 반엽은 10행 20자, 반곽의 크기는 34.5×22.1cm이다.

문집총간본의 제6책 말엽에 '소화9년 6월, 이건방이 소장한 사본(寫本)을 등사함[昭和九年六月李建芳所藏寫本ヨリ謄寫ス]'의 기재 및 '교정 완료[校正濟]'의 환인(丸印)이 확인된다. 정계섭에 의한 교정 사실은 확인할 수 없으나, 이것도 1934년 이건방 소장본을 조선총독부 중추원에서 등사한 사례이다.

이상 고교형이 관여한 정계섭 편집의 『하곡집』(11책) 건을 포함하여,

95 정인보 『薝園文錄』 9에도 같은 글이 실려있다. 『薝園鄭寅普全集』 第6冊, 연세대학교출판부, 1983.

96 『朝鮮史』 第38冊 「朝鮮史編修會事業概要」 第5章 「職員」 第2 「朝鮮史編修會」. 위 자료에 근거하면 최남선은 昭和3년(1928) 12월 20일에 촉탁으로 위원에 취임하였다. 『朝鮮史』의 편찬과 최남선의 관련성에 대해서는 金成坤(2010) 참조.

1930년대 조선총독부 중추원의 강화학파 관련 자료의 등사와 정계섭에 의한 교정 사실이 확인되었다.

조선총독부는 그 창설(1910년) 당초부터 취조국을 두어 조선 구관제도(舊慣制度)의 조사를 행해왔는데, 1915년 그 사업은 중추원에 이관되었다. 이후 중추원에서는 특히 편찬과를 설치하여『조선반도사』의 편찬에 착수한다. 얼마 뒤 1922년 조선사편찬위원회를 설치, 1925년에는 이를 조선사편수회로 조직 개편하여 1938년에 이르러『조선사』전38책이 완결 · 간행되었다(동경대학출판회, 1996년 復刻).[97] 이러한 중추원의 조선 구관제도 조사의 중심사업이었던『조선반도사』의 편찬은 수년 후에 그 전문독립 조직인 조선사편찬위원회에 맡겨지게 되지만, 중추원에서는 계속해서 구관제도 조사의 일환으로서 제사료(諸史料)의 조사 · 휘집이 행해졌다.[98]

이와 관련하여 말하자면 조선사편수회의 사료 휘집이나 복본(複本)의 작성에 관해서는 내규 · 범례가 정해져 있어, 그 중 '복본류작성범례(複本類作成凡例)'에 정해진 '등사의 체재' 항목에는 "등사의 용지는 미농지로 하고 글자 수는 10행 20자로 하되, 특별히 원문의 형식 체재를 남겨야 할 경우는 예외로 한다."라 하였다.[99] 위에서 예로 든 (1)~(3)의 등사본은『한국문집총간』「범례」가 기록한 대로 모두 반엽 10행 20자이며, 규장각 현장『하곡집』(11책)의 체재도 전부 마찬가지이다. 중추원에서 등사할 때에도 조선사편수회의 규정이 준용(準用)되었던 것으로 생각된다.

또 고교형(高橋亨)은 대정(大正) 13년(1926)~소화(昭和) 14년(1939)까지 경성제국대학 교수를 역임하고 있었으므로[100] 중추원에서 등사사업을 주

97 이상『朝鮮史』第38冊「朝鮮史編修會事業概要」第1章「總說」.『朝鮮半島史』및『朝鮮史』편찬의 경위나 그 정치적 의미에 관해서는 箱石大(2007), 金性玟, 金津日出美 譯(2010), 桂島宣弘(2010) 참조.

98『朝鮮史』편찬을 위한 자료 조사 실태에 관해서는 長志珠繪(2010) 참조.

99『朝鮮史』第38冊「朝鮮史編修會事業概要」96쪽.

100『朝鮮學報』第48輯「高橋亨先生年譜略」, 朝鮮學會, 1968.

도할 수 있는 입장이었다고 할 수 있다.

Ⅶ. 소결

이상 정후일부터 정계섭까지 7대에 걸친 후예들의 사적을 개관하였다. 각각의 인물에 관한 전기자료를 시작으로 하는 1차 자료를 통람해보아도 하곡학이나 양명학의 전승에 관해 주목할 만한 사실은 거의 검색되지 않았다. 그 중『하곡집』의 5차에 걸친 편집사업은 하곡학의 전승과 밀접하게 관련된 활동이다. 그러나 선조의 유고를 정리 편찬하는 일은 선조 현창의 목적으로 자손이나 문중이 널리 일반적으로 힘쓰는 일로, 하곡의 유고 편찬사업이 정후일 이래 정계섭에 이르기까지 단속적으로 계승되어온 사실은 그 자체가 반드시 학술 내용까지 포함한 하곡학의 전승 계승을 의미하는 것으로 볼 수는 없을 것이다.

정계섭의『하곡집』발문에 기록되어 있듯이, 양명학을 수용한 하곡학은 시휘(時諱)에 저촉되는 것으로 인식되어 그 출판 간행은 200년의 긴 시간에 걸쳐 꺼려져왔던 것이다. 그러한 사회풍조 · 시대사조 아래에서, 정제두의 후예들이 하곡학이나 양명학에 대한 자기의 솔직한 생각을 호도 · 은폐하여 그것이 오늘날 전하는 자료의 표면에 표출되지 않았을 가능성은 충분히 고려되어야 할 것이다. 기존 자료를 다시 읽어보는 것이나 새로운 자료의 발굴을 포함하여 강화학파 혹은 조선양명학파에는 아직 해명해야 할 과제가 많다. 이번의 고찰은 어디까지나 하나의 준비 작업으로서의 기초 연구에 불과하다. 본격적인 연구는 다시 훗날을 기한다.

제8장

부론(附論): 조선에서 이지(李贄) 사상의 전래

조선의 양명학 전래 문제에 대해서는 이미 서장에서 그 일단을 논하였다. 본래 이 문제를 논함에 있어 왕수인의 학술뿐만 아니라, 왕문(王門) 후학의 학술에 대해서도 그 전래나 영향의 상황을 검증해야 함은 물론이다. 그러한 문제를 포괄적으로 논하는 것은 훗날을 기약할 수밖에 없으나, 여기에서는 그 작업의 일환으로 이지(李贄) 사상의 조선 전래 문제를 다루고자 한다. 이지(호 卓吾, 1527~1602)는 『명유학안(明儒學案)』에는 입전되어 있지 않지만, 왕학좌파에 속하는 인물로서 매우 저명한 존재이다.[1]

이지 사상과 조선 인사의 해후의 정황에 관해서는 선행연구에 이미 거의 밝혀져 있다.[2] 이하의 기술도 대략 그 연구들에 의거하여 약간 자료를 보충·정리한 것에 불과하다.

조선 인사 중 최초로 이지의 저작에 접한 것은 허균(許筠, 호 蛟山·惺所,

---

1 顧炎武『日知錄』卷18「朱子晚年定論」. "王門高弟, 爲泰州龍溪二人, 泰州之學, 一傳而爲顔山農, 再傳而爲羅近溪趙大洲. 龍溪之學, 一傳而爲何心隱, 再傳而爲李卓吾陶石簣."

2 박현규(2005), 이영호(2008), 이영호 著·이정훈 譯(2011). 구체적인 사실관계 고증은 박현규(2005)에 거의 나와 있다.

1569~1618)과 김중청(金中淸, 호 苟全, 1566~1629)이다. 그들은 광해군6년(만력42년, 1614) 함께 연행사로서 부연(赴燕)하여 북경에서 이지의 『장서(藏書)』를 목도하였다. 당시 허균은 천추사 겸 사은사 정사(千秋使兼謝恩使正使), 김중청은 서장관(書狀官)이었다.[3] 일행은 광해군6년에 한성을 출발하여 이듬해 7년 1월에 임무를 마치고 귀국하였다.[4]

Ⅰ. 김중청

김중청의 부연에 관한 기록인 「조천록(朝天錄)」에는 이지의 이름이 두 번 출현한다.

8월 20일 경자(庚子), 맑음. 옥하관(玉河館)에 유숙하였다. 우연히 이씨의 『장서(藏書)』를 보았다. 이씨는 이른바 탁오 선생이니 이름은 지(贄)이다. 그 책은 스스로의 망령된 견해를 가지고 고금의 군신과 성현에 대한 시비의 평가를 내린 것이다. 이천(伊川)과 회암(晦庵)을 신도가(申屠嘉)와 소망지(蕭望之)보다 아래에 나열시키고 「행업유신(行業儒臣)」에 분류시켰다.[5] 「행업유신」의 항목을 말해보자면 순경(荀卿=荀子)을 가장 첫머리에 두고, 그다음에 맹자를, 이어서 악극(樂克) · 마융(馬融) · 정현(鄭玄) · 왕통(王通)이 있고, 명도선생(明道

3 『苟全集』 別集 「朝天錄」. “甲寅四月二十一日癸卯晴. 余於上年十二月十三日, 政受謝恩書狀官點. 知事閔馨男爲上使, 同知呂祐吉爲副使. 三月八日, 改以戶曹參議許筠爲千秋兼謝恩使, 閔爲進香使, 呂爲陳慰使, 余則仍千秋兼謝恩書狀.” 『苟全集』은 『한국문집총간』 續集 14책.

4 『苟全集』 「苟全先生年譜」. “萬曆四十二年甲寅, 四月, 以千秋兼謝恩書狀官赴京.” “四十三年乙卯, 正月十日, 復命.”

5 『藏書』 卷33~35. 申屠嘉와 蕭望之는 卷33, 程顥는 卷34, 朱熹는 卷35. 그러나 程顥와 朱熹는 각각 「藏書世紀列傳總目」에 이름이 올랐을 뿐, 실제로는 卷43 「經學儒臣, 易經」(程顥), 卷45 「經學儒臣, 五經」(朱熹)에 각각 立傳되어 있다.

先生=程顥)은 아래에 있는데 육상산(陸象山)과 동렬이다.[6] 그리고 왕릉(王陵) · 조포(趙苞) · 온교(溫嶠)에게는 「살모역적(殺母逆賊)」[7]이라는 명목을 붙였다. 기타 여러 가지 시비의 가치판단은 모두 유가의 기존 논평과 크게 어긋나는 것이었다. 그 인물을 고찰해보면 처음에는 산승(山僧)으로 명성이 있다가 50세 이후에 환속하여, 진사(進士)에 등제(登第)하여 지부(知府)가 되었는데 그 임무를 마친 뒤에 다시는 벼슬하지 않았다. 그 학문은 처음에는 불학을 하였다가 중간에는 선학을 하였고 마지막에는 육왕학을 하였다. 문장과 변설에 능하여 당대를 미혹시키고 속였다. 그 문도는 수천 명으로 서남(西南)에 산재해 있으며 오로지 주자학을 공격하는 것을 일삼는다고 한다.[8]

옥하관(玉河館)이란 부연사(赴燕使) 일행이 북경 체재 중에 숙박하는 시설이다.[9] 「조천록」에 의거하면 이때 김중청 일행은 7월 16일부터 11월 1일까지 옥하관에 투숙하였다. 이지는 실제 26세에 향시(鄕試)에 등제하였고, 하남공성현교론(河南共城縣敎論, 29세), 예부사무(禮部司務, 40세), 남경형부원외랑(南京刑部員外郞, 45세) 등을 거쳐, 운남요안부지부(雲南姚安府知府, 51세)를 마지막으로 치사하였고(54세), 그 후에 체발(剃髮)하고 출가하였다(62세).[10] 이러한 이지의 이력에 관한 김중청의 기술에는 다분히 부정확

---

6 『藏書』 卷32 「德業儒臣」.

7 『藏書』 卷59 「逆賊」의 '殺母逆賊附' 항목.

8 『苟全集』 別集 「朝天錄」 甲寅 8월 20일 條. "二十日庚子, 晴. 留玉河. 偶見李氏藏書. 李氏, 所謂卓吾先生, 名贄者也. 其書自執妄見, 句斷是非於古今君臣聖賢者. 而以伊川晦庵列於申屠嘉蕭望之下, 目之以行業儒臣. 其曰, 德業儒臣, 則首荀卿, 次孟子, 繼以樂克馬融鄭玄王通. 明道先生在下, 與陸象山並列. 而以王陵趙苞溫嶠爲殺母逆賊. 其他種種是非黜陟, 大乖儒家已定之論. 夷考其人, 始以山僧有名, 五十後冠顚, 中進士知府, 遞不復仕. 其學始爲佛, 中爲仙, 終爲陸. 能文章言語, 惑誣一世. 其徒數千人, 散處西南, 以攻朱學爲事云."

9 『明谷集』 卷3 「椒餘錄」 제목 아래의 주. "乙丑冬, 余差陳奏兼謝恩副使.……丙寅正月廿八日, 拜表. 二月二十日, 渡鴨綠江. 三月廿五日, 入燕京留玉河館四十一日, 始得回程."

10 이상 林其賢, 『李卓吾事蹟繫年』(文津出版社, 1988)에 의거하였다.

한 부분이 포함되어 있다. 그러나 『장서』에서 제자(諸子)의 입전(立傳)에 관한 위의 기술은 정확한 것으로, 이는 김중청이 실제로 『장서』를 목도하고 기술한 것이라고 추측된다. 이지의 이름은 일주일 후의 기록에 다시 등장한다.

8월 27일 정미(丁未), 맑음. 옥하관에서 유숙하였다. 풍응경(馮應京)이 편찬한 『경세실용편(經世實用編)』을 보니 예부상서(禮部尙書) 풍기(馮琦)의 「정학소(正學疏)」가 실려 있었다. 그 내용에 이르기를 "지난번 황상(=神宗)께서는 급사중(給事中) 장문달(張問達)의 상소를 받아들여 이지의 혹세무민하는 죄를 바로잡고 그의 저서를 모조리 불태우게 하였다. 정학을 높이고 사설을 내친 면에 있어서 매우 성대한 일이다."라고 하였다. 장문달이라는 인물은 상세하지 않다. 그러나 공론이 민멸(泯滅)되지 않고 지혜로운 결단이 내려졌으며 신하 중에 사설(邪說)을 배척하는 자가 있고 황상은 그것을 따랐으니, 어찌 통쾌하지 않겠는가. 영락 연간에 주계우(朱季友)라는 사람이 그의 저서에서 송유(宋儒)를 비방하였다. 태종이 그것을 보고 말하기를 "이는 유자에게 적이 되는 사람이다." 하고는, 곧장 그 죄를 천하에 선포하고 그자를 태형에 처하였으며 그 책을 모두 불살랐다. 이리하여 정주의 학문은 천하에 성행하게 되었다. 그런데 그 후 육학을 높이는 자들이 차츰 출현하였다. 혹자는 표면상으로는 정주학을 높이면서 속으로는 그것을 비판하고, 혹자는 정주학을 배척하지는 않지만 자신이 존중하는 것(=육학)을 공공연하게 존중한다. 이렇게 육학은 우세하게 되고 정주학은 열세하게 되어 정주학의 세력은 날로달로 쇠퇴하였다. 마침내 이지와 같은 무리가 출현함에 이르러 크게 위세를 떨치고 이치에 거스르는 저서를 찬술하여 당대의 이목을 막아버리고자 했다. 만약 장문달이 소리쳐 배척하지 않았더라면 머지않아 선학이나 불학이 되었을 것이다. 황상이 이를 거행한 것은 태종의 공적을 잘 계승했다고 할 만하다. 살펴보건대 정주의 저작이 (현재 북경에서) 한창 매매되는 것을 보면, 참으로 근래 유가에 의한 정주학 표장(表章)의 결과이다. 이는 바로 요서(妖書)가 불살라져서 사풍(士風)이 정학(正學)으로 옮겨

가게 되어 그렇게 된 것이 아니겠는가.[11]

예과도급사중 장문달에 의한 이지 탄핵을 신종이 가납(嘉納)하여 이지의 체포 및 아직 간행되지 않은 것과 이미 간행된 저서 전부에 대한 분훼(焚毁) 처분의 칙명이 내려진 것이 만력30년(1602) 윤2월 22일,[12] 예부상서 풍기가 「정학소」를 올려 이를 언급하고서 다시 숭정벽사(崇正闢邪)의 필요성을 말하고, 과장(科場)에서 불교서 인용 등의 엄금을 청한 것이 같은 해 3월 3일,[13] 그리고 체포 · 투옥된 이지가 옥중에서 자결이라는 최후를 맞게 된 것은 같은 해 3월 16일의 일이다.[14] 모두 김중청이 북경에서 『장서』를 목도한 광해군6년(1614)의 12년 전에 일어난 일이다.

주계우가 송유를 비방하는 내용의 저작을 헌상하여 태종의 노여움을 사 장형(杖刑)에 처해진 뒤, 그 저작이 분훼 처분된 것은 영락2년(1404)의 일이다.[15] 이에 김중청은 신종의 이지에 대한 처분을 태종의 주계우에 대한

---

11 『苟全集』 別集 「朝天錄」 甲寅 8월 27일 條. "二十七日丁未, 晴. 留玉河. 見馮應京所纂經世實用編, 載禮部尙書馮琦正學疏. 有曰, 頃者皇上納給事中張問達之言, 正李贄惑世誣民之罪, 盡焚其所著書. 其於崇正闢邪, 甚盛擧也云. 張問達爲人, 不可知其詳. 而公論不泯, 睿見有定, 下有斥者, 上必從焉, 豈不快哉. 永樂間, 有朱季友者, 著書毁宋儒. 太宗覽之曰, 此儒者之賊也. 卽令聲罪杖之, 悉燒其書. 程朱之學, 盛於天下. 而後來右陸者繼起. 或陽尊而陰排, 或不加擯斥而尊其所尊. 彼多此少, 日消月剝. 遂至李贄之類, 揚臂其間, 撰出悖理之書, 欲聾瞽一世. 微問達聲言斥之, 幾何不胥而爲仙爲佛也. 皇上此擧, 其善繼太宗矣. 竊見市買多程朱遺書, 出於近日儒家表章. 豈非妖書見焚而士趍得正而然耶?"

12 『神宗實錄』 萬曆30년 윤 2월 22일 乙卯.

13 『神宗實錄』 萬曆30년 3월 3일 乙丑. 다만 『實錄』 해당 조는 "納禮部尙書馮琦之言. 詔"로 시작하고 있으며, 馮琦의 상소 자체는 수록되어 있지 않다. 馮琦의 상소는 馮琦 『北海集』 卷39 「爲重經術祛異說以正人心以勵人材疏」. 그 첫머리에 "頃者皇上納都給事中張問達之言, 正李贄惑世誣民之罪, 盡焚其所著書. 其於崇正闢邪, 甚盛擧也."라고 하였다. 『北海集』에는 상소의 연월일은 기록되어 있지 않다(『北海集』은 明人文集叢刊 제1기 수록, 文海出版社). 또 풍기의 상소는 『日知錄』 卷18 「科場禁約」에도 節略 인용되어 있는데, "萬曆三十年三月, 禮部尙書馮琦上言"으로 시작하고 있다.

14 林其賢 『李卓吾事蹟繫年』.

15 『太宗實錄』 永樂2년 7월 23일 壬戌. "饒州鄱陽縣民朱季友進書, 詞理謬妄, 謗毁聖賢.

처분에 필적하는 쾌거라고 높이 평가함과 동시에, 그 계기가 된 장문달의 이지 탄핵의 역사적 의의를 강조하고 있다.

그리고 위에서 언급하고 있는 풍응경의 『황명경세실용편(皇明經世實用編)』(28권, 속집2권)은 권수에 풍응경의 「경세실용편서(經世實用編敍)」(만력31년)와 왕국남(汪國楠)의 「경세실용편인(經世實用編引)」(만력32년)을 수록하고 있는데, 이지 탄핵사건의 거의 직후에 탈고 · 간행된 것임을 알 수 있다.[16] 풍기의 상소와 함께 주계우의 사건도 이 책에 기록되어 있는데, 후자에 관한 김중청의 정보원(情報源)도 이 책일 가능성이 있다.[17]

이상 살펴본 대로 김중청의 이지 및 이지의 『장서』에 대한 평가는 거의 부정적이라 해도 과언은 아니다. 김중청은 월천(月川) 조목(趙穆, 1524~1616)과 한강(寒岡) 정구(鄭逑, 1543~1620)를 사사한 인물이며,[18] 조목과 정구 모두 이황의 문하이다. 즉 김중청은 이황 이후 정통주자학의 학통에 그 이름을 올린 인물로, 이러한 그가 이지에 대해 매우 비판적이었다 하더라도 이상할 것이 없음은 당연하다.

禮部尙書李至剛, 翰林學士解縉等, 請寘於法. 上曰, 愚民若不治之, 將邪說有誤後學. 卽遣行人押還鄕里, 會布政司按察司及府縣官, 杖之一百. 就其家搜檢所著文字, 悉毁之, 仍不許稱儒敎學." 태종의 '此儒學之賊也'라는 말은, 예컨대 다음의 자료에도 보인다. 黃訓『名臣經濟錄』卷12, 內閣「楊士奇傳錄」. "饒州朱季友獻所著書, 斥濂洛關閩之說. 上覽之怒曰, 此儒學之賊也.……上曰, 謗先賢毁正道, 治之可拘常例耶? 遣行人押季友還饒州, 會布政司及府縣官與其鄕士人, 明諭其罪而笞以示罰. 悉索其所著書焚之."

16 四庫全書存目叢書, 史部, 第267冊 수록.

17 馮琦의 상소는 卷28「正學攷」에「正學疏」로 수록되어 있다. 그리고 위 책에는 풍기의 상소 말미에 '萬曆三十一年 月日奉聖旨'로서 아래에 신종의 말을 인용하고 있는데, 본서에서는 풍기 상소의 연월일은『實錄』을 따른다. 또 朱季友에 관한 기사도 위 책 같은 권에 보인다. "鄱陽儒士朱季友著書, 毁宋儒以自是. 上覽之曰, 此儒之賊也. 遣行人押赴饒州, 會司府縣官, 聲其罪, 杖之, 悉焚所著. 士從此益嚮方矣."

18『苟全集』附錄「行狀」(李光庭 撰) 참조.

Ⅱ. 허균

1

한편 김중청은 위의 「조천록」의 기술 이외에도 이지를 비판하고 장문달에 의한 이지 탄핵을 칭찬하는 내용의 오언율시 2수를 남겼다.[19] 이 시에 부기된 장문의 시제는 내용적으로는 「조천록」 갑인(甲寅) 8월 12일조 및 8월 27일조의 기술과 거의 조응하는 것인데, 그 첫머리에는 "상사(上使)가 이씨의 『장서』 한 부를 얻어 기이하다 여기고 나에게 보여주었다.[上使得李氏莊書一部, 以爲奇, 示余]"라고 기록되어 있다.[20] 여기에서 말하는 '상사(上使)'는 천추사 겸 사은사 정사(千秋使兼謝恩使正使)인 허균임이 틀림없다. '장서(莊書)'란 『장서(藏書)』의 오기(誤記)일 것이다. 즉 이 시제에 의하면, 이번 부연(赴燕) 도중에 북경에서 최초로 『장서』를 목도하고 또 김중청에게도 한번 보기를 권하였던 것은 실제 허균 쪽이었는데, 허균은 김중청과는 대조적으로 『장서』를 '기(奇)'라고 하였다. 즉 호의적 · 긍정적으로 평가하였다는 말이다. 조선 인사로서 아마 최초로 이지의 저작을 접한 두 사람의 평가는 이와 같이 대조적이었다.

허균이 『장서』를 목도했을 때의 정황에 대해서는 안타깝게도 자료가 남아 있지 않다. 그러나 허균은 천추사로서 부연한 광해군6년의 이듬해부터

---

19 『苟全集』 卷1 第1首. "孔去東遷日, 朱生南渡天. 工夫兼體用, 義理極精硏. 甚矣人多恠, 居然口誚賢. 妖書寧免火, 天子聖明全." 第2首. "世間饒恠舌, 天下是非誣. 鶴脛疑鳧短, 鷄翅笑鳳孤. 周衰荀已甚, 明盛贄何愚. 給事能言距, 聖人猶有徒."

20 시의 제목은 다음과 같다. 「上使得李氏莊書一部, 以爲奇, 示余. 其書自做題目, 勒諸前代君臣, 其是非予奪, 無不徇己偏見. 以荀卿爲德業儒臣之首, 屈我孟聖於樂克馬融鄭玄之列. 明道先生僅參其末, 與陸九淵並肩. 若伊川晦庵兩夫子, 則又下於申屠嘉蕭望之, 稱之以行業. 肆加升黜, 少無忌憚. 余見而大駭曰, 此等書, 寧火之不可近. 居數日, 偶閱經書實用編, 馮琦正學疏有曰, 皇上頃納張給事言, 正李贄誣世之罪, 悉焚其書云. 所謂贄, 乃作莊書者. 倡爲異學, 率其徒數千, 日以攻朱爲事. 而卒爲公論所彈, 伏罪於聖明之下, 至以妖談恠筆, 多少梓板, 一炬而盡燒. 猗歟! 大朝之有君有臣也. 感題二律, 旣傷之又快之, 快之之中又有傷焉. 傷哉傷哉. 其誰知之?」

그 이듬해에 걸쳐서 다시 부연하였는데, 그때의 연행록에는 이지에 대한 언급이 기록되어 있다. 즉 허균은 광해군7년 을묘~8년 병진(1615~1616)에 걸쳐 동지 겸 진주사(冬至兼陳奏使)로서 부연하였다.[21] 이때의 연행록이 『을병조천록(乙丙朝天錄)』이다.[22] 해당 시는 「독이씨분서(讀李氏焚書)」라는 제목의 칠언절구 3수이다. 이 시는 광해군7년(1615), 통주(通州)에서 지은 것이다.[23]

> 청나라 조정은 독옹(禿翁)의 글을 불태웠지만
> 그 도는 다 불타 없어지지 않고 여전히 남아 있네
> 저 석씨도 우리 유가도 그 깨달음은 하나로 귀결될 뿐이거늘
> 세상에서는 분분하게 제멋대로 의론하고 있네[24]

제1구의 '독옹(禿翁)'은 이지를 가리킨다.[25] 제3구는 스스로 출가했던 이지가 도를 궁구하려는 위학궁극(爲學究極)의 목적[悟]을 앞에 두고서는 유석(儒釋)의 구별, 심지어 유불도(儒佛道) 3교의 구별은 의미가 없다고 생각하고 있던 사실을 가리킨다.[26]

---

21 『光海君日記』 광해군7년 8월 13일 丁亥. "以閔馨男爲冬至進賀使兼陳奏使." 閏8월 8일 壬子. "王引見冬至兼陳奏使閔馨男, 副使許筠于宣政殿." 8년 2월 29일 庚午. "禮曹啓曰, 今此冬至兼陳奏使閔馨男, 許筠等齎來皇勅, 昭雪宗系惡名, 快卞先王被誣, 天語勤懇, 皇恩罔極."

22 『燕行錄全集』 第7冊.

23 『乙丙朝天錄』에는 시와 시 사이에 4개의 기재가 삽입되어 있다. ①自九月初六日至十一月二十四日, 詩凡一百四十七首 ②自去年十一月二十七日止今年二月初三日, 詩凡一百七十四首 ③自二月初三日止三月初一日, 詩凡五十首 ④已上十二首. 「讀李氏焚書」는 이 중 ①에 포함된다. 또 이 시의 2首 앞에는 「通州曉起」, 2首 뒤에는 「留通州偶作」, 그다음이 「入京師有作」이다.

24 「讀李氏焚書」 第1首. "清朝焚却禿翁文, 其道猶存不盡焚, 彼釋此儒同一悟, 世間橫議自紛紛."

25 『李溫陵集』 卷11 「易因小序」. "李禿翁序讀易之因云. 余自幼治易."

26 『焚書』 卷1 「復鄧石陽」. "願作聖者師聖, 願爲佛者宗佛. 不問在家出家, 人知與否, 隨其

구후(丘侯)는 나를 빈객으로 예우하였으니

기린과 봉황처럼 고아한 인물을 직접 만날 수 있어 다행이었네

뒤늦게 이탁오의 인물론을 읽어보고서

구후가 그 책 속 인물임을 알게 되었네[27]

제1구의 '구후(丘侯)'는 구탄(丘坦, 자 坦之, 長孺)을 가리킨다. 구탄은 이지 만년의 친구이다.[28] 구탄과 허균은 일찍이 면식이 있었던 듯하다. 만력 29년(1601) 10월, 신종은 장자 상락(常洛)을 황태자에 책립하고 상순(常洵)을 복왕(福王)에 책봉하였다.[29] 이듬해인 만력30년, 황태자 책립 및 복왕 책봉의 조서를 반포하기 위해, 고천준(顧天峻)과 최정건(崔廷健)이 조사(詔使)로서 조선에 파견된다.[30] 이 일행에 구탄도 종사관으로서 참가하고 있었다. 한편 허균은 이 조사(詔使)를 의주(義州)에서 맞이하여 한성까지 동행하는 원접사(遠接使) 일행에 종사관으로서 참가하였다.[31] 아마 이때 허균과 구탄은 안면을 트고 교우관계를 맺었던 것이다.[32] 이는 이 시가 지어

資性, 一任進道, 故得相與共爲學耳."『續焚書』卷2「三教歸儒說」. "儒道釋之道, 一也. 以其初皆期於聞道也."『續焚書』卷1「答馬歷山」. "凡爲學, 皆爲窮究自己生死根因, 探討自家性命下落.……能探討而得其所以同, 則不但三教聖人不得而自異, 雖天地亦不得而自異也.……而謂三教聖人各別, 可乎?"

27 「讀李氏焚書」第2首. "丘侯待我禮如賓, 麟鳳高標快覩親, 晩讀卓吾人物論, 始知先作卷中人."

28 『焚書』卷4「八物」. "如丘長孺, 周友山, 梅衡湘者, 固一見而遂定終身之交, 不得再試也."『焚書』卷6「丘長孺生日」"百歲人間易, 逢君世上難." 袁中道『珂雪齋集』卷17「李溫陵傳」. "公遂至麻城龍潭湖上, 與僧無念, 周友山, 丘坦之, 楊定見聚, 閉門下鍵, 日以讀書爲事." 이지가 마성 용담에 거주를 정했던 것은 62세 때이다(『李卓吾事績繫年』).

29 『明史』卷21「神宗本紀」萬曆29년 10월 己卯.

30 『朝鮮王朝實錄』(『宣祖修正實錄』) 선조35년 3월 9일 辛未. "詔使翰林院侍講顧天峻, 行人司行人崔廷健, 頒冊立皇太子暨冊封福王等詔, 遣陪臣鄭賜湖奉表謝恩."

31 許筠『惺所覆瓿藁』卷18「西行紀」. "是年二月初六日, 遠接使李廷龜馳啓, 從事官朴東說因病落後不得從, 其代以余爲從事官." 이때의 遠接使는 도중에 李廷龜에서 李好閔으로 교체되었다.『惺所覆瓿藁』는『한국문집총간』74책.

32 박현규(2005), 313쪽. 그러나 丘坦이 詔使의 일행에 들어가 조선을 방문했다는 사실에 대해

진 13년 전에 해당된다.

그리고 전년인 광해군6년, 천추사 겸 사은사 정사로서 부연한 허균은 구탄과 재회하였고, 서장관으로서 동행한 김중청도 구탄과 면식이 있게 되었다. 이는 김중청 측의 기록에 의해 확인할 수 있다. 이해에 한성을 출발하여 의주에 도착한 허균과 김중청에게 구탄은 "의주에서 출발한 뒤, 압록강을 건너 배 안에서 함께 술 한잔합시다."라고 말해왔다. 이때 아마 구탄은 부연사를 맞이하는 일행의 일원으로서 참가했을 것이다. 이에 대해 김중청은 "허균을 통하여 존명은 들었으나, 저는 그와는 달리 아직 귀공과 면식이 없습니다."라고 하여 초대를 거절하는 의향을 전하였다.[33] 그러나 실제로는 허균과 김중청은 모두 배 안에서의 연회에 참가하고 있다.[34] 그리고 이번(광해군7년)의 부연 때에도 허균은 구탄과의 재회를 기대하고 있었으나 이는 실현되지 못한 모양이다.[35]

제2구에서 허균은 구탄의 인품을 기린과 봉황에 비유하고 있는데, 이는 이지가 구탄을 평한 것에 근거한 것이다.[36] 제3구와 제4구는 허균에게 있어 옛 지인이었던 구탄의 이름이 『분서』 속에 종종 등장하고 있는 것을 알

서 필자는 아직 확인하지 못하였다.

33 『苟全集』 別集 「朝天錄」 甲寅五月三十日. "三十日辛巳, 雨或止, 留義州. 丘游擊遣答應官, 夜不收二人, 揭帖于上使及余, 乃於二日渡江時, 迓酌于舟中, 預邀者也.……余答揭曰, 曾因上价許公, 飽聞大爺聲華, 仰之如高山.……不意今者, 先辱華尺, 寵有招命, 感戢無任.……但卑職之於大爺, 似與許公有異, 旣往無一日之雅. 今日乃是初接地頭. 公禮未行之前, 徑用私服, 猥參尊席, 非惟賤分未安, 無亦大損於彼此體面乎? 拙見如是, 未敢從命." 글 속에서 '上使', '似與許公'은 모두 허균을 가리킨다. 그리고 이때 김중청의 返書는 『苟全集』 卷4 「回揭丘游擊坦」으로 수록되어 있다.

34 『苟全集』 卷1 「望江寺次丘游擊坦」, 卷4 「遼東與丘游擊坦」에 "向於江寺, 獲接淸眄. 樽酒之欵, 翰墨之勤, 無一不出於悃愊."이라 하였다. 그리고 허균의 『乙丙朝天錄』 「七長亭」의 서문에 "客歲過江之日, 丘游戎遼宴望江寺, 賦詩相贈"이라 하였다. 「七長亭」은 『乙丙朝天錄』 첫머리의 시 「九月初六日渡鴨江」의 다음에 배열되어 있는데, 전년에 강을 건너던 배 위에서 구탄과 연회를 가진 일을 회상한 것이다.

35 「七長亭」에는 앞 주석에서 인용한 부분에 이어서 "今年又叨使价, 再涉鴨江, 則丘公以試武擧蒙台檄, 往遼陽, 不獲屬舊會."라 하였다.

36 『焚書』 卷4 「八物」. "若丘長孺, 雖無益於世, 然不可不謂之麒麟鳳凰瑞蘭芝草也."

게 된 놀라움을 읊고 있다.[37]

> 노자(老子)를 선종(先蹤)으로 삼아 자신을 탁로(卓老)라 이름하였고
> 선학(禪學)의 깨달음의 경지에서 일생의 즐거움을 누리고자 하였네
> 완성된 『분서(焚書)』는 비록 진시황에 의해 불태워지지는 않았지만
> 관헌에서 여러 차례 탄핵을 받은 일은 오히려 이지에게는 통쾌했으리[38]

제1구는 다양한 해석의 여지를 남기고 있으나, 소철(蘇轍)의 『노자해(老子解)』를 스스로 간행하는 등 이지가 노자에게 경도하고 있던 사실에 근거한 것이로 해석하고자 한다.[39] 제2구는 제1수에도 언급했던 이지의 유불귀일(儒佛歸一), 삼교합일(三教合一) 입장에 근거한 것이다.[40] 제4구에서 말하는 관헌(官憲)에 의한 몇 차례의 탄압 · 탄핵이란, ① 만력19년 봄, 무창(武昌) 체재 중 그곳의 진신(縉紳)으로부터 '좌도혹중(左道惑衆)'이란 이유로 퇴거를 강요받은 일 ② 만력24년 춘하(春夏), 분순도(分巡道)의 사씨(史氏)가 마성(痲城)에서 퇴거하도록 강요한 일 ③ 만력28년 겨울, 마성의 진신들이 이지의 주거지를 파괴한 일 ④ 만력30년 윤2월, 예과도급사중 장

---

37 이미 언급한 『焚書』 卷4 「八物」, 卷6 「丘長孺生日」 이외에도 『焚書』 卷2 「又焦弱侯」 "鄭子玄者, 丘長孺父子之文會友也.", 『焚書』 卷4 「觀音問」 「與澄然」 "我昨與丘坦之壽詩有云" 등의 언급이 보인다.

38 「讀李氏焚書」 第3首. "老子先知卓老名, 欲將禪悅了平生, 書成縱未遭秦火, 三得台抨亦快情."

39 『焚書』 卷3 「自由解老序」, 『李卓吾事蹟繫年』 萬曆2년 48세조. "冬十二月, 刻道德經蘇轍解於金陵, 有題詞." 이와 관련하여 제1구를 박현규(2005)는 "老子(老聃)는 卓老의 이름을 먼저 알고 있어", 이영호(2008)는 "'(이지는) 노자를 먼저 알아 (스스로를) 卓老라 이름 붙이고", 이영호 著 · 이정훈 譯(2011)에서는 "丘老人은 나보다 먼저 卓吾老人의 이름을 알고"라 해석하였다.

40 禪定에 관한 이지의 언급을 인용해둔다. 『焚書』 卷4 「六度解」. "故知布施持戒忍辱, 眞禪定之本, 而禪定又爲智慧解脫之本. 六者始終不舍, 如濟渡然, 故曰六度.……如離禪定而說解脫, 非唯不知禪定, 而亦不知解脫矣. 以此見生死事大, 決非淺薄輕浮之人所能造詣也."

문달이 이지를 탄핵한 일을 가리킨다.[41] '쾌정(快情)' 운운한 것은, 자신의 저서에 분훼(焚毁)해야 할 책이라는 의미를 담아 『분서(焚書)』라고 명명한 이지가 그 내용이 전통적 가치관 · 기성의 가치관으로는 상용하기 어려운 것이었음을 충분히 자각하고 있었던 것이다. 따라서 이지 및 그의 저작이 탄압 탄핵의 대상이 되었던 것은 오히려 이지 사상의 반골성이나 선진성을 증명해주는 것이요, 이지 자신에게도 본디 바라던 바였을 것이라는 뜻을 담은 말일 것이다.[42]

이처럼 「독이씨분서」 3수의 내용으로부터도 분명하듯이, 이지의 지우와도 직접적인 면식을 가졌던 허균은 가령 그의 저서가 조정에 의해 분훼되었다 하더라도 이지가 남긴 도는 아직도 오늘날까지 전해지고 있다고 서술하는 등, 그의 유석귀일(儒釋歸一) · 삼교합일(三敎合一)의 입장도 포함하여 이지 사상에 대해 공감하고 있었음을 간파할 수 있다.

그리고 김중청과 허균이 북경에서 『분서』를 목도한 것은 광해군6년(1614), 허균이 통주에서 『분서』를 목도한 것은 이듬해 광해군7년(1615)이다. 아마 서점에서 구입한 듯하다.[43] 장문달의 탄핵으로 이지가 체포되어 그 저서가 분훼 처분된 만력30년(1602)으로부터 12~13년이 경과하고 있다. 장문달에 의한 탄핵이 가납된 후에도 이지 저서의 분훼 처분은 반드시 철저하게 지켜진 것은 아니었기에, 부연한 조선 인사가 북경 등에서 용이하게 이를 목도할 수 있던 정황이었다. 천계(天啓) 5년(1625)에는 다시 이지 저서의 분훼 및 서점에서 발매 금지의 명이 내려졌는데, 이는 오히려 당시 어느 정도의 유통 및 수요의 존재를 말해주는 것이다.[44]

---

41 『李卓吾事蹟繫年』 각 당해년의 조목.

42 『焚書』「自序」. "自有書四種. 一曰藏書.……一曰焚書, 則答知己書問. 所言頗切近世學者膏肓, 旣中其痼疾, 則必欲殺我矣. 故欲焚之, 言當焚而棄之, 不可留也.……夫欲焚者, 謂其逆人之耳也."

43 광해군6년, 赴燕할 때 일행이 북경의 서점에 들렀던 것은 김중청의 『苟全集』 別集 「朝天錄」 甲寅 8월 28일조의 '竊見市買多程朱遺書' 운운한 기술에 의해서도 확인할 수 있다.

44 『日知錄』 卷18 「李贄」. "天啓五年九月, 四川道御史王雅量疏, 奉旨. 李贄諸書, 怪誕不

2

허균에 관해서는 그가 이지의 저작을 직접 접한 인물이었다는 역사적 사실과는 별개로 그의 사상 내용이 중국에서 소위 왕학말류와 비슷한 것이었다는 평가가 예부터 존재했다.[45]

① 이식(李植, 1584~1647)은 "왕수인의 후학은 안균이나 하심은에 이르러 법도가 없게 됨이 지극해졌다."라고 서술하는 문맥에서 허균을 언급하고, 모친의 상중에 육식을 하고 기녀와 노는 등 방자한 삶의 방식이나 대역을 꾀한 죄로 주살된 그의 최후를 언급하였다. "남녀의 정욕은 하늘에서 유래하고 인륜기강은 성인에서 유래한다. 하늘은 성인에 비하면 보다 고차원의 존재인 이상, 나는 하늘을 따를 것이요 감히 성인에는 따르지 않는다."라는 허균의 말을 소개하고, 이를 '이단사설의 극치'라고 판단하였다.[46]

② 김창흡(金昌翕, 1653~1722)은 '욕(慾)' 한 글자를 법문(法門)의 종지(宗旨)로 삼는 '왕수인-안균'의 학문계보가 동쪽으로 와 허균에게 전해졌다고 한 뒤, 이식이 인용한 허균의 말을 끌어다가 "사승(師承)에 문제가 있는 상

經, 命巡視衙門焚毁, 不許坊間發賣, 仍通行禁止. 而士大夫多喜其書, 往往收藏, 至今未滅."

45 허균의 사상에 관해서는 최재목(2005)에 수록된 '허균의 私欲 긍정론', '허균의 老佛에의 심취와 그 비판'을 참조.

46 『澤堂集』 別集 卷15 「示兒代筆」. "王守仁弟子, 講道於江湖間, 一再傳而入於盜賊. 有顏山農者, 聚徒講書, 以一欲字, 爲法門宗旨, 從者數百人. 有何心隱者, 以一殺字, 爲宗旨, 皆以師門自處, 而行殺越之事, 連結南蠻, 將作變而被誅. 許筠聰明有文才, 以父兄子弟, 發迹有名. 而專無行檢, 居母喪, 食肉狎娼, 有不可掩, 以此不得爲淸官. 遂博觀仙佛書, 自謂有所得, 自此尤無忌憚. 晩以締結元兇, 官至參贊, 竟謀大逆誅死. 其人事不足汚口. 顧嘗聞其言曰, 男女情欲, 天也. 倫紀分別, 聖人之敎也. 天且高聖人一等, 我則從天而不敢從聖人. 其徒誦其言, 以爲至論, 此固異端邪說之極致. 非筠始言之, 老莊佛之書, 皆有其意. 陸象山王陽明, 雖藏機不露, 但熟觀其書, 則自有一脈透漏處, 流於山農, 許筠之所爲, 特未達一間, 可懼哉." '居母喪, 食肉狎娼'과 비슷한 풍문은 다른 것도 존재한다. 『逸史記聞』(『大東野乘』 卷58). "許筠者, 草堂許曄之子也. 系出名家, 文章籍甚一代, 而賦性妖妄, 行又怪悖. 居喪押妓, 參禪拜佛, 有駭瞻聽者, 不一而足也." 이는 아마도 선조40년 사헌부에 의한 허균 탄핵의 내용에 근거한 것인 듯하다.

태에서 본인이 절욕(節欲)을 태만히 하면 이러한 견해를 품는 데 이르는 것이다."라고 하였다.[47]

③ 안정복(安鼎福, 1712~1791)도 허균의 그 말을 인용하고 나서 허균의 사상을 왕수인 · 안균 · 하심은의 계보에 올리고, 그들의 학술 연원인 양지심학을 엄격하게 비판하였다.[48]

④ 이덕무(李德懋, 1741~1793)도 역시 의관을 바르게 하여 위의(威儀)를 삼가는 사람들을 조소 · 매도하고, 정욕이 가는 대로 행동하는 것을 오히려 좋다고 보는 '부박(浮薄)한 천부(賤夫)'의 존재를 지적하고 나서, 이지 · 안균 · 하심은과 나란히 허균의 이름을 들고 있다.[49]

이식은 "남녀의 정욕은 천리(天理)이고, 윤기(倫紀)의 분별은 성인의 가르침이다. 하늘이 성인보다 한 등급 위에 있으니, 나는 하늘을 따르고 성인의 가르침은 따르지 않겠다.[男女情欲, 天也. 倫紀分別, 聖人之敎也. 天且高聖人一等, 我則從天而不敢從聖人]"라는 말을 허균의 말로 인용하였는데,

---

47 『三淵集』 卷22 「與李德壽」. "陽明之役, 有顔山農者, 講道江湖間, 以一慾字, 作爲法門宗旨. 其法有流來東土者, 筠也. 得之, 乃演其旨曰, 男女精慾, 天也. 倫紀分明, 聖人敎也. 天高聖人一等, 我則從天而不敢從聖人. 若作這般見解, 則亦難以口舌爭. 蓋道之所在, 固難言其師之有不修, 而亦其身之懶於窒慾, 則寧欲以此爲道理, 遂相效習以至是耳."

48 『順菴集』 卷17 「天學問答」. "或曰, 古今言天學者, 不無其人. 於古有鄒衍, 於我朝有許筠, 願得其實. 曰,……筠則聰明能文章, 專無行檢, 居喪食肉産子, 人皆唾鄙. 自知不爲士流所容, 托迹於佛, 日夜拜佛誦經, 求免地獄. 倡言曰, 男女情慾, 天也. 分別倫紀, 聖人之敎也. 天尊於聖人, 則寧違於聖人, 而不敢違天稟之本性. 以是當時浮薄有文詞, 爲其門徒者, 倡爲天學之說. 其實與西士之學, 霄壤不侔, 不可比而同稱也. 大抵學術之差, 皆歸異端, 不可不愼也.……王陽明大倡儒學, 而其實異端. 是以其徒顔山農者, 以一欲字爲法門. 何心隱者, 以一殺字爲宗旨. 皆曰, 我先生良知之學, 以心爲師, 心之所出, 皆良知也, 我則從吾心之所出. 末乃與南蠻連結作亂被誅. 以此言之, 學者當卞於爲學原頭而察此末流之弊也."

49 『靑莊館全書』 卷29 「士小節」 中 士典 三. "修飭衣冠, 愼攝威儀者, 浮薄賤夫, 惡而嘲之曰, 彼皆假餙也. 內多慾而强收斂, 無益也. 不如我直情快意, 欲免則免, 欲跣則跣, 歌笑嗔罵, 由中而出, 食色貨利, 從吾所好也. 予以爲二人當食, 食心俱動. 然一人莊敬辭讓而食, 一人放肆攘奪而食. 食雖同, 善不善判焉. 其流至於李卓吾, 顔山農, 何心隱, 以慾爲眞性. 東國許筠, 以男女縱淫, 爲天之所命, 我當從天, 而其弊極矣."

지금 전하는 허균의 별집『성소부부고(惺所覆瓿藁)』에는 발견되지 않는다.

그런데 허균은 삼척 부사로 부임하고 있을 때인 선조40년(1607) 5월, 전 우윤(右尹) 곽재우(郭再祐)와 함께 이교(異教)를 받든 자로 탄핵을 받아 파면되었다. 북경에서『분서』를 목도하고 통주에서『분서』를 목도한 7~8년 전의 일이다. 허균은 불교를 신봉하고 곽재우는 도교를 숭상하고 있다는 것이 탄핵의 이유였다.[50] 나중에 허균이 자신의 탄핵사건에 대해 언급한 오언율시 2수를 지었는데, 그 속에서 탄핵을 개의치 않고 스스로의 불교 신봉도 부정하지 않았으며 오히려 예교에 의한 구속을 싫어하여 마음 가는 대로 맡기는 삶의 방식을 지향하는 감회가 피력되어 있다.[51] 실제로『성소부부고』에는 허균의 불교 · 도교 · 노장사상에의 경도를 엿볼 수 있는 자료를 적잖이 발견할 수 있다.[52] 이러한 삼교일치의 경향은 이지에게서도 발견되는 것으로, 이는 또한 허균 자신의「독이씨분서」제1수에서 지적하는 것이기도 하다.

50『朝鮮王朝實錄』선조40년 5월 6일 戊辰. “憲府啓曰,……三陟府使許筠, 以儒家子弟, 反入異教, 服緇禮佛, 掛珠誦經, 則托跡朝紳, 而眞一僧徒也. 前右尹郭再祐, 吐納導引, 辟穀不食, 敢行迂怪, 爲中外慕效者倡則, 名在宰列, 而亦一道流也. 以士夫而猶尙如此, 則時習之不正, 人心之詭異, 將至於不可救. 豈容置之而莫之罪乎? 請勿留難, 竝命罷職不敍.…… 答曰, 允.” 5월 4일 丙寅. “三陟府使許筠, 以儒家之子, 反其父兄所爲, 崇信佛教, 誦讀佛經, 平居緇衣拜佛, 爲守令時, 設齋飯僧, 衆目所見, 恬不知恥. 至於天使時, 恣爲禪談佛語, 張皇好佛之事, 以眩觀風之鑑, 極爲駭愕。請命罷職不敍, 以正士習. 前右尹郭再祐, 行己詭異, 辟穀不食, 倡爲導引, 吐納之術. 聖明之世, 安敢恣行迂怪之事, 甘爲名教中罪人乎? 請命罷職不敍.”

51『惺所覆瓿藁』卷2 詩部 眞珠稿「聞罷官作」2首. (1)久讀修多教, 因無所住心. 周妻猶未遣, 何肉更難禁? 已分靑雲隔, 寧愁白簡侵. 人生且安命, 歸夢尙祇林. (2)禮教寧拘放, 浮沈只任情. 君須用君法, 吾自達吾生. 親友來相慰, 妻孥意不平. 歡然若有得, 李杜幸齊名. (原注)【時憲府以郭公再祐尙道教, 以僕崇佛教, 幷劾之爲闢異端啓罷. 故結句及之.】제1수의 ‘修多(=修多羅)’는 범어의 音寫로 불교사전의 의미이며, ‘白簡’은 사헌부의 탄핵문이다. 제2수의 ‘君’은 곽재우를, ‘吾’는 허균을 가리킨다.

52『惺所覆瓿藁』에는 卷12「皮穀辨」「讀」(老子, 列子, 莊子, 그 외)「李畫佛祖讚」(釋迦文佛, 阿彌陀佛, 彌勒佛, 觀世音菩薩, 初祖達磨, 六祖盧能, 維摩詰居士, 龐居士, 그 외)「列仙贊」(老子, 廣成子, 西王母, 그 외) 등이 있다.

이지가 『수호전(水滸傳)』에 비평을 가한 것은 저명한 사실이다.[53] 허균 또한 『수호전』, 『서유기(西遊記)』를 비롯하여 중국 소설 수십 종을 읽은 것을 술회하고 있다.[54] 이러한 술회로 인해 허균은 『수호전』을 모방하여 『홍길동전』을 집필한 인물로 지목된다.[55] 『홍길동전』은 조선조를 대표하는 고전소설로서 저명하다.[56]

그리고 앞의 이식의 말에서도 언급되었듯, 허균은 광해군에 대한 모반에 가담했다는 혐의로 체포되어 처형되었다(광해군10년, 1618).[57] 역모에 관한 진위는 정확하지 않고 대북파(大北派)의 영수인 이이첨(李爾瞻)과의 불화가 그 배경으로 추측되고 있으나, 어찌 되었든 체포되어 처절한 최후를 맞은 점에 있어서도 허균의 생애는 기이하게도 이지와 그 궤를 함께한다.[58]

이상의 내용을 바탕으로 허균은 '유교반도(儒教叛徒)'로 지목되어 '한국의 이지'로도 평가되고 있다.[59] 덧붙이자면 허균은 그의 큰형 허성(許筬),

---

53 佐藤錬太郎(1986) 참조.

54 『惺所覆瓿藁』 卷13 「西游錄跋」. "余得戲家說數十種. 除三國隋唐外, 兩漢齬, 齊魏拙, 五代殘唐率, 北宋略. 水許則姦騙機巧, 皆不足訓, 而著於一人手. 宜羅氏之三世啞也. 有西游記, 云出於宗藩, 即玄奘取經記而衍之者."

55 『澤堂集』 別集 卷15 「散錄」. "世傳作水滸傳人, 三代聾啞, 受其報應, 爲盜賊尊其書也. 許筠, 朴燁等, 好其書, 以其賊將別名, 各占爲號以相謔. 筠又作洪吉同傳, 以擬水滸. 其徒徐羊甲, 沈友英等, 躬蹈其行, 一村虀粉, 筠亦叛誅. 此甚於聾啞之報也." '三代聾啞'라는 풍문에 대해서는 다음을 참조. 明, 田汝成 『西湖游覽志余』 卷25. "錢塘羅貫中本者, 南宋時人. 編撰小說數十種, 而水滸傳敍宋江等事, 姦盜脫騙機械甚詳. 然後詐百端, 塊人心術, 其子孫三代皆啞, 天道好還之報如此." 이 설은 王沂 『續文獻通考』 卷177, 經籍考, 傳記 「水滸傳」 항목에도 인용되어 있다.

56 『洪吉童傳』 및 허균과 『洪吉童傳』의 관계에 대해서는 金台俊 著 · 安宇植 譯注(1975)에 수록된 「홍길동전과 허균의 문학」, 野崎充彦(2010)에 수록된 「解說」을 참조.

57 『光海君日記』 광해군10년 8월 17일 癸酉(체포), 8월 24일 庚辰(처형).

58 허균의 생애에 관해서는 野崎充彦(2010)에 수록된 「解說」을 참조.

59 이가원 『儒教叛徒許筠』(2000). 이 책 제5장의 제목은 '허균은 한국의 이지이다(許筠是韓國的李贄)'이다. 이 책은 중국어 번역(허경진 譯)을 함께 수록하고 있다. 『儒教叛徒許筠』이라는 책 이름은 분명 吳澤의 『儒教叛徒李卓吾』(上海, 華夏書店, 1949)를 본뜬 것이다. 吳澤의 책에 관한 언급은 98쪽(중국어 번역은 146쪽)에 보인다.

누이인 허난설헌(許蘭雪軒)과 함께 시인으로서도 저명하여 그의 문명(文名)은 중국에도 전해지고 있다.[60]

Ⅲ. 소결

조선 인사로서 처음 이지의 저작을 접한 김중청과 허균의 이지에 대한 평가는 실로 정반대였다. 그러나 허균처럼 이지를 긍정적 내지는 호의적으로 평가하는 것은 오히려 매우 소수파에 속한다. 이는 허균에 대한 여러 사람의 부정적인 평가에 비추어보아도 분명할 것이다. 실제 조선 인사들의 이지에 대한 부정적인 평가는 다수 검출할 수 있다. 그 중 이영익의 언급은 이미 소개하였고(제4장 참조), 그 외에 약간의 예를 열거해보도록 한다.

① 한원진(韓元震, 1682~1751)

만력30년(1602) 임인에 예과급사중 장문달이 황상에게 진언하였다. "요사(妖士) 이지는 그 주장이 괴벽(乖僻)하며 그가 저술한『장서』는 세상을 미혹시키고 사람들을 속입니다. 그리고 '대도(大道)는 남녀를 구분하지 않는다'고 하여『관음문(觀音問)』을 지었으니 사인(士人)과 부녀자를 유인함이 미치광이 같습니다. 인륜을 더럽히고 어지럽힘이 이보다 심한 것이 없습니다. 조서를 내려 이지를 옥에 가두고 그 책을 불태우십시오." 이지는 얼마 뒤 스스로 목을 매어 죽었다. 이지의 자는 탁오이고 천주(泉州)의 거인(擧人)이다. 벼슬이 요안 지부(姚安知府)에 이르렀다. 살펴보건대 이지는 양명의 연보를 편찬하고『양명집』

60 錢謙益『列朝詩集小傳』閏集 朝鮮「許筠」. "筠與二兄篈筬, 以文鳴東海. 篈筠皆擧狀元, 而筠尤敏捷, 一覽不忘, 詩文能皆闇誦. 景樊, 其妹也." 景樊은 蘭雪軒의 호이며, '妹'는 '姊'의 오기이다.

을 비평한 인물이다. 양명학을 하는 사람은 과연 이렇단 말인가.[61]

② 남극관(南克寬, 1689~1714)

이지가 세상에 출현함에 풍속이 한 번 크게 변하였으니, 미쳐 날뛰듯 거리낌이 없는 말들은 모두 이지를 그 죄수(罪首)로 삼아야 한다. 이는 진실로 기기(氣機)의 쇠미함과 허황됨 때문이니, 인력(人力)으로 할 수 있는 것이 아니다. 그러나 그 의론은 모두 외면을 제재하는 데에 어두웠으니, '그 마음을 기른다[養其中]'라는 한 구절은 반드시 '발하면 곧바로 이룬다[發而直遂]'는 것을 제일의(第一義)로 삼았다. 지금 저 길거리의 사람들 중 늘어선 가게들의 패물을 보고서 훔쳐가고 싶지 않은 자는 드물 것이다. 이러한 무리의 논의를 따른다면 반드시 훔친 뒤에야 괜찮을 것이니 어찌 잘못된 것이 아니겠는가. 우계(牛溪)가 원황(袁黃)의 책에 발문을 쓰기를 "세상이 쇠하여 요망한 말이 일어나는 것이 하나같이 모두 여기에 이르렀다." 하였으니, 정확한 판단이다.[62]

③ 이덕무(李德懋, 1741~1793)

작음성이복장(作淫聲異服章): 거짓을 행하고 거짓을 말하며 학문이 정도가 아니고 잘못을 번지르르하게 꾸미는 것은, 예컨대 명나라의 이탁오 · 안산농(顔

---

61 『南塘集』 卷27 「王陽明集辨」. "萬曆三十年壬寅, 禮科給事中張問達奏言. 妖士李贄, 立言乖僻. 所撰藏書, 惑世誣民. 謂大道不分男女, 作觀音問一書, 引士人妻女若狂. 瀆亂倫常, 莫此爲甚. 詔逮繫獄, 火其書. 贄尋自經死. 贄字卓吾, 泉州擧人. 仕至姚安知縣. 按贄, 卽編陽明年譜, 批評陽明集者也. 爲陽明學者, 果如是哉?" 『한국문집총간』 202책 수록.

62 『夢囈集』 坤 「謝施子」. "李贄之出, 風俗一變. 猖狂無忌憚之言, 皆自此人當爲罪首. 是固氣機之變衰虛幻, 非人力也. 然其論皆昧於制乎外. 所以養其中一句, 必以發而直遂爲第一義. 今夫塗之人, 見列肆之貝, 其不欲攫而歸也者鮮矣. 循此輩之論, 必攫而後可也, 豈不悖哉? 牛溪跋袁黃之書曰, 世衰妖興, 一至於此. 斷之確矣." 『한국문집총간』 209책 수록. '牛溪跋袁黃' 운운한 것은 兵部主事 袁黃이 임진왜란 때 經略贊畫防海禦倭軍務로 조선에 왔을 때, 주자학을 비판하는 내용의 발언을 한 것에 대한 成渾의 비판을 가리킨다. 『牛溪集』 續集, 卷6 「書皇朝兵部主事袁黃著書卷後」 및 『牛溪集』 「年譜」 萬曆21년 癸巳正月條를 참조. 袁黃의 주자학 비판에 관해서는 張崑將(2011), 제4장을 참조.

山農)·하심은(何心隱)·등활거(鄧豁渠)와 같은 무리가 여기에 해당된다.[63]

④ 서형수(徐瀅修, 1749~1824)

듣자니 근래의 중국의 학문 태반이 강서(江西)의 여파(餘派)로, 한 번 변하여 이탁오가 되고 두 번 전하여 모대가(毛大可, 모기령)가 되어, 잘못된 지 오래되어 점차 더욱더 물들어간다고 하였다. 이 설이 진실로 그러한가.[64]

⑤ 정조(正祖, 1752~1800)

나는 일찍이 오늘날 속학의 폐단이 심하다는 것을 말한 적이 있다. 이러한 폐단을 원래대로 되돌려 바로잡는 방법은 오직 정학을 밝히는 데 있고, 정학을 밝히는 방법은 또 주자를 높이는 데에 있다. 대개 금계(金谿)의 제자(諸子)들이 도(道)·불(佛)의 현허(玄虛)한 실마리를 표절하고 육경(六經)의 번다한 주석을 싫어하였다. 스스로 언어나 문자에 의지하지 않고도 심(心)과 성(性)을 알 수 있으며 수행하지 않고도 도에 나아가고 덕에 들어갈 수 있다고 말하면서, 기치를 내걸고 천하 사람들에게 소리치며 별도로 한 학파를 세워 주자와 대치하였다. 이것이 한 번 바뀌어 왕수인의 돈오(頓悟)가 되고 다시 바뀌어 이탁오의 미친 소리가 되었다. 오늘날에 이르러서도 난잡한 말과 궤변을 늘어놓으며 자기의 마음을 스승 삼고 자기 멋대로만 하여 행실을 미화하고 세리(世利)를 좇는 자들이 모두 이들의 지류(支流)이다.[65]

---

63 『青莊館全書』 卷7 「禮記臆」 一 「王制」. "作淫聲異服章. 行僞言僞, 學非順非, 如明之李卓吾, 顔山農, 何心隱, 鄧豁渠之流, 是也." 『한국문집총간』 257책 수록. 인용된 부분은 『禮記』 「王制」의 "作淫聲異服奇技奇器以疑衆, 殺. 行僞而堅, 言僞而辯, 學非而博, 順非而澤, 以疑衆, 殺."에 대한 이덕무의 注解이다.

64 『明皐全集』 卷14 「劉松嵐傳」. "聞近來中原學問, 則强半是江西餘派. 一轉而爲李卓吾, 再傳而爲毛大可. 詿誤旣久, 漸染益多云. 此說儘然否?" 『한국문집총간』 261冊 수록. 인용된 부분은 서형수가 정조23년 己未, 赴燕使로서 중국에 방문하여 寧遠州에서 그곳의 知州 劉大觀과 필담을 나누며 중국의 현재 학술 상황에 대해 물었을 때의 말이다. '江西'는 육구연을 가리킨다. 그리고 모기령의 주자학 비판에 대한 조선 인사의 반발에 관해서는 山內弘一(1999)을 참조.

65 『弘齋全書』 卷182 「群書標記」 四 御定 「朱子書節約」. "予嘗謂, 今日俗學之蔽, 痼矣. 挽回澄治之道, 惟在乎明正學, 明正學之方, 又在乎尊朱子. 蓋自金谿諸子, 剽二氏玄虛

⑥ 전우(田愚, 1841~1922)

명나라 홍치(弘治)와 정덕(正德) 연간 이후로 천하의 선비들이 일상적인 것을 싫어하고 새로운 것을 좋아하여 풍기(風氣)가 차츰 박해졌다. 왕양명은 뛰어난 자질로 심즉리설을 창출해내어 중원을 진동시켰다. 가정(嘉靖) 연간 이후 왕씨를 높이고 주자를 비방하는 자들이 세상에 계속해서 생겨나기 시작했다. 그 뒤 두 번 전하여 안산농, 하심은, 이탁오가 되었는데, 다시 우리 유교가 제어할 수 있는 정도가 아니었다. 이에 선비들의 풍습은 방탕해지고 인심은 함닉(陷溺)되어 나라가 따라서 망하였다. 아! 학술이 치란(治亂)에 관계됨이 이와 같도다.[66]

미쳐 날뛰듯 거리낌이 없다.[猖狂無忌憚](②), 거짓을 행하고 거짓을 말하며, 학문이 정도가 아니고 잘못을 번지르르하게 꾸미는 것[行僞言僞, 學非順非](③), 미친 소리[狂吽](⑤), 선비들의 풍습은 방탕해지고 인심은 함닉되었다.[士習蕩狂, 人心陷溺](⑥)라는 표현은 모두 이지에 대한 혐오감에 가득 찬 것으로, 이지사상에 대한 그들의 평가를 단적으로 보여준다.

한편 허균 이외에 이지 사상에 대해 긍정적으로 수용한 사람으로는 정약용과 이건창의 존재가 알려져 있다.[67] 정약용은 『논어고금주(論語古今註)』 속에서 종종 이지의 설을 인용 · 소개하고 있다.[68] 그리고 이건창은 4언 28

之緖, 厭六經箋註之繁, 自謂不立文字, 可以識心見性, 不假修爲, 可以造道入德. 揭竿以呼於天下, 而別立墠垣, 與朱子爲敵壘. 一轉而爲王守仁之頓悟, 再轉而爲李卓吾之狂吽. 式至今侈淫辭競詭辯, 而師心自用, 塗行逐世者, 皆其支流也."『한국문집총간』 267책 수록. 金谿는 육구연을 가리킨다. 정조의 주자학 존숭에 관해서는 제9장을 참조.

66 『艮齋集』前編 卷10「答宋性浩」壬寅. "弘治正德以後, 天下之士, 厭常喜新, 風氣浸薄. 而王陽明, 以絶世之資, 創出心卽理之新說, 以鼓動海內. 嘉靖以後, 尊王氏而詆朱子者, 始接踵於世矣. 其後再傳而爲顔山農, 何心隱, 李卓吾, 而非復名敎之所能羈絡矣. 於是士習蕩狂, 人心陷溺, 國隨而亡. 嗚呼, 學術之有關於治亂, 有如是夫."『한국문집총간』 332책 수록. 壬寅은 1902년.

67 김용태(2008), 이영호(2008), 이영호 著 · 이정훈 譯(2011).

68 ①卷2「公冶長」下 '季文子三思而後行'條 ②卷3「述而」下 '互鄕難與言'條 ③卷6「顔淵」上 '仲弓問仁'條 ④卷7「憲問」下 '子路曰桓公殺公子糾'條 ⑤卷9「陽貨」上 '陽貨欲見孔

구로 이루어진 「이탁오찬(李卓吾贊)」을 집필하여 이지에 대한 경앙의 마음을 표명하였다.[69]

정약용이 일본 고학파(古學派)에 대해 긍정적인 평가를 내리고 있는 것은 잘 알려진 사실이다.[70] 정약용의 이지 평가가 중국이나 조선에서의 이지에 대한 전형적이라고도 할 수 있는 부정적인 평가에 한 획을 그은 것이라고 한다면, 이는 그가 주자학의 학문적 권위로부터 비교적 자유로운 입장에 몸을 두고 있었기 때문이었다고 할 수 있겠다.[71]

이건창은 강화학파의 후예 중 한 사람으로 이충익의 4세손이다. 이충익은 종조형(從祖兄)인 이영익으로부터 그의 노골적인 양명학 신봉을 충고받은 인물이며, 이영익은 자신을 양명학도로서 인정한 뒤 양명학이나 양명후학의 자세에 내포된 문제점을 자계(自戒)를 담아 솔직하게 지적하여 그러한 문맥에서 안균이나 이지에 대한 비판적인 언급을 남긴 인물이다. 그 점을 함께 생각해보면 이건창의 「이탁오찬」의 존재는 매우 흥미 깊은 문제이다. 그의 사상적 배경이나 시사적인 관심과의 관계 유무에 대해서는 근대기 조선양명학의 양상을 검토함에 있어 중요한 논점 중 하나가 되나, 이는 이후의 과제로 남겨둔다.

子'條. 그 중 ③에만 이지의 설을 인용하고 '駁曰, 非也'라고 반박하고 있다. 모두 『與猶堂全書』 第2集 『論語古今註』『한국문집총간』 282책.

69 「李卓吾贊」은 이건창의 『明美堂集』에는 수록되어 있지 않고 『明美香館初稿』(국사편찬위원회 소장, 필자는 未見)에 수록되어 있다. 그 중에는 "卓哉卓吾, 其人也眞. 寧自得已, 毋苟同人', '身塡牢獄, 氣宇蒼旻. 激而贊之, 愧彼頭巾."이라는 구절이 포함되어 있다(인용은 김용태, 2008년에 의거).

70 서장, V. 성호학파 '(e) 수사학과 주자학의 상대화' 항목을 참조.

71 中純夫(2002).

제2부
강화학파를 둘러싼 시대정황

제9장 조선시대의 과거와 주자학

제10장 왕수인의 문묘종사 문제: 중국과 조선의 이학관(異學觀) 비교

제11장 경종(景宗) 시기의 정국과 당쟁: 준소 · 완소의 분파 문제

제12장 부론(附論): 『경종실록』과 『경종수정실록』

제13장 강화학파와 당파당쟁: 심육 주변의 인물을 중심으로

제9장

조선시대의 과거와 주자학

중국 근세에서 정통유교는 주자학이었다. 이미 남송(南宋) 이종(理宗)의 순우(淳祐) 원년(1241), 주돈이 · 정호 · 정이 · 장재(이른바 북송의 四子) 및 주희가 공자묘에 종사(從祀)되어 주자학 존중의 입장은 명시되어 있었으나,[1] 다시 원 · 명 · 청을 통틀어 과거(科擧)의 경서해석에서 한당(漢唐) 이후의 고주소(古注疏)가 아닌 오직 주자학계통의 주석서(이른바 新注)에 준거해야 함이 명기되는 데 이른다.[2]

또 명의 영락(永樂) 12년(1414)에는 소위 영락삼대전(永樂三大全=『사서대전』, 『오경대전』, 『성리대전』) 편찬 칙명이 내려져 이듬해 13년(1415)에 완성, 15년(1417)에는 삼대전이 육부(六部) · 양경국자감(兩京國子監) 및 천하의 학교에 반포되었다.[3] 이미 원 이래로 고주소(古注疏)보다도 신주(新注)를 중시하는 방침은 명시되어왔는데, 삼대전 반포 이후 주소는 더욱 폐해져 쓰

---

1 『宋史』 卷42 「理宗本紀」 淳祐元年(1241) 春正月 條, 『宋史』 卷105 「禮志」 5 「文宣王廟」 淳祐元年 1월 條.

2 『元史』 卷81 「選擧志」1 仁宗 皇慶2년(1313) 11월, 『明史』 卷70 「選擧志」 2, 『太祖實錄』 洪武17년 3월 戊戌, 『淸史稿』 卷108 「選擧志」 3 順治2년(1645). 鶴成久章(2007, 6).

3 『太宗實錄』 永樂12년 11월 甲寅, 13년 9월 己酉, 15년 3월 乙未.

이지 않게 되었다고 한다.[4] 칙명에 의한 삼대전의 편찬 · 반포는 주자학적 경서해석의 권위를 한층 높임과 동시에, 경서해석뿐만 아니라 성리학 전반에 관해서도 주자학 존숭의 입장을 조선에 내세우는 것이었다.[5]

이처럼 중국 근세에서 주자학은 과거라는 제도적 뒷받침과 함께 관학(官學)으로서의 입지를 확립하였다. 실제로 향시나 회시의 책문에 주자학을 정통으로 하는 입장에서 은근히 양명학을 비판하는 내용이 출제되는 사례도 확인되고 있다. 가정(嘉靖) 2년(1523) 회시[主考官 蔣冕],[6] 강희(康熙) 12년(1673) 회시[副考官 熊賜履], 강희14년(1675) 순천(順天) 향시[考官 韓菼], 강희27년(1688) 회시[正考官 徐乾學] 등이다.[7]

조선조에 있어서도 주자학은 정통교학으로서의 지위를 확립하고 있었다. 중화사상에서 동이로서의 위상을 부득이하게 맡게 된 조선은 중화문명, 그 중에서도 특히 정통유교인 주자학을 섭취 · 체득해 중화세계의 일원이 되어 소중화로 자인(自認)함으로써 동이로부터의 탈각을 꾀하였다.[8] 이 때문에 조선조에 있어서는 주자학을 절대시하고 주자학에 반하는 것을 이단시하여 배격하는 정도가 종종 중국 이상으로 가열찼다.

가령 조선 최초의 본격적 양명학 수용자인 정제두는 30대 이후로 서한을 통해 자신의 양명학 신봉을 지인들에게 고백하였으나 일제히 격한 비난과 충고를 들었고, 만년(78세) 성균관 좨주였던 영조2년(1726) 7월에는 그의 양명학 신봉을 이유로 파면을 요구하는 탄핵을 받았다.

또한 중국에서 육구연은 가정9년(1530)에, 왕수인은 만력12년(1584)에 각각 문묘(공자묘)에 종사되었다. 조선에서도 중국의 현행 제도를 따라 육왕(陸王)을 문묘에 종사해야 할지 의논하였으나(선조33~34년, 1600~1601),

---

4 『明史』 卷70 「選擧志」 2.

5 鶴成久章(2007, 2), 鶴成久章(2007, 6).

6 中純夫(1991), 鶴成久章(2007, 5).

7 이상, 金原泰介(2004).

8 三浦國雄(1982).

결과적으로 종사를 인정하는 데에는 이르지 않았다. 황진흥(黃進興)은 만력12년의 왕수인 문묘종사 결정은 '도학다원화(道學多元化)'를 의미한다고 평하였는데,[9] 이 표현을 차용하자면 조선 근세에 있어서 도학은 끝내 다원화하지 못하고 오히려 주자학적 가치관이 일원적으로 사회를 지배했다고 해도 과언은 아닐 것이다.[10]

그렇다면 조선의 과거제도는 주자학과 어떠한 관계에 있었던 것일까. 조선사회에서 주자학 존숭의 경향을 제도적인 면에서 보강하여 주도하는 기능을 현실적으로 행했던 것은 아닐까.

조선시대의 과거에서 문과와 관련된 종래의 연구는 수험자격의 문제, 즉 문과의 수험자격이 양반층에 한정되어 있었는지 아닌지, 현실의 문과 급제자가 양반층에 의해 독점되고 있었는지 아닌지의 문제에 대부분의 관심이 쏠려 있었다.[11] 또 사마시에 관해서는 사마시의 제도나 연혁을 고찰하는 것,[12] 합격자의 전력(前歷)·본관 성씨·거주지 등을 분석하는 것,[13] 응시자·합격자의 신분, 합격자의 지역 분포·지역 격차 및 시대에 의한 변천을 고찰한 것,[14] 합격자를 배출한 가문의 분석에 의한 지역 엘리

---

9 黃進興(1994), 283쪽.

10 조선의 학술이 程朱學 일변도의 경향이었던 점에 관해서는 이미 장유(張維, 호 谿谷, 1587~1638)의 유명한 지적이 있다. 『谿谷先生漫筆』 卷1 「我國學風硬直」(『谿谷集』 所收, 『한국문집총간』 92책). "中國學術多岐. 有正學焉, 有禪學焉, 有丹學焉, 有學程朱者, 學陸氏者, 門徑不一. 而我國則無論有識無識, 挾筴讀書者, 皆稱誦程朱. 未聞有他學焉. 豈我國士習果賢於中國耶? 曰, 非然也. 中國有學者, 我國無學者. 蓋中國人材志趣, 頗不碌碌. 時有有志之士, 以實心向學. 故隨其所好而所學不同. 然往往各有實得. 我國則不然. 齷齪拘束, 都無志氣. 但聞程朱之學世所貴重, 口道而貌尊之而已. 不唯無所謂雜學者. 亦何嘗有得於正學也? 譬猶墾土播種, 有秀有實而後五穀與稊稗可別也. 茫然赤地之上, 孰爲五穀, 孰爲稊稗者哉?"

11 宮島博史(2007).

12 曹佐鎬(1969), (1971).

13 崔珍玉(1988).

14 李鍾日(1990).

트 연구[15] 등이 존재한다. 그러나 구체적인 개별 출제 내용에 관한 사상사적 관심으로부터 접근한 연구는 필자가 본 바로는 발견되지 않았다. 본장에서는 사마시나 문과의 구체적인 출제 내용을 검토함으로써 조선시대의 과장(科場)과 주자학의 관련을 검증하고자 한다.

그리고 최근 조선의 과거제도 전반을 다룬 최초의 일본어로 된 전저(專著)인 『한국의 과거제도』(『韓國の科擧制度』, 李成茂 著, 平本實 · 中村葉子 譯)가 간행되었다.[16] 이 분야에서 특필할 만한 연구 성과임을 특별히 부언해두고자 한다. 그러나 이 책에서도 시제(詩題)의 구체적 내용 분석까지 고찰하지는 않았다.

Ⅰ. 교육과정에서 주자학의 위상

과거와 주자학의 관련을 고찰하기에 앞서 교육과정에서 주자학의 위상에 대해 한번 살펴보고자 한다. 중국 근세에서 독서의 단계를 기록한 저명한 서물로는 정단례(程端禮)의 『정씨가숙독서분년일정(程氏家塾讀書分年日程)』(延祐2년, 1315, 自序)이 있다.[17] 이 책은 권수(卷首) 「강령(綱領)」에 「백록동서원교조(白鹿洞書院敎條)」, 「주자독서법(朱子讀書法)」을 게재하는 등 주희의 학문 방법론을 종지로 삼는 입장에서 집필된 것이다. 실제로 여기에 기록된 독서의 단계는

【8세 입학(入學) 이전】

15 이연숙(2004).

16 李成茂(2008).

17 平田茂樹(1997), 鶴成久章(2007, 6).

『성리자훈(性理字訓)』

【8세 입학 이후】

『소학(小學)』, 『대학(大學)』, 『논어(論語)』, 『맹자(孟子)』, 『중용(中庸)』, 『효경(孝經)』, 『역(易)』, 『서(書)』, 『시(詩)』, 『의례(儀禮)』, 『예기(禮記)』, 『주례(周禮)』, 『춘추(春秋)』

【15세 이후】

『대학장구(大學章句)』, 『대학혹문(大學或問)』, 『논어집주(論語集注)』, 『맹자집주(孟子集注)』, 『중용장구(中庸章句)』, 『중용혹문(中庸或問)』, 『논어혹문(論語或問)』, 『맹자혹문(孟子或問)』

의 배열로 되어 있다(『程氏家塾讀書分年日程』 권1 「工程」). 주자학계통의 서물을 계통적으로 읽어나가는 과정을 나타낸 내용이다. 중국에서 이 책은 널리 유포되어 학자의 독서 방법에 일정한 방향성을 제시하였다.[18] 그러나 조선에서 이 책의 유전(流傳) 정황에 관한 상세한 내용은 미상이다.[19]

---

18 『元史』 卷 190 「儒學」「程端禮」. "慶元有程端禮端學兄弟者. 端禮, 字敬叔.……慶元自宋季皆尊尙陸九淵氏之學, 而朱熹氏學不行于慶元. 端禮獨從史蒙卿游, 以傳朱氏明體達用之指, 學者及門甚衆. 所著有讀書工程, 國子監以頒示郡邑校官, 爲學者式." 단, 명대 중기 이후 『永樂三大全』의 유포나 童子試 제도 정착에 동반되는 수험공부의 저연령화 등에 의해 거업의 실태와 『分年日程』 所載의 독서 단계와의 사이에 차이가 생겨서 『分年日程』은 차츰 敬遠되어 돌아보지 않게 되었다고 한다. 鶴成久章(2007, 6).

19 살펴본 바에 따르면, 이 책에 대한 조선 인사의 언급은 다음과 같은 것들이 있다. ① 이덕무(李德懋, 1741~1793) 『靑莊館全書』 卷55 盎葉記 「羣經字數」. "陸隴其曰, 讀書分年日程三卷. 元程畏齋先生, 依朱氏讀書法修之, 以示學者. 朱子言其綱而程氏詳其目, 誠由其法而用力焉, 內聖外王之學, 在其中矣. 當時頒行學校. 明初諸儒讀書, 奉爲準繩. 故一時人才, 雖未及漢宋, 經明行修, 彬彬盛焉. 及乎中葉, 學校廢弛, 由之者鮮矣. 今國家尊崇正學, 諸不在朱子之術者, 皆擯不得進. 羽翼朱學之書, 以次漸行, 學者始有此書. 余故校而梓之." 그러나 위의 말은 '陸隴其曰' 이하부터 문장 끝에 이르기까지 육롱기의 『三魚堂文集』 卷4 「跋讀書分年日程後」의 처음 부분을 절략 인용한 것으로, 이덕무 본인이 『程氏家塾讀書分年日程』을 목도했다고 즉단하기는 어렵다. ② 이덕무의 손자인 이규경(李圭

조선시대 권학의 취지를 설명하고 학교제도의 규정에 관해 언급한 문헌(「學令」)으로는 권근의 「권학사목(勸學事目)」(태종7년, 1407), 이이의 「학교모범(學校模範)」(선조15년, 1582), 조익의 「학교절목(學校節目)」(인조7년, 1629), 예조의 「학교권장조목(學校勸獎條目)」(인조12년, 1634) 등이 있다.[20] 여기에서는 교육과정, 특히 독서의 범위나 단계 등에 관한 내용을 포함하고 있는 이이의 「학교모범」과 조익의 「학교절목」에 대해 언급하고자 한다.[21]

① 이이 「학교모범(學校模範)」(선조15년, 1582)

이이(李珥, 1536~1584)의 『율곡전서』 권15 「학교모범」은 선조15년, 당시 예문관 대제학이었던 이이가 왕명을 받들어 찬술한 것이다.[22] '삼왈독서(三曰讀書)' 조목에 독서의 단계가 기록되어 있다.

> 독서하는 순서는 먼저 『소학』을 배워 그 근본을 배양하라. 다음에는 『대학』과 『근사록(近思錄)』으로 그 규모를 정하라. 그다음에는 『논어』·『맹자』·『중용』·

景, 1788~?)의 『五洲衍文長箋散稿』 卷32 「讀書程限辨證說」은 그 첫머리에 "讀書程限, 我東有書社輪誦, 及月能六程圖, 而此不過讀誦四書三經濂閩要語之法也. 若以程氏日程, 陸氏歲課爲式, 則頗涉浩瀚. 而讀書者, 豈可以浩瀚而止哉."라 하였는데, 전후 문맥으로 판단해보면 이규경은 실제로 『程氏家塾讀書分年日程』을 본 듯하다(해당 조의 약간 뒷부분에서 이규경은 이덕무와 마찬가지로 육롱기 「跋讀書分年日程後」의 말을 인용하고 있다). 또 이규경이 언급한 『書社輪誦』과 『月能六程』에 대해서는 후술.

20 渡邊學(1969), 35~36쪽. 正祖 『弘齋全書』 卷11 「翼靖公奏藁典禮類敍」의 「待士引」조에도 다음의 한 구절이 있다. "先朝因泮隸之設棚, 張樂於泮中, 施罰齋生. 是皆作興之懿典, 振發之昭軌也. 於是乎文忠公權近有勸學事目, 文成公李珥有學校模範, 文正公宋浚吉有四學規制, 大司成趙翼有學校節目, 皆所以敦本懋實, 修己治人之具, 而造士之盛, 可以比隆於三古矣."(『한국문집총간』 262책).

21 다른 두 자료에 대해서는 전거를 표시해 둔다. [權近] 『朝鮮王朝實錄』 태종7년(1407) 3월 24일 戊寅條, 權近 『陽村先生文集』 卷31 「論文科書」(『한국문집총간』7책), [禮曹]『朝鮮王朝實錄』 인조12년(1634) 10월 22일 乙巳條.

22 『增補文獻備考』 卷207 學校考 6「學令」. "宣祖十五年, 命大提學李珥作學校事目. 珥與三公會議, 以擇師養士爲事目. 又作學校模範, 以備學令之未備者." 아래에 「學校模範」의 전문이 게재되어 있다.

『오경(五經)』을 읽고, 간간이 『사기(史記)』와 선현이 저술한 성리(性理)에 관한 책을 읽어서 뜻을 넓히고 식견을 정밀하게 하라. 성인의 글이 아니면 읽지 말고 유익함이 없는 문장은 보지 말라.[23]

여기에는 '『소학』→『대학』과 『근사록』→『논어』·『맹자』·『중용』·『오경』→『사기』와 선현이 저술한 성리(性理)에 관한 책'이라는 단계가 나타나 있다.

② 조익 「학교절목(學校節目)」(인조7년, 1629)

조익(趙翼, 1579~1655)의 「학교절목」은 인조7년, 성균관 대사성인 조익이 진상한 것이다. 그 중 성균관의 교육 내용에 관해 다음과 같은 기술이 있다.

> 인조7년(1629), 겸대사성(兼大司成) 조익이 「학교절목」을 올렸다.……성균관의 관리는 날마다 성균관에 있는 유생들과 함께 『근사록』·『사서(四書)』·『오경』 등의 책을 통강(通講)하고 반복하여 숙독하며 항상 권면하고 격려하여 성균관에 있는 학생들이 독서하지 않음이 없게 하라.[24]

여기에서도 『오경』과 함께 『사서』·『근사록』의 교수와 학습이 요청되고 있는 점이 주목된다.

그리고 학령과는 약간 성격을 달리하지만 상세한 독서 단계를 말한 문헌으로는 이식의 「시아손등(示兒孫等)」을, 또 교육과정의 구체적인 독서 범

---

23 『栗谷全書』 卷15 「學校模範」. "其讀書之序, 則先以小學, 培其根本. 次以大學及近思錄, 定其規模. 次讀論孟中庸五經, 閒以史記及先賢性理之書, 以廣意趣, 以精識見. 而非聖之書勿讀, 無益之文勿觀." 『栗谷全書』는 『한국문집총간』 44책.

24 『增補文獻備考』 卷207 學校考 6 「學令」. "七年, 兼大司成趙翼進學校節目.……館官日與在館儒生通講近思錄·四書·五經等書, 循環熟復, 常加勸勵, 使在館者無不受讀."

위를 기록한 문헌으로는 이재의 『서사윤송(書社輪誦)』을 들 수 있다.

③ 이식 「시아손등(示兒孫等)」 (인조20년, 1642)

이식(李植, 1584~1647)의 「시아손등」은 말미의 "임오년 원일(元日), 택당 노인이 쓴다.[壬午元日, 澤堂老人書]"라는 기재가 나타내듯, 인조20년 임오년에 찬술된 일종의 가훈서(家訓書)이다.[25] 전체가 '선독(先讀)', '차독(次讀)', '과문공부(科文工夫)' 세 항목으로 구성되어 있는데, 이 중 앞 두 항목이 독서의 단계를 나타내는 것이고, 뒤의 것은 거업의 요체를 간결하게 말한 것이다. 여기에서는 '선독(先讀)', '차독(次讀)'의 내용을 들도록 한다(각 서명의 아래에 기재된 注記 부분은 생략).

가장 먼저 읽어야 할 서목: 『시경』과 『서경』, 『논어』, 『맹자』, 『중용』과 『대학』, 『강목(綱目)』과 『송감(宋鑑)』

그다음 읽어야 할 서목: 『주역』의 대문(大文), 『춘추좌씨전(春秋左氏傳)』과 『춘추호씨전(春秋胡氏傳)』, 『예기』, 『의례(儀禮)』, 『주례(周禮)』, 『소학』, 『가례(家禮)』, 『근사록』, 『성리대전』, 『성리군서(性理群書)』, 『심경(心經)』, 『이정전서(二程全書)』, 『주자전서(朱子全書)』[26]

주자학계통의 서물이 중시되었음은 한눈에도 분명하다. 이러한 경우 사서의 텍스트로 주희의 『사서집주』가 상정되었음은 말할 필요도 없을 것이다.[27]

---

25 「示兒孫等」에 관해서는 渡邊學(1969), 410쪽 이하를 참조.

26 『澤堂集』 別集 卷14 「示兒孫等」. "先讀. 詩書, 論, 孟, 庸學, 綱目宋鑑. 次讀. 周易大文, 春秋左氏胡氏傳, 禮記, 儀禮, 周禮, 小學, 家禮, 近思錄, 性理大全, 性理群書, 心經, 二程全書, 朱子全書." 『澤堂集』은 『한국문집총간』 88책.

27 『示兒孫等』의 6년 전에 집필한 「贈安進士具秀才兩甥及阿冕入道峯書院讀書」(『澤堂集』 別集 卷14 말미에 '丙子正月五日'이라는 기재가 있다)에는 "大學中庸序文及首章, 夕食後, 各讀一遍, 仔細參究."라는 구절이 있어, 『大學』 『中庸』의 텍스트로서 주희의 『大學章

④ 이재『서사윤송(書社輪誦)』 영조26년(1750)

이재(李縡, 1680~1746)의 『서사윤송』은 서원에서 독송용 교과서로 편찬된 것이다. 이 책에 대해서는 이규경(李圭景)의 『오주연문장전산고(五洲衍文長箋散稿)』 권32 「독서정한변증설(讀書程限辨証說)」에 다음과 같은 언급이 있다.

> 독서의 정도(程度)로는 우리나라에 『서사윤송』【『서사윤송』 1권, 도암 이재 편집】과 「월능육정도(月能六程圖)」【「월능육정도」, 담포 계덕 저술】가 있다. 그 내용은 『사서』·『삼경』· 염락관민(濂洛關閩)의 주요한 말을 기록한 책을 송독하는 방법에 불과하다.[28]

이 『서사윤송』과 『월능육정(月能六程)』 두 책을 합친 것이 현재 서울대학교 규장각한국학연구원에 가장되어 있다.[29]

『규장각한국본도서해제: 경(經) · 자부(子部)』에 의거하면 『서사윤송』은 이재가 용인현(龍仁縣, 경기도) 한천서사(寒泉書社)에서 제자들에게 교육용으로 성리학 관련 여러 저작을 편찬한 것이다. 문인 홍계희(洪啓禧)가 영조26년(1750) 이에 교수(校讎)를 가하여 간행, 영조28년(1752)에 예문관에서 중간(重刊)하고 이듬해 영조29년(1753)에 『월능육정』을 부재(附載)하여 간행된 것이다.[30]

句』, 『中庸章句』가 상정되어 있다.

28 『五洲衍文長箋散稿』 卷32 「讀書程限辨証說」. “讀書程限, 我東有書社輪誦【書社輪誦一卷, 陶菴李縡輯】, 及月能六程圖【月能六程圖, 澹圃啓德著】, 而此不過讀誦四書三經濂閩要語之法也.”

29 『書社輪誦』은 『古鮮冊譜』가 數種의 版을 著錄한 것 외에 大阪府立圖書館도 한 본을 수장하고 있다(『大阪府立圖書館藏韓本目錄』, 大阪府立圖書館, 1968). 그러나 李縡의 별집인 『陶菴集』(『한국문집총간』 194~195책)에는 수록되어 있지 않다.

30 규장각본 『書社輪誦』의 卷末에는 庚午(1750) 洪啓禧 跋, 壬申(1752) 春藝閣重刊의 刊記가 있으며, 『月能六程』이 부재(附載)되어 癸酉(1753) 洪啓禧의 跋이 붙여져 있다고 한다(이상 서지사항은 규장각한국학연구원 홈페이지의 인터넷 검색 결과에 의거한다).

위 해제에 따르면『서사윤송』에 수록되어 있는 저작은 다음의 33점이다.

1.「태극도설(太極圖說)」(周敦頤, 朱熹 注) 2.「서명(西銘)」(張載, 朱熹 注) 3.「답장흠부서(答張欽夫書)」(朱熹) 4.「답진기지서(答陳器之書)」(朱熹) 5.「정성서(定性書)」(程顥) 6.「인설(仁說)」(朱熹) 7.「중용혹문논성조(中庸或問論誠條)」(朱熹) 8.「경재잠(敬齋箴)」(朱熹) 9.「안자소호하학론(顔子所好何學論)」(程頤) 10.「백록동서원게시(白鹿洞書院揭示)」(朱熹) 11.「제자직(弟子職)」(管子) 12.「여위응중서(與魏膺中書)」(朱熹) 13.「여장자수지서(與長子受之書)」(朱熹) 14.「구방심재명(求放心齋銘)」(朱熹) 15.「존덕성재명(尊德性齋名)」(朱熹) 16.「경의재명(敬義齋名)」(朱熹) 17.「대학혹문격치조(大學或問格致條)」(朱熹) 18.「사물잠(四勿箴)」(程頤) 19.「숙흥야매잠(夙興夜寐箴)」(陳栢) 20.「행궁편전주차(行宮便殿奏箚)」(朱熹) 21.「대학혹문위기조(大學或問爲己條)」(朱熹) 22.「소학제사(小學題辭)」(朱熹) 23.「대학서(大學序)」(朱熹) 24.「중용서(中庸序)」(朱熹) 25.「역전서(易傳序)」(程頤) 26.「서전서(書傳序)」(蔡沈) 27.「시전서(詩傳序)」(朱熹) 28.「춘추전서(春秋傳序)」(程頤) 29.「답진동보서(答陳同父書)」(朱熹) 30.「감흥시(感興詩)」(朱熹) 31.「명도선생행장략(明道先生行狀略)」(程頤) 32.「명도선생묘표략(明道先生墓表略)」(程頤) 33.「회암선생행장략(晦庵先生行狀略)」(黃幹)

한눈에도 명확하듯 11.『관자』「제자직」을 제외하면 거의 염락관민(濂洛關閩) 및 주자 문하의 저작이다. 그리고『월능육정』이란 이재의 문인 홍계희가 편찬한 저작으로, 한천서사에서 이재의 교육과정을 도해(圖解)한 것이다. 또 이『서사윤송』은 독송용 텍스트로서 후세에 이르기까지 어느 정도 유포된 형적이 있다.[31]

31 ①宋明欽(1705~1768)『櫟泉集』卷13「書室儀」丁丑. "一, 夕飯後, 會長者所, 講小學十餘行. 或取書社輪誦, 隨宜稟定. 講畢, 肅揖而退."(『한국문집총간』221책) ②李恒老

이상 이이의 「학교모범」, 조익의 「학교절목」, 이식의 「시아손등」, 이재의 『서사윤송』 네 사례를 통하여 학령이나 가훈서 중에 언급된 교육과정 · 독서 단계에서, 혹은 서원의 독송용 교과서에서 주자학계통 서적이 중요한 위치를 차지하고 있었음이 확인되었다. 이들이 모두 주자학계통 인물인 이상, 그가 찬술한 문헌 속에서 주자학 존중의 입장이 선명하게 내세워진 것은 오히려 당연한 일이다. 그러나 「권학사목」을 찬술한 권근을 포함하여 조선시대의 전형적인 학령이나 가훈서 또는 서원의 교과서로 오늘날 전해지는 문헌의 대다수가 주자학계통의 인물이 찬술한 것이라면, 그 자체가 조선시대에서 주자학 융성의 유력한 증좌임이 틀림없다.[32]

(1792~1868) 『華西集』 卷5 「與姜靜能」. "丁未二月十九日. 令侄秀才, 已過就傅之歲, 必長得一格矣. 陶庵先生所編書社輪誦一冊, 屬兒子墣手謄伴呈. 俯屬資誦如何?"(『한국문집총간』 304책) ③李恒老 『華西集』 卷31 閭塾講規 「書冊目錄」. "小學, 大學, 論語, 孟子, 中庸, 詩, 書, 周易, 家禮, 禮記, 周禮, 儀禮, 孝經, 春秋, 綱目, 宋明史, 東史, 近思錄, 心經, 通書, 二程全書, 朱子大全並箚疑, 朱子語類, 聖學十圖, 擊蒙要訣, 聖學輯要, 學校模範, 石潭鄕約, 喪禮備要, 宋子大全, 書社輪誦. 此其大略也. 其餘合誦文字, 又不係此限."(『한국문집총간』 305책) ④崔益鉉(1833~1906) 『勉菴集』 附錄 卷1 「年譜」 丙午先生十四歲條. "春, 往拜文敬公華西李先生于蘖溪, 仍留受業. 時華西先生, 講道溪上, 四方學者多歸之.……李先生一見, 已知其爲非凡器, 誠心敎導, 眷愛異甚. 書贈洛敬閩直四大字而勉之. 冬辭退, 又題所讀書社輪誦卷端而送之曰 崔秀奇男, 日誦此編, 不錯一墨."(『한국문집총간』 326책).

32 주자학자로서 저명한 권근과 이이는 제외하고, 조익 · 이식 · 이재 세 명의 사상경향을 확인해 본다. ① 조익에 관해서는 송시열이 지은 『宋子大全』 卷162 「浦渚趙公神道碑銘幷序」(『한국문집총간』 113책)에 "欲學聖賢, 舍四書不可. 又嘗謂, 孔子之後集群儒而大成者, 朱子也. 其功多於孟子云."이라고 조익의 말이 인용 소개되어 있다. ② 이식의 『澤堂集』 別集 卷15 「示兒代筆」에는 정주학의 존중과 육왕학(王門 후학인 안산농 · 하심은 · 허균을 포함)을 이단시하는 입장이 명시되어 있다. ③ 이재에 관해서는 吳熙常 『老洲集』 卷18 「陶菴李先生墓表」(『한국문집총간』 280책)에 "常愛誦李文成一毫不及聖人, 吾事未了之語曰, 栗谷我師也." "講授節度, 壹遵朱門讀書次第."라는 기술이 있다. 그리고 인용한 이이의 말은 『栗谷全書』 卷14 「自警文」의 "先須大其志. 以聖人爲準則, 一毫不及聖人, 則吾事未了."를 가리킨다.

Ⅱ. 조선시대 과거제도의 개요

1

조선시대 과거는 사마시[小科, 監試]와 문과[大科]의 2단계로 나뉜다. 그리고 사마시와 문과가 각각 3년에 한 번, 식년[子 · 卯 · 午 · 酉], 전년 가을에 우선 초시(향시)가 각 도에서, 식년의 봄에는 복시(회시) · 전시가 한성에서 행해졌다(그러나 사마시에는 전시가 없다).[33]

사마시의 초장(初場)은 진사시[詩 · 賦題], 종장(終場)은 생원시[疑 · 義題]로, 수험생은 초장 또는 종장에서 두 시제(試題) 중 하나만(즉 진사시나 생원시 중 하나) 회답하면 되었고, 양쪽에 응시하는 것도 가능하였다.[34] 또한 3년에 한 번인 정기시험, 이른바 식년시 이외에 증광시(增廣試) · 별시(別試) · 정시(庭試) · 알성시(謁聖試) · 춘당대시(春塘臺試)의 임시(부정기) 시험이 존재하였다.[35]

『경국대전(經國大典)』 권3 예전(禮典) 「제과(諸科)」의 기재에 근거하여 사마시 및 문과의 출제과목 등을 나타내자면 다음과 같다.

【사마시】(小科, 監試)

- 생원초시(鄕試)[36]: 오경의(五經義), 사서의(四書疑)에서 2편[37] [製述][38]

---

33 『經國大典』 卷3 禮典 「諸科」. "三年一試. 前秋, 初試. 春初, 覆試殿試." 『續大典』 卷3 禮典 「諸科」 「式年」 原注. "三年一試爲大比之科. 今以子午卯酉年設行, 名曰式年."

34 金文子(1980). 그리고 『司馬榜目』은 각 년의 합격자를 '生員試', '進士試'마다 각각 게재한 후, 양쪽에 모두 합격한 인물을 '兩試'라는 표제 아래에 게재하고 있다.

35 『續大典』 卷3 禮典 「諸科」. "式年增廣, 則竝設文武科及生員進士雜科, 而別試庭試謁聖試春塘臺試, 則只設文武科."

36 정원은 다음과 같다. 한성 200명, 경기도 60명, 충청도 90명, 전라도 90명, 경상도 100명, 강원도 45명, 평안도 45명, 황해도 35명, 영안도 35명. 영안도는 후의 함경도.

37 '五經義'는 五經에 관한 경서해석, '四書疑'는 四書 중 疑義에 관한 논술. 그리고 정조시대에 五經義에서 『春秋』가 제외되어 四經義가 되었다. 李成茂(2008), 217쪽.

38 '製述'은 필기 · 논술시험.

• 생원복시(會試) 100명: 초시와 동일
• 진사초시(鄕試)[39]: 부(賦) 1편, 고시(古詩) · 명(銘) · 잠(箴)에서 1편
• 진사복시(會試) 100명: 초시와 동일

【문과】(大科)
• 문과초시(鄕試)[40]
초장: 오경의 · 사서의 · 논(論)에서 2편 [製述]
중장: 부 · 송(頌) · 명 · 잠 · 기(記)에서 1편, 표(表) · 잠에서 1편 [製述]
종장: 대책(對策) 1편 [製述]
• 문과복시(會試) 33명
초장: 사서삼경(四書三經) [講書][41]
중장: 초시와 동일
종장: 초시와 동일
• 문과전시
대책 · 표 · 전(箋) · 잠 · 송 · 제(制) · 조(詔)에서 1편 [製述]

『경국대전』, 『속대전』 등 역대법전은 위에 나타나 있듯 사마시나 문과의 출제과목을 명기하고 있으나, 『원사(元史)』, 『명사(明史)』, 『청사고(淸史稿)』의 각 「선거지(選擧志)」와 마찬가지로 오경의나 사서의, 논(論)의 경서해석에서 준거해야 할 주석서를 구체적으로 지정해주는 기록은 전혀 존재하지 않는다.

---

39 정원은 생원 초시와 동일하다.

40 정원은 다음과 같다. 한성 40명, 경기도 20명, 충청도 25명, 전라도 25명, 경상도 30명, 강원도 15명, 평안도 15명, 황해도 10명, 영안도 10명.

41 '講書'는 口頭試問. 수험자가 시험관 앞에서 경서(무과의 경우는 兵書)의 지정된 부분에 대해 그 자리에서 읽거나 혹은 암송하여 그 의미를 설명한다.

2

『증보문헌비고(增補文獻備考)』 권186~190(「選擧考」 3~7, 本朝)은 과거에 관한 조선조 일대의 사적을 열거해둔 것이다. 여기에서도 과거에서 답안 작성 시 준거해야 할 주석서 등에 관한 언급은 전혀 보이지 않는다. 다만 사상사적으로 주목할 만한 조항이 산견(散見)되므로 몇 가지를 열거해보겠다.

우선 유교를 정통으로 하는 입장에서 답안에 불교나 노장 등 이단의 말을 인용·언급하는 것 및 이와 비슷한 행위는 배척되었다.

① 『증보문헌비고』 권186, 성종2년(1471)

성종2년에 별시(別試)를 시행하였다. 과거시험에 응시한 어떤 자가 향시(鄕試)의 대책(對策)에서 부처에게 제사하여 화(禍)를 제거할 것을 언급하였기에 시험관이 그를 물리쳤다. 상께서 수찰(手札)로 비답을 내려 말하였다. "유생이 쓴 대책에 나는 몹시 분개하였다. 불교의 해로움을 누군들 알지 못하겠는가마는 하물며 공자와 맹자를 배우는 자에 있어서랴. 응당 유사(有司)로 하여금 먼 변방에 내치도록 하여 그 호오(好惡)를 명백히 보이도록 하라."[42]

② 『증보문헌비고』 권187, 선조33년(1600)

선조33년에 이함(李涵)이 『장자(莊子)』의 말을 사용하였다는 이유로 과거 합격 명단에서 이름을 삭제할 것을 명하였다. 상이 고관(考官)에게 교시하였다. "시제(試製)에서 노장(老莊)의 말을 쓴 자가 있다. 삼분(三墳)과 팔삭(八索) 이래로 본받을 만한 문장이 적지 않거늘, 어찌 장자의 부정하고 방탕한 말을 쓴

42 『增補文獻備考』 卷186 성종2년. "成宗二年, 行別試. 有擧子, 於鄕試對策言祀佛禳禍者, 試官斥之. 上手札下批曰, 儒生對策之辭, 予甚憤焉. 佛之爲害, 誰不知之, 況學孔孟者乎? 宜令有司屛諸遐裔, 明示好惡."

단 말인가! 이제 금단하는 것이 마땅하다."[43]

③『증보문헌비고』 권187, 숙종36년(1710)

숙종36년, 증광시의 대책에 부처의 말을 인용한 자가 있었는데, 대신(臺臣)들이 이를 빼버릴 것을 상계(上啓)하였다.[44]

①과 ③은 불교, 불교어에 대한 언급 · 인용을 기피할 것, ②는 노장(老莊) 용어의 인용을 금단해야 한다는 내용이다. 이외에도 수험생이 제술할 때 노장의 용어를 즐겨 사용하고 시관도 이를 기이하게 여겨 높이 평가했던 풍조를 들어, 이를 비판하는 언사가 여기저기 보이고 있다.[45]

다음으로 사서의(四書疑)의 답안에서 순자(荀子)의 인용이 문제시된 사례가 있다.

④『증보문헌비고』 권187, 숙종31년(1705)

감시(監試) 종장(終場)에 순자(荀子)를 인용하여 우수한 성적으로 합격한 자가 있었다. 참찬관(參贊官) 민진원(閔鎭遠)이 상께 아뢰기를 "사서의에서 외가(外家)의 문자를 인용하는 것은 격식에 크게 어긋납니다. 관계되는 바가 작지 않으니 법규를 정하여 엄금하십시오." 하니, 상께서 이를 윤허하였다.[46]

---

43 『增補文獻備考』 卷187 선조33년. "三十三年, 以李涵用莊語, 特命削科. 上敎考官曰, 試製用老莊語者. 自三墳八索以來, 可法之文不爲不多, 安用莊生詖淫之說! 今宜禁斷."

44 『增補文獻備考』 卷187 숙종36년. "三十六年, 增廣對策, 有引用佛語者, 臺臣啓拔之."

45 『增補文獻備考』 卷187 인조7년(1629). "李植曰, 唯是近代以來, 士習莊老縱橫之文, 製策文字, 浮誕支蔓, 全失雅正體裁. 以之登第, 不足朝廷辭令之用, 而試官專取其文字異常, 置之前列, 使之傳相慕,效 其弊極矣." 인조19년(1640). "趙翼又疏曰, 近來科擧大壞. 京中才俊之流, 則不事圓點治經, 專務作文. 其爲文, 又不本於經書, 如韓歐近理之文, 視以陳言. 惟從事於馬史莊子等書, 務以瓊奇相尙." 정조『弘齋全書』 卷11「翼靖公奏藁典禮類敍」의「待士引」조에도 다음의 언급이 있다. "先宣廟嘗禁擧子之用老莊文字者. 有李涵用莊語登第, 旋削. 至仁廟朝, 申其禁."

46 『增補文獻備考』 卷187 숙종31년. "監試終場有引荀子而參於高第者. 參贊官閔鎭遠白上曰, 四書疑引用外家文字, 大違程式. 所關非細, 定式嚴禁. 允之."

『조선왕조실록』의 기재에 의하면, 민진원은 이후 의제(疑題=四書疑의 출제) 및 그 답안에서 '외가문자(外家文字)'의 사용을 엄금하는 취지의 조항을 과장사목(科場事目)에 추가하자고 주장하여 숙종의 재가를 얻었다.[47] 순자는 맹자의 성선설을 비판하고 성악설을 주장하여 그 문하에서 이사(李斯)나 한비자(韓非子) 등 법가사상가를 배출하는 등 유가로서는 확실히 이색적인 존재였다. 그러나 『조선왕조실록』의 전후 문맥을 감안해보면 여기에서 말하는 '외가문자'란 아마 『사서(四書)』 이외의 문장 전반을 널리 가리키는 듯하다. 따라서 여기에서는 반드시 『순자』의 사상적 내용 자체가 문제시된 것은 아니다.[48] 또 답안 중에 색목(色目=이른바 사색당파 등의 붕당 · 당파)에 대한 언급을 금지하는 사례가 보인다.

⑤ 『증보문헌비고』 권187, 숙종8년(1682)

숙종8년, 증광(增廣) 초시(初試)에 응시한 자의 대책에 색목을 언급하여 합격한 자가 있었다. 대신 김수항(金壽恒)은 "억양(抑揚)의 사이에 절로 형적이 드러나니 이것을 가지고 취사한다면 반드시 사람들의 입에 오르내리게 될 것입니다."라고 하여 엄금하기를 계청(啓請)하였다.[49]

---

47 『朝鮮王朝實錄』 숙종31년 4월 2일 乙丑. "乙丑, 御晝講. 參贊官閔鎭遠啓曰, 科場之文, 自有程式. 少違程式, 有司黜之, 例也. 近來文體漸變, 不有程式.……今番監試覆試一所疑題, 有曰, 聖人之相人, 與相人之相人同歟, 異歟? 此雖曰, 出自東萊博議, 而疑題用外家文字, 係是創見, 有非程式. 而況以聖人與相人, 比較優劣, 似有欠於尊畏聖人之道, 已極未安. 且其優等入格之文起頭, 引用荀子人相篇云. 四書疑之引用外家文字, 曾所未見, 而置之高等, 前頭文體, 必將大變, 所關非細. 此後則疑題及入格之文, 勿用外家文字事, 添入於科場事目, 以爲定式施行之地何如? 上曰, 所達甚是. 依此爲之."

48 시대를 많이 내려가게 되나, 순자를 이단으로 언급한 사례도 있다. 『朝鮮王朝實錄』 정조15년(1791) 10월 24일 乙丑. "左議政蔡濟恭上箚曰……批曰, 卿見昨日臺批乎? 異端云乎者, 非獨老爲然, 佛爲然, 楊爲然, 墨爲然, 荀爲然, 莊爲然, 申爲然, 韓爲然. 凡諸子百家, 有萬其類之書, 少拂於正經常道, 而非先王之法言, 皆是也."

49 『增補文獻備考』 卷187 숙종8년. "八年, 增廣初試擧子對策, 有語及色目而入格者. 大臣金壽恒以爲, 抑揚之際, 自露形跡, 以此取捨, 必致人言, 啓請嚴禁."

당파 문제의 언급은 수험자 본인이 어떤 당파에 속해 있는지를 조심성 없이 드러내는 것이기도 하며, 심지어 속한 당파에 의해 합격 여부가 좌우된다는 억측을 초래하기 쉽다. 『조선왕조실록』에 의하면, 김수항의 상청(上請)은 숙종에 의해 가납(嘉納)되었다.[50] 그리고 실제로 이 조항은 그 후에 『수교집요(受敎輯要)』(1698), 『속대전』(1744) 등의 법전류에 명기되는 데 이른다.[51]

3

본장의 주제와 직접적인 관련은 없으나 과거답안[時文]의 문체에 대해서도 언급해두고자 한다. 주지하다시피 명청대의 과거답안은 팔고문(八股文)이라는 독특한 문체로 작성하게 되어 있었다.[52] 팔고문은 제의(制義)라고도 불리는데, 성인의 어기(語氣=口氣·肉聲)를 재현하는(성인을 대신하여 경의를 해석·해설) 것 및 4개의 대구(對句), 즉 팔고(八股)를 사용하는 것이 주된 특성이다.[53] 팔고문은 구체적으로 '파제(破題)', '승제(承題)', '기고(起股)', '허고(虛股)', '중고(中股)', '후고(後股)', '수결(收結)'로 구성되는데, 이

---

50 『朝鮮王朝實錄』 숙종8년 3월 27일 乙亥. "領議政金壽恒請對, 奏曰, 洪致祥試券文字, 一篇辭意, 極其冗雜. 不但大違程式, 亦可見其人之顚妄矣. 且科製文字, 切不可論及朋黨, 露其形迹. 自今科製, 語及色目者, 一切勿取, 以嚴科場而杜後弊. 上曰, 此人顚妄, 固不足深責, 而科場事體嚴重, 科製中語涉色目者, 另加禁斷."

51 『受教輯要』 卷3 禮典 「科擧」. "科製中, 語及色目者, 一切禁斷." 原注 "康熙壬戌承傳"(강희21년 壬戌은 숙종8년 1682) 『續大典』 卷3 禮典 「諸科」. "大小科場文字中, 語及色目, 或用奇僻之語者, 勿取." 『大全通編』 卷3과 『大典會通』 卷3도 마찬가지이다.

52 팔고문에 관해서는 鈴木虎雄(1934), 佐野公治(1988), 大木康(1992), 大木康(2006), 鶴成久章(2007, 3) 참조.

53 『明史』 卷70 「選擧志」 2. "科目者, 沿唐宋之舊, 而稍變其試士之法, 專取四子書及易書詩春秋禮記五經命題試士. 蓋太祖與劉基所定. 其文略仿宋經義, 然代古人語氣爲之, 體用排偶, 謂之八股, 通謂之制義." 『淸史稿』 卷108 「選擧志」 3. "有淸科目取士, 承明制用八股文, 取四子書及易書詩春秋禮記五經命題, 謂之制義."

중 '기고', '허고', '중고', '후고' 4개의 대구(對句)를 포함한다.[54]

한편 조선시대의 과거에서 답안의 문체에 관한 제약이 존재했는지에 대해『경국대전』이하의 법전류에는 명문화되어 있지 않다. 그러나 다음에서 나타나는 몇 가지 자료를 정황증거로 삼아, 조선시대의 과거에도 팔고문 내지는 그것이 조선 독자의 변화 발전을 이룬 것에 의한 답안 작성이라는 제약이 부과되었던 것을 추측해보고자 한다.

① 서명응(徐命膺, 1716~1787)『보만재집(保晩齋集)』권9「과거의(科擧議)」

국초의 책문은 자못 명나라 고황제와 유기(劉基)가 정한 팔고의 문체를 근본으로 하였는데 그래도 다소 볼만한 점이 있었다. 예를 들면 선정신(先正臣) 문정공(文正公) 조광조(趙光祖)의「알성제책(謁聖制策)」과 선정신 문성공(文成公) 이이의「생화천도책(甡畫天道策)」이 그것이다. 이것이 변하여 지금의 문체[今體]가 되었는데 변화가 어느 때부터 시작된 것인지는 모르겠으나, 지금의 문체는 층절(層節)이 지나치게 많고 지의(旨義)가 번복되어 문장의 도입부만 거대하고 말미는 소략하니 체단(體段)이 이루어지지 않는다. 심지어는 과거시험에 응시한 선비들조차 문장의 허두(虛頭)와 중두(中頭)만 짓고, 그 나머지 축조(逐條) 이하로는 모두 다른 사람의 문장을 베껴서 사용한다. 책문조차 이와 같으니 비록 날마다 수천만 편의 문장을 시험한다 하여도 실로 치국을 논한 글의 우열을 가릴 수 없을 것이다.[55]

---

54 八股의 구성이나 각 부의 명칭에는 여러 설이 있다. 여기에서는 편의상 大木康(1992) 및 大木康(2006)에 따른다. 鈴木虎雄(1934)이 기록한 바도 거의 같다.

55『保晩齋集』卷9「科擧議」. "國初策文, 頗以皇明高皇帝與劉基所定八股文體爲本, 而猶多可觀. 如先正臣文正公趙光祖之謁聖制策, 先正臣文成公李珥之甡畫天道策, 是也. 其變爲今體, 不知刱自何時. 而層節太多, 旨義繁複, 頭大尾小, 不成體段. 甚至於場屋之士, 只製虛頭中頭, 其餘逐條以下, 盡謄他人之文而用之. 如此策文, 雖日試千萬篇, 亦無以見其論治之優劣."『한국문집총간』233책 수록.

위 글에서 서명응은 국초 이래로 대책을 작성할 때에는 황명(皇明)을 따라 팔고의 문체가 채용되어왔으나, 어느새 그 문체는 변용되어 지금에 이르렀다고 서술하였다. 이 기술이 사실이라면 적어도 조광조나 이이 시대까지는 대책에서 팔고문이 사용되었던 것이다. 그것이 이 문장의 필자 서명응의 시대에는 이미 '금체(今體)'로 변화되었다고 한다. 문장의 '허두(虛頭)', '중두(中頭)'가 '허고(虛股)', '중고(中股)'에 대응하는 것인지, 혹은 '축조(逐條)'도 포함하여 '금체'를 구성하는 조선 독자의 정식(程式)을 가리키는 어휘인지는 미상이다('축조'라는 말은 아래 인용한 ⑤에도 보인다).

또한 위 글에 실례(實例)로서 들고 있는 두 대책은, 각각 조광조의 「알성시책(謁聖試策)」(『靜庵集』 권2, 중종10년 을해 1515, 조광조 34세) 및 이이의 「천도책(天道策)」(『栗谷全書』 권14 명종13년 무오 1558, 이이 23세)을 가리키는 것으로 생각된다.[56]

② 정경세(鄭經世, 1563~1633) 『우복집(愚伏集)』 권14 「방유장옥사자문(榜諭場屋士子文)」

정경세는 사마시의 고관을 역임할 때 수험생에게 고시한 방유(榜諭)에서 문체의 형식에 얽매이지 말고 내용을 중시하라는 훈계를 하고 있다.

> 제생들 가운데 경서의 뜻에 능통한 자는 그 뜻으로써 글을 지으라. 또 쌍두(雙頭)와 파제(破題)를 옛 문체의 형식에 맞추려고 해서는 안 된다. 다만 시제의 뜻을 가지고 토론하고 연역하되, 논체(論體)와 같이 쓰더라도 좋을 것이다. 절대 옛 문체의 폐습을 따라서 물결을 쫓는 듯이 하지 말라.[57]

---

56 『靜庵集』은 『한국문집총간』 22책, 『栗谷全書』는 『한국문집총간』 44책. 집필 시기는 각각 『靜庵集』 附錄 卷5 「靜庵先生年譜」 및 『栗谷全書』 卷33 附錄 「年譜」에 의거한다.

57 『愚伏集』 卷14 「榜諭場屋士子文」. "諸生有能通經義者, 以義爲主篇. 又不須雙頭破題, 求合舊樣. 但將題意討論敷繹, 有如論體亦佳. 切勿因循弊習, 隨波逐浪." 『한국문집총간』 68책 수록.

정경세의「연보」에 의하면 이 문장은 인조8년(1630)의 집필이다.[58] ①에서 팔고문이 확실히 행해졌다고 하는 시대로부터 반세기 이상 시간이 경과하였다.

글 속의 '쌍두(雙頭)'는 대우(對偶=對句)를 의미하는 것으로 생각되나 혹은 ①에서 '허두', '중두'에 대응하는 개념일 가능성도 있다. 여기에서 '쌍두', '파제'는 역시 팔고문 또는 이와 비슷한 문체의 구성에 관련된 어휘일 것이다.

그리고『증보문헌비고』(권187「選擧考」4)는 인조7년(1629)의 조에 '정경세 논감시제생문왈(鄭經世論監試諸生文曰)'이라고 하여 위의 방유(榜諭)를 인용하고 나서 "지공거 정경세는 우선 문자가 순리대로 진퇴(進退)하고 있는지를 보았으니, 기괴하고 험벽한 글이 절대 퍼질 수 없었다. 시문의 폐습은 이에 일변하였다.[鄭經世知貢擧, 先觀文字順理進退之. 奇怪險僻, 絶不得逞. 時文之習, 幾乎一變]"라 서술하고 있다. 두 개의 자료를 함께 보면 답안의 논리성보다도 양식미 · 형식미를 추구하여 기교에 공을 들이는 풍조와 폐해가 당시에 이르기까지 존속되고 있던 정황을 추측할 수 있다.

③ 송덕상(宋德相, 1710~1783)『과암집(果菴集)』권7「경의문변(經義問辨)」–『중용』제29장

송덕상은『중용장구』제29장의 해석에 대해 강술하는 글의 말미에서 다음과 같이 서술하고 있다.

> 이 밖에 아마도 다른 뜻이 없을 것이나, 만약 굳이 시문(時文)처럼 입제(入題) · 파제(破題) · 회제(回題)의 규칙을 사용하여 어느 장은 여기에 있어서 그 뜻이 이와 같고, 어느 장은 저기에 있어서 그 의미가 저와 같게 된다면, 이는 또

58『愚伏集』別集 卷7「年譜」庚午崇禎三年今上八年先生年六十八歲. '二月新柳, 差監試試官' 條.

한 천착한 것이다.[59]

여기에서 말하는 '입제(入題)', '파제(破題)', '회제(回題)'는 후술할 자료(⑥⑦)에도 그대로 보이는 것으로, 아마 당시 조선에서 시문(時文)의 결구(結構) 구성을 나타내는 어휘일 것이다. 위의 글은 『중용장구』 각 장의 배치 배열이나 그 전체 구성을 시문의 결구에 비유하여 논한 해석을 천착에 빠진 것이라고 보는 내용으로, 당시 시문이 일정 정도 정해진 형식에 따른 문체로 작성되고 있었던 정황을 말해준다.

④ 이상정(李象靖, 1711~1781) 『대산집(大山集)』 권42 「과거사의(科擧私議)」 기미(己未)

이상정은 「과거사의」에서 '대우파제지법(對偶破題之法)'의 폐지를 주장하고 있다.

> 사장과(詞章科)에 있어서 시(詩)와 부(賦)의 화려한 문사와 표(表)와 송(頌)의 아첨하는 문체는 덕행(德行)과 도예(道藝)의 실제에 무익한 것이니 역시 차차 그만두게 해야 한다. 의(疑), 의(義), 논(論), 책(策)도 굳이 대우(對偶)와 파제(破題)의 법을 사용할 것 없이 오직 의리에 근거하고 사실을 진술하는 데 힘써 번다한 문장과 거만한 말투로 과시하거나 아름다운 문사와 공교한 말로 기교를 뽐내지 않아야 한다.[60]

글 속의 '대우와 파제의 법'이란 '대우'나 '파제'라는 답안 작성상의 제약을

---

59 『果菴集』 卷7 「經義問辨」. "此外恐無他義. 若必欲如時文入題破題回題之規, 而某章之在此, 其旨如此, 某章之在彼, 其意如彼云爾, 則亦鑿矣." 『한국문집총간』 229책 수록.

60 『大山集』 卷42 「科擧私議」 己未. "詞章之科, 則詩賦浮艷之辭, 表頌諂諛之體, 無益於德行道藝之實者, 亦可次第罷休. 而疑義論策, 亦不必爲對偶破題之法, 惟務根據義理, 指陳事實, 不爲煩文謾語以夸多, 不爲綺辭巧說以逞奇." 『한국문집총간』 227책 수록.

가리킨다. 이와 관련하여 '파제'는 중국의 팔고문에서는 대책의 첫머리에서 책문의 제의(題意)를 몇 구절로 도파(道破)하는 것, 요컨대 기구(起句)를 의미하나 조선에서는 팔고의 제7, 제8을 의미한다는 지적이 있다(후술 ⑦). 「과거사의」는 과거의 폐해를 열거하면서 개혁을 주장한 문장이다. 이러한 문맥 속에서 대우와 파제의 법을 폐지하자고 제기한 것은, 역으로 당시 사서의(四書疑) · 오경의(五經義) · 논책(論策)의 답안 작성에서 이 법식의 채용이 요청되어 많은 폐해를 초래했던 정황을 말해준다고 할 수 있을 것이다.

⑤ 정조 『홍재전서』 권49 책문(策問) 2 「책규(策規)」 초계문신과강비교(抄啓文臣課講比較) (정조7년 癸卯, 1783)

정조7년(1783)의 초계문신에 대한 책문 중에서 정조는 팔고의 폐해를 구체적으로 지적하고 있다.

> 왕은 말한다. "……이른바 허두(虛頭)의 연의(衍義)라는 것은 진정 혹덩어리와 같고, 중두(中頭)의 조어(造語)라는 것은 한갓 승묵(繩墨)을 따랐을 뿐이다. 축조(逐條)는 질문에 따라 대략 제시하고, 대저(大抵)는 제목에 따라 전문을 베껴 쓰며, 구폐(救弊)는 억측한 대답을 진언하고, 편의 말미에는 고사(故事)를 인용하여 미리 강구하며, 말미를 달아 다급함에 부응하는 것은 전혀 실용적이지 못하다. 어찌 다만 대답하는 자만이 전례의 투식을 인습하였겠는가. 이는 아마도 책문을 내는 규정이 억지로 정해져 있기 때문일 것이다. 비록 보불(黼黻)을 만들 수 있는 뛰어난 솜씨를 가진 자라 하더라도 시험 답안지에 들어 있는 팔고문이라는 배비(排比)의 형식에 얽매여 있으니 어찌하겠는가. 만약 이 형식에서 벗어나지 못한다면, 종횡무진한 예악(禮樂)으로도 포서(鋪敍)하기 어려울 것이다. 만약 고금을 참작하여 설문(設問)하는 규정을 정하고 적용할 수 있는 문장을 얻고자 한다면, 어떻게 고쳐야 설문을 잘하였다고 할 수 있고 대답하는

자의 뜻을 발휘하게 할 수 있겠는가?"[61]

'묵첩(墨帖=시험의 답안)'에서 '팔고문이라는 배비(排比)의 형식[八股排比之程式, 比는 대구의 한쪽을 가리킨다]이 화제가 된 이상, 위 문장에서의 '허두(虛頭)', '중두(中頭)', '축조(逐條)', '대저(大抵)', '구폐(救弊)', '편종(篇終)'은 팔고문 내지는 이와 비슷한 문체의 구성에 관한 어휘일 것이다.[62] 여기에서는 팔고의 형식에 구속된 답안이 용장(冗長)·진부(陳腐)·공소(空疏)하여 실용에 도움 되는 바가 없는 현상을 비판하고서, 이는 수험생과 출제자 쌍방이 옛 투식과 옛 관습에 얽매인 결과라고 지적하며 책문의 개선책에 관한 구체적 제안을 하문하고 있다.

⑥ 이학규(李學逵, 1770~1835)『낙하생집(洛下生集)』책10, 인수옥집(因樹屋集)「답(答)」

우리나라 시문(時文)의 격식은 국초의 춘정(春亭) 변계량(卞季良)에게서 비롯되었으니, 중국의 팔고문체와 조금 비슷하나 큰 차이가 있다. 같은 점은 파제(破題)가 있다는 것이고, 다른 점은 입제(入題)·포두(鋪頭)·회제(回題) 등의 법이 있다는 것이다.[63]

---

61 『弘齋全書』卷49 策問 2「策規」. "王若曰……所謂虛頭之衍義, 眞同贅疣, 中頭之造語, 徒循繩墨. 逐條之隨問略提, 大抵之趁題全謄, 救弊之臆對陳言, 篇終之引古預講, 續尾副急, 全乏實用. 奚但對者之因循例套. 蓋由發問之勒定塗轍. 雖有黼黻之高手, 奈拘墨帖之八股排比之程式. 若不擺脫, 縱橫之禮樂難容鋪敍. 如欲參酌古今, 以定設問之規, 要得適用之文, 則不知改之如何, 可謂善問, 而有以發對者之意歟."『한국문집총간』263책.

62 이 어휘는 다음의 자료에도 보인다.『弘齋全書』卷161「日得錄」1「文學」. "謂臣念祖臣志儉曰 今之策問, 非古也. 故其對愈下. 如所謂虛頭中頭逐條大抵設弊捄弊篇終, 問者皆預爲之設. 而對者則隨條步趨, 依樣敷衍而已. 因襲旣久, 莫不有一定之套. 語雖善, 將焉用之."『한국문집총간』267책.

63 『洛下生集』冊10 因樹屋集「答」. "本朝時文體格, 始於國初卞春亭, 與中國之八股體,

⑦ 이학규『낙하생집(洛下生集)』책20, 동사일지(東事日知)「과문체격(科文體格)」

> 우리나라 과거 응시에 있어 여러 문장의 격식은 모두 국초 변계량에게서 비롯되었다. 부(賦)에는 파제(破題)의 법이 있고, 시(詩)에는 입제(入題)·회제(回題) 등의 법이 있다.……지금 중국의 팔고문체도 기구(起句)로 파제를 삼는데, 팔고라는 것은 여덟 구로 된 시이다. 우리나라에서는 제7, 8구를 파제로 삼는데, 입제와 회제라는 것은 고악부(古樂府)의 일해(一解), 이해(二解)와 같은 것이다. 단락을 칭하지 않으니 특히 조리가 없다.[64]

이학규의 위 두 자료는 중국 팔고문과의 동이(同異)를 구체적으로 들어가면서 조선의 독자적인 시문격식의 존재를 분명히 말하고 있다는 점에서 주목할 만하다. 글 속에서 언급된 변계량은 태종~세종대에 활약한 문인 관료로 "문형을 담당한 지 20여 년[典文衡二十餘年]"[65]이라 일컬어지듯 국초의 문교정책에 깊이 관여한 인물이다. 그러나 인용문의 첫 문장이 의미하는 바가 변계량의 제안에 의해 시문격식이 정해졌음을 말하는 것인지, 아니면 변계량의 과거(科擧) 답안이 그 이후 시문격식의 모범이 된 것인지 분명하지 않다.[66] 또한 앞에 인용한 ①에서는 국초의 대책(對策) 문체는 명

小同而大異. 同者, 以其有破題. 異者, 以其有入題鋪頭回題等法也."『한국문집총간』290책.

64 『洛下生集』冊20 東事日知「科文體格」. "本朝應擧諸文體格, 皆始于國初卞季良. 賦有破題, 詩亦有入題, 回題等法.……今中國八股體, 亦以起句爲破題. 八股者, 八句詩也. 我國則第七八爲破題, 其云入題, 回題, 如古樂府一解二解然. 而段落不稱, 殊甚無理."

65 卞季良『春亭集』附錄「行狀」(鄭陟 撰), 『한국문집총간』8책.

66 앞 주석에서 인용한「行狀」에는 "典文衡二十餘年"에 이어서 "再爲親試讀卷官. 取士一出於至公, 嚴其棘圍, 禁其挾持, 革前朝冒濫之習, 正萬世科場之法, 士流咸服."이라는 구절이 있으며, 또 이「行狀」의 지적에 관련이 있다고 생각되는 변계량의 저작으로『春亭集』卷7「科擧試製述上書」『春亭續集』卷1「請科制罷講經用製述疏. 戊申四月」이 있다. 그러나

의 팔고문에 준거한다고 했으나 나중에는 이것이 '금체(今體)'로 변용했다고 하였다. 그런데 여기에서는 국초의 시점에서 이미 그 문체격식은 팔고문과 "조금 비슷하나 큰 차이가 있다."고 하여 사실관계를 정리함에 아직 검토의 여지가 남아 있다. 그러나 이미 서술했듯 이 두 자료는 '파제(破題)', '입제(入題)', '포두(鋪頭)', '회제(回題)' 등을 요소로 하는 '본조시문격체(本朝時文體格)', '본조응거제문체격(本朝應擧諸文軆格)'의 존재를 명기하고 있다는 점에서 매우 중요하며, 또 이 여러 요소가 ③의 지적과 합치된다는 점에서도 어느 정도 신빙성을 확인할 수 있다.

이상의 여러 자료에 비추어본다면 조선에서 시문의 문체격식에 대해서는 그 실태에 다분히 불분명한 부분이 남아 있고 또 시대에 따른 양식의 변화 변용도 추측되나, 적어도 중국의 팔고문과 비슷한, 답안 작성상 무언가의 제약이 존재했음은 틀림없을 것이다.[67]

Ⅲ. 『사마방목(司馬榜目)』을 통해서 본 조선시대의 과거와 주자학

『사마방목』 전17책(국학자료원, 1990년)은 숙종10년(1684)부터 고종31년(1894)에 이르기까지의 사마시(식년, 증광) 방목(榜目=합격자 명부)으로, 합계 99회분이 수록되어 있다.[68] 그리고 각 방목의 말미에는 원칙적으로 초시

이 두 저작에는 답안의 문체에 관한 언급은 보이지 않는다. 한편 변계량의 답안으로는 『春亭集』 卷8 「殿試大策幷題」가 있다.

67 팔고문 채용의 실태에 관해서는 본래, 중국 팔고문에 관한 여러 선행연구 전부가 그러하듯, 程文(시험관에 의한 代作)이나 墨卷(수험생의 답안) 등 실제 작품 분석을 통하여 검증이 행해져야 함은 물론이나, 이번에는 그렇게까지 검토하지는 못하였다.

68 그러나 해당 기간 중 실시된 사마시의 榜目이 빠짐없이 수록된 것은 아니다. 『增補文獻備考』 卷189~190에 수록된 「本朝登科總目」은 조선시대 실시된 사마시와 문과 과거 전부를 기록하고 있다. 지금 『司馬榜目』 冊1 所收의 기간에 대해 「本朝登科總目」에 기록된 사마시를 열

및 복시의 출제 내용(試題)이 수록되어 있다. 따라서 『사마방목』은 조선시대의 인물 전기에 관한 기본적 공구서일 뿐만 아니라 조선시대 과거제의 실태를 고찰함에 있어서도 매우 유용한 자료이다.

실제로 『사마방목』에 수록된 시제를 통람해보면 출제자나 수험생 쌍방이 경서해석에 있어 어떠한 텍스트 · 주석서에 준거하고 있었는지, 수험생에게 어떠한 지식소양이 요구되었는지에 대한 사항을 일정 정도 밝히는 것이 가능하다.

예를 들면 사서(四書) 텍스트의 문제이다. 앞 절에서 서술했듯이 사마시 중 생원시의 초시(향시)와 복시(회시) 및 문과 초시(향시)의 초장(初場)에서는 사서의(四書疑)가 출제되었다. 사서 중 『대학』과 『중용』은 원래는 『예기』 속의 한 편이었다. 이를 주희가 독립 · 단행시켜 분장구독(分章句讀)과 주석을 가한 것이 『대학장구』, 『중용장구』이다. 따라서 사서를 일괄적으로 출제하는 사서의에서 의거한 텍스트가 주희의 『사서집주』임은, 어쩌면 검증할 것도 없이 자명한 일일지도 모른다.[69] 실제로 사서의의 내용을 검토해보면 이 부분은 쉽게 확인할 수 있다. 그리고 『사서집주』에 붙여진 주희의 주석이 출제 내용인 경우도 적잖이 존재한다. 게다가 『사서대전』에 의거하여 출제한 사례도 다수 검출된다. 이런 사례들은 조선시대의 과거가 주자학

거해보면 ①숙종10년(1684) 式年, ②13년(1687) 式年, ③15년(1689) 增廣, ④16년(1690) 式年, ⑤17년(1691) 增廣, ⑥19년(1693) 式年, ⑦22년(1696) 式年, ⑧25년(1699) 式年, ⑨25년 增廣으로, 이 중 ⑥과 ⑧은 『司馬榜目』 冊1에는 수록되지 않았다. 한편 현존하는 사마방목의 총목록으로는 일찍이 三木榮(1957), 桂勳模(1968)가 작성되어 있다. 그러나 이는 모두 국학자료원(1990)이 간행되기 이전의 연구 성과이다.

69 과거에서 四書疑의 출제와 주자학 존숭 자세를 관련지어 논한 것으로는 이황의 발언이 있다. 『退溪先生續集』 卷8 「回示詔使書」. "至于國朝, 獲蒙皇朝頒賜四書五經大全性理大全等書. 國朝設科取士, 又以通四書三經者, 得與其選. 由是, 士之誦習, 無非孔孟程朱之言." 거의 비슷한 내용의 기술이 다음의 여러 책에도 보인다. 奇大升 『高峯先生續集』 卷2 「天使許國魏時亮問目條對」, 尹根壽 『月汀集』 別集 卷1 「答陸學正問目」. 李成茂(2008)는 고려시대 때 四書疑 창설을 언급하는 문맥에서, '사서의의 課試 그 자체가 과거에 대한 주자학의 현창을 의미한다'라는 견해를 서술하고 있다(67쪽). 그의 글에 의하면 조선시대 초기 60년간은 사마시에서 진사시와 생원시 중 진사시는 실시되지 않았다. 이는 주자학을 신봉하는 신진관료들이 詞章보다도 經學을 중시하는 입장에서 주도한 정책이었다(79쪽, 115~116쪽).

과 불가분의 밀접한 관계를 맺고 있었다는 것을 말해주는 것이다. 다음의 항목에서 구체적으로 예를 들어보겠다.[70]

1. 사서의(四書疑) – 생원시

사마시의 시제 중 경서해석에 직접적으로 관련된 것은 오경의(五經義)와 사서의(四書疑)이다. 다만 오경의는 예를 들어 "어진 자의 제사는 반드시 그 복을 받는다.[賢者之祭, 必受其福]"(『甲子式年司馬榜目』회시? 생원시, 一所, 禮義),[71] "내 날로 매진하거든 너는 달로 매진하라.[我日斯邁, 月斯征]"(上同, 二所, 詩義)[72] 등과 같이, 『오경(五經)』중 하나의 경서에서 몇 문자 내지는 십수 문자의 문장을 발췌하여 출제하고 그 해석을 묻는 것이었다.[73] 이 때문에 오경의의 시제만으로는 의거한 텍스트나 주석서를 추측할 단서는 전혀 얻을 수 없다. 이에 비하면 사서의의 시제는 비교적 장문으로 본장의 문제의식에 있어 유용한 여러 정보를 제공해준다.

(a)『대학장구』『중용장구』의 분장(分章)에 의거하고 있는 것

①『숭정삼경오식년사마방목(崇禎三庚午式年司馬榜目)』(영조26년, 1750) 회시, 일소(一所)(책4, 499쪽)[74]

문제:『중용』첫 장에서 "하늘이 명한 것을 성(性)이라 한다."라고 하였고, 마

70 이하『司馬榜目』을 인용할 때에는 國學資料院本의 冊數와 쪽수를 나타낸다.

71 숙종10년 1684년(『司馬榜目』冊1, 74쪽) 인용된 경문은『禮記』「祭統」.

72 『司馬榜目』冊1 75쪽. 인용된 경문은『詩經』小雅「小苑」.

73 五經義의 試題도 당초에는 長文이었으나, 인조11년(1633) 이래 單句에 의한 출제로 바뀌었다. 李成茂(2008), 219쪽.

74 향시나 회시에서 수험생을 두 장소로 나누어 수용할 때, 제1시험장이 一所, 제2시험장이 二所이다. 一所와 二所에서는 각각 다르게 출제되었다. 통상적으로 一所는 禮曹, 二所는 성균관에서 실시되었다. 아래에서 榜目의 제목은 원칙적으로 각 방목의 第一葉第一行의 기재에 따른다. 그러나 제목이 長文일 경우에는 적절히 생략하여 나타내며, 시제 또한 반드시 全文을 싣는 것이 아니라 적절하게 절략하여 인용한다.

지막 장에서 "상천(上天)의 일은 소리도 없고 냄새도 없다."라고 하였다. 이미 '천명(天命)'이라 했다면 '명(命)'은 '령(令)'과 같은 것인데 이른바 무성무취(無聲無臭)라 한 것은 어째서인가? 제12장에서 솔개가 하늘을 나는 것에 비유하며 '하늘이 이치가 밝게 드러난 것'이라 하였고, 제26장[75]의 '오목불이(於穆不已)'의 시를 '하늘이 이치가 그치지 않는 것'이라 말하였다. 역시 모두 첫 장과 마지막 장의 뜻에 부합하는 것인가?[76]

② 『숭정삼갑오식년사마방목(崇禎三甲午式年司馬榜目)』(영조50년, 1774) 회시, 이소(二所)(책5, 625쪽)

문제: 『대학』 전9장은 『시경(詩經)』에서 세 편의 시를 인용하여 제가(齊家)의 덕을 설명하였는데, 「도요편(桃夭篇)」에서만 흥(興)을 일으키는 말을 아울러 인용한 것은 그 의미가 무엇인가?[77]

③ 『숭정기원후삼정유증광사마방목(崇禎紀元後三丁酉增廣司馬榜目)』(정조원년, 1777) 회시, 이소(책6, 169쪽)

문제: 『대학』 전10장에서 재물을 다스리고 인재를 등용하는 것은 언급하면서 예악(禮樂)과 형정(刑政)을 언급하지 않은 것은 어째서인가?[78]

④ 『숭정삼을축증광사마방목(崇禎三乙丑增廣司馬榜目)』(순조5년, 1805) 초시, 이소(책8, 261쪽)

---

75 '第十六章'은 '第二十六章'의 誤刻일 것이다.

76 『崇禎三庚午式年司馬榜目』 會試 一所. "問. 中庸首章曰, 天命之謂性. 末章曰, 上天之載, 無聲無臭. 旣曰 天命, 則命猶令也. 其所謂無聲無臭, 何歟. 第十二章鳶飛之喩, 言天理之昭著也. 第十六章於穆之詩, 言天理之不已也. 亦皆合於首末兩章之旨歟?"

77 『崇禎三甲午式年司馬榜目』 會試 二所. "問. 大學傳九章, 三引詩以齊家之德, 而獨於桃夭幷引起興之辭, 其義何歟?"

78 『崇禎紀元後三丁酉增廣司馬榜目』 會試 二所. "問. 大學傳十章, 言理財用人而不言禮樂刑政, 何歟?"

문제: 『중용』의 큰 뜻은 요컨대 '솔성(率性)의 도'에서 벗어나지 않는다. ……12장에서 솔개가 하늘을 날고 물고기가 못에서 뛰어오른다 하였고[鳶飛魚躍], 16장에서 귀신의 덕[鬼神之爲德]에 대해 말하였는데, 과연 어디에서 '솔성의 도'의 의미를 볼 수 있는가?[79]

⑤ 『숭정기원후사무자식사마방목(崇禎紀元後四戊子式司馬榜目)』(순조28년, 1828) 초시, 이소(책10, 252쪽)

문제: 『중용』 31장에서 "부박(溥博)은 하늘과 같고, 연천(淵泉)은 못과 같다."라고 하였고, 32장에서 "연연(淵淵)한 그 못이며, 호호(浩浩)한 그 하늘이다."라고 하였다. 앞에서는 '하늘과 같고 못과 같다' 하고, 뒤에서는 '그 못이며 그 하늘이다'라고 하니, 혹 같고 다른 점에 대해 설명할 것이 있는가?[80]

⑥ 『숭정기원후사을미경과증광사마방목(崇禎紀元後四乙未慶科增廣司馬榜目)』(헌종원년, 1835) 회시, 일소(책10, 515~516쪽)

문제: 『대학』 전10장이 첫 장의 뜻을 종결지었다고 하는 이유는 혈구(絜矩)가 바로 지선(至善)의 의미이기 때문이다. 그렇다면 명덕(明德)과 신민(新民)에 있어서 응당 어느 부분에 속하는 것인가?[81]

『예기』「중용」이나 『예기』「대학」에는 원래 경전의 구별이나 분장(分章)은 존재하지 않는다. 따라서 이상의 내용으로부터도 사서의의 출제가 『대학장구』, 『중용장구』에 준거하여 행해졌음을 확인할 수 있다.

---

79 『崇禎三乙丑增廣司馬榜目』 初試 二所. "問. 中庸大旨, 要不出率性之道. ……十二章言鳶魚, 十六章言鬼神, 於何見率性之道歟?"

80 『崇禎紀元後四戊子式司馬榜目』 初試 二所. "問. 中庸三十一章曰, 溥博如天, 淵泉如淵. 三十二章曰, 淵淵其淵, 浩浩其天. 如天如淵, 其淵其天, 或有同異之可言歟?"

81 『崇禎紀元後四乙未慶科增廣司馬榜目』 會試 一所. "問. 大學傳之十章, 所以結首章之旨, 則絜矩果是至善之義, 而於明德新民上, 當屬何邊看歟?"

그리고 사마방목의 각 제목에 실시 연도가 숭정기년(崇禎紀元)으로 기재되어 있는 것은, 명청교체[華夷變態] 이후 당대 중국[淸朝]의 원호를 사용하는 것을 탐탁지 않게 여기는 존명배청 사상의 표명임이 틀림없다.[82]

(b) 주희 「중용장구서(中庸章句序)」에서 출제한 것

• 『숭정기원후사무오식사마방목(崇禎紀元後四戊午式司馬榜目)』(철종9년, 1858) 회시, 일소(책12, 373쪽)

문제: 『중용』 서문에 "인심(人心)은 형기(形氣)의 사사로움에서 생겨난다."라고 하였다. 그러나 인심이 이미 형기의 사욕에서 생겨난 것이라면, 비록 상지(上智)의 자질을 가진 자라도 인심이 없을 수 없다고 하는 것은 무엇 때문인가?[83]

또 후술하겠지만, 진사시의 시제에서 주희의 「대학장구서」의 말을 사용하고 있는 사례가 있다.

(c) 『사서집주』 그 자체를 출제 내용으로 한 것

① 『숭정기원후사정해경과증광사마방목(崇禎紀元後四丁亥慶科增廣司馬榜目)』(순조27년, 1827) 회시, 이소(책10, 170쪽)

문제: 『중용』과 『대학』은 『대기(戴記)』의 여러 편 중에 실려 있던 것인데 정자가 그것을 끄집어내어 나란히 『사서(四書)』로 만드셨다. 만약 『대기』를 존중하고 믿었다면 어찌 굳이 본래 있는 경을 버리고 따로 각 편의 책을 만든 것인가? 『중용』과 『대학』 두 책은 하나의 통일된 글이었는데 정자와 주자가 장을 나누어 의미를 드러내었으니 반드시 정밀한 뜻이 있을 것이다. 『대학』에서는 경과 전

82 조선조에서 崇禎紀元의 사용례에 대해서는 藤田亮策(1963)의 '崇禎紀年' 항목(327쪽 이하)을 참조.

83 『崇禎紀元後四戊午式司馬榜目』 會試 一所. "問. 中庸序曰, 人心生於形氣之私. 人心旣是生於形氣之私欲, 則雖上智不能無人心, 何歟?"

을 따로 세우고 『중용』에서는 단지 순서만 칭한 것은 어째서인가?[84]

② 『숭정기원후오무자식년사마방목(崇禎紀元後五戊子式年司馬榜目)』(고종25년, 1888) 초시, 이소(책16, 201쪽)

문제: 『논어』와 『맹자』의 주는 반드시 '집주'라 하고, 『중용』과 『대학』의 주는 반드시 '장구'라고 한다. 글을 해석한 의미는 같은데 어떤 경우는 집주라 하고 어떤 경우는 장구라 하는 것은 무슨 까닭인가?[85]

(d) 『대학』 삼강령에서 신민설(新民說)을 채용한 것

주지하다시피 『예기』「대학」의 '친민(親民)'을 정이나 주희는 '신민(新民)'으로 바꾸어 읽었다. 한편 왕수인은 고본 대학에 의거하여 신민설을 채용하였다. '신민'과 '친민' 어느 것을 채용할지는 그 인물이 주자학의 입장인지, 양명학의 입장인지를 식별하는 하나의 지표가 된다. 이 점에서 『사마방목』 내의 시제는 모두 신민설을 취하고 있다.

① 『기묘증광사마방목(己卯增廣司馬榜目)』(숙종25년, 1699) 회시, 이소(책1, 527쪽)

문제: 『대학』 경1장에서 '명덕', '신민', '지지선(止至善)'을 말하였고, 『중용』 제1장에서 '천명', '솔성', '수도(修道)'를 말하였다. 『중용』과 『대학』은 서로 표리관계가 되는데 첫 장의 의미가 같지 않은 것은 무슨 까닭인가?[86]

---

84 『崇禎紀元後四丁亥慶科增廣司馬榜目』 會試 二所. "問. 中庸大學, 俱載於戴記諸篇之中. 而程子拔之, 列爲四書. 苟尊信之, 則何必舍本在之經而別爲各篇之書歟? 兩書俱是一統文字, 而程朱分章而發揮之, 必有精義, 則於大學立經立傳, 於中庸只稱第次者, 何歟?"

85 『崇禎紀元後五戊子式年司馬榜目』 初試 二所. "問. 論語孟子注, 必曰集注, 中庸大學注, 必曰章句. 訓釋之義, 一也. 而或曰集註, 或曰章句者, 何歟?"

86 『己卯增廣司馬榜目』 會試 二所. "問. 於大學經一章曰明德, 曰新民, 曰止至善. 於中庸第一章曰天命, 曰率性, 曰修道. 庸學相爲表裏, 而首之義不同, 何歟?"

②『숭정삼임자식년사마방목(崇禎三壬子式年司馬榜目)』(정조16년, 1792) 회시, 일소(책7, 182쪽)

문제: 『대학』 전2장에서 '신민'의 뜻을 풀이하였는데, 장 안에 나오는 다섯 번의 '신(新)' 자가 모두 '신민'의 '신'을 풀이하는 뜻이 아니다. 신민의 뜻을 풀이하는 것이 어디에 있는가? 그 의미를 듣고자 한다.[87]

③『숭정기원후사정묘식년사마방목(崇禎紀元後四丁卯式年司馬榜目)』(고종4년, 1867) 회시, 이소(책13, 397~398쪽)

문제: 『대학』 첫 장에서 "대학의 도는 명덕(明德)을 밝히는 데 있고, 백성을 새롭게 하는 데 있고, 지선(至善)에 그치는 데 있다."라고 하였고, 『중용』 첫 장에서 "하늘이 명한 것을 성(性)이라 하고, 성을 따르는 것을 도(道)라 하고, 도를 닦는 것을 교(敎)라 한다."라고 하였다. 『대학』은 첫 장에서 대학을 말하였는데, 『중용』은 첫 장에서 중용을 말하지 않았으니 어째서인가?[88]

(e) 시제 중에 주희를 주부자(朱夫子)라고 칭한 것

시제 중에서 주희를 언급할 때의 호칭은 '주자(朱子)'가 일반적이나 '주부자(朱夫子)'라는 호칭도 적지 않게 존재한다.[89] 이러한 호칭을 사용하는 것 자체가 말할 필요도 없이 주희 및 주자학에 대한 존숭의 자세를 명시하는 것이다. 그 중 두 가지 사례를 들어본다.

①『숭정기원후사정유식사마방목(崇禎紀元後四丁酉式司馬榜目)』(헌종3년,

---

87 『崇禎三壬子式年司馬榜目』 會試 一所. "問. 大學傳二章釋新民之義, 而章內五新字, 皆非新民之新. 焉在其釋新民之義歟. 願聞其義."

88 『崇禎紀元後四丁卯式年司馬榜目』 會試 二所. "問. 大學首章曰, 大學之道, 在明明德, 在新民, 在止於至善. 中庸首章曰, 天命之謂性, 率性之謂道, 修道之謂教. 大學則於首章言大學, 而中庸則於首不言中庸者, 何歟?"

89 필자의 조사로는 모두 일곱 가지 사례가 있다. 본문 중에서 든 두 가지 사례 외에는 冊7 556쪽, 冊13 117쪽, 冊13 397쪽, 冊15 230쪽, 冊15 538쪽.

1837) 회시, 일소(책10, 611~612쪽)

문제: 안연(顔淵)이 인(仁)을 묻자, 공자께서 말씀하셨다. "사욕(私欲)을 이겨 예(禮)로 돌아가는 것이 인을 하는 것이다." 중궁(仲弓)이 인을 묻자, 공자께서 말씀하셨다. "문을 나섬에 큰 손님을 뵙는 듯이 하고, 백성을 부림에 큰 제사를 받들 듯이 하며, 자신이 하고자 하지 않는 것을 남에게 베풀지 말아야 한다."……주부자가 이것을 풀이하여 말하였다. "사욕을 이겨 예로 돌아가는 것은 건도(乾道)이고, 경(敬)을 주장하고 서(恕)를 행하는 것은 곤도(坤道)이다." 그렇다면 극기복례(克己復禮)가 건도가 되고, 주경행서(主敬行恕)가 곤도가 된다고 한 것을 그 의미에 대해서 설명할 것이 있는가?[90]

② 『숭정기원후사계묘식사마방목(崇禎紀元後四癸卯式司馬榜目)』(헌종9년, 1843) 회시, 일소(책11, 178쪽)

문제: 『대학』 성의(誠意) 장에서 "군자는 그 홀로를 삼간다."라고 하였고, 또 "소인이 한가로이 거할 때 불선한 짓을 하다가 이르지 못하는 것이 없다."라고 하였다. 주부자가 이것을 풀이하여 "한가로이 거한다[閑居]는 것은 홀로 처하는 것이다."라고 하였다. 그렇다면 '신독(愼獨)'의 '독(獨)' 자와 '독처(獨處)'의 '독' 자는 같은가 다른가?[91]

(f) 『사서대전』에 근거하여 출제한 것

여기에서는 해당되는 사례에 대해 필자의 관견(管見)이 미친 바를 전부

---

90 『崇禎紀元後四丁酉式司馬榜目』 會試 一所. "問. 顔淵問仁. 子曰, 克己復禮爲仁. 仲弓問仁. 子曰, 出門如見大賓, 使民如承大祭. 己所不欲, 勿施於人.……朱夫子釋之曰, 克己復禮, 乾道也. 主敬行恕, 坤道也. 克復之爲乾道, 敬恕之爲坤道, 亦有旨意之可言歟?" 인용된 『論語』 본문은 모두 「顔淵」. 또 '乾道', '坤道' 운운한 것은 仲弓問仁章의 주자주이다. "愚按, 克己復禮, 乾道也. 主敬行恕, 坤道也."

91 『崇禎紀元後四癸卯式司馬榜目』 會試 一所. "問. 大學誠意章曰, 君子愼其獨. 又曰, 小人閑居爲不善, 無所不至. 朱夫子釋之曰, 閑居, 獨處也. 愼獨之獨字與所謂獨處之獨字, 同歟異歟?"

실어두고자 한다. 영락삼대전(永樂三大全)은 영락13년(1415)에 완성되고 15년(1417)에는 육부(六部)·양경국자감(兩京國子監) 및 천하의 학교에 반포되었으며, 영락17년(세종원년, 1419)에 이미 귀국한 연행사에게 삼대전이 하사되었다.[92]

① 『병오식년사마방목(丙午式年司馬榜目)』(영조2년, 1726) 회시, 일소(책3, 496~497쪽)

문제: 『대학』에서 "그 뜻을 성실히 한다는 것은 스스로를 속이지 않는 것이다."라는 것과 "소인이 불선함을 가리고 선함을 드러낸다."는 것은 바로 스스로를 속이는 근심을 말한 것이니, 스스로를 속이는 않는 지극한 공부가 단지 이 한 구절에 있는 것인가? 선유는 "스스로를 속이지 않는다는 것은 설명이 자세하지만, 소인이 한가로이 거할 때를 말한 한 단락은 설명이 조악하다."라고 하였다. 그렇다면 어떻게 하는 것이 스스로를 속이지 않는 세밀한 공부인가?[93]

여기에서 인용한 선유의 설('說細密', '說得粗')은 『대학장구대전』 전6장 쌍행소주에 인용되어 있는 신안(新安) 진씨(陳氏)의 설이다.[94]

② 『숭정삼무오사마방목(崇禎三戊午司馬榜目)』(정조22년, 1798) 초시, 일소(책7, 384쪽)

---

92 『朝鮮王朝實錄』 세종원년 12월 7일 丁丑. "敬寧君裶, 贊成鄭易, 刑曹參判洪汝方等回自北京.……一日, 詔裶陞殿上, 帝降御座, 臨立裶所跪處, 一手脫帽, 一手摩髻曰, 汝父汝兄皆王, 汝居無憂之地, 平居不可無所用心. 業學乎? 業射乎? 宜自敬愼讀書. 特賜御製序新修性理大全, 四書五經大全及黃金一百兩, 白金五百兩, 色段羅彩絹各五十匹, 生絹五百匹, 馬十二匹, 羊五百頭, 以寵異之."

93 『丙午式年司馬榜目』 會試 一所. "問. 大學曰, 誠其意者, 毋自欺也. 小人之揜其不善而著其善, 卽言其自欺之患, 則毋自欺之極工, 只在此一節歟? 先儒言, 毋自欺, 說細密, 而小人閑居一段, 說得粗. 然則何者爲毋自欺細密工夫歟?"

94 『大學章句大全』. "新安陳氏曰, 上一節毋自欺, 說得細密, 乃自君子隱然心術之微處言之. 此一節言小人之欺人, 說得粗, 乃自小人顯然詐僞之著者言之."

문제: 『중용』과 『대학』이 서로 표리관계가 된다면 『중용』의 '성신(誠身)'과 『대학』의 '수신(修身)'은 같은 것인가, 다른 것인가? 선유는 "『중용』에서 말한 구경(九經)은 『대학』 한 권에 해당한다."라고 하였다. 구경의 조목이 스스로를 닦고 친한 이를 친히 하여 제후들을 회유하는 데까지 미치는 것은 진실로 수신 · 제가 · 치국 · 평천하라고 할 수 있으나, 격물 · 치지 · 성의 · 정심의 공부는 말하지 않았으니 어째서인가?[95]

여기에서 인용한 선유의 설은 『중용장구대전』 제20장 '범천하국가유구경(凡天下國家有九經)'의 직전에 있는 쌍행소주에 인용된 황씨(黃氏)의 설이다.[96] 또 '『중용』과 『대학』이 서로 표리관계가 된다'에 대해서는 ⑦을 참조하기 바란다.

③ 『숭정삼계해증광사마방목(崇禎三癸亥增廣司馬榜目)』(순조3년, 1803) 초시, 이소(책8, 79쪽)

문제: 『대학』에서 "그칠 곳을 안 뒤에 정(定)함이 있으니, 정한 뒤에 고요하고, 고요한 뒤에 편안하고, 편안한 뒤에 생각하고, 생각한 뒤에 얻는다."라고 하였다. ……선유가 '명명덕어천하(明明德於天下)' 이하의 여덟 가지 조목을 공부(工夫)라고 하였고, '격물(格物)' 이하 여덟 가지 조목을 공효(功效)라고 하였다. 그렇다면 정(定) 이하의 다섯 가지는 공부인가, 공효인가?[97]

---

95 『崇禎三戊午司馬榜目』 初試 一所. "問. 中庸大學相爲表裏, 則中庸之誠身與大學之修身, 同歟異歟? 先儒謂, 中庸九經, 當一部大學. 九經之目, 修身而親親以及於懷諸侯者, 固可謂修濟治平, 而不言格致誠正之工者, 何歟?"

96 『中庸章句大全』. "雲峯胡氏曰, 黃氏云, 此章當一部大學. 大學以修身爲本, 此章自首至此, 皆以修身爲要."

97 『崇禎三癸亥增廣司馬榜目』 初試 二所. "問. 大學曰, 知止而後有定, 定而後能靜, 精而後能安, 安而後能慮, 慮而後能得.……先儒以明明德於天下八條謂之工夫, 格物而後八條謂之功效. 然則定以下五者, 是工夫歟, 抑功效歟?"

여기에서 인용한 선유설은 『대학장구대전』 경문의 쌍행소주에 인용된 쌍봉(雙峯) 요씨(饒氏)의 설이다.[98]

④ 『숭정기원후사갑술사마방목(崇禎紀元後四甲戌司馬榜目)』(순조14년, 1814) 회시, 이소(책9, 170쪽)

문제: 『논어』에서 증점(曾點)이 "기수(沂水)에서 목욕하고 무우(舞雩)에서 바람을 쐬고 노래하면서 돌아오겠다."라고 하였는데, 주자가 이에 대해 "그 뜻을 보면 봉황이 천 길을 높이 나는 기상이 있다."라고 하였다. 그렇다면 '욕기풍우(浴沂風雩)'의 기상이 어떠하길래 '봉상천인(鳳翔千仞)'에 비유할 수 있으며, '봉상천인'의 기상이 어떠하길래 '욕기풍우'에 비유할 수 있는 것인가? 그 인용하고 비유한 기상을 형용할 수 있는가?[99]

여기에 인용된 주희의 말은 『논어집주대전』 「선진(先進)」의 해당 조(子路曾晳冉有公西華侍坐章)의 쌍행소주에 인용되어 있다.[100] 『대전』에 인용된 주자 말의 전거를 다시 소급해보면 『주자어류』이다. 다만 이 말은 『주자어류』 권40의 『논어』 「선진」 해당 조가 아닌, 권27 『논어』 「이인(里仁)」 부분에 존재한다.[101] 따라서 이 경우 출제자가 『어류』의 『논어』 「이인」 부분에서 이 말을 인용했다고 생각하기보다는 『논어집주대전』 해당 조에 근거하여 출

---

98 『大學章句大全』. "雙峯饒氏曰, 上一節就八目逆推工夫, 後一節就八目順推功效."

99 『崇禎紀元後四甲戌司馬榜目』 會試 二所. "問. 論語, 浴乎沂, 風乎舞雩, 詠而歸. 朱子曰, 看其意, 有鳳凰翔于千仞底氣象. 浴沂風雩之氣象, 何如而譬於鳳翔千仞, 鳳翔千仞之氣象, 何如而譬諸浴沂風雩? 其引譬之氣象, 可以形容歟?"

100 『論語集註大全』. "朱子曰, 曾點所見不同. 方侍坐之時, 見三子言志. 想見有些下視他幾箇, 作而言曰, 異乎三子者之撰. 看其意, 有鳳凰翔于千仞底氣象."

101 『朱子語類』 卷27 58條 徐寓 錄 論語9 「里仁」 下. "問. 一貫, 注言……又曰, 曾點所見不同. 方侍坐之時, 見三子言志. 想見有些下視他幾箇, 作而言曰, 異乎三子者之撰. 看其意, 有鳳凰翔于千仞底氣象." 『語類』의 「先進」 해당 조에도 유사한 내용은 존재한다. 『朱子語類』 卷40 8條 楊道夫 錄 論語22 「先進」 下 「子路曾晳冉有公西華侍坐章」. "曾點之志, 如鳳凰翔於千仞之上, 故其言曰, 異乎三子者之撰."

제했다고 생각하는 편이 훨씬 자연스러울 것이다.

⑤『숭정기원후사경자식사마방목(崇禎紀元後四庚子式司馬榜目)』(헌종6년, 1840) 초시, 일소(책11, 76쪽)

문제: 『논어』 전9장에서 "자신의 몸에 간직하고 있는 것이 서(恕)하지 않다."라고 하였다. 소주에서는 "이 장에서는 자신을 다스리는 마음으로 남을 다스리는 서(恕)와 같고, 혈구(絜矩) 장은 자신을 사랑하는 마음으로 남을 사랑하는 서와 같다."라고 하였다. 그러나 혈구 장에는 '서' 자를 사용한 곳이 없으니 그렇다면 어느 단락이 자신을 사랑하고 남을 사랑하는 서에 해당하는 것인가?[102]

여기에서 말하는 소주란 『대학장구대전』 전9장의 쌍행소주에 인용된 교봉(蛟峯) 방씨(方氏)의 설을 가리킨다.[103]

⑥『숭정기원후오병자식사마방목(崇禎紀元後五丙子式司馬榜目)』(고종13년, 1876) 회시, 이소(책14, 390쪽)

문제: 『대학』에서 "그 마음을 바르게 하고자 하는 자는 먼저 그 뜻을 성실히 하고, 그 뜻을 성실히 하고자 하는 자는 먼저 그 앎을 지극히 해야 한다."라고 하였다. 선유는 치지(致知)를 몽교관(夢覺關)이라 하였고, 성의(誠意)를 선악관(善惡關)이라 하였다. 여기에서 관문이라고 한 의미를 상세하게 말해보아라.[104]

---

102 『崇禎紀元後四庚子式司馬榜目』 初試 一所. "問. 大學傳九章曰, 所藏乎身不恕. 小注曰, 此章是如治己之心以治人之恕. 絜矩章是如愛己之心以愛人之恕. 而絜矩章無恕字著見者, 則當於何段看得愛己愛人之恕耶?"

103 『大學章句大全』. "蛟峯方氏曰, 此章是如治己之心以治人之恕. 絜矩章是如愛己之心以愛人之恕."

104 『崇禎紀元後五丙子式司馬榜目』 會試 二所. "問. 大學曰, 欲正其心者, 先誠其意, 欲誠其意者, 先致其知. 先儒以致知爲夢覺關, 以誠意爲善惡關. 其所以爲關之義, 可得詳言歟?"

여기에서 말하는 '선유'란 주희를 가리킨다. 치지(致知)를 꿈을 꾸느냐 잠에서 깨느냐 하는 관문이라 보고, 성의(誠意)를 선(善)과 악(惡)의 관문으로 보는 주희의 설은 『주자어류』에 보이나[105] 위 조목은 또한 『대학장구대전』 경문의 주자주 '차팔자대학지조목야(此八者大學之條目也)' 아래에 쌍행소주로 인용되어 있다.

⑦ 『숭정후오경진증광별시사마방목(崇禎後五庚辰增廣別試司馬榜目)』(고종17년, 1880) 회시, 이소(책14, 639쪽)

문제: 『중용』에서는 심(心)을 말하고 성(性)을 말하지 않았고, 『대학』에서는 성을 말하고 심을 말하지 않으니 어째서인가? 이른바 심과 성이 과연 두 가지의 지극한 이치라면, 『중용』과 『대학』이 표리가 된다는 뜻은 어디에서 찾아볼 수 있는가?[106]

『대학』과 『중용』을 표리일체의 책으로 보는 견해는 『사마방목』의 시제 중 종종 보이는데,[107] 그 설의 전거는 『대학장구대전』 말미의 주자주 '우전지십장(右傳之十章)……독자불가이기근이홀지야(讀者不可以其近而忽之也)' 아래 쌍행소주에 인용된 옥계(玉溪) 노씨(盧氏)의 설이다.[108] 이와 관련하여 "『중용』에서는 심(心)을 말하고 성(性)을 말하지 않았고, 『대학』에서는 성을 말하고 심을 말하지 않았다."라는 것은, 명대의 과거에서도 종종 다루어지

---

105 『朱子語類』 卷15 85條 林夔孫 錄. "格物是夢覺關, 誠意是善惡關. 過得此二關, 上面工夫却一節易如一節了."

106 『崇禎後五庚辰增廣別試司馬榜目』 會試 二所. "問. 中庸言心不言性, 大學言性不言心, 何歟? 所謂心性果二致, 而庸學表裏之義, 於何見歟?"

107 「庸學相爲表裏」(冊1, 527쪽), 「庸學二書互爲表裏」(冊4, 337쪽), 「庸學爲表裏之書」(冊6, 81쪽), 「中庸大學相爲表裏」(冊7, 385쪽).

108 『大學章句大全』. "玉溪盧氏曰……第五章明善之要, 是明明德之端. 第六章誠身之本, 是明明德之實. 明善誠身之旨, 大學中庸所以相表裏者在此. 曾子子思所以授受者亦在此. 故朱子揭此以示學者當務云."

는 화제였다.[109]

이상은 모두 『사서대전』에 근거하여 사서의(四書疑)의 출제가 행해진 것을 구체적으로 나타내는 사례들로, 이로부터 사서의의 응시자는 『사서대전』에 통달해야 했던 당시 상황이 추측된다.

그리고 영락삼대전이 널리 퍼지게 되자 고주(古注)를 버려두고 돌아보지 않는 폐해가 생겨났던 시대상황에 관하여, 정조14년(1790) 초계문신(抄啓文臣)에게 부과된 정조의 책문 및 이에 대한 정약용의 대책이 증언을 남기고 있다(후술, 다음 절 제2의 ⑤).

(g) 『오경(五經)』에 관하여 주자학계통의 텍스트 · 주석서에 준거한 형적을 나타내는 것

오경의의 시제는 오경 중의 경문 몇 문자 내지 십수 문자를 발췌하여 제시하는 체재이기 때문에, 시제의 문면(文面)만으로는 의거한 텍스트 · 주석서를 추측할 단서는 거의 얻을 수 없다. 또 사서의에서도 가령 『대학』 본문 중에서 인용된 『시경』을 화제로 한 경우를 제외하면, 시제가 『사서』 이외의 『오경』을 언급하는 것은 드물다. 따라서 『사마방목』의 시제를 통하여 『오경』에서 준거하고 있는 텍스트나 주석서를 추측하는 것은 매우 곤란하다. 이하의 내용은 그 점에 관한 정보를 제공해주는 드문 사례이다.

① 『숭정기원후사병오식사마방목(崇禎紀元後四丙午式司馬榜目)』(헌종12년, 1846) 초시, 이소(二所)(책11, 348~349쪽)

문제: 『논어』에서 "지혜로운 사람은 물을 좋아하고 어진 사람은 산을 좋아하며, 지혜로운 사람은 동적이고 어진 사람은 정적이다."라고 하였다. 계사전(繫辭傳) 제5장의 주석에서는 인(仁)은 양(陽)이고 지(知)는 음(陰)이라는 것으로 인과 지를 풀이하였다. 윗장에서 "지는 하늘에 속하고 인은 땅에 속한다."라고

109 三浦秀一(2010), 43쪽, 47쪽.

말한 것과 같지 않은 것에 대해서는 "저것은 청탁(淸濁)을 기준으로 말한 것이고, 이것은 동정(動靜)을 기준으로 말한 것이다."라 하였다. 이는 대개 산수(山水)의 측면에서 말하자면 지는 동적인 것이 되고 인은 정적인 것이 되며, 음양(陰陽)의 측면에서 말하자면 지는 정적인 것이 되고 인은 동적인 것이 되며, 천지(天地)의 측면에서 말하자면 동정으로 말하지 않고 청탁으로 말한 것이 된다. 인과 지를 논한 것은 똑같지만, 이와 같이 그 말이 다른 것은 무슨 까닭인가?[110]

여기에서 말하는 '계사제오장주(繫辭第五章注)'는 주희의 『주역본의(周易本義)』「계사상전(繫辭上傳)」 제5장 "인자(仁者)가 보고는 인(仁)이라 하고 지자(知者)가 보고는 지(知)라고 하며, 백성들은 날마다 쓰면서도 알지 못한다. 그러므로 군자의 도가 드문 것이다.[仁者見之謂之仁, 知者見之謂之知, 百姓日用而不知. 故君子之道鮮矣]"에 대한 주희의 주를 가리킨다.[111] 『주역』「계사상전」「계사하전」은 『주역주소(周易注疏)』(上傳 全12章, 下傳 全9章), 『주역본의』(上傳 全12章, 下傳 全12章)와 마찬가지로 분장(分章)을 하고 있으나 장수가 다른 하전(下傳)은 물론, 본래 장수가 일치하는 상전(上傳)에 있어서도 분장 부분은 반드시 일치하지는 않는다. 그리고 해당 부분['仁者見之謂之仁' 운운]은 주소본(注疏本)에서는 제4장에 해당된다. 따라서 적어도 이 시제에 한해서는 『주역』의 텍스트로서 주소본이 아닌 주희의 『주역본의』에 준거하고 있었음을 알 수 있다.

또한 『주역전의대전(周易傳義大全)』(『오경대전』의 하나)은 그 계사전에서

---

110 『崇禎紀元後四丙午式司馬榜目』 初試 二所. "問. 論語, 子曰, 知者樂水, 仁者樂山, 知者動, 仁者靜. 而繫辭第五章注以仁陽知陰釋仁知. 與上章知屬于天仁屬于地不同, 則曰, 彼以淸濁言, 此以動靜言. 蓋言山水則知爲動, 仁爲靜, 言陰陽則知爲靜, 仁爲動, 言天地則不曰動靜而曰淸濁者. 其論仁知, 一也, 而若是不同, 何歟?"

111 『周易本義』「繫辭上傳」 第5章. "仁陽知陰, 各得是道之一隅, 故隨其所見而目爲全體也.……或曰, 上章以知屬乎天, 仁屬乎地, 與此不同, 何也? 曰, 彼以淸濁言, 此以動靜言." '上章' 운운한 것은 「繫辭上傳」 第4章 "知周乎萬物而道濟天下, 故不過"에 대한 주자주 "天地之道, 知仁而已. 知周萬物者, 天也. 道濟天下者, 地也. 知且仁則知而不過矣"를 가리킨다.

『주역본의』의 분장을 답습하였고, 『주역본의』에서 주희의 주를 큰 글자로 게재하고 있다. 따라서 이 경우 의거한 텍스트가 『주역전의대전』일 가능성도 충분히 있다고 할 수 있을 것이다.

② 『숭정기원후사경술증광사마방목(崇禎紀元後四庚戌增廣司馬榜目)』(철종원년, 1850) 초시, 일소(一所)(책12, 84쪽)

> 문제: 『중용』 첫 장의 장구에서 "사람과 물건이 태어남에 각기 부여받은 이(理)를 얻음으로 인하여 건순(健順) · 오상(五常)의 덕을 삼으니 이른바 성(性)이라는 것이다."라고 하였다. 『주자어류』에서 "건(健)은 양(陽)이고, 순(順)은 음(陰)이다. 인의예지(仁義禮智) 네 가지를 나누어 말하면, 인과 예는 양에 속하고 의와 지는 음에 속한다."라고 하였다. 「악기(樂記)」에서 "악(樂)은 내면을 움직이고, 예(禮)는 외면을 움직인다."라고 하였는데, 그 주석에서 예가 음에 속한다고 하였다. 두 가지가 같지 않은 것을 상세하게 말해보아라.[112]

『주자어류』에서는 예(禮)를 양(陽)에 속한다고 하였고[113] 『예기(禮記)』「악기」의 주에서는 예(禮)는 음(陰)에 속한다고 하였는데, 이 두 가지의 동이(同異)를 묻는 내용이다. 여기에서 말하는 「악기」의 주석은 아마 『예기대전』「악기」 해당 조 아래의 주에 인용된 유씨 설이다.[114]

또 후술하겠지만, 진사시의 시제에서 진호(陳澔)의 『예기집설(禮記集說)』 서문의 말이 사용된 사례가 있다(본절 제2의 ③).

---

112 『崇禎紀元後四庚戌增廣司馬榜目』 初試 一所. "問. 中庸首章章句, 人物之性, 因各得其所賦之理, 以爲健順五常之德, 所謂性也. 朱子語類曰, 健陽也, 順陰也. 仁義禮智四者, 分而言之, 仁禮屬陽, 義智屬陰. 而樂記, 樂也者其動於內, 禮也者動於外. 注以禮屬陰. 二者不同之意, 可得詳言歟?"

113 『朱子語類』 卷17 20條 沈僩 錄. "問健順仁義禮智之性. 曰, 此承上文陰陽五行而言. 健, 陽也, 順, 陰也. 四者, 五行也. 分而言之, 仁禮屬陽, 義智屬陰."

114 『禮記大全』「樂記」. "劉氏曰……蓋樂由陽來, 故盈. 禮自陰作, 故減也."

(h) 주희의 주석에 대한 이해도를 묻는 것

① 『숭정재무오식년사마방목(崇禎再戊午式年司馬榜目)』(영조14년, 1738) 회시, 일소(책4, 169~170쪽)

인(仁)을 묻는 제자들의 질문에 부자께서 답한 것이 많다. 안자에게는 "사욕을 이겨 예로 돌아가는 것"이라 하였고, 중궁에게는 "큰 손님을 뵙는 듯하고 큰 제사를 받드는 듯하며, 자신이 하고자 하지 않는 것을 남에게 베풀지 말라."고 하였다. 이것을 『논어집주(論語集注)』에서는 건도(乾道)와 곤도(坤道)로 나누어 말하였으니, 그 의미를 상세히 말해보아라.[115]

이 시제는 이미 언급한 (e)의 ①과 비슷한 내용이다. 인(仁)에 대한 안회와 중궁의 물음에 대한 공자의 답을 주희가 각각 '건도', '곤도'에 비유하였는데, 그 의미를 묻는 문제이다. 안회는 '과단(果斷)', 중궁은 '온량(溫良)'이라는 두 사람의 자질 차이에 상응하여 각각에게 알맞은 가르침을 주었다는 것이 아마 건도, 곤도에 비유한 주희의 의도일 것이다. 그러한 취지는 『논어집주대전』 해당 조목에 인용한 주희의 설을 통람하면 대강 파악할 수 있다.[116]

② 『숭정삼경자식년사마방목(崇禎三庚子式年司馬榜目)』(정조4년 1780) 회시, 일소(책6, 247쪽)

문제: 『대학』에서 "앎을 지극히 하는 것은 사물의 이치를 궁구하는 데에 달려 있다."라고 하였고, 또 "사물의 이치를 궁구한 뒤에 앎이 지극해진다."라고 하

---

115 『崇禎再戊午式年司馬榜目』 會試 一所. "夫子答弟子之問仁多矣. 於顏子則曰 克己復禮. 於仲弓則曰, 如見大賓, 如承大祭, 己所不欲, 勿施於人. 而集注以乾道坤道分而言之者, 其義可得詳言歟?"

116 『論語集注大全』「顏淵」 仲弓問仁章 小注. "朱子曰, 乾道奮發而有爲, 坤道靜重而持守. 觀夫子告二子氣象各有所類." "仲弓資質溫粹, 顏子資質剛明. 顏子於仁, 剛健果決, 如天旋地轉, 雷厲風行做將去. 仲弓則自斂藏嚴謹做將去. 如天地同體." 전자는 『朱子語類』 卷42 26條 張洽 錄, 후자는 輔廣 錄을 각각 절략한 것이다.

였다.……장구에서 "물리(物理)의 지극한 곳이 이르지 않는 곳이 없다."라고 하였는데, 이른바 이르지 않는 곳이 없다[無不到]의 '도(到)' 자는 이 물(物)이 나의 마음에 이르는 것인가, 물리(物理)가 저절로 나의 마음에 이르는 것인가?[117]

③ 『숭정삼신유경과별시증광사마방목(崇禎三辛酉慶科別試增廣司馬榜目)』(순조원년, 1801) 회시, 이소(책7, 474쪽)

문제: 『대학』에서 "명덕(明德)을 밝힌다."라 한 것을, 주자가 "허령(虛靈)하고 어둡지 않아서 온갖 이치를 갖추고 있다."라고 풀이하였다. 이른바 '허령'이라는 것은 어떤 모양의 물사(物事)인가? 무엇을 허(虛)라 하고, 무엇을 영(靈)이라 하는가?[118]

모두 『대학장구』 경문의 주자주를 든 시제이다. 그 중 ③에 대해 말하자면, '명덕(明德)'에 대한 주자주의 말인 '허령불매(虛靈不昧)'에 대해 '허'와 '영' 각각의 자의를 포함한 해석은 『대학장구대전』 해당 부분의 소주에도 인용되어 있다.[119]

④ 『숭정삼병자식사마방목(崇禎三丙子式司馬榜目)』(순조16년, 1816) 초시, 일소(책9, 252쪽)

문제: 『논어』에서 "공자께서 말씀하셨다. '도에 뜻을 두며, 덕을 굳게 지키며, 의에 의지하며, 예에 노닐어야 한다.'"라고 한 것을, 『논어집주』에서 주자가 "배

---

117 『崇禎三庚子式年司馬榜目』 會試 一所. "問. 大學曰, 致知在格物. 又曰, 物格而後知至.……章句曰, 物理之極處, 無不到. 所謂無不到之到字, 是物之到吾心歟, 物理自到於吾心歟?"

118 『崇禎三辛酉慶科別試增廣司馬榜目』 會試 二所. "問. 大學曰, 明明德. 朱子釋之曰, 虛靈不昧, 以具衆理. 所謂虛靈, 何樣底物事? 而何以謂之虛, 何以謂之靈歟?"

119 『大學章句大全』. "玉溪盧氏曰, 明德只是本心. 虛者心之寂, 靈者心之感. 心猶鑑也. 虛猶鑑之空, 明猶鑑之照, 不昧申言其明也. 虛則明存於中, 靈則明應於外. 惟虛故具衆理. 惟靈故應萬事."

우고자 하는 사람이 여기에서 선후의 순서와 경중의 차례를 잃지 않아야 한다." 라고 주석하였다. 어느 것이 선후할 순서이며 어느 것이 경중의 차례인가?[120]

이 시제에 관해서도 일단의 답안은 『논어집주대전』「술이(述而)」 해당 조 아래의 쌍행소주에 의거하면 작성 가능할 것이다.[121]

위와 같이 『사서대전』을 읽어보면 최소한의 답을 준비할 수 있는 시제가 적잖이 보인다. 실제로 『대전』 소주에 의거하여 작성된 답안이 독권관(讀卷官)의 뜻을 만족시킬 수 있을지 아닌지는 알 수 없다. 그러나 이러한 예를 보면 사서의(四書疑)의 출제자와 응시자 모두 『사서대전』을 크게 참조하고 있던 당시 상황을 충분히 추측 가능하다.

(i) 주자학의 기초 개념에 대한 이해도를 묻는 것

① 『숭정삼경오식사마방목(崇禎三庚午式司馬榜目)』(순조10년, 1810) 회시, 이소(책8, 628쪽)

문제: 『중용』에서 "희로애락(喜怒愛樂)이 아직 발하지 않은 것을 중(中)이라 한다."라고 하였다.……어느 것이 미발(未發)의 차원[地頭]이며 어느 것이 미발의 공부인가? 아직 발하지 않은 상태를 말로 형용하기 어렵다. 만약 그것을 아득히 깨달을 수 없는 것이라 한다면 혼매한 기운이 일을 주도하게 되는 것이니 미발이라 할 수 없고, 만약 지각하는 바가 있는 것이라 여긴다면 이미 사려(思慮)에 영향을 미치니 또한 미발이라 할 수 없다. 그렇다면 어떤 것이 미발의 경

---

120 『崇禎三丙子式司馬榜目』 初試 一所. "問. 論語 子曰, 志於道, 據於德, 依於仁, 游於藝. 集注朱子釋之曰, 欲學者不失其先後之序, 輕重之倫焉. 何者是先後之序, 何者是輕重之倫歟?"

121 주자의 이 말은 『朱子語類』 卷34 65條 錢木之 錄 『論語』「述而」 '志於道' 장의 "子升問. 上三句皆有次序, 至於藝, 乃日用常行, 莫不可後否? 曰 藝是小學工夫." 이하에 보인다. "(朱子曰) 藝是小學工夫. 若論先後, 則藝爲先, 三者爲後. 若論本末, 則三者爲本而藝爲末. 習藝之功, 固在先. 游者從容潛玩之意, 又當在後. 文中子云, 聖人志道據德依仁而後藝可游也. 此說得自好."

계이며, 이와 같은 때에 어떻게 하는 것이 미발의 공부인가? 설명해보아라.[122]

②『숭정기원후사갑술사마방목(崇禎紀元後四甲戌司馬榜目)』(순조14년, 1814) 초시, 일소(책9, 164쪽)

문제: 『중용』 첫 장의 장구에서 "하늘이 음양오행으로 만물을 화생(化生)함에 기로써 형체를 이루고 이(理)를 또한 부여한다."라고 하였다. 배우는 사람이 성(性)과 명(命)을 공부할 때 반드시 이기(理氣)를 말한다. 그렇다면 이와 기는 과연 어떤 물이며 같은 것인가 다른 것인가? 또한 선후가 있는 것인가 없는 것인가?[123]

③ 『숭정사기묘식사마방목(崇禎四己卯式司馬榜目)』(순조19년, 1819) 회시, 이소(책9, 344쪽)

문제: 『중용』에서 "희로애락이 아직 발하지 않은 것을 중이라 하고, 발하여 모두 절도에 맞는 것을 화(和)라고 한다."라고 하였는데, 이른바 미발(未發)과 이발(已發)이라는 것은 어떠한 경계를 가리키는 것인가? 정자(程子)가 처음에는 '무릇 심(心)이라 말한 것은 모두 이발의 상태를 가리키는 것'이라 하였으나,[124]

---

122 『崇禎三庚午式司馬榜目』 會試 二所. "問. 中庸曰, 喜怒愛樂未發謂之中.……何者是未發地頭, 何者是未發工夫歟? 未發之時, 難容言說. 若以爲冥然無覺, 則是昏氣用事, 不可謂未發也. 若以爲有所知覺, 則已涉思慮, 亦不可謂未發也. 然則如何是未發境界, 而如此之時, 如何是未發工夫歟? 願聞其說." '若以爲冥然無覺' 이하의 서술은 아마 다음의 편지에 근거하고 있는 것이다. 『朱文公文集』 卷30 「與張欽夫」 第3書. "嘗試以此求之, 則泯然無覺之中, 邪暗鬱塞, 似非虛明應物之體. 而幾微之際, 一有覺焉, 則又便爲已發, 而非寂然之謂. 蓋愈求而愈不可見." 이 편지는 주희 37세의 집필로, 정론 확립 이전 이른바 '中和舊說' 시대의 것이다. 中純夫(1985).

123 『崇禎紀元後四甲戌司馬榜目』 初試 一所. "問. 中庸首章章句, 天以陰陽五行化生萬物, 氣以成形, 理亦賦焉. 學者講性命, 必曰理氣. 理氣者果何物而同歟異歟. 有先後歟, 無先後歟?"

124 『二程集』『河南程氏文集』 卷9 伊川先生文 5「與呂大臨論中書」. "大臨云……先生謂凡言心者皆指已發而言.……先生曰……凡言心者皆指已發而言, 此固未當."

훗날에는 '생각하는 순간이 바로 이발의 상태'라 하였으니,[125] 전후에 논한 것이 다른 까닭은 어째서인가? 마음은 일찍이 생각이 없을 수 없으니, 마음이 있으면 곧 생각이 있는 것이다. 만약 생각하는 바가 없는 것을 미발의 상태라고 여긴다면 보지도 듣지도 않는 것을 모두 미발의 경계라 할 수 있는가? 주자가 보지도 듣지도 않는 것을 미발의 상태라 여겼다고 생각한다면 옳지 않은 것이다. 만약 그렇다면 미발과 이발은 응당 어느 때에 따라 발하고 발하지 않았음을 알 수 있는 것인가?[126]

모두 『중용장구』 제1장을 들어 출제한 것이다. ①③은 미발이발(未發已發), ②는 이기(理氣)에 관한 것인데, 이것들은 『중용』의 본문해석이라기보다는 다분히 주자학적 소양 그 자체를 묻는 내용이다.

②는 이기 각각의 개념 규정이나 이기의 선후에 대한 문제로, 비교적 초보적이면서도 기초적인 지식을 묻는 것이라고 할 수도 있다. 한편 ①과 ③은 미발이발의 개념 규정에 관한 출제이다. 미발이 사려의 싹이 없는 때를 의미한다고 본다면 그 미발을 대상으로 한 공부는 의식적인 행위일 수가 없게 되며, 그렇게 되면 미발시의 공부란 구체적으로 어떠한 것이고 애초부터 어떻게 존립할 수 있는가 하는 난문(難問)에 봉착하게 된다. 그리고 이는 주희의 사상 변천(李侗의 영향하에 있던 30대 전반의 未發主義 시대, 湖南學의 영향하에 있던 30대 후반의 已發主義 시대=소위 「中和舊說」, 40세의 정론확립 이후)과도 관련이 있는 문제로, 주자학에 대한 일정 수준의 조예가 없다면

---

125 『二程集』『河南程氏文集』 卷18 82條(伊川先生語 4). "或曰, 喜怒哀樂未發之前求中, 可否? 曰, 不可. 旣思於喜怒哀樂未發之前求之, 又却是思也. 旣思卽是已發. 思與喜怒哀樂一般. 纔發便謂之和, 不可謂之中也."

126 『崇禎四己卯式司馬榜目』 會試 二所. "問. 中庸曰, 喜怒愛樂未發謂之中, 發而皆中節謂之和, 所謂未發已發, 卽指何許界地歟? 程子初以爲凡言心者皆指已發, 後日纔思則已發, 其前後所論不同者, 果何故也? 心未嘗無思, 有心則便有思. 若以無所思謂未發, 則無見無聞皆可謂未發地界? 而朱子以爲以無見聞爲未發則不可. 若然則未發已發, 當從何許時節而知其爲發未發歟?"

대답하기 어려운 것이다.[127]

(j) 양명학 비판에 관한 것

이제까지의 고찰을 통해서도 사마시가 거의 일관되게 주자학 존숭의 입장에 서서 실시되었던 점은 분명하다. 그리고 주자학 존숭의 입장에 서는 한, 이는 곧 주시육비(朱是陸非), 주시왕비(朱是王非)의 입장에 연동될 것이다. 실제 조선사상사의 기조는 그 방향으로 이동했다고 할 수 있을 것이다. 그러나 현존하는 『사마방목』을 통람해보면 사마시에서 주육이동(朱陸異同)이나 주왕이동(朱王異同)에 관한 시제는 전무에 가깝다. 다음에 나타나는 것은 거의 유일한 예이다. 이와 관련하여 『사마방목』의 시제 중에서 육구연의 이름은 한 번도 등장하지 않으며, 왕수인의 이름이 보이는 것도 역시 다음의 것이 유일한 사례이다.

• 『숭정기원후사을유식사마방목(崇禎紀元後四乙酉式司馬榜目)』 (순조25년, 1825) 회시, 일소(책10, 80쪽)

문제: 격물치지는 『대학』의 최초 공정(工程)이다.……"나의 지식을 알고자 한다면 이미 알고 있는 이치를 통하여 더욱 궁리하지 않으면 안 된다."라고 하였으니, 이른바 '이미 알고 있는 이치'라는 것은 맹자가 말한 양지(良知)와 같은가 다른가? 만약 같지 않다고 한다면 초학자가 이미 알고 있는 지식은 양지가 아니고, 이미 알고 있는 어떤 다른 이치가 있는 것인가? 만약 같다고 한다면 왕수인의 치양지(致良知)의 설과 또 무엇이 다른가? 그렇다면 지극히 해야 할 바를 어떻게 알겠으며, 앎을 지극히 하는 공부는 반드시 사물의 이치를 궁리하는 데 달려 있다는 것은 또 무슨 까닭인가? 왕씨가 주장한 치양지론은 결국 이단에 귀결되어 우리 도학에 큰 근심이 되었다. 동일한 '치지'이지만 유학과 선학(禪學), 사학(邪學)과 정학(正學)이 말미암아 나뉘는 바이니, 또한 낱낱이 지적

---

127 미발이발을 둘러싼 주희의 사상 변천에 관해서는 友枝龍太郎(1979), 中純夫(1985) 참조.

하여 상세히 말할 수 있는가?[128]

"나의 지식을 알고자 한다면 이미 알고 있는 이치를 통하여 더욱 궁리하지 않으면 안 된다.[欲知吾之知, 莫不因其已知之理而益窮之]"란 말은, 『대학장구』 제5장의 전문(傳文)을 절략(節略) 인용한 것이다. 여기에서는 왕수인의 지양지설을 '이단(異端)', '우리 도의 근심[吾道患]'이라 분명히 말하였고, 나아가 주왕(朱王) 양설의 동이(同異)를 '유선사정(儒禪邪正)'의 구분으로까지 판단하고 있다. 이렇게 주자학을 정통으로 하고 양명학을 선학에 비교하여 이단사설시하는 견해는 이황 이후의 상투구이기도 하였다.[129]

이상의 고찰을 통해 사마시의 사서의(四書疑)에서는 『사서집주』나 『사서대전』에 준거하여 시제가 작성되었다는 것이 거의 확인되었다. 주희를 주부자라고 호칭하는 등 주희 및 주자학에 대한 존숭의 입장은 현저하며, 『사서집주』의 주희 주석이나 주자학의 술어가 출제대상이 되는 등 응시자는 『사서집주』, 『사서대전』 등에 통달해야 했고, 나아가 주자학 그 자체에 대한 깊은 조예가 요구되었다.

그리고 오경에 관해서도 『주역본의』 또는 『주역전의대전』, 『예기대전』 등에 의거하여 출제된 형적이 확인되었다.

---

128 『崇禎紀元後四乙酉式司馬榜目』 會試 一所. "問. 格物致知者, 大學之最初工程也.……欲知吾之知, 莫不因其已知之理而益窮之, 則所謂已知之理者, 與孟子所稱良知, 同歟異歟? 如曰不同也, 則初學所已知之知, 非良知而別有何等已知之理歟? 如曰同也, 則其與王守仁致良知之說, 又何以別之乎? 然則所致者何知, 而致知之工必在格物者, 又何故歟? 王氏主張致良知之論, 卒爲異端之歸, 大爲吾道患. 同一致知而儒禪邪正之所由分者, 亦可得以歷指而詳言歟?"

129 『退溪集』 卷41 「白沙詩教傳習錄抄傳因書其後」. "滉謹按, 陳白沙王陽明之學, 皆出於象山, 而以本心爲宗. 蓋皆禪學也." 『西厓集』 卷15 「王陽明以良知爲學」. "王陽明專以致良知爲學, 而反詆朱子之論爲支離外馳, 正釋氏之說也."

2. 시(詩) – 진사시

진사시의 시험과목은 부(賦), 시(詩), 명(銘), 잠(箴)으로, 경학적 소양 등을 시문(試問)하는 것은 원래 아니다. 따라서 과거와 주자학과의 관련이라는 본장의 문제의식에 비추어볼 때 주목할 만한 자료가 생원시에서의 사서의에 비해서는 매우 드물 것임은 당연하다. 그렇다 하더라도 진사시의 시제 중에서 주자학과의 관련을 나타내는 자료가 존재하므로 다음의 사례를 들고자 한다.

① 『숭정기원후백팔십육년계유경과증광사마방목(崇禎紀元後百八十六年癸酉慶科增廣司馬榜目)』(순조13년, 1813) 초시, 이소(책9, 83쪽)

『근사록』 1권에 실려 있는 「음양변화성명지설(陰陽變化性命之說」. 압운(押韻)은 '명(命)'.[130]

『근사록』 권수에 수록된 「음양변화성명지설」이란 직접적으로는 권1 첫머리에 수록된 주돈이의 「태극도설(太極圖說)」을 가리키나, 이 표현 자체는 『근사록』 권수에 있는 여조겸(呂祖謙)의 서문 속에 보이는 것이기도 하다.131 여기에서는 『근사록』 개권(開卷) 벽두(劈頭)에 '의리의 본원[義理之本原]'과 관련하여 이 같은 난해한 조목을 수록하는 의의가 설명되어 있는데, 수험생은 이 취지에 근거한 시작(詩作)을 요구받았을 것이라 생각된다.

---

130 『崇禎紀元後百八十六年癸酉慶科增廣司馬榜目』 初試 二所. "近思錄首卷載陰陽變化性命之說. 押命."

131 『近思錄』「呂祖謙後序」. "近思錄旣成, 或疑首卷陰陽變化性命之說, 大抵非始學者之事. 祖謙竊嘗與聞次緝之意, 後出晩進, 於義理之本原, 雖未容驟語, 苟茫然不識其梗概, 則亦何所底止. 列之篇端, 特使知其名義, 有所嚮望而已.……淳熙三年四月四日, 東萊呂祖謙謹序."

② 『숭정기원후사갑술사마방목(崇禎紀元後四甲戌司馬榜目)』(순조14년, 1814) 회시, 이소(책9, 169쪽)

송나라의 덕이 융성하여 정사와 교육이 아름답고 밝았다. 이에 하남(河南) 정씨(程氏) 두 부자가 태어났다. 압운은 '덕(德)'.[132]

이 시제는 주희의 『대학장구』 서문에 의거한 것이다.[133] 여기에서는 맹자 이래로 끊겼던 학문이 이정(二程)에 의해 부흥 · 계승되었다는 송학 도통설의 문맥 속에 이정에 의한 『대학』 교정 · 표창의 의의가 나타나고 있다. 이것도 당연히 그러한 도통설을 공유하는 입장에서 출제된 것이다.

③ 『숭정기원후사정묘식년사마방목(崇禎紀元後四丁卯式年司馬榜目)』(고종4년, 1867) 회시, 일소(책13, 396쪽)

『중용』과 『대학』을 표장(表章)하여 마침내 천만세 도학의 연원을 삼았다. 압운은 '세(世)'.[134]

이 시제는 진호(陳澔)의 『예기집설』 서문에 의거한 것이다.[135] 진호의 『예기집설』은 명청대 과거에서 준거로 삼은 주자학계통 주석서이다.[136] 그 권수목록의 「중용제삼십일(中庸第三十一)」, 「대학제사십이(大學第四十二)」 아

---

132 『崇禎紀元後四甲戌司馬榜目』 會試 二所. "宋德隆盛, 治敎休明. 於是河南程氏兩夫子出. 押德."

133 『大學章句』「大學章句序」. "天運循環, 無往不復. 宋德隆盛, 治敎休明. 於是河南程氏兩夫子出, 而有以接乎孟氏之傳. 實始尊信此篇而表章之, 旣又爲之次其簡編, 發其歸趣, 然後古者大學敎人之法, 聖經賢傳之指, 粲然復明於世."

134 『崇禎紀元後四丁卯式年司馬榜目』 會試 一所. "表章庸學, 遂爲千萬世道學之淵源. 押世."

135 『禮記集說』「禮記集說序」. "戴記四十九篇, 先儒表章學庸, 遂爲千萬世道學之淵源. ……至治壬戌良月旣望, 後學東匯澤陳澔序."

136 『四庫提要』에 의하면 陳澔는 '朱熹－黃幹－饒魯－陳大猷－陳澔'라는 학통을 갖고 있다. (진대유는 진호의 아버지)

래에는 각각 '주자장구(朱子章句)' 네 글자가 소주로 부기되어 있다. 또한 본문 중 '중용제삼십일 주자장구(中庸第三十一 朱子章句)'의 제목 아래에는 "『대학』과 『중용』은 이미 사서(四書)로 판각되었으므로 싣지 않는다.[大學中庸已刻四書, 故不具載]"라는 소주가 붙여져 있고, 실제로 『중용』과 『대학』은 『예기집설』에는 제명(題名)만 있고 본문은 수록되어 있지 않다. 이는 『대학』, 『중용』 두 책에 관해서는 『대학장구』와 『중용장구』를 전면 긍정하여 그 이상 다른 주석을 가할 필요성을 인정하지 않는 입장임에 틀림없다.

또한 『예기대전』은 『사고제요(四庫提要)』 첫머리에 "명 호광 등은 황명을 받들어 편찬하니 진호의 『집설』을 종주로 삼았다.[明胡廣等奉勅撰, 以陳澔集說爲宗]"라고 하듯, 이 『예기집설』에 주로 의거하고 있어(明刻本 중에는 서명을 『예기집설대전』이라고 한 것이 많다고 한다)[137] 「중용제삼십일」과 「대학제사십이」에 대해서는 제목만 들어놓고 본문을 수록하지 않은 점도 『예기집설』의 입장을 답습하고 있다.

위 내용 중 ①은 주자학적 소양을 묻는 것이고, ② ③은 시제 그 자체가 주자학 존숭의 입장에 서 있는 것이라고 할 수 있다.

1

『한국문집총간』(全 350책)에는 다수의 책문 · 대책류가 수록되어 있다. 이는 과거의 구체적 출제 내용을 오늘날 전해주는 것으로, 과거의 실태를 고찰함에 있어서 모두 중요한 자료이다. 그 중에서도 여기에서 다룰 것은 정조의 어제문집인 『홍재전서』 권48~52에 수록된 「책문」 1~5이다.[138] 여기에는 즉위년부터 치세의 말년에 해당하는 정조24년(1800)에 이르기까지 실시된 78회분의 책문이 수록되어 있다. 각각의 책제(策題)에는 쌍행소주

---

137 鶴成久章(2007, 2)

138 『한국문집총간』 263책.

가 부기되어 실시 시기와 실시 상황이 명기되어 있다.[139] 이렇게 자료로서의 기본적 데이터가 명확한 데다가 본장의 문제의식에 있어서도 주목할 만한 내용의 책문이 많이 존재한다. 『홍재전서』에 수록된 책문을 특별히 다루는 것은 위와 같은 이유에서이다.

그런데 『홍재전서』에 수록된 각 책문이 실시된 상황은 다양하게 나누어져 있어 실제로는 과거와 직접관계가 없는 것도 있다. 또 과거에 관련된 것 중에서도 문과전시의 책문 이외에 학교시(學校試)에서의 책문이 포함되어 있다. 요컨대 똑같이 '책문'으로서 한데 묶여져 있어도 각각의 범주를 달리하는 것이 혼재되어 있다는 것이다. 여기에서 책문의 내용을 고찰함에 앞서 그 범주를 대략 정리함과 동시에 필요한 범위 내에서 제도에 관한 개략적 설명을 해두고자 한다.

(1) 문과(文科) 전시(殿試)

제1절의 처음 부분에서 설명했듯이, 문과에서 대책이 부과되는 것은 초시와 복시의 종장 및 전시이다. 이 중 국왕이 직접 책문을 내는 것은 물론 전시이다. 문과에는 3년에 한 번뿐인 정기시험, 이른바 식년시 이외에 증광시 · 별시 · 정시 · 알성시 · 춘당대시 등의 임시 시험이 있었다. 『홍재전서』에 수록된 책문 중 '중(中)', '규장각(奎章閣)' 등이 이에 해당한다. 그리고 『홍재전서』에 수록된 것에는 식년 전시는 포함되어 있지 않다.

(2) 학교시(學校試)에서의 친림(親臨)[140]

당시 한성에는 성균관과 사학(四學=東 · 西 · 南 · 中學)이 있고 지방에는 향교가 있었다. 이런 학교에서 치러진 시험이 학교시이다. 학교시에서의

---

139 卷48 「策問」1(영조52 · 정조 즉위년~정조4년, 14題), 卷49 「策問」 2(정조5년~정조8년, 20題), 卷50 「策問」 3(정조10년~15년, 20題), 卷51 「策問」 4(정조16년~19년, 18題), 卷52 「策問」 5(정조20년~24년, 6題)

140 學校試 및 直赴法에 관해서는 金文子(1980)에 힘입은 바가 크다.

성적우수자에게는 과거의 초시를 면제해주어, 곧바로 복시에 응시하는 것이 가능한 직부법(直赴法)이라는 제도가 있었다(성균관의 성적우수자에게는 문과 초시를 면제하여 문과 복시에, 사학 및 향교의 성적우수자에게는 사마시의 초시를 면제하여 복시에 응시하게 함). 그리고 나중에는 은전(恩典)으로서 직부전시(直赴殿試) 제도가 설치되었다. 이러한 직부법의 존재에 의해 학교시는 과거제도 내에 편입되었다. 학교시로는 도기(到記=春到記, 秋到記), 절일제(節日製) 등이 있었다. 도기란 성균관이나 사학의 일종의 출석부인데 일정 이상의 출석 횟수를 기록한 자는 그 근면함으로써 과거에 응시할 수 있는 자격을 주었다. 이 자격을 받은 유생이 도기유생(到記儒生)이다.

그리고 이 학교시에는 국왕이 직접 시문(試問)을 내는 경우[親覽]가 있었다.[141] 『홍재전서』에 수록된 학교시는 정조에 의한 책문인 이상, 당연히 모두 정조가 친람한 것이 된다. 구체적으로는 '치란(治亂)', '오행(五行)', '거본업억말리(擧本業抑末利)' 등이 도기의 예이다.[142] 또 '명경(明經)', '유(儒)', '통서(通書)' 등이 절일제의 예이다.[143]

(3) 초계문신(抄啓文臣), 기타(관료에 대한 考査)

초계문신이란 젊은 당하문신 중에서 재능이 있는 자를 발탁[抄選]하여 국왕에게 상주[啓奏]하고, 이들을 대상으로 매월 경사의 구술 등을 부과하여 그 우열을 고사(考査)하는 것을 통하여 문풍의 진흥과 인재 육성을 꾀하는

---

141 『續大典』 卷3 禮典 諸科 「殿講」. "館學到記儒生……或親臨考講. 純通直赴會試……親臨則純通或直赴殿試." '純通'의 '通'이란, 3단계의 성적평가 '通', '略', '粗'의 통을 가리키는 것으로 생각된다.

142 이상의 三策에 해당되는 듯한 『實錄』의 기재는 다음과 같다. 『朝鮮王朝實錄』 정조 즉위년 8월 26일. "乙丑, 御崇政殿, 試秋到記儒生. 製居首鄭志儉, 講居首金致泳, 直赴殿試." 『朝鮮王朝實錄』 정조2년 2월 18일. "己酉, 御仁政殿, 行到記儒生講製. 製居首李顯道直赴殿試. 講無純通, 赴會試." 『朝鮮王朝實錄』 정조4년 1월 13일. "壬辰, '親試春到記儒生講製. 講居首幼學柳櫰, 製居首進士金熙采, 直赴殿試."

143 節日製의 국왕 친림 사례에 관하여 법전류 등의 기재는 미확인이다. 다만 『弘齋全書』의 「策問」에 節日製가 다수 포함되어 있는 것이 오히려 그 실제 사례라 볼 수 있을 것이다.

제도로, 정조5년에 창시된 것이다.[144] '잠(箴)', '규모(規模)' 등이 그 예이다. 또 '황극내편(皇極內篇)', '춘(春)', '사(史)', '고식(姑息)' 등도 마찬가지로 관료에 대한 고사(考査)이다.

이미 과거에 합격한 관료에 대한 시험은 제도상 원래는 과거와는 구별해야 하는 것이다. 그러나 그 시험의 출제 내용에 어떤 사상적 경향이 존재했다면, 조선조 지식인의 학문 형성에 어떠한 방향을 정하는 가능성을 가진다는 점에서 과거에 준하는 위상을 부여할 수 있을 것이다.

이와 관련하여 정조15년(1791) 내각월과(內閣月課=규장각의 월례 시험)에서 정조가 『대학』에 관한 책문을 출제하였다. 당초 정약용(당시 30세)의 대책이 1등으로 뽑혔으나, 당시 독권관(讀卷官)이었던 채제공은 정약용의 '명덕(明德)' 해석이 『대학장구』의 해석과 합치하지 않는다는 이유로 2등으로 강격(降格)시켰다.[145]

2

몇 개의 책문을 들어 그 내용을 구체적으로 검토하고자 한다. 그리고 다음의 인용에서는 지면상 책문 전체의 논지를 묘출(描出)하지는 못하고 관련 해당 부분만을 발췌한다. 단편적 인용이 되겠지만, 각 책문이 어떠한 기본적 입장에 서서 출제되었는지 확인할 수는 있을 것이다.

①『홍재전서』 권49「책문」2「고식(姑息)」 閣臣承旨應製(정조5년 辛丑 1781)

한나라와 당나라 이래로 유자들이 혹 전주(箋註)에 국한되거나 혹 노불(老

---

144 中純夫(2002).

145 中純夫(2002). 한편 같은 해에 전라도 진산(珍山)에서 천주교도인 權尙然 · 尹持忠이 '毁祠廢祀' 했다는 죄로 처형되는 진산사건(신해사옥)이 일어났다. 윤지충은 정약용의 外從에 해당되는 인물이다. 정약용의 降格 처분에는 남인 信西派의 攻西派에 의한 공세라는 당시 정치적 상황도 헤아릴 필요가 있다. 진산사건에 대해서는 鈴木信昭(1984) 참조.

佛)에 흘렀으니 그 폐단은 어디에서 유래하는가? 조금이나마 스스로 떨쳐 일어난 사람을 또한 낱낱이 헤아려보아라. 왕안석이 법을 바꾸어 난의 계기를 만들었으니 차라리 옛것을 인습하여 얻음이 있느니만 못하고, 육상산이 등급을 뛰어넘어 선학(禪學)으로 빠졌으니 지리한 것이 나음만 같지 못하다.[146]

한당(漢唐) 이래로 송대(宋代)에 이르기까지의 학술이나 치란의 추세를 논하는 문맥이다. 송대에 관해서는 변법(變法)과 인순(因循) 중 어느 쪽이 더 폐해가 적은지, 엽등(躐等)과 지리(支離) 중 어느 쪽이 보다 폐해가 적은지를 묻고 있다. '엽등'이란 단계를 거치지 않고 한 번에 뛰어올라 높은 곳을 목표로 하는 것으로,[147] 여기에서는 육학(陸學)이나 선학(禪學)의 폐해를 가리킨다. '지리'란 근본을 소홀히 하고 사소하고 지엽적인 일에 치우친 것으로, 아호(鵝湖)의 회견(순희2년, 1175)에서 육구연이 주희를 비판했던 말이다.[148] 요컨대 여기에서는 주육의 득실을 묻고 있는 것이다. 후술하겠지만 정조는 주자학 존숭의 입장을 견지하고 있었으므로 선학에 비유된 육학을 이단시하는 출제자 정조의 의도는 분명할 것이다. 이와 관련하여 왕안석에 대한 정조의 비판적 입장은 다음에 인용된 ③ 이외에도, 그의 정치수완 및 학술 양면에 걸쳐『홍재전서』이곳저곳에 보인다.[149]

---

146 『弘齋全書』卷49「策問」2「姑息」. "漢唐以來, 儒者或局於箋註, 或流於佛老, 其弊何由? 而稍自振起者, 亦可以歷數歟? 安石變法而階亂, 則無寧因循之爲得. 象山躐等而淪禪, 則不如支離之爲愈歟?"

147 『禮記』「學記」'學不躐等也.' 孔穎達 疏. "學不躐等也者, 學, 教也. 躐, 踰越也. 言教此學者, 令其謙退, 不敢踰越等差."『朱子語類』卷106 40條 吳琮 錄. "曰, 躐等何害? 若果有會躐等之人, 自可敬服. 曰, 何故? 曰, 今若有人在山脚下, 便能一躍在山頂上, 何幸如之? 政恐不由山脚, 終不可以上山頂耳."

148 『陸九淵集』卷25「鵝湖和教授兄韻」. "易簡工夫終久大, 支離事業竟浮沈."『陸九淵集』卷36「年譜」淳熙二年乙未先生三十七歲條. "鵝湖之會……朱以陸之教人爲太簡, 陸以朱之教人爲支離, 此頗不合."

149 『弘齋全書』卷108 經史講義「周官」. "王安石一用於周公之後, 而誤國病民, 莫可收拾, 果何歟?"『弘齋全書』卷181, 群書標記, 御定「五子手圈十卷」. "及至有宋, 斯道大闡, 而猶有聽瑩之歎. 游酢以禪解論語, 呂居仁以禪解大學, 蘇軾以禪解易, 王安石張九

② 『홍재전서』 권49 「책문」 2 「사습(士習)」 到記被選儒生再試(정조6년 壬寅 1782)

이치와 본성에 대한 담론이 송대보다 융성한 적이 없었는데, 높은 두건을 쓰고 넓은 소매 옷을 입은 자들이 정이천의 도를 얻었다고 할 수 있는가? 금나라 장종(章宗)에 이르러 중국의 교육으로써 이적의 풍속을 교화시켰는데 한때의 유풍이 볼만한 점이 있었고, 명나라 고황제(高皇帝)는 주씨를 존중하여 공령(功令)으로 삼았으며, 동림(東林)의 강학은 가장 성행하였다. 그 인물과 언론, 기미의 자세함을 모두 낱낱이 말할 수 있겠는가?[150]

'높은 두건을 쓰고 넓은 소매 옷을 입은 자[高帽闊袖]' 운운한 것은 '정이천의 복장을 모방하는 것만으로 과연 그의 도를 터득할 수 있는가'라는 뜻이다.[151] 금(金)의 장종(章宗, 재위 1190~1208)은 중화의 학술을 중시하는 문교정책을 내세워 당시 한림원 관료에 의해 『도학발원(道學發源)』이 간행되는 등 그의 치세는 도학 존중의 시대로 알려져 있다.[152] 또 명 태조 주원장은 과거에서 주자학적 경서해석을 채용하는 명 일대의 방침을 확정하였다(홍무17년).[153] 여기에서는 도학이 존중되었던 금나라의 장종과 명 태조의 치세가 모두 성세(盛世)로 회고되고 있다.

成以禪解五經. 喙喙羣鳴, 近理而亂眞. 何幸朱子出而衆說伏, 明天理正人心, 揭之爲日星, 載之爲華嶽, 垂而範之, 爲天下萬世之章圖法程."

150 『弘齋全書』 卷49 「策問」 2 「士習」. "談理說性, 盛莫盛於有宋之世. 而高帽闊袖, 可以有得於伊川之道歟? 至若金章宗, 以華教變夷俗, 而一時之儒風可觀, 高皇帝尊朱氏爲功令, 而東林之講學最盛. 其人物言論氣味之詳, 皆可以歷言歟?"

151 『伊洛淵源錄』 卷4 伊川先生, 遺事. "伊川常服璽袍高帽, 簷劣半寸, 繫條曰, 此野人之服也." 上同. "伊川常愛衣皀, 或博褐紬襖. 其袖如常人. 所戴紗巾, 背後望之, 如鐘形. 其製乃似今道士謂之仙桃巾者. 不知今日謂之習伊川學者大袖方頂, 何謂?"

152 三浦秀一(2003), 47~51쪽.

153 주석 2번 참조.

③『홍재전서』 권50「책문」 3「유(儒)」 人日製, 丙午(정조10년 1786)

진유(眞儒)가 없어진 지 천 년 만에 수사(洙泗)의 계통을 계승한 자는 누구인가? 여러 유자의 큰 학설을 수집하고 염락(濂洛)의 학문을 밝힌 자는 누구인가? 선유를 배척하고 신학(新學)을 반포한 것은 실로 정강(靖康)의 화를 초래하게 된 조짐이며, 여러 선비에게 널리 권장하여 문묘에 배향하였으니 이에 이종(理宗)이라는 묘호를 받았다. 그 득과 실을 갖추어 논하라.……육상산의 학문이 명나라의 태반을 차지하니 설선(薛瑄)의 유도(儒道)가 또한 외로워졌다. 하늘이 우리 유학에 뜻이 있는 것인가 없는 것인가?[154]

공자 이후로 천 년간의 절학(絶學)을 계승한 자란 이른바 '염락관민'의 주돈이 · 장재 · 이정(二程)이고, 이들 제유(諸儒)의 학문을 집대성한 인물이란 주희를 가리킨다.[155] 신학(新學)을 반행(頒行)하여 나중에 정강(靖康)의 변(1126~1127)을 초래한 단서를 연 인물은, 스스로『삼경신의(三經新義)』를 찬술 · 반포하여 이 때문에 한 시기 고주소(古注疏)가 폐해져 쓰이지 않게 된 왕안석을 가리킨다.[156] 이종(理宗)이 순우원년(1241) 주돈이 · 장재 · 정호, 정이 및 주자, 이들을 공자묘에 종사한 것은 본장 첫머리에서 이미 언

---

154 『弘齋全書』 卷50「策問」 3「儒」. "無眞儒千載, 繼洙泗之統者誰歟? 集諸儒大成, 明濂洛之學者誰歟? 排詆先儒, 頒行新學, 則實兆靖康之禍, 崇奬群儒, 享腏文廟, 則爰受理宗之號. 其得其失, 可以備論歟?……陸學殆半於皇朝, 薛瑄之儒道亦孤. 天之於吾儒有意歟, 抑無意歟?"

155 『北溪字義』 附錄「嚴陵講義」「師友淵源」. "有朱文公……上以達群聖之心, 下以統百家而會於一. 蓋所謂集諸儒之大成, 而嗣周程之嫡統, 粹乎洙泗濂洛之淵源者也."『高子遺書』 卷10「三時記」"宋之諸儒, 求其彷佛孔顔者, 有程明道. 而集諸儒大成者, 獨有朱晦菴."

156 『宋史』 卷327「王安石」. "初, 安石訓釋詩書周禮. 旣成, 頒之學官, 天下號曰新義. 晩居金陵, 又作字說, 多穿鑿傅會, 其流入於佛老. 一時學者, 無敢不傳習. 主司純用以取士, 士莫得自名一說. 先儒傳注, 一切廢不用."『宋史』 卷336「呂公著」"元祐元年, 拜尙書右僕射兼中書侍郎……時科擧罷詞賦, 專用王安石經義, 且雜以釋氏之說. 凡士子自一語上, 非新義不得用. 學者至不誦正經, 唯竊安石之書以干進, 精熟者轉上第, 故科擧益弊. 公著始令禁主司, 不得出題老莊書, 擧子不得以申韓佛書爲學, 經義參用古今諸儒說, 毋得專取王氏."

급하였다. 이렇게 주자학의 융성이 곧 사도(斯道)의 융성이라는 입장에서 육왕학이 유행하여 설선(薛瑄)의 학문이 간신히 고루(孤壘)를 지키는 상황이었던 명대의 학술이 비판적으로 언급되어 있다.[157]

④ 『홍재전서』 권50 「책문」 3 「학(學)」 到記儒生春試(정조12년 戊申 1788)

a. 육상산의 선학은 멀찍이 물리쳤거늘 남도(南渡)한 이래로 여덟 글자로 주각을 달았다고 칭찬하였으니……어째서인가? 회암의 정력(精力)은 오로지 『대학』에 있었는데, 두 번 전하여 왕노재(王魯齋)가 되어서는 이미 다른 설을 두었다. 어쩌면 학문을 하는 실제는 전주(箋註)에 매여 있는 것인가? 왕양명이 격치(格致)를 고쳐 해석한 것은 왕노재와 다를 것이 없는데, 저 왕노재는 도통에 귀의함을 잃지 않았고 이 왕양명은 이단으로 배척됨을 면치 못했다. 어떤 경우는 주인이 되고 어떤 경우는 종이 되는 혐의가 있는 것인가?[158]

첫머리의 물음은 '주희는 육학(陸學)을 선학(禪學)이라며 철저하게 비판했는데, 그 주희가 남송 이래로 착실하게[八字著脚] 학문을 행한 자는 육구연이라고 평한 것은 어째서인가.'라는 뜻이다.[159] 이 점에 대해 고헌성(顧憲成)은 주희의 긍정적인 평가에도 불구하고 육학의 폐해는 역시 간과할 수 없다고 하였다.[160] 왕백(王柏, 호 魯齋)은 '주희–황간(黃幹)–하기(何基)–

---

157 薛瑄에 대해서는 다음의 ④에서 들고 있는 『弘齋全書』 卷50 「策問」 3 「學」에도 "皇明學術, 最推薛文淸. 而其爲學之正且實, 果於何而見之歟?"라는 언급이 있다.

158 『弘齋全書』 卷50 「策問」 3 「學」. "陸氏禪學, 闢之廓如, 而以南渡以來八字著脚稱之……抑何歟? 晦庵精力, 專在大學. 而再傳而爲王魯齋, 已有異同之說. 豈爲學之實, 則不係於箋註歟? 王陽明之改釋格致, 與魯齋, 將無同也, 而彼則不失道統之歸, 此則未免異端之斥. 得無有或主或奴之嫌歟?"

159 『朱子語類』 卷124 6條 陳文蔚 錄. "因說陸子靜, 謂江南未有人如他八字著脚." 李光地 『榕村語錄』 卷20, 21條. "陸子靜, 才本大……若不死, 便大用, 必有可觀. 故朱子謂, 渡江以來, 惟我與子靜, 八字著脚, 做著己工夫."

160 顧憲成 『涇皐藏稿』 卷6 「朱子二大辨序」. "季時曰, 人言象山禪學也. 龍川伯學也. 信乎? 曰, 問諸夫子. 南渡以來, 八字着脚, 理會着實功夫者, 惟予與子靜二人. 何敢目之曰禪? 惟其見太捷, 持論太高, 推極末流之弊, 恐究竟不免使人墮入漭蕩中."

왕백'이라는 학통에 올라 있는 인물로,[161] 『대학』 경문의 '격물치지'에 대한 전문(傳文)은 일망(逸亡)되지 않았으므로 주희의 보전(補傳)은 필요 없다는 견해를 취한 인물이기도 하다.[162] 주희의 『대학장구』의 견해를 부분적이기는 하지만 부정하고 있다는 점에서 고본 대학을 현창한 왕수인과 동류(同類)인데, 한쪽은 도통에 이름을 나란히 하고 다른 한쪽은 이단의 낙인이 찍힌 것은 포폄에 치우침이 있는 것 아니냐는 질문이다.

b. 게다가 수십 년 이래 선비라는 자들이 온통 방종을 즐기고 검속(檢束)을 꺼려서 학문이라는 이름과 함께 전혀 조금도 남아 있지 않으니 유가의 폐단이 여기에 이르러 극에 달하였다. 지금 선비들로 하여금 모두 학문에 몰두하게 하여 배움을 반드시 성실하게 하고, 사설(邪說)을 물리치고 정도를 호위하게 하고자 한다면……그 방도가 무엇이겠는가? 자대부들은 분명 평소에 강변한 것이 있을 것이니 각자 모두 편에 저술하라. 내 친히 열람할 것이다.[163]

'방종을 즐기고 검속을 꺼림[樂放縱而憚檢束]'과 유사한 것으로는 ②의 「사습(士習)」에도 '방종을 즐기고 구속과 검속을 꺼림[樂放縱而惡拘檢]'이라는 말이 있다.[164] 이와 관련하여 고헌성(顧憲成)은 주자학의 폐해를 '구(拘)', 양명학의 폐해를 '탕(蕩)'이라고 표현한 뒤, "탕(蕩)하기보다는 오히려 구

---

161 『宋元學案』 卷82 「北山四先生學案」「文憲王魯齋先生柏」.

162 王柏 『魯齋集』 卷9 「大學沿革論」. "咸淳己巳, 得黃巖玉峯車君書報予曰, 致知格物傳. 未嘗忘也. 自知止而后有定以下, 合聽訟一章, 儼然爲格致一傳. 于是躍然爲之驚喜. 有是哉, 異乎吾所聞也. 苟無所增補而舊物復還, 豈非追亡之上功乎?" 『魯齋集』 卷10 「大學沿革後論」. "一日聞大學格致章不亡. 不特車玉峯有是言也. 自董鉅堂以來, 已有是言矣." 『宋元學案』 卷82 "百家謹案, 魯齋之宗信紫陽, 可謂篤矣. 而于大學, 則以爲格致之傳不亡, 無待于補." 王柏의 『大學』 해석에 관해서는 中純夫(2010) 참조.

163 『弘齋全書』 卷50 「策問」 3 「學」. "況且數十年來, 則爲士者, 擧皆樂放縱而憚檢束, 并與學問之名, 而絶無僅有, 儒家之弊, 至此而極矣. 今欲使士皆趨學, 學必以實, 闢邪說衛正道……則其道何由? 子大夫必有講辨於平日者. 其各悉著于篇. 予將親覽焉."

164 『弘齋全書』 卷49 「策問」 2 「士習」. "奈何近年以來, 習尙漸卑. 居家則樂放縱而惡拘檢. 處世則棄靜拙而趨躁競. 元氣旣萎, 百弊斯興. 予爲是憂, 思欲丕變."

(拘)하라."라고 하였다.[165] 고헌성의 이러한 평가를 과연 염두에 둔 것인지는 속단할 수 없지만,[166] 책문이 주자학을 정도로 보고 육왕학을 이단사설이라 보는 위정벽사(衛正闢邪)의 입장에서 출제되었음은 틀림없을 것이다.

또한 이 책문에 대한 대책에서 이만수(李晩秀, 1752~1820)는 '팔자착각(八字著脚)'에 대해서는 육학이 선학(禪學)이라해서 그 장점까지 숨기지는 않았던 점에서, 사람의 미질(美質)을 평가하려 한 주희의 뜻을 보아야 한다고 하였다. 그리고 왕백과 왕수인에 관해서는 학문의 전수가 다르면 사회에 끼치는 영향도 다르므로, 왕수인만을 이단으로 여겨 배척한다고 해서 그것이 왕백에 대한 옹호 · 편중은 아니라고 하였다.[167] 또 근년의 사풍(士風) 쇠퇴를 만회하여 공맹정주의 학문을 존중하도록 하기 위해서는 학교행정의 진흥이 필요하다고 서술하고 있는데, 이만수도 정도(正道)를 공맹정주의 뜻으로 해석하고 있었음을 확인할 수 있다.[168]

⑤『홍재전서』 권50「책문」3「십삼경(十三經)」抄啓文臣課試(정조14년 庚戌 1790)

송나라에 이르러 여러 군자들이 나와, 전해오지 못하던 수사(洙泗)의 계통을

---

165 『小心齋箚記』 卷3 17條. "以考亭爲宗, 其弊也拘, 以姚江爲宗, 其弊也蕩. ……與其蕩也寧拘." 유사한 취지를 말한 것으로는 다음의 자료가 있다. 『涇皐藏稿』 卷11「日新書院記」. "宏正以前, 天下之尊朱子也, 甚於尊孔子. 究也率流而拘, 而人厭之. 於是乎激而爲王子. 正嘉以後, 天下之尊王子也, 甚於尊孔子. 究也率流而狂, 而人亦厭之. 於是乎轉而思朱子." 中純夫(1997) 참조.

166 정조조에 중국으로부터의 구입서목인 『內閣訪書錄』에는 고헌성의 저작도 기록되어 있다. 『內閣訪書錄』 卷2, 子集類 '小心齋箚記十八卷', '涇皐藏稿二十二卷' (『朝鮮時代書目叢刊』壹, 張伯偉 編, 中華書局, 2004).

167 『展園遺稿』 卷2 策「答聖問」. "陸氏之八字着脚, 不以禪學而揜之. ……君子嘉善之意, 可以知矣. 大學之章句, 已自程朱而異本, 則魯齋之不承師說, 亦無恠也. 而陽明格致之釋, 雖與魯齋無二, 傳授旣異, 作用又別, 一斥一否, 非爲偏護." 『展園遺稿』는 『한국문집총간』 268책.

168 『展園遺稿』 卷2 策「答聖問」. "甚至近年以來, 士風日弊. 放縱是樂, 檢束是憚. ……今欲使世之學者, 皆學孔孟而服程朱, 則莫若先治三代學校之政."

계승하여 한나라와 당나라의 천착된 고루함을 일소하였다. 『중용』과 『대학』을 『예기』 속에서 발췌하고 『맹자』를 올려 『논어』와 짝하였으며, 심성(心性)과 도기(道器)의 설로 한때를 진동시켰다. 이에 유림과 도학이 갈라져 둘이 되고, 양한(兩漢) 이래의 훈고(訓詁)와 명물(名物)의 학문은 거의 사라지게 되었다. 명나라 영락 연간부터 사서오경을 학궁(學宮)에서 반포한 이후로 평범한 선비나 휘장을 내린 유생이나 어려서부터 배워 흰머리가 뒤섞인 이들이 호광(胡廣)과 해진(解縉)의 『대전』을 손에서 놓지 않는다. 시험 삼아 공영달(孔穎達)과 정현(鄭玄) 이래로 전승된 계통과 마융(馬融), 왕필(王弼) 등 제가들이 변론하는 차이점에 대해서 물으면 눈을 동그랗게 뜨고 입을 벌린 채 대답하지 못한다. 대체로 이와 같으니 한 시대의 교학(敎學)의 공을 드러내고 천고(千古) 유림의 계통을 계승하기를 구하고자 하는 것이 실로 껄끄럽고 어렵지 않겠는가?[169]

여기에서는 송유(宋儒)가 공자 이래로 끊긴 학문을 계승하고 사서(四書)를 표창한 공적이 일단 높이 평가되고 있다. 『송사(宋史)』가 「유림전(儒林傳)」이라는 별도의 새로운 '도학전(道學傳)'을 세운 것도 그러한 도통관(道統觀)에 근거하고 있다.[170] 그러나 성학 존중의 일환으로 실시된 영락삼대전(永樂三大全)의 간행 · 반포에 대하여 매우 엄격한 평가가 내려지고 있는 점은 주목할 만하다.[171] 『사마방목』 시제의 검토를 통하여 이미 밝혔듯이, 조선에서도 사마시 생원시의 사서의(四書疑)에서는 『사서대전』이 준용되

---

169 『弘齋全書』 卷50 「策問」 3 「十三經」. "逮乎有宋諸君子出, 而繼洙泗不傳之緖, 掃漢唐穿鑿之陋. 拔庸學於禮記之中, 進孟子以配論語, 而鼓一世以心性道器之說, 則於是乎儒林道學歧焉爲二. 而兩漢以來訓詁名物之學, 或幾乎熄矣. 一自皇明永樂中, 頒四書五經于學宮之後, 兎園之儒, 下帷之生, 童而習之, 白首紛如者, 要不離乎胡廣解縉之大全. 而試問以孔鄭以來相傳之統, 馬王諸家同異之辨, 則瞪目拄齶, 莫之置對. 夫如是而欲求其章一代敎學之功, 繼千古儒林之統, 不亦戛戛乎其難哉?"

170 『宋史』 卷427 「道學傳」 1에는 周敦頤 · 程顥 · 程頤 · 張載 · 邵雍이 입전되어 있고, 卷428 「道學傳」 2에는 程氏門人이, 卷429 「道學傳」 3에는 주희와 張栻이 입전되어 있다.

171 인용문에 '胡廣解縉之大全'이라 하였는데, '解縉'은 영락원년에 완성된 『永樂大全』의 편찬을 맡은 인물이다.

고 있던 현저한 형적이 있었고, 마찬가지로 사마시 생원시의 오경의(五經義)에서도 『오경대전』 사용 사례가 확인되었다. 따라서 이 책문에서 그려지고 있는 폐해, 즉 거업이 오로지 『대전』의 학습에 종시(終始)하여 전통적인 고주(古注=공안국 · 정현 · 마융 · 왕숙 등)를 전혀 살피지도 배우지도 않는 당시 조선의 현상을 적잖이 반영하는 것으로 읽어낼 수 있을 것이다.

또한 이 책문에 대한 정약용의 대책에서 조선에는 아직 '십삼경'이 출판되지 않았다는 지적이 있다.[172] 그것이 사실이라면 이는 조선에서 영락삼대전 편중(偏重)의 방증이 될 것이다.[173]

⑥ 『홍재전서』 권50 「책문」 3 「중용(中庸)」 抄啓文臣課試再試及上齋生應製 (정조14년 庚戌 1790)

두 정부자가 나옴에 비로소 이 책을 존중하고 믿어서 불가와 노장 같은, 참됨을 어지럽히는 설을 배척할 수 있게 되었으니, 자사(子思)가 저술하여 후세에 남긴 뜻이 다시 천 년 뒤에 밝아지게 되었다. 주부자에 이르러 침잠하고 반복하여 정미한 것을 연구하고 『중용장구』를 만들고 또 『중용혹문』을 만들었다. 그 밖에 장흠부(張欽夫) 등 여러 사람과 중화(中和)와 동정(動靜)을 논하며 주고받은 편지가 자세하고 확실하여 거의 빼놓은 뜻이 없었다.[174] 책을 읽는 자가

---

172 『與猶堂全書』 第1集 卷8 「十三經策」 庚戌冬內閣親試. "嗟乎! 今之學者, 徒知有七書大全, 不知有十三經注疏.……且在我東, 十三經尙未入梓. 此不可使聞於鄰國. 谷霧波沙, 不必盡付剞劂. 今若以一部刊汰之書, 別行印布, 則塗人耳目, 久自熟習. 其於經學, 必有時雨之化矣."

173 정약용은 「經世遺表」에서도 「校書監」에서 십삼경주소를 校正 · 開板해야 할 것을 주장하고 있다. 『與猶堂全書』 第5集 「經世遺表」 春官禮曹 「校書監」. "今唯七書, 自京司校正. 誤字雖少, 訛音極多. 宜選文學之士, 授以校書之官, 使之校正. 十三經注疏, 亦付此監校正開板, 未可已也." 앞 주석 및 본 주석에서 보이는 '七書'란 소위 三經과 四書를 가리킨다. 『與猶堂全書』 第1集 卷25 「小學珠串」 七之類 「七書」. "宋元豐中, 始定武學七書. 國制以易詩書論孟中庸大學爲七書."

174 주희는 30대 후반기 湖南學의 已發主義의 영향하에 있었고[中和舊說], 40세 이후 호남학 비판으로 전환하여 정론을 확립하였다. 따라서 未發已發中和動靜 등의 문제를 둘러싸고 張栻(字 敬夫, 欽夫)을 시작으로 하여 湖南學諸公들과 편지를 통해 많은 답문을 남겼다.

입으로 강송하고 마음으로 생각한다면 의미를 이해할 수 있을 것이요, 자신에게 돌이켜 체험한다면 힘써 행할 수 있을 것이다. 진실로 중정(中正)의 도에 매진하고자 한다면 착수할 곳이 없음을 걱정할 것이 없다.[175]

여기에서는 이정(二程)에 의한 『중용』 현창과 주희에 의한 『중용장구』, 『중용혹문』의 찬술 등이 높게 평가되고 있다. 양정부자(兩程夫子)·주부자(朱夫子)라는 호칭의 사용도 주목된다.

⑦ 『홍재전서』 권50 「책문」 3 「경(敬)」 三日製, 辛亥(정조15년, 1791)

대저 천고의 성인이 서로 전수한 심법이 하나의 경(敬)에서 벗어나지 않는데, 주나라에서 송나라에까지 그 설명이 자세하였다. 우리 동방에 이르러 유자의 관과 복색을 하면서 어려서부터 배워 백발이 되도록 한평생 힘을 쏟는 것이 실로 여기에 있다. 이는 주부자가 남김없이 발명하여 후학에게 지도하여 보여준 공로이다.[176]

여기에서는 '경(敬)'이 공부론으로서 확립된 공적을 주희에게 돌리고 있다. '경'이란 주자학의 중요한 실천항목 중 하나로, 신심(身心)을 수렴하여 마음을 전일(專一)하게 하는 것을 의미한다. 정이의 "외모를 바르게 하여 마음을 전일하게 한다.[整齊嚴肅]", "마음을 전일하게 지켜 다른 곳에 향하게 하지 않는다.[主一無適]", 사량좌의 "마음을 늘 깨어 있게 한다.[常惺惺]"

中純夫(1985) 참조.

175 『弘齋全書』 卷50 「策問」 3 「中庸」. "及夫兩程夫子出, 而實始尊信此篇, 以排佛老亂眞之說, 則子思子立言垂後之意, 庶可復明於千載之下. 而至朱夫子, 沉潛反覆, 究極精微, 旣爲章句, 又爲或問, 他與張欽夫諸人, 論中和動靜之往復文字, 詳而且核, 殆無遺義. 讀者口講心惟, 可以領會, 反躬體驗, 可以力行. 苟欲趨中正之道, 不患無下手之處."

176 『弘齋全書』 卷50 「策問」 3 「敬」. "大抵千聖相傳之法, 不外乎一箇敬. 而有周及宋, 說之詳盡. 以至我東, 冠章甫衣縫掖, 童習白紛, 平生藉力者, 亦在於此. 此蓋朱夫子發明無餘蘊, 詔示後學之功也."

등이 북송 이래의 '경'에 대한 대표적인 정의인데,[177] 주희도 경을 중시하였다.[178] 그리고 위에서도 주부자라는 호칭이 쓰이고 있다.

⑧『홍재전서』 권50「책문」3「대학(大學)」到記儒生秋試及抄啓文臣親試文臣製述(정조15년 辛亥 1791)

어째서 세대가 점차 내려오면서 이 도는 밝아지지 않은 것인가.……심한 경우는 정자와 주자를 힘써 배척하고 따로 문호를 세워서 성의(誠意)를 으뜸가는 공이라 하고 수신(修身)을 본령으로 삼아 다른 길을 따라 점차 육상산과 왕양명의 여론(餘論)으로 들어갔다. 세교가 황폐해지고 정학이 뒤덮이는 것이 도리어 어떠한가. 내가 세손으로 있을 때부터 이 책에 마음을 침잠하여 낮부터 새벽까지 궁리하고 연구한 것이 여러 해가 되었다. 평소 '경서를 존중하고자 한다면 응당 먼저 주자를 존중할 줄 알아야 한다. 주자를 존중하는 요령은 또한 의심이 없는 부분에 대해서도 의심을 갖고, 의심이 나는 부분에 있어서는 깊이 생각하여 의심을 없애는 것에 달려 있으니……그런 뒤에야 참으로 주자를 존중할 수 있을 것이다.'라고 생각하였다.[179]

여기에서는 육왕류(陸王流)의 이설(異說)의 존재를 엄격하게 물리침과 동시에 존주(尊朱)의 입장을 선명하게 내세우고 있는 점이 주목된다. 글 속

---

177 『河南程氏遺書』 卷15 54條. "一者無他, 只是整齊嚴肅, 則心便一." 177條. "所謂敬者, 主一之謂敬, 所謂一者, 無適之謂一."『上蔡語錄』 卷中 37條. "敬是常惺惺法."

178 주자학에서는 居敬과 窮理가 공부론의 2대 실천항목으로서 중시된다.『河南程氏遺書』 卷3 98條. "入道莫如敬, 未有能致知而不在敬者."『河南程氏遺書』 卷18 28條. "涵養須用敬, 進學則在致知."(모두 程頤의 말).『朱子語類』 卷18 72條 葉賀孫 錄. "又云, 用誠敬涵養爲格物致知之本."『朱子語類』 卷9 16條 廖德明 錄. "擇之問. 且涵養去, 久之自明. 曰, 亦須窮理. 涵養窮索, 二者不可廢一. 如車兩輪, 如鳥兩翼."

179 『弘齋全書』 卷50「策問」3「大學」. "奈之何世級漸降, 斯道不明?……其甚焉者, 力排程朱, 別立門戶, 以誠意謂首功, 以修身爲本領, 異塗殊轍, 稍稍入於陸王之餘論. 其爲世敎之榛蕪, 正學之蔀蔽, 顧如何哉? 惟予自在春邸, 潛心是篇, 晝漏晨鐘, 窮深研幾者, 蓋亦有年矣. 常謂欲尊經者, 當先知尊朱. 而尊朱之要, 又在於無疑而有疑, 有疑而無疑.……然後儻庶幾乎眞箇尊朱."

에서 지적되고 있는 '성의를 으뜸가는 공으로 여기는 것'과 '수신을 본령으로 삼는 것' 중 전자는 왕수인이나 유종주(劉宗周)를, 후자는 이재(李材) 등을 가리키는 것으로 생각된다.[180] '의심이 없는 부분에 대해서도 의심을 갖고, 의심이 나는 부분에 있어서는 의심을 없애는 것[無疑而有疑, 有疑而無疑]'이란, 의문의 여지가 없을 듯한 부분에 대해서도 사색을 기울여 되묻고 의심나는 부분에 대해서는 숙려를 거듭하여 이를 해결한다는 취지일 것이다.[181] 요컨대, 무비판적으로 주자설을 그대로 받아들이는 것이 아니라 절실하고 진지한 사색의 대상으로 하는 것이 진정으로 주자설을 존중하는 것이라는 의미이다. 정조가 세손 시절부터 주자서를 가까이했던 것에 관해서는 나중 언급하겠다. 이 책문에 관해서는 윤기(尹愭, 1741~1826)의 대책이 존재한다.[182]

⑨『홍재전서』 권50「책문」3「논어」七夕製及抄啓文臣親試(정조15년 辛亥 1791)

더구나 황금을 구별해내듯 저울질하는 주자의 신묘한 해석은『논어정의』로 경도를 삼고『논어혹문』으로 위도를 삼아, 진금(眞金)에서 철을 벗기고 박옥(璞玉)에서 양옥(良玉)을 적출하여『논어집주』를 편성하였으니 이른바 "한 글자라

---

180 『王文成公全書』 卷7「大學古本序」. "大學之要, 誠意而已矣." 『劉子全書』 卷25「讀大學」. "大學之道, 誠意而已矣. 誠意之功, 愼獨而已矣." 『四庫提要』 卷96 子部儒家類存目「李見羅書二十卷」. "明李復陽編, 皆其師李材講學之書. 材字孟誠, 豐城人. 嘉靖壬戌進士.……材嘗患世之學者每以朱王兩家格物致知之說爭衡聚訟, 因揭修身爲本一言, 以爲孔曾宗傳." 『四庫提要』 卷178 集部別集類存目「觀我堂摘藁十二卷」. "其學出於姚江, 而稍變其說. 遂開止修一派, 與良知一派竝傳." 『明儒學案』 卷31「止修學案」, 吉田公平(1975) 참조.

181 『近思錄』 卷3. "書須成誦……所以觀書者, 釋己之疑, 明己之未達, 每見每知新益, 則學進矣. 於不疑處有疑, 方是進矣." 葉采 集解. "學固足以釋疑, 而學亦貴於有疑. 蓋疑則能思, 思則能得. 於無疑而有疑, 則察理密矣." 본문은 張載의 말이다. 『張載集』「經學理窟」義理.

182 『無名子集』 冊9 殿策「大學」辛亥八月到記科(『한국문집총간』 256책).

도 더하거나 뺄 수 없다."라는 것이 과장이나 자랑하는 말이 아니다.[183]

여기에서는 주희의 『논어정의』, 『논어혹문』, 『논어집주』를 높게 평가하여 "한 글자도 고칠 여지가 없다."라는 주희의 자부심이 결코 과장이 아니라고 서술하고 있다.[184]

⑩ 『홍재전서』 권50 「책문」 3 「속학(俗學)」 抄啓文臣親試及泮儒應製(정조15년 辛亥 1791)

a. 왕은 말한다. "심하도다! 속학의 폐단이여. 명말 · 청초의 제가들이 있은 뒤로부터……송유(宋儒)들을 진부하다 하고 당송팔가(唐宋八家)를 형식에 따라 글을 지을 뿐이라고 비웃은 지가 100여 년이 되었다.……성인을 비난하고 경전을 속이는 풍속은 풍방(豊坊)과 손광(孫鑛)의 무리가 창도하였다.……풍방과 손광의 학파는 왕기(王畿)의 『용계어록(龍溪語錄)』, 왕간(王艮)의 『심재어록(心齋語錄)』, 나홍선(羅洪先)의 『동유기(冬遊記)』, 주득지(朱得之)의 『소련갑(宵練匣)』, 호직(胡直)의 『호자형제(胡子衡齊)』, 나여방(羅汝芳)의 『회어록(會語錄)』, 주여등(周汝登)의 『왕문종지(王門宗旨)』, 모원순(毛元淳)의 『심락편(尋樂篇)』, 첨재반(詹在泮)의 『미언(微言)』, 모기령(毛奇齡)의 『경설(經說)』과 같은 무리가 그것이다.[185]

---

183 『弘齋全書』 卷50 「策問」 3 「論語」. "况以朱夫子分金秤出之妙解, 經之以精義, 緯之以或問, 眞金去鐵, 良玉出璞, 而集註之篇成, 則所謂加一字不得, 減一字不得者, 非夸耀矜大之言."

184 『朱子語類』 卷19 59條 甘節 錄. "語吳仁父曰, 某語孟集注, 添一字不得, 減一字不得. 公子細看. 又曰, 不多一箇字, 不少一箇字."

185 『弘齋全書』 卷50 「策問」3 「俗學」. "王若曰, 甚矣, 俗學之弊也. 自有明末淸初諸家……目宋儒爲陳腐, 嗤八家爲依樣者, 且百餘年矣.……非聖誣經之風, 豊坊孫鑛輩, 爲之倡焉.……豊坊孫鑛之派, 有若王畿之龍溪語錄, 王艮之心齋語錄, 羅洪先之冬遊記, 朱得之之宵練匣, 胡直之胡子衡齊, 羅汝芳之會語錄, 周汝登之王門宗旨, 毛元淳之尋樂篇, 詹在泮之微言, 毛奇齡之經說之屬, 是已."

여기에서 성인을 비난하고 경전을 속이는 폐풍(弊風)을 이룬 자로 불리고 있는 풍방(豊坊)과 손광(孫鑛)은 모두 명나라 사람으로, 그 중 풍방은 『대학』 등의 석경(石經)을 위찬(僞撰)한 인물이고, 손광은 경서에 대해 권점평어를 가한 인물이다.[186]

그런데 풍방과 손광의 폐풍을 답습한 '속학(俗學)'으로 여기에 이름이 거론된 10명의 대부분은 양명학계통의 인사이다. 즉 왕기(王畿)부터 주여등(周汝登)까지의 7명은 모두 『명유학안』에 왕문후학(王門後學)으로 입전되어 있다.[187] 또 첨재반(詹在泮)의 『미언(微言)』은 왕수인 · 왕기 · 나여방 등의 강학에서 어록을 모은 것이다.[188] 그리고 모기령은 양명학의 입장에서 주희를 비판한 인물이다.[189]

또한 "근래 중국의 학문은 육왕의 여파가 도도하게 수맥을 형성, 범람

---

186 錢謙益은 '經學之繆'로서 '解經之繆', '亂經之繆', '侮經之繆' 세 항목을 들어, 뒤의 두 가지에는 각각 풍방과 손광을 해당시키고 있다. 『牧齋有學集』 卷17 「賴古堂文選序」. "蓋經學之繆三. 一曰解經之繆.……二曰亂經之繆. 石經托之賈逵, 詩傳儗諸子貢, 矯誣亂眞, 則四明豊氏坊爲之魁. 三曰侮經之繆. 訶虞書爲俳偶, 摘雅頌爲重複, 非聖無法, 則餘姚孫氏鑛爲之魁." 위 문장에서 '石經托之賈逵'는 『石經大學』의 僞撰을 가리킨다. 毛奇齡 『大學証文』 卷2. "按大學石經……至明嘉靖間, 忽有魏正始本石經, 出于甬東豊考功坊家. 其時海鹽鄭端簡曉, 從同邑許黃門仁卿宅得其書, 極爲表章, 且筆之古言, 以溯其所由來. 古言者, 端簡著書名也. 其言曰, 魏政和中, 詔諸儒虞松等, 考正五經. 衛覬邯鄲淳鍾會等, 以小篆八分刻之于石, 始行禮記, 而大學中庸傳焉.……至萬曆甲申, 南戶曹唐氏伯元得其書于吉安鄒氏, 遽疏請頒布學宮.……其疏詞則有云. 石經大學, 魏虞松受之賈逵, 逵父徽與其師杜子春, 俱受業劉歆." '詩傳儗諸子貢'은 『子貢詩傳』이라는 石經의 僞撰을 가리킨다. 『四庫提要』 卷17 經部 詩類存目 「魯詩世學三十二卷」. "明豊坊撰.……是編首列子貢詩傳, 詭云石本.……其書變亂經文, 詆排舊說, 極爲妄誕, 朱彛尊經義考, 辨之甚詳." 손광에 의한 侮經이란, 경서에 대해 권점평어를 가한 행위를 가리킨다. 『四庫提要』 卷34 經部 五經總義類存目 「孫月峰評經十六卷」. "明孫鑛撰. 鑛字文融, 月峰其號也. 萬曆甲戌進士.……是編詩經四卷, 書經六卷, 禮記六卷, 每經皆加圈點評語.……經本不可以文論……鑛乃竟用評閱時文之式, 一一標舉其字句之法."

187 王畿(卷12 「浙中王門學案」 2), 王艮(卷32 「泰州學案」 1), 羅洪先(卷18 「江右王門學案」 3), 朱得之(卷25 「南中王門學案」 1), 胡直(卷22 「江右王門學案」 7), 羅汝芳(卷34 「泰州學案」 3), 周汝登(卷36 「泰州學案」 5)

188 『四庫提要』 卷125 子部雜家存目.

189 佐々木愛(1997), 山內弘一(1999).

하여 진헌장에게 미쳐 모기령에 이르게 되었다."라는 말은, 수년 후(정조23년) 정조 자신의 말이다.[190] 명말청초 이래로 100여 년인 오늘날에 이르기까지 정통교학인 주자학과 속학인 육왕학의 대립이라는 구도로 파악한 것이 당대 중국의 학술정황에 대한 당시 정조의 인식이었다. 이와 관련하여 정조20년(1796)은 가경(嘉慶) 원년에 해당되는데, 당시 중국에서는 소위 한학(漢學)이 융성하였다. 다만 당대 중국에서의 한학 유행이라는 정보가 조선에 오게 된 것은 약간 뒤의 일이었다.[191]

> b. 나는 근일에 여러 신하들이 서양의 학설을 힘써 배척하는 것을 보고, 정성으로 정학을 밝히는 것이 이단을 물리는 근본이 된다고 생각하였다. 또한 일찍이 명말 · 청초에 나온 책이 정학을 황폐하게 하는 것이라 생각한다. 포복하면서도 부끄러운 줄 모르는 저 속학을 어찌 다만 지식이 미치지 못하고 견해가 비루하여 그런 것이라 말할 수 있겠는가.……이 때문에 명말 · 청초 제가들의 잡서를 구매하는 것을 금지시켰다.[192]

이 기술에 의하면 정학을 어지럽히는 이단으로서 명말청초의 서적에 대해 구입 금지 명령이 내려졌던 것이다. 이 금지령의 실시에 관해서는『조선왕조실록』에도 기재가 있다.[193] 또한 다음에 나타나듯 정조의「책문」중

---

190 『朝鮮王朝實錄』 정조23년 7월 16일 壬申. "近來中國學問, 滔滔是王陸餘泒, 泛濫於白沙, 懷襄於西河而極矣."

191 夫馬進은 1801년(純祖元年, 嘉慶6년)에 연행사로서 부연한 柳得恭의『燕臺再訪』즈음을 시초로, 중국의 漢學 유행 정보가 조선에 오게 되었다고 지적하였다. 夫馬進(2004) 310~311쪽 및 주석 46번.

192 『弘齋全書』 卷50「策問」3「俗學」. "予於近日諸臣之力斥西洋說也, 惓惓以明正學爲闢異端之本. 而又嘗以明末淸初之書, 爲正學之榛蕪. 彼俗學之匍匐不知恥者, 豈但曰識不逮而見太卑而已乎哉?……是以有明末淸初諸家, 雜書購貿之禁."

193 『朝鮮王朝實錄』 정조15년 10월 24일. "乙丑, 左議政蔡濟恭上箚曰……批曰……予嘗語筵臣曰, 欲禁西洋之學, 先從稗官雜記禁之. 欲禁稗官雜記, 先從明末淸初文集禁之.……卿居廟堂籌謀之地, 須以明末淸初文集及稗官雜記等諸冊, 投之水火當否, 與諸宰, 爛加講究. 而此若以令不便爲嫌, 赴燕使行購雜書之禁, 在所申明." 정조18년에

에는 이외에도 종종 신서(新書) 구입 금지에 관한 언급이 보인다. 이 금령이 일정 시기에 일정 효력을 동반하여 실시되고 있었다면 이학(異學) 금지의 현저한 사례로서 크게 주목할 만한 것이다.

⑪『홍재전서』 권51「책문」4「위서(僞書)」上齋生更試(정조16년 壬子 1792)

신서(新書)의 실용적 가치에 대해 묻는다면 이치가 있는가, 사실이 있는가? 실용의 가치가 없다면 거짓일 뿐이다. 아! 책이 거짓이라면 말도 거짓이며, 말이 거짓이라면 행동도 거짓이니, 그 흐르는 폐해가 온 천하를 거짓으로 함께 몰고 갈 것이다. 내가 이를 두려워하여 평소 사람을 가르치고 인도하고 바로잡는 것이, 모두 실제에 입각한 것으로 하나의 기준을 삼고 있는 것이다. 연경(燕京)에 사신 가는 길에 새로운 서적의 구매를 금지한 것도 이 때문이다.[194]

연행사가 그곳에서 신간서(新刊書)를 구입해오는 것을 금지한다는 것은 ⑩에서의 명말청초 서적 구입 금지와 같은 내용이다.

⑫『홍재전서』 권51「책문」4「경술(經術)」抄啓文臣親試(정조19년 乙卯 1795)

지금의 이른바 경술(經術)이라는 것이 어째서 이것과 크게 차이가 나는 것인가.……내가 새로운 서적 구매를 금하는 것이 어찌 금하고 싶어서 그런 것이겠는가.……점차 이단(異端)과 사학(邪學)이 그 사이에 끼어들어 경술이 거의 없어지고 있다. 경술이 폐해를 입게 된 원인을 자대부(子大夫)는 알고 있는가? 나

도 같은 왕명이 내려졌다. 『朝鮮王朝實錄』 정조18년 10월 29일 癸未. "上曰, 我國文獻之邦, 書冊豈可禁之. 而近來出來之書, 卽稗官小品. 今人耽好小品, 有此購貿, 烏可不嚴禁乎? 雖聖經賢傳, 已出來者, 足可誦讀, 今番使行, 則自經書以下, 切勿購來." 정조에 의한 西洋書나 명말청초의 서적 구입 금지는 을사사건(정조9년 乙巳 1785년), 珍山사건(정조15년 辛亥, 1791) 등 일련의 敎難(천주교 탄압사건)의 연장선상에 위치하던 것이다. 鈴木信昭(1984).

194 『弘齋全書』 卷51「策問」4「僞書」. "試問新書之實用, 理耶事耶? 無實則僞而已. 噫! 書僞則言僞, 言僞則行僞. 而其流之害, 率天下同歸於僞. 予是之懼, 平日所以誨人敎人導迪訓匡, 咸以脚踏實地, 爲一副柄衡. 而燕价之路, 禁購新書, 亦職此之由."

> 는 새로움을 좋아하는 것이 그 단서를 열었고, 엄숙함이 없는 것이 그 지극함을 초래하였다고 생각한다. 새로운 것을 좋아하기 때문에 사람들이 두루 알 수 있는 쉬운 글을 싫어하고, 엄숙함이 없기 때문에 성현을 업신여기는 것이다. 이것을 전환시킬 수 있는 계기는 다만 참된 경술에 종사하여 주부자(朱夫子)를 잘 배우는 것에 달려 있지 않겠는가?[195]

여기에서도 신서 구입의 금령이 언급되고 있다. 이와 함께 성현을 경모(輕侮)하는 이단사학이 횡행하는 원인은 진정한 경술에 종사하지 않고 주부자를 배우지 않는 데에 있다고 단정하는 점이 주목된다. 여기에서도 주희·주자학을 절대적인 규범으로서 존숭하는 입장이 명시되어 있다.

3

이상 『홍재전서』 수록의 책문을 살펴본 것만으로도 정조의 주자학 존중 입장은 명확하게 읽어낼 수 있다. 구체적으로는 (一) 주자학의 도통설을 수용하고 주희를 제유(諸儒)를 집대성한 자로서 평가(③), (二) 정주에 의한 사서(四書)의 현창과 주희의 『사서집주』 등의 찬술을 높게 평가(⑤ ⑥ ⑨), (三) 금(金)의 장종(章宗), 남송의 이종(理宗), 명의 태조 등 주자학을 존숭했던 과거의 치세를 현창(② ③), (四) 주희를 '주부자'라고 존칭하여(⑥ ⑦ ⑨), '주자를 존중함[尊朱]'(⑧), '주부자를 잘 배움[善學朱夫子]'(⑫)의 입장을 명시, (五) 육학·양명학을 이단사설이라고 비판(① ③ ④), (六) 양명학계통의 저작을 다분히 염두에 두고서 명말청초의 서적 구입을 금지(⑩ ⑪ ⑫)하는 것 등이다.

---

195 『弘齋全書』 卷51 「策問」 4 「經術」. "爾今之所謂經術者, 何與此大相遠也?……予所以禁購新書, 豈得已也?……駸駸乎異端邪學之干其間, 而經之術, 或幾乎息矣.……經術所以受弊之源, 子大夫尙能悉其由乎? 予則曰好新以開其端, 無嚴以致其極. 好新故厭菽粟, 無嚴故侮聖賢. 此其轉移之機, 顧不在於從事眞經術而善學朱夫子乎?"

그러나 여기에 보이는 주자학 존중의 현저한 자세를 바로 조선시대 전반에 일반화시킬 수는 없을 것이다. 정조는 세손 시절부터 주희의 저작을 가까이하였고 문집이나 어류를 초출(抄出)한 『선통(選統)』, 『회선(會選)』, 『회영(會英)』, 주희의 서독을 발췌한 『주서백선(朱書百選)』 등을 스스로 편찬한 인물이다.[196] 게다가 그 후에는 문집, 어류나 『사서집주』, 『사서혹문』, 『역학계몽(易學啓蒙)』, 『문공가례(文公家禮)』부터 『주역참동계고이(周易參同契考異)』, 『초사집주(楚辭集註)』 등에 이르기까지, 주희의 여러 저작을 집대성 한 전서(全書)의 편찬을 계획하여, 부연(赴燕) 사신에게 주자서를 구입해오라고 명하거나[197] 주자학에 조예가 깊은 인물의 등용을 명하기도 하였다.[198] "주부자는 공자 이후의 단 한 사람이다.[朱夫子, 卽孔子後一人也]", "내가 원하는 바는 주자에게 배우는 것이다.[予所願者, 學朱子也]", "집집마다 사람들에게 주서(朱書)를 외고 익히게 하고 싶다.[欲令家家人人誦習朱書]"라는 말들은 모두 이런 문맥에서 서술된 정조의 말이다.[199] 따라서 책문에서 발견된 여러 점들도 정조 자신의 개인적인 주자학 존숭의 성향과 밀접한 관련이 있다는 점은 충분히 고려할 필요가 있다.

---

196 『朝鮮王朝實錄』 정조18년 12월 25일 戊寅. "朱書百選成. 上自春邸, 喜讀朱子書, 就大全語類, 手加彙選爲選統會選會英諸書. 至是取其書牘, 約之爲百選." 『弘齋全書』 卷180 群書標記 「朱書百選六卷, 刊本」. "朱子之學, 其地負海涵之盛, 在於文集. 朱子之文, 其蠶絲牛毛之精, 在於書牘. 予旣選語類大全, 爲選統會選會英諸書. 復取其書牘, 約之爲百選. 首之以延平, 昭師承也. 尾之以直卿, 示傳授也. 其人名地名及訓詁出處, 則各於當行格頭, 略綴註釋, 付鑄字所, 用丁酉字印頒. 復命湖南嶺南關西營, 飜刻藏板. 右甲寅編." 甲寅은 영조18년.

197 『朝鮮王朝實錄』 정조23년 7월 16일 壬申.

198 『朝鮮王朝實錄』 정조23년 9월 5일 庚申.

199 앞의 두 가지는 『朝鮮王朝實錄』 정조23년 7월 16일 壬申, 뒤의 것은 『朝鮮王朝實錄』 정조23년 9월 5일 庚申.

Ⅳ. 소결

본장에서는 주로 『사마방목』 생원시 사서의(四書疑)의 시제 및 정조 『홍재전서』 수록 「책문」의 내용 검토를 통해 조선시대의 과거와 주자학의 관련을 고찰하였다. 이를 통하여 조선시대 과거와 주자학과의 깊은 관계에 대해 구체적 해명이 가능했다고 생각된다. 다만 시대에 따른 변천 · 동이의 유무 등에 관해서는 전혀 고찰이 미치지 못하였다.[200] 또한 당시 유포되었던 방각본의 수험참고서 등의 내용을 검토하면 거업의 실태 및 시대가 요청하는 학문의 질에 대해서도 일정 지식을 얻을 수 있었을 테지만, 이 점에 대해서도 전혀 검토할 겨를이 없었다. 이런 문제들에 대해서는 훗날을 기약하도록 한다.

【부기(付記)】

필자는 2008년 1월 12일~13일 이틀에 걸쳐 오사카 시립대학에서 개최된 문부과학성 과학연구비 보조금 특정 영역 연구 '동아시아 해역교류'의 문헌자료 연구부문 · 총괄반 공동 주최 심포지엄에서 「조선조시대의 과거와 주자학」이라는 제목으로 연구 발표를 했다. 본장은 그때의 발표 원고에 약간의 수정을 가한 것이다. 당일 발표했을 때에는 안부력(安部力) · 소도의(小島毅) · 고진효(高津孝) · 평전무수(平田茂樹)를 비롯한 여러 선생님

200 중국 明代에 대하여 말하자면, 三浦秀一은 『明代登科錄彙編』, 『天一閣藏明代科擧錄選刊會試錄』이나 明人 別集에 수록된 策問 등에 대한 조사에 기초하여 明代 과거책문의 출제 경향을 분석하고 永樂三大全이 명대 과거에 끼친 영향을 지적한 후, 成化 · 弘治 · 正德 연간에는 주희나 주자학자의 저작 간행 사례에서 보이는 原著 지향의 추세와 삼대전의 범위를 넘은 출제의 경향이 출현하는 것, 가정 · 만력연간에는 自得을 중시하는 경향이 출현하는 것 등 시대에 따른 변천을 지적하고 있다. 三浦秀一(2010). 본고의 고찰에 나아가 말하자면, 정조의 三大全의 폐해 지적 및 주희의 全著作 蒐集 · 刊行 계획에서 보이는 현저한 原典 지향의 존재는 중국의 이 같은 동향과 대비시켜 그 의미를 검토할 여지가 있을지도 모른다.

들로부터 여러 귀중한 가르침을 받았다. 이를 부기하여 성의를 표하고자 한다.

그리고 『사마방목』 전17책(국학자료원, 1990년)은 오래되어 절판 품절된 상태였는데, 최근 『조선시대 생진시방목(사마방목)』 전28책(역사창조, 2009년 1월)이 간행되었다. 28책본은 기존 간행분(숙종10년, 1684~고종31년, 1894)에 태종14년(1414)~숙종9년(1683)까지의 방목을 증보한 것으로, 종래 쉽게는 보지 못하였던 국초 이래 300년간의 방목이 새롭게 간행된 의의는 매우 크다. 증보분도 검토 대상에 더하면 본장의 고찰 성과를 더욱 보강하거나 혹 새로운 지견(知見)을 얻을 수 있는 것도 가능하다고 생각되나 이는 훗날을 기약하도록 한다.

제10장
왕수인의 문묘종사 문제: 중국과 조선의 이학관(異學觀) 비교

이 장에서는 왕수인(王守仁)의 문묘종사(文廟從祀) 문제에 대한 중국과 조선 각각의 대응방식을 검토하고, 그 검증을 통하여 양 국가 근세 학술관의 동이(同異)를 고찰하는 것을 목적으로 한다.

중국에서도 조선에서도 각각 근세 사상사에서 중심적인 위치를 차지하고 있던 것은 물론 주자학이다. 그리고 양명학이 주자학과 결별한 왕수인에 의해 제기된 것인 이상, 그것이 주자학 진영으로부터 이학시(異學視)되어 이단시된 것은 당연한 결과였다. 한편 조선에서는 정통교학이 아닌 것을 이단으로 보고 배격하는 정도가 중국 이상으로 맹렬하였다는 것이 종종 지적된다. 이는 왕수인의 문묘종사 문제를 둘러싼 피차의 대응 차이로도 단적으로 나타난다고 할 수 있다. 중국에서는 수차례의 논의를 거쳐 만력(萬曆) 12년(1584) 왕수인의 문묘종사가 결정되는 데 이른다. 그러나 조선에서는 선조33년~34년(1600~1601)에 걸쳐 왕수인 문묘종사의 가부가 논의되었으나 결국 종사(從祀)는 보류된다. 마찬가지로 육구연에 대해서도 중국에서는 가정(嘉靖) 9년(1530)에 문묘종사가 행해졌으나, 조선에서는 종사되는 데에는 이르지 않는다.

문묘에의 종사는 해당 인물의 학술(學術)과 사공(事功)을 국가가 공적으로 인지(認知)하여 긍정적으로 평가함을 의미한다. 따라서 육왕(陸王)이 중국에서는 그 종사를 인정받고 조선에서는 인정받지 못했다는 사실은, 양국의 학술관이나 학술을 둘러싼 여러 정황의 차이를 상징적으로 나타내는 사례라 해도 과언이 아니다. 이에 중국 및 조선에서의 왕수인 문묘종사의 가부결정 경위를 검토하여 양국의 이학관(異學觀)을 비교 · 대조해보고자 한다.

그리고 명나라 사람으로서 공자묘에 종사된 것은 설선(薛瑄) · 호거인(胡居仁) · 진헌장(陳獻章) · 왕수인 네 사람뿐이다. 그 중 설선의 종사 결정은 융경(隆慶) 5년 9월, 나머지 세 사람의 종사 결정은 만력12년 11월이다.

Ⅰ. 중국에서의 왕수인 문묘종사론 (1) 만력 이전

1

왕수인의 문묘종사가 결정된 것은 만력12년(1584)인데 이에 이르기까지 일련의 경위를 개관해보고자 한다.[1]

우선 가정 9년(1530) 육구연이 문묘에 종사되었다. 당시 대학사(大學士) 장총(張璁)의 주도로 일련의 예제(禮制) 개혁이 단행되고 있었다(이른바 가정의 禮制改革).[2] 그 일환으로 문묘의 사전(祀典)에도 대폭 개혁이 행해졌다. 그 내용은 (1) 공자에 대한 '문선왕(文宣王)'의 왕호(王號)를 제거하고 '지성

---

1 중국의 문묘종사 문제에 관해서는 다음의 선행연구를 참조하였다. 彭珍鳳(1982), Hung-Lam Chu(1988), 夫馬進(1990), 黃進興(1994), 小島毅(1999). 특히 Hung-Lam Chu의 논고는 왕수인 문묘종사의 판부를 둘러싼 일련의 논의를 『明實錄』에서 면밀히 뽑아내어 참고가 되었다.

2 小島毅(1992) 참조.

선사(至聖先師)'라 칭한다. (2) 공자의 소상(塑像)을 목주(木主)로 바꾼다. (3) 양무(兩廡)에 종사되어온 숙량흘(叔梁紇), 안무요(顏無繇), 증점(曾點), 공리(孔鯉), 맹손(孟孫=孔子, 顏子, 曾子, 子思, 孟子의 아버지) 중 숙량흘을 위해 따로 계성사(啓聖祠)를 설치하고, 안무요 이하의 사자(四子)를 여기에 배속시킨다. (4) 공백료(公伯寮) 이하 13명의 파사(罷祀), 임방(林放) 이하 7명을 향현사(鄕賢祠)로 강격(降格), 후창(后蒼) 이하 4명의 증입 등이었다. 그리고 이와 거의 같은 시기에 설간(薛侃)에 의한 상청(上請)이 재가되어 육구연의 문묘종사가 결정되었다.[3]

• 설간, 육구연의 문묘종사를 상청, 종사 결정, 가정9년 11월

설간(자 尚謙, 호 中離)은 광동(廣東) 게양(揭陽) 사람이다. 형 설준(薛俊)과 함께 왕수인을 사사하여 영남(嶺南) 지역[광동 · 광서]에 왕학의 성행을 초래한 인물로, 『명유학안(明儒學案)』 권30 「월민왕문학안(粵閩王門學案)」에 입전되어 있다. 설간은 문묘의 사전(祀典)을 둘러싼 논의가 활발하게 된 때를 틈타 육구연과 진헌장의 종사를 청하였는데, 그 중 육구연의 종사만이 허가되었다.[4] 『전습록』 상권(上卷)의 95~128조는 설간이 기록한 것으로, 서애(徐愛)의 기록[1~14조], 육징(陸澄)의 기록[15~94조]과 함께 처음으로

---

3 『明史』 卷50 「禮志」 至聖先師孔子廟祀. 『明通鑑』은 육구연 종사의 기사도 포함하여 모두 嘉靖9년 11월조에 연관시켰다.

4 『明史』 卷207 「薛侃」. "薛侃, 字尙謙, 揭陽人. 性至孝. 正德十二年成進士, 卽以侍養歸, 師王守仁於贛州. 歸語兄助教俊. 俊大喜, 率群子姪宗鎧等往學焉, 自是王氏學盛行於嶺南.……時方議文廟祀典, 侃請祀陸九淵陳獻章. 九淵得報允." 乾隆 『曲阜縣志』 卷29는 嘉靖8년 夏六月 조에 「行人司司正薛侃疏陳闕里孔子廟七事」를 收載하고 있다. 이는 曲阜의 공자묘에 관한 주청으로 제6조와 제7조는 각각 육구연과 진헌장의 종사를 주장하고 있는데, 참고로 아래에 실어둔다. "一, 孟子沒而學晦. 至宋周敦頤程顥, 追尋其緒, 陸九淵繼之, 心學復明. 今諸子皆從祀, 而九淵獨未與. 蓋以蚤歲嘗與朱熹論說不合, 故其徒遂擠之爲禪也. 臣以委宜賜增從祀. 一, 翰林院檢討陳獻章, 博而能約, 不離人倫日用, 而見鳶飛魚躍之機. 雖無著述, 其答人論學等書, 已啓賢聖之扃鑰. 伏乞將獻章賜謚從祀, 以彰我皇之盛. 奉旨, 一竝會議更正. 本朝儒臣, 待公論定後再議." 黃進興(1994), 278쪽, 주석 294 참조.

『전습록』(今本上卷)을 간행한 것도 설간이다(정덕13년, 1518).[5]

왕수인은 『육상산문집(陸象山文集)』의 중각(重刻)에 "성인의 학문은 심학(心學)이다.[聖人之學, 心學也]"로 시작하는 「상산문집서(象山文集序)」를 집필하였으며(정덕15년 1520),[6] 또 지역의 관리에게 손을 써서 다른 성현자손(聖賢子孫)의 예에 따라 육구연 자손의 차역(差役)을 면제시키기도 하였다(정덕16년 1521).[7] 더욱이 왕수인은 "주육(朱陸) 모두 성학(聖學)을 다스리는 자인데 육학(陸學)만이 부당한 무고를 입은 것이 400여 년이다. 문묘에 종사되어 있는 주희가 만일 이 사실을 안다면, 하루도 그 사전(祀典)에서 편히 흠향할 수 없을 것이다."라고까지 하였다.[8] 이처럼 생전의 왕수인에게는 육학 현창의 강고한 의지가 있었고, 주희와 함께 육구연도 문묘에 종사되어야 한다는 생각이 있었음을 추측할 수 있다. 따라서 설간에 의한 육구연 종사의 상청은 돌아가신 스승의 유지를 받드는 것이며, 육학 현창과 함께 왕학의 현창도 꾀하는 것이었다.[9]

그리고 설간이 왕수인과 함께 종사를 요청한 진헌장은 만력12년 왕수인과 함께 문묘에 종사된다. 명대(明代) 학술사에 있어 주자학과는 다른 신경향 사상의 출현으로 진(陳)·왕(王) 두 사람을 병칭하고 진헌장을 왕수인의 학문적 선종(先蹤)으로 보는 사고방식은 후세에 정설화(定說化)되었

---

5 『王文成公全書』 卷32 「年譜」 正德13년 8월 條.

6 『王文成公全書』 卷7 「象山文集序」(庚辰).

7 『王文成公全書』 卷33 「年譜」 正德16년 1월. "錄陸象山子孫. 先生以象山得孔孟正傳, 其學術久抑而未彰, 文廟尙缺配享之典, 子孫未沾褒崇之澤, 牌行撫州府金谿縣官吏, 將陸氏嫡派子孫, 仿各處聖賢子孫事例, 免其差役, 有俊秀子弟, 具名提學道送學肄業."

8 『王文成公全書』 卷21 「答徐成之」 第2書. "僕嘗以爲晦庵之與象山, 雖其所爲學者若有不同, 而要皆不失爲聖人之徒……故僕嘗欲冒天下之譏, 以爲象山一暴其說, 雖以此得罪無恨. 僕於晦庵, 亦有罔極之恩, 豈欲操戈而入室者. 顧晦之學, 已若日星之章明於天下, 而象山獨蒙無實之誣, 于今且四百年, 莫有爲之一洗者. 使晦庵有知, 將亦不能一日而安享於廟廡之間矣."

9 黃進興(1994), 278쪽.

다.[10] 왕문(王門)의 설간이 육구연과 함께 진헌장의 종사를 요청한 사실은, 황종희(黃宗羲)가 이전에 지적했듯 백사학(白沙學)을 양명학의 선종으로 보는 설간의 인식을 말해주고 있다.[11]

2

한편 가정 초년부터 육구연의 문묘종사가 결정된 가정9년 당시에 이르기까지 왕수인 및 왕학을 둘러싼 상황은 양호한 것은 아니었다. 매우 간략히 당시의 상황을 약술한다.[12]

영왕(寧王) 신호(宸濠)의 난을 평정한 군공(軍功)으로 왕수인은 정덕16년(1521) 11월, 세종(世宗)으로부터 신건백(新建伯)에 봉해지고 자손의 작위세습이 허용되었다.[13] 그러나 사실 이때 봉작(封爵)의 증거라고 할 만한 철권(鐵券)은 부여되지 않았고 소정의 세록(歲祿)도 급부되지 않았다.[14] 이처럼 왕수인에 대한 봉작은 표면적으로는 파격적인 은전을 부여했으나 그 실제는 골자를 빼버린 것이었다.[15] 그 배경으로 생각되는 것은 당시 대학사(大學士) 양정화(楊廷和) 등의 의향이다. 양정화는 왕수인을 중용한 병부상서 왕경(王瓊)과는 사이가 좋지 않았고, 왕수인이 평적(平賊)의 공을 오로지 왕경에게 돌린 것을 불쾌하게 생각하였다. 그리고 조정 신하들 사이

---

10 『明史』 卷282 「儒林傳」 序. "原夫明初諸儒, 皆朱子門人之支流餘裔.……學術之分, 則自陳獻章王守仁始. 宗獻章者曰江門之學, 孤行獨詣, 其傳不遠. 宗守仁者曰姚江之學, 別立宗旨顯與朱子背馳, 門徒徧天下, 流傳逾百年, 其教大行, 其弊滋甚."

11 『明儒學案』 卷5 「白沙學案」 上 序. "有明之學, 至白沙始入精微.……至陽明而後大. 兩先生之學, 最爲相近.……薛中離, 陽明之高第弟子也. 於正德十四年上疏請白沙從祀孔廟, 是必有以知師門之學同矣." 正德14년 운운한 것에 대해서는 미확인.

12 間野潛龍(1979), 中純夫(1991) 참조.

13 『世宗實錄』 正德16년 11월 丁巳.

14 『明史』 卷195 「王守仁」. 王門의 黃綰의 上請에 의해 鐵券과 歲祿이 부여된 것은 嘉靖6년에 이르러서였다. 『世宗實錄』 嘉靖6년 8월 甲子.

15 間野潛龍(1979), 191쪽.

에서도 왕수인의 발군(拔群)의 군공을 좋지 않게 생각하는 분위기가 있었다.[16]

가정원년(1522) 10월, 예과급사중(禮科給事中) 장교(章僑)와 하남도어사(河南道御史) 양세표(梁世驃)가 넌지시 왕수인을 이학(異學)이라 비판하고 금단을 바라는 상소를 연이어 올렸다. 이학을 창도하는 해당 인물을 지명하고 있지는 않았으나, "대개 육구연의 간편함을 취하고 주희를 꺼려 지리하다고 여긴다.[大率取陸九淵之簡便, 憚朱熹爲支離]"라는 문장이 양명학을 지탄하는 것임은 분명하다. 두 신하의 말은 세종에 의해 가납되어 "지금 이후로 교인(敎人)과 취사(取士)에 있어 정주의 말만 의거하고, 망령되이 도를 배반하며 불경한 책을 사사로이 전각(傳刻)함을 허용치 않는다."라는 칙명이 내려졌다.[17] 더욱이 이듬해 가정2년(1523)의 회시(會試)에서는 은근히 왕수인을 비판하는 내용의 책문이 출제되었다.[18]

가정7년(1528) 2월, 사은(思恩) · 전주(田州)의 난을 평정한 왕수인은 상소하여 사직을 청하였으나 병이 심해져 명을 기다리지 못하고 이임(離任), 귀성길에 11월 강서(江西) 남안(南安)에서 객사하였다. 이듬해 가정8년(1529) 1월, 왕수인이 멋대로 관직을 떠난 것에 노한 세종은 이부(吏部)에 심의를 명한다.[19] 2월 2일 이부가 구신(具申)한 의견은, 중병 때문에 주청할 겨를도 없이 관직을 떠난 정황에 비추어보아 관대한 처분을 바란다는 것이었다. 그러나 세종은 왕수인의 학술과 공적에는 논의할 점이 많았으므로, 그 시비를 조정 대신들과 합동으로 상정(詳定)하고 봉작에 대해서도

---

16 『王文成公全書』 卷34 「年譜」 嘉靖원년 1월 「疏辭封爵」 條, 『明史』 卷195 「王守仁」.

17 『世宗實錄』 嘉靖元年 10월 乙未. "自今敎人取士, 一依程朱之言, 不許妄爲叛道不經之書, 私自傳刻以誤正學."

18 『王文成公全書』 卷34 「年譜」 嘉靖2년 2월 條. 『明史』 卷283 「歐陽德」. 蔣冕 『湘皐集』 卷27 「會試策問」(蔣冕은 嘉靖2년 會試의 正主考官). 『日知錄』 卷18 「朱子晩年定論」. 天一閣藏明代科擧錄選刊會試錄 『嘉靖二年會試錄』 第三場 「第五道」 중 第二道(寧派市天一閣博物館輯, 2007년, 寧派出版社影印). 中純夫(1991), 4~6쪽. 鶴成久章(2007, 5).

19 『世宗實錄』 嘉靖8년 1월 乙巳.

심의하라고 명하였다.[20] 명을 받은 이부는 재차 심의를 행하여 왕수인의 공죄(功罪)에 대해 보고하였는데, 최종적으로는 신건백을 왕수인 1대에만 한정하고 세습을 중지하라는 처분을 내림과 동시에, 사설(邪說)을 답습하여 성현을 비방한 자는 중벌에 처해야 한다는 논지를 천하에 주지시켰다.[21] 이부의 보고 중 주희의 격물치지설을 비판한 것, '주자만년정론'을 집필한 것이 죄과에 들어가 있었고, 세종도 이 보고 내용을 인정한 뒤 위의 단안(斷案)이 내려진 것이므로 이번의 처분은 봉작의 세습을 정지시킴과 함께 주자학을 비판하는 양명학을 이학으로 금단(禁斷)하는 것이었다. 그리고 여기에서 왕수인을 암암리에 비난한 주모자는 당시 이부상서(吏部尙書) 계악(桂萼)으로 지목되고 있다.[22]

이러한 일련의 정황을 돌아보면, 설간의 상청에는 왕학 금단의 풍조가 계속되던 가운데 우선 사문(師門) 현창의 밑바탕을 만들고 훗날의 만회를 기약한다는 계획이 담겨 있었던 것으로 추측된다. 실제로 만력12년, 왕수인의 문묘종사가 의론될 때에는 육구연이 이미 종사되고 있었던 사실이 큰 의미를 가지게 된다. 따라서 이번 육구연의 종사는 역사적으로 보아도 그 후 왕수인 종사에 대한 포석의 역할을 담당했다고 할 수 있을 것이다.

그러나 여기에서 뒤집어 생각해볼 사항이 있다. 확실히 가정원년 · 2년 · 8년, 양명학에 대하여 이학(異學)의 금지가 단행되었는데 만일 이 정책들이 순수하게 학술적 견지에서, 주자학을 정통으로 하는 측이 주자학이 아닌 것을 단고배제(斷固排除)하려는 의도에서 나온 것이라면, 이러한 정책이 한창 시행되고 있을 때 정말로 육구연의 문묘종사가 허용될 수 있었던 것일까. 역으로 육구연의 종사가 재가된 사실로부터 추측해보면, 위에서 말한 일련의 행금(行禁)은 오히려 극히 정치적 의도나 배경과 관련을 맺

---

20 『世宗實錄』 嘉靖8년 2월 戊辰.

21 『世宗實錄』 嘉靖8년 2월 甲戌.

22 間野潛龍(1979), 187~188쪽. 中純夫(1991), 17쪽.

고 있었다고 보는 것도 가능하지 않을까.[23]

육구연의 문묘종사 결정 이듬해인 가정10년(1531) 7월, 설간은 '종실의 자제 한 명을 선발해 경사(京師)에 남겨서 보도(輔導) 교육을 실시하여, 가령 황태자가 탄생하지 않은 경우에 대비해야 한다.'는 취지의 상소를 올려 세종의 노여움을 사서 삭적(削籍)되었다.[24] 담천(談遷)의 『국각(國榷)』은 사건을 기록한 기사의 첫머리에 "행인사정(行人司正) 게양(揭陽) 사람 설간은 일찍이 왕수인을 섬겨 강학하여 평소에 광이(狂易)하였다. 그가 말하기를 '상께서 춘추가 정히 성하신데 황자가 없으니, 종실의 자제들을 가려 뽑아 경사에 남겨두어 황제가 태어나기를 기다렸다가 그 후에 나라로 돌려보내야 합니다.' 하였다. 상께서는 매우 노하여 법사(法司)에 회부하여 조정에서 국문을 받게 하였다."라고 서술하였다.[25] 여기에서는 왕수인 문하로서 강학에 종사한 사실도 설간을 비판하는 요건에 열거되고 있는데, 만일 그렇다면 이 설간에 의한 육구연 문묘종사의 상청이 전년 11월에 어떻게 재가되었을까 하는 의문이 생긴다. 결국 이단 · 이학 비판과 같은 언사는 실제 학술적 견지에서 발한 것이라기보다, 정치적으로 공격해야 할 상대를 단죄하는 절호의 재료로써 극히 자의적으로 이용되었던 것이 아닐까.

---

23 世宗의 친부 興獻王의 존호를 둘러싼 이른바 '大禮의 議'에서, 왕수인의 문인이나 知友들 중에도 세종의 뜻에 영합하여 정계에 진출한 인물이 꽤 존재하였다. 그러나 왕수인은 이 문제에 관하여 언급하지 않았다고 한다. 이렇게 세종의 뜻에 찬동하지 않는 왕수인의 태도가 그의 死後도 포함하여 정치적 입장에 불리하게 작용했을 측면이 있다는 점은 부정할 수 없을 것이다. 間野潛龍(1979), 193쪽. 그러나 왕수인이 내심 품고 있던 견해는 세종의 의향에 가까운 것이고, 다만 大禮 문제에 관한 자기의 견해를 표명함으로써 정쟁에 휘말리게 됨을 피한 것에 불과하다는 해석도 있다. 中山八郞(1995).

24 『世宗實錄』 嘉靖10년 7월 戊午.

25 『國榷』 嘉靖10년 7월 戊午. "行人司正揭陽薛侃, 嘗事王守仁講學, 素狂易. 言上春秋鼎盛, 未有皇子, 宜擇宗室之親賢者留京邸, 俟皇子生而後就國. 上怒甚, 下法司廷訊."

3

왕수인의 문묘종사가 공적으로 논의된 것은 융경 연간에 들어가서부터이다.

① 어사(御使) 경정향(耿定向), 종사 요청, 융경원년

융경원년(1567), 급사중 조광(趙輄)과 어사 주홍조(周弘祖)가 설선(薛瑄)의 문묘종사를, 어사 경정향이 왕수인의 문묘종사를 각각 청원하여 예부의 의론에 부치게 되었다.[26] 이에 대한 예부의 답신은 일단 설선 및 왕수인의 학술 · 사공에 대해 논하고 있다. 이 중 왕수인에 대한 논평 부분은 다음과 같다.

> 남경병부상서(南京兵部尙書) 왕수인은 범상치 않은 자질을 가진 사람으로서 오묘한 이치를 체득하였다. 학문은 치양지(致良知)를 근본으로 삼아 오직 성과 명의 근원을 통찰하였고, 가르침은 강습에 힘쓰는 것으로 공부를 삼아 성현의 지취를 잘 발명하였다. 이 두 신하(설선과 왕수인)는 모두 100년 만에 한 번 나오는 호걸이요 한 시대의 유종으로서, 성학의 전통을 견고하게 도울 수 있는 자들이다.[27]

그리고 각각에 대해 다음과 같이 결론을 내리고 있다. 설선은 사후 100년이 지나 여론이 모두 경복(敬服)하고 있다. 선조(先朝=嘉靖朝)에서 문묘종사의 청원은 10여 번 정도 올라왔는데 유신(儒臣)의 의론도 십중팔구는 종사에 찬동하는 것이었다. 그러나 공론(公論)은 오래 지난 뒤에 분명해질

---

26 『穆宗實錄』 隆慶원년 6월 丁未. "先是給事中趙輄御史周弘祖, 請以故禮部侍郎薛瑄從祀孔庭. 御史耿定向亦請以故新建伯兵部尙書王守仁從祀. 下禮部議. 至是覆言."

27 『穆宗實錄』 隆慶원년. "尙書王守仁質本超凡, 理由妙悟. 學以致良知爲本, 獨觀性命之原. 敎以勤講習爲功, 善發聖賢之旨. 此二臣者, 皆百年之豪傑, 一代之儒宗, 確乎能翊贊聖學之傳矣."

것이므로 장래를 기다려야 할 것이다. 왕수인은 세대가 가깝고 중론(衆論)이 일치하지 않는 것이 염려된다. 이 때문에 한림원(翰林院) · 첨사부(詹事府) · 좌우춘방(左右春坊) · 국자감(國子監)의 유신들에게 명령을 내려 토의시켜서 그들의 의론 결과를 찬술하게 하여 참고하게 함과 동시에, 이부(吏部)에서도 합동 토론하여 그 뒤 성단(聖斷)을 기다리고자 한다. 목종(穆宗)은 이 답신을 가납하였다.

② 호과도급사중(戶科都給事中) 위시량(魏時亮), 종사 요청, 융경원년 10월

융경원년 10월, 위시량에 의해 설선 · 진헌장 · 왕수인의 문묘종사가 상청되어 예부의 의론에 부쳐졌다.

> 호과도급사중 위시량이 진유(眞儒)를 기록하여 도덕교화를 밝히는 일을 상청하면서, 설선 · 진헌장 · 왕수인은 모두 성학의 참된 전통을 얻은 자이므로 응당 공자의 묘정에 종사해야 한다고 주장하였다. 이 주장(奏章)을 예부의 논의에 회부하였다.[28]

이처럼 융경 연간에 들어가면 왕수인의 문묘종사를 원하는 주소(奏疏)가 연이어 올려지게 된다. 그 중에서도 ①의 예부의 견해는 매우 간결하지만 치양지설을 포함해 왕수인의 학술을 정면에서 언급하고 이를 긍정적으로 평가하는 것으로, 가정 초년 때 왕수인 및 왕학에 대한 비판적 풍조와는 격세를 느끼게 한다.

왕수인에 대한 평가는 확실히 융경 연간에 들어와 크게 호전된다. 우선 융경원년 4월에는 왕수인에 대해 신건후(新建侯)가 추증됨과 동시에 '문성

---

28 『穆宗實錄』 隆慶원년 10월 丙申. "戶科都給事中魏時亮, 請錄眞儒以彰道化, 擧薛瑄, 陳獻章, 王守仁均得聖學眞傳, 宜崇祀孔子廟庭. 章下禮部議."

(文成)'이라는 시호가 내려졌고,[29] 융경2년 5월에는 신건백(新建伯)의 세습이 허가되는 데 이른다. 다음의 내용은 당시 왕수인 평가를 나타내는 중요한 문헌이라고 생각되므로 전문을 게재한다.[30]

> 고(故) 신건백 왕수인이 신호(宸濠)의 난을 평정한 공적을 소급하여 기록하고, 백작의 지위를 세습하게 하였다. 이에 앞서 가정 초년에 왕수인이 이미 봉작을 받았으나(정덕16년 11월), 그를 시기하는 자들이 무고한 죄에 연루시키기 위한 이론(異論)을 분연히 일으키는 바람에 결국 삭탈당하였다. 금상이 즉위함에 비로소 강서무안관(江西撫按官)에 명하고 그의 공상(功狀)을 조사시켰다. 이때에 이르러 조사결과가 보고되었으므로 이부(吏部)에 명하여 조정의 신하들과 함께 의론하게 하였는데, 모두 다음과 같이 말하였다. "왕수인이 화란을 진압하고 평정한 공을 개국 당시 임금을 보좌하였던 신하들과 비교해보면, 시대는 비록 다르나 정원백(靖遠伯=왕기)이나 함녕백(咸寧伯=구월)에 비해 공적이 더욱 뛰어납니다. 당시 그를 시기하는 자들에게 억압을 받아 큰 공적이 기록되지 못하였으니 공론은 모두 이것을 불공평하다고 생각합니다. 지금 마땅히 고명철권(誥命鐵券)을 급부하여 그의 자손들에게 대대로 세습시켜 끊어지지 않게 하여 조정이 훈업(勳業)을 권장하는 공의를 드러내야 합니다." 임금이 그것을 따랐다.[31]

왕기(王驥, 1378~1460)는 운남(雲南) 녹주(麓州)의 난을 평정한 공으로 정원백(靖遠伯)을 받고(정통7년 1442), 사후에 정원후(靖遠侯)와 시호 '충의(忠

---

29 『穆宗實錄』隆慶원년 4월 甲寅.

30 間野潛龍(1979), 197쪽에 全文을 게재하고 해설하였다.

31 『穆宗實錄』隆慶2년 5월 戊午. "追錄故新建伯王守仁平宸濠功, 令世襲伯爵. 先是嘉靖初, 守仁已授封, 會忌者媒孽其事, 異論紛然, 遂見削奪. 上即位, 始命江西撫按官勘覈功狀. 至是以聞, 下吏部會廷臣議, 皆謂守仁戡定禍亂之功, 較之開國佐命, 時雖不同, 擬之靖遠咸寧, 其績尤偉. 當時爲忌者所抑, 大功未錄, 公議咸謂不平. 今宜補給誥券, 令其子孫世世勿絶, 以彰朝廷激勸之公. 從之."

毅)'가 추증되었다(『明史』 권17 「王驥」). 또 구월(仇鉞)은 주치번(朱寘鐇)의 난을 평정한 공으로 함녕백(咸寧伯)을 받았으며(정덕5년 1510), 유육(劉六)·유칠(劉七)의 난을 평정한 공으로 함녕후(咸寧侯)를 받았다(정덕7년 1512, 『明史』 권175 「仇鉞」).

첫머리의 구절 및 왕기·구월과 나란히 칭해지고 있는 부분으로부터도 분명하듯, 여기에서는 오로지 왕수인의 군공(軍功)을 들어 이를 매우 높이 평가하고 있다. 특히 주목해야 할 것은 가정 초년의 처우가 왕수인을 꺼렸던 인물(아마도 桂萼)의 계책·무고에 의한 부당한 냉대였음이 명기되어 있는 점이다. 이에 이르러 왕수인은 정치적으로는 완전히 명예를 회복한다. 그리고 학술적 평가 자체가 독자적인 가치기준으로서 기능하고 있다기보다 오히려 그 당시 정치적 정황에 쉬이 연동·호응하여 크게 진폭(振幅)하는 것이라고 한다면, 왕수인의 완전한 정치적 명예회복은 그의 학술적 평가의 호전에 있어서도 충분한 조건을 제공했다고 할 수 있을 것이다. 융경원년의 왕수인 문묘종사를 둘러싼 의론은 이와 같은 맥락 속에 위치한 것이었다.

덧붙이자면 위의 결정을 받고 왕수인의 아들 정억(正億)은 융경2년 10월에 신건백(新建伯)을 세습하였다(『목종실록』 융경2년 10월 壬寅). 융경 초년의 왕수인의 명예회복에는 가정41년(1562) 5월부터 융경2년(1568) 7월까지 수보(首輔)의 직임에 있던 서계(徐階)의 존재도 크게 도움이 되었을 것이다. 서계는 왕수인의 재전제자인데 절강안찰첨사(浙江按察僉事) 시절인 가정15년(1536)에는 천진정사(天眞精舍)를 중수(重修)하고,[32] 강서독학(江西督學) 시절인 가정18년(1539)에는 홍도(洪都)에 억지사(抑止祠)를 세워 왕수인에게 제사를 지냈으며,[33] 이듬해 19년(1540)에는 「양명선생화상기(陽明

32 『王文成公全書』 卷35 「年譜」 嘉靖15년. "巡按浙江監察御史張景, 提學僉事徐階, 重修天眞精舍, 立祀田." 天眞精舍는 薛侃이 嘉靖9년에 錢塘縣 天眞山에 창건, 왕수인을 모시고 있다.

33 『王文成公全書』 卷35 「年譜」 嘉靖18년. "江西提學副使徐階, 建仰止祠於洪都, 祀先生.

先生畫像記)」를 집필하였다.[34] 내각대학사(內閣大學士) 시절인 가정32년(1553)·33년(1554)·37년(1558)·44년(1565)에는 연달아 북경의 영제궁(靈濟宮)에서 강학회를 개최하였고,[35] 치사(致仕) 후인 융경6년(1572)에는 「왕문성공전서서(王文成公全書序)」를 집필하였다.[36]

그리고 융경원년에 왕수인 문묘종사를 상청한 경정향은 『명사(明史)』 본전(本傳)에 "그 학문은 왕수인에 근본한다.[其學本王守仁]"라고 평가된 인물이다(『明史』 권221 「耿天臺」).[37] 원년 10월에 마찬가지로 상청한 위시량은 상세한 사상적 입장은 명확하진 않으나, 융경 초년의 수보(首輔) 서계와 사보(四輔) 고공(高拱)이 반목할 때 서계 측에 가담하여 고공을 공격(융경원년 5월, 고공 파면)하고, 고공이 재입각하자(3년 12월~6년 6월 재위) 그의 보복 인사로 파출된 경력을 지닌 인물이다.[38]

심덕부(沈德符)는 경정향과 위시량의 잇따른 상소의 배후에 수보 서계가 존재하였음을 시사하고, 서계 치사 후 고공이 위시량을 처분하자 왕수인의 문묘종사를 감히 입에 올리는 자는 없어지게 되었다고 하였다.[39]

自階典江西學政, 大發師門宗旨, 以倡率諸生."

34 『王文成公全書』 卷38 「陽明先生畫像記」의 기재 내용으로부터 집필 시기는 嘉靖19년 庚子이다. 그리고 글 속에서 新建伯의 세습 정지가 忌者의 誣告에 의한 것임을 明記하고 있다. "先生在正德間, 以都御史巡撫南贛, 督兵敗宸濠, 平定大亂, 拜南京兵部尙書, 封新建伯. 其後以論學爲世所忌, 竟奪爵.……忌者不與其功, 足矣. 又舉其心事誣之. 甚矣小人之不樂成人善也."

35 中純夫(1991), 23쪽.

36 『王文成公全書』 卷首.

37 해당 上請은 『耿天臺先生文集』 卷2 「應明詔乞褒殊勳以聖治疏」. "伏請皇上俯垂軫念, 勅下廷臣, 虛心集議, 特賜復爵贈諡從祀孔廟, 萬代瞻仰, 甚盛擧也." 이 한 구절로부터 경정향은 왕수인의 復爵·贈諡·從祀孔廟를 포함하여 청원했음을 알 수 있다. 따라서 이 상청이 행해진 것도 隆慶원년 4월(新建侯追贈, 賜諡文成) 이전의 일이 된다. 경정향의 사상적 입장에 관해서는 中純夫(1994) 참조.

38 『皇明應諡名臣備考錄』 卷6 「魏時亮」. "時華亭相徐階與新鄭相高拱相厄, 時亮左袒階攻拱. 未幾, 拱再相, 盡逐攻己者, 時亮亦在逐中." 徐階와 高拱에 관해서는 中純夫(1991), 32쪽 참조.

39 『萬曆野獲編』 卷14 「四賢從祀」. "隆慶初元, 徐文貞當國. 御史耿定向, 首請祀王守仁於

또 명나라 사람으로 문묘에 종사된 4명 중 제일 먼저 종사된 사람은 설선(薛瑄)이다. 설선의 종사 결정은 융경5년 9월의 일이다.[40]

Ⅱ. 중국에서의 왕수인 문묘종사론 (2) 만력 이후

1

만력 연간에 들어서면 왕수인의 문묘종사를 주장하는 움직임이 다시 활발해져 연달아 상소가 이르게 된다. 상소의 가부(可否)는 조정 대신들의 회의에 부쳐지게 된다. 그러나 당시 수보(首輔)였던 장거정(張居正)은 강학을 싫어하기로 유명한 인물이었다.[41] 이에 장거정의 뜻에 영합하는 관료들은 모두 왕수인을 비난 · 공격하였고, 이 때문에 이 시기 종사의 가부는 조정 신하들의 회의에서도 함께 논의되는 데에는 이르지 못했다고 한다.[42] 최종적으로 왕수인의 문묘종사가 결정된 것은 장거정 사후, 만력12년(1584) 11

孔廟. 而給事趙軏, 御史周弘祖, 則主薛瑄, 都給事魏時亮又加以陳獻章, 凡三人. 後會議僅瑄一人得祀. 時爲隆慶五年, 則徐文貞去國久矣. 初徐文貞議復王守仁爵, 幷欲與薛一體從祀. 以衆論不同, 僅還故封. 比新鄭當國, 遂嗾給事中笪東光, 劾原任給事魏時亮, 附階私守仁, 借從祀以濫與伯爵, 欲坐徐魏, 以專擅封拜論斬. 蓋魏佐徐攻高最力, 故恨之尤深. 會東光病狂, 衣紅衣跣足, 唱曲入朝, 被參逐去. 自是無敢議守仁從祀者矣." Hung-Lam Chu도 왕수인의 文廟從祀議는 高拱의 파면(隆慶6년 6월) 후에야 재개되었던 사실을 지적하고 있다. Hung-Lam Chu(1988), 61쪽.

40 『穆宗實錄』 隆慶5년 9월 戊辰. "詔以故禮部左侍郎薛瑄從祀孔子廟庭." 薛瑄 문묘종사의 경위에 관해서는 黃進興(1994), 279~281쪽을 참조.

41 장거정의 講學禁斷, 서원 폐지에 관해서는 中純夫(1992), 또는 小野和子(1996), 특히 제1장 '東林党と張居正' 제2절 '學生 · 書院 · 歷史編纂'을 참조.

42 『萬曆野獲編』 卷14 「四賢從祀」. "至今上初元, 都禦史徐栻, 給事中趙參魯, 禦史梁許, 蕭廩, 謝廷傑, 餘乾貞等, 各獨疏薦守仁, 宜與瑄同祀. 時萬文恭士和爲禮卿, 亦特疏專王守仁. 禦史李頤, 則薦胡居仁, 宜與王守仁同祀, 而無及陳獻章者. 時旨下, 雖命會議, 然張江陵秉政, 素憎講學諸公, 言路逢其意, 攻守仁者繼起. 以故卿貳台瑣以及詞臣, 無一人肯具議者, 事遂中輟."

월의 일이다. 다만 왕수인 문묘종사에 관한 장거정의 태도·견해에 대해서는 별도로 검토할 문제일 것이다.[43]

만력 초기에 행해진 왕수인 문묘종사를 요구하는 상청 및 이에 반대하는 상소에 대해 자료 제시 겸 그 원문을 열거해둔다.

③ 예과도급사중(禮科都給事中) 종홍섬(宗弘暹), 종사 요청, 즉위년(융경 6년) 12월

예과도급사중 종홍섬이 왕수인을 공묘에 종사하자는 논의를 청하였다. 임금이 그것을 따랐다.[44]

④ 강서순무(江西巡撫) 서식(徐栻), 종사 요청, 만력원년 2월

강서순무 서식이 올린 소장에 이르기를 "왕수인은 학문이 성인의 경지를 엿보았고 왕실에 공훈이 있으니, 문청공(文淸公) 설선과 함께 종사할 것을 청합

---

43 왕수인 문묘종사 문제에 관한 장거정의 언급은 管見이 미치는바 다음의 두 가지이다. (1)『張文忠公全集』書牘 五 10「答文宗謝道長」. "陽明先生從祀事, 以宗伯病, 不能會議, 久稽題覆. 好事者遂乘間而詆之, 其言粗淺可哂, 然可傷於日月乎?" (2)『張文忠公全集』書牘 五 45「答南學院謝蚪峯」. "陽明先生從祀, 禮官方欲於定議. 而南疏又至, 又極其醜詆, 至欲幷褫其封爵, 則亦過矣."『張文忠公全集』의 書牘은 대개 집필 순으로 배열되어 있다고 보아도 좋다. 書牘 五 9「答保定巡撫孫立亭」은 孫丕揚(保定巡撫, 萬曆원년 1월~5년 2월 재임)의 着任 이후의 집필이며, 書牘 五 50「與王鑑川言兢業邊事」는 宣大總督 王崇古(호 鑑川, 隆慶4년 1월~萬曆원년 9월 재임)에게 方逢時(호 今湖, 萬曆원년 9월~5년 재임)가 후임으로 결정되었다는 것을 알려주는 내용을 포함하고 있으므로 만력원년 9월 이전의 집필이다. 따라서 10과 45는 만력원년 1월부터 9월 내의 집필로 보아도 무방하다. 그 중 (1)에서는 從祀議에서 왕수인을 비방하는 언론이 있음을 언급한 뒤 이는 취할 만한 것이 아니라고 판단하였으며, (2)에서는 종사에 반대하기만 하거나, 왕수인의 봉작을 追奪해야 한다는 의론마저 존재하는 것을 지적한 뒤 이를 謬論이라 하였다. 여기에서 말하는 '南疏'란 혹 南京福建道御史 石檟의 상소(萬曆원년 7월, Ⅱ ⑧)를 가리키는 것이 아닌가 생각된다. 이 발언들에 비추어보는 한, 장거정은 왕수인 문묘종사에 관해 적어도 노골적으로 반대하는 입장은 아니었다. 그러나 이 두 편지는 모두 謝廷傑에게 보낸 것으로, 사정걸은 왕수인의 문묘종사를 요구하며 상소(萬曆원년 5월, Ⅱ ⑥)를 올린 인물이다. 따라서 편지의 내용은 상대의 입장이나 의향을 고려한 말, 즉 일종의 립서비스 측면도 감안하여 이해할 필요가 있을지도 모른다.

44『神宗實錄』卽位年. "禮科都給事中宗弘暹, 請會議王守仁從祀孔廟. 從之."

니다."라고 하였다. 주장(奏章)을 예부에 회부하였다.[45]

⑤ 병과급사중(兵科給事中) 조사성(趙思誠), 종사 반대, 만력원년 3월

병과급사중 조사성이 왕수인의 종사를 그만둘 것을 청하는 소를 올렸다. 소장에 이르기를 "왕수인의 무리들이 이론(異論)을 세워 성인을 비방하고 주자를 헐뜯고 있으니, 권모술수의 지략이 있고 간사하고 탐욕스러운 추한 모습을 지니고 있습니다. 만약 그의 책을 불태우고 그의 무리를 금하지 않고 또 이를 따라 문묘에 종사한다면 아마 성학을 평생토록 농간할 것이니, 세도와 인심의 해로움이 적지 않을 것입니다."라 하고는 도에 어긋나는 왕수인의 이언(異言) 여덟 조목을 나열하였다. 또 이르기를 "보란 듯이 음란한 행위를 하여 공경할 것이 없고 시녀도 수십 명이었으며, 그 처가 매번 그의 추악한 행동을 사람들에게 말하였습니다. 왕수인 사후, 그 무리들이 잔당들에 의지해 온갖 방법으로 사정을 말하여 전달하고 있습니다. 영왕(寧王)을 사로잡고 평정한 것은 공이 있다고 할 만합니다. 그러나 거두어들인 보물을 빼돌려 그 반을 자기의 집으로 보내는 등 탐욕스러운 죄를 헤아릴 수 없으니 실로 순신(純臣)이 아닙니다."라고 하였다. 소장을 해당 부서에 회부하였다.[46]

⑥ 절강도감찰어사(浙江道監察御史) 사정걸(謝廷傑), 종사 요청, 만력원년 5월

절강도감찰어사 사정걸이 말하였다. "성인의 학문을 배우는 자가 공적이 수립(樹立)되는 바는 학술(學術)과 사공(事功) 두 가지에 불과합니다. 신건백(新

---

45 『神宗實錄』萬曆원년 2월 乙丑. "江西巡撫徐栻疏稱, 王守仁學窺聖域, 勳在王室, 請與薛文清公瑄一體從祀. 章下禮部."

46 『神宗實錄』萬曆원년 3월 乙酉. "兵科給事中趙思誠, 疏罷王守仁從祀之請. 言守仁黨衆立異, 非聖毀朱. 有權謀之智功, 備奸貪之醜狀. 使不焚其書禁其徒, 又從而祀之, 恐聖學生一奸竇. 其爲世道人心之害不小. 因列守仁異言叛道者八款. 又言其宣淫無度, 侍女數十, 其妻每對衆發其穢行. 守仁死後, 其徒籍有餘黨, 說事關通, 無所不至. 擒定寧賊, 可謂有功. 然欺取所收金寶, 半輸其家, 貪計莫測, 實非純臣. 章下該部."

建伯) 왕수인의 경우는 양지(良知)의 학설이 참뜻에 신묘하게 들어맞았고, 격치(格致)의 의론은 본뜻을 훌륭하게 깨달았습니다. 그의 학술의 순수함이 어찌 종사하지 못할 것이 있겠습니까. 신호(宸濠)의 변란에도 사직의 제사가 편안하였고, 양광(兩廣)에서의 공적으로 먼 지방을 안녕하게 하여 오랑캐의 군대를 모두 무너뜨리고는 마침내 벼슬살이를 하다 죽었습니다. 그의 사공의 바름이 어찌 종사하지 못할 것이 있겠습니까. 옛적에 선신이었던 구준(丘浚)이 말하기를 '나라를 소유한 자는 선유를 공자의 묘정에 종사해야 하니, 이는 단지 덕을 높이는 일일 뿐 아니라 공훈에 보답하는 것이다.'라고 하였습니다. 종사의 문제를 의논하는 것은 이를 율령으로 삼습니다. 이미 남경복건도어사(南京福建道御史)의 상소에도 언급되어 있습니다." 소장을 예부에 회부하였다.[47]

⑦ 한림원 등 관료, 종사 가부 심의, 만력원년 5월

예부가 한림원 등에서 아문관(衙門官)을 선별하여 왕수인을 공묘에 종사하는 것이 합당한지 아닌지를 의논할 것을 청하였다. 조사성(趙思誠)과 서식(徐栻) 등 세 사람의 의견이 달랐다.[48]

⑧ 남경복건도어사(南京福建道御史) 석가(石檟), 종사 반대, 만력원년 7월

남경복건도어사 석가가 상소를 하였다. "국가는 사전(祀典)을 중시해야 하니, 마땅히 제사해야 하는데 제사하지 않으면 공덕을 갚지 못하는 것이요, 마땅히 제사하지 않아야 하는데 제사한다면 또 어떻게 인심을 권면할 수 있겠습

---

47 『神宗實錄』 萬曆원년 5월 戊戌. "浙江道監察御史謝廷傑言, 學聖人之學者, 其所表樹, 不過學術事功兩端. 如新建伯王守仁者, 良知之說, 妙契眞詮, 格致之論, 超悟本旨. 其學術之醇, 安可以不祀也. 宸濠之變, 社稷奠安, 兩廣之績, 荒裔寧謐. 而盡瘁戎伍, 竟殞於官. 其事功之正, 安可以不祀也. 昔先臣丘浚有言曰 有國家者, 以先儒從祀孔子廟廷, 非但以崇德, 蓋以報功也. 議從祀者, 此其律令. 已南京福建道御史又言. 疏下禮部." 丘濬의 말은 『大學衍義補』 卷66 「釋奠先師之禮」 下 「正統中以宋胡安國蔡沈眞德秀元吳澄從祀」 條에 보인다.

48 『神宗實錄』 萬曆원년 5월 更子. "禮部請勅翰林院等衙門官撰進王守仁應否從祀孔廟議. 以趙思誠與徐栻等三人意異也."

니까. 왕수인은 재주와 지혜가 있는 선비라고 한다면 괜찮지만, 도덕을 갖춘 유자라고 한다면 불가합니다. 치양지를 말한 것은 왕수인이 홀로 터득한 심오함이 아니고 바로 앞 시대 성현의 여론(餘論)입니다. 왕수인은 그 말을 다르게 속이고 그 문장을 심원하게 하여 뭇사람을 미혹하였을 뿐입니다. 주자는 경서에 자세한 해설을 달아 성학의 도를 밝혔는데, 왕수인의 행적은 망령되이 비방을 더하였으니 실로 명교(名敎)의 죄인입니다. 신호(宸豪)가 아직 반란을 일으키지 않았을 때는 서찰을 주고받으며 친밀하기가 아교와 옻 같았고, 이후 오문정(伍文定) 등이 황석(黃石)의 물가에서 신호를 사로잡았을 때도 왕수인은 오히려 군중(軍中) 멀리에서 통제하고 있었습니다. 처음에는 범을 길러 화에 미치게 하고 마지막에는 다른 사람을 통해 공을 이루었습니다. 애매한 공적에도 다시 작위를 내려서 융성하게 보답하였는데, 만약 종사까지 하게 되면 보답이 너무 지나치게 될 것입니다." 소장을 예부에 회부하였다.[49]

⑨ 호과급사중(戶科給事中) 조참로(趙參魯), 종사 요청, 만력원년 7월

호과급사중 조참로가 상소하여 왕수인을 종사할 것을 간쟁하였다. 상소와 함께 해당 부서에 회부하였다.[50]

⑩ 공부판사진사(工部辦事進士) 추덕함(鄒德涵), 종사 요청, 만력원년 11월

공부판사진사 추덕함이 왕수인을 응당 공묘에 종사해야 한다고 주장하였다. 또 말하였다.……상소를 예부에 회부하였다.[51]

---

49 『神宗實錄』 萬曆원년 7월 戊子. "南京福建道御史石檟上疏. 國家以祀典爲重. 當祀而不祀, 則無以崇報功德. 不當祀而祀之, 又何以激勸人心? 王守仁, 謂之才智之士則可, 謂之道德之儒則未也. 因言致良知非守仁獨得之蘊, 乃先聖先賢之餘論. 守仁不過詭異其說, 玄遠其詞, 以惑衆耳. 朱子注疏經書, 衍明聖道, 守仁輒妄加詆辱, 實名教罪人. 方宸濠未叛, 書札往來, 密如膠漆, 後伍文定等擒宸濠於黃石磯, 守仁尚遙制軍中. 始則養虎貽禍, 終則因人成功. 朦朧復爵, 報以隆重, 若又祀之, 不免崇報太濫. 疏下禮部."

50 『神宗實錄』 萬曆원년 7월 壬寅. "戶科給事中趙參魯上疏爭祀王守仁. 疏併下部."

51 『神宗實錄』 萬曆원년 11월. "工部辦事進士鄒德涵奏王守仁宜祀孔廟. 又言……疏下禮

⑪ 순안절강감찰어사(巡按浙江監察御史) 소름(蕭廩), 종사 요청, 만력2년 6월

순안절강감찰어사 소름이 논의를 제기하였다. "원임(原任) 남경병부상서(南京兵部尙書) 왕수인에 대해 임금의 명을 받들어 유신들과 종사를 의논한 지 오래되었습니다. 어떤 사람은 그의 학문이 선학(禪學)에 가깝다 하고, 어떤 사람은 그가 오로지 양지(良知)만을 제기하고 양능(良能)에는 미치지 못했다고 하며, 어떤 사람은 그가 덕성(德性)만을 따르고 견문하는 지식은 버려두어 주자의 학문과 다르다고 합니다. 하지만 대저 선학을 미워하는 까닭은 사물(事物)을 버리고 공적(空寂)에 빠지기 때문으로, 만약 왕수인의 학문이 여기에서 나왔다면 진실로 국가를 다스릴 만하지 못했을 것인데, 그의 학술이 사공으로 발휘되어 이미 밝게 드러났습니다. 가르침을 세운 대지(大旨)는 '온갖 사물에 대하여 양지를 지극히 해야 한다'는 것이니, 이는 대학의 가르침으로, 사물과 인륜을 밝힌 학문인 것입니다. 주자의 학문과 조금 다르다는 것은 진실로 그러한 점이 있지만 그의 학문도 우리 유가의 근본에서 벗어나지 않으니, 자물쇠와 빗장을 열고 나오는 데에 이르러 어찌 옛것을 그대로 답습할 필요가 있겠습니까. 또 '그는 당초에 선도를 수양하고 불도에 아첨하였다'느니 '그의 문하에 비인(匪人)들이 많다'는 말들이 있으나, 이는 모두 까다롭게 논박했기 때문입니다. 합당하게 의론을 정해야 합니다." 예부에 내려 다시 의논하게 하였다.[52]

⑫ 종사 결정, 만력2년 12월

신건백 왕수인을 공자의 묘정에 종사하였다. 왕수인의 학문은 양지를 종주

部."

52 『神宗實錄』 萬曆2년 6월 辛未. "巡按浙江監察御史蕭廩題, 原任南京兵部尙書王守仁, 奉旨下儒臣議從祀久矣. 乃或謂其學近於禪, 或謂專提良知不及良能, 或謂遵德性而遺聞見, 異於朱子. 夫所惡於禪者, 以遺棄事物, 淪於空寂也. 使守仁出此, 誠不可治國家, 乃學術發爲事功, 既章章矣. 其立教大旨曰, 致良知於事事物物之間, 是大學之教, 明物察倫之學也. 其與朱子稍異, 誠有然者. 然學在不出吾宗. 至於啟鑰開關, 何必膠柱鼓瑟? 又有謂始嘗修仙佞佛者, 及門多匪人者, 總屬苛求. 合宜定議. 下禮部覆."

로 삼고 문무(文武)를 겸비하여 하는 일마다 공적을 이루었다. 그의 상소는 환관[中璫]을 범하였고 부드러움은 이적을 교화시켰으며, 의를 창도하고 왕을 권면하며 군소배를 베고 이적을 두렵게 하였으며, 큰 난리에도 안색을 동요하지 않았고 공업(功業)은 밝고 밝아 사람들의 눈과 귀에 남아 있었다. 그가 환란 속에서 연마함에 이르러, 오래도록 심사숙고를 함에 문득 깨달음이 있어서 하늘과 사람의 미묘한 이치와 심(心)과 성(性)의 연원을 궁구하였다. 전대 성인들이 서로 전한 종지와 다름이 없었으니, 역대로 종사한 여러 현인들 가운데 그보다 나은 자가 없었다.[53]

마지막 ⑫에 의하면 만력2년 12월 14일 시점에서 일단 왕수인의 문묘종사가 결정된 형적이 있다. 『국각(國榷)』 만력2년 12월 13일 조에도 '조고신건백왕수인종사공묘(詔故新建伯王守仁宗祀孔廟)'라는 기재가 있다. 그러나 그 후의 경위에 비추어보면, 만력2년 12월의 조서는 실제 효력을 얻지 못하게 된다. Hung-Lam Chu는 ⑪ ⑫의 자료를 일괄 언급하고서 "그러나 실제로 종사가 실현된 것은, 장거정이 죽고 장거정에 대한 비난이 공공연하게 된 약 10년 후의 일"이라고 하였다.[54]

2

왕수인의 문묘종사가 정식으로 결정된 것은 만력12년(1584) 11월의 일이다. 이해에 왕수인 문묘종사를 다시 상청한 것은 첨사강(詹事講)이었다.

---

53 『神宗實錄』 萬曆2년 12월 甲寅. "以新建伯王守仁從祀孔子廟庭. 守仁之學, 以良知爲宗, 經文緯武, 動有成績. 其疏犯中璫, 綏化夷方, 倡義勤王, 芟群凶夷, 大難不動聲色, 功業昭昭在人耳目. 至其身膺患難磨勵, 沈思之久, 忽若有悟, 究極天人微妙, 心性淵源. 與先聖相傳宗旨, 無有差別. 歷來從祀諸賢, 無有出其右者."

54 Hung-Lam Chu(1988), 68쪽.

⑬ 어사 첨사강, 종사 요청, 종사 최종 결정, 만력12년 11월

a. 18일 경인(庚寅)에 왕수인 · 진헌장 · 호거인을 국자감(國子監)의 공자묘에 종사하기로 결정하였다. 이에 앞서 융경원년에 급사중(給事中) 조사성(趙思誠)과 어사(御史) 석가(石檟)가 상소를 올려 왕수인과 진헌장을 종사해서는 안 된다고 주장하였다. 부도어사(副都御史) 서식(徐栻)과 급사중 위시량(魏時亮), 조참로(趙參魯), 종홍선(宗洪選), 어사 사정걸(謝廷傑), 양허(梁許), 소름(蕭廩), 서건정(徐乾貞), 진사 추덕영(鄒德泳) 등이 모두 두 신하를 종사해야 한다고 주장하였다.[55]

종사 결정에 이르기까지 찬부(贊否)에 관한 다수의 의론이 존재했음을 서술한 구절이다. 그러나 위 글에서 이름이 언급되고 있는 여러 사람들 중 위시량의 상청(上請)은 확실히 융경원년으로 되어 있으나(②), 양허 · 서건정에 대해서는 미확인, 그 외의 인물에 의한 상청은 이미 나타나 있듯 모두 만력원년~2년으로 되어 있다(③~⑥, ⑧~⑪). 따라서 문장의 '융경원년'은 정확한 기술이라고는 할 수 없을 것이다.

b. 이후 어사 첨사강(詹事講)이 상주하였다. "공자는 만세에 공이 있으니 만세에 걸쳐 제사를 흠향하는 것이 마땅하고, 여러 유자들은 공자에게 공이 있으니 공자묘에 종사하는 것이 마땅합니다. 우리 태조 고황제께서 전대의 선현을 표창하여 유학 존중의 자세를 명시하였고 200년 동안 여러 유자들이 흥기하여 이 도를 담당하였으니, 예컨대 문청공 설선, 문성공 왕수인, 한림원검토(翰林院檢討) 진헌장 같은 이들이 가장 뛰어난 사람들입니다. 지난번에 언관이 세 사람의 종사를 청하자 황상께서 예부의 신하들과 의논하여 설선의 종사는 결정되었

---

55 『神宗實錄』萬曆12년 11월 庚寅. "庚寅, 准王守仁陳獻章胡居仁從祀學宮. 先是隆慶元年, 給事中趙思誠御史石檟, 疏題王守仁陳獻章不宜從祀. 而副都御史徐栻, 給事中魏時亮, 趙參魯, 宗洪選, 御史謝廷傑, 梁許, 蕭廩, 徐乾貞, 進士鄒德泳, 俱言二臣應從祀."

고, 왕수인과 진헌장은 의논에 이르렀으나 종사에는 들지 못했습니다. 대저 왕수인의 공렬과 문장, 진헌장의 출처와 절의를 누군들 알지 못하겠습니까. 신이 그들의 학문을 고찰해보니, 왕수인은 오로지 양지(良知)를 말하고 진헌장은 주정(主靜)만을 말하여 확실히 한쪽에 편향된 부분이 있습니다. 그러나 왕수인의 지(知)는 행(行)을 동반하는 것이고, 진헌장의 정(靜)은 동(動)에서 떨어지지 않는 것입니다. 그 지행합일, 동정합일의 입장은 송나라 여러 대유들의 논의와 같은 곳으로 돌아갑니다. 어찌하여 유독 이들에게만 논의가 분분한 것입니까. 부디 폐하의 영단(英斷)으로 사문(斯文)이 주도되어 왕수인과 진헌장이 종사되기를 바랍니다." 예부에 내려 의논하게 하였는데 예부는 조정의 신하들과 신중히 심의하여 보고하겠다는 뜻을 회답하였다.[56]

말미에 기록되어 있듯이 첨사강의 상청을 받아 왕수인 · 진헌장의 종사 문제는 조정 신하들의 합의[廷議]에 부쳐지게 된다.[57]

한편 융경원년에 문묘종사의 상청을 행한 경정향은 만력12년 11월 당시 도찰원좌부도어사(都察院左副都御史)의 직임에 있어 이때의 심의에도 참여하고 있다. 경정향이 기록한 바에 따르면, 예부의 의향을 수용한 신종은 구경(九卿) · 과도관(科道官) 및 유신(儒臣)에게 종사의(從祀議)의 대상이 된 인물에 대해 공정한 논평을 하도록 칙명을 내리고 있다.[58] 『국각(國榷)』

---

56 『神宗實錄』萬曆12년 11월 庚寅. "其後御史詹事講上言. 孔子有功萬世, 宜饗萬世之祀, 諸儒有功孔子, 宜從孔子之祀. 我太祖高皇帝, 表揚先師, 加意斯學, 二百年間, 諸儒聿興, 直肩斯道, 若薛文淸瑄, 王文成守仁, 陳簡討獻章, 其最著者也. 曩言官以三人從祀上請. 皇上從禮臣議, 以薛瑄入祀矣, 乃守仁獻章格於議而不得與. 夫守仁之功烈文章, 獻章之出處大節, 誰不知之? 臣考其學問, 雖專言良知, 專言主靜, 若近於偏枯, 顧言知而未始廢行, 言靜而未嘗離動, 合一之功, 與宋諸大儒之論同歸一致. 獨奈何議論之紛紛也? 臣欲陛下大奮乾斷, 爲斯文主, 將王守仁陳獻章從祀. 下禮部議, 部請勅多官詳議以聞."

57 城池孝는 明朝의 국가 의사결정에 있어 의견 집약 · 합의 형성의 방식을 검토한다는 문제의식하에 廷議를 다루었는데, 그 구체적 사례의 하나로 왕수인 문묘종사 가부 문제를 둘러싼 만력12년 11월의 廷議도 언급하고 있다.

58 『耿天臺先生文集』卷2 「議從祀疏」(甲申左院草). "題爲奉明詔議從祀明道術以弘聖化

의 기재에 따르면, 실제 이 시기 심의에는 육부(六部)의 상서(尙書) · 시랑(侍郞), 도찰원도어사(都察院都御史) · 부도어사(副都御史), 통정사(通政使) · 좌우통정(左右通政), 대리사경(大理寺卿) · 소경(少卿), 육과급사중(六科給事中) 등이 참여하고 있다.[59]

그런데 이때 조정 신하들에 의한 논의는 진헌장 · 왕수인의 종사 문제에 대한 찬부에 그치지 않고, 다른 인물의 문묘종사를 추거(推擧)하는 의견 등도 포함하여 다양하게 미치게 되었다. 마찬가지로『국각』은 예부상서 심리(沈鯉)가 정리한 심의 내용의 개요 보고를 게재하고 있는데, 이에 따르면 주요 견해는 다음의 아홉 종류에 이른다(괄호 안은 주장한 사람의 숫자).[60]

(1) 호거인(胡居仁)의 종사를 주장(5명)

(2) 호거인, 진헌장의 종사를 주장(1명)

(3) 호거인, 진헌장, 왕수인의 종사를 주장(11명)

(4) 호거인, 여남(呂枏)의 종사를 주장(1명)

(5) 나륜(羅倫), 채청(蔡淸)의 종사를 주장(1명)

(6) 호거인, 채청, 진헌장, 왕수인의 종사를 주장(2명)

(7) 나륜, 호거인, 진헌장, 왕수인의 종사를 주장(1명)

(8) 호거인, 채청의 종사를 주장(2명)

(9) 호거인, 왕수인의 종사를 주장(1명)

당시 육부상서의 견해를 한번 확인해보면 이부상서 양외(楊巍), 호부상서 왕린(王遴), 병부상서 장학안(張學顔)은 (1), 형부상서 서화(舒化)는 (3),

---

事, 准禮部咨開云云, 奉聖旨, 從祀重典, 着各該儒臣及九卿科道官, 從公品隲議奏, 務協輿論, 欽此."

59 『國榷』萬曆12년 11월 庚寅.

60 城池孝는『國榷』의 기재에 근거하여 廷議에 참가한 각 인물마다 從祀의 贊否에 관한 의견을 일람표로 정리하였다. 城池孝(2012) 343쪽.

공부상서 양조(楊兆)는 (4)의 입장을 취하고 있었다.

위 아홉 종의 주장에다 병부좌시랑 석성(石星)은 왕수인이 문호를 세워 강학한 것을 비난하였고, 형부좌시랑 구순(丘橓)은 왕수인을 선(禪)이라고 단정하였으며, 이부좌시랑 왕가병(王家屛)은 종사는 중전(重典)이므로 오늘의 입사(入祀)가 훗날의 파출(罷黜)을 초래하게 되어 도리어 성전(成典)을 손상시킨다고 주장하였다. 이 의론들을 바탕으로 하여 심리(沈鯉)는 다음과 같이 구신(具申)한다.

"중의(衆議)를 감안해보건대 비판적 의론이 전혀 없으면서도 단독의 추거(推擧)가 있는 것은 호거인뿐이다. 왕수인과 진헌장은 모두 호걸이나 여러 신하들 중 종사에 찬성하는 자는 10분의 3, 반대하는 자는 10분의 7이다. 두 사람에 관해서는 갑론을박이 있는 이상, 의론의 일치를 볼 때까지 결론은 보류해두어야 한다."[61]

위에서 정리한 아홉 종류의 주장별로 주장자의 수를 단순히 계산해보면 진헌장과 왕수인의 종사 찬성자는 각각 전체의 6할에 달하므로(모두 25명 중 15명), 7할이 반대라고 하는 심리의 주장과는 어긋난다. 각 주장 아래에 열거된 사람 수는 대표적 주장자를 들었을 뿐이지 반드시 실제 인수를 나타낸 것은 아니었다고 보아야 할지도 모른다.[62] 예부상서 심리 본인은 평소 왕학을 경시한 인물이었다고 한다.[63] 보고의 말미에 특히 석성, 구순, 왕가병의 의론을 인용하여 논거에 더하고 있는 점에서도 심리의 입장은

---

61 『國榷』 萬曆12년 11월 庚寅. 이상 『國榷』에서 소개한 기재 내용은 전부 『神宗實錄』 해당 연월일 조에는 보이지 않는다.

62 왕수인의 종사에 대해 비판 및 疑義가 집중되었다는 점은 『實錄』의 기재와도 일치한다. 『神宗實錄』 萬曆12년 11월 庚寅. "下禮部議. 部請勅多官詳議以聞. 而議者雜學多端, 于守仁猶訾詆. 部議獨祀胡居仁." 『欽定續文獻通考』 卷48, 學校考 「祠祭褒贈先聖先師錄後」 萬曆12년 조도 거의 같은 문장이나, '于守仁猶訾詆'의 '猶'가 '尤'로 되어 있다(文淵閣四庫全書本에 의거한다. 十通本에 '先'으로 되어 있는 것은 誤刻인 듯하다).

63 『國榷』 萬曆12년 11월 庚寅條의 첫 부분. "詔先臣王守仁, 陳獻章, 胡居仁從祀孔廟. 時朝議從祀不一. 禮部尙書沈鯉, 素簡王氏學, 彙奏曰."

명시되어 있다 할 수 있을 것이다.[64]

3

이처럼 예부에서 정리한 조정 신하들 회의의 답신 내용은 호거인만을 종사해야 한다는 것이었다. 이것이 뒤집어진 것은 당시 수보(首輔) 신시행(申時行)의 발언 때문이었다.[65]

신시행은 진헌장 · 왕수인 두 사람의 종사를 반대하는 측의 주장을 네 가지 들고서, 이에 하나하나 반박을 가하였다.

(1) 두 사람의 학문은 경서에 어긋나며 성인에 위배되는 것이라는 주장에 대하여: 왕수인의 치양지설은 『대학』과 『맹자』에 전거를 두며, 진헌장의 주정설(主靜說)은 주돈이와 정호를 답습한다. 모두 경서를 조술(祖述)한 성인을 도운 것이다.

(2) 두 사람의 학문은 선(禪)으로 윤리(倫理)와 세무(世務)를 유기하는 것이라는 주장에 대하여: 진헌장의 효우(孝友)와 출처진퇴(出處進退), 왕수인의 기절

64 『萬曆野獲編』 卷14 「四賢從祀」. "時惟祭酒張位, 洗馬陳於陛, 中允吳中行, 則以王陳胡三人當並祀, 而閣臣有疏, 亦謂三人同祀之說爲允, 祀典從此定矣. 時禮卿爲沈歸德鯉. 當主議, 僅左袒胡一人, 而於陳王俱有訾貶. 忽聞閣臣有疏, 亟露章遏止之."

65 『神宗實錄』 萬曆12년 11월 庚寅. "于是申時行等迺言. 彼訾詆守仁獻章者, 謂其各立門戶, 必離經叛聖, 如佛老莊列之徒而後可. 若守仁言致知出于大學, 言良知本于孟子, 獻章主靜沿于宋儒周敦頤程顥, 皆祖述經訓, 羽翼聖眞. 豈其自創一門戶耶? 謂其禪家宗旨, 必外倫理遺世務而後可. 今孝友如獻章, 出處如獻章而謂之禪, 可乎? 氣節如守仁, 文章如守仁, 功業如守仁而謂之禪, 可乎? 謂其無功聖門, 豈必著述而後爲功. 聖賢于道, 有以身發明者, 比于以言發明, 功尤大也. 謂其崇王則廢朱, 不知道固互相發明, 竝行而不悖. 在宋時, 朱陸兩家如讐隙. 今竝祀學宮, 朱氏之學, 昔旣不以陸廢, 今獨以王廢乎? 誠祀守仁獻章, 一以明眞儒之有用而不安於拘曲, 一以明實學之自得而不專于見聞. 斯于聖化大有裨. 若居仁之純心篤行, 衆議所歸, 亦宜併祀. 伏惟聖明裁斷主持, 益此三賢列于薛宣之次, 以昭熙代文運之隆."

(氣節) · 문장(文章) · 공업(功業)에 비추어보면, 선학이라는 비난은 전혀 타당하지 않다.

(3) 두 사람의 학문은 성문(聖門)에 공적이 없다는 주장에 대하여: 저술을 남기는 것만이 공적은 아니다. 몸으로써 도를 밝히는 공적은 말로써 도를 밝히는 공적보다 훌륭하다.

(4) 왕학의 존숭은 주자학의 쇠퇴를 초래하였다는 주장에 대하여: 앞선 육구연의 문묘종사도 결코 주자학의 쇠퇴를 초래하지 않았다. 이번의 왕학 현창도 결코 주자학의 쇠퇴를 초래하지 않는다.

이상을 논거로 중론(衆論)이 일치하여 추거하는 호거인에 진헌장 · 왕수인 두 사람을 더하여 세 사람의 종사를 요청한 것이 신시행의 주장이다. 신종은 신시행의 주장을 받아들여 세 사람의 문묘종사를 예부에 명하였다. 이렇게 설선에 이어 호거인, 진헌장, 왕수인이 문묘에 종사되었다. 명나라 사람으로 문묘에 종사된 것은 이 네 사람뿐이다.

그런데 왕수인에 관해 말하자면, 문묘종사의 당부(當否)는 오로지 학술(양명학)의 시비 평가를 둘러싸고 논의되었음을 알 수 있다. 이는 융경2년 5월의 명예회복에 의해 군공(軍功)에 대한 긍정적 평가가 이미 완전히 확립되어 이에 대해서는 일찍이 의론의 여지가 없었던 상황이었음을 말해준다. 그리고 이 자체가 양명학에 대한 평가를 호전시킨 커다란 요인이 되었던 것인지, 아무튼 여기에 이르러 양명학의 시비가 정면에서 논해지고 긍정적인 평가를 얻어서 문묘에 종사된 것의 의미는 크다. 왕수인은 이에 의해 학술 · 사공 양면에서 공적으로 인정받은 존재가 된 것이다.

또한 주자학과의 관계에 대해 말하자면, 육구연의 문묘종사라는 사적이 왕수인의 문묘종사에 있어 그 밑바탕으로서의 의의를 지님을 신시행의 발언으로부터도 다시 확인할 수 있을 것이다.

4

왕수인의 문묘종사에 대해서는 결정 후에도 비판의 논진을 펼치는 몇몇 인물들이 출현하고 있다.

⑭ 남경호부서낭중사(南京戶部署郎中事) 당백원(唐伯元), 종사 비판, 만력13년 3월

종사 결정의 이듬해인 만력13년(1585) 3월, 남경호부서낭중사 당백원이 '왕수인은 문묘에 종사할 만하지 않다'는 취지의 상소를 올린다. 이 상소에서 당백원은 왕수인의 심학(心學)·양지설(良知說)을 비판하고 아울러 『석경대학(石經大學)』을 진상하였는데, 도리어 언관의 탄핵을 받아 해주판관(海州判官)으로 폄적된다.[66] 이 『석경대학』은 풍방(豊坊)의 위작이라고 하는데, 정효(鄭曉), 왕문록(王文祿), 경정향, 관지도(管志道) 등 가정연간에서 만력연간에 걸쳐 이를 신봉하는 인사들이 출현하였다.[67] 『석경대학』의 현창을 포함, 당백원의 상소는 왕수인의 문묘종사 결정이 양명학의 융성에 도움이 될 것을 깊이 우려하여 일관적으로 심학 부정의 입장에서 입론된 것이었다.[68] 또한 『명사(明史)』 본전(本傳)의 기술에 의하면, 이때 당백원은 육구연의 문묘 파출도 함께 주장하고 있었다.[69]

---

66 『神宗實錄』 萬曆13년 3월 己卯. "謫南京戶部署郎中事唐伯元三級調外. 伯元上疏醜詆新建伯不宜從祀, 且謂六經無心學之說, 孔門無心學之敎, 守仁言良知邪說誣民. 又進石經大學云, 得之安福擧人鄒德溥, 已爲製序. 南京兵科給事中鍾汝淳特疏糾之, 後降海州判官." '鍾汝淳'은 '鍾宇淳'의 誤記, 『明史』 卷282 「唐伯元」을 참조.

67 『經義考』 卷160 '豊氏坊石經大學, 二卷.' 『석경대학』의 출현 경위와 그 수용에 관해서는 荒木見悟(1979)가 상세하다.

68 荒木見悟(1984).

69 『明史』 卷282 儒林傳 「唐伯元」. "伯元受業永豊呂懷, 踐履篤實, 而深疾王守仁新說. 及守仁從祀文廟, 上疏爭之, 因請黜陸九淵, 而躋有若及周程張朱五子于十哲之列, 祀羅欽順章懋呂枏魏校呂懷蔡淸羅洪先王艮於鄕里. 疏方下部, 旋爲南京給事中鍾宇淳所駁, 伯元謫海州判官."

⑮ 염약거(閻若璩), 종사 비판, 강희42년

염약거는 그의 저작「공묘종사말의(孔廟從祀末議)」에서 육왕의 문묘종사 문제를 언급하고 있다. 이「공묘종사말의」(全24條)는 원래 염약거의 저서 중 하나인『상서고문소증(尙書古文疏證)』의 말미에 '제일백이십팔(第一百二十八)'로 부재(附載)된 것이다. 염약거의「공묘종사말의서(孔廟從祀末議序)」는 강희42년(1703) 10월에 집필된 것이다.[70]

그러나『상서고문소증』이 미완성 · 미간행된 상태로 염약거는 이듬해 강희43년(1704) 6월 8일에 사망하였다.[71]『상서고문소증』이 염약거의 손자 염학림(閻學林)에 의해 간행된 것은 건륭10년(1745)에 이른 뒤의 일이다.[72]

염약거가 세상을 떠난 강희43년 10월, 장자인 염영(閻詠)은「공묘종사말의」를 단행본의 형태로 출판하였다.[73] 다만 단행본「공묘종사말의」는 전부 11조이다. 그리고 본장의 주제와 관련된 육왕(陸王) 종사 문제 등은 모두 부재본(附載本)에만 있고 단행본에는 삭제되었다. 이에 부재본에 근거하여 그 내용을 확인해보고자 한다.[74]

---

70 閻若璩「孔廟從祀末議序」말미에 "康熙四十二年歲次癸未十月既望太原閻若璩敬識於淮山陽之禮堂"이라 하였다.

71 張穆『閻若璩年譜』(中華書局, 1994) 康熙43년 條. 여기에서 인용한 長子 閻詠이 지은「行述」에서 죽기 전날(6월 7일) 염약거의 말을 다음과 같이 기록하고 있다. "吾一生著書九種. 已刻者, 四書釋地, 四書釋地續, 孟子生卒年月考. 未刻者, 重校困學紀聞, 四書釋地又續, 朱子尙書古文疑, 眷西堂古文百篇. 未成者, 尙書古文疏證, 釋地餘論."

72『尙書古文疏證』간행 경위는 吉田純(2006), 48쪽 이하를 참조.

73 閻詠刊記. 말미에 "康熙四十三年年在甲申十月初九日南詠敬記于開河舟次"라고 기록되어 있다.

74 필자가 목도한「孔廟從祀末議」는 다음의 다섯 종류이다. ① 原刻本『尙書古文疏證』第128 全240조(乾隆10年刊) 眷西堂刻本, 上海圖書館藏本影印(上海古籍出版社, 1987). ②『昭代叢書』戊集續編 卷10「孔廟從祀末議」全11조(道光13年刊). 본문 11조의 말미에 閻詠의 刊記(康熙43년 10월)가 있다. ③『昭代叢書』戊集續編 卷10「古文尙書疏證第一百二十八」全240조(道光13年刊). ②의 뒤에 게재되어 있으며, 본문240조 말미에 楊復吉의 발문(乾隆49년)이 있다. ④『皇清經解續編』所收『尙書古文疏證』第128 全240조(光緖14年刊). ⑤ 神戶市立中央圖書館藏(吉川幸次郎 舊藏)「孔廟從祀末議」全11條(刊年未詳).『四書釋地』(全1冊),『四書釋地續』(全1冊),『四書釋地又續』(全2冊) 총 4冊 중,『四書釋地又續』의 2冊 후반에「孔廟從祀末議」가 附載되어 있다. 그 첫머리에 염약거가 지은「孔

본장과 관련된 내용의 부분을 정리하여 나타내자면 (1) 왕수인은 문묘에서 파출되어야 한다. 그 이유는 무선무악(無善無惡)을 주장했기 때문이다.[75] (2) 육구연은 문묘에서 파출되어야 한다. 그 이유는 안자(顔子)를 비판했기 때문이다.[76] (3) 진헌장은 문묘에서 파출되어야 한다. 그 이유는 그의 학문이 불학(佛學)에 물들어 있기 때문이다.[77] (4) 명나라 사람으로 문묘에 종사된 설선 · 호거인 · 진헌장 · 왕수인 중 진헌장과 왕수인은 파출되어야 하고, 대신 종사되어야 할 사람은 나흠순(羅欽順)과 고반룡(高攀龍)이다. 나흠순은 육구연 · 진헌장 · 담약수(湛若水) · 왕수인을 비난 · 배척한 공적이 있고, 고반룡은 정도(正道)를 잘 전승한 공적이 있다.[78]

廟從祀末議序」(康熙42년 10월)를 수록, 이어서 본문 11조를 게재, 말미에 閻詠의 刊記(康熙43년 10월)가 있다(刊記의 내용은『昭代叢書』에 수록된 것과 같다). 그리고 ③의 楊復吉이 쓴 발문에 2종의「孔廟從祀末議」를 합쳐 수록한 이유에 대해 다음과 같이 언급하고 있다. "玆議, 專刊單行, 而原序原跋俱云, 附載疏證之末. 及核之疏證, 大有異同. 因幷錄之, 以見前輩之不輕于定論若是. 甲辰春正, 震澤楊復吉識." 또 ⑤에 대하여 神戶市立中央圖書館『吉川文庫漢籍目錄』에 "四書釋地一卷, 續一卷, 又續一卷, 坿孔廟從祀末議一卷, 淸閻若璩撰, 康熙四十三年"이라 기재되어 있다. 이 '康熙四十三年'은 閻詠 刊記의 紀年에 근거한 것인데, 閻詠의 刊記는 양복길의 발문에도 쓰여 있듯 '專刊單行'할 때에 집필되었을 것이므로,『四書釋地』등과 合刻된 ⑤의 刊年이 강희43년이라고는 생각하기 어렵다. 실제로 ④「孔廟從祀末議」말미에는 閻詠 刊記 뒤에 男, 孫男, 曾孫, 元孫의 이름이 열거되어 있는데, 이 점으로부터도 ⑤는 강희43년 刊本이라 할 수 없다.『四書釋地』등을 단행본「孔廟從祀末議」와 합각할 때에 염약거의 原序와 단행본에 붙인 閻詠의 刊記를 합쳐 수록한 것으로 볼 수 있겠다.

75 原刻本『尚書古文疏證』第128 16條. "又按, 從祀已入而復罷者, 皆各以其一實事. 獨荀卿生平無可以, 僅以議論曰性惡, 是也. 愚敢援荀卿之例, 及王陽明. 陽明生平亦無可以, 亦僅以議論曰無善無惡, 是也. 辯無善無惡者衆矣, 而莫善於萬曆間顧高二公."

76 上同 17條. "又按, 陽明之學出於象山, 象山生平亦無可以, 亦當以其議論曰顔子爲不善學, 是也. 此語果是, 則孔子爲非. 孔子不非, 則此語殆無忌憚."

77 上同 21條. "或謂予, 子旣欲近罷陽明, 遠罷象山, 則居於兩公之間如白沙者, 亦應在所罷矣. 予曰, 然. 亦以議論. 白沙詩有云, 起憑香几讀楞嚴. 又云天涯放逐渾閒事, 消得金剛一部經. 生平所學, 固已和盤託出, 不爲遮藏. 較陽明, 予猶覺其本色." 인용된 두 시는 모두『陳白沙集』卷9의「午睡起」및「鄒吏目書至有作兼呈吳縣尹」.

78 上同 22條. "或又謂, 明從祀僅存文淸敬齋矣. 如斯而已乎. 予曰, 近討論得四先生學, 約爲薛爲胡爲羅爲高. 曰, 薛文淸, 以純粹之資, 加刻厲之學, 讀書一錄, 力明復性之旨. 胡敬齋, 認定一敬, 以接聖學之傳. 羅整菴, 當心學盛行狂瀾鼎沸, 遠摘金谿新會, 以正其源, 近攻餘姚增城, 以塞其流, 視薛胡兩先生, 力鉅而心苦矣. 高忠憲, 一代正

이처럼 「공묘종사말의」(부재본)에는 문묘에서의 파출을 포함하여 육왕학에 대한 염약거의 비판적 입장이 나타나 있다. 그러나 원래 이 부분이 단행 출판될 때에는 삭제된 사실로부터도 예측할 수 있듯이[79] 염약거의 이와 같은 주장이 동시대 또는 후세에 어느 정도의 영향을 미칠 수 있을지에 대해서는 미상이다.[80]

그리고 강희 연간 향시나 회시 주고관(主考官)의 개인적인 호상(好尙)에 따라 양명학 비판 의도가 담긴 출제가 빈번하게 출현하였고, 수험자 측에서도 일부러 양명학 비판의 답안을 써서 급제를 바라는 풍조가 있었다는 사실이 지적되고 있다.[81]

骨, 力肩斯道, 凡於學脉幾微, 曲折辨析, 不漏毫芒, 靈心妙筆, 又足發之. 盖四先生者, 羽翼宋五子者也. 竊以明如整菴忠憲當續入從祀."

79 閻詠의 刊記에 의하면 "康熙帝가 文廟祀典의 개정에 의욕을 보이고 있는 지금 이 시기, 헌상하여 祀典 개정에 일조하도록 이 책을 上梓하였다."라고 하였다. "疏證內附載孔廟從祀末議, 尤有功於聖門. 詠自愧庸鈍, 未讀父書, 不能闡明其所以. 而恭值我皇上加意斯文, 鼎新太學俎豆增廣, 朝野胥慶. 而吾父是議, 當此千載一時, 顧秘而不獻, 則罪戾滋甚. 爲付諸梓, 以公諸聖人之徒. 倘荷聞於朝廷, 俾得黼黻祀典, 則不僅吾父所深幸, 當卽凡爲聖人之徒者之所共幸矣." 黃進興은 上梓할 때에 陸王의 문묘파출에 관한 부분을 삭제한 것은 淸朝 통치자의 文敎 정책 방침에 영합하기 위함이었을 것이라고 서술하였다. 淸初의 군주는 孔廟의 祀典이 청조 통치의 정통성을 顯示함에 있어 유효하다는 것을 충분히 인식하고 있었기 때문에, 육왕학파를 배척하는 것에 대해서도 기본적으로 적극적이지는 않았다는 것이다. 黃進興(1994), 285쪽.

80 『欽定國子監志』 卷1 「聖諭」에 乾隆12년(1747) 건륭제의 다음 諭旨를 수록하고 있다. "諭內閣翰林院檢討阮學浩所奏貢生閻若璩孔廟從祀末議十一條, 朕初加披閱, 大概多前人所已經議及, 非有卓然至當不易之論." '11조'라 했으므로 여기에서도 제공된 것은 단행본이다. 『尙書古文疏證』이 간행된 것은 건륭10년의 일이지만 그 이전에도 이 책은 抄本의 형태로 일정 정도 유포되고 있었다. 吉田純(2006), 57~58쪽, 61~62쪽.

81 金原泰介(2004).

Ⅲ. 조선에서의 왕수인 문묘종사론

1

조선에서도 예로부터 중국의 제도를 따라 문묘(공자묘)에서 석전(釋奠)의 예가 거행되었다.[82] 즉 고려왕조에서는 국도 개성의 국자감(후의 성균관) 및 각지의 향교에 문묘가 설치되어 석전이 행해졌다.[83] 조선조에서도 태조 이성계는 즉위년(1392) 8월에 개성의 문묘에서 석전을 거행하였고,[84] 태조3년(1394) 한성 천도를 거쳐 6년(1397) 3월에는 한성에서 문묘건설에 착공, 7년(1398) 7월에 문묘가 완성되었다.[85] 그리고 각지의 향교에 문묘가 설치된 것도 고려왕조와 마찬가지였다.[86]

조선 초기 제사의례의 정비가 본격화된 것은 태종대에 들어와서부터이다.[87] 정비할 때에는 두우(杜祐)의 『통전(通典)』 등 중국 전통의 제도, 명의 현행 제도 및 고려의 예제(禮制)가 참조되었다.[88] 문묘에 관하여 말하자면,

---

82 조선의 성균관이나 문묘에 관해서는 주로 다음을 참조하였다. 村山智順(1938), 小林和彦(1997), 桑野榮治(2000).

83 『高麗史』 卷74 選擧志 「學校」 예종14년 7월 條. "自國初肇立文宣王廟于國子監." 『增補文獻備考』 卷204 學校考 「文廟」. "東國自麗初立廟於國子監. 三國史雖不言立廟, 而新羅聖德王時, 奉安夫子像於太學, 則亦必有享禮矣." 『增補文獻備考』 卷209 學校考 「鄕學」 태조원년 條. "以閔安仁爲平壤敎授. 安仁修葺文廟, 備儀釋奠."

84 『朝鮮王朝實錄』 태조원년 8월 丁巳. "命藝文春秋館大學士閔霽, 釋奠于文廟."

85 『新增東國輿地勝覽』 卷1 京都上. "文廟, 在成均館明倫堂之南, 大成殿坐北南向." 이 條에서 인용하고 있는 변계량의 碑銘에 "歲甲戌, 太祖旣建都, 其宗社朝市城郭宮室之制, 咸底厥宜. 卽謀宮廟學.……經始於丁丑之三月, 藏事於戊寅之七月."이라 하였다.

86 『世宗實錄』 卷131 五禮 「州縣釋奠文宣王儀」. "州縣以春秋二仲上丁, 釋奠大成至聖文宣王." 『世宗實錄』 卷148 地理志 京畿 廣州牧. "文廟, 在州北, 國家於各道州府郡縣, 皆置文廟, 謂之鄕校." 村山智順의 조사에 의하면, 昭和3년(1928) 당시 조선팔도의 지방 문묘 總數는 329개였다. 村山智順(1938).

87 이하의 기술은 桑野榮治(2000)의 제2장 '對明交涉と祀典の改革' 제1절 '釋奠の整備と對明交涉'을 참조하였다.

88 世宗에 의한 『五禮儀』(『世宗實錄』 「五禮」) 정비편찬사업에 대해 『國朝五禮儀』 卷首에 있는 姜希孟의 서문에 다음과 같이 서술되고 있다. "及我世宗莊憲大王……又命集賢殿儒臣, 詳定五禮儀, 悉倣杜氏通典, 旁采群書, 兼用中朝諸司職掌洪武禮制, 東國今古詳定禮

태종5년(1405) 4월에는 명나라에 사신을 보내어 종묘 · 사직 · 자전(藉田) · 문묘 등에 쓰이는 제복(祭服) · 악기 등의 수입 허가를 명의 예부에 청하였다.[89] 태종9년(1409)에는 예조가 문묘의 문선왕(文宣王) · 사배(四配) · 십철(十哲)의 위판(位板=神牌)을 『홍무예제(洪武禮制)』에 수록된 사직단(社稷壇)의 신패(神牌)에 관한 규정에 준하여 제조하도록 구신(具申)하였다.[90] 게다가 태종11년(1411)에는 명에 사신을 보내어 종묘 · 사직 · 산천(山川) · 문묘 등의 사전(祀典)에서 준수해야 할 제의(祭儀)로서 『번국의식(藩國儀式)』의 반강(頒降)을 요청하였다.[91] 무엇보다도 이에 대해 영락제는 조선의 독자적인 풍속 관습에 따라 제의를 정하면 된다[只從他本俗]는 회답을 주었다.[92]

이렇게 종주국인 명에 대해 자국을 하나의 번국(藩國=侯國)으로 규정하지 않을 수 없었던 조선에 있어서는, 존명사대(尊明事大)의 지성(至誠)을 나타내기 위해서도 명의 현행 제도에 위배되지 않도록 늘 민감하였던 것이다.[93]

그러나 문묘의 사전(祀典)에 관해서는 조선은 몇 가지 점에서 독자색을 선명히 내세우고 있다. 즉 (1) 자국의 유자(儒者)를 문묘종사의 열에 가하고 있는 점 (2) 문선왕 · 사배 · 십철을 중국보다 먼저 소상(塑像)에서 목주(木主)로 바꾼 점 (3) 육구연 · 왕수인을 결코 문묘종사의 열에 가하지 않은 점 등이다.

(3)은 본장의 주제와 직접적으로 관련이 있는 부분으로, 곧 상세하게 논

等書, 參酌損益, 裁自聖心."

89 『朝鮮王朝實錄』 태종5년 4월 癸酉.

90 『朝鮮王朝實錄』 태종9년 7월 丁丑.

91 『朝鮮王朝實錄』 태종11년 11월 甲子.

92 『朝鮮王朝實錄』 태종12년 5월 丙戌.

93 조선 초기에는 郊祀(圜丘에서 하늘에 제사, 본래는 天子=중국황제만이 행할 수 있었던 것)를 조선국왕도 거행하는 등, 명에 대해 어느 정도 자율성과 自尊 의식을 갖고 있었음이 지적되었다. 山內弘一(1979). 조선에서의 郊祀(圜丘壇祭祀)에 관해서는 桑野榮治(1996), 平木實(2001) 등을 참조.

하도록 하겠다. (1)에 대해 말하자면, 조선의 유자로 문묘에 종사된 사람은 신라 2명, 고려 2명, 조선 14명, 총 18명으로 그 중 신라의 2명과 고려의 1명은 고려시대에 종사되었고, 그 외에는 전부 조선시대에 종사되었다.[94] 반면 일본 에도시대 탕도성묘(湯島聖廟)에 일본인 종사자는 전무하며,[95] 각 번교(藩校)에서도 공자만을 제배하는 사례가 가장 많고 공자 및 사배(四配)의 종사가 그다음이며 일본인을 종사하는 사례는 드물다.[96] 일본과의 대비를 통해서도 자국 유자의 종사는 조선 문묘제도의 하나의 특색이라고 평가할 수 있을 것이다.

(2)에 대해서는 상야영치(桑野榮治)가 이미 상세히 지적하고 있다.[97] 이에 따르면 고려시대에 만들어진 개성이나 평양의 문묘에서는 소상(塑像)에 제사를 지내고 있었으나, 조선의 국도 한성 성균관의 문묘에는 당초부터 위판(木製의 神牌)에 제사를 지냈다(位版의 제조에 관한 태종9년 7월의 의론에 대해서는 이미 서술). 성종11년(1480), 성종은 명의 국자감 및 개성과 평양의 문묘에서 소상에 제사를 지내고 있는 것을 모방하여 성균관 문묘에도 소상에 제사를 지내자는 의향을 보이고 승정원에 하문하였다. 그러나 승정원은 '소상 · 초상(肖像)은 불상과 비슷한 것이다', '문묘에 소상을 두는 것은 원조(元朝)에서 시작된 호속(胡俗)에 불과하다'라고 판단하여 이를 인정하

---

94 『朝鮮陞廡儒賢年表』(大東斯文學會, 1928년, 太學社, 1985년 影印)에 의거하여 從祀者를 열거하면 다음과 같다(배열은 종사 결정 순, 괄호 안은 종사 결정 연도). ① 崔致遠(1020) ② 薛聰(1022) ③ 安裕(1319) ④ 鄭夢周(1517) ⑤ 金宏弼 ⑥ 鄭汝昌 ⑦ 趙光祖 ⑧ 李彦迪 ⑨ 李滉(이상 5명, 1610) ⑩ 李珥 ⑪ 成渾(이상 2명, 1682) ⑫ 金長生(1717) ⑬ 宋時烈 ⑭ 宋浚吉(이상 2명, 1756) ⑮ 朴世采(1764) ⑯ 金麟厚(1796) ⑰ 趙憲 ⑱ 金集(이상 2명, 1883) 『增補文獻備考』 卷204, 學校考 「文廟」 참조.

95 犬冢遜 『昌平志』 卷1 廟圖誌 「正位暨配享從祀諸賢儒方位次序圖」(元祿4년 1691). 이 자료에 列記된 從祀者는 北京國子監의 문묘종사자(順治2년 1645, 『淸史稿』 卷84 禮志 「至聖先師孔子」)와 거의 일치하고 있다. 『昌平志』는 『日本教育史資料』 第7冊(富山房 1892년, 鳳文書館 1988년 復刻)에 수록. 須藤敏夫(2001), 30쪽, 44~45쪽 참조.

96 일본인을 從祀한 예로는 吉備眞備(津藩), 菅原道眞(津藩, 岩槻潘加, 納潘, 苗木潘, 高田潘), 日本武尊(加納潘) 등이 있다. 이상 須藤敏夫(2001), 208~210쪽.

97 桑野榮治(2000), 第3章 '鄕村社會における釋奠の實相' 第2節 '王都と地方の格差'.

지 않았다.[98]

명은 홍무(洪武) 15년(1382) 남경 국자감을 창건할 때, 공자의 소상이 아닌 목주(木主)를 제사 지냈다.[99] 그러나 북경의 문묘[北平府學]는 국초부터 원대의 묘제(廟制)를 답습하여 북경 천도(영락19년, 1421) 이후에도 국자감 문묘의 공자는 소상 그대로였다.[100] 북경 국자감 문묘의 소상이 목주(木主)로 바뀐 것은 일련의 예제 개혁이 행해진 가정9년(1530)의 일이다.[101] 국도(國都)에서 문묘의 소상을 목주로 바꾸는 개혁은 한성(1413)이 북경(1530)에 120년 정도 앞선 것이다.

개성이나 평양의 소상을 그대로 존속시킨 것을 보면, 조선에 있어 소상에서 위판(位板)으로의 변경은 반드시 단호한 정치적 판단과 예학적 견지에 입각하여 단행된 조치라고 하기는 어려울지도 모른다. 그러나 성종에게 간한 승정원 유관(儒官)의 말에 비추어보아도 이것이 숭정벽사(崇正闢邪)의 의도를 뒷받침하는 것임은 분명하며, 개성 문묘의 소상과 한성 문묘의 위판은 '불교가 존중되었던 고려시대에서 유교일존(儒教一尊)의 조선시대로'라는 시대사조의 변천을 상징하는 사례라고 할 수 있을 것이다.[102]

그리고 일본 근세의 석전(釋奠)에서 제사한 공자는 화상(畫像)·목상(木像)·주상(鑄像) 등 다양하였는데, 공자상을 목주로 고치는 중국이나 조선

---

98 『朝鮮王朝實錄』 성종11년 8월 丙子.

99 『春明夢餘錄』 卷21 「文廟」 廟制. "洪武十五年, 國子監大成殿成. 用木主, 不設像."

100 『春明夢餘錄』 卷21 「文廟」. "文廟, 在城東北國學之左. 元太祖置宣聖廟於燕京, 以舊樞密院爲之. 成宗大德十年, 京師廟成. 明太祖改爲北平府學, 廟制如故."

101 『明史』 卷50 「禮志」 嘉靖9년 條. "祀宜用木主, 其塑像宜毁." 小島毅(1992), 第2章 '孔子の禮遇: 釋奠' 참조. 이 연구에 의하면 문묘에 塑像을 두는 것은 늦어도 開元8년(720)까지 거슬러 올라간다(405쪽 및 주석 17번).

102 菊竹淳一은 고려 태조 왕건의 능묘인 顯陵(開城市 海仙里)의 玄室 북측 지하에서 1990년대에 발굴된 裸形男子椅像(개성시 고려박물관 소장)에 대하여 (1) 像은 왕건의 초상 조각이다 (2) 이 王建像에는 중생을 구제하는 미륵불로서의 표현 의도가 담겨 있다 (3) 세종5년(1423)~10년(1428)경에 像은 흙 속에 폐기 매립되었다 (4) 이는 유교적 예법을 중시하는 입장에서 개혁의 일환으로서 단행되었다 등의 추정을 시도하고 있다. 菊竹淳一(2005). 문묘의 塑像·位版 논의와 함께 흥미로운 문제이다.

의 제도개혁 움직임에 대하여 민감하게 반응한 형적은 현저하게 확인되지 않는다.[103]

2

육구연이나 왕수인이 문묘에 종사된다는 소식은 머지않아 조선에도 전해져 조정의 논의 대상이 되었다.[104] 아래에 순차적으로 소개하겠다.

① 경연강관(經筵講官) 유희춘(柳希春), 육구연 문묘종사를 비판, 선조4년 12월

선조4년(융경4년, 1571) 12월 경연에서 『중용혹문(中庸或問)』에 관한 진강(進講)이 끝난 뒤, 선조와 강관 이충작(李忠綽), 유희춘 사이에서 문묘종사 문제가 화제가 되었다.[105] 이때 유희춘은 (1) 명의 홍무제가 문묘에서

---

103 翠川文子(1991), 217쪽. "明代에 木主 사용을 전면으로 내세운 중국에 반하여, 尾張 · 加賀 · 佐竹 · 萩 등 이를 수용한 곳은 있었지만 대부분 像에 제사 지낸 것이 일본의 특색이다." 일본에 현존하는 공자상의 기초적 데이터(소재지, 상의 종류, 상의 형상, 사이즈 등)에 관해서는 이 논문에 수록된「畫像 · 摺像一覽」(全 36点 揭載),「木像 · 鑄像一覽」(全 51点 揭載)을 참조.

104 이하 윤남한『조선시대의 양명학연구』Ⅳ[Ⅲ] 3. 문묘종사 문제와 斥王論(1982, 集文堂)을 참조. 다만 이 절에 관한 한, 出典으로 인용된『朝鮮王朝實錄』의 연월일 등에 관한 기술에 誤植이나 혼란이 보이므로 주의를 요한다. 179~180쪽.

105『朝鮮王朝實錄』선조4년 12월 辛卯. 柳希春『眉巖日記草』선조4년 12월 3일 辛卯 條도 전부 동일한 글이다.『宣祖實錄』과『眉巖日記草』의 관계에 대해서 부언해두고자 한다. 주지하다시피, 선조의 치세는 임진왜란과 정유재란이라는 전란의 타격을 받아, 중앙 및 지방의 문헌기록 다수가 소실 · 산실되었다. 따라서『實錄』편찬 시에도 개인이 남긴 기록 등에 의거하여 不備한 부분이나 빠진 곳을 보충할 필요가 있었다.『光海君日記』즉위년 9월 17일 辛丑. "辛丑春秋館啓曰, 先王朝實錄, 卒哭後, 宜卽設局撰出, 而平時史冊蕩然無存, 茫無可據, 極爲悶慮. 然莫重之事, 不容但已, 令該曹差出堂上郞廳, 或裒集士大夫所聞見, 或收聚私藏日記, 多方商度, 得便擧行爲當. 傳曰, 詔使過後, 設局可矣."(元年 7월 13일 壬辰 條에도 거의 같은 내용의 기사가 있다.『宣祖實錄』의 완성은 광해군8년 11월) 결과적으로『宣祖實錄』의 처음 11년분은『眉巖日記草』및 이이의『經筵日記』, 기대승의『論思錄』을 사료로 편찬하였는데, 그 중에서도『眉巖日記草』에 의거한 부분이 가장 많았다고 한다. 이상 조선총독부『眉巖日記草』第5冊 수록「眉巖日記草解說」(朝鮮史料叢刊,

양웅(揚雄)을 파출하고 동중서(董仲舒)를 입사(入祀)시킨 것(홍무28년, 1395) (2) 세종이 『오례의(五禮儀)』를 편찬할 때에도 이를 따라 개정하고 있는 것 (3) 우리 왕조의 김굉필(金宏弼) · 조광조(趙光祖)를 문묘에 종사해야 할 것 (4) 가정 연간에 순황(荀況) · 마융(馬融) · 유향(劉向) · 가규(賈逵) · 하휴(何休) · 왕필(王弼) · 대성(戴聖) · 왕숙(王肅) · 두예(杜預)를 파출하고, 왕통(王通) · 구양수(歐陽修) · 호원(胡瑗) · 양시(楊時) · 이동(李侗) · 호안국(胡安國) · 육구연(陸九淵) · 채침(蔡沈) · 진덕수(陳德秀)를 종사한 것은(가정9년, 1530)[106] 당대의 제도개혁이며, 일정의 의도가 있었던 것이었으므로 이에 따라야 할 것[此時王之制, 且無不意, 請從之] 등을 말하였다. 이에 대해 선조는 "오래된 전통에 관한 문제인 이상 가벼이 개정해서는 안 된다. 신중을 기하라.[久遠之事, 豈可輕易更定, 姑徐之]"라고 답한다. 게다가 선조가 "문묘종사에 관한 중국의 취사(取捨)가 반드시 모두 타당한 것은 아니다.[中朝取捨, 未必盡當]"라고 하자, 유희춘은 "구양수의 종사는 복의(濮議)에서의 그 주장이 대례(大禮) 문제에서 가정제의 뜻에 따른 것이었기 때문에, 가정제의 뜻에 아첨하는 자가 그의 종사를 주장한 것에 불과합니다."라고 답하였다. 이러한 대화 후 화제는 육구연이나 왕수인에 미치게 된다.

> 이충작이 아뢰었다. "오징(吳澄)의 학문도 육구연을 종주로 삼고 있으니, 일찍이 그에 시에 이런 것이 있었습니다." 유희춘이 아뢰었다. "가정 연간에 중국의 사대부들은 모두 육씨의 학문을 종주로 삼았으므로 육구연을 문묘에 종사했으나, 이는 정론이 아닙니다." 임금이 말하였다. "주자가 '강서(江西)의 학문은 돈오(頓悟)이다.'[107]라고 하였다. 이를 물리치지 않으면 도는 밝아질 수 없을 것

朝鮮史編修會 編, 1938, 國學資料院 影印, 2001), 末松保和(1997).

106 胡安國 · 蔡沈 · 眞德秀의 入祀는 正統2년(1437), 李侗의 入祀는 萬曆37년(1609)이다.

107 『朱子語類』卷123 27條 記錄者名缺. "江西之學只是禪. 浙學却專是功利." 『朱子語類』卷124 13條 萬人傑 錄. "陸子靜說良知良能四端等處, 且成片擧似經語, 不可謂不是. 但說人便能如此, 不假脩爲存養, 此却不得.……若是一頓便理會得, 亦豈不好? 然非

> 이다." 유희춘이 아뢰었다. "신이 일찍이 육구연의 문집을 보니, 그는 '책만 보고 이치를 궁리하는 유자는 양주와 묵적에도 미칠 수 없다.'라고 하였고 심지어는 이단이라고 비판하였습니다.[108] 이는 넌지시 주자의 학문을 비판한 것입니다. 육구연은 성품이 거만하고 고집스러운데, 육구연 · 오징 · 왕수인은 모두 강서 사람입니다. 대저 강서 사람은 모두 문장에 능하고 재기가 훌륭하며 성품이 거만하고 집요하니, 이는 그 지역의 풍토가 그러한 것입니다."[109]

오징(吳澄)이 문묘에서 파출된 것은 마찬가지로 가정9년의 일로, 선조는 윗글의 앞선 부분에서 오징의 파출은 당연한 조치였다는 인식을 드러내고 있다.[110] 그러나 "문묘종사에 관한 중국의 취사(取捨)가 반드시 모두 타당한 것은 아니다."라는 말이 단적으로 나타내듯, 문묘종사자에 관한 명의 판단이 결코 절대시되지 않았고, 육구연의 문묘종사는 여기에서 명확히 비판되고 있다.

당초 가정9년의 파출자와 종사자에 관한 명의 개정(改正)에 대해서 조선도 이에 따라야 한다고 서술한 유희춘이 그 직후에 구양수나 육구연의 종사를 비판하고 있는 것은 약간 이해할 수 없는 부분이다. 다만 육구연에

生知安行者, 豈有此理? 便是生知安行, 也須用學."

108 『陸九淵集』 卷15 「與陶贊仲」 第2書. "今之言窮理者, 皆凡庸之人. 不遇眞實師友, 妄以異端邪說更相欺誑. 非獨欺人誑人, 亦自欺自誑.……近世言窮理者, 亦不到佛老地位."

109 『朝鮮王朝實錄』 선조4년 12월 申卯. "李忠綽曰, 吳澄之學, 亦宗陸九淵, 嘗有詩云云. 希春曰, 嘉靖中, 中朝士大夫皆宗陸氏之學. 故以九淵從祀, 非正論也. 上曰, 朱子曰, 江西頓悟, 若不闢此, 道無由得明. 希春曰, 臣嘗觀九淵文集, 以觀書窮理之儒爲不及於楊墨, 至詆爲異端之甚. 此蓋暗譏朱子之學也. 九淵, 性傲而拗, 陸九淵 · 吳澄 · 王守仁, 皆江西人. 大抵江西人, 皆能文章, 才氣秀拔, 而性倨傲執拗, 其土風然也." 『朱子語類』 卷20 52條 黃義剛 錄. "大槪江西人好拗. 人說臭, 他須要說香." 『朱子語類』 卷116 33條 訓曾祖道. "先生曰, 陸子靜所學, 分明是禪. 又曰, 江西人, 大抵秀而能文. 若得人點化, 是多少明快." 『朱子語類』 卷124 16條 陳淳 錄. "江西士風, 好爲奇論. 恥與人同, 每立異以求勝. 如陸子靜說告子論性强孟子, 又說荀子性惡之論甚好, 使人警發, 有縝密之功." 왕수인은 江西余姚 사람인데 여기에서 江西人에 포함시킨 것은 유희춘의 단순한 착각이다.

110 上同. "上曰, 吳澄當黜無疑. 以宋之進士臣事胡元, 大節不足觀也."

관해 말하자면, 유희춘은 이에 앞선 선조원년(1568)이나 선조3년(1570)에도 육학 비판의 언사를 남기고 있으며,[111] 선조6년에도 육왕학 비판을 하고 있으므로 이런 의미에서 유희춘의 입장은 일관된다. '가정9년의 개정에 따를 것'이라는 최초의 발언은, 일단 자신의 학문적 신조를 뒤로 미뤄두고 격식에 따르는 사대모화의 태도를 보인 듯하다. 그리고 선조로부터 "중국의 취사가 반드시 모두 타당한 것은 아니다."라는 말을 이끌어낸 후에 충분히 자신의 학문관을 피력한 것이라고 생각된다. 어찌 되었든 명의 육구연 문묘종사는 '정론(正論)이 아니다'라 판단하고 있다. 또 "오징의 학문은 육구연을 종주로 삼았다.[吳澄之學, 亦宗陸九淵]"라 서술하고 있는 점에 관해서는 나중에 다시 언급하겠다.

② 하등극정사(賀登極正使) 박순(朴淳), 사정걸에 의한 왕수인 문묘종사 상청을 언급, 선조6년 1월

선조6년(만력원년, 1573) 1월, 전년 6월에 목종의 뒤를 이어 즉위한 신종의 등극을 경하하기 위해 부연(赴燕)한 하등극정사 박순이 입경(入京)하여 조정에 돌아와 보고를 행한다.[112] 박순은 새로운 황제는 10세이며 열흘마다 3 · 6 · 9일에 시조(視朝)함과 동시에 문화전(文華殿)에서 경연에 임한다는 것, 『사서(四書)』, 『근사록(近思錄)』, 『성리대전(性理大全)』의 강의는 이미 완료하였고 최근에는 『좌전(左傳)』에 들어갔다는 것, 어리기 때문에 생모인 자성황태후(慈聖皇太后)가 수렴정치를 하고 있다는 것, 사예감태감(司

---

111 『眉巖日記草』 선조원년 戊辰 8월 4일. "宋之諸儒如陸九淵等, 是專以尊德性爲主, 而遺道問學一段.……惟周程張朱, 具此二者, 而朱子文集諸儒之大成, 所謂具兩輪之車也. 伏願聖明留神焉." 『眉巖日記草』 선조3년 庚午 7월 7일. "至程朱子, 皆以格物致知爲學. 獨陸九淵以爲, 隨事討論不若只務存心, 心存則無不照. 蓋此本出於梁達摩唐惠能二僧之說. 至宋張九成復鼓之, 傳于陸九淵, 以讀書窮理爲大禁, 其說至今波溢于中夏云."

112 『朝鮮王朝實錄』(『宣祖修正實錄』) 선조5년 8월. "遣右議政朴淳如燕京賀登極." 『朝鮮王朝實錄』 선조6년 1월 丁酉. "賀登極使右相朴淳, 判書成世章入京." 이하의 보고는 6년 1월 丁酉 條에 보인다.

禮監太監) 풍보(馮保)가 정권을 휘두르고 있다는 것 등 발족한 지 얼마 되지 않은 신종에 관한 비교적 상세한 정보를 가지고 돌아왔다. 그리고 사정걸에 의해 왕수인의 문묘종사가 상청되었던 사실도 소개하고 있다.

> 절강순무(浙江巡撫) 사정걸이 원임상서(原任尙書) 왕수인을 문묘에 배향하자고 상청(上請)하기를 "대개 존덕성(尊德性)과 도문학(道問學)[113]은 두 가지 일이 아니다. 덕성은 그 자체를 한갓 높이는 것이 아니라 반드시 문학을 말미암은 뒤에야 실제가 있게 되니, 그렇지 않으면 선학(禪學)이 된다. 또 문학은 그것만 한갓 말미암은 것이 아니라 반드시 덕성을 높여야지만 비로소 근본이 정해지니, 그렇지 않으면 공리(功利)가 된다. 왕수인은 육구연을 스승으로 삼았으나 지금 육구연의 논변을 보면 독서를 언급하지 않은 것이 없고, 주자가 문인을 가르침에 심신(心身)의 학문을 급선무로 삼지 않은 적이 없다. 그렇다면 저 주자와 육구연을 나누어 두 가지로 인식한 것은 두 사람의 학문을 안 것이 아니다."라고 하였습니다. 이 상청에 대한 성지(聖旨)가 내려져 예부에서 심의한 결과를 보고하도록 하였습니다.[114]

사정걸에 의한 왕수인 문묘종사 상청에 대해서는 『신종실록』 만력원년 5월의 기사를 확인할 수 있으나(二 ⑥에서 이미 인용), 위의 기사가 화제가 된 것은 당연히 만력원년 1월 이전의 일이다. 사정걸에 의한 상청은 만력원년 5월 한 번뿐이었던 것이 아니라, 아마 융경 연간에도 행해졌을 것이라 생각된다. 그리고 위 글에서 '절강순무(浙江巡撫)'는 '절강순안(浙江巡按)'의

---

113 『中庸章句』 27章. "故君子尊德性而道問學."

114 『朝鮮王朝實錄』 선조6년 1월 17일. "浙江巡撫謝廷傑, 請以原任尙書王守仁配享文廟. 大槪以爲尊德性道問學, 非兩事也. 德性不可以徒尊, 必道問學而後始有實. 不然則禪矣. 問學不可以徒道, 必尊德性而始有主本. 不然則功利矣. 守仁師陸九淵, 而今觀九淵之論, 未嘗不及於讀書, 朱某之敎門人, 未嘗不以身心爲務, 則彼分朱陸而二之者, 非知二子之學也. 奉聖旨, 禮部看議了來說." 『眉巖日記草』 선조6년 己酉 1월 17일 조도 같다.

오기(誤記)일 것이다.[115]

사정걸은 절강순안이었던 융경6년에 절강에서 『왕문성공전서』를 간행하고, 남기독학(南畿督學)이었던(융경6년 9월~만력2년 3월) 만력 연간에는 남경에서 『왕문성공전서』를 중각(重刻)한 인물이다.[116] 설선(薛瑄)의 문묘종사(융경5년 9월 종사 결정)를 둘러싼 논의에서는, 설선에게 체계적인 저술이나 경서해석서가 없는 것이 반대 측의 주된 논거가 되었다. 『왕문성공전서』의 간행은 왕수인의 문묘종사 의론에서도 이 점을 공격당할 것을 염두에 두고 이른바 선수를 치는 형태로 행해진 것이었다.[117]

『왕문성공전서』를 간행할 때 사정걸은 어록(『전습록』 상 · 중 · 하) 말미에 『주자만년정론』을 부각(付刻)하였다(『왕문성공전서』 권3). 왕수인의 『주자만년정론』은 본디 정덕 연간에 단행본으로 간행되어 가정 연간에도 동일하게 단행본 형태로 수차례에 걸쳐 간행되었다.[118] 사정걸이 이를 굳이 『왕문성공전서』에 수록한 것도 이 책의 주장(왕수인이 비판한 것은 주자 中年未定의 설로, 주자는 그의 만년에 이르러 스스로 후회하였다)을 원용(援用)함으로써 왕수인

---

115 『明實錄』에 의거하면 사정걸은 隆慶원년 11월 癸酉에 浙江道監察御史가 되어 隆慶6년(神宗 즉위년) 9월 辛亥에 南直隸學政을 兼務, 이후 萬曆2년 3월 甲申에 大理寺右寺丞으로 陞任하기 전까지 그 직임이었다.

116 『王文成公全書』에는 浙江初刻本(隆慶六年刊, 國立公文書館內閣文庫藏, 臺灣中央圖書館藏, 美國 프린스턴대학 藏)과 南京重刻本(萬曆年間刊) 두 본이 존재하는데, 오늘날 널리 통행되고 있는 四部叢刊本은 남경중각본이다. 『王文成公全書』의 성립 · 간행 · 서지에 관해서는 朱鴻林(2005B), 井上進(2006, 60쪽), 永富靑地(2007, 2)에 수록된 「王文成公全書의 성립과 출판」을 참조. 萬曆重刻本의 간행년에 대해, 朱鴻林은 사정걸의 왕수인 문묘종사 上請이 행해진 萬曆원년 5월 전후로 추측하고 있다.

117 Hung-Lam Chu(1988), 69쪽. 朱鴻林(2005B).

118 『朱子晚年定論』은 正德10년에 집필되어 正德13년에 袁慶麟에 의해 刊刻되었다(이상 『王文成公全書』 卷3 「朱子晚年定論」 王守仁 序 袁慶麟 識語). 근년 永富靑地의 조사를 통해 嘉靖31년 南畿에서의 重刻, 嘉靖38년 懷玉書院에서의 重刻 사실이 밝혀졌다(安徽省圖書館藏 『朱子晚年定論』 「增刻朱子晚年定論序」 「懷玉書院重刻朱子晚年定論引」, 모두 錢德洪 撰). 嘉靖 때 重刻된 두 본은 모두 原刻인 1卷本에 전덕홍이 2卷을 增錄한 3卷本이다. 다만 사정걸이 『王文成公全書』에 수록한 것은 3卷本이 아닌 1卷本(=왕수인 自編의 原刻本)이다. 『朱子晚年定論』에 관해서는 吉田公平(2001), 永富靑地(2007, 3) 참조.

의 학문이 주자학을 배반하지 않았다는 증거로 삼으려 했기 때문이다.[119] 『왕문성공전서』의 간행도, 문묘종사 상청도 왕수인 및 양명학의 현창을 꾀한 일련의 행동이라 볼 수 있을 것이다.[120]

또한 사정걸은 『왕문성공전서』를 간행하면서 서계(徐階)에게 서문을 부탁하였다.[121] 서계에게는 「학칙서(學則序)」, 「학칙변(學則辨)」의 저술이 있는데, "존덕성(尊德性)과 도문학(道問學)은 별개의 두 가지 일이 아니다." "주육의 학문은 귀일(歸一)한다."라는 논정은 일찍부터 서계에 의해 제시되고 있다.[122] 사정걸의 학문상 사승관계는 현재 소상하지 않으나 아마 서계 등과 학문관을 공유한 인물이었다고 추측된다. 관련하여 서계의 「학칙변」은 명 가정 연간에 간행된 『상산선생문집』 권수에 부록으로 게재되어 있다.

위의 『실록』의 기재는 사정걸의 상청과 이를 수용한 명의 대응을 소개할 뿐 박순 자신의 논평은 없다. 다만 박순의 전기자료는 중국에서 귀국한 후에 양명학을 엄하게 비판하였다고 한다.[123] 또 박순은 눌재(訥齋) 박상

---

119 『王文成公全書』 卷3 「朱子晚年定論」 錢德洪 序. "隆慶壬申, 虬峰謝君廷傑刻師全書, 命刻定論附語錄後, 見師之學與朱子無相繆戾, 則千古正學同一源矣."

120 Hung-Lam Chu(1988), 69쪽.

121 『王文成公全書』 卷首 徐階 「王文成公全書序」. "隆慶壬申, 侍御新建謝君, 奉命按浙. ……閱公文, 見所謂錄若集, 各自爲書, 懼夫四方之學者, 或弗克盡讀也, 遂彙而壽諸梓, 名曰全書, 屬階序."

122 『世經堂集』 卷11 「學則序」. "古之學出於一, 而後世之學, 析而爲二. 是故古之道問學以尊德性, 而後世欲舍尊德性, 以別求所謂道問學之事. 古之尊德性, 則必問且學, 而後世欲舍道問學, 以別求所謂尊德性之功. ……周衰迄于宋季, 千有餘年, 晦庵象山兩夫子出, 相與切磋論難, 以得夫眞似之辨. ……蓋兩夫子之學, 同出於一." 『世經堂集』 卷20 「學則辨」. "尊德性道問學, 一也. 朱子, 世以爲專道問學, 而其言必主於尊德性. 陸子, 世以爲專尊德性, 而其言不遺夫問學. 此兩夫子所以同也." 「學則序」, 「學則辨」은 모두 徐階의 延平府推官 시대의 집필(嘉靖10~12년 전후)이다. 中純夫(1991) 참조.

123 朴淳 『思菴集』 卷5 附錄 李選 「領議政贈諡文忠公思菴朴先生行狀」. "八月, 以登極使賀京師. ……又明年二月, 還朝. 啓王守仁學術之不正, 誤了中土學者之弊." 『思菴集』 卷5 附錄 宋時烈 「神道碑銘幷序」. "壬申, 拜右議政, 赴京師. ……癸酉, 還朝. 極陳王守仁學術之非."

(朴祥)을 백부(伯父)로 둔 인물이다.[124] 이미 서술했듯이 박순은 김세필과 『전습록』을 화제로 한 시를 응수한 인물로 알려져 있다(서장 참조). 다만 두 사람 중 당초부터 양명학에 대해 비판적이었던 것은 김세필로, 박상은 오히려 양명학에 대해 일정 정도의 이해와 공감을 나타내고 있었던 것은 아니었는지 추측된다.

③ 경연강관 유희춘, 사정걸에 의한 왕수인 문묘종사 상청을 비판, 선조 6년(만력원년) 1월

박순에 의한 귀국 보고가 행해지고 5일 뒤인 1월 21일, 유희춘은 경연장에서 사정걸에 의한 상청을 비판하였다. 이 경연에는 박순도 참석하고 있다.

> 유희춘이 말하였다. "……지금 듣건대 명나라 사정걸이 왕수인을 공묘에 배향하고자 주자와 육상산이 도가 같다는 말까지 하면서 흑백을 어지럽힌다 하니, 이는 몹시도 사특한 논설입니다."[125]

이처럼 유희춘은 여기에서 명확하게 주자학을 정통으로 하는 입장에서 육왕학을 비판하고, 왕수인의 문묘종사를 상청한 사정걸의 입론을 사설(邪說)이라 판단하고 있다.

이와 관련하여 유희춘의 양명학에 대한 비판적 언사는 2개월 후에 보다 명확한 형태로 발견된다.

---

124 朴淳의 아버지 朴祐는 朴祥의 季弟이다. 『思菴集』 卷5 附錄 李選 「領議政贈謚文忠公思菴朴先生行狀」.

125 『朝鮮王朝實錄』 선조6년 1월 21일 壬寅. "柳希春曰……今聞皇朝謝廷傑, 欲以王守仁配享孔廟, 至爲朱陸道同之說, 變亂黑白, 此甚邪說." 『眉巖日記草』 선조6년 癸酉 1월 21일.

화제가 왕수인에 미쳤다. "왕수인이 거리낌 없이 스스로를 성인이라 하면서 주자를 비난하였는데, 중국의 괴이함을 좋아하는 자들이 그를 따라 호응하였습니다. 진건(陳建)이 『학부통변(學蔀通辨)』을 지었는데 이것이 실로 이단을 배격하는 정론이니, 응당 교서관(校書館)에 명하여 개판(開版)시키고 호남과 영남에서도 그렇게 해야 합니다."라고 하였다. 상께서 말하였다. "왕수인은 재기(才氣)가 있고 공업도 세웠다." 신 유희춘이 나아가 아뢰었다. "왕수인은 타고난 본성이 거칠고 어그러져 괴팍하고 불손하여 '오상(五常)은 있어도 그만, 없어도 그만이며 일소(一掃)해버려도 괜찮다.'라 하였고, 또 '진시황이 책을 불태운 것은 공자가 산술(刪述)한 뜻에 부합한다.'라고 하였고,[126] 또 주자의 저서와 입언(立言)을 헐뜯으며 '홍수나 사나운 짐승의 재앙보다 참혹하다'라 하였으니,[127] 사설(邪說)의 정도가 막심합니다." 상께서 말하였다. "사설이라 하는 것은 너무 지나치지 않은가." 유희춘이 대답하였다. "왕수인은 당초 사물이 마음을 범하는 것을 싫어하여 어그러지고 치우친 논의를 만들었으나 부정한 언사가 이 지경에 이르렀습니다. 왕안석이 비록 탐욕스럽고 간사하지는 않았으나 간사한 자를 끌어다 등용하고 충직한 자를 물리쳐서 결국에는 정사를 어지럽히는 소인이 되었으니, 이것과 무엇이 다르겠습니까?"[128]

이것도 경연 종료 후의 발언으로 박순이나 유성룡 등도 동석하고 있다.

---

126 『傳習錄』 上卷 11條. "春秋以後, 繁文益盛, 天下益亂. 始皇焚書得罪, 是出於私意, 又不合焚六經. 若當時志在明道, 其諸反經叛理之說, 悉取而焚之, 亦正暗合刪述之意."

127 『傳習錄』 中卷 「答羅整菴少宰書」. "今世學術之弊……吾不知其於洪水猛獸何如也."

128 『眉巖日記草』 선조6년 癸酉 3월 17일 條. "語及王守仁, 自聖無忌, 詆訾朱子, 中國好怪者, 從而和之. 陳建著學蔀通辨, 此實闢異端之正論, 宜令校書館開板. 又於湖嶺亦然. 上曰, 王守仁亦有材氣, 建功業. 臣希春進曰, 王守仁資性狼戾, 彊愎不遜. 謂五常有亦可, 無亦可, 剗而去之亦可. 又稱秦始皇焚書, 以爲合於孔子刪述之意, 又毁朱子著書立言曰, 慘於洪水猛獸之災. 其爲邪說甚矣. 上曰, 謂之邪, 無乃過乎? 對曰 守仁當初厭事物之干心, 而爲乖僻之論, 然言之不正至於此. 與王安石雖非貪邪, 而引用匈邪, 排擯忠直, 而卒爲亂政小人, 何異?" 『朝鮮王朝實錄』 선조6년 3월 丁酉와 字句의 同異가 약간 있는데, 여기에서는 『眉巖日記草』에 따르도록 한다.

‘오상(五常)’, ‘분서(焚書)’나 ‘홍수 · 맹수’ 등을 운운하는 왕수인의 비판은 일찍이 이황이 행하고 있다.[129] 유희춘이나 박순 역시 이황 이후의 양명학 비판의 논점을 공유하고 있었다고 보는 것도 가능하다.[130] 그러한 와중에 선조가 “왕수인은 재기(才氣)가 있고 공업도 세웠다.” “사설이라 하는 것은 너무 지나치지 않은가.”라고 하며 왕수인에 대해 꽤 호의적인 태도를 보이는 것은 약간 주목할 만하다. 시기를 내려가 임진왜란의 국난 속에 있던 선조27년(1594), 선조는 “만일 오늘날 왕수인이 조선 경략(經略)의 임무를 담당하였다면 이런 적들을 일소(一掃)할 수 있었을 것이다.”라고 하기도 하였다.[131] 왕수인에 대한 선조의 높은 관심이나 호의에는 군공에 대한 평가가 하나의 배경 요인으로 작용했다고 볼 수 있겠다.

또한 위 문장에서 언급하고 있는 『학부통변』은 명 진건(陳建)의 저작이다. ‘주육조이만동(朱陸早異晚同)’을 주장한 정민정(程敏政)의 『도일편(道一編)』이나 ‘주자만년회오(朱子晚年悔悟)’를 주장한 왕수인의 『주자만년정론』이 실제로 주희의 여러 저작의 조만(早晚)에 관한 편년 고증에서 대부분 오류를 범하고 있는 것을 지적, 이를 정정하고 새롭게 ‘주육조동만이(朱陸早同晚異)’를 제창한 것으로 가정27년(1548)에 완성하였다.[132] 위의 『미암일기

---

129 『退溪集』 卷41 「白沙詩敎傳習錄抄傳因書其後」. “滉謹按, 陳白沙王陽明之學, 皆出於象山, 而以本心爲宗, 蓋皆禪學也.……至如陽明者, 學術頗忒, 其心强狠自用.……其初, 亦只爲厭事物之爲心害而欲去之.……然則所謂事物者, 雖如五倫之重, 有亦可, 無亦可, 剗而去之亦可也. 是庸有異於釋氏之敎乎哉?……欲排窮理之學, 則斥朱說於洪水猛獸之災. 欲除繁文之弊, 則以始皇焚書爲得孔子刪述之意. 其言若是, 而自謂非狂惑喪心之人, 吾不信也.” 유희춘의 입론은 확실히 이에 근거한 것이다. 『退溪集』 수록 「年譜」에 「白沙詩敎傳習錄抄傳因書其後」의 집필을 嘉靖45년 丙寅(明宗21년, 1566)이라 하였다.

130 박순은 이황의 묘지명을 지으면서 「白沙詩敎傳習錄抄傳因書其後」를 언급하고 있다. 『思菴集』 卷4 「退溪先生墓誌銘幷序」. “公患中國道學失傳, 陽明白沙之說又出而亂眞, 爲跋白沙詩敎陽明傳習錄, 以見其意.” 유희춘도 이황의 문집을 보았다. 藤本幸夫(1983).

131 『朝鮮王朝實錄』 선조27년 7월 17일 癸巳. “上曰……若使陽明爲今日經略, 則此賊可以蕩掃矣.”

132 『學蔀通辨』 卷首의 陳建이 지은 「學蔀通辨總序」에 “嘉靖戊申孟夏初吉東莞陳建書于淸瀾草堂”이라는 기재가 있다. 戊申은 嘉靖27년이다.

초』 선조6년 조는 현재 『학부통변』의 조선 전래를 나타내는 가장 초기(初期)의 자료이다.[133]

④ 성절사서장관(聖節使書狀官) 이승양(李承楊), 위시량에 의한 왕수인 문묘종사 상청을 비판, 선조6년 11월

선조6년(만력원년, 1573) 11월에 위시량에 의한 왕수인 문묘종사 상청을 비판하는 기사가 보인다.

> 성절사서장관 이승양의 『문견록(聞見錄)』에 "중국의 사신(邪臣) 위시량이 왕수인을 문묘에 종사하자고 상청하였다. 남경어사(南京御史) 석가(石檟)가 황제에게 아뢰어 왕수인의 음사함은 응당 배척해야 한다고 반박하였다."라는 내용이 있다. 참으로 정도를 위하여 적치(赤幟)를 세운 자이다.[134]

위시량에 의한 상청은 융경원년(명종22년) 10월에, 석가의 상소는 만력원년(선조6년) 7월에 행해지고 있다(Ⅱ, ② ⑧에 모두 서술). 『미암일기초』 선조6년 11월 21일 조는 "성절사서장관 이승양의 문견사건(聞見事件)을 보니, 중조의 사신 위시량 등이 왕수인의 문묘종사를 청하였다.[取聖節使書狀官李承楊聞見事件觀之, 則中朝有邪臣魏時亮等, 請以王守仁從祀文廟云云]"(이하 『실록』과 동일)라고 되어 있다. 후자의 어기(語氣)로 보자면 '사신(邪臣)' 운운한 표현은 이승양의 기록에 원래 쓰인 말이라기보다 이를 열람한 유희춘의 폄사라고 생각된다.

---

133 高橋亨이 『眉巖日記草』 해당 조를 『學蔀通辨』의 조선 전래 시기를 나타내는 자료로 인용하면서, 이를 『眉巖日記草』 선조4년 辛未 3월 17일 조라 한 것은 6년 癸酉를 잘못 기록한 것이다. 阿部吉雄도 高橋亨의 이 실수를 그대로 답습하고 있다. 高橋亨(1953), 135쪽. 阿部吉雄(1971), 412쪽.

134 『朝鮮王朝實錄』 선조6년 11월 丁酉. "聖節使書狀官李承楊聞見錄有曰, 中朝有邪臣魏時亮, 請以王守仁從祀文廟. 南京御史石檟奏中極, 駁守仁之邪淫, 宜斥去. 眞爲正道立赤幟者也."

한편 위시량은 전술한 상청에 앞서 융경원년 7월 15일 경오(庚午), 목종 등극의 조서를 들고 허국(許國)과 함께 조선을 방문하여 입경(入京)하였다. 그런데 방문한 조선에서는 같은 해 6월에 명종이 홍거하고 7월 1일 갑인(甲寅)에 선조(당시 16세)가 막 즉위했을 때였다. 선조는 모화관(慕華館)에 허국 · 위시량 두 사신을 맞이하였는데 그의 거동 하나하나가 예에 걸맞았기에 두 사신은 "이 소년의 거동은 예절에 맞는다. 이는 동국(東國)의 다행이다.[這等少年, 動中禮節, 東國之福也]"라고 칭찬하였다. 또 다음 날 문묘에 배알한 두 사신은 유생 2천여 명이 조정에서 질서 정연하게 배알하는 것을 보고 "동방예의의 성대함을 재인식하였다.[益見東方禮義之盛]"며 탄식하였다. 이처럼 막 즉위한 어린 선조에게 경의(敬意)를 표하기를 마지않았던 두 사신의 인품에 대해 조선 측의 인사(人士) 또한 좋은 인상을 기록하고 있다.[東人服其淸標, 以爲前後使臣皆無出其右][135] 유희춘도 이전에는 이런 생각을 공유하고 있었다.[136] 이렇게 위시량은 많은 조선 인사에게 친밀함을 담아 회상될 만한 인물이었다. 그런 만큼 '사신(邪臣) 위시량'이란, 혐오감이 한층 더 두드러지는 표현일 것이다. 왕수인의 문묘종사를 상청했다는 사항 하나가 이러한 폄사의 이유라면, 이는 그의 나라에서 왕수인 및 양명학에 향해진 시선을 단적으로 말해주는 것이라 할 수 있겠다.[137]

---

135 『朝鮮王朝實錄』(『宣祖修正實錄』) 즉위년 丁卯 7월 庚午. 유성룡도 이 두 사람에 대하여 높은 평가를 남기고 있다. "至今稱之曰, 許魏天使, 前後詔使之來東者, 無出其右云." (『西厓集』 卷15 「記許魏天使事」)

136 『眉巖日記草』 선조3년 庚午 5월 28일. "昔在丁卯七月, 華使許國魏時亮, 睹今上之動容周旋中禮, 亟稱之曰 妙齡擧動, 百不一差, 東民可謂有福. 許魏二子, 眞可謂有知人之明矣."

137 위시량이 陸學을 좋아하는 인물이었다는 사실은, 그의 조선 내방 당시부터 조선 측에 인식되고 있었다. 『朝鮮王朝實錄』(『宣祖修正實錄』) 즉위년 丁卯 7월 庚午. "兩使好學, 求見東國文章, 又問東國亦有心孔孟心者乎? 事聞, 命禮曹, 抄示先正臣十餘人姓名. 魏求見李彦迪著書. 李滉示以論太極書, 不以爲可. 蓋魏爲陸學, 與朱子異論也."

3

⑤ 경략조선(經略朝鮮) 만세덕(萬世德), 성균관문묘 사전(祀典) 개정을 지시, 선조33년~34년

선조33~34년(만력28~29, 1600~1601)에 걸쳐 경략조선의 만세덕이 성균관의 문묘 사전을 명의 현행 제도에 따라 개정하도록 지시하였는데, 이를 수용하여 의론이 행해졌다. 만세덕은 이른바 정유재란(선조30년, 1597) 때 명에서 조선으로 파견된 인물로 선조31년(만력26년, 1598) 6월에 경략조선의 직임을 맡았다.[138]

a. 만세덕, 공자 왕호(王號)의 개정을 지시, 선조33년 3월

선조33년(만력28년) 3월, 성균관 문묘를 방문한 만세덕은 공자 위판(位板)의 칭호가 그대로 문선왕(文宣王)인 것을 보고 "명은 가정 연간에 지성선사(至聖先師)로 개정하였다. 당신들의 나라는 외국이지만 지금은 전적으로 중화의 제도를 따르고 있는 이상 (왕호를 師號로) 고쳐야 한다."라고 지시하였다. 성균관 관료는 이 문제를 국왕 선조에게 보고하겠다고 회답한다.[139] "지금 일체 중화의 제도에 따르고 있으니 고치는 것이 가하다.[今則一遵華制, 可改之]"라는 만세덕의 말은 꽤 고압적이나 성균관 관료들은 공손한 태도로 그 말을 배청(拜聽)하고 있다.

---

138 『神宗實錄』 萬曆26년 6월 丙子. 또 申欽의 『象村稿』 卷39 「天朝詔使將臣先後去來姓名, 記自壬辰至庚子」. "萬世德號震澤, 山西太原府偏頭所人. 隆慶辛未進士. 戊戌以欽差朝鮮軍務都察院右僉都御史, 代楊經理. 十一月渡江. 聞三路之賊已捲廻, 急差官馳審軍前. 己亥, 軍門奏留之, 經理仍留王京. 庚子十月回去."

139 『朝鮮王朝實錄』 선조33년 3월 辛酉. "成均館同知事鄭昌衍, 大司成李睟光啓曰, 今日萬經理世德, 謁聖于成均館.……問臣曰, 俺見位版所題, 乃宋制, 非皇明之制也. 臣等答曰, 自古如是, 故外國因循乃爾. 經理曰, 天子未有拜王之禮. 以此嘉靖年間改定, 不書文宣王之號, 只稱至聖先師孔子之位. 爾邦雖外國, 今則一遵華制, 可改之. 臣等答曰, 蒙分付感激. 當以此言啓知云. 經理曰, 俺亦當移咨, 爾可啓知國王云."

b. 만세덕, 왕수인의 문묘종사 등을 지시, 선조34년 1월

이듬해 선조34년(만력29년) 1월 2일, 만세덕은 문서(『咨文』)로 문묘 사전(祀典)에 관하여 개정해야 할 점을 다시 지적하였다. 그 요점을 열거하면 다음과 같다.[140]

(1) 공자의 신위(神位)는 아직 '대성지성문선왕(大成至聖文宣王)'으로 되어 있다. 왕호(王號)를 물리치고 사호(師號)를 숭상하는 것은 우리 조종(朝宗) 이래 불변의 제도이다. 조선은 번방(藩邦)이지만, 예악의관(禮樂衣冠)은 전부 왕제(王制=중국의 제도)에 의거하고 있다[朝鮮藩邦, 禮樂衣冠, 悉稟王制]. 그러나 이 점을 아직 개정하지 않은 것은 명백한 흠전(欠典)이다. 성균관 및 각지 문묘 위패(位牌)의 왕호는 모두 사호로 고쳐라.

(2) 국조(國朝)에 따라 계성공사(啓聖公祠)를 설치할 것[叔梁紇, 顔無繇, 曾點, 孔鯉, 孟孫의 배향].

(3) 조선 문묘에는 주돈이 · 장제 · 정자 · 주자[周張程朱]만 있고, 양무(兩廡) 72현의 종사가 없는 것은 흠전이다. 개정하라.

(4) 근년 황상의 재정(裁定)에 의해 호거인 · 진헌장 · 왕수인 · 설선의 사현(四賢)이 종사되었다. 이 점은 속국이라 할지라도 준수해야 한다[無論屬國, 俱宜遵守].

이처럼 전년 지적했던 공자의 칭호 문제에다가 새롭게 개정해야 할 사항이 추가되었는데, 본장의 주제와 관련된 것은 (4), 특히 왕수인의 문묘종사 문제이다. 중국의 육왕종사(陸王從祀)를 조선 인사가 화제로 삼아 논평한 사례는 이미 살펴보았으나, 이는 중국 측에서 설선 · 호거인 · 진헌장 · 왕수인 사현(四賢)의 종사를 구체적으로 요청했다는 점에서 종래와는 이질적인 국면을 맞이하는 것이 되었다.

---

140 『朝鮮王朝實錄』 선조34년 1월 2일.

c. 만세덕의 지시에 대한 예조의 회답, 선조34년 1월

만세덕의 자문에 대한 조선 측의 반응은 『조선왕조실록』 1월 24일 조에 보인다.[141] 처음 비변사가 먼저 만세덕의 자문에 지적된 네 가지 항목을 든 뒤에 "이는 모두 사전(祀典)에 관한 사항으로 가벼이 대답해서는 안 된다. 예관(禮官)에게 명하여 상세히 검토 · 심의시켜 가부를 결정한 뒤 회답해야 한다."라고 구신(具申)하였다. 선조는 이를 허락하고 예조에 의론을 부쳤다. 그리고 심의 결과가 그날 예조로부터 보고되었다. 보고 내용을 정리하자면 다음과 같다(72현에 대해서는 직접적인 언급이 없다).

(1) '대성지성문선왕(大成至聖文宣王)'의 칭호는 송조(宋朝)의 제도로,[142] 황조[明]도 이를 답습하였다. 우리나라의 사전(祀典)은 모두 『홍무반제(洪武頒制)』를 준수하고 있으며,[143] 따라서 『오례의(五禮儀)』도 이에 따라 공자의 칭호를 '대성지성문선왕'으로 정하였다.[144] 그러나 가정9년에 이르러 천조(天朝)는 사전(祀典)을 개정하여 공자의 위판(位版)도 '지성선사공자(至聖先師孔子)'라고 개칭하였다. 원래 '문선왕'에는 공자를 소왕(素王)으로 삼는 의의가 담겨 있던 것으로 이 칭호에도 근거는 있다. 그러나 천조는 '천자가 석전제(釋奠祭)를 지낼 때 황제가 왕을 배알하게 되는 것이 이치에 어긋난다'는 이유로 개정하였다. 우리나라의 의장(儀章)은 모두 천조를 따르고 있는데 천조가 개정하였고, 게다가 그 개칭이 전보다 나은 이상 이에 따르는 것이 타당하다.

---

141 『朝鮮王朝實錄』 선조34년 1월 24일.

142 실제 '대성지성문선왕'은 元의 大德11년(1307, 武宗 즉위년)에 정해진 칭호이다. 『元史』 卷22 「武宗本紀」 卽位年 7월 辛巳.

143 太祖 朱元璋은 洪武3년 6월에 조서를 내려 祀典에 관한 기본정책을 명시하였다(『太祖實錄』 洪武3년 6월 癸亥). 그 중 공자의 칭호는 元 이래로 쓰인 '大成至聖文宣王'을 답습한 것이 확인되고 있다. 이 조서의 내용에 근거하여 그 후 제사 체계를 정비하여 『大明集禮』나 『洪武禮制』가 편찬되었다. 이상 小島毅(1996), 108~112쪽. 여기에서 말하는 『洪武頒制』는 『洪武禮制』를 가리키는 것인가.

144 『國朝五禮儀』 卷2 吉禮 「享文宣王視學儀」 「州縣釋奠文宣王儀」 등의 항목에도 '大成至聖文宣王神位'라는 칭호가 명기되어 있다.

(2) 안자 · 증자 · 자사가 정전(正殿)에 배향되어 있는데 그 부친이 양무(兩廡)에 종사되고 있는 것은 아들이 아버지의 상위(上位)에 있는 것이 되어 온당하지 않다. 이 때문에 천조는 계성사(啓聖祠)를 설치하여 숙량흘(叔梁紇)을 모시고 안무요(顔無繇) 이하를 배향했던 것인데, 이것도 타당하다. 그러나 현재 성묘(聖廟)는 창졸간에 임시로 지은 것이므로 장래 대학 및 양무를 중건할 때에 계성사를 설치하도록 하면 된다.

(3) 설선, 진헌장, 왕수인, 호거인의 사현(四賢)은 천조의 유신(儒臣)이다. 천조는 한때의 의론에 따라 이를 성묘(聖廟)에 종사했으나, 학문과 사공(事功)의 심천(深淺)에 대해서는 외국에서는 상세히 알 수 없는 면이 있다. 게다가 이 중에는 그 순정함에 관하여 의론의 여지가 있는 자가 포함되어 있는 이상, 가벼이 논의해서는 안 된다. 일은 중대하므로 대신의 의론에 부쳐 가부를 결정하도록 하는 것이 타당하다고 생각한다.[145]

이상이 예조의 답신이며, 선조가 이를 허락하였다.

결국 왕호에서 사호로의 개칭은 응하며, 계성사의 설치에 대해서는 이를 타당하다고 생각하면서도 실시는 보류했다. 그리고 설선 · 호거인 · 진헌장 · 왕수인의 종사 문제에 대해서는 또 결론을 유보했으나, 기본적으로는 신중한 자세를 유지하고 있다. '이 중 순정함에 관하여 의론의 여지가 있는 자'가 전적으로 왕수인을 염두에 둔 논정임은 말할 것도 없다. 문묘 종사의 취사(取捨)는 해당 인물의 학문사공(學問事功)에 대한 평가와 직결되는 문제이다. 성균관 문묘에 왕수인을 종사하는 것은 조선이 공적으로 양명학을 인정하는 것을 의미하며, 이는 국가의 견식(見識)에 관한 문제이다. 이러한 문제에 대해 조선은 "우리나라의 의장과 제식은 모두 천조를

145 『朝鮮王朝實錄』 선조34년 1월 24일. "至於薛瑄, 陳獻章, 王守仁, 胡居仁四賢, 乃天朝儒臣. 天朝雖因一時之議, 從祀聖廟, 而其學問事業之淺深, 外國有未及詳知. 而其中亦不無醇正之可議, 則恐難輕議也. 事係重大, 並議大臣定奪, 何如?"

따른다.[我國儀章制式悉遵天朝]"라는 말과는 정반대로 천조의 결정과는 일선을 긋는 것도 결코 꺼리지 않았던 것이다.

덧붙여 말하자면 왕호에서 사호로의 개칭은 실제로 조선조 말기에 이르기까지 실시되지 않았다. 이 전후로 예를 들어 이황은 개정에 반대, 조헌이나 이정귀는 개정을 주장, 신흠은 개정에 반대하는 등 찬부의 양론이 있었다. 그러나 결국 조선에서 '문선왕'이라는 왕호는 그대로 존속되었다.[146]

4

⑥ 윤근수 「문묘종사의(文廟宗祀議)」 선조34년 경

앞의 선조34년(만력29년) 1월 24일의 명령에 따라 만세덕이 요청한 설선 · 호거인 · 진헌장 · 왕수인 사현의 문묘종사 문제는 대신의 의론에 부쳐져 신중하게 검토하도록 결정되었다. 윤근수의 「문묘종사의」[147]는 이때의 검토 내용을 오늘날 전하는 자료 중 하나이다.[148] 윤근수는 당시 의정부 좌찬성(종1품)의 요직에 있던 인물이다.[149]

이와 관련하여 윤근수에게는 육왕학의 시비를 둘러싸고 중국의 육광조(陸光祖)와 논쟁한 내용을 기록한 「주육논란(朱陸論難)」이라는 저술이 있다(『월정선생별집』 권1, 명종21년, 1566). 「주육논란」은 중국 · 조선 양국 인사 간의 주육논쟁 · 주왕논쟁의 자료로서도, 또 조선 인사에 의한 육왕학 비판의 저작으로서도 초기에 속하는 것으로서 주목할 만하다.[150]

---

146 『增補文獻備考』 卷204 學校考 「文廟」「大聖享祀」 조의 주석을 참조.

147 『月汀集』 卷4. 『月汀集』은 『한국문집총간』 47책.

148 윤근수의 「文廟從祀議」에 관해서는 李能和(1936)의 '陸王文廟從祀問題' 절에서 이미 소개하고 있다.

149 『海東名臣錄』 「尹根壽」. "甲午(선조28년)……尋拜左贊成……庚子(선조34년), 知經筵." (『韓國歷代人物傳記集成』 第3冊에 수록, 民昌文化社, 1990).

150 中純夫(2008).

「문묘종사의」 첫머리에는 "신이 듣건대 문묘에 종사하는 여러 현인들을 만경리(萬經理=만세덕)의 자문에 따라 올리고 내릴 것이라 합니다. 신이 그 자세한 내막은 알지 못하나 그래도 보고 들은 것이 있기에 감히 제 의견을 올려 채택을 돕고자 합니다.[臣竊聞, 文廟從祀諸賢, 以萬經理移咨, 將有所陞黜. 臣雖未詳其曲折, 亦有所見聞者矣. 敢陳臆說, 以備採擇]"라는 문장이 있다. 그리고 이어서 가정9년의 예제 개혁에 의해 문묘에서 파출된 공백료(公伯寮)에서 오징(吳澄)에 이르는 13명, 향사(鄕祀)로 강격(降格)된 임방(林放)에서 범녕(范寧)에 이르는 7명, 새롭게 입사(入祀)된 후창(后蒼)에서 호원(胡瑗)에 이르는 5명(이상 『명사』 권50 「禮志」「至聖先師孔子廟祀」 가정9년 조)에 대해 일일이 그 당부(當否)에 대해 논하고 있다. 이 행론(行論)으로 판단해보자면, 만세덕의 요청을 받아들인 조선 측은 가정 연간의 예제개혁에서 문묘의 승출(陞黜) 하나하나에 대해 이를 조선이 답습해야 하는지 심의한 것임을 알 수 있다. 따라서 『조선왕조실록』에 인용된 만세덕의 말에는 언급이 보이지 않으나, 마찬가지로 가정9년에 입사한 육구연의 종사 문제도 왕수인 등과 나란히 검토의 대상이 되었을 것이다. 이하 육왕의 종사 문제를 다룬 부분을 검토한다.

> 또 설간(薛侃)의 의론으로 육구연을 종사에 올렸습니다. 주자와 육구연을 분별하는 것은 대번에 말하기 쉽지 않으나, 우리나라에서는 이미 오로지 주자의 학문을 높이고 있습니다. 주자가 "육자정은 분명 선학이다."라고 하였는데, 지금 육구연을 종사의 반열에 올려 양무(兩廡) 사이에 주자와 나란히 두는 것이 과연 옳은 일인지 모르겠습니다.[151]

151 『月汀集』 卷4 「文廟從祀議」. "又以薛侃之議, 進陸九淵從祀. 朱陸之辨, 雖未易遽言, 而我國既專尙朱子之學. 而朱子謂陸子靜分明是禪, 今乃進陸於從祀之列, 使與朱子竝列於兩廡之間, 未見其可也."

여기에서 앞의 서계나 사정걸의 입론과는 대조적으로 주자학과 육학을 대립적으로 구별하고 어디까지나 주자학을 정통으로 하는 것이 우리 조선의 학문적 입장이라고 한 뒤, 육구연의 문묘종사를 명확히 비판한다.

다음으로 왕수인의 종사 문제를 논하고 있다.

신이 가정 연간 병인년(1566)에 서장관으로 북경에 갔을 때 관례에 따라 국자감에서 성현을 뵈었는데, 지금 기억을 더듬어보면 뚜렷하지는 않지만 당시 명나라의 선유로는 설선만이 종사되었던 듯합니다. 그 후 만력 연간 기축년(1589)에 북경에 가서 성현을 뵈었을 때에는 설선 아래에 추가로 또 호거인 · 진헌장 · 왕수인 세 사람이 있었습니다. 왕수인은 바로 치양지를 주장한 사람입니다. 다른 것은 불문하고 왕수인은 감히 주자를 양주와 묵적에 비유한 인물입니다.[152] 무릇 주자를 존숭하는 자들은 모두 이를 변론하고 그를 물리치기에 겨를이 없어야 할 터인데,[153] 오히려 어떻게 편안히 양무에서 제사를 받도록 한단 말입니까?[154]

---

152 『傳習錄』 中卷 「答羅整菴少宰書」. "孟子闢楊墨, 至於無父無君.……墨子兼愛, 行仁而過耳. 楊子爲我, 行義而過耳. 此其爲說, 亦豈滅理亂常之甚, 而足以眩天下哉. 而其流之弊, 孟子至比於禽獸夷狄, 所謂以學術殺天下後世也. 今世學術之弊, 其謂之學仁而過者乎? 謂之學義而過者乎? 抑謂之學不仁不義而過者乎? 吾不知其於洪水猛獸何如也." 『月汀集』 卷5 「答張翰林維書」. "夫象山譏斥晦庵, 而竝從孔廟兩廡之祀, 議者猶痛水陸之竝列. 至於陽明, 則過象山不啻倍蓰. 其答徐司成書, 至以朱子比之楊墨."

153 揚雄 『法言』 「吾子」. "古者楊墨塞路. 孟子辭而闢之廓如也." 汪榮寶 『法言義疏』는 "說文, 闢, 開也. 按, 闢與塞, 相反爲義. 辭而闢之, 謂著書以開通已塞之路, 卽闡明仁義之道, 是也. 後人習用此文者, 皆以辭闢爲闢楊墨, 因而有闢佛老闢邪說等語."라고 하여 '闢'을 '물리치다'의 의미로 해석하는 것은 誤讀이라 보고 있다. 그러나 윤근수는 분명 '물리치다'의 의미로 사용하고 있다.

154 『月汀集』 卷4 「文廟從祀議」. "臣於嘉靖丙寅, 以書狀赴京時, 隨例拜聖於國子監而見之, 到今追記, 雖未瑩然, 而其時本朝先儒, 似只是薛瑄從祀. 其後萬曆己丑年, 赴京拜聖, 則薛瑄之下追入者, 又有胡居仁陳獻章王守仁三人. 王守仁則卽所謂致良知之學者也. 不論其他, 守仁敢以朱子比楊墨. 凡尊崇朱子者, 所當辭而闢之之不暇, 尙安忍使其晏然於兩廡之祀乎?"

윤근수는 그의 생애에서 네 번, 연행사로서 부연(赴燕)하였다.

① 명종21년(가정45년, 1566, 30세) 성절사 서장관(聖節使書狀官)

② 선조6년(만력원년, 1573, 37세) 주청사 부사(奏請使副使)

③ 선조22년(만력17년, 1589, 53세) 성절사 겸 주청사 정사(聖節使兼奏請使正使)

④ 선조27년(만력22년, 1594, 58세) 주청사 정사(奏請使正使)

위 문장에서 언급하고 있는 것은 1회째와 3회째의 부연이다. 설선의 문묘종사 결정은 융경5년 9월, 그리고 다른 3명의 종사 결정은 만력12년 11월이다. 따라서 명유(明儒)로서 문묘에 종사된 것은 설선뿐이었다는 것은 1회째가 아닌 2회째의 부연에 관한 기억이어야 하나, 세 번째 부연할 때 새롭게 3명이 종사된 것을 보았다는 것은 틀림없는 사실일 것이다. 그리고 앞선 육구연의 경우와 마찬가지로 여기에서도 주자학에 배치되는 양명학은 전면 부정되어 그 문묘종사도 도저히 용인할 수 없는 사항이었던 것이다.

문장은 더 계속되나 번잡함을 피하기 위해 요점만을 정리하는 데 그치도록 한다.[155]

---

155 『月汀集』 卷4 「文廟從祀議」. "(1) 臣又聞議守仁從祀之時, 南北異議. 北方則皆主不可祀之論. 南方則皆力言可祀. 南論人多而盛. 雖其論遂行, 初非天下公共之論. (2) 臣又聞卽今江西人徐卽登, 翰林出身, 而提學于福建, 講學武夷山紫陽書院, 力排陸九淵主陽明異端之學, 名振中外. 凡於福建浙江學宮屛風, 卽▩輒以大字書王守仁之過失曰, 以虐政殺民, 以寶貨殺子孫, 以學術殺天下後世.……王守仁從祀, 蓋出於萬曆以後, 雖未及載於會典, 旣曰陞黜當從天朝, 則此亦未可異同. 而倡言力詆者又有如徐卽登者, 則又未可謂天下公共之論也. 其可苟然而從之乎? (3) 臣之妄意, 我國文廟從祀典式, 姑依我國之舊, 以待後日之公論, 似或無妨. 試以吳澄祀黜一事言之, 澄之從祀, 在於正統. 而我國不之知. 其黜在於嘉靖, 而我國今始知. 凡嘉靖以後從祀陞黜, 未允於人心者. 豈無後日之公論而或有改之, 如吳澄之陞黜者乎? 此尤可待公論之定, 而未可一一遽從者也."

(1) 왕수인의 문묘종사 결정 때 남북으로 견해가 갈렸다[南北異議]. 북방은 종사를 불가하다 하였고, 남방은 종사를 강하게 주장하였다. 결국 남론(南論)이 다수를 점하였으므로 종사가 결정되었으나, 그렇다고 해서 이것이 천하공공의 의론은 아니었다.

(2) 강서 사람 서즉등(徐卽登)은 복건제학(福建提學) 시절에 무이산(武夷山) 자양서원(紫陽書院)에서 강학하여 육왕 이단의 학문을 배척하는 데 힘썼다. 복건이나 절강의 학궁(學宮)의 병풍(屛風)에는 "학정으로 백성을 죽였다.[以虐政殺民]", "학술로 천하후세를 죽였다.[以學術殺天下後世]" 등 왕수인의 과실을 대서특필하였다. 서즉등과 같은 인물도 존재하는 이상, 종사 결정의 결론은 역시 천하공공의 의론이 되기는 어렵다.[156]

(3) 우리나라 문묘의 사전(祀典)은 당분간 우리나라의 옛 법을 따르고 공론이 정해지기를 기다린 후에 고치더라도 늦지 않다. 중국에서 개정할 때마다 하나하나 따를 필요는 없다. 오징과 같이 일찍이 종사를 인정받은 후에 파출된 예도 있다.

결국 왕수인의 문묘종사를 결정한 중조(中朝)의 판단은 천하공공의 의론에 근거한 것으로 보기는 어려우므로, 갑자기 이를 따라 우리 문묘의 사전을 개정해서는 안 된다는 것이 윤근수의 입장이다. 이렇게 윤근수는 주자학을 유일 절대의 규범으로 삼는 입장에서 육왕학을 비판하였고, 중국의 육왕 문묘종사 결정은 의거할 만한 것이 아니라고 판단하였다.

---

156 徐卽登(1545~1626)은 江西 豊城 사람으로 李材(호 見羅)의 門下이다. 雍正『江西通志』卷69「徐卽登」또는 다음의 자료도 참조. 『月汀集』卷5「答張翰林維書」. "後有徐卽登, 提學福建. 於每邑孔廟, 大書陽明之罪曰, 以學術誤天下後世云云. 大槪其意如此, 未能記其全文. 其議從杞也, 南人皆右陽明, 北人皆斥陽明. 而南論特盛, 強以陽明從祀, 而非一世公論也. 至今士論痛恨者多. 總之, 陽明旣立異於朱子, 則後學當法伊川所謂佛氏之言當如淫聲美色以遠之之云. 而不可以喜其新異之說而陷溺其中也."

5

또 위의 (1)~(3) 윤근수의 견해와 관련하여 두 가지 부언해둘 것이 있다. 우선 오징(吳澄)은 선덕(宣德) 10년(영종 즉위년, 1435)에 공자묘에 종사되었고,[157] 가정9년에 파출되었다. 윤근수는 「문묘종사의」에서 가정 연간의 예제 개혁에서 문묘의 승출(陞黜)에 대해 그 당부(當否)를 일일이 검증하면서, 오징에 대해서는 "오징은 함순(咸淳) 연간에 천거되어 송나라의 은혜를 입었는데도 원나라를 섬겼으니 내치는 것이 마땅합니다.[吳澄, 貢擧於咸淳, 受宋之恩而身事胡元, 其黜當矣]"라고 하여, 오로지 오징의 출처진퇴를 가지고서 파출을 당연시하는 판단의 근거로 들고 있다. 그러나 이미 인용한 이충작의 발언 속에서도 '오징의 학문은 육구연을 종주로 삼았다.'고 한 것처럼, 오징은 육학의 계보 속에 위치한 인물이기도 하였다. 그리고 실제로 윤근수는 일찍이 그러한 인식을 가지고 있었다.[158]

오징의 「존덕성도문학재기(尊德性道問學齋記)」에는 자신에게는 일찍이 기송사장(記誦詞章)의 학문에 기우는 경향이 있었으나 만년에 이르러 존덕성(尊德性) 학문의 중요성을 인식하게 되었다는 취지의 술회가 있다.[159] 이 문장은 정민정(程敏政)의 『심경부주(心經附注)』(권4 「尊德性齋銘」 附注) 및 왕수인의 「주자만년정론」 권말에도 수록되어 주육조이만동설(朱陸早異晩同說)이나 주자만년회오설(朱子晩年悔悟說)을 보강 · 방증하는 것으로서 육왕학 진영에서 원용(援用)되었다. 이와 관련하여 이황에게도 오징을 육학

---

157 『明史』 卷10 「英宗前紀」 宣德10년. "夏四月壬戌, 以元學士吳澄從祀孔子廟庭."

158 『月汀先生別集』 卷1 「朱陸論難」 「與光祖問答」. "海內道學, 自朱文公陸象山而後, 分而爲二. 若眞西山許魯齋, 宗朱子. 若吳草廬, 則爲陸氏之學者也. 又以皇朝理學名臣言之, 薛敬軒胡敬齋爲朱子之學, 陳白沙王陽明爲陸氏之學. 今之世, 宗朱子之學歟? 師陸氏之學乎?" 「朱陸論難」은 明宗21년(嘉靖45년, 1566, 30세) 赴燕했을 때 윤근수가 육광조와 나눈 문답의 기록이다.

159 『吳文正集』 卷40 「尊德性道問學齋記」. "澄也, 鑽研於文義, 毫分縷析, 每猶以陳爲未精, 饒爲未密也. 墮此科臼之中, 垂四十年而始覺其非.……自今以往, 一日之內, 子而亥, 一月之內, 朔而晦, 一歲之內, 春而冬, 常見吾德性之昭昭如天之運轉, 如日月之往來, 不使有須臾之斷間, 則於尊之之道, 殆庶幾乎."

의 무리로 판단하는 발언이 남아 있다.[160]

오징이 문묘에서 파출된 것은 이민족 정복 왕조를 섬긴 그의 출처진퇴상의 문제와 더불어 육왕학의 계보에 오른 그의 학술에도 큰 문제가 있었기 때문이라는 인식에서, 윤근수는 성균관 문묘에서의 왕수인 종사에 단호하게 반대를 주장한 것이다.

다음으로 왕수인의 문묘종사를 결정할 때 남북으로 견해가 나뉘었다는 문제에 대해서 "북방은 종사를 불가하다 하였고, 남방은 종사를 강하게 주장하였다."라는 말은 종사의 가부를 둘러싸고 지역 간의 대립구도가 존재하였음을 나타낸다. 이러한 인식은 실제로 종사 결정(만력12년) 이전에도 이미 존재하였다.

만력2년, 성절사 서장관으로서 부연(赴燕)한 허봉(許篈)은 국자감에서 양수중(楊守中, 應天府 高淳縣 사람, 호 致菴)이라는 인물과 문답을 주고받았다. "양명학은 위학(僞學)이다."라는 양수중에게 허봉이 "그렇다면 대체 어째서 지금 중국에는 왕수인을 존숭하는 자가 많고, 문묘에 종사해야 한다고 주장하는 자마저 있는 것인가?"라고 묻자, 양수중은 "이는 천하의 통론(通論)이 아니다. 남인은 모두 양명을 존숭하고 있으나 북인은 이를 배척하고 있다. 그러므로 종사의 가부도 결착이 나지 않는다."라고 대답하였다.[161]

이를 시험 삼아 검증해보도록 하자. 본장에서 언급된 중국의 왕수인 문묘종사 의론 중, 일단 종사 결정 이전의 찬부(贊否)를 각각 논한 사람들의 출신 지역은 다음과 같다.

---

160 『退溪集』 卷41 「心經後論」. "草廬之爲陸學, 當時已有其議, 後世公論, 亦多云云."

161 許篈 『荷谷集』「朝天記」 中 萬曆2년 甲戌 8월 20일 辛酉 條. "余問守中曰, 王陽明之學何如? 曰, 陽明單說良知, 正是僞學. 余曰, 然則今日何以推崇陽明者衆, 至欲擧從祀之典乎? 守中及二三監生不記姓名者答曰, 此亦非天下之通論. 南人皆尊陽明, 而北人則排斥之. 故從祀之議, 今尙未定也." 張崑將(2011), 제4장 참조. 그리고 허봉의 「朝天記」에 관한 상세한 연구로 夫馬進(1990)이 있다.

【종사 반대론자】

⑤ 조사성(山西 樂平) ⑧ 석가(河南 汝寧所)

【종사 찬성론자】

① 경정향(湖北 麻城) ② 위시량(江西 南昌) ③ 종홍섬(浙江 嘉興) ④ 서식(南直隷 常熟) ⑥ 사정걸(江西 新建) ⑨ 조참로(浙江 鄞) ⑩ 추덕함(江西 安福) ⑪ 소름(江西 萬安)

이렇게 통람해보면 확실히 종사를 반대하는 2명은 모두 강북 출신, 찬성하는 8명은 전원이 강남 출신이다.

다음으로 『국각(國榷)』 만력12년 11월 경인(庚寅) 조에 기록된 찬부 논자들에 대해서도 마찬가지로 그 출신지를 확인해보겠다. 여기에서 말하는 종사 찬성론자란, 왕수인의 문묘종사를 주장한 (3) (6) (7) (9) 총 15명에 문묘종사를 상청한 첨사강, 종사 결정의 판단을 내린 신시행을 더하여 17명이다.

【종사 반대론자】 4명

심리(沈鯉, 河南 歸德), 석성(石星, 北直隷 東明), 구순(丘橓, 山東 諸城), 왕가병(王家屏, 山西 山陰)

【종사 찬성론자】 17명

예광천(倪光薦, 北直隷 順天府 平谷), 진우문(陳偶文, 山西 安邑) [이상 2명은 강북]

서화(舒化, 江西 臨川), 조금(趙錦, 浙江 餘姚), 진찬(陳瓚, 南直隷 常熟), 증동형(曾同亨, 江西 吉水), 하원(何源, 江西 廣昌), 오중행(吳中行, 南直隷 武進), 제세신(齊世臣, 江西 南昌), 유문위(喩文煒, 江西 南昌), 공일청(龔一淸, 浙江 義烏), 주자의(周子義, 南直隷 無錫), 진우폐(陳于陛, 四川 南充), 나응학

(羅應鶴, 南直隸 歙), 고문(顧問, 湖廣 咸寧), 첨사강(詹事講, 江西 樂安), 신시행(申時行, 南直隸 吳) [이상 15명은 강남]

이에 따르면 종사를 분명히 반대한 인물로 언급되고 있는 4명은 전원 강북 출신, 그리고 종사를 주장한 17명 중 15명이 강남 출신이다.

이상 간략한 검증으로부터도 왕수인 문묘종사에 관하여 강북 출신은 대개 반대, 강남 출신은 대개 찬성이라는 현저한 경향이 존재했던 것은 이미 분명하며, 양수중이나 윤근수가 남긴 기술은 이 문제에 관한 당시의 정확한 정보를 오늘날 전해주고 있는 것이라 할 수 있다.

이는 단순한 우연이 아니니라 "북방에서 왕씨의 학문을 하는 자가 유독 적었다.[北方之爲王氏學者獨少]"(『明儒學案』 권29 「北方王門學案」)라고 황종희가 말한 것처럼 양명후학이 절강 · 강서 · 남직예(江蘇 · 安徽)를 중심으로 한 강남 지역을 그 주된 지반으로 삼았던 것과 무관하지 않다. 『명유학안』의 주된 지역마다 왕문입전(王門立傳) 정황을 살펴보면 다음과 같다.

「절중왕문학안(浙中王門學案)」(권11~15, 18명), 「강우왕문학안(江右王門學案)」(권15~24, 27명), 「남중왕문학안(南中王門學案)」(권25~27, 10명), 「초중왕문학안(楚中王門學案)」(권28, 2명), 「북방왕문학안(北方王門學案)」(권29, 7명), 「월문왕문학안(粵閩王門學案)」(권30, 2명), 「태주학안(泰州學案)」(권31~36, 18명)

왕수인은 절강 여요(餘姚) 사람으로, 왕기(浙江 山陰) · 추수익(江西 安福) · 나홍선(江西 吉水) 등 왕문 후학에 의학 강학 활동도 역시 절강 · 강서 · 남직예를 중심으로 전개되었다.[162]

이상 육왕의 문묘종사 문제를 둘러싼 조선왕조의 의론을 개관하였다. "우리나라의 의장과 제식은 모두 천조를 따른다.[我國儀章制式悉遵天朝]"

---

162 中純夫(1997), 呂妙芬(2003, 특히 附錄 I '陽明講會資料'), 吳震(2003).

(『조선왕조실록』 선조34년 1월 24일, Ⅲ ⑤c)라는 말에 단적으로 나타나듯이 사대모화는 조선조의 국시(國是)이자 기본정책이었다. 주자학에 대한 절대적 존숭의 태도도 실은 이 사대모화 정신의 충실한 실천임에 틀림없다. 그리고 주자학의 절대적 권위가 한번 확립되자 그 권위를 조금이라도 위협하는 것은 설령 천조의 현행 제도라 할지라도 도입·답습을 단호히 거절하는 데 이른 것이다. "중국의 취사가 반드시 다 마땅한 것은 아니다.[中朝取捨, 未必盡當]"(『조선왕조실록』 선조4년 12월 신묘 3일, Ⅲ ①)라면서 육구연의 문묘종사를 '정론이 아니다'라 하였고, 또 왕수인의 문묘종사를 '천하공공의 의론이 아니다'(윤근수 『월정집』 권4 「문묘종사의」 Ⅲ ⑥)라 판단한 것도 전부 그러한 멘탈리티의 소산임에 틀림없다.

Ⅳ. 소결

중국에서 육왕이 문묘에 종사될 수 있었던 가장 큰 배경은 가정 연간에서 만력 연간에 걸쳐 왕수인의 문류(門流)가 일정의 수와 세력을 지키면서 존재하고 있던 점일 것이다. 가정9년 설간이나 융경 초년의 경정향·사정걸·서계 등과 같이 육왕의 문묘종사를 강력하게 주장한 인물, 혹은 스스로는 직접 선두에 서지 않으면서도 배후에서 조종하는 인물의 존재, 말하자면 일정 세력을 가진 지지모체(支持母體)의 존재 없이 종사는 결코 실현되지 못했을 것이다. 해당 시기 중국에는 강남 지역을 중심으로 일정 규모의 양명학파가 존재하였고, 조정에도 직접적인 문류는 아니더라도 양명학 내지 왕수인에 대해 호의적인 감정을 가진 강남 출신의 관료층이 다수 존재하였다. 그러나 조선에는 원래부터 그러한 지지모체가 될 만한 학파문류(學派門流)가 존재하지 않았다.[163]

---

163 정제두에게서 시작된 강화학파는 조선 유일의 양명학파로 볼 수 있을 것이다. 그러나 강화학

이와 함께 주목할 만한 것은 '정통-이단'을 둘러싼 학술관의 문제이다. 주자학을 정통으로 하는 기본 골격에 있어서는 본디 중국도 조선과 마찬가지이다. 중국에서 주자학과 과거제도와의 관련성은 이를 단적으로 나타내주는 것이다. 그리고 이미 보았듯이, 가정 초년에는 양명학에 이학(異學) 금지 명령이 종종 내려졌다. 그러나 이는 순수한 학술적 견지에서의 문교정책(文敎政策)이라기보다는 오히려 그 당시의 정치역학에 따라 이루어진 극히 정치적인 정책 결정이었다. 학문적 평가는 당시 정치상황에 연동되어 크게 진폭(振幅)하였고, 이런 의미에서 학문적 평가는 정치역학으로부터 독립된 하나의 가치기준으로 확립되지 않았다고 평할 수 있겠다. 이를 뒷받침하자면, 중국에서 주자학은 조선의 주자학처럼 반드시 유일한 절대로서 사상계에 군림하는 존재는 아니었다. 황진흥(黃進興)은 만력12년 왕수인의 문묘종사 결정이 '도학다원화(道學多元化)'를 의미하는 것이라 평하고 있다.[164] 이는 가치관의 다원화라고 바꾸어 말해도 좋으며, 조선 근세사회에서 주자학이 절대적 · 일원적 지배를 하고 있었던 상황과는 대조를 이룬다.

한편 조선 근세사회에서 주자학의 독존을 초래한 가장 큰 요인은 물론 중화사상이다. 중화사상이라는 패러다임을 받아들이는 한, 조선은 동이로서의 위상을 수용하지 않을 수 없다. 그리고 지리적으로는 중국대륙의 동단(東端)에 위치하며 민족적으로는 비한민족인 조선이 동이의 모습을 벗어나는 유일한 방도는, 중화문명을 섭취 · 체득하여 스스로 중화세계에 들어가 한 무리가 되는 것이었다. 그리고 중화문명의 정수는 당시의 정통유교인 주자학이며 또 『문공가례』이다. 이렇게 중국을 대중화로, 자신들을 소중화로 규정하는 이른바 소중화사상이 초래되었다.[165] 이러한 중화사상의

파에 속한 인물들 중 양명학의 顯彰을 적극적으로 촉구하려는 운동은 발생하지 않았다.

164 黃進興(1994), 283쪽.

165 조선 근세에 있어 정통과 이단의 문제에 관해서는 三浦國雄(1982)을 참조. 小中華 사상에 대해서는 많은 선행연구가 존재하나, 우선 山内弘一(1997), 山内弘一(2003), 桑野榮治

강고한 주박(呪縛)하에서 형성된 조선 근세 사상사에서는 정통유교인 주자학만을 순수하고도 배타적으로 존숭하는 것이 민족으로서의 긍지를 지키는 것과 불가분의 관계를 맺고 있었으므로, 주자학이 아닌 것에 대한 배제 · 배척이 엄격 · 맹렬해진 것은 이치상 필연적인 것이었다. 그리고 본가(本家)인 중국 이상으로 주자학의 존숭과 이학(異學)의 배제를 실현하고 있다고 인식할 때, 이는 중국에 대한 우월의식을 가져오게 된다.[166] 이처럼 정통과 이단, 주자학과 육왕학을 둘러싼 중국과 조선의 정황 차이의 배경에는 중화사상에서 연원한 민족 문제가 크게 작용하고 있었던 것이다.

육왕 문묘종사의 가부에 대한 중국 · 조선의 입장 차이는 양국의 학술관, 이학관(異學觀), 그리고 이를 둘러싼 여러 정황의 차이를 상징적으로 말해주는 사례라고 할 수 있을 것이다.

(2001), 中純夫(2003)를 참조.

166 『栗谷全書』 卷31 「語錄」 上 279條. “王守仁則以謂朱子之害甚於洪水猛獸之禍. 其學可知. 而中朝至乃從祀於聖廟云. 中朝之學, 可知.”

제11장
경종(景宗) 시기의 정국과 당쟁: 준소 · 완소의 분파 문제

조선시대의 사상을 고찰함에 있어 당파당쟁은 피해갈 수 없는 문제 중 하나일 것이다. 고찰의 대상이 되는 인물이나 학파가 어느 당파에 속해 있는가, 그리고 그 당파가 당시 정국에서 어떠한 위치를 차지하고 있는가에 따라 해당 인물이나 학파를 둘러싼 정황은 때때로 크게 규정되고 좌우되기 때문이다.

주지하다시피 조선시대의 정통교학은 주자학으로, 반주자학의 입장을 취하는 양명학은 조선사회에서도 이단사설로서 배제 · 배척되었다. 예를 들면 정제두는 성균관 좨주의 직임을 맡고 있었던 영조2년(1726), 양명학 신봉을 이유로 탄핵되어 파면을 요구받았다. 그리고 정제두 이후의 강화학파에서 실제 양명학이나 하곡학의 수용 · 전승의 형적은 반드시 현저하지 않다. 여기에서 강화학파의 양명학 신봉 은폐 · 도회(韜晦)나 양주음왕(陽朱陰王)의 태도가 종래부터 종종 지적되어왔다(서장 참조).

강화학파는 소위 사색당파 중에서는 소론에 속한다고 일컬어진다. 가령 강화학파 인물들이 스스로 혹은 사문이나 선조의 양명학 신봉을 은폐 · 도회하고 양주음왕의 태도를 취하였다면, 그 배경으로 주자학을 정통교육으로 하는 조선조의 시대사조 · 사상정황은 물론, 당시 당파당론을 둘러싼 정치정황에도 큰 영향을 받았을 가능성을 생각할 수 있을 것이다. 정제두 탄핵사건의 배경에 대해서도 이러한 요소를 고려할 필요가 있다. 소론은 경종2년(1722), 준소(峻少)와 완소(緩少)로 분파되었다. 영조가 즉위하고 얼마 뒤 준소는 실각한다. 강화학파의 중심을 이루는 전주이씨 덕천군파에서 준소 영수 중 한 사람이었던 이진유를 배출했기 때문에 준소의 실각은 강화학파에도 커다란 타격을 가져왔다. 그러나 강화학파에는 윤순과 같은 완소의 유력인사도 포함되어 있었다. 경종부터 영조에 이르는 시기, 강화학파를 둘러싼 정치상황의 해명은 종래 강화학파 연구에서도 거의 착수되지 않고 있다.

본장에서는 이 문제를 검토해 나가는 기초작업으로 준소와 완소의 분파문제를 중심으로 고찰할 것이다.

Ⅰ. 경종~영조 시기 정치동향의 개관

우선 경종조부터 영조조에 이르는 시기 정치동향의 대략을 개관하고자 한다.[1]

경종원년(1721) 8월, 경종의 배다른 아우인 연잉군(延礽君, 후의 영조)이 왕세제에 책봉되었다. 경종이 장년(당시 34세)이었음에도 불구하고 계사(繼嗣)가 될 만한 자식을 두지 못했던 것이 그 이유이다.

이어 10월 경종은 왕세제 대리청정의 명을 내렸다. 이때 대리청정책을 주도한 것은 노론 사대신(金昌集, 李頤命, 李健命, 趙泰采)을 비롯한 노론파였고, 이에 강하게 반대한 것은 조태구(趙泰耉) · 유봉휘(柳鳳輝) · 이광좌

1 아래의 기술은 주로 조선총독부『朝鮮史』(全 37冊, 原刊 1938, 東京大學出版會覆刻, 1976) 및 武田幸男(1995), 이은순(1988) 등에 의거하였다.

(李光佐) · 최석항(崔錫恒)을 비롯한 소론파였다. 자주 병환에 시달리는 경종을 대신해 왕세제에게 정무를 배우게 하여 장래를 대비하라는 것이 노론의 주장이다. 이에 소론은 "경종은 막 즉위하여 나이도 아직 젊으며, 중병이 아니라 정무에 지장도 없다. 대리청정의 명은 경종의 본심에서 나온 것이 아니다. 대리청정책은 경종을 무시하는 것으로 그 주도자는 경종에 대한 역신(逆臣)임에 틀림없다."라고 주장하였다.

경종의 왕세제 대리청정 명령은 소론 측의 격한 저항에 의해 수일 후 철회되었다. 이는 노론에 의한 왕세제 대리청정책이 완전한 실각으로 끝난 것을 의미한다. 이에 의해 노론은 실권하고 이후 소론이 정권을 주도하게 된다.

경종2년(1722)이 되자 소론에 의한 노론 압박이 격화되었다. 3월에는 노론에 의한 경종 암살 · 왕위 찬탈의 모의가 고발되어 다수의 체포 · 옥사자가 나왔다(남인 睦虎龍의 역모 고변). 그리고 4월부터 11월에 걸쳐 노론 사대신은 모두 사사(賜死)되었다. 이것이 세간에서 말하는 임인옥(壬寅獄) · 신임사화(辛壬士禍) 사건이다(경종원년 辛丑, 경종2년 壬寅).

그런데 이해에 노론 처분에 대한 태도를 둘러싸고 소론이 준소(峻少)와 완소(緩少)로 분파되었다. 준소란 보다 준엄한 처분을 주장하는 일파로, 조태구 · 최석항 · 이태좌 · 이광좌 등이 그 주요 인물이다. 또 목호룡의 고변(告變)은 임인옥의 발단이 된 사건이었는데, 이는 준소파 김일경(金一鏡)의 사주에 의한 것이었다고 한다.

경종4년(1724) 8월, 경종이 서거하고 왕세제 연잉군이 영조로 즉위하자 정국은 크게 전환한다. 연잉군의 왕세제 책립이나 대리청정책을 주도했던 것은 노론으로, 왕세제가 영조로 즉위한 이상 영조 추대의 공적은 당연히 노론에 돌아가게 된다. 실제 영조원년(1725)에는 민진원(閔鎭遠) · 정호(鄭澔) · 이관명(李觀命) 등 노론이 대신으로 등용된다. 한편으로 영조는 즉위 당초부터 이른바 탕평책(不偏不黨의 입장에 따른 정치운영)을 지향하고 있었다. 그러나 노론 대신들이 탕평책에 대해 비협조적이자 순차적으로 대신의 직임을 해임해간다(영조2년~3년). 게다가 영조3년 정미년(1727)에는 탕평책에 협력적인 소론 완소파를 등용하고 노론파 관료를 대거 파출하였다(정미환국). 그리고 이듬해 영조4년(1728)에 일어난 이인좌의 난 진압 후에는 노소 두 파에서 대신을 등용하여 탕평책이 궤도에 오르게 된다.

다만 노론 사대신에 대한 충역(忠逆)의 평가에 있어 영조의 기본적 입장은 노론 쪽이었다. 이는 영조17년(1741) 임인옥을 무고(誣告)로 보는 『어제대훈(御製大訓)』이 작성된 것과 영조31년(1755) 『어제대훈』의 취지를 다시 부연한 『천의소감(闡義昭鑑)』이 편찬된 것 등의 사실이 단적으로 말해준다.

Ⅱ. 신임사화(辛壬士禍)

이상이 경종부터 영조에 이르는 정치동향의 개략이다. 이제 소론에서 분파 문제를 중심으로 개개의 사실 경과를 다시 정리해보고자 한다. 사실 경과를 기술할 때 연월일을 기록하는 경우 이는 별다른 설명이 없는 한 『조선왕조실록』에 근거하며, 이로써 전거 게재를 대신하고자 한다.

그런데 경종조의 『조선왕조실록』에는 『경종실록』(영조8년, 1732년 완성)과 『경종수정실록』(정조5년 1781년 완성)의 두 종류가 존재한다. 전자는 소론 완소파에 의해, 후자는 노론파에 의해 각기 편찬된 것이다. 그리고 그 기술이나 논조는 특히 사신(史臣)에 의한 논찬 부분에 현저하게 보이듯 각자의 당론을 많이 반영하고 있다. 그러나 필자의 조사에 의하면 기본적인 사실 경과에 관련된 기술이나 연월일에 있어서 크게 다른 것은 없다. 이하 경종조의 사실 경과에 관계된 연월일을 기재할 때에는 기본적으로 『경종실록』을 따르는 것으로 하며, 필요에 따라 『경종수정실록』과의 동이(同異)를 언급하도록 하겠다.

1. 연잉군의 왕세제 책립(경종원년 8~9월)

경종원년 8월 20일, 정언(正言) 이정소(李廷熽)가 건저(建儲=儲嗣의 책립)를 요구하는 상소를 올렸다. 이에 영의정 김창집 · 좌의정 이건명 · 판중추부사 조태채(모두 노론)가 찬동하였고, 이렇게 경종의 배다른 아우 연잉군을 저사(儲嗣, 왕세제)로 삼는 것이 결정되었다. 8월 23일 행사직(行司直) 유봉휘(소론)가 상소를 올려 왕세제 책립에 반대한다. 김창집, 이건명 등은 유봉휘의 행위를 '부도(不道)'라 하여 국문(鞠問)에 처하도록 요청하였고 경종도 이를 허락하였다. 그러나 국문 처분은 다음 날인 8월 24일 우의정 조태구(소론)의 요청에 의해 철회되었다. 9월 26일 왕세제 및 왕세제빈 책봉의 예가 거행되었다.

2. 왕세제 대리청정의 결정과 철회(경종원년 10월)

(a) 사실 경과

10월 10일, 집의(執義) 조성복(趙聖復)이 상소를 올려 왕세제의 대리청정을 청하였다. 경종은 비망기(備忘記)를 내려 국정을 왕세제의 재단에 맡길 것을 명한다. 이에 대해 승지 이기익(李箕翊), 좌참찬 최석항 등은 재삼에 걸쳐 이미 내려진 왕명의 철회를 청하였고, 왕세제도 사퇴를 청하였으므로 대리청정의 명령은 일단 철회되었다. 11일, 호조 참판 조태억은 조성복의 발언을 '무군부도(無君不道)'라 하여 유배 보낼 것을 청하였고, 12일에는 조성복에게 진도군(珍島郡, 전라도) 안치(安置)의 명이 내려진다.

13일, 경종은 비망록을 내려 다시 왕세제 대리청정을 명한다. 대신(大臣) 이하는 경종에게 성명(成命)의 환수를 청하였으나 경종은 이를 따르지 않았다. 14일, 김창집 등은 백관을 거느리고 성명환수를 정청(庭請)하였으나 왕은 허락하지 않았다. 이 백관정청은 16일까지 3일 연속 거행되었다.

16일, 비망기에 따라 대리청정을 거행하라는 명이 내려졌다. 대신은 백관을 거느리고 상청하였으나 역시 들어주지 않았다. 이에 이르러 노론 사대신은 신하들을 모아, 경종의 뜻을 바꾸기는 이미 곤란하니 정청은 중지해야 한다고 하였다. 여러 신하들은 이를 따랐으나 좌참찬 최석항과 사직(司直) 이광좌(모두 소론) 등 몇 사람은 이에 반대하였다.

17일, 노론 사대신은 연명상차(聯名上箚)하여 정유절목(丁酉節目)에 준거해 대리청정을 거행하도록 요청한다(정유절목에 대해서는 후술). 이 차자(箚子)를 계기로 백관 정청은 종료되었다. 이어 조태구가 성안으로 달려가 경종을 알현한다. 조태구의 입성(入城) 목적은 물론 간쟁하여 성명환수를 단호히 요청하는 것이었다. 한편 연차를 마친 사대신 중, 김창집 · 이이명 · 이건명은 비국(備局)에서 때마침 대리청정 거행을 위한 절목 내용을 협의 중이었다. 그들은 조태구의 입성(入城) · 입대(入對) 보고를 접하고 크게 놀라 여러 신하들과 함께 급히 입대하였다. 조태구는 죽음을 각오하고 왕이 생각을 바꾸기를 촉구하며 이를 들어줄 때까지 한 발자국도 물러서지 않겠다는 결의를 말하여 경종을 압박하였다. 김창집 등도 먼저 연차(聯箚)를 올리게 된 불가피한 사정을 말한 뒤 간쟁을 관철할 수 없었음을 사죄하고 다시 성명환수를 청했으므로 경종은 이를 허락하였다. 이리하여 왕세제 대리청정의 명은 완전히 철회되는 데 이른다.

노론 사대신이 하루 안에 '백관정청→연차→성명환수 요청'처럼 태도를 바꾼 것은(모두 10월 17일) '삼변(三變)'으로 칭해져 나중에 물의를 빚게 된다.

(b) 왕세제 대리청정을 둘러싼 노론 · 소론의 입장

왕세제 대리청정이라는 사안은 조성복의 상소에서 발단한다. 상소의 취지는 경종이 정령(政令)을 내리고 안건을 재결할 때, 왕세제를 곁에 두어 보고 듣게 하고 또 가부(可否)의 상담에도 참여시켜 여러 정무에 습숙(習熟) · 통효(通曉)하게 함으로써 훗날 즉위에 대비해야 한다는 것이었다. 『조선왕조실록』은 이 조성복의 상소를 김창집 · 이건명 등 노론 대신의 사주에 의한 것으로 판단하고 있다.[2]

대리청정의 명이 내려진 이후 김창집 등도 일관적으로 성명환수를 요청하여 대리청정 반대의 입장을 취하였다. 그리고 10월 16일 백관의 정청(庭請) 중지 제안, 17일 연차(聯箚)에서의 대리청정 요청도 모두 표면상 경종의 성명환수는 이미 곤란한 상황에서 어쩔 수 없이 내려진 결단이었다. 연차에는 대리청정의 명이 경종 본의에 근거한 이상, 신하로서 더 이상 거부해서는 안 된다는 심정이 서술되어 있다.[3] 그러나 영조조에 들어가 노론의 당론이 우세를 점하자 대리청정책이 타당한 것이었다는 평가가 정착된다. 이 사실로부터도 대리청정책은 당초 노론이 계획한 바였다고 판단되는 것이다.

경종은 병을 이유로 들어 대리청정은 자신의 본의라고 말하였다. "내게 10여 년 전부터 기질(奇疾)이 있었다. 최근에는 병세가 더욱 심해져 정무도 자주 멈추게 되었다. 정유년에도 대리청정의 전례는 있다. 대리청정을 통해 국사를 왕세제에게 위탁한다면 나도 안심하고 요양할 수 있다."(10월 10일), "나의 병환은 더욱 심해져 회복할 여지가 없다. 서둘러 저사(儲嗣)를 정한 것도 대리청정을 기한 것이었다. 대리청정의 명은 내 본의에 의한 것으로 대관(臺官, 집의 조성복)의 상소에 촉구받은 것이 아니다."(10월 13일).

정유년의 전례란 숙종43년 정유(1717)에 결정한 왕세자에 의한 대리청정책을 가리킨다. 당시 숙종은 시력감퇴를 이유로 왕세자(후의 경종)에 의한 대리청정 의지를 나타냈고, 여러 신하들의 찬동을 얻어 대리청정책이

---

2 『朝鮮王朝實錄』 경종원년 10월 10일 丁卯. "時, 昌集健命等, 欲上之釋務, 嗾聖復上疏, 以嘗試之."

3 『朝鮮王朝實錄』 경종원년 10월 17일 甲戌. "況此聖敎, 出於至誠惻怛, 爲殿下臣子者, 亦安敢以輕遽爲拘, 一倂違拒, 以傷我殿下之心哉? 伏乞聖明, 亟命有司, 只依丁酉節目, 稟旨擧行."

결정되었다(7월 19일). 그 후 청정절목(聽政節目)이 반포되어(7월 28일) 왕세자에 의한 대리청정이 거행되는 데 이른다(8월 1일).

청정절목이란, 인사 · 군사 · 형벌 등 중요한 정무는 국왕 친정, 다른 서무(庶務)는 왕세자가 대행한다는 청정의 기본방침부터 왕세자가 청정을 행하는 장소, 제신(諸臣)과 왕세자 사이의 배례(拜禮)와 답례 방식 등에 이르기까지 대리청정의 거행 전반에 관계된 여러 규정의 세목(細目)을 정한 것이다.[4]

한편 소론은 대리청정책에 일관적으로 반대의 입장을 취하였다. 이기익 "경종은 즉위한 지 겨우 1년이며 아직 장년(壯年)으로, 병도 없고 정무에 막힘도 없다."(10월 10일), 최석항의 "대리청정은 예로부터 국왕이 고령으로 오래도록 재위하고 병도 위독한 경우에만 부득이하게 거행되어왔다. 경종은 장년인 데다가 재위한 지 1년도 안 되었고 현저한 병증도 없다."(10월 10일), 권규(權珪)의 "경종은 병환도 없고 대리청정이 경종의 본의가 아님은 신민(臣民) 모두가 알고 있다."(10월 15일)등이 그 예이다.

대리청정책의 시비를 평가함에 있어 당시 경종에게 정무에 지장을 초래할 정도의 심한 병증이 실제로 존재했는지가 결정적으로 중요한 논점 중 하나일 것이다. 그리고 이 점에 대해서는 위에서 서술하였듯이 경종 자신의 발언과 소론 측의 주장 사이에 현격한 차이가 존재한다. 그러나 경종이 죽고 영조가 즉위한 뒤 『경종실록』 편찬 단계가 되자, 소론 측도 경종의 병환이 심각했던 것과 정무상의 지장을 인정하는 데 이르고 있다.[5] 그리고 실제 경종은 즉위한 지 4년 만에 서거하였다. 그러고 보면 경종의 병세가 위중했음은 역시 사실로 인정되어야 할 것이다.

---

4 『朝鮮王朝實錄』 숙종43년 9월 1일 壬午.

5 『朝鮮王朝實錄』 경종원년 10월 17일 甲戌. "史臣曰, 上自卽位以來, 心恙倍劇, 對群臣言語, 或有顚錯, 臨萬機酬應, 多不照管, 宗社之憂, 誠有凜凜者. 此聖復之疏, 四相之箚所以藉口者也."

(c) 경종과 노론: 희빈(禧嬪) 장씨(張氏)의 사사(賜死)

노론에 의한 왕세제 대리청정책 주도 배경을 이해하기 위해서는 경종의 생모인 희빈 장씨의 사사 문제에까지 거슬러 올라가 고찰할 필요가 있다.[6]

숙종6년(1680), 서인은 남인의 영수 허적(許積) 등을 타도하고 정권을 장악하였다(경신환국). 이듬해에는 서인의 중진인 민유중(閔維重)의 딸을 왕비로 책립한다(인현왕후 민씨, 7년 5월 2일). 그 후 서인은 남인에 대한 처벌의 완급(緩急)을 둘러싸고 노론과 소론으로 분당(分黨)한다.[7]

숙종15년(己巳) 서인이 실각하고 남인이 정권을 장악하였다(기사환국). 전년인 14년 10월, 왕이 총애하던 소의(昭儀) 장씨(張氏)가 아들(후의 경종)을 출산하였다. 일찍이 왕후 민씨와의 사이에 자식이 없었던 숙종은 장씨 소생의 명호(名號)를 원자(元子)로 정하려 했다. 그러나 서인이 이에 강하게 반발하여 숙종의 노여움을 사 서인은 실각하고 남인이 정권을 탈환하는 데 이른다. 그 후 소의 장씨를 희빈으로 삼고(15년 1월 15일), 인현왕후 민씨를 폐출(15년 5월 2일), 원자(장씨 소생)를 왕세자로 책립(16년 6월 16일, 당시 3세), 이어서 희빈 장씨를 왕비로 책립하였다(16년 10월 22일).

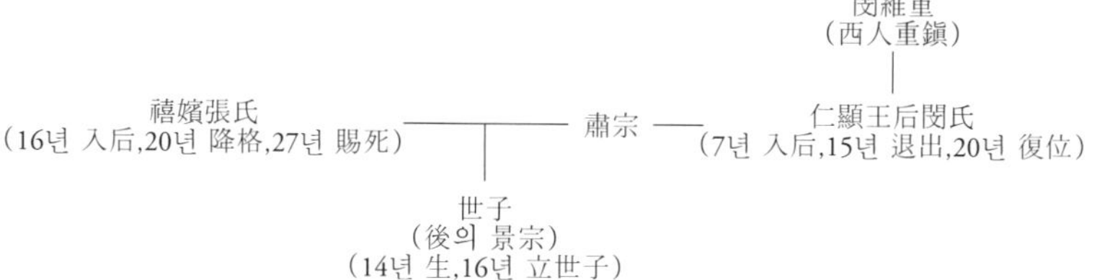

숙종20년(甲戌), 남인이 실각하고 서인이 정권을 탈환하였다(갑술환국). 이 서인정권하에서 전에 폐출된 인현왕후는 복위되고, 인현왕후를 대신하

---

6 이은순(1988), 69~74쪽 참조.

7 『朝鮮王朝實錄』 숙종9년 4월 17일 己丑.

여 한때 왕비가 되었던 장씨는 원래의 희빈으로 강격(降格)되었다(20년 4월 12일).

한편 갑술환국에 의해 정권을 장악한 서인은 다시 노소의 당쟁을 계속하며 서로 반목하고 있었는데, 당시 당론의 최대 대립점은 희빈 장씨 처벌의 시비를 둘러싼 문제였다. 노론은 희빈 장씨가 인현왕후를 저주하고 모해했으므로 역률(逆律)에 따라 죽음을 내려야 한다고 주장하였으나, 소론은 세자를 보호하기 위해 희빈 장씨의 죄를 관용(寬容)해야 한다고 주장하였다.[8] 그리고 최종적으로 장씨는 사사되었다(27년 10월 8일).

이렇게 인현왕후 민씨와 희빈 장씨 두 여인은 서인과 남인에 의한 당쟁과 정국의 격변과 함께 운명이 계속 번롱(翻弄)되었다. 무엇보다도 희빈 장씨의 비명의 죽음은 당시 14세 소년이었던 세자(후의 경종)의 가슴에 끝내 지워지지 않는 통한의 상처를 새기게 된다.

희빈 장씨의 처벌에 관한 노론의 입장은 친자식인 세자의 심정을 전혀 고려하지 않은 채 왕후 민씨에 대한 충역(忠逆)의 원리만을 기준으로 하여 사사를 주장한 충역론(忠逆論)이고, 소론의 입장은 세자를 보호하기 위해서라도 장씨를 조명(助命)해야 한다고 주장하는 의리론(義理論)이었다.[9] 노론과 소론 간에 이러한 입장 차이가 있었다면, 세자에게 있어 노론은 생모를 사지에 몰아넣은 원수이자 깊은 원망과 증오의 대상이었을 것이다. 반대로 노론에게 있어서 세자, 즉위 후의 경종은 자신들에게 깊은 원망을 품고 있는 성가신 존재였을 것이다. "노론에게 있어 경종은 등에 박힌 가시와 같은 존재였으므로[背芒], 노론은 경종에 대해 아마 도마 위의 고기[俎

8 이은순(1988), 72쪽.

9 소론이 왕세자(春宮)의 보안을 주된 이유로 하여 숙종에게 희빈 장씨의 관대한 처분을 바란 것에 대해서는 영의정 최석정(27년 9월 28일, 10월 1일), 우의정 申玩(10월 3일) 등의 사례를 확인할 수 있다. 한편 노론 측에 관해서는 모두 事後(賜死된 후)의 자료이지만, 희빈 장씨에 대한 처분이 타당함을 주장하는 유생 朴奎瑞의 상소(27년 10월 12일), 희빈 장씨에 대한 관대한 처분을 주장한 소론 남구만 · 최석정을 비판하는 金普澤의 상소(29년 5월 2일) 등을 들 수 있겠다. 성낙훈(1965), 349~350쪽, 이은순(1988), 72쪽.

肉]처럼 언제 토막나도 이상할 것 없는 공포심을 안고 있었다."라고 평한 것은 이러한 배경에 근거한 것인 듯하다.[10]

희빈 장씨 사사에 대한 이와 같은 경위에 근거해보면, 경종 즉위 원년 노론이 서둘러 왕세제 대리청정책을 주도한 배경에는 등에 박힌 가시를 제거하고 도마 위로부터 빨리 달아나고자 하는 노론 측의 심정 및 속셈이 그 기조를 이루고 있었다고 보는 것도 가능할 것이다.[11]

3. 김일경(金一鏡) 등에 의한 노론 사대신의 탄핵(경종원년 12월)

(a) 왕세제 대리청정의 왕명이 철회된 것으로부터 정국은 급변한다. 대리청정책에 시종일관 반대해온 소론은, 대리청정책을 계획 · 주도한 노론에 대하여 규탄 · 공격을 개시하였다. 이후 경종 말년에 이르기까지 노론은 완전히 실각하고 소론이 정국을 주도하게 된다. 그 직접적 계기가 되었던 것은 김일경 등에 의한 조성복 및 노론 사대신에 대한 탄핵이었다.

12월 6일, 김일경 및 박필몽 · 이명의 · 이진유 · 윤성시 · 정해 · 서종하 6명이 상소를 올려 조성복 및 사흉(四凶=노론 사대신)의 처단을 청하였고 이 상소는 경종에 의해 가납된다. 이에 김창집 등은 성 밖으로 나와 죄를 기다리게 되었다.

---

10 『朝鮮王朝實錄』 경종원년 10월 17일 甲戌. '史臣曰' 條.

11 경종원년 당시, 소론은 경종 重病說을 부정하고서 대리청정책 그 자체에 반대했으나, 영조 즉위 후 실록 편찬 단계가 되자 경종의 병의 심각함과 정무상의 지장을 인정하게 된다. 그리고 노론 비판의 논점도, 그들이 대리청정책 추진의 입장을 취한 것 자체를 논란하는 것이 아니라 오히려 그 입장을 일관성 없이 번복한 것(소위 '三變')을 들어 대리청정을 주장한 동기에 불순함이 있었던 것이 三變으로 드러나게 되었다고 판단, 그러한 문맥에서 '背芒', '俎肉' 등을 운운하며 지적하고 있다. 이상 『朝鮮王朝實錄』 경종원년 10월 17일 甲戌 '史臣曰' 條. 한편 『景宗修正實錄』 경종원년 10월 17일 甲戌 '史臣曰' 조에는, 이 『實錄』 사신의 견해(소론의 견해)를 전면 부정하여 '三變'은 오히려 그 일관된 충절을 나타내는 것이라며 반론하고 있다. 뒤의 12장을 참조할 것.

12월 12일, 이진유 · 이명의 · 박필몽 · 서종하는 노론 사대신을 절해고도(絶海孤島)에 위리안치 시켜야 함(이건명에 대해서는 중국에서 귀국 후에 같은 처벌을 내릴 것)[12]을 청하였고 경종은 이에 따른다. 그 결과 김창집은 거제부(巨濟府, 경상도), 이이명은 남해현(南海縣, 경상도), 조태채는 진도군(珍島郡, 전라도)에 각각 안치된다.

(b) 김일경 등이 조성복 및 사흉(四凶)의 처벌을 청한 12월 6일의 상소 내용은 대략 다음과 같다.[13]

① 군신의 의리는 삼강오륜 중에서도 가장 중하다. 이를 거스르는 자는 역신(逆臣)으로 반드시 주살해야 한다.

② 대리청정의 명은 신하 된 자라면 설령 오랜 세월이 지난다 할지라도 성명(成命)이 환수될 때까지 계속 간청해야 한다. 그런데 사흉은 백관과 함께 성명환수를 요구하는 정청(庭請)을 행하여 형식적으로 신하로서의 책임을 다하고는 겨우 3일째에 정청을 중지하고 연차(聯箚)하여 대리청정의 거행을 청하였다. 이는 신하 된 자의 마음에 싹트고 입에서 말할 일이 아니다.

③ 대리청정이란 군주가 즉위하고 수십 년이 지나서 만년에 이르러 병석에 누워있을 경우에만 부득이 거행되어야 할 것이다. 경종은 즉위 원년으로 나이도

---

12 이건명은 왕세제 책봉을 강희제에게 청하기 위한 奏請使의 正使로서 10월 28일 赴燕의 길에 올랐다.

13 『朝鮮王朝實錄』 경종원년 12월 6일 壬戌. "司直金一鏡, 朴弼夢, 李明誼, 李眞儒, 尹聖時, 鄭楷, 徐宗厦等上疏曰, ① 綱有三焉, 而君爲臣綱, 冠于三, 倫有五焉, 而君臣有義, 首於五. 此天之常而民之彜也.……貳則爲逆, 將則必誅. ② 向日之事, 宗社罔極, 溯千古而所未聞, 稽國乘而所未見. 今日廷臣, 苟有北面殿下之心, 咸伏闕庭, 碎首刳肝, 雖經閱歲籥, 不忍遽退, 自是天常民彜之所不容已, 而伏閤庭籲, 黽勉塞責, 而至於三日, 聯名上箚, 任自裁定, 乃曰, 臣子安敢以輕遽爲拘, 一倂違拒? 又曰, 亟令攸司, 節目擧行. 是豈人臣所敢萠於心發諸口者哉? ③ 嗚呼! 代理聽政之擧, 代不常聞. 間或有之, 率皆臨御屢十載, 春秋晼晩, 寢疾沈淹之後, 實出於迫不得已也. 今殿下, 卽位初元, 寶算方盛, 亦未有形顯之疾. ④ 伏願特降明旨, 亟擧常刑, 賊臣聖復及四凶首惡, 一以三尺斷之, 無少饒貸."

젊으며 현저한 병증도 없다.

④ 역적 조성복과 사흉에 대해서는 가차 없이 처단해야 한다.

특히 주목해야 할 것은 조성복과 사흉이 당초부터 호응하여 대리청정책을 주도하였다고 판단한 점이다. 사흉은 우선 조성복을 사주하여 상소를 올리게 하고 대리청정책의 실현 가능성을 시험한 뒤, 이미 일의 형세가 갖추어졌음을 확인하고서 경종에게 뜻을 바꾸기를 강하게 촉구한 것으로, 이는 결코 그들의 본심이 아니다. 요컨대 조성복의 상소를 통해 경종의 반응을 확인한 뒤 연차에 의해 대리청정을 결행하려 한 것이다.[14]

4. 목호룡(睦虎龍)의 고변(告變) (경종2년 3월)

경종2년 3월 27일, 목호룡이라는 인물이 자신도 가담한 경종 암살 · 왕위 찬탈의 밀모(密謀)에 대해 고발하였다. 그 밀모란 구체적으로는 (1) 칼에 의한 암살 계획 (2) 독약에 의한 암살 계획 (3) 위조(僞詔)에 의한 폐출 계획의 세 가지 수단[三手]을 가리키며, 각각 차례로 '대급수(大急手)', '소급수(小急手)', '평지수(平地手)'라고 불린다.[15]

그 중 (1 '대급수'란 숙종(숙종46년 6월 8일 沒)의 국장(國葬)을 틈타 백망(白望)이라는 실행범에게 칼을 쥐어주고서 궁중에 침입시켜 세자(경종)를 암살하는 계획이다.[16] (2) '소급수'란 마찬가지로 숙종이 죽은 지 얼마 뒤, 은(銀)을 보수로 궁녀를 사주하여 독약으로 세자를 암살하려고 한 계획이다.[17]

---

14 上同. "彼聖復, 卽彼輩指揮使令中之一也. 偵伺揣摩, 固已爛熟, 力爭回天, 元非本情.……今聖復, 職忝臺垣, 四凶, 位列鼎席, 疏以試之, 箚以結之."

15 『朝鮮王朝實錄』 경종2년 3월 27일 壬子. "睦虎龍者上變告, 賊有謀弑上者, 或以刃以藥, 又謀黜. 有國以來未有之賊. 請急討, 以安宗社."

16 上同. "所謂或以刃者, 龍澤給寶劍於白望, 欲臨先王國喪, 踰墻入宮, 行大急手."

17 上同. "或以藥者, 器之, 麟重, 喜之, 龍澤, 天紀, 義人, 喆人, 以銀給池尙宮, 使之和

(3) '평지수'란 세자를 비방 · 중상하는 괴문서를 사전에 퍼뜨림과 동시에 숙종의 국장 시 위작된 유조(遺詔)를 내려 왕세자를 폐출시킨다는 계획이다.[18]

목호룡에 의한 고변은 즉각 일대 의옥사건으로 발전하여 전후로 60여 명이 체포 · 투옥되어 그 중 살아 돌아온 자는 10명도 못 되었다고 한다.[19]

체포 · 투옥된 자들 중에는 김성행(김창집의 손자), 김창도(김창집의 庶從), 이기지(이이명의 아들), 이희지(이사명의 아들, 이사명은 이이명의 형), 이정식(이건명의 내외형제) 등 노론 사대신의 인척 외에도 김용택(노론 김만중의 손자, 이이명의 사위), 이천기(노론 김춘택의 처제) 등 노론 중진의 인척 다수가 포함되어 있었다.[20] 목호룡은 남인계 인물이었다.[21]

이러한 정황하에서 "백망(白望) 등은 말단의 실행범에 불과하고 진정한 배후는 사흉(四凶)이다."라는 소론 준소파의 주장이 주류를 차지하여[22] 김창집(4월 29일) · 이이명(4월 30일) · 이건명(8월 19일) · 조태채(10월 29일)의 노

藥行凶, 此則庚子半年經營之事, 而謂之小急手." 庚子는 숙종 몰년인 숙종46년. 공모자의 이름은 순서대로 李器之, 鄭麟重, 李喜之, 金龍澤, 李天紀, 洪義人, 洪哲人이다. '池尙宮'이란 이하의 자료에 징험해보면 노론과 내통한 궁녀이다. 『朝鮮王朝實錄』 경종2년 4월 14일. "戊辰. 聞池尙宮者, 以年老宮人, 頗能用權." 『朝鮮王朝實錄』 경종2년 8월 16일 己巳. "聚銀事, 池尙宮本以老論宮女, 渠自盡心, 別無多索賂物之事, 故所入不至甚多."

18 上同. "謀黜者, 喜之作諺文歌詞, 流入宮中, 皆誣毁聖躬之言. 且草矯詔, 令內人烈及宦者張世相, 臨喪乃下. 其詔多不能記, 而首書不穀忝位等字, 中間有曰, 廢世子某爲德讓君." 『朝鮮王朝實錄』 같은 날의 조에는 '平地手'라는 말은 보이지 않지만, 『朝鮮王朝實錄』 경종2년 4월 13일 丁卯에 "至於大急手, 小急手, 平地手云者, 俱是白望所創之言." "大急手, 小急手, 平地手三件隱語, 泛然歸之於虎龍輩口氣. 雖非所自創出, 常時習聞說道之狀, 亦可推知." 등 세 가지를 병칭하는 용례들에 비추어보면, 세자폐출 계획이 '平地手'로 칭해졌음을 확인할 수 있다.

19 『朝鮮王朝實錄』(『景宗修正實錄』) 경종2년 3월 27일 壬子. "入其獄者……凡六十餘人, 前後被逮而得生者, 不滿十人." 이 부분은 『실록』에는 보이지 않는다.

20 『朝鮮王朝實錄』(『景宗修正實錄』) 경종2년 3월 27일 壬子.

21 『朝鮮王朝實錄』 경종2년 3월 27일 壬子. "虎龍以南人賤孼, 締結白望." 3월 28일 癸丑. "虎龍言……我是南人庶孼."

22 『朝鮮王朝實錄』 경종2년 4월 17일 辛未. "弼夢曰, 望等比四凶爲枝葉. 今者捨根本而治枝葉, 王法豈不顚倒? 將爲國家無窮之禍, 聖上何可持難."

론 사대신은 같은 해에 전원 사사되었다.[23]

또한 목호룡의 고변은 준소파 김일경과 미리 내통한 사건이었다고 한다.[24]

Ⅲ. 소론에서 준소 · 완소의 분파

왕세제 대리청정의 명이 환수된 것을 계기로 이 대책을 주도한 노론은 실각하고 이를 반대해온 소론이 정권을 장악하였다. 소론에 의한 노론 공격이 격해지는 과정에서 소론은 준소와 완소로 분파하였다. 이 장에서는 여러 자료를 통해 분파의 배경과 요인을 고찰하고자 한다.

1.『조선왕조실록』의 기술

(a) 경종2년 1월 22일 무신(戊申)

우선『조선왕조실록』경종2년 1월 22일 무신 조를 들어보겠다.[25]

조태구의 입성(入城) · 입대(入對)를 계기로, 대리청정 거행으로 기울어졌던 형세는 역전되어 결국 왕세제 대리청정의 성명(成命)이 환수되었다(경종원년 10월 17일). 이에 이진유 · 박필몽 등은 김일경을 필두로 연명(連名)

---

23 모두 전거는『朝鮮王朝實錄』해당 연월일 조목. 다만 김창집 賜死의 기사는 5월 2일 조에 보인다.

24『朝鮮王朝實錄』경종2년 3월 27일 壬子. "虎龍以南人賤孽, 締結白望……畢竟又復投合於鏡儉, 謀危東宮之計." "蓋與鏡儉, 表裏相應." '鏡'은 김일경, '儉'은 朴尙儉. 박상검은 경종원년 12월, 文有道 및 궁인 石烈 · 必貞 등과의 공모에 의한 왕세제 모역사건 혐의로 체포된 인물로(『景宗修正實錄』경종원년 12월 22일), 경종2년 1월 6일 처형되었다.

25『景宗修正實錄』에는 해당되는 기술이 없다.

의 상소를 올려 사흉을 탄핵하고자 하였다. 그러나 윤순은 이에 반대하였다. "대리청정의 명은 다행히 이미 철회되었다. 이제는 잠시 정세를 조용히 관망하여야 한다. 사흉의 죄는 당초 논해야 할 것이나 때를 기다려야 할 것이요, 경거망동해서는 안 된다. 무엇보다도 김일경의 처신이나 행적을 보건대 결코 행동을 함께할 만한 인물이 아니다." 이렇게 윤순은 장단(長湍, 경기도)으로 귀성하였다. 이진유는 당초 윤순의 의견에 동조했으나 재이(災異)를 계기로 직언을 구하는 교지가 내려지자(11월 26일), 이에 응하여 김일경 등과 함께 마침내 상소를 올렸다(12월 6일). 상소를 올릴 때 윤순에게도 서한을 보내어 행동을 함께하자고 불렀으나 윤순은 이에 응하지 않았다.……또 서명균(徐命均)은 심단(沈檀)·김일경 등과 전석(銓席)을 함께하는 것을 좋게 여기지 않았고, 윤지술(尹志述)의 조명(助命)을 구하는 상소를 올렸던 일로(12월 11일) 김일경 등은 서명균을 매우 증오하여 윤순이나 서명균을 폄적하려고 하였다. 조태구는 서명균이나 윤순은 폄적될 만하지 않다고 주장하여 처분을 경감하여 사직(史職)에 그치게 하였다. 이렇게 소론은 완소와 준소로 분파하였다.[26]

위에서 말한 윤지술은 노론파의 인물이다. 윤지술은 이이명이 지은 대행대왕(大行大王=죽은 숙종)의 지문(誌文) 속에서 희빈 장씨의 사사를 언급하는 부분이 없는 점을 비판, 다른 대신에게 명하여 다시 찬술해야 함을 상서(上書)하였다(숙종46년, 경종 즉위 9월 7일). 윤지술에게는 즉시 벽지로의 정배(定配)의 명이 내려졌으나(10일), 김창집이 명령의 철회를 요청하여, 소론 조태구는 철회에 반대하는(14일) 경위를 거쳐 최종적으로 유배 명령

---

26 이상, 『朝鮮王朝實錄』 경종2년 1월 22일 戊申. "初, 趙泰耇入對, 旣寢代理之命, 李眞儒朴弼夢等, 推金一鏡爲疏頭, 欲上疏論四凶之罪, 尹淳止之曰, 今備忘, 幸得反汗, 要須靜以鎭之. 四凶之罪, 雖可論, 要當待節拍, 不宜輕擧底後悔. 且觀人鑑處身行事, 決非可與同事者也. 淳仍歸長湍. 眞儒初是淳言, 及求言敎下, 卒與一鏡同疏, 抵書淳邀之, 淳果不赴.……命均不宜與沈檀及一鏡, 同銓席, 且救尹志述, 鏡黨尤嫉之, 斥補惡地, 趙泰耇謂命均淳, 不可出外, 啓遞之, 請仍任史職. 於是, 緩峻之議岐矣. 人鑑, 一鏡之字也."

은 환수되었다(20일).

희빈 장씨(경종의 친모)에 관해서는 그 죄를 끝까지 추급하자는 노론과 경종(당시 왕세자)의 심정을 헤아려 관용(寬容)에 처해야 한다는 소론의 대립이 존재했다는 것은 이미 서술하였는데, 그 대립의 구도는 여기에도 나타나 있을 것이다. 윤지술의 유배 명령이 환수된 것에 관해『조선왕조실록』을 기술한 사신은 "윤지술의 죄는 원래 용서해서는 안 된다. 대신 이하가 반복적으로 강경하게 구제를 요청한 결과, 경종은 어쩔 수 없이 성명을 환수한 것이다. 국인(國人)들은 제신(諸臣)들의 방자함에 분노하고 주상의 권세가 날로 고립되어가고 있는 것을 두려워하고 있다."라고 하였다.[27] 이 논평은 분명히 소론의 입장에서 쓰여진 것이다.

그런데 노론 사대신을 탄핵한 김일경 등의 상소에는 김창집 등이 윤지술의 죄를 감해주도록 경종에게 강요한 것을 비난하는 내용도 포함하고 있다(경종원년 12월 6일). 이 상소가 직접적인 계기가 되어 윤지술에게 처형의 명이 내려졌다(12월 10일). 서명균은 윤지술이 관학(館學) 학생인 것을 고려하여 죄를 감해주도록 상소를 올렸으나(12월 11일), 결국 처형이 단행되었다(12월 17일).『조선왕조실록』의 안어(按語)에서는 윤지술이 상서(上書)한 내용은 신하로서의 예에 어긋나는 것으로, 김창집 등이 윤지술 폄적의 명을 철회시킨 행위는 부당하다고 하였다. 그리고 노론 실각 후 경종이 윤지술을 주살하려 할 때 신하들이 경종의 뜻에 영합하여 이에 동조하여 서명균을 제외하고 어느 한 사람도 주살에 반대할 수 없었던 정황을 "의리가 꽉 막히고 인심이 함닉되었다.[義理之晦塞, 人心之陷溺]"라며 개탄하였다.[28]

요컨대 희빈 장씨의 죄를 숙종의 지문(誌文) 속에 명기하라고 끝까지 주

---

27 『朝鮮王朝實錄』 경종 즉위년 9월 20일 甲申. "史臣曰, 志述凌逼無忌之罪, 固不容誅, 而大臣三司, 紛紜伸救, 泮儒乃以捲堂脅持, 宜顯又復從中操切, 使上不得措手, 遠竄之命, 終至還收而後已. 於是, 國人莫不憤時輩之恣肆, 而懼主勢之日孤矣."

28 『朝鮮王朝實錄』 경종원년 12월 17일 癸酉. '殺尹志述' 條.

장한 윤지술에 대해 노론은 윤지술을 옹호한 반면, 소론은 윤지술을 비난하였는데 그 중 준소는 윤지술의 주살을 주장하고 완소는 주살은 너무 가혹하다는 입장을 취하였던 것이다.

위에서 언급된 경기도 장단(長湍)은 윤순의 부모에 이르기까지 일족의 묘소가 존재하는 땅으로, 윤순이 정계로부터 일시적으로 물러났을 때 은거한 곳이기도 하였다(제6장 참조).

이상의 기술에 비추어보아도『조선왕조실록』은 분명히 완소의 입장에서 찬술된 것이다.[29] 또 서명균이 전석(銓席)을 함께하는 것을 좋게 여기지 않았던 심단(沈檀)은 남인에 속하는 인물이다. 이 인물에 대해서는 나중에 다시 언급하겠다.

(b) 경종4년 2월 5일 기유(己酉)

다음으로 경종4년 2월 5일 기유 조를 들어보겠다.[30]

김일경이 권세를 잡고 전횡하자 사류(士類) 중에서 신중하게 몸을 처하려는 자들은 모두 그와 거리를 두려고 하였다. 이렇게 완소·준소의 대립은 임인(경종2년) 봄에는 이미 형성되어 있었다. 계묘일(경종2년 9월 21일), 김일경이 지은「토역반교문(討逆頒教文)」이 내려짐에 따라 김일경의 일그러진 본성이 점점 발현했으나, 유봉휘·이진유·이명언 등은 신축년(경종원년) 김일경의 토역의 공적을 평하여 김일경 측에 서서 이를 옹호하였다. 이광좌 등은 김일경과의 골이 깊었으나 김일경을 옹호하는 유봉휘 등의 존재를 고려하여 노골적으로 김일경을 비판하지는 않았다. 젊은 사류들 중에서는 김일경을 지목하여 비판하려는 자도 있었으나, 반(反) 김일경 세력

29 노론이 찬술한『景宗修正實錄』은 윤지술에 대해 긍정적인 논조이다.『景宗修正實錄』경종원년 12월 17일 癸酉. "殺太學生尹志述. 志述, 貌甚仁弱, 慷慨好義.……及臨刑, 神氣不亂, 陽陽如平常. 志述有客張漢師, 爲人卓犖好氣義. 志述旣死, 往哭之, 爲收其屍, 人稱其義."

30『景宗修正實錄』에는 이하의 기술이 존재하지 않는다.

이 완전히 확립되지 않았기 때문에 비판의 소리를 높이지는 못하였다. 김동필이 올린 상소에 의해 김일경 비판의 소리를 높이느냐 마느냐 하였으나, 이진유 · 이명언 등이 일제히 일어나 김동필을 배척하여 변지(邊地)로 폄적시키려 하였다. 이렇게 김일경의 권세는 점점 커졌고 이를 감히 규탄할 사람도 없게 되었다. 그러나 이광좌는 조야(朝野)의 두터운 명망을 모아 조태구(경종3년 6월 6일 沒) 사후 정권의 중추를 담당하고 은연히 사림의 맹주가 되었으므로 김일경 일파는 이를 매우 싫어하였다.[31]

위에서 말한 「토역반교문(討逆頒敎文)」이란 경종2년 9월 21일, 사흉(四凶) 중 조태채를 제외한 세 사람 및 목호룡의 고변에 의해 체포된 자들을 역적으로서 처벌했던 것을 태묘에 보고할 때 반포된 교문(敎文)으로, 당시 홍문관제학이었던 김일경이 지은 것이다. 이 「토역반교문」은 노론 사대신에 의한 연차(聯箚=왕세제 대리청정 거행의 요청)와 삼수(三手)에 의한 경종에 대한 역모가 일련의 행동이었음(즉 三手의 배후는 사흉이라는 것)을 지적한 것 외에,[32] 현무문(玄武門)의 변(당 태종 이세민에 의한 형 살해, 626년 6월)[33]을 연상시키는 '금정접혈(禁庭蹀血)'이라는 표현이 사용된 점에서[34] 왕세제(후의 영조)에 대한 무고라며 큰 물의를 빚게 된 문장이다.

김동필에 의한 김일경 탄핵은 경종2년 11월 26일에 행해진 것이다. 김

---

31 이상, 『朝鮮王朝實錄』 경종4년 2월 5일 己酉. "自金一鏡鴟張以來, 士類之稍欲自好者, 皆思與鏡携貳. 緩峻之議, 已岐於壬寅之春矣, 及癸卯敎文之出, 鏡之逆腸益露, 而柳鳳輝, 李眞儒, 李明彦輩, 以鏡爲有辛丑討逆之功, 而黨護之. 李光佐諸人, 雖與鏡相貳, 猶以鳳輝輩故, 不欲顯言誅絶, 年少士類中, 雖有欲聲罪討鏡者, 形孤勢單, 亦莫敢發. 金東弼以一疏先下手, 眞儒明彦, 群起斥東弼, 至補外邑. 自是鏡勢益張, 莫敢誰何. 然光佐負朝野重望, 自趙泰耉歿後, 秉匀軸, 隱然爲士林主, 鏡黨深忌之."

32 『朝鮮王朝實錄』 경종2년 9월 21일 癸卯. "大抵四凶之聯箚, 實肇三手之陰謀."

33 『新唐書』 卷2 「太宗本紀」 武德九年. "六月, 太宗以兵入玄武門, 殺太子建成及齊王元吉. 高祖大驚, 乃以太宗爲皇太子." 『資治通鑑』 卷191, 高祖武德九年六月癸亥. '入世民爲皇太子' 條. "臣光曰……旣而爲群下所迫, 遂至蹀血禁門, 推刃同氣, 貽譏千古, 惜哉."

34 『朝鮮王朝實錄』 경종2년 9월 21일 癸卯. "倘或遂宮城之陳兵, 抑何免禁庭之蹀血."

동필의 상소는 김일경의 사람됨이나 정치수법을 엄하게 비난하는 것이었으나, 그 비판의 화살은 당연히 「토역반교문」의 내용에도 향해 있다. "(반교문 중에) 쓸데없는 말을 집어넣어 터무니없는 인용을 했기 때문에 큰 물의를 빚어 그 광괴(狂怪)함을 지탄받았다. 견식도 없고 (반교문이라는) 문장의 체례(體例)에도 익숙하지 않다는 것을 이 사실로부터 알 수 있다. 국조 300년 이래 이 같은 인물로서 문형(文衡)의 직임에 추대된 자가 과연 또 있는가."

김동필의 상소에 대해 이진유(경종3년 1월 14일)나 이명언(2월 18일)이 역으로 김동필 비판의 논진을 펼치는 등, 김일경파(준소)와 반김일경파(완소)의 대립구도는 이미 표면화되었다. 당시 이진유 · 김일경 · 박필몽 등은 '사당(死黨)'을 결성하고 있었다고도 평해진다.[35]

2. 윤순 「행장」의 기술

윤순은 소론 완소파의 중심인물로 초기 강화학파의 유력 멤버 중 하나이기도 하다. 그의 별집인 『백하집(白下集)』에 실린 윤순의 「행장」(윤득여 撰, 윤득여는 윤순의 양자)에도 준소 · 완소 분파에 관한 기술을 발견할 수 있다.

(a) 「행장」 경종2년 임인(壬寅) 조

당시 김일경이나 박필몽은 기사(己巳)의 잔당을 한패로 끌어들여 마음대로 휘두르고 있었다. 공(윤순)은 조용히 이를 우려했으므로 상소를 올려, 허벽이나 이덕배가 분수를 넘어 의를 거스르는 내용의 상소를 올린 죄를 극론(極論)하였다. 이 상소에 대해 김일경이나 박필몽은 불쾌감을 드러내었고 이렇게 조정의 의론은 완(緩) · 준(峻)으로 분파되었다. '완(緩)'이란 공

35 『朝鮮王朝實錄』 경종3년 2월 25일 乙亥. "按是時, 李眞儒專擅朝權, 與一鏡弼夢爲死黨. 惡金東弼之疏攻一鏡, 妄引先正調停之論, 斥補東弼於外."

(윤순)의 청의(淸議)에 가담하는 사람들을 가리킨다.[36]

'기사(己巳)의 잔당'이란 기사환국(숙종15년)에 의해 한때 정권의 자리에 있던 남인을 가리킨다. 윤순의 상소에 앞선 허벽 · 이덕배(아마도 모두 남인)의 상소 내용은 상세하지 않으나, 두 사람 모두 신사옥(辛巳獄, 숙종27년 辛巳)에 의해 사사된 경종 생모 장씨에 대한 추보(追報=명예회복)를 요구하고 있다(경종2년 2월).[37] 당시 추보론(追報論)을 주도했던 것은 주로 준소파와 남인이었다. 아마 윤순 등 완소파는 추보론이 경종에게 과도하게 아첨하는 것임을 비판했을 것이다(추보에 대해서는 후술). 그리고 두 사람을 비판한 윤순의 상소도 마찬가지로 경종2년 2월에 행해진 것이다.[38]

(b) 「행장」 영조5년 기유(己酉) 조

해당 조는 영조5년 8월 영조가 노론 사대신의 처분에 관하여 여러 신하들에게 자문했을 때, 당시 형조 판서였던 윤순이 답한 내용이다.[39] 여기에서 윤순은 자신들과 김일경 · 목호룡을 같은 당파로 보는 발언이 영조에게 있던 것에 대해 반론하여, 자신들이 김일경 등과는 일선을 긋는 입장임을 역설하고 있다. 편의상 세 단락으로 나눈다.

---

36 『白下集』 附錄 「行狀」 경종2년 壬寅 條. "時一鏡弼夢輩, 引進己巳餘黨, 恣行胷臆. 公心窃憂之. 仍極論許壁李德培犯分悖義之說. 其畧曰……疏出. 鏡夢輩滋不悅. 朝論遂歧緩峻之名. 緩卽右祖公淸議者也."

37 『朝鮮王朝實錄』 경종2년 2월 18일 癸酉. "淸州人許璧又受嗾上疏, 請伸辛巳獄", "又有李德培等呈疏, 亦欲攙及辛巳事." 이 조 처음에는 "時, 廷議方以追報媚上, 而南人欲爲加等之論, 以徼寵爭權"라 하여 당시 追報, 즉 辛巳獄 때 사사된 경종의 생모 장씨에게 祠宇를 지어 칭호를 내리는 등 그 誕育의 은혜에 보답해야 한다는 의론이 많았다. 후술하겠지만 追報를 주장한 것은 주로 준소파였다. 이러한 논조에 편승함으로써 남인들도 경종에게 아첨하고 그 眷顧를 얻어 입지를 다지려 했다는 문맥에서 허벽과 이덕배의 상소가 인용되어 있다.

38 『白下集』 卷2 「辭敎理兼陳所懷疏」. 그리고 『朝鮮王朝實錄』 경종2년 5월10일 甲午 條에 "先是二月, 淳上疏略曰……"로 윤순의 상소가 節略 인용되어 있다.

39 『白下集』 附錄 「行狀」. "己酉……八月, 上以金昌集李頤命李健命趙泰采四人分等事, 下詢諸臣. 公進曰." 이 「행장」에 인용된 윤순의 말은 『承政院日記』 영조5년 8월 18일 庚申 條에도 거의 그대로 인용되어 있다. 『英祖實錄』 같은 날의 조에는 매우 節錄되어 있다.

① 전하의 말씀에 "그 당파에는 김일경(金一鏡)과 목호룡(睦虎龍)도 포함되어 있다."라고 하셨지만,[40] 생각건대 이는 전하의 밝으신 살핌이 혹 미치지 못한 것 같습니다. 김일경과 신은 당초에 면식이 없었으나, 이진유의 집에 방문했을 적에 김일경도 와서 (노론 사대신 탄핵) 상소의 일을 논의하였습니다. 신은 지금 이때에 상소를 올리는 것은 좋은 계책이 아니라 생각하여 그 불가함을 힘써 주장했는데, 좌중의 사람들 가운데 신의 말을 옳게 여기는 사람도 있었으나 김일경은 노한 목소리로 고함쳐 무마시켜 버렸습니다. 이리하여 신은 마침내 귀향하여 상소에 참여하지 않았고, 김일경 등의 상소에 이름을 올리지 않았던 것입니다. 전하의 말씀에 "상소를 올린 자의 서명 중 뒤늦게 자신의 이름을 삭제한 중신(重臣)이 있다."라 하시고 그 중신으로[41] 저를 지목하신 듯한데, 신은 본래 그 상소에 서명한 사실이 없습니다.[42]

② 이윽고 정국이 크게 변화하여 김일경의 방자함은 기염을 토하였습니다. 신은 옥당(玉堂=홍문관)에 재직하고 있는 사람으로서 상소를 올려 김일경을 탄핵하고자 했으나, 서명균이 만류하기를 "김일경은 조정에서 그대를 모욕하고 인사에까지 참견하는 실정입니다. 이처럼 혐의(嫌疑)에 가득 차 있는 때에 결코 발언을 행해서는 안 됩니다."라고 하였습니다. 신은 상소를 올릴 생각을 그만두었으나, 김일경은 은어(隱語)를 써서 몇 번이나 저를 매도하였습니다. 완(緩) · 준(峻)이라는 명목은 이로부터 생겨난 것입니다.[43]

---

40 『承政院日記』 영조5년 8월 18일 庚申. "卿等之黨中, 一鏡弼夢明誼, 亦非逆乎? 在卿等之道, 當區別而乃不能焉."

41 『承政院日記』 영조5년 8월 18일 庚申. "逆鏡疏中, 重臣割名而被論, 必心有所不滿而不入矣."

42 『白下集』 附錄 「行狀」. "聖上以卿黨, 亦有一鏡, 虎龍爲敎, 竊恐日月之明, 或未下燭矣. 一鏡則臣初不知面, 往李眞儒所, 一鏡來議疏事. 臣以爲此時陳疏, 有患得失之嫌, 力言其不可. 坐中人有以臣言爲可者, 一鏡咆喝不已. 臣遂下鄕不參. 上敎中割名重臣, 似指臣, 而本無割名之事."

43 『白下集』 附錄 「行狀」. "未久, 局面換易, 一鏡大肆氣焰. 臣以玉堂, 欲疏論, 徐命均止之曰, 一鏡於政廳辱君, 甚至塞銓擬, 嫌疑之際, 決不可言. 臣果寢之, 而一鏡前後以隱

③ 그 뒤에 「토역반교문(討逆頒敎文)」이 나왔습니다. 신은 그것을 보고서 문제가 있음은 알았으나, 네 글자[禁庭蹀血]에 있어서는 교문을 지은 자의 흉심을 간파해내지 못하였습니다. 그러나 교문의 말미에 부기된 부분에서 놀랄 만한 문자(=김일경의 서명)가 있음을 보고는, 신의 형제가 모두 근심하며 "이러한 사람을 방치해두는 한 국가는 국가가 될 수 없을 것이다."라고 하였습니다. 이를 영부사(領府事) 이광좌에게 말하자 그도 동의하며 "준론(峻論)의 입장을 지지하는 사람들도 다른 뜻이 있는 것은 아닙니다. 다만 김일경 일파로부터 벗어나지 못하고 있을 뿐입니다. 만약 지금 김일경 일파를 일소(一掃)에 제거하고자 한다면, 반드시 그를 따르는 많은 인사들을 제거해야 할 것입니다. 그것보다도 오히려 저들을 설득하여 무리에서 벗어나게 한 후에 비로소 김일경 그 사람을 벌해야 할 것입니다."라고 하였습니다.……이후 김동필(金東弼)이 대사관이 되었는데, 신의 형(尹游)이 그에게 말하기를 "김일경을 논핵(論劾)할 만하지 않겠습니까."라고 하니, 김동필이 말하기를 "제가 장차 그리할 것입니다."라고 하였습니다. 그런데 이후 김동필이 승지를 배명받아 그 일을 시행하지 못했습니다. 이에 신의 형은 옥당의 관료로서 경연에 나아가 김일경의 죄를 극론하려 하였습니다. 김일경이 그 낌새를 눈치 채고 박징빈(朴徵賓)을 사주하여 신을 탄핵시켰으므로(경종2년 11월 23일)[44] 신의 형이 또한 말하지 못하였습니다. 이후 김동필이 다시 대사간(大司諫)이 되어 상소하여 신을 변호함과 동시에 김일경을 논핵하여 「토역반교문」의 일까지 언급하였습니다. 신과 김일경이 원수가 된 실정은 이와 같습니다.[45]

語詬辱臣. 緩峻名目, 由是而出."

44 『朝鮮王朝實錄』 경종2년 11월 23일 甲辰. 『實錄』의 사신은 이 상소를 김일경에 의한 사주라고 판단하고 있다. "謹按此一啓, 全不彷彿於尹淳, 都是別般人樣子, 見之令人齒冷.……人皆言, 此啓出於一鏡之手, 而發啓者, 特其所驅使焉耳."

45 『白下集』 附錄 「行狀」. "其後敎文出, 臣見而覺之, 猶不能以四字, 斷其凶心矣. 及見敎文付標處, 有驚心文字, 臣兄弟心憂之, 以爲若置此人, 國不爲國. 言於領府事李光佐, 亦以爲然, 答以持峻論者, 心雖無他, 猶不能自拔. 若徑斥之, 則必多隨去者. 就其中, 曉諭拔出, 然後方可罪其人.……後金東弼爲大司諫, 臣兄曰, 能論一鏡否, 東弼曰, 吾將爲之. 以移拜承旨, 未果. 臣兄又欲以玉堂, 入講筵, 極力論之, 一鏡知其幾, 嗾朴徵

말미의 "신과 김일경이 원수가 된 실정은 이와 같습니다."라는 말이 단적으로 나타내듯이 여기에서는 윤순과 김일경 사이의 뿌리 깊은 갈등을 축으로 준소 · 완소 두 파의 대립구도가 그려져 있다. 대립의 주된 원인으로 언급되는 것은 김일경 등에 의한 사흉 탄핵의 상소 및 김일경이 찬술한 「토역반교문」이다. 김일경파로 이름이 오른 것은 목호룡과 박징빈(목호룡은 남인)이고, 윤순파로 이름이 오른 것은 서명균 · 윤유 · 이광좌 · 김동필이다.

또 이 조목에 대응되는 『승정원일기』에서 인용한 윤순의 말에 의하면 김일경과 남인의 관계는 사흉 탄핵 상소 이전부터 이미 윤순의 눈에 띄고 있었던 모양이다.[46]

3. 이건창 『당의통략(黨議通略)』의 기술

이건창은 초기 강화학파의 중요 멤버였던 이충익의 후예로, 그 가계는 소론에 속한다. 『당의통략』을 보면 그의 논조는 소론 완소파의 입장임이 분명하다.[47]

(a) 김일경의 상소(경종원년 12월)에 관한 기술

이때 겨울에 가뭄이 들어 직언(直言)을 구하는 왕명이 내려왔다(경종원년 11

賓劾臣, 故臣兄亦不得言. 東弼復爲大諫, 疏救臣, 遂論一鏡, 仍及敎文事. 臣與一鏡爲仇敵實狀如此."

46 『承政院日記』 영조5년 8월 18일 庚申. "一鏡, 臣初不知面, 其時疏廳始見之, 當其時, 雖不知其人之甚悖, 而見其與南人之有罪累者, 無界限, 故臣心非之, 其後臣往李眞儒所, 則一鏡 來議疏事." 이 '南人' 운운하는 구절은 『白下集』 附錄 「行狀」에는 존재하지 않는다.

47 『黨議通略』의 텍스트는 李離和 編 『朝鮮黨爭關係資料集』 第2冊(驪江出版社, 1988)을 사용하였고 인용할 때에는 그 쪽수를 표기한다.

월 26일). 소론(少論) 수십 명이 모였으나 다들 상소의 필두가 되는 것을 꺼렸다. 전 참판 김일경이 그 모임 중에서 벼슬이 가장 높았던 데다가 스스로 필두가 되기를 원했다. 김일경은 비록 문장의 기교가 있었으나 평소에 거칠고 바르지 못한 품행으로 모두에게 혐의를 받고 있었다. 그래서 김일경이 필두가 된다는 것을 듣고는 사람들이 점차 파직하고 떠나갔다. 결국 이진유 · 윤성시 · 박필몽 · 서종하 · 정해 · 이명의 여섯 사람의 이름만 상소에 기재하였다.[48]

이 자료는 준소와 완소의 대립에서 김일경의 사람됨에 대한 완소 측의 혐오감이 큰 요인이 되었던 정황을 나타내주고 있다.

(b) 준소파와 남인에 관한 기술

편의상 네 단락으로 나눈다.

① 정국이 전환된(경종원년 10월, 소론 집권, 노론 실권) 초기에 김일경은 남인인 심단(沈檀)을 이조 판서에 임용하는 등(12월 6일) 기사환국(숙종15년, 서인 실권, 남인 집권) 이후 관적을 삭탈당했던 사람들을 많이 기용하였는데, 남인을 표면에 내세워 노론을 공격 · 주살시키고 그 뒤 남인까지 일거에 축출하고자 한 것이었다. 조태구는 이를 사도(邪道)라 생각하여 인정하지 않았다. 김일경은 또 희빈 장씨를 위한 숭보(崇報)를 힘써 주장하였으나 이광좌가 그것을 반대하였다(경종2년 1월).[49] 이조 참의 서명균은 심단처럼 노후한 인물을 임용해서는 안

---

48 『黨議通略』「景宗朝」964쪽 下. "會冬旱祈雪, 有求言之名. 少論會者數十人, 難於疏首. 前參判金一鏡, 秩最居前, 且自求爲首. 一鏡雖能文, 然素麤悖, 人皆不悅. 聞一鏡爲首, 稍稍罷去. 疏下只李眞儒尹聖時朴弼夢徐宗厦鄭楷李明誼六人." 『黨議通略』「景宗朝」964쪽 下. "會冬旱祈雪, 有求言之名. 少論會者數十人, 難於疏首. 前參判金一鏡, 秩最居前, 且自求爲首. 一鏡雖能文, 然素麤悖, 人皆不悅. 聞一鏡爲首, 稍稍罷去. 疏下只李眞儒尹聖時朴弼夢徐宗厦鄭楷李明誼六人."

49 당시 김일경 · 이진유 · 최석항 등은 생모 誕育의 은혜에 보답하기 위해 희빈 장씨의 祠宇를 세워 칭호를 부여하도록 경종에게 요청하였다. 이에 대해 鄭亨益 · 宋寅明 등은 追報에 강력히 반대하였다. 반대의 주된 이유는 "私親에 대한 보은은 私事 · 私情으로, 선왕의 의지를 답

되며 과거에 폐출된 남인들을 이제 와서 등용해서는 안 됨을 일찍이 논핵하였다(경종원년 12월 10일). 다만 윤지술의 행위는 마땅히 죽을 만한 죄이이나 태학생인 신분을 감안하면 죽여서는 안 된다고 하였다. 결국 서명균은 폄적되었다(경종2년 5월 3일).

② 사흉(四凶) 및 목호룡의 고변에서 피의자로 지목된 자들에 대한 심문이 시작되자, 김일경은 노론을 도살하고자 하였다. 대사간 이사상(李師尙)은 상소하여 엄준한 징벌을 주장하였고(경종2년 4월 17일),[50] 그 종족을 뿌리째 제거하자는 말까지 하였다[無俾易種].[51] 조태구와 이광좌 및 최석항 등은 이를 너무 가혹하다고 생각하였다.[52] 또 조태채는 단지 연차(聯箚)에 이름을 올렸을 뿐(경종원년 10월 17일) 그 외에 지탄받을 만한 점이 없었는데도, 김일경은 사흉을 주범(主犯)과 종범(從犯)으로 나눌 수 없다고 주장하였다. 조태구와 조태채는 종형제 간이었기 때문에 기피하여 그 논의에 참여하지 않았다. 삼사(三司)의 징벌토역에 관한 논의는 결국 완론과 급론의 두 파로 나누어졌다. 완론(緩論)은

습하는 것만이 公義이다. 선왕 숙종에 의해 장씨가 사사된 사실을 받아들이는 한, 私情에 의해 公義를 손상시켜서는 안 된다."라는 것이었다. 『實錄』은 추보 반대를 옳다고 여기는 입장이다. 이상 『朝鮮王朝實錄』 경종2년 1월 10일 丙申, 13일 辛丑, 18일 甲辰.

50 『朝鮮王朝實錄』 경종2년 4월 17일 辛未. "大司諫李師尙……持平朴弼夢請對入侍. 師尙讀奏合啓曰, 四凶之罪, 可勝誅哉?……請頤命處斬, 上不從.……師尙又讀奏曰……請昌集正刑……上不從.……諸臣欲退出, 弼夢厲聲高語曰, 今日雖至徹夜, 不得請, 不可退. 仍又交口力爭."

51 '無俾易種'은 『書經』「盤庚」에 출전을 둔 말이다. 그리고 討逆의 문맥에서 이 말을 사용한 것은 아마 李師尙이 아니라 李明誼일 것이다. 『承政院日記』 경종2년 5월 19일 癸卯. "明誼曰……以此觀之, 逆臣種子, 斷不可留之.……盤庚曰, 劓殄滅之, 無俾易種于玆新邑" 5월 25일 己酉. "明誼曰, 臣於前日, 旣有所達矣. 盤庚曰, 劓殄滅之, 無俾易種, 于玆新邑."

52 노론 사대신의 처분을 둘러싼 경과는 다음과 같다. 박필몽 등의 강경론에 의한 처형 결정(경종2년 4월 17일), 조태구 · 최석항의 신중론에 의해 이이명 · 김창집 처형의 명을 철회(4월 18일), 조태구 · 최석항은 다시 두 사람에게 약에 의한 自死를 주장(4월 21일), 박필몽 · 이사상 · 김일경 등의 강경론에 의해 두 사람의 참수가 결정되었다(4월 22일). 이때 박필몽은, 조태구는 조태채의 친족인 이상 四凶 처분의 의론에 관여해서는 안 된다고 주장하고 있다.

조태구를 중심으로, 급론(急論)은 김일경을 중심으로 구성되었다.

③ 김일경은 정언 신필회(申弼誨)를 사주하여 삼사를 모두 탄핵하게 하고 아울러 서명균의 폄적을 주청하게 하였다(경종2년 2월 27일). 지평 조최수(趙最壽)는 상소하여 "신필회는 기사환국의 잔당(=남인)이니, 김일경이 이런 인물을 기용한 것은 옳지 않습니다. 김일경을 파면하십시오."라고 하였다(2월 27일). 이러한 사실에 대해 이조 참판 이사상은 신필회와 조최수 둘 다 파출시킬 것을 주장하였다.[53] 김일경은 상소하여 스스로 물러날 것을 청하였으나 경종은 이를 허락하지 않았다.

④ 윤순은 당초에 이진유 등과 함께 연명소를 올리는 데 참여하였으나, 김일경이 연명소의 필두가 된다는 것을 듣고는 낙향하여 함께 소를 올리는 것을 피하였다. 김일경이 실권을 잡자 윤순은 김일경이 인망 있는 인물이 아님을 여러 번 언급하였다. 김일경은 분노하여 윤순을 완소의 영수로 지목하였다.[54]

여기에서 우선 "완론은 조태구를 중심으로, 급론은 김일경을 중심으로 구성되었다."(②), "김일경은 분노하여 윤순을 완소의 영수로 지목하였다."(④)라는 표현이 주목된다. 윤순의「행장」이 윤순을 기축으로 서술을 전

53 이사상이 아닌 박필몽이 申弼誨와 趙最壽 두 사람을 탄핵한 기사가『朝鮮王朝實錄』경종2년 2월 29일 甲申 條에 보인다.

54『黨議通略』「景宗朝」970쪽 下. "① 換局之初, 金一鏡引南人沈檀爲吏判, 多用己巳後廢錮者, 欲令南人攻殺老論, 然後幷逐南人. 趙泰耉以爲此詭道, 不可. 一鏡又力請禧嬪崇報, 而李光佐執不可. 吏義徐命均首劾檀老朽不可用, 南人廢枳者, 不當遽錄. 尹志述雖當死, 太學生不可殺. 遂被斥. ② 及鞫事之始, 一鏡欲屠殺老論. 大諫李師尙疏請嚴懲討, 有無俾易種之語. 泰耉光佐及崔錫恒皆以爲過甚. 趙泰采惟參聯箚, 他無可指, 而一鏡以爲四凶不可分首從. 泰耉與泰采爲從兄弟, 故引避不預其論. 三司懲討之論, 遂分緩急. 緩者主泰耉, 急者主一鏡. ③ 一鏡嗾正言申弼誨盡劾三司, 幷請命均邊竄. 持平趙最壽疏論弼誨己巳餘黨, 一鏡不宜引進. 請遞一鏡. 吏參師尙請並遞弼誨最壽. 一鏡上疏請退, 不許. ④ 尹淳始與李眞儒爲縉紳疏. 及聞一鏡爲首, 下鄕避之. 一鏡用事, 淳多與言一鏡非人望. 一鏡恚, 目淳爲緩少之首."

개한 것은 당연하나, 『당의통략』도 완소의 중심인물로 조태구와 함께 윤순의 이름을 들고 있다.

위의 기술은 준완(峻緩)의 다양한 대립점을 지적하고 있다는 점에서도 주목할 만하다. 일단 두 파의 대립이 사흉 탄핵 상소에서 발단한 것(④), 김일경이 심단이나 신필회 등 남인을 사주하여 노론이나 완소를 공격하게 한 것, 즉 준소에 의한 남인의 정치적 이용과 이에 대한 완소 측(조태구 · 서명균)의 반발(① ③), 경종의 생모인 희빈 장씨에 대한 숭보(崇報), 윤지술(숙종의 誌文에 희빈 장씨 賜死 사실의 명기를 주장한 인물)에 대한 사죄(死罪) 요구 등 경종의 뜻에 영합하는 방향으로 움직인 준소와 이에 대한 완소 측(이광좌 · 서명균)의 반발(①), 그리고 노론 처분에 있어 준엄한 징벌 · 토죄를 주장한 준소(김일경, 이사상)와 이를 가혹하다고 비판한 완소(조태구, 이광좌, 최석정)의 대립(②)이다. 위 문장에 있는 '삼사(三司)'란 사헌부, 사간원, 홍문관을 가리킨다.

4. 분파의 경위와 그 요인 · 배경

이상의 여러 자료들의 내용을 근거로 하여 다시 소론에서의 준소 · 완소 분파의 경위 및 그 배경 요인을 정리해보도록 하겠다.

(a) 분파의 경위

우선 분파 경위에 관해서는 편의상 다음의 세 시기로 구분한다.

【제1기】 경종원년 12월~2년 2월

분파의 최초 계기는 김일경을 필두로 한 사흉 탄핵의 상소(경종원년 12월 6일)이다. 이 상소에 김일경과 이름을 함께한 인물(이진유 · 윤성시 · 박필몽 · 서종하 · 정해 · 이명의 6명)과 윤순 등 이를 거절한 인물과의 사이에 대립구도가 형성된다. 또 서명균은 심단 등 남인의 임용을 비판하고(12월 10일), 윤지술의 조명(助命)을 구하는(12월 11일) 등 준소파의 정치수법이나 정치적 입장을 비판하여 김일경 등과의 대립이 깊어졌다. 김일경이 경종의 생모인 장씨 추보(追報)를 주장하고(2년 1월), 남인인 허벽이나 이덕배가 이에 동조하자(2년 2월 18일) 윤순은 상소를 올려 이를 강하게 비판한다(2년 2월). 김일경은 정언 신필회(남인)를 사주하여 삼사 내의 완소파를 모두 탄핵시키고 서명균의 폄적을 상청하게 한다(2년 2월 27일). 이렇게 경종원년 12월부터 2년 봄 무렵에 걸쳐 소론은 두 파로 분파되어 준소파와 완소파가 각각 형성된다.

【제2기】 경종2년 3월~8월

목호룡의 고변(경종2년 3월 27일)을 계기로 노론에 대한 소론의 공세는 처참한 일대 의옥사건의 양상을 드러내게 된다. 그 과정에서 이사상이 사흉에 대한 준엄한 징벌을 주장하였고(2년 4월 17일), 이명의가 종족의 말살을 뜻하는 '무비역종(無俾易種)'이라는 표현을 쓰는(2년 5월) 등 준소파는 노론에 대해 철저한 토죄를 요구하였다. 조태구 · 이광좌 · 최석항 등 완소파는 이를 너무 가혹하다며 반대하는 입장을 취하였다.

【제3기】 경종2년 9월 이후

김일경이 지은「토역반교문」(경종2년 9월 21일)의 반포는 소론 준소파에 의한 노론 타도정책의 정점을 나타내는 것이었는데, '금정접혈(禁庭蹀血)' 등 과격한 내용은 김일경파에 대한 노골적인 비판 공격을 초래하는 계기가 되기도 하였다. 김동필에 의한 김일경 논핵(2년 11월 26일)은 그 중 가장 심한 것이었다. 이에 대해 이진유(3년 1월 14일)나 이명언(3년 2월 18일)이 김동필을 논핵하는 등 준소파와 완소파의 대립은 점점 표면화되었다.

(b) 분파의 요인 · 배경

다음으로 준소파와 완소파가 분파 · 대립하는 데 이르게 된 요인과 그 배경에 대해서도 다시 정리해보고자 한다. 완소 측에서 본 두 파의 주된 대립점은 다음과 같다. ① 김일경의 사람됨에 대한 반발 · 혐오감 ② 노론 공격의 전면에 서지 않으려고 남인을 이용하는 준소파의 정치수법에 대한 반발 ③ 경종 생모 장씨 문제를 둘러싼 정치 자세의 차이 ④ 김일경이 지은 「토역반교문」을 둘러싼 대립 ⑤ 노론 타도에 있어서 준엄 · 관용의 차이.

①은 애초에 윤순이 사흉 탄핵 상소에서 김일경 등과 행동을 함께하지 않았던 주된 원인인데, 『당의통략』이 서술한 바에 따르면 김일경에게 반감을 가지고 떠난 소론파 인사는 윤순 이외에도 다수 존재했다. ②와 ③은 밀접한 관련이 있다. 준소에 의한 남인의 등용 · 이용이라는 문맥에서 구체적으로 언급된 이름은 우선 심단과 신필회 두 명뿐이지만, 경종 생모 장씨의 명예회복을 주장한 허벽 · 이덕배, 고변으로 노론에 대한 일대 의옥사건을 야기한 목호룡은 모두 남인이며, 그들은 아마 김일경과 공모했을 것이다.

원래 경종의 생모 장씨는 기사환국(숙종15년)에 의한 남인정권하에서 왕비로 책립되어 갑술환국(숙종20년, 서인에 의한 정권 탈환, 남인 실각)과 함께 폐립, 후에 사사된 인물이다(辛巳獄, 숙종27년). 김일경 등이 노론을 공격한 최대 논점은 노론이 왕세제 대리청정책을 주도하여 국왕 경종을 무시했다는 것에 있었다. 그리고 일찍이 신미옥(辛未獄)을 주도하여 생모 장씨를 사지로 몰고 간 노론과 자신들의 입장을 대치시켜, 생모 장씨의 추보(追報)를 주장하는 것으로 경종의 신임을 얻어 세력 기반을 보다 견고하게 한다는 책략이었다. 그러한 준소에게 있어 일찍이 서인파 인현왕후 민씨에 대항할 만한 희빈 장씨를 왕비로 책립한 남인은 이용하기에 적합한 상대였던 것이다. 당시 완전히 실각한 남인 측에도 생모 장씨의 추보 정책에 동조하고 경종에 대한 노론의 역모[三急手]를 고발하는 등 준소파와 손을 잡고 경종의 환심을 사면서 노론 공격의 전면에 섰던 것은, 잃어버린 권력을 회복하는 거의 유일한 방도였을 것이다.

경종 · 왕세제(후의 영조)와 노론 · 준소 · 완소의 관계를 대략 정리하자면 소론은 친(親)경종, 노론은 친(親)왕세제(노론에게 있어 경종은 '背芒')이며, 다만 소론 중에서 보다 노골적으로 경종의 환심을 사려 한 것이 준소파, 경종에의 영합을 자제하였던 것이 완소파이다.[55] 그 전형(典型)이 바로 윤지술 처분 문제를 둘러싼 준완의 대립이다.

④「토역반교문」은 결과적으로 김일경에게 치명상이 되는 글이다. 준소가 경종에 대한 노론의 불충무도(不忠無道)함을 강조하고 경종에 대한 역모를 고발했던 것은, 불가피하게 노론이 대리청정을 부탁하려 한 왕세제에 대한 무고(왕세제에 의한 왕위 찬탈)의 양상을 띠게 된다. 이런 의미에서 확실히「토역반교문」은 목호룡 고변의 연장선상에 있었다.[56]

⑤는 준소 · 완소라는 파명(派名)이 붙게 된 까닭에 관련된 것이다. 이미 소개했듯 '완준(緩峻)'은 후세에 만든 연구용어가 아니라 그 시기의 자료에 일찍이 출현하는 어휘이다. 이 자체가 당시에도 두 파를 구별 · 식별하는 최대의 지표가 노론 타도에서의 완준의 태도 차이에 있었음을 단적으로 말해준다.

경종에게 있어 친모를 사지로 몰고 간 노론이 깊은 원망 · 증오의 대상이었다면, 경종의 생모 장씨에 대한 추보 주장(③), 일찍이 장씨를 추대한 남인 잔당과의 결탁(②), 노론에 대한 준엄한 처분 주장(⑤), 그 집대성인「토역반교문」(④)이라는 준소의 입장은 경종의 뜻에 영합하여 신임을 얻으려는 기본적 태도에 공통된다. 그렇다면 준소파의 정치 자세는 수미일관된 것이라고도 할 수 있겠다.

본장의 고찰에 있어 사용한 여러 자료들, 즉『경종실록』,『백하집』,『당의통략』은 모두 완소파에 속하는 것들이다. 예를 들어 김일경 등에 의해 사흉 탄핵 상소를 올릴 때 윤순이 당초 이름을 함께 올렸으면서 나중에 자

---

55 완소파인 최석항이 준소파 김일경이나 이진유와 함께 희빈 장씨의 명예회복을 주장하고 있는 점은, 약간 예외적인 사례에 속한다고 할 수 있을 것이다.

56『朝鮮王朝實錄』영조 즉위년 12월 8일 丁丑. "上……親鞫金一鏡.…… 略曰, 教文中文字引用, 已極凶慘.……語意與向日睦虎龍之言, 隱然相表裏." 김일경과 목호룡은 12월 8일에 함께 처형되었다.

신의 이름을 삭제하였다는 풍평(風評)에 대해 윤순은 이를 명확히 부정하고 있다(『백하집』 부록「행장」 영조5년 己酉 條, 『승정원일기』 영조5년 8월 18일 庚申). 그러나 노론이 편찬한 『경종수정실록』은 이를 사실로 단정하고 있다.[57] 이러한 사실관계 하나를 보아도 각 편찬자의 입장이 다분히 반영되어 자료에 차이를 보이는 경우가 존재한다. 따라서 준·완 분파 문제에 관해서도 준소계·완소계·노론계 각각의 자료를 대조시키는 작업이 필요할 것이다. 이러한 점에 있어서 본장에서 논한 내용은 일정 유보해 둘 필요가 있다.

Ⅳ. 영조조의 당론

1. 영조 초년의 정국

경종4년(1724) 8월 25일, 경종이 붕어하고 30일 왕세제가 즉위하였다. 바로 영조이다. 신임사화에 의해 실각한 노론은 영조의 즉위에 따라 부활하게 된다.

원래 연잉군의 왕세제 책립이나 대리청정책을 주도했던 것은 사대신을 비롯한 노론이고, 대리청정책에 단호히 반대한 것이 소론, 그리고 대리청정의 왕명 환수 후 노론 사대신을 철저히 규탄하여 이들을 사지로 몰고 갔을 뿐만 아니라 왕세제에 대한 왕위 찬탈의 무고(誣告)에까지 미친 것이 김일경을 필두로 한 준소이다. 영조의 즉위로 인해 노론에게는 국왕 추대의 훈공이 돌아갔고, 반대로 준소가 역경에 처하게 된 것은 이치상 당연한 일이다.

즉위한 지 얼마 후, 영조는 김일경의 삭적을 명하고(즉위년 11월 9일) 이

57 『朝鮮王朝實錄』(『景宗修正實錄』) 경종2년 11월 23일 甲辰. "然淳少與金一鏡等七人, 論斥四大臣, 及見疏本, 乃大懼, 卽割其名而去. 一鏡大恚, 諷徵賓, 劾淳妖邪, 削仕版." 해당 조는 朴徵賓이 윤순을 논핵한 것을 서술한 기사이다. 그러나 인용된 것은 박징빈의 上啓 속의 말이 아니라, 사신의 按語에 관계된 부분이다.

어 절도(絶島)에 안치(11월 11일), 최종적으로는 목호룡과 함께 이들을 참수형에 처한다(12월 8일).

또한 김일경과 함께 노론 사대신 상소에 이름을 올린 6명, 이른바 '역경소하육적(逆鏡疏下六賊=이진유 · 박필몽 · 이명의 · 정해 · 윤성시 · 서종하)'[58]은 모두 관작을 삭탈당하고(영조원년 1월 2일), 이어서 체포 · 수감되었다(같은 해 7월 2일).[59]

물론 이들의 처단은 노론에 의한 왕세제 책립 및 왕세제 대리청정책이 정당한 정책이었음을 긍정하고 노론 사대신의 죽음은 무고에 의한 원죄(冤罪)이며, 따라서 김일경 및 6적은 역인이라는 인식에서 내려진 것이다.[60]

한편 민진원, 정호, 이관명 등 노론파 관료가 순차적으로 대신으로 임명되었다(모두 영조원년 1725).[61] 다만 민진원과 이관명은 이듬해 영조2년(1726), 정호는 이듬해 영조3년(1727)에 대신직에서 해임된다.[62] 영조는 즉위 당초부터 당쟁의 폐해를 깊이 우려하여 붕당에 의한 당동벌이(黨同伐異)의 풍조를 불식시켜 불편부당(不偏不黨)의 탕평정치를 실현하기를 꾀하였다.[63] 민진원이나 이관명이 해임된 것은 그들 모두 탕평책에 비협조적이

---

58 '逆鏡疏下六賊'의 표현은 『영조실록』 영조원년 3월 4일 壬寅 條. 5월 28일 乙丑 條 등에 보인다.

59 이후 박필몽은 참살되고(영조4년 4월 6일), 이명의는 獄死(같은 해 12월 29일), 이진유 · 윤성시 · 서종하는 絶島로 유배(영조5년 9월 28일)된 후 이진유는 獄死(영조6년 5월 13일), 윤성시도 獄死(같은 해 5월 18일)하였다.

60 『朝鮮王朝實錄』 영조원년 3월 4일 壬寅. "彙晋等申前啓, 又啓, 六賊與逆鏡同罪.……若謂建儲代理兩事, 果近於廢立簒逆, 則四大臣之死, 果不冤矣. 不然則四大臣之死果冤, 而爲此疏者, 逆而已."

61 鄭澔 議政府右議政(영조원년 2월 2일). 閔鎭遠 議政府右議政(영조원년 3월 3일). 정호 領議政, 민진원 左議政, 李觀命 右議政(모두 영조원년 4월 23일).

62 좌의정 민진원 해임(2년 1월 4일), 좌의정 이관명 해임(5월 3일), 영의정 정호 해임(3년 4월 14일).

63 『朝鮮王朝實錄』 영조 즉위년 11월 11일 辛亥. "答曰, 爾等務公祛私, 以致蕩平." 영조원년 1월 3일 壬寅. "敎曰, 朋黨之弊, 未有甚於近日.……而至於近日, 其所用人, 罔非黨目

었기 때문이었을 것이다.[64] 그리고 영조3년 정미년에는 노론 관료 100여 명을 일제히 파면하고[65] 탕평책에 협력적인 소론 완소파를 등용하였다.[66] 이것이 정미환국이다.

영조4년(1728, 戊申), 남인 이인좌, 소론 박필현 등이 소현세자의 증손 밀풍군(密豊君) 이탄(李坦)을 추대하여 삼남(三南=경상도 · 충청도 · 전라도)에서 반란을 일으킨다(무신의 난, 이인좌의 난). 난을 진압한 후 영조는 노소 쌍방으로부터 대신을 등용하는 방침을 취하여 탕평책이 궤도에 오르게 된다. 이와 관련하여 이인좌의 난 토벌 후에 반포된 「토역반교문」은 윤순이 지은 것이다.[67]

2. 노론 사대신(四大臣)의 명예회복

이렇게 영조는 탕평책의 실현으로 저명하지만, 신임사화 · 임인옥에 대한 평가에 관하여 영조조를 주도했던 것은 어디까지나 노론의 당론이었다. 이는 영조조의 노론 사대신에 대한 평가에 비추어보아도 분명하다.

영조원년에는 사대신의 관작 회복(3월 2일), 이어서 사대신에 대한 증관

中人.……被謫之人, 令金吾, 參其輕重, 與大臣登對疏釋, 銓曹蕩平收用." 영조원년 1월 21일 庚申. "備忘記略曰……蕩平者, 公也, 染黨者, 私也. 群臣欲爲公乎? 欲爲私乎?"

64 『朝鮮王朝實錄』 영조2년 1월 4일 丁酉. "以閔鎭遠爲領中樞府事…… 上引見曰……鎭遠曰, 自上處分不嚴, 誅賞不明, 徒循蕩平之名, 務爲寬仁之治, 故向在前年春間, 凶黨頗知畏戢, 雖同類之間, 不敢爲稱冤之言, 近日則恐懼之心, 漸不如初, 益肆其氣云, 豈不痛惋乎?" 『朝鮮王朝實錄』 영조2년 5월 3일 甲午. "以李觀命爲判中樞府事. 臣謹按, 閔鎭遠李觀命, 初拜相, 秉大義, 請討國賊雪聖誣, 而上心以破朋黨, 爲初政出治之本, 欲幷用老少二黨, 故鎭遠觀命之言, 雖惻怛有足感動, 而天聽愈邈, 鎭遠先免, 觀命繼之."

65 『朝鮮王朝實錄』 영조3년 7월 5일 己未. "罷領府事閔鎭遠, 判府事李觀命, 右議政李宜顯……金彦輔李秀英等百一人, 皆前後請對庭請人也."

66 『朝鮮王朝實錄』 영조3년 7월 1일 乙卯. "特敍李光佐爲領議政, 李台佐爲戶曹判書", "特拜趙泰億爲左議政, 洪致中降爲右議政, 以尹淳爲副提學, 徐命均爲戶曹參判."

67 『白下集』 卷9 「討逆頒敎文」 戊申 4월, 『朝鮮王朝實錄』 영조4년 4월 22일 壬寅.

(贈官) · 추시(追諡)의 전례(典禮) 거행 명령이 내려져(3월 7일) 이건명[忠愍] · 송태채[忠翼] · 이이명[忠文] · 김창집[忠獻]의 시호가 각각 추증되었다(4일 4일). 이에 사대신에 대한 충역론은 완전히 역전되어 역신으로 처형되었던 그들이 충신으로 권위를 회복한 것이다.

그 후 정미환국의 노소(老少) 형세 역전하에서 김창집 · 이이명 · 이건명의 관작 추탈(官爵追奪), 증시 수환(贈諡收還), 서원 철훼(書院撤毁) 및 조태채의 증시 수환이라는 처분이 내려졌다(3년 10월 6일). 그러나 이는 일시적인 반동에 불과하였다. 5년에는 정미환국의 처분이 재검토되어 우선 이건명 · 조태채가 관작을 회복하였고(8월 18일) 이후에 시호도 회복하였다(12년 3월 19일). 또 김창집과 이이명도 관직을 회복하였고(16년 1월 10일) 이어서 시호도 회복하였다(17년 9월 27일, 그 3일 전에는 『어제대훈』이 찬술되었다). 그리고 22년에는 사대신에 대한 사제(賜祭)가 명해졌다(6월 5일).

3. 『어제대훈(御製大訓)』과 『천의소감(闡義昭鑑)』

영조17년(1741)에는 영조가 직접 『어제대훈』을 찬술하였다(9월 24일). 그 속에서 영조는 ① 임인옥은 목호룡과 김일경이 서로 호응하여 야기했다는 것 ② 무고(誣告)에 기초하여 행해진 임인옥의 취조 기록은 이미 소각처분에 부쳤다는 것 ③ 경종원년의 왕세제 책립은 공명정대한 정책이었다는 것 ④ 삼수(三手)에 의한 경종에 대한 역모 존재를 지적한 목호룡의 고변은 종묘사직을 멸망의 위기에 빠뜨리는 흉언(凶言)이라는 것 ⑤ 이 '대훈(大訓)'을 상재(上梓) · 반포하여 불멸의 기록으로 남길 것 등을 서술하였다.[68]

---

68 『朝鮮王朝實錄』 영조17년 9월 24일 丙戌. "遂命承旨趙榮國, 書大訓. 其文曰……① 逆虎唱之於先, 賊鏡應之於後 ② 壬寅鞫案, 卽畀炎火, 以銷逆根 ③ 辛丑建儲, 慈聖攸教, 皇兄所命. 其教至懇, 其授至公, 求諸往牒而罕有, 質諸後世而正大 ④ 虎龍做出三手之凶言, 宗社以之幾亡 ⑤ 而先將此訓, 昭示予意. 上告陟降, 大庭頒告等事, 其令儀

같은 해 10월 1일에는 『어제대훈』의 찬술 및 무안(誣案)의 소각이 태묘에 보고되어 신료들에게 교문이 반강(頒降)되었다. 그때의 「고묘문(告廟文)」과 「반교문(頒敎文)」은 모두 영조가 직접 지은 것이다.[69] 「고묘문」에서 영조는, 신임사화는 김일경·목호룡 등과 남인[己巳賤孽]의 결탁에 의해 초래된 것이라는 인식을 나타내고 있다.[70]

그리고 영조31년(1755) 『천의소감』이 편찬되었는데, 이 책은 영조31년 6월에 편찬이 시작되어 11월에 완성되었다.[71] 『천의소감』은 왕세제 책립 및 왕세제 대리청정이라는 정책의 정당성·타당성을 천하후세에 밝히기 위해 편찬된 것이다.[72] 구체적으로 우선 왕세자 책립에 관해서는 당시 경종이 병환에 시달리고 있어 적남(嫡男)의 출생을 기대할 수 없었고, 건저(建儲)는 종묘사직을 중히 하고 국가의 근본을 공고히 하기 위한 공명정대한 정책 결정이었다고 하였다.[73] 따라서 왕세제 책립에 반대한 유봉휘의 상소는 '흉소(凶疏)'라 폄칭하고 있다.[74]

다음으로 왕세제 대리청정책에 관해서는 "① 대리청정의 왕명이 내려진 것은, 경종이 오래도록 병환에 시달린 몸으로 국왕의 기무(機務)에 종사하

曹, 依例擧行, 入梓廣布, 永垂不刊." 『承政院日記』 같은 날의 조에도 『御製大訓』으로 위 글을 인용하였다. 『英祖御製訓書』 第1冊에도 『御製大訓』으로 위 글을 수록하고 있다(『英祖御製訓書』 全 4冊, 『奎章閣資料叢書』 儒學篇 수록, 서울대학교 규장각, 2003).

69 『朝鮮王朝實錄』 영조17년 10월 1일 壬辰. 「御製告廟文」, 「御製敎大小臣僚中外民庶書」는 모두 『英祖御製訓書』 第1冊에 수록.

70 「御製告廟文」. "黨習橫熾于中, 末流之弊, 醸成鏡夢, 締結怨國, 潛懷貳心, 乘國勢弱, 兇計益深. 己巳賤孽, 爲其心腹, 投上誣書, 謀危邦國."

71 『朝鮮王朝實錄』 영조31년 6월 1일 癸卯, 11월 26일 乙未.

72 『闡義昭鑑』 卷首 「闡義昭鑑凡例」. "今玆昭鑑之纂修, 寔出於揄三聖之至仁成德, 闡明建儲代理之義理, 昭示於天下後世者也." 이하 『闡義昭鑑』의 인용은 이이화의 『조선당쟁관계자료집』 제9책에 수록된 것(여강출판사, 1985)에 의거한다.

73 『闡義昭鑑』 卷1 「辛丑」. "景宗大王元年八月戊寅, 上承慈敎, 命冊立王世弟. 時聖候違豫, 望絶斯男之慶, 儲位未建, 朝野深憂. 而大臣諸臣未及陳請. 李廷熽上疏言, 豫建儲位, 國家之大本, 宗社之至計. ……嗚呼! 豫建儲位, 所以重宗廟社稷, 固國家之本, 而係神人之望也. 辛丑建儲, 正大光明, 求諸往牒罕覯, 垂諸百代而有辭."

74 『闡義昭鑑』 卷1 「辛丑」. "柳鳳輝上凶疏, 斥建儲事."

는 것은 요양에 지장이 있었기 때문이었다. ② 대리청정책에는 정유년(숙종43년)의 선례도 존재한다. ③ 따라서 한번 왕명이 내려진 이상 신속히 거행해야 했다. ④ 그러나 조태구가 선인문(宣仁門)에서 창경궁(昌慶宮)으로 틈입하여 경종을 알현한 것을 계기로, 노론 사대신 등이 검토에 들어갔던 대리청정 거행의 절목도 취하하게 되었다(=대리청정책의 철회). ⑤ 그 이후 오늘날에 이르기까지 35년, 노론 사대신의 연차(聯箚=대리청정 거행의 청원)에 대한 평가에 관해서는 그 충역을 둘러싼 견해의 대립으로부터 유혈 참사마저 초래하였고, 이리하여 의리는 막히고 인심은 함닉되었으며 규범은 상실되어 암흑의 세상이 되어버렸다."라고 서술하였다.[75]

이상 영조 일대를 통틀어 노론 사대신의 명예회복이 이루어지고 왕세제 책립이나 대리청정책의 정당성을 강조하는『어제대훈』및『천의소감』이 편찬된 경위에 비추어보아도, 이 문제들에 관한 영조의 입장은 완전히 노론의 당론에 찬성하고 있었음을 다시 확인할 수 있다.

Ⅴ. 강화학파와 당화(黨禍)·당론(黨論)

1. 강화학파와 당화(黨禍)

(a) 정제두 탄핵사건(영조2년 7월~8월)

강화학파의 시조인 정제두는 24세 때 거업을 버리고 벼슬길을 단념한

75 『闡義昭鑑』卷1「辛丑」. "嗚呼! 今之聽政, 卽古之監國也. 惟我景廟, 聖候久在違豫, 機務酬應, 有妨靜攝. 此所以聽政之有命也.……丁酉代理, 亦有先朝近例, 則聽政命下, 豈容稽遲. 而噫彼泰耈闖入宣仁, 聽政節目終至還納. 三十五年之間, 聯箚一案, 曰忠曰逆, 水火互爭, 玄黃其血. 義理由此而斁塞, 人心由此而陷溺, 天經地緯民懿物則, 久入長夜."

이래로 단기간 지방관 임관의 시기를 제외하고는 거의 초야에 있었다. 그러나 경종조에 들어가자 아마 노론이 실각하고 소론이 집권한 것을 계기로 갑자기 현관(顯官)을 배명받게 된다.[76] 즉 경종2년(74세)에 사헌부 대사헌(3월), 세제시강원 찬선(7월), 이조 참판(9월)을, 경종4년(76세)에는 성균관 좨주(7월)를 배명받았다.

그런데 정제두는 영조2년 7월, 사헌부 지평 이정박의 탄핵을 받는다. 이정박은 정제두가 정주학을 등지고 육왕학을 신봉하고 있는 점을 지탄하고 성균관 좨주의 직임에서 파출되어야 함을 주장하였다.[77] 그 후 7월부터 8월에 걸쳐 정제두의 파면을 요구하는 상소가 이정박 및 사헌부 장령 이태징 · 사헌부 장령 이근에 의해 거의 매일같이 집요하게 반복되었다.

이 탄핵사건이 주자학을 정통교학으로 하는 입장에서 육왕학을 비판하는 순수한 학술적 견지에 서서 이루어진 것인지, 아니면 다른 정치적 배경이 있던 것인지는 상세하지 않다. 그러나 영조3년(1727)에 단행된 정미환국으로 노론 관료 100여 명이 일제히 파면될 때, 열거되는 파면된 인물 속에서 이정박 · 이태징 · 이근의 이름을 모두 발견할 수 있다.[78] 따라서 이정박 등 3명은 분명 노론계의 인물로, 영조 초년 노론이 부활하여 소론에 대한 반대공세를 한창 높이던 시기에 탄핵사건이 일어난 이상, 역시 이 탄핵도 그러한 정치적 문맥 속에 자리하는 것으로서 이해해야 할 것이다.[79]

(b) 이인좌의 난(영조4년 3월)

영조4년(1728) 3월에 발발한 이인좌의 난(무신난)에 호응하여 봉기한 인

76 정제두가 소론에 속하는 것에 대해서는 제1장을 참조.

77 『承政院日記』 영조2년 7월 19일 己酉.

78 『朝鮮王朝實錄』 영조3년 7월 5일 己未. "罷領府事閔鎭遠, 判府事李觀命, 右議政李宜顯……李根……李廷檏……李秀英等百一人. 皆前後請對庭請人也." 같은 날 條. "罷李瑜……李台徵……成大烈職. 亦前日三司也."

79 정제두 탄핵사건의 상세한 내용에 관해서는 제1장을 참조.

물 중 심유현이 있다. 심유현은 심필의 양부이고, 심필은 심육의 막내아우이다. 심육은 초기 강화학파 중요 인물 중 한 사람이다. 난 진압 후 심유현은 체포·투옥되어 얼마 뒤 옥사하였다.[80] 심필이 영조25년(1749) 문과에 합격하자 "종신영폐(終身永廢)의 몸으로 과거에 응시한 것 자체가 괘씸하다."는 상서탄핵을 받아 결국 합격이 취소되는 사건이 일어났다.[81]

(c) **나주괘서사건**(영조31년 2월)

시대가 흘러 영조31년(1755) 2월, 전라도 나주의 객사에 "간신들이 조정에 넘쳐나고 백성들은 도탄에 빠져 있다."라 쓰여진 흉서가 붙여지는 사건이 일어났다. 이른바 '나주괘서사건'이다.[82] 이 사건은 발각 당초부터 '신임여당(辛壬餘黨)' 및 '무신유얼(戊申遺孽)'의 소행으로 지목되었다.[83]

사건 수일 후에 윤취상의 아들인 윤지라는 인물이 주모자로 체포되었다.[84] 그리고 이 윤지와 내통하고 있다는 혐의로 이광사·이광현·이광명 등이 연이어 체포되어 모두 변방으로 폄적되었다(이광사는 함경도 부녕부에 폄적, 후에 전라도 신지도로 移配, 이광현은 경상도 기장현에 폄적, 이광명은 함경도 갑산부에 폄적). 이광사는 서예가로 유명하나 아들인 이영익과 함께 초기 강화학파의 중요 인물이기도 하다. 또 이광현은 이충익의 친부, 이광명은 이충익의 양부이며, 이충익은 이시원·이건창·이건승·이건방 등을 후예로 배출한 초기 강화학파의 중요 인물이다.

또 사건 주모자의 한 사람으로 주살된 인물에는 심확이 있다.[85] 심확은 심육의 차제(次弟)이다. 당시 심육은 이미 죽었지만 이 사건에 연좌되어 심

---

80 『朝鮮王朝實錄』 영조4년 4월 4일 甲申.

81 이상 『朝鮮王朝實錄』 영조25년 3월 19일 丁卯, 3월 21일 己巳.

82 나주괘서사건에 대해서는 제4장을 참조.

83 『朝鮮王朝實錄』 영조31년 2월 4일 戊申.

84 『朝鮮王朝實錄』 영조31년 2월 11일 乙卯.

85 『朝鮮王朝實錄』 영조31년 5월 26일 癸亥.

필(심육의 막내아우)은 폄적 처분을 받았다.[86]

'신임여당'이란 신임사화(경종원년~2년)에서 노론 탄핵의 최선봉이 된 소론 준소 및 그들과 결탁한 남인을 가리킨다. 그리고 '무신유얼'이란 영조4년 무신년에 발발한 이인좌의 난에 가담한, 마찬가지로 준소와 남인을 가리킨다(이인좌는 남인).[87] 준소와 남인은 소론에 대한 공세를 높이던 경종 초년에 기세를 떨쳤으나 영조 초기에 들어 노론이 복권하자 실각하였고, 그 불평분자들의 존재가 이인좌의 난 발발의 배경이 되었던 것이다.[88]

윤지의 아버지 윤취상은 신임년에 김일경이나 박필몽 등과 함께 노론 탄압으로 이름을 떨쳤는데,[89] 박상검과 기맥을 통하여 왕세제에 대한 역모사건을 계획했다는 혐의를 받은 인물이기도 하며[90] 후에 체포되어 옥사하였다.[91]

또 이광사의 아버지 이진검, 이광현의 아버지 이진휴, 이광명의 아버지 이진위는 이진유와는 형제지간이다(모두 李大成의 아들). 그들은 모두 전주이씨 덕천군파에 속한다. 이광사 등이 나주괘서사건에 연좌된 것도 그들

---

86 『國朝人物志』3「沈壽賢」항목.

87 준소파인 박필몽은 이인좌의 난에 호응하여 박필현과 함께 호남에서 봉기하였다. 李宜顯『陶谷集』卷17「禮曹參判黃公墓誌銘并序」. "至戊申三月, 逆賊李麟佐起湖西……朴弼夢弼顯起湖南." 李敏輔『豊墅集』卷7「原論」. "戊申逆亂大作, 少論沈維賢朴弼顯弼夢等, 復煽一鏡所倡不道說, 與南人李獜佐鄭希亮等, 連三道傳檄擧兵."

88 영조17년에 지은『御製大訓』에도 이인좌의 난 발단을 김일경이나 목호룡의 존재로까지 소급하는 인식이 나타나 있다. "逆虎唱之於先, 賊鏡應之於後.……卽戊申之嚆矢, 大逆之張本, 載籍以來所無者也."

89 『朝鮮王朝實錄』경종4년 1월 11일 丙戌.

90 왕세제에 대한 윤취상의 모역 혐의에 관해서는『朝鮮王朝實錄』경종2년 5월 7일 辛卯 鄭宇寬의 供述을, 그 모역사건의 배후를 김일경 · 沈檀으로 보는 풍문이 있었다는 것에 관해서는『朝鮮王朝實錄』경종2년 5 월 8일 壬辰 윤취상의 공술을, 모역의 구체적 시기를 경종원년 11~12월로 보는 지적에 대해서는『朝鮮王朝實錄』영조원년 4월 29일 丙申 沈廷玉의 공술을 각각 참조.

91 『朝鮮王朝實錄』영조1년 6월 23일 己丑. 尹志의 絶島 안치를 기록하는 기사 중에 윤취상이 이미 옥사했음을 전하고 있으므로 그 옥사도 이즈음일 것이다.

이 이진유와 혈연관계였던 것이 주된 요인이었다.[92]

심확도 그의 아우 심필의 양부였던 심유현이 이인좌의 난의 주모자라는 혈통을 가진 인물로, 그런 의미에서 실로 '무신유얼'의 한 사람임이 틀림없다.

또 심육의 『저촌유고』에는 심육의 부모에 관한 행장 · 제문 · 묘지명은 일절 수록되어 있지 않으며, 심육 자신의 행장 · 제문 · 묘지명도 역시 부재되어 있지 않다. 이는 심유현 · 심확 · 심필이라는 인물과 심육과의 관련을 명시하는 자료의 수록을 금기시하는『저촌유고』 편찬자의 입장이 반영된 결과라고 추측된다.

2. 강화학파와 이진유(李眞儒)

이진유(영조6년 5월 13일 獄死)가 죄인으로서 처형되는 최후를 맞은 영향 때문인지 강화학파의 문헌에서 이진유에 대한 언급은 매우 드물며, 따라서 강화학파와 이진유의 관계에 대해서는 실제 상세하지 않다.

이광신은 이진유를 위해 쓴 제문에서 "일월성신 · 천지신명을 걸고 부끄러운 바가 없다는 그의 정충(貞忠) · 혈성(血誠)을 칭송한 뒤, 이에 불구하고 옥사라는 비명의 최후를 맞은 것을 천명에 어그러지는 것"이라 개탄하고 있다.[93] 그리고 이광사는 "조종이래 우리 이씨는 몸을 잊고 국가를 위해 죽는 것을 마음으로 삼았는데, 우리 백부 택헌공(澤軒公=이진유)에 이르

---

92 『朝鮮王朝實錄』 영조31년 4월 1일 甲辰. "罪人匡師, 以賊儒之從子, 累出賊招, 而與光哲綢繆親密之狀, 亦載於光哲日記. 請稟于大朝, 罪人匡師, 更加嚴鞫得情." 이광사가 尹光哲(尹志의 아들)과 내통했다는 혐의에 대하여 추급하는 내용이나, 이광사를 '역적 李眞儒의 從子'로서 언급하고 있는 점이 주목된다.

93 李匡臣 『先藁』 冊3 「祭伯父澤軒公文」 庚戌(영조6년). "公之貞忠血忱, 星日可辨, 神命可質, 固無愧於事天之大. 而天不錫之福而顧乃降之禍, 卒陷於桎梏桁楊之間, 使不保其軀命. 天之負公也甚矣."

러 당쟁에 휘말려 가문이 몰락하였다."고 하였다.[94]

이 문헌들은 확실히 모두 이진유에 대해 긍정적 · 동정적인 필치로 기술되어 있다. 그리고 이광신 일족이 준소파에 속하였다는 선행연구도 존재한다.[95] 그러나 이광신이나 이광사가 이진유와 동족이라는 사실에 더하여, 그의 당파적 입장도 공유하고 있었는지에 대해서는 남은 자료가 얼마 없는 현재 즉단하기 어렵다. 또 이 점에 대해서 고찰할 때에는 일족의 후예인 이건창의 『당의통략』이 명확하게 완소의 입장에서 논하고 있는 사실도 충분히 고려해야 할 것이다.[96]

그러나 그의 당파적 입장의 내실이 어떠하든 일족에서 '적신(賊臣) 이진유'를 배출한 것은 엄연한 사실이며, 또한 이것이 일족을 포함하여 강화학파에 적지 않은 악영향을 끼친 것도 사실이다.

이진유의 옥(영조6년 庚戌)으로 인해 이씨 가문이 몰락했다고 이광사가 서술한 것은 위에서 언급한 대로이지만, 이광사는 또 이광신을 위해 집필한 제문 속에서 그해의 참화(慘禍)를 "왕족의 세가들이 전부 생매장당했네.[璿潢世家, 百口活埋=왕족의 후예인 가문의 일족 다수가, 생매장된 것과 같은 참극]"라고 표현하였다.[97] 또 이광신도 경술(庚戌)의 화를 언급하고 있다.[98]

정제두가 세상을 떠난 직후부터(영조12년) 장자 정후일을 중심으로 개시

---

94 李匡師 『圓嶠集選』 卷9 「叔兄艾叟先生記實文」. "我家自孝敏公來, 世以忘身殉國爲心, 至伯父澤軒公, 竟陷黨籍, 門戶廢僇."

95 심경호(1997), 243쪽.

96 이 점에 관해서는 본문 중에서 이미 지적한 것 외에 『黨議通略』 「原論」에도 명확한 峻論 비판이 보인다. "今黨人之相攻也, 必以其類先布列於臺閣, 倡爲峻論, 排軋異已. 以原情爲容奸, 全恩爲亂法, 請竄請鞫請斬請孥. 一有少緩, 則又移峰以加之. 此古所謂獄吏之深文, 而我朝所謂臺閣之體也.……故峻論之名, 始於臺閣, 終爲黨伐之藉口. 以峻爲戒, 猶恐其過, 以峻爲貴, 何所不至?"

97 『圓嶠集選』 卷6 「祭恒齋從兄文」. "甲辰丁未, 吾輩不孝, 先妣先考, 連棄諸兒, 禍釁連緜. 至于庚戌, 璿潢世家, 百口活埋."

98 『先藁』 冊3 「祭姑母文」 丙辰. "小子風樹之痛, 昊天莫逮. 而事我王父母之日, 亦已短矣. 回首中間, 非無全盛之樂, 而倏忽如一夢. 諸父諸母, 亦皆康强而早世. 以至庚戌之禍, 而萬事滄索."

된 정제두 유고의 정리 · 편찬작업은 그 후 정후일과 윤순(모두 영조17년 沒), 심육(영조29년 沒), 정지윤(정후일의 장자, 영조30년 沒) 등 작업을 담당하고 있던 유력문인 등의 잇따른 죽음에 의해 진척에 지장이 있었다. 그러한 상황 속에서 일어난 나주괘서사건에 많은 강화학파 인사가 휘말리게 되어 마침내 한번 중단하게 되는 결과를 맞았다.[99]

정지윤의 아들 정술인은 5세에 아버지를 잃고 조모 유부인(柳夫人=정후일의 繼配)에게 길러졌으나, 유부인은 정지윤이 영달을 구하는 것을 원하지 않았다. 이는 부인이 당화(黨禍)에 크게 데였기[懲黨禍] 때문이었다.[100]

정인보는 이광사 · 이영익 · 이충익 3명에 대하여, 그들에게 양명학 비판의 언사가 있는 것은 당화를 두려워한 궤사(詭辭)이며 이는 내심 양명학 신봉을 은폐 도회한 것이라고 판단하였다.[101] 이 논정 자체에 대해서는 의문을 가지고 있다.[102] 그러나 강화학파에서 내실로서의 양명학 신봉을 은폐한 형적이 꽤 존재하는 것도 사실이다.[103]

첫머리에서도 언급했듯이 이런 현상의 배경으로는 양명학에 대해 비판적이었던 조선시대의 사상상황이 우선 존재했던 것은 틀림없다. 그리고 강화학파를 둘러싼 당시 정치상황이 구체적으로 어느 정도 영향을 끼쳤는지 직접적인 인과관계를 검증하는 것은 곤란하나, 적어도 그 배경이 되는 하나의 요인으로서 이 문제는 이후 강화학파 연구에 있어서도 늘 주의해야 할 과제가 될 것이다.

---

99 정기석『府君遺稿』卷2「霞谷集序」. "後生之習于先生者, 多罹乙亥之禍, 此事更無可托."

100 李是遠『沙磯集』冊5「贈吏曹參判鄭公墓碣銘」. 정제두 유고 편찬사업을 포함하여 정제두 후예의 사적에 관해서는 제7장을 참조.

101 정인보(1933), 232~235쪽.

102 제3장, 제4장을 참조.

103 서장 참조.

Ⅵ. 소결

제1부에서 이미 논했듯이 강화학파의 양명학 · 하곡학 수용 · 전승의 형적을 나타내는 사적은 전반적으로 매우 드물다. 그 배경으로 주자학을 절대시하고 양명학을 이단사설시하는 조선사회의 사상적 풍토, 그리고 이 때문에 양명학 신봉의 호도 · 은폐나 양주음왕(陽朱陰王)의 가능성이 종래부터 왕왕 지적되어왔다. 이에 더하여 강화학파를 둘러싼 정치상황이 그 당시의 강화학파에 영향을 끼쳐 유형무형(有形無形)의 그림자를 드리우고 있었다는 것은 말할 필요도 없을 것이다. 이런 의미에서 필자는 강화학파를 둘러싼 정치상황을 밝히고 확인하는 것이 이후 강화학파 연구에 있어 불가결한 기초 작업이라고 생각한다.

정제두 본인을 비롯하여 강화학파를 에워싼 정치상황, 특히 정국 · 당쟁과의 관련을 고찰함에 있어 전주이씨 덕천군파에서 소론 준소파의 중심인물인 이진유를 배출한 것은 결정적으로 중대한 의미를 가진다. 그리고 이진유 등 준소파가 점하고 있는 역사상의 위치를 고찰하기 위해서는 경종~영조조 초년의 정국을 더듬어 살피는 작업이 필수적이다. 본장에서 해당 시기를 고찰한 것은 위와 같은 문제의식에 근거한 것이었다.

무엇보다도 소론과 노론의 대립, 그리고 소론 내부의 준소파와 완소파의 대립이 영조조에 어떻게 계속 영향을 미쳤는지 정확하게 확인하기 위해서는 영조의 탕평정책의 실태를 다각적으로 검토하는 것이 필요하다. 그러나 이는 현재 필자에게는 무거운 과제로 이에 대해서는 훗날을 기약한다.

제12장
부론(附論): 『경종실록』과 『경종수정실록』

경종조의 『조선왕조실록』에는 『경종실록』(영조8년 1732년 완성)과 『경종수정실록』(정조5년 1781년 완성) 두 종류가 존재한다. 전자는 소론 완소파에 의해, 후자는 노론에 의해 각기 편찬된 것이다. 이렇게 경종조의 두 『실록』은 각 편찬자가 의거한 정치적 입장이 크게 다르기 때문에 그 입장 차이가 각각의 필치와 논조에도 반영 · 투영되어 있다. 그리고 이러한 경향은 사신(史臣)에 의한 논찬적 기술 부분에 특히 두드러지고 있다. 1차 자료로서 『조선왕조실록』을 이용하는 우리 연구자들은 두 실록의 자료적 성격에 대해서도 충분히 유의할 필요가 있을 것이다.[1]

이제 두 『조선왕조실록』 편찬의 경위 및 『실록』에서 발견할 수 있는 각각의 당파적 입장에 대해 간단하게 정리해보고자 한다. 또한 이 문제를 논함

---

1 末松保和(1997)에 의거하면, 당파적 입장에서 이미 성립되어 있는 『實錄』을 부정하고 제2의 『實錄』이 편찬된 사례로 (1) 『宣祖實錄』(北人)과 『宣祖修正實錄』(西人), (2) 『顯宗實錄』(南人)과 『顯宗改修實錄』(西人), (3) 『景宗實錄』과 『景宗修正實錄』 세 가지를 들고 있다. 그러나 末松은 『景宗實錄』과 『景宗修正實錄』 각각이 어떠한 당파당론의 입장을 투영한 것인지에 대해서는 분명히 말하지 않고 있다.

에 있어서는 경종조부터 영조조에 이르는 구체적인 정치동향 및 각 정국에서 각 당파의 정치적 입장 등에 대해서도 필수적으로 살펴보아야 할 것이나, 이에 관해서는 전부 제11장을 참조하기 바란다.

Ⅰ. 두 『실록』 편찬의 경위

『경종실록』은 영조2년(1726)에 편찬이 착수되어 영조8년(1732)에 완성되었다.[2] 찬수(纂修)에 참여한 조문명(趙文命), 서명균(徐命均)은 모두 소론 완소파이다. 『경종실록』의 개수(改修) 건의는 영조조에서도 행해졌다. 영조17년 10월, 헌납(獻納) 이천보(李天輔)가 상소를 올려 『경종실록』의 오류를 수정하고 흠결을 보완하기 위하여 개보(改補)를 청원하였다. 그러나 이때에는 이전 달(9월 24일 丙戌)에 완성한 『어제대훈』을 『실록』 권두에 첨부하면 그것으로 충분하다는 영조의 판단이 내려졌기 때문에 개수의 실현은 이루지 못하였다.[3] 구체적인 개수의 움직임이 보이는 것은 정조조에 들어가서부터이다.

정조원년 10월, 이사렴(李士濂)이 상소를 올려 『경종실록』의 개수를 주장하였다. 상소의 주된 내용은 다음과 같다. ① 신축(辛丑, 경종원년)의 건저(建儲=왕세제 책립)는 공명정대한 정책 결정으로, 이를 추진한 신하들의 충적(忠赤)은 불멸하다. ② 그러나 『경종실록』은 사대신의 '충정위열(貞忠衛烈)'을 악역(惡逆)으로 폄하하는 한편, '흉괴적수(凶魁賊首)'인 조태구 · 최석항을 사직(社稷)의 부조(扶助)에 마음을 다한 자로서 높이 평가하고 있다. ③ 그 외에 무고(誣告)와 비슷한 기재는 빈번히 보이며, 흑백을 뒤바꾸

2 『朝鮮王朝實錄』 영조8년 2월 18일 丙午. "景宗大王實錄成. 左議政李㙫, 右議政趙文命等摠裁, 大提學李德壽, 副提學徐命均等纂修, 始役於丙午八月, 告成於是月."

3 『朝鮮王朝實錄』 영조7년 10월 31일 辛酉.

고 충역(忠逆)을 도치하고 있다. ④ 국조(國朝)에는 『선조실록』 개수의 고사(故事)도 존재한다. 대행대왕보록(大行大王實錄=『영조실록』)의 편찬에 착수한 지금 이때야말로 개수를 거행해야 한다. ⑤ 신임(辛壬, 경종원년~2년)의 사실은 의리의 근간에 관련되었기 때문에, 『경종실록』 속 무고에 관계되는 기재는 일체 삭제하고 만세불역(萬世不易)의 의론을 수립해야 한다.[4]

정조가 여러 대신들에게 심의시킨 바 모두 개수해야 한다고 주장하였다. 그리고 이때 대사간(大司諫) 유당(柳戇)은 "현행 『경종실록』은 완성 후 적신(賊臣) 이광좌가 자의적으로 개찬을 행한 결과 신임(辛壬)의 충역(忠逆)이 뒤바뀌게 되어 경종에서 영조로 행해진 수수(授受)의 공명정대함이 은폐되었다."라고 하였다.[5]

이사렴의 상소는 정조에게 가납되었고, 『영조실록』 편찬을 위한 사국(史局)의 개설을 기다린 뒤,[6] 『영조실록』과 함께 『경종수정실록』의 편찬이 진행되어 동시에 완성되었다(정조5년 7월).[7]

그리고 이에 앞서 경연관 송덕상(宋德相)은 『실록』이 이미 정리되었으니 쓸모가 없게 된 구본(舊本)은 수화(水火)에 던져버려야 한다고 주장하였다. 그러나 이 주장은 "구본을 정리한 경우에도 이정본(釐正本)과 구본 둘 다 병존시키는 것이 국조의 고례(古例)이다."라는 정조의 판단에 의해 각하(却

---

4 『朝鮮王朝實錄』 정조원년 10월 29일 辛酉. "改修景宗朝實錄, 先是前佐郎李師濂上疏曰…… ① 噫! 辛丑建儲, 光明正大, 承東朝惻怛之敎, 受景廟付托之重, 眞所謂建天地不悖, 質鬼神無疑, 則定策諸臣之斷斷忠赤, 至死靡渝.…… ② 伏覩景廟實錄, 則伊時撰史者, 以凶肚逆腸, 敢謂天地之可欺, 日月之可誣, 搆虛捏無, 惟意粧撰.……而四大臣貞忠偉烈, 斥之以萬古惡逆, 耉恒輩凶魁賊首, 奬之以竭心扶社. ③ 其他誣衊之言, 不一而足, 黑白易處, 忠逆倒置.…… ④ 且國朝故事, 宣廟實錄, 因故判書臣李植疏請, 特命改述, 其顚末具載於李植書集中, 班班可考. 今當大行大王實錄改輯之日, 以殿下出天之誠, 宜盡晝日之謨. ⑤ 而若其辛壬事實, 卽是義理頭腦, 伏願更命史局, 景廟實錄中關係誣逼者, 一體刪述, 以定千萬代不易之論, 以光我殿下善述之孝焉."

5 上同. "至是大司諫柳戇啓言, 實錄所以傳信於後世者. 惟我景宗大王實錄已成之後, 賊臣光佐輩當國, 欺蔽天聽, 恣意改撰其書, 辛壬事變幻忠逆, 敢翳兩朝光明之授受."

6 『朝鮮王朝實錄』 정조2년 2월 6일 丁酉.

7 『朝鮮王朝實錄』 정조5년 7월 6일 丙午.

下)된다.[8]

Ⅱ. 『경종실록』의 당론(黨論)

『경종실록』은 기본적으로 소론, 그 중에서도 완소파의 입장에서 집필된 것이다. 이는 노론 및 준소에 대한 비판적 논조 · 필지에 의해 확인할 수 있다. 이하 몇 가지의 구체적인 예를 들어 이를 검증하고자 한다.

(a) 대리청정책에 대한 평가: 노론 사대신의 '삼변(三變)'

경종원년 10월 14일, 노론 사대신은 백관을 거느리고 대리청정의 성명환수를 청하는 정청(庭請)을 행하였고 이는 3일간 계속되었다. 그러나 10월 17일, 경종의 성명환수는 이미 불가능이라고 판단하여 백관정청(百官庭請)을 중단하고 대리청정 거행을 청하는 연차(聯箚)를 올렸다. 그런데 얼마 뒤 조태구(소론, 강경한 대리청정 반대론자)가 입성(入城)했다는 소식을 접하자 그들도 조태구의 뒤를 이어 입대(入對)하고 다시 성명환수를 청하는 상소를 올렸다. 이처럼 노론의 태도는 하루 사이에 '백관정청→연차→성명환수 요청'으로 빠르게 변환하였다(三變). 이 일련의 거동에 대해 『경종실록』의 사신은 대략 다음과 같이 서술하고 있다.

① 성상(경종)께서 즉위 이래로 심양(心恙)이 심해져 신하들에게 응대하는 말에도 혼란이 있었고, 국왕으로서의 기무(機務)에서도 살피지 못함이 많았으며, 종묘사직에 있어서도 근심할 만한 사태였다. 이것이 조성복의 상소(대리청정의 청

---

8 『朝鮮王朝實錄』 정조3년 7월 28일 庚戌. "召見經筵官宋德相.……又啓言, 景廟實錄, 今旣釐正. 則舊本竝存, 誠甚不緊. 投諸水火爲宜. 上曰, 我朝列聖朝實錄中, 釐正本及舊本, 亦有兩存之事."

원, 10월 10일)나 사대신의 연차(대리청정 거행의 청원, 10월 17일)가 구실로 삼은 바이다.

② 오늘날 이 무리들의 충역(忠逆)을 평가하는 것은 그들 마음의 공(公)과 사(私)가 어떠한지를 볼 뿐이다.

③ 애초부터 국군(國君)에게 병이 있을 때에 저군(儲君)이 수고로움을 대신하는 것은 국가의 큰 정사이니 꺼릴 만한 일이 아니다. 그런데 대신이 애초에 스스로 직접 대리청정을 청하지 않고 다른 사람의 입을 빌려 은밀하게 의견을 제출한 것은 어째서인가. 3일에 걸쳐 정청하여(10월 14일~16일) 성명을 환수하라고 힘써 다툰 것은 어째서인가. 이미 연차에 의해 대리청정 거행을 위한 절목(節目)을 올렸는데 다시 성명을 거두기를 청한 것은 어째서인가. 만약 사대신이 변치 않는 충성된 마음으로 종묘사직을 위해 (왕세제 대리청정을) 건의했던 것이라면 어떻게 이렇게 행동할 수 있는가.

④ 그들이 몰래 책략으로 자신들의 본심을 은폐하려고 한 것은 그 마음에 불순한 협잡물(挾雜物)이 있었기 때문이다. 그 협잡물이란 무엇인가?

⑤ 그들은 성상을 등에 박힌 가시처럼 보고, 30년 동안 자신들을 도마 위의 고기와 같은 존재로 여기며 두려워했다. 한편 동궁(왕세제)에 대해서는 (대리청정책 주도에 의한 장래 국왕) 책립의 공적을 손에 넣으려 했다.

⑥ 즉 그들에게 있어 대리청정책이란 등 뒤의 가시를 제거하고 도마를 벗어나며, 공적을 들어 보은을 바라는 계략임에 틀림없다.[9]

---

9 『朝鮮王朝實錄』 경종원년 10월 17일 甲戌. "史臣曰, ① 上自卽位以來, 心恙倍劇, 對群臣言語, 或有顚錯, 臨萬機酬應, 多不照管, 宗社之憂, 誠有澟澟者. 此聖復之疏, 四相之箚所以藉口者也. ② 今日此輩之爲忠爲逆, 亦惟在心之公私之如何耳. 心藏於內, 其公與私, 曷由卞哉? 跡其事而心可知已. ③ 夫國君有疾, 儲君代勞, 乃國之大政, 亦非隱微可諱之事, 則大臣初不直請, 而借口微發者何也? 三日庭籲, 勉强爭執者何也? 旣上節目, 又請還收者, 何也? 大臣之以斷斷赤心, 爲宗社建大議者, 亦如此乎? ④ 其所以陰弄手脚, 務欲掩覆者, 以其心有所挾雜, 內有所不足故耳. ⑤ 夫所謂挾雜者, 此輩視聖上如背芒, 三十年來, 澟然以俎肉自居, 其於東宮, 則又自以爲定策之功, ⑥ 而是擧也, 乃所以去乎芒脫夫俎, 而爲要功望報之計者也."

여기에서는 노론 사대신을 역신(逆臣)이라고 판단하고 있는데, 이 논평이 소론의 입장에서 쓰여진 것임은 분명하다. 주목할 만한 점은 그 충역을 감별하는 판단기준을 어디에서 구하고 있는가이다. 대리청정 정책으로서의 시비 평가는 경종의 병환이나 정무에 대한 지장의 유무 등에 관한 사실 인정과 불가분의 관계를 맺고 있다. 그리고 경종원년 10월 당시, 소론은 경종의 병세의 위중함이나 정무상의 지장을 부정하고 대리청정책에 반대하였다. 그러나 경종이 죽고 영조가 즉위한 뒤 『경종실록』 편찬의 시점에는 병과 정무상의 지장을 인정하고 있다. 인정했다는 것은 그것이 사실이었다는 것이다.[10] 그리고 그 사실을 인정한 이상, 대리청정책을 부정한 논거를 상실하게 된다. 게다가 연잉군이 영조로 현재 즉위하고 있는 때에 그의 왕세제 시절 대리청정책을 부정하는 것은, 영조에 대해서도 크게 꺼리는 바가 있었던 것이 틀림없다. 이 시기의 소론은 대리청정책을 둘러싼 노론 사대신의 입장 전환, 이른바 '삼변'에 착안하여 여기에서 은폐된 사심을 드러내는 논법으로 사대신을 단죄하는 데 이른 것이다. 또한 '등에 박힌 가시', '도마 위의 고기' 운운한 표현은 앞 장에서도 서술했듯이, 숙종조의 희빈 장씨 사사(숙종27년) 때 노론이 취했던 입장에 기인하는 것이다.[11]

(b) 노론 사대신의 사망기사

『조선왕조실록』에서 고위 관료의 사망기사를 전하는 경우, 그의 자 · 본관 · 가계 · 관력 등의 약력이나 중요한 치적 · 업적 및 약간의 논평 · 논찬

---

10 『朝鮮王朝實錄』 경종2년 3월 17일 壬寅은, 경종의 病狀[火熱忽升, 心氣大發]을 언급하고 사신의 평론을 부기하여 "김창집이 임금의 병에 가탁하여 사심을 이루려 한 점은 크게 단죄해야하나, 임금께는 원래 병이 없었다고 주장하며 세상을 속이는 무리들이 있는 것은 탄식할 만하다."라 서술하고 있다.

11 숙종27년 10월, 희빈 장씨의 처분에 관하여 소론은 助命을, 노론은 賜死를 주장하였다. 숙종27년(1701)을 기점으로 하자면 경종원년(1721)은 21년째에 해당하므로 '三十年來, 凜然以俎肉自居'라는 숫자는 부합하지 않는다. 가령 『경종실록』이 완성된 영조8년(1732)에야 숙종27년은 확실히 '三十年來'이라는 숫자가 된다.

을 기재하는 것이 통례이다.[12] 그러나 『경종실록』에서 노론 사대신의 사망을 전하는 기사는 모두 겨우 한 줄에 불과하며, 매우 사무적으로 간략 · 냉담하게 다루고 있다. 지금 이를 열거하자면 다음과 같다.

• 『조선왕조실록』 경종2년 4월 30일

이이명(李頤命)이 사사되었다. 도사(都事)가 길에서 서로 어긋나서 죄인을 압송하는 선전관(宣傳官)이 죽산(竹山)에 이르러 치계(馳啓)하니 급히 다른 도사를 보냈다.[13]

• 『조선왕조실록』 경종2년 5월 2일

금부도사(禁府都事)가 죄인 김창집(金昌集)이 지난달 29일 성주(星州)에 이르러 사사된 일을 임금께 아뢰었다.[14]

• 『조선왕조실록』 경종2년 8월 19일

선전관 이언환(李彦瑍)과 금부도사 이하영(李夏英)이 흥양(興陽)의 나로도(羅老島)에서 이건명(李健命)을 참형(斬刑)하는 장소에 입회하였다.[15]

• 『조선왕조실록』 경종2년 10월 29일

금부도사 송식(宋湜)을 보내어 위리안치(圍籬安置)한 죄인 조태채(趙泰采)를 진도(珍島)에서 사사하였다.[16]

---

12 『朝鮮王朝實錄』의 사망기사를 일괄 수록한 서적으로는 다음과 같은 것이 있다. 『朝鮮王朝實錄人物史料』 上 · 下, 한국고문헌연구회 編, 한국문화사, 1994.

13 『朝鮮王朝實錄』 경종2년 4월 30일 甲申. "頤命賜死. 都事中路相違, 拿來宣傳官, 至竹山馳啓, 急遣他都事."

14 『朝鮮王朝實錄』 경종2년 5월 2일 丙戌. "禁府都事, 以罪人金昌集, 前月二十九日, 到星州賜死事, 狀聞."

15 『朝鮮王朝實錄』 경종2년 8월 19일 壬申. "宣傳官李彦瑍 · 禁府都事李夏英, 莅斬健命于興陽羅老島."

16 『朝鮮王朝實錄』 경종2년 10월 29일 辛巳. "遣禁府都事宋湜, 賜圍籬安置罪人趙泰采死于珍島."

노론에 대한 토죄의 자세에 있어 완소와 준소 사이에 '완(緩)', '준(峻)'의 차이가 있었다고는 해도, 노론 사대신을 역신으로 판단하고 있는 점에서는 차이가 없었던 것이다. 위의 사망기사는 노론 사대신에 대한 『경종실록』의 부정적 평가를 말해주는 것이라 할 수 있다.

(c) 노론 사대신 처벌을 둘러싼 기사

또한 노론 대신과 준소 관료 쌍방에 대한 『경종실록』 사신(史臣)의 비판적 논평으로 경종2년 4월 17일 조를 들 수 있다. 해당 조는 김창집과 이이명이 사사(賜死)되기 2주 정도 전, 사간원 대사간 이사상 · 사헌부 지평 박필몽 등 준소파의 관료가 경종에게 사흉(四凶=노론 사대신)의 주살을 강경하게 촉구했음을 기록한 것이다.

① 이이명은 사람됨이 교활하고 음험하여 겉으로는 골계(滑稽)한 듯했지만, 속으로는 흉악하고 진실되지 못하였다. 목호룡의 고변(경종2년 3월)에 의해 경종 역모 혐의로 고발된 자들 중에는, 이희지(이이명의 조카)를 비롯하여 이이명의 자질(子姪)과 문객(門客)이 그 다수를 차지하고 있어 여론은 분개하였다. 이이명 본인은 반역행위에 가담한 형적이 드러나지 않았으므로 대신들도 참형이 아닌 사사(賜死=自盡)를 청한 것이다. 그러나 그 후 역적들의 진술을 통해 역모의 주도 · 지령 대부분에 이이명 집안이 관여하고 있던 것이 판명된 이상, 법에 비추어보면 사사는 형량이 부당하다(=참형이 마땅하다).

② 김창집은 사람됨이 거칠고 흉포하고 어리석고 경솔했으며 학식이 전혀 없었다. 목호룡의 고변으로 고발된 자들 중에는 손자 김성행(金省行)도 포함되어 있었고, 장세상(張世相)과 결탁한 정황도 밝게 드러나 숨길 수가 없었다. 양사(兩司=사헌부 · 사간원)는 처형을 요청하였으나 대신들의 말을 참작하여 사사(賜死)하였다.

③ 양흉(兩凶=이이명 · 김창집)의 죄는 본래 용서해서는 안 된다. 그러나 유감스럽게도 조정의 처분이 공명정대하지 못하였고, 옥청(獄廳)의 심문을 통하여 그 역상(逆狀)이 전부 밝혀지기를 기다리지 않고 두세 명의 대관(臺官=사헌부 · 사간원의 관원)[17]이 밤중에 국왕에게 청대(請對)하여 협박에 가까운 태도로써 극률(極律)에 처하도록 한 것은 이미 법의 취지를 잃은 것이다. 그러나 대신이 요청한 사사(賜死)도 역신에 대한 치죄(治罪)로는 맞지 않는 형량이다. (이 건에 관한 일련의 절차가) 사리(事理)는 전도되고 조치는 혼란하여 단지 역신을 제거하는 데에만 급급하다는 비난을 면치 못하는 것은 실로 탄식을 금할 수 없다.[18]

위 글에 이름이 보이는 이희지, 김성행, 장세상은 모두 목호룡의 고변으로 고발된 인물이다.[19] 이 일대 의옥사건에서 체포 · 투옥된 자들 중에는 이기지(李器之=이이명의 아들), 이희지(이사명의 아들, 이사명은 이이명의 형), 김용택(金龍澤=노론 김만중의 손자, 이이명의 사위), 김성행(김창집의 손자), 김창도

---

17 '臺官'은 본래 사헌부 관원을 가리키는 것이라고 생각되나, 여기에서는 臺諫官(사헌부 및 사간원의 관원), 즉 兩司와 같은 의미로 쓰인 것으로 보인다.

18 『朝鮮王朝實錄』 경종2년 4월 17일 辛未. "大司諫李師尙……持平朴弼夢, 請對入侍. 師尙讀奏合啓曰, 四凶之罪, 可勝誅哉?……請頤命處斬. 上不從.…… 師尙又讀奏曰……請昌集正刑……上不從.……諸臣欲退出, 弼夢厲聲高語曰, 今日雖至徹夜, 不得請, 不可退, 仍又交口力爭. 史臣曰, ① 頤命……而爲人濫猾陰密, 外似滑稽, 內實凶譎. ……至是, 虎龍上變, 喜之等諸逆, 皆出於頤命子姪門客, 凶謀逆節, 狼藉畢露, 一國輿情, 咸懷憤惋. 但頤命親參逆節之跡, 未及現出, 故咸謂處斬之太遽, 而大臣以賜死爲請矣. 其後諸賊之招, 益復凶慘, 主張指揮, 多出其家, 斷之以三尺之法, 則賜死又爲失刑矣. ② 昌集, 卽故相臣壽恒之子, 先正臣尙憲之曾孫. 爲人麤厲愚率, 全無學識.……至是虎龍上變, 其孫省行, 亦在告中, 交結世相之狀, 昭不可掩. 兩司遂請正刑, 以大臣言, 參酌賜死. ③ 夫兩凶, 關係至重, 罪不容貸, 而但恨朝廷處分, 未能光明正大.……而今乃不待鞫廳之請拿, 逆狀之悉著, 數三臺官, 乘夜請對, 恐動迫脅, 直置極律, 旣失法意. 大臣所請賜死, 又非治逆之當律, 事體顚倒, 擧措忙亂, 不免爲汲汲翦除之譏, 可勝歎哉?"

19 『朝鮮王朝實錄』 경종2년 3월 27일 壬子. 張世相은 이에 의하면, 경종에 대한 모역인 '三手' 중 '平地手(세자를 비방 · 중상하는 내용의 괴문서를 사전에 퍼뜨림과 동시에, 숙종의 국장 때 조작된 遺詔를 내려 왕세자=후의 경종을 폐출시킨다는 계획)'에 관여했다고 하는 환관이다.

(김창집의 庶從) 등 확실히 이이명이나 김창집의 인척이 꽤 포함되어 있었다.[20]

그러나 김일경에 의한 노론 사대신 탄핵(경종원년 12월)이나 목호룡의 고변은 영조조에 모두 무고(誣告)로 판단되어 노론 사대신이 복작(複爵)·증시(賜諡) 등의 명예회복을 하였다. 여기에서 사관(史官)이 이이명·김창집을 이흉(二凶)으로 폄칭하고, 사사(賜死)가 아닌 참형만이 타당하다고 판단하고 있는 것은 우선 이로써 소론으로서의 입장을 명시하는 것이다. 또한 『경종실록』에 이러한 논단이 포함되어 있었기 때문에 노론은 수정의 필요성을 통감했음에 틀림없다.

그리고 노론 사대신의 처분에 대해서는 '이사상·박필몽 등의 강경론에 의한 처형 결정(경종2년 4월 17일), 조태구·최석항의 신중론에 의해 이이명·김창집 처형의 명을 철회(4월 18일), 조태구·최석항은 다시 두 사람의 사약에 의한 자진(自盡)을 주장(4월 21일), 박필몽·이사상·김일경 등의 강경론에 의한 두 사람의 참수(斬首) 결정(4월 22일)'이라는 곡절이 있었다. 당시 조태구는 의정부 영의정, 최석항은 의정부 우의정이었다. 위 글에서 이흉에 대해 사사를 주장한 대신은 조태구나 최석항(모두 완소)을 가리킨다.

여기에서 『경종실록』의 사신(史臣)이 이이명·김창집의 처벌에 관하여 완소파 대신이 주장하는 사사가 아닌 준소파 관료가 주장하는 처참(處斬)을 타당하다고 판단하고 있는 점은 주목할 만하다. 그러나 위 문장에서 사관이 문제시하고 있는 것은 형량 자체라기보다는 오히려 형량을 확정하는 과정에서, 국왕과 강경하게 담판하여 성급히 자신의 주장을 관철하려 한 준소파 관료의 태도를 엄하게 지탄하고 있다. 그런 의미에서 역시 이 조항도 완소파의 입장을 나타내는 것이라고 볼 수 있겠다.

---

20 『朝鮮王朝實錄』(『景宗修正實錄』) 경종2년 3월 27일 壬子.

(d) 완소파에 대한 긍정적 평가와 준소파 비판

『경종실록』 편찬자의 입장은 완소파 및 준소파의 인물에 대한 논평 양상에서도 단적으로 나타나고 있다. 여기에서는 완소파로서 조태구 · 서명균, 준소파로서 김일경 · 박필몽을 예로 들어보겠다.

1. 조태구(완소)

조태구에 대하여 『경종실록』의 사신은 그의 충절 및 숙종 · 경종의 깊은 권고(眷顧)를 얻고 있었음을 기록하였고,[21] 국난 때에는 목숨을 걸고 종묘사직을 도와 정성을 다하여 국본(國本)을 안정시키고 옥사(獄事)를 논의할 때에는 관서(寬恕)의 입장을 관철하였으며, 희빈 장씨에의 추보론(追報論)에 대해서는 끝까지 정론(正論)을 주장한 점도 높이 평가하고 있다.[22]

이 중 '목숨을 걸고' 운운한 것은, 조태구의 입성 알현을 계기로 대리청정의 왕명이 최종적으로 철회에 이르게 된 것(경종원년 10월 17일)을 가리킨다. '관서'란 신임옥(辛壬獄) 때 상대적으로 관용 · 관대한 처분을 바라는 태도를 가리키는데, 그들에게 '완소파(緩少派)'라는 이름이 붙여진 이유이기도 하다. 또 희빈 장씨에 대한 추보론을 주장한 것은 주로 준소파와 남인으로, 완소파는 이에 반대 입장을 취하였다.[23]

덧붙여 말하자면 조태구에게는 『주서관견(籌書管見)』이라는 저서가 있는데, 이는 경선징(慶善徵)의 『묵사집산법(默思集算法)』이나 최석정(崔錫鼎)의 『구수략(九數略)』과 함께 조선의 수학을 대표하는 수학서(數學書)이다.[24]

---

21 『朝鮮王朝實錄』 경종 즉위년 10월 12일 乙巳. "以趙泰耉爲右議政. 上初命加卜, 以鄭澔卜入, 再命加卜, 乃拜泰耉. 史臣曰, 泰耉愷悌有忠節, 自在先朝甚重之, 及上卽位, 注意益隆."

22 『朝鮮王朝實錄』 경종2년 4월 9일 癸亥. "史臣曰, 泰耉當國勢岌嶪, 人心波蕩之日, 能捨命而扶宗社, 竭誠而安國本. 持寬恕於議獄之際, 主正議於追報之論, 士流倚以爲重."

23 제11장 참조.

24 川原秀城(1998).

2. 서명균(완소)

서명균에 대해서는 그가 심단(남인)이나 김일경(준소) 등과 전석(銓席)을 함께하기를 떳떳하게 여기지 않았고, 또 윤지술(노론)[25]의 조명(助命)을 요구하는 상소를 올려 김일경이 매우 증오하였다는 것(『조선왕조실록』 경종2년 1월 22일 戊申), 윤지술 조명의 상소에 관해 서명균 이외의 여러 신하들이 경종의 뜻에 영합하여 어느 한 사람도 윤지술의 주살에 반대하지 못하였던 정황에 대해 『경종실록』의 안어(按語)에서 "의리가 막히고 인심이 함닉되었다.[義理之晦塞, 人心之陷溺]"라 논평하고 있는 것(『경종실록』 경종원년 12월 17일 계유, 謹按), 그리고 이 논조에 비추어 『경종실록』이 분명히 완소의 입장에서 집필되었다는 것은 이미 앞 장에서 지적하였다. 서명균이 안악군수(安岳郡守)로 폄적된 것을 기록한 조에서 『경종실록』의 사신은 다음과 같이 서술하였다.

① 서명균은 사람됨이 순결하고 의론도 온화하였다는 것

② 심단이나 김일경과 전석(銓席)을 함께하는 것을 부끄러워하였고, 또 기사당인(己巳黨人=남인)을 임용하는 것을 비판했기 때문에 심단 · 김일경의 분노를 산 것

③ 시휘(時諱)를 고려하지 않고 윤지술의 주살에 반대한 상소를 올려, 기사당인이 군기하여 역적을 옹호한 자로서 지탄받은 것

④ 전선(銓選)을 담당하는 관료들도 심단 · 김일경의 위협을 두려워하여 결국 서명균의 폄적 처분이 결정되는 데 이른 것[26]

---

25 윤지술은 이이명이 지은 대행대왕(죽은 숙종)의 誌文에서, 희빈 장씨의 賜死를 언급한 바가 없었던 점을 비판하며, 다른 대신에게 명하여 고쳐서 짓도록 上書한 인물이다(숙종46년, 경종즉위년 9월 7일).

26 『朝鮮王朝實錄』 경종2년 5월 3일 丁亥. "以徐命均爲安岳郡守. 史臣曰, ① 命均, 故賢相宗泰之子也. 爲人粹潔, 持論和平, 不喜訾之習. ② 昨年冬, 中批擢拜銓部佐貳, 命均恥與沈檀金一鏡同席, 上疏力辭, 且陳不欲與己巳黨竝容之意, 檀鏡深恚之, 反詈甚悖. ③ 及尹志述之被殺也, 命均不顧時諱, 抗疏論殺士之失, 己己黨人, 挾憾群起, 驅

이 논평도 준소 · 완소의 대립구도를 나타낸 뒤 명확하게 완소 측에 서서 지은 것이다. 이와 관련하여 서명균이 『경종실록』의 찬수에 참여하고 있던 것은 이미 서술한 바이다.

3. 김일경(준소)

김일경에 대해서는 그의 조성복 및 노론 사대신에 대한 탄핵상소를 기록하는 조의 안어(按語)에서 다음과 같이 서술하였다.

① 김일경은 사벽(邪僻)하고 험악(險惡)한 하나의 소인에 불과하다.

② 집에서의 행동은 예악(穢惡)하고, 관직에 있을 때에는 탐욕스럽고 방종하여 이를 비루하다 여기지 않는 자가 없었다.

③ 숙종도 그의 사람됨을 싫어하여 임용하지 않았다.

④ 숙종이 임종할 때 자신의 빈장(殯葬)에 대해서만 말하고 국사에 대해서는 전혀 언급하지 않았다는 것을 들은 김일경은 비웃으며 "경연관이 미리 군덕(君德)을 보도(輔導)했다면, 고명(顧命)의 내용도 이렇지는 않았을 것이다."라고 하여 그의 포만(暴慢)함은 듣는 사람을 놀라게 하였다.

⑤ 김일경은 이이명 · 김창집의 죄를 소론(疏論)할 때 "전하(경종)에 대한 불충은 선왕(숙종)에 대한 불충과 다름없습니다."라고 하였는데, 숙종에 대한 일경의 불충함이 이와 같은 이상, 그가 경종에 대하여 충성을 다할 수 있겠는가.

⑥ 권세를 쥐고부터는 동궁(왕세제 연잉군)도 안중에 없이 제멋대로 흉언(凶言)을 일삼았다.

⑦ 그의 행동원리는 요컨대 공명(功名)과 부귀(富貴)를 추구하며, 사욕(私欲)을 이루고 자기 마음대로 하려는 것에 불과하다.

⑧ 그러나 당시의 의론이 역적을 토벌한 김일경의 공적 때문에 누구도 그를 억

之以護逆, 遂爲朴弼夢所彈罷. ④ 其後章交公車, 輒以罪命均爲言, 當銓地者, 又畏檀、鏡之威喝, 不敢引用, 一切枳塞, 至是又外補."

제하지 못하고 기세를 휘두르도록 내버려두어 국가를 어지럽히게 되었으니, 애통한 마음을 가눌 수 없다.[27]

그의 논조는 김일경에 대한 전면 부정이라고 해도 과언이 아니다. 또 김일경이 지은「토역반교문」을 태묘에 보고한 것을 기록하는 조의 안어(按語)에서도, 교문 중 '금정첩혈(禁庭喋血)'이라는 말에 대해 "그의 감추어진 화심(禍心)이 뜻밖에 문자 사이에 드러난 것"이라 평하고 있다.[28]

4. 박필몽(준소)

노론 사대신의 처분을 둘러싸고 조태구 · 최석항은 이이명과 김창집의 약살(藥殺)을 주장하였다(경종2년 4월 21일 乙亥). 그다음 날 박필몽 · 이사상 · 김일경 등은 완강하게 두 사람의 참수를 주장하여 경종의 재가를 얻어냈다. 이를 기록하는 조에서『경종실록』의 사신은 "대신(大臣=영의정 조태구 · 우의정 최석항)에게 만일 잘못이 있는 경우, 대각(臺閣=대사간 이사상 · 지평 박필몽 등)이 이를 간쟁하는 것 자체가 훌륭한 일이다. 그러나 체면에 관련된 사항에 관해서는 신중함이 필요한데, 가령 (대각이 대신에 대하여) 욕설이나 모욕 등을 가해서는 안 된다. 그러나 박필몽은 조태구를 '그[渠]'라고 칭하여 공공연하게 질책 · 매도하였다.[29] 이는 일의 체례(體例)를 손상시키

---

27 『朝鮮王朝實錄』 경종원년 12월 6일 壬戌. "①一鏡, 本一傾險小人.…… ②且其家行穢惡, 居官貪縱, 人莫不鄙之. ③肅宗亦惡其爲人, 棄斥不用, 一鏡居常怏怏怨望. ④肅宗大漸, 召諸大臣入臥內, 顧言治殯葬, 不及國事, 一鏡聞之, 笑謂儕流曰, 君輩處經幄, 若能早輔導君德, 今日顧命, 豈止此耶? 其言暴慢, 略無慘怛之色, 見者駭之. ⑤夫一鏡疏論頤集之罪以爲, 今之不忠於殿下者, 乃所以不忠於先王. 其言誠是矣, 而一鏡之不忠於肅廟如此, 亦豈有忠於景宗之理哉? ⑥觀於得志之後, 目無東宮, 口肆凶言, 而尤可驗已. ⑦蓋其立心行事之本末, 不過欲賭取大功名大富貴, 以濟私慾逞胸臆而已.…… ⑧顧當時議論, 以其功在討逆, 莫敢裁抑, 馴致氣勢鴟張, 幾亂國家, 可勝痛哉?"

28 『朝鮮王朝實錄』 경종2년 9월 21일 癸卯. "禁庭喋血之云, 其出處又如何, 而隱然挿入? 蓋其包藏禍心, 透露於文字之間者如此."

29 박필몽은 "조태구는 조태채와 혈연관계인 이상, 사대신 처분 문제에 관여해서는 안 된다."고

고 조정을 욕되게 하는 행위이다. 이후로 묘당(廟堂)의 체면이 손상되어 위복권세(威服權勢)가 대각의 손에 쥐어지게 되었으므로, 이는 결코 사소한 문제가 아니다."라고 서술하고 있다.[30]

앞서 조태구에 대한 긍정적 평가와는 정반대이다. 김일경의 경우와 마찬가지로 전체적인 필치에서 준소파에 대한 혐오감마저 느끼게 하는 내용으로, 『경종실록』이 준소파에 대해 비판적인 입장에서 집필된 것임은 명확하다.

Ⅲ. 『경종수정실록』의 당론(黨論)

『경종수정실록』이 『경종실록』의 당론을 부정하는 입장에서 집필된 것이라는 점은 그 편찬 경위에 비추어보아도 분명하다. 여기에서는 몇 가지 구체적 사례를 들어 『경종수정실록』 편찬자의 입장을 확인해보도록 하겠다.

(a) 유봉휘(소론) · 조태구(완소) 비판

왕세제 책립을 요구하는 이정소(李廷熽)의 상소(경종원년 8월 20일)에 대해 유봉휘는 이에 반대하는 상소를 올렸다(8월 23일). 이에 김창집과 이건명이 이를 '부도(不道)'라고 비판하여 유봉휘의 국문(鞫問) 처분이 결정된다(8월 23일). 그 후 이 처분을 둘러싼 우여곡절이 있었던 것은 앞 장에서 이미 서술하였는데, 이 과정에서 조태구는 유봉휘의 적심(赤心) · 충심(忠心)을 말

주장하는 문맥에서 다음과 같이 말하였다. "至於領議政趙泰耉, 宜不敢干涉於四凶之事. 渠之四寸泰采, 亦入其中, 則雖不敢直爲營護泰采之說, 而四凶同一體也, 渠何敢干涉於四凶論啓之事乎? 泰耉之言, 尤怪異矣."

30 『朝鮮王朝實錄』 경종2년 4월 22일 丙子. "史臣曰, 大臣有失, 臺閣爭論, 固是美事, 而至於體統所關, 不可不顧, 決不當以詬詈加之也. 今弼夢, 於泰耉乃以渠字相加, 公肆叱罵, 可謂壞事面而辱朝廷. 自此以後, 體統不嚴於廟堂, 威權下移於臺閣, 非細故也."

하여 국문 처분의 명을 철회해달라고 상차(上箚)하였다. 이를 기록한『경종수정실록』의 조에서 사신은 다음과 같이 서술하고 있다.

> 저군(儲君)의 지위가 결정된 이상, 신하 된 자는 이에 감히 의견을 넣어서는 안 되는데도 유봉휘의 상소와 조태구의 차자는 기탄없음이 여기에 이르렀다.[31]

'유봉휘의 상소, 조태구의 상차, 대리청정을 요청한 조성복과 노론 사대신에 대한 김일경 등의 탄핵상소(경종원년 12월 6일)는 모두 왕세제의 지위를 위협하는 것이었다.'라는 인식에 서 있는 논평이다. 왕세제 책립 및 대리청정책에 관하여 기본적으로 소론은 경종 측 입장, 노론은 왕세제 측 입장에 서서 각각의 지론(持論)을 전개하는 경향이 있는데 그런 의미에서도 이 사신의 발언은 전형적인 노론의 것이다.

이와 관련하여 왕세제 책립에 반대한 유봉휘의 상소에 대해『천의소감』(영조31년 11월)은 이를 '흉소(凶疏)'라 판단하고 있다.[32]

(b) 노론 사대신의 '삼변(三變)'

왕세제 대리청정의 왕명 철회가 최종적으로 확정된 경종원년 10월 17일 조에서 사신은 다음과 같이 서술하고 있다.

> ① 임금에게 불행히 병이 있는데 좌우의 신하가 국세(國勢)를 주도하여 사직이 존망의 위기에 처해 있는 경우에는, 가령 즉위 원년이라 할지라도 저사(儲嗣)를 세울 수 있는 것이다.

31 『朝鮮王朝實錄』(『景宗修正實錄』) 경종원년 8월 22일 庚辰. "史臣曰, 嗚呼! 儲君定位, 爲臣子者, 有不敢議到, 而輝之疏, 耉之箚, 無忌憚至於此, 復以鏡疏繼之, 英宗大王之得至甲辰者, 亦天也."

32 『闡義昭鑑』 卷1「辛丑」. "柳鳳輝上凶疏, 斥建儲事."『천의소감』에 관해서는 제11장을 참조.

② 그리고 저사를 이미 세웠다면 어찌 섭정을 시키지 않을 수 있겠는가.

③ 그러므로 군주가 병이 있는데도 동궁(東宮)이 섭정할 수 없다고 말하는 자는 난신(亂臣)이고, 군주가 병이 없는데도 동궁이 섭정을 할 수 있다고 말하는 자도 또한 난신이다.

④ 그렇다면 사대신이 연차(聯箚)를 올린 것에 대하여 어찌 신하의 절개가 없다고 비난할 수 있겠는가.

⑤ 가령 사대신들이 국가 존망의 위급한 상황에 오히려 화가 자기 몸에 미칠 것을 고려하여 왕세제를 추대하여 그의 섭정을 청하지 않았다면, 그것이야말로 불충한 것이다.

⑥ 조태구가 승정원을 거치지 않고 직접 입성했을 때, 동궁에게 위기가 닥쳐서 실로 말하기 어려운 우려할 만한 사태였다. 김창집이 이에 서둘러 조태구의 뒤를 따라 왕궁에 들어가 성명의 환수를 청하였으니, 형세상 그렇게 하지 않을 수가 없었던 것이다.

⑦ (소론은 신임사화에서) 멋대로 살육을 행함에 오로지 연명차자(聯名箚子)를 (노론 규탄의) 죄안(罪案)으로 삼았으나, 을사년(영조원년) 이후에는 연차의 취지를 비판한 것이 도리어 자신들에게 있어 역안(逆案)이 될 줄을 알았기 때문에, 삼변(三變)의 설을 만들어내어 이들을 처벌하려고 한 것이다. 삼변은 바로 정청(庭請) · 연차(聯箚) · 성명수환(成命收還)이다.

⑧ 이른바 '삼변'이란 것은 사실 변한 것이 아니라 일관된 충성을 나타내는 것이다.[33]

---

33 『朝鮮王朝實錄』(『景宗修正實錄』) 경종원년 10월 17일 甲戌. "① 夫人君, 不幸有疾, 而左右竊國之柄, 社稷將亡, 雖元年可以建儲也. ② 儲旣建矣, 烏可以不攝國政乎? ③ 故人君有疾, 謂東宮不可攝之者, 亂臣也, 人君無疾, 謂東宮可以攝之者, 亦亂臣也.…… ④ 苟如是, 則四大臣之所以聯箚者, 何以詆其無臣節也? ⑤ 四大臣者, 見國之必亡, 而猶顧慮一朝之禍, 不能宗戴王世弟, 請攝國政, 則其不忠之罪, 與彼輩, 將何以異哉? ⑥ 及泰耉等之不由政院而入也, 危機上逼于東宮, 實有難言之慮, 故昌集等, 乃倉皇隨入, 同聲收還, 亦其勢不得不然也. ⑦ 方其肆行戕殺也, 專以聯箚爲案, 及至乙巳以後, 則自知貳於聯箚者, 反爲渠輩逆案, 故遂做出三變之說, 以罪之, 卽庭請也, 聯箚也, 收還也. ⑧ 所謂三變者, 非變也, 秪見其一於爲忠也."

'삼변'을 구실로 삼는 노론 사대신 규탄이란, 바로 『경종실록』 같은 날짜의 사신이 전개하고 있던 의론임에 틀림없다. 『경종실록』의 사신은 '등에 박힌 가시를 뽑고 도마 위로부터 탈출하기 위해 경종에게서 국군의 자리를 빼앗는다'는 불순한 사심을 포장하기 위해, 노론 사대신은 대리청정책 추진의 입장을 견지하지 못하고 삼변이라는 혼란을 드러냈다고 하였다. 『경종수정실록』 사신의 논조는 이를 전면적으로 논박 · 부정하는 입장에서 집필되어 있는데, 『경종수정실록』 편찬의 목적이 실로 『경종실록』의 교정 · 수정에 있었다는 점을 단적으로 말해주는 사례이다.

(c) 노론 사대신의 사망기사

『경종실록』에서 노론 사대신의 사망기사가 지극히 사무적이면서도 간소한 기재 방법 안에 명확한 폄의(貶意)를 담아 다루고 있었다는 점에 대해서는 앞서 지적하였다. 이에 반해 『경종수정실록』은 사대신 각각의 사망기사에서 그의 출신과 약력을 소개하고 사직에 대한 공적을 칭찬하여 영조조에 관작이 회복되고 시호를 받은 사실을 언급하고 있다. 이는 모두 『경종실록』의 부당한 취급을 시정하고, 고인의 오명을 씻어 명예를 회복하는 것을 목적으로 집필된 것이다. 다음에 『경종수정실록』의 해당 조를 간략히 소개한다.

1. 김창집

김창집은 충문공(忠文公) 이이명(李頤命) · 충익공(忠翼公) 조태채(趙泰采) · 충민공(忠愍公) 이건명(李健命) 등과 차자(箚子)를 올려, 왕세제(王世弟)에게 국정(國政)을 대리(代理)시키도록 명할 것을 청하였다. 그런데 조태구가 은밀히 환관 박상검(朴尙儉)[34]과 결탁하여 선인문(宣仁門)으로부터 궁중에 잠입

34 박상검은 경종원년 12월 왕세제 謀害 혐의로 체포되어 이듬해 1월에 처형된 환관이다. 『景宗修正實錄』 경종원년 12월 22일 戊寅, 『景宗實錄』 경종원년 12월 23일 己卯, 두 『實錄』 경종

하여 대리청정책을 저지하였다(경종원년 10월 17일). 이듬해 3월, 무옥(誣獄)이 일어나 김창집이 체포되어 성주(星州)에 이르자 사사(賜死)하라는 명이 내려졌다. 당시 75세였다. 영조원년에 관작을 회복시키고 충헌(忠獻)이란 시호를 내렸다. 금상(今上=정조) 3년에는 영조의 묘정(廟庭)에 배향되었다. 신이 삼가 살펴보건대 김창집의 대절(大節)은 옛날의 명신이라 할지라도 미칠 수 없는 바가 있다. 세상에서 영조의 승저(升儲=왕세제 책립)는 모두 김창집의 공로라고 한다. 그러나 신이 생각건대 정유년(숙종43년) 이이명의 독대(獨對)가 있은 뒤 인심이 의구(疑懼)하였는데, 김창집이 입대(入對)해서 동궁(후의 경종)에게 대리청정을 건의했기 때문에 김창집이 경종을 보호 · 보좌한 공적은 매우 크다고 하겠다. 『실록』의 구본(舊本)에는 "이이명과 김창집의 실각한 뒤 상(上=경종)의 몸이 편안해졌다."라고 했으니, 이 어찌 무고(誣告)가 아니겠는가.[35]

숙종43년 7월 19일 미시(未時=13~15시), 숙종은 이이명 한 사람에게 입대를 명하고 승정원 승지나 사관의 동석을 허락하지 않았다[李頤命獨對]. 그 후 신시(申時=15~17시)에 이르러 숙종은 다시 여러 신하들을 불러들여 눈병을 호소하며 왕세자의 대리청정 의향을 나타냈으나, 다시 주저하였기 때문에 김창집 등이 오히려 결단을 촉구하여 왕세자 대리청정이 결정되었다.[36] 그러나 대리청정 결정 직전에 숙종과 이이명의 대화가 다른 사람을

2년 1월 6일 壬辰. 그 중 『景宗修正實錄』 경종원년 12월 22일에는 박상검 사건의 배후로 김일경 등의 이름이 올라 있다.

35 『朝鮮王朝實錄』(『景宗修正實錄』) 경종2년 4월 18일 壬申. "趙泰耉崔錫恒上箚, 請賜金昌集李頤命死, 上從之. 昌集字汝成, 安東人.……昌集乃與忠文公李頤命, 忠翼公趙泰采, 忠愍公李健命等上箚, 請命王世弟代理國政. 趙泰耉陰結宦官朴尙儉, 潛入宣仁門, 力沮代理.……明年三月, 誣獄起, 昌集被逮, 至星州有命賜死.…… 時年七十五. 英宗元年, 復官爵, 賜謚忠獻, 立祠江上以祀之. 今上三年, 特命配享英宗廟庭. 臣謹按昌集大節, 雖古名臣, 不能及也. 世皆以英宗升儲, 爲昌集功. 然臣以爲當丁酉獨對以後, 人心疑懼, 昌集入對陳東宮代理之議, 故昌集保佑景宗, 其功尤大. 實錄舊本云, 頤集敗而上躬安, 不亦誣乎?"

36 『朝鮮王朝實錄』 숙종43년 7월 19일 辛未.

개입시키지 않은 이른바 밀실 안에서 주고받은 것이기 때문에, 후에 여러 의혹이나 억측을 일으켰고 이리하여 이이명 독대는 물의를 빚게 되었다.[37] 그 중에는 독대 시 이이명이 숙종에게 왕세자(후의 경종)가 아닌 연잉군(후의 영조)을 추거(推擧)한 것이 아니냐는 풍문마저 존재하였다.[38]

여기에서 『경종수정실록』은 김창집이 경종조의 왕세제 대리청정책뿐만 아니라 숙종조의 왕세자 대리청정책에도 관여하여 도움을 주었기 때문에 영조뿐만 아니라 경종에 대해서도 그 책립의 공적이 있다고 판단하고, 이이명이나 김창집의 존재가 경종의 입장을 위험 · 불안정하게 하였다는 소론 측의 견해를 전면적으로 부정한 것이다. 위 문장 말미에서 말하는 『실록』 구본(舊本)이란 물론 『경종실록』을 가리킨다.[39]

2. 이이명

경종이 즉위하자 후의 영조(연잉군)를 왕세제로 책립하였다. 이이명은 삼대신(三大臣)과 함께 차자를 올려 왕세제에게 국정을 대리시키기를 청하였다. 그런데 조태구가 몰래 선인문으로 들어가 이를 극력 저지시켰고, 환관들의 암약(暗躍)으로 이이명은 남해현(南海縣, 경상도)에 안치(安置)되었다(원년 12월). 이듬해 4월, 이이명이 체포되어 결국 사사되었는데 향년 65세였다.……영조원

37 諸臣에 의한 이이명 독대 비판은 7월 23일 乙亥(朴聖輅 · 趙鳴謙), 7월 28일 庚辰(尹趾完), 8월 2일 癸未(李大成 이하 諸臣), 8월 3일 甲申(趙鎭禧) 등. 모두 『朝鮮王朝實錄』 숙종43년.

38 『朝鮮王朝實錄』『景宗修正實錄』 경종원년 8월 21일 己卯. "始, 上在東宮時, 李頤命獨對臥內, 人或疑頤命, 翼戴延礽君, 而惟上已知頤命之所以獨對矣. 及上卽位, 領議政金昌集等請建儲嗣, 上欣然立延礽君爲世弟, 若不知獨對之事, 未嘗有秋毫芥滯. 非天下之至仁大度, 曷若斯乎?"

39 『朝鮮王朝實錄』 경종원년 12월 23일 己卯. "謹按辛丑冬間之事, 大抵是載籍以來, 所未有之變. 至難處之境, 存亡之幾, 每決於呼吸之頃, 而頤集敗, 而上躬安, 宦妾誅而東宮安, 皆若莫之爲而致之. 嗚呼! 此莫非祖宗積德宗社靈長之休也. 夫豈容人力於其間哉? 여기에서 말하는 '宦妾'이란 왕세제 모역사건의 주모자인 환관 박상검 및 공범인 궁인 石烈 · 必貞 등을 가리킨다. 石烈은 체포 전에, 必貞은 체포 직후에 자살하였다. 『朝鮮王朝實錄』 경종원년 12월 24일 庚辰, 12월 25일 辛巳.

년, 이이명의 관작을 회복하고 충문(忠文)이라는 시호를 내렸다. 신이 살펴보건대 이이명은 영조를 보호하여 김창집·조태채 등과 함께 영조에게 섭정을 시키도록 청하였다. 그 자신은 불행하게도 적신(賊臣)에게 살해당하였다. 그러나 영조가 즉위하여 대통(大統)을 이어받은 이래로 국가를 유지한 것이 53년이었고 그동안 나라는 태평하였다. 『서경(書經)』에도 "두 마음을 품지 않은 신하가 왕가(王家)의 태평을 가져온다."라고 하였다.[40] 이이명과 같은 자야말로 바로 이에 해당되는 인물이 아니겠는가.[41]

여기에서 노론에 의한 왕세제 책립과 대리청정책이 후의 영조 즉위를 유도해 53년간에 이르는 영조조의 성세(盛世)와 태평을 불러왔다는 인식을 나타낸 뒤, 이이명을 '두 마음을 품지 않은 신하'라며 높이 평가하고 있다.

3. 이건명

이건명은 삼대신(三大臣)과 함께 차자(箚子)를 올려 왕세제에 의한 대리청정을 청하였다. 그러나 조태구가 선인문으로 몰래 들어가 경종과 대면하여 이를 저지하였기 때문에 거행되지 못하였다. 처음 김창집이 (왕세제 책봉을 강희제에게 청하기 위한) 주청사(奏請使)가 되었을 적에 이건명이 "원보(元輔=筆頭大臣)가 연행사의 임무를 맡아서는 안 된다."라 하고, 차자를 올려 대신 갈 것을 청하니 경종이 허락하였다.[42] (경종2년) 3월에 이건명이 주청사로서의 임무를 마

---

40 『書經』「康王之誥」. "不二心之臣, 保乂王家."

41 『朝鮮王朝實錄』(『景宗修正實錄』) 경종2년 4월 18일 壬申. "趙泰耉崔錫恒上箚, 請賜金昌集李頤命死, 上從之.……頤命字養叔, 文貞公敬輿孫也.……景宗卽位, 策英宗爲王世弟, 頤命乃與三大臣上箚, 請令王世弟代理國政. 趙泰耉潛入宣仁門, 力沮之, 宦官用事, 安置頤命 南海縣, 明年四月, 頤命被逮, 遂賜死, 時年六十五.……英宗元年, 命追復頤命官爵, 謚曰忠文, 立祠江上. 臣謹按頤命保護英宗, 與金昌集趙泰采等, 請使英宗聽國政, 而其身不幸, 爲賊臣所殺. 然英宗旣承大統, 享國五十三年, 國家乂安. 書曰, 弗二心之臣, 保乂王家. 若頤命者, 庶乎其近之矣."

42 閔遇洙 『貞菴集』 卷11 「右議政忠愍李公墓誌銘幷序」. "先是金公爲冊封奏請, 公言其不

치고 돌아왔으나 적신(賊臣=김일경)이 목호룡을 사주하여 고변(告變)의 유언비어를 올리게 했다. 4월에는 이건명이 의주(義州)에서 압송되어 흥양(興陽)의 나로도(羅老島)로 안치되었다. 성산(城山)을 지날 적에 빈객(賓客)과 고구(故舊)들이 찾아와 눈물을 흘렸으나 이건명은 평소와 다름없이 담소하며 단지 종묘사직에 대한 걱정만 하였다. 다른 사람들과 대화할 때 늘 온화하게 "내가 죽더라도 세제(世弟)만 편안하다면 무슨 한스러울 것이 있겠는가?"라고 하였다.…… 이렇게 건명은 살해당하니 향년 60세였다.……영조원년에 이건명의 관작을 회복하고 시호를 충민(忠愍)이라고 하였다. 신은 삼가 살펴보건대 네 충신이 연차(聯箚)를 올려 왕세제의 대리청정을 청하였으나 조태구와 최석항에게 저지당하였다. 세 충신은 사사되었는데, 유독 이건명만이 제일 참혹하게 화(禍)를 당한 것은 어째서인가? 당초 조정에서 저사(儲嗣)를 세울 것을 건의할 때, 이건명은 "만일 왕세제를 세우지 않으면 나는 머리를 풀고 은거하겠다."라고 하였다. 경종이 왕세제를 세우고 이건명을 (주청사로서 청에) 파견하여 (강희제에 의한 왕세제 책봉의) 고명(誥命)을 내려줄 것을 청하였으나, 청의 예부(禮部)에서 허락하지 않았다. 이에 이건명이 청의 각신(閣臣) 마제(馬齊)에게 봉하여줄 것을 간절히 청하니, 마제가 내용을 갖추어 올려 드디어 고명이 내려지게 되었다. 최석항이 이 때문에 크게 분노하여 (이건명 규탄의 태도가) 마치 개인의 원수를 갚듯이 하게 된 것이다. 이건명이 가장 참혹하게 화를 당한 것은 바로 이를 가리킨다. 어찌 딱한 일이 아니겠는가.[43]

可遠出, 自請替往."

43 『朝鮮王朝實錄』(『景宗修正實錄』) 경종2년 8월 19일 壬申. "崔錫恒入對, 請殺李健命, 上從之. 健命字仲剛, 文簡公敏叙之子也.……健命乃與三大臣, 上箚, 請令王世弟代理國政, 趙泰耈, 自宣仁門潛入對, 沮遏不行. 初, 昌集爲奏請使, 健命曰, 元輔不當奉使. 乃上箚自請代行, 景宗許之. 三月, 健命竣事歸, 賊臣乃使睦虎龍上蜚變, 四月, 健命自義州, 安置興陽 羅老島. 過城山, 賓客故舊來見者, 相與流涕, 而健命言笑自若, 惟眷眷爲宗國憂. 與人言輒怡然曰, 健命雖死, 世弟安, 則健命復何所恨?……遂見殺, 時年六十.……英宗元年, 健命追復, 健命官爵, 謚曰忠愍, 立廟江上以祀之. 臣謹按四忠聯箚, 請代理, 爲趙泰耈崔錫恒所沮抑, 三忠賜死, 獨健命罹禍最酷, 何哉? 始, 朝廷議建儲嗣, 健命曰, 不立王弟, 則健命當被髮入山矣. 及景宗立, 王世弟遣健命, 請許誥命,

『경종실록』에 따르면, 정사(正使) 이건명 이하가 왕세제 책봉을 청하는 주청사로서 청에 파견된 것이 경종원년(강희60년) 10월 28일, 임무를 마치고 북경을 출발한 것이 2년 2월 26일, 귀국한 이건명이 흥양현 나로도에 안치된 것이 4월 5일, 그리고 정사 이건명을 제외한 채 부사와 서장관에 의한 귀국 보고가 행해진 것이 4월 18일이다. 그리고 문장에 이름이 보이는 청의 각신 마제는 강희55년에 입각(入閣)해, 강희57년부터 치사(致仕)하는 옹정13년까지 수보(首輔=首席內閣太學士)의 직임에 있던 인물이다.[44]

소론 측에서는 '사흉(四凶)'이라고 폄칭되는 노론 사대신[45]이 위 글에서는 '사충(四忠)'으로 불리고 있다는 점이 일단 주목된다. 이건명에 대해 말하자면, 왕세제 책립의 공적 및 주청 정사(奏請正使)로서 왕세제 책봉의 고명(誥命)을 강희제로부터 받은 공적을 특필 · 현창함과 동시에, 이것이 역으로 정적(政敵)인 최석항 등 소론 측의 원한을 사 비명의 최후를 맞게 된 것을 애석하게 여기는 논조이다. 그리고 위 문장에서 유독 이건명이 제일 참혹하게 화(禍)를 당했다는 것은, 노론 사대신 중 3명은 사사된 것에 반해 이건명만이 참형에 처해진 것을 가리킨다.

4. 조태채

경종원년에 정언 이정소(李廷熽)가 저사(儲嗣)를 세울 것을 청하였다. 조태채가 영의정 김창집, 우의정 이건명과 함께 합문(閤門) 밖으로 나아가……밤에 조태채는 그들과 함께 왕세제를 책립하였다. 또 세 대신과 함께 차자(箚子)를 올려 왕세제에게 대리청정을 명하도록 청하였다. 이듬해 진도군(珍島郡)에 안

禮部不許. 健命乃從淸閣臣馬齊, 請封甚懇, 齊具奏, 遂許誥命. 錫恒由是乃大恚, 如報私讎. 此健命之罹禍最酷者也, 豈不慼哉?"

44 『淸史稿』 卷174「大學士年表」1.

45 예를 들어 『朝鮮王朝實錄』(『景宗修正實錄』) 경종2년 1월 22일 戊申. "初, 趙泰耉入對, 旣寢代理之命, 李眞儒朴弼夢等, 推金一鏡爲疏頭, 欲上疏論四凶之罪." 『朝鮮王朝實錄』 경종2년 9월 21일 癸卯. "大抵四凶之聯箚, 實肇三手之陰謀."

치되었는데, 태연하게 여유 있는 태도로 근심하는 모습이 없었다. 그의 죽음에 미쳐 갑자기 풍뢰(風雷)가 일어나면서 천지가 캄캄해지고 집 모퉁이에 긴 무지개가 떴으므로 사람들이 모두 기이하게 여겼다. 조태채가 죽을 때의 나이는 63세였다. 영조원년에 관작을 회복하고 충익(忠翼)이란 시호가 내려졌다. 임종 때 집안사람들이 울면서 조금 기다려줄 것을 청하자, 조태채는 엄한 태도로 사자(使者)를 재촉하여 독약을 제조하게 하였다. 자기 한 몸을 죽여 사직을 보존하였으니, 진실로 장렬하지 않은가.[46]

이건명의 경우와 마찬가지로 태연히 죽음에 나아갔던 그의 최후를 묘사하며 사직에 몸을 마친 충신으로서의 조태채를 현창(顯彰)하는 내용이다.

Ⅳ. 소결

경종원년 10월의 왕세제 대리청정책에서 발단한 노론과 소론의 대립은 그 후 소론의 집권과 노론의 실각, 소론에서 준소와 완소의 분파, 영조조에 들어 노론의 복권과 준소의 실각, 얼마 뒤 영조의 탕평책에 의해 노소(그러나 완소)의 병용(倂用)이라는 급변의 전개를 보였고, 심지어 두 개의 『실록』을 낳게 되는 데 이른다.

당초 소론은 왕세제 대리청정책에 대해 일관되게 반대의 입장을 취하고 있었다. 그러나 경종이 재위한 지 겨우 4년 만에 붕어하고 왕세제가 영조

46 『朝鮮王朝實錄』(『景宗修正實錄』) 경종2년 10월 27일 己卯. "金一鏡請賜趙泰采死, 上從之. 泰采字幼亮, 其先楊州人.……景宗元年, 正言李廷熽請建儲嗣, 泰采乃與領議政金昌集右議政李健命, 詣閤門外……夜, 泰采與定大策, 又與三大臣, 上箚, 請命王世弟代理國政. 明年, 安置珍島郡, 夷然自適, 無戚容.……及既死, 風雷暴作, 天地晦冥, 有長虹起於屋隅, 人皆異之. 泰采死時年六十三. 英宗元年, 命追復官爵, 謚曰忠翼, 命有司, 立廟江上. 泰采臨命, 家人泣請少遲之, 泰采正色, 趣使者和藥而進. 殺一身以存社稷, 豈不烈哉?"

로 즉위한 당시 상황에서, 『경종실록』(영조8년 완성)에서는 경종의 위중한 병세 · 정무에의 지장 등 이전에는(경종원년 10월 당시) 부정하고 있던 사실도 싹 바꾸어 대리청정책 자체는 인정하였다. 그리고 대리청정책을 주도한 노론 사대신에 대해서는 경종원년 10월 17일에 보인 '삼변(三變)'을 지탄하며 그들에 의한 대리청정책 추진은 종묘사직을 생각하는 충심에 근본한 것이 아니라, 경종을 '등에 박힌 가시'로 보는 불순한 사심에 근본한 것이라는 입론을 통해 노론 사대신을 역신이라 하였다. 그리고 성급하고 격렬하게 노론을 숙청하려 한 김일경 · 이사상 · 박필몽 등 준소파에 대해서는 그의 인격 · 정치 자세를 포함하여 엄격하게 비판하는 한편, 조태구 · 서명균 등 완소파에 대해서는 호의적인 필치로 논평하고 있다. 이러한 『경종실록』 사신의 집필 태도는 분명히 완소파의 입장에 선 것이다.

『경종수정실록』(정조5년 완성)은 대리청정책을 긍정함과 동시에 이를 주도한 노론 사대신을 충신으로 현창하고, 『경종실록』에서의 부당한 취급과 논단을 발본적으로 시정하여 노론의 명예회복에 힘쓰고 있다. 영조조 일대를 통틀어 노론의 명예회복이 실현된 뒤에 『영조실록』과 동시에 편찬된 『경종수정실록』은 분명히 노론의 입장을 반영하여 편찬된 것이다.

이러한 두 개의 『실록』이 존재하는 것 자체가 조선시대 당쟁의 격렬함을 여실히 말해주는 것임과 동시에 역사기록의 자료가치에서의 상대성—편찬자의 정치적 · 사상적 입장이나 시대제약 등이 서술에 투영될 가능성—이라는 고전적 명제를 다시 우리에게 던져주는 것이다. 경종조의 두 『실록』에 대해 말하자면, 앞 장에서도 서술했듯이 역사적 사실에 관한 개개의 사실 인정 · 사실 경과, 일월(日月)의 기재 등에는 현저한 차이가 존재하지 않으며, 두 『실록』의 입장 차이는 오로지 사신(史臣)의 평이나 안어(按語) 부분에 집중되어 있다는 것이 현시점 필자의 심증(心證)이다. 그렇다 하더라도 조선조 시대를 다루는 연구자에게 있어 『조선왕조실록』이 제1급의 1차 자료인 것은 틀림없다. 그렇기 때문에 『실록』이 갖추고 있는 기본 성격은 문자 그대로 기초 사항으로 연구에 종사할 때 늘 염두에 두어야 할 것이다.

제13장

강화학파와 당파당쟁:
심육 주변의 인물을 중심으로

제1부의 고찰을 통해 이미 밝혀졌듯이, 정제두에 의해 처음으로 본격적이면서도 체계적으로 계승된 양명학이나 정제두의 학술(하곡학)은 이광신에게서 그 수용 · 계승의 현저한 형적을 확인할 수 있었다(제1장, 제2장). 다만 이러한 학술전승 사례는 현재 판명되어 있는 것으로는 이광신이 거의 유일하다. 확실히 이광사 · 이영익 부자간에는 양명학도로서의 자의식을 포함하여 일종의 가학전승의 존재를 추정할 수 있었다. 그러나 그 학술 내용에는 이미 양명학이나 하곡학에서의 커다란 변용(變容)이 확인되었다(제3장, 제4장). 심육이나 이광찬은 주자학에 대해 긍정적인 입장이었으며, 특히 심육은 주자학 존숭의 입장을 명시함과 동시에 육왕학에 대해서는 일관되게 부정적이었다(제3장, 제5장). 윤순은 양명학 · 하곡학 수용의 흔적을 그의 문집에는 거의 남기고 있지 않다(제6장). 정제두의 장자 정후일 이후로 정윤지, 정술인, 정문승, 정기석, 정계섭으로 이어진 정제두 집안의 후예에 관해서도 남겨진 자료에 나아가 고찰해보았으나 양명학 · 하곡학 수용의 현저한 형적은 거의 발견되지 않았다(제7장).

강화학파에서 양명학 · 하곡학의 이러한 수용 상황, 즉 수용의 흔적을 남기는 자료가 전반적으로 매우 드문 것과 심지어 주자학 긍정 · 육왕학 비판의 입장을 나타내는 발언마저 남아 있는 것에 관해서는, 실제 양명학 신봉을 호도 · 은폐하기 위한 궤사였다고 보는 견해나 소론의 양주음왕(陽朱陰王) 태도가 종래부터 지적되어왔다.[1]

가령 양명학 신봉의 호도 · 은폐나 양주음왕의 사실이 있었다면 그 배경으로 생각할 수 있는 것은 우선 두 가지이다. 하나는 사상적 상황이고, 하나는 정치적 · 사회적 상황이다. 사상적 상황이란 주자학적 가치관이 일원적이면서도 강고하게 사회를 지배하고 있던 당시 조선사회에서, 자신 혹은 사문(師門)이나 선조의 양명학 신봉 표명을 금기 · 자제할 수밖에 없었던 상황이다. 정치적 · 사회적 상황이란 당파당론의 문제이다. 정제두를 비롯한 강화학파는 소론에 속한다. 그리고 강화학파의 중핵이 되는 전주이씨 덕천군파에서 준소의 영수인 이진유를 배출했다는 것은 준소파가 정치적으로 실권한 영조조 이후 강화학파에 큰 타격을 주고 있다.

강화학파의 연구를 진행함에 있어 우선 강화학파에 속하는 인물 개개의 자료를 조사하고 이를 꼼꼼하게 검증해가는 작업은 불가결하다. 이 방면에 대한 필자의 연구는 아직 초기 단계일 뿐 이후 계속 연구해나가야 할 것이다. 이와 함께 당시 강화학파를 둘러싼 여러 상황에 대해서도 다각적인 검토를 행할 필요가 있을 것이다. 사상적 상황에 관해 말하자면, 주자학을 옳다고 보는 사회체제나 사회분위기의 실태에 대하여 본서에서는 과거제도와 주자학과의 관련 및 육왕(陸王)의 문묘종사 문제에 나아가 이를 검증하였다(제9장, 제10장). 또한 강화학파 · 소론을 둘러싼 정치적 상황에 관해서는 소론에서 준소 · 완소의 분파 문제를 중심으로 고찰을 행하였다(제11장). 특히 11장에서는 윤순이 완소파의 중심인물 중 한 사람이었다는 것을 밝혔다.

본장은 11장의 고찰에 이어 심육의 주변 인물을 주된 고찰대상으로 삼아 강화학파와 당파 · 당론의 문제를 다시 검증해보는 것이다.

---

1 전자에 대해서는 정인보(1933), 후자에 대해서는 高橋亨(1953)을 참조.

Ⅰ. 경종~영조조의 정치동향과 준소 · 완소의 분파

경종조부터 영조조에 이르기까지의 정치동향에 대해서는 이미 제11장에서 논한 바이지만 논의 전개를 위해 간단히 언급하도록 한다.

경종원년 10월, 경종은 왕세제에 대한 대리청정의 명령을 내렸다. 이때 대리청정책을 추진한 것은 노론 사대신을 비롯한 노론파였고, 이에 강력히 반대한 것은 소론파이다. 대리청정의 왕명은 며칠 뒤에 철회되었다. 이에 노론은 완전히 실각하였고 소론에 의한 노론 공격이 격화되어갔다. 그런데 노론에 대한 공세를 강화하는 과정에서 소론은 준소와 완소로 분파하였다. 준소란 노론을 단죄함에 보다 준엄한 태도로 임했던 그룹이었고, 완소란 보다 관용의 태도로 임했던 그룹이었다. 또한 준소는 남인과 손을 잡아 그들을 노론 공격의 전면에 내세우려 했으나, 완소는 그러한 정치수법에 대해서도 비판적이었다.

준소는 경종원년 12월에 노론 사대신을 탄핵한 김일경 및 그 상소에 이름을 함께 올린 6명(박필몽 · 이명의 · 이진유 · 윤성시 · 정해 · 서종하, 이른바 逆鏡疏下六賊)을 중심으로 하고, 완소는 조태구 · 최석항 · 이태좌 · 이광좌 · 윤순 등을 중심으로 한다.

경종이 붕어하고 왕세제가 영조로 즉위하자 노론이 복권하고 준소파와 남인은 완전히 실각한다. 영조4년(1728년, 戊申)에 일어난 이인좌의 난(무신난)은 당시 실권하고 있던 남인과 준소를 중심으로 한 불만분자가 일으킨 반란이다(이인좌는 남인).

영조31년 을해(1755) 2월, 전라도 나주의 객사에 "간신은 조정에 가득하고 백성들은 도탄에 빠져 있다.[奸臣滿朝, 民陷塗炭]"라고 쓰여진 흉서가 게재되는 사건이 일어났다. 이른바 '나주괘서사건'이다. 이 사건은 발생 당초부터 '신임여당(辛壬餘黨)' 및 '무신유얼(戊申遺孼)'의 소행이라고 지목되었다.[2] '신

---

2 『朝鮮王朝實錄』 영조31년 2월 4일 戊申.

임여당'이란 신임사화(경종원년 辛丑~2년 壬寅)에서 노론 탄압을 주도한 소론 준소파와 남인, '무신유얼'이란 영조4년 이인좌의 난을 일으켰던 남인과 소론 준소파를 가리킨다. 나주괘서사건은 얼마 뒤 '신임여당', '무신유얼'에 대한 숙청으로 전개되어 일대 의옥사건의 양상을 띠게 되었다[乙亥獄]. 이 나주괘서사건에는 강화학파 관련 인물 다수가 연루되어 강화학파에 큰 타격을 주었다.

Ⅱ. 심육 주변 인물과 당론(黨論)·당화(黨禍)

1. 심육의 사상과 『저촌유고』

심육에 관해서는 제5장에서 이미 고찰하였으나 논의를 진행하기 위해 간단하게 반복하도록 하겠다. 심육(1685~1753, 자 和甫, 호 知守齋)은 정제두 사후 유고 편집작업에서 중심적인 역할을 하였고 정제두의 「행장」, 「제문」을 집필하였다. 그러나 『저촌유고』를 살펴보는 한, 심육은 일관되게 주자학을 존숭하고 육왕학을 비판하는 입장이다. 즉 주희의 격물보전 및 즉물궁리설을 긍정하고 왕수인의 격물해석을 비판하며 주희에 대한 존숭을 피력하는 한편, 양명학을 음성미색(淫聲美色)처럼 멀리해야 한다고까지 말하고 있다.

심육은 주희의 『주자대전』, 이황의 『주자서절요』, 송시열의 『주자대전차의』를 각각 좌우에 갖추어두었고 주희의 저작을 읽는 것을 자신의 '일생공부(一生功夫)'라고 하였다. 이렇게 현존 『저촌유고』의 기술에 근거하는 한, 심육은 독실한 주자학자로 육왕학에 대해서는 일관되게 비판적인 인물이었다.

정제두의 문인에 대한 교도(教導) 방식은 "주자학을 배우기를 바라는 문인에게는 주자학을 강의하고 결코 양명학을 강요하지 않았다. 다만 만일 문인이 양명학을 배우기를 바라면 정제두는 마음껏 양명학을 강의하여 지치는 줄도 잊었다."라고 전한다.[3] 이것이 사실이라면 심육의 주자학 신봉·육왕학 비판은 반드시 사설(師說)의 방기(放棄)나 하곡학의 변용(變容)으로 볼 필요는 없으며, 오히려 이것은 이것대로 정제두 문하의 학문 형태 중 하나로서 평가해도 될 것이다. 그러나 설령 정제두가 주자학과 양명학을 대립적으로 파악한 것이 아니라 둘 다 성학(聖學)의 하나로서 그 양가병존(兩可竝存)을 주장했다 하더라도, 하곡학의 본령이 어디까지나 양명학에 있었다는 점은 의심의 여지가 없다. 그런 의미에서 심육의 학술은 사설(師說)의 강한 영향하에 있었다고 할 수 없으며, 사설의 독실한 수용자·계승자라고도 평할 수 없다.

그리고 여기에서 고찰해야 할 것은 강화학파에 있어서 양명학 신봉의 은폐·도회라는 문제이다. 물론 은폐·도회의 사실을 지적하기 위해서는 이를 객관적으로 뒷받침할 수 있는 자료가 필수적이며 그러한 자료가 새롭게 발견되지 않는 한, 우리는 일단 현존 자료의 기술을 문자 그대로 받아들여야 할 것이다.

다만 심육의 주변 인물, 그 중에서도 심육의 두 아우가 심육 및 그 후예의 사회적·정치적 상황을 곤란하게 했다는 것은 틀림없는 사실이다. 이 점은 현존 『저촌유고』의 자료적 가치를 고찰함에 있어서도 충분히 유의해야 할 사항이라고 생각한다. 이에 심육의 주변 인물 몇 명을 들어 그의 정치적 입장이나 당론·당화와의 관련성을 정리해보고자 한다. 그리고 관련된 인물의 계도(系圖)를 아래에 실어둔다.[4]

---

3 李匡臣 『先藁』 冊1 「論鄭霞谷學問說」, 『霞谷集』 卷11 「門人語錄」.

4 系圖 작성 시에 다음을 참조하였다. 沈守慶 撰 「沈鋼碑銘」(『國朝人物考』 6), 李景奭 撰 「沈光世墓誌銘」(『國朝人物考』 59), 崔錫鼎 撰 「沈權墓誌銘」(『國朝人物考』 66), 崔錫鼎 撰 「沈濡墓誌銘」(『國朝人物考』 29), 『國朝人物志』 3 「沈壽賢」.

▌청송심씨약계도(靑松沈氏略系圖)▐

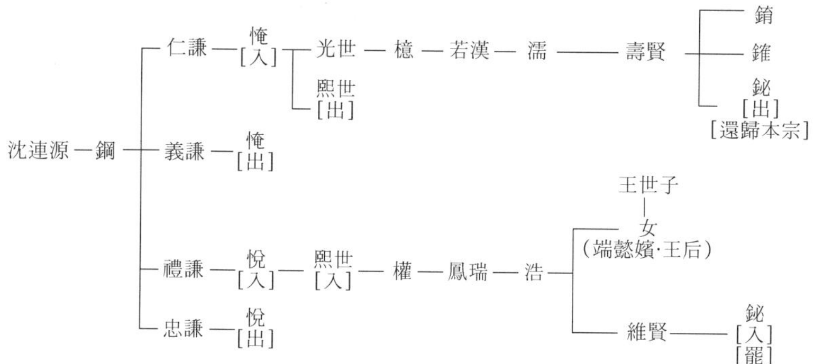

2. 심수현(沈壽賢)

심육의 아버지 심수현(자 耆叔, 호 止山, 1663~1736)은 숙종30년 문과에 급제하여, 양양 부사(襄陽府使), 이조 참판 등을 역임하고 의정부 영의정까지 오른 대관이다.

경종원년 10월 심수현(당시 副護軍)은 왕세제에 대한 대리청정의 왕명을 철회하도록 신하들의 선두에 서서 몇 번이고 상소를 올렸다.[5] 왕세제 대리청정책에 대한 반대는 당시 소론의 일관된 주장이었다. 다만 대리청정책을 주도한 노론도 표면적으로는 일관되게 대리청정 반대의 입장을 취하고 있었으므로, 김창집 등도 계속해서 상소로 왕명 철회를 요청하였다.[6] 사대신이 대리청정 거행 요청의 자세를 처음으로 명확히 한 것은 10월 17일의 연차(聯箚)에서였다. 따라서 위의 심수현의 행동도 이것만으로는 소론인지 노론인지 식별하는 지표가 되기는 어렵다.

그래서 이하 경종조부터 영조조 초년에 이르는 심수현의 관력상 변천이

---

5 『朝鮮王朝實錄』 경종원년 10월 13일 庚午, 16일 癸酉.

6 『朝鮮王朝實錄』 경종원년 10월 13일 庚午, 14일 辛未, 15일 壬申. 특히 김창집 이하의 대신이 百官을 거느리고 왕명 철회를 上請하는 백관정청(百官庭請)은 14~16일까지 3일간 지속되었다.

라는 정황증거를 단서로 그의 당파적 입장을 추정해보도록 한다.[7]

경종원년 10월 당시 부호군(종4품)이었던 심수현은 대리청정의 왕명 철회에 의해 노론이 완전히 실각한 뒤의 경종조에서 승정원 승지(정3품, 원년 12월 7일), 사헌부 대사헌(종2품, 3년 10월 11일), 이조 참판(종2품, 3년 12월 4일), 공조 판서(정2품, 4년 7월 9일)와 같이 순조롭게 승진하고 있다. 이 점으로부터도 심수현은 확실히 소론에 속하는 인물이었음을 확인할 수 있다. 그리고 소론 중 준소와 완소 어느 쪽에 속하고 있었는지 영조 즉위 이후의 정황에 비추어 검증해본다.

경종 붕어, 영조 즉위(경종4년 8월) 이후 준소는 완전히 실권하였다. 심수현은 같은 해 10월, 병조 판서 · 판의금 · 지경연을 배명받아(정2품, 10월 3일) 오히려 더욱 권고(眷顧)를 받고 있다. 또 영조원년, 태학생 정유(鄭楺) 등이 상소를 올려 노론의 입장에서 이광좌 등을 격하게 비난할 때(6월 11일) 심수현은 정유를 규탄하고 이광좌를 옹호하는 상소를 올린다(6월 25일). 또 정미환국에 의해 노론이 물러나고 완소파가 등용된 영조3년, 심수현은 의정부 우의정(정1품)을 배명하고 있다(3년 10월 7일, 당시 영의정은 이광좌). 그 후 약간의 곡절은 있었지만 영조8년에는 영의정에까지 이르고 있다(12월 26일).

이러한 경력에 비추어보아도 심수현은 확실히 소론 완소파에 속하는 인물이었다고 단정할 수 있다. 그리고 심수현의 이러한 경력이나 정치적 입장은 심육을 포함한 자신의 후예에게 불이익을 초래하는 것은 결코 아니었다.

또한 심육의 관력에 대해서는 제5장에서 이미 서술했으므로 자세한 것은 생략하나, 사헌부 대사헌(종2품, 영조23년 12월 13일)에까지 오른 관력에 비추어보아도 아버지 심수현과 마찬가지로 영조조에서 일단 순조로운 관료 생활을 보냈던 것으로 총괄할 수 있겠다.

---

7 이상, 괄호 내의 연월일은 모두 『朝鮮王朝實錄』에 의거한다.

3. 심유현(沈維賢)

심유현은 심수현과 같은 청송 심씨로 심수현과는 7세조[沈鋼]를 함께하는 사이이다. 후술하겠지만 심육의 동생 심필이 심유현의 양자로 들어갔으므로 그 동향이 심육에게도 영향을 미치지 않을 수 없었다.

심유현은 심호(沈浩)의 아들로, 심유현의 누이는 숙종22년(1696) 왕세자(후의 경종)빈이 되었다.[8] 왕세자빈 심씨는 숙종44년(1718)에 훙거하나(2월 7일, 시호는 端懿), 후에 왕세자가 경종으로 국왕에 즉위하자 왕후에 추봉하였다(단의왕후, 숙종46년=경종 즉위년 1720, 6월 15일).

그런데 심유현은 영조4년(1728, 戊申)에 일어난 이인좌의 난에 주모자의 한 사람으로 가담하였다. 『조선왕조실록』의 기재에 의하면 심유현은 원래 사람됨이 요사(妖邪)하고 경험(傾險)하여 무뢰한들과 어울렸는데, 영조는 그가 단의왕후의 동생이었기에 후히 대우하였다. 그럼에도 불구하고 뜻대로 고위 관직을 얻지 못하였기 때문에 심유현은 나라를 원망하는 마음을 가지고 있었다. 이것이 심유현 봉기의 배경이라고 한다.[9] 이 점에 관해서는 별도로 검증할 필요가 있겠으나, 어찌 되었든 태인 현감(泰仁縣監) 박필현(朴弼顯)이 봉기할 때 담양 부사(潭陽府使) 심유현이 이에 호응하였고(태인현과 담양부 모두 전라도), 이 두 사람이 호남과 영남에서 반란의 중심적 존재였다고 한다.[10]

반란 진압 후 심유현은 체포 · 투옥되어 얼마 뒤 옥사(4월 4일)하였다. 그 후 이인좌 · 박필현 등의 십적(十賊)이 정식으로 '역괴(逆魁=반란의 주모자)'로 인정될 때, 심유현도 이 역괴십적(逆魁十賊)의 한 사람으로 이름이 올랐

---

8 숙종22년 5월 15일 冊立.

9 『朝鮮王朝實錄』 영조4년 3월 14일 甲子.

10 『朝鮮王朝實錄』 영조4년 3월 25일 乙亥. 同日別條.

다.[11] 그리고 심유현이 심수현의 동생이라는 자료도 존재한다.[12] 그러나 만일 이것이 사실이라면 무신난 발발과 그 진압 이후 심수현의 관력에 영향을 끼치지 않을 수는 없다고 생각되기 때문에 여기에서는 이 설을 취하지 않겠다.

4. 심필(沈鉍)

심필은 심수현의 아들이자 심육의 막냇동생이다. 처음 심필은 심유현의 양자가 되었으나, 심유현이 무신난에 가담하여 체포 · 투옥되어 옥사할 때 아직 나이가 어리다는(당시 13세) 이유로 처벌을 면함과 동시에 심유현 집안의 호적에서 나와 본적에 돌아가는 것이 허락되었다. 심필이 영조25년(1749) 문과에 합격하자 "종신영폐(終身永廢) 해야 할 몸으로 과거에 응시한 것 자체가 괘씸하며 이 일은 국가의 기강에 관련되는 문제이다."라는 상서탄핵을 받아 결국 그 합격이 취소되는 사건이 일어났다.[13] 이 처분에 대해 당시 강화 유수(江華留守)로 있던 형 심확은 그를 변호하는 상소를 올렸으나 역으로 본인이 삭직 처분을 받았다.[14]

이 사건에 관한 심육의 직접적인 언급은 『저촌유고』에는 남아 있지 않다. 그러나 같은 해 4월에 집필된 두 통의 편지 중에서 처분의 엄함에 대해 언급한 "온 집안이 두려워하였다.[擧家惶恐]"라는 표현이 쓰이고 있는 것은 틀림없이 이 사건을 가리키는 것으로, 두 사람의 아우가 관련된 사건

---

11 『朝鮮王朝實錄』 영조4년 4월 14일 甲午.

12 『國朝人物志』 3, 英祖朝 「沈壽賢」. "弟維賢, 兵曹判書, 戊申伏法."

13 이상 『朝鮮王朝實錄』 영조25년 3월 19일 丁卯, 3월21일 己巳. 그리고 『國朝榜目』 「英祖己巳二十五年春塘臺榜」의 「丙科三人」의 第三名에 "沈鉍, 丙申, 父壽賢, 削科"라고 되어 있다. 심필의 生年(숙종42년 丙申, 1716)은 이 기술에 근거하였다.

14 『朝鮮王朝實錄』 영조25년 3월 28일 丙子.

이 초래한 충격의 크기를 말해주고 있다.[15] 그리고 영조31년(1755) 을해옥 때, 심필은 형 심확에게 연좌되어 폄적 처분을 받았다.[16]

5. 심확(沈鑊)

심확은 심육의 둘째 동생이자 심필의 형으로, 영조31년 을해(1755)에 일어난 나주괘서사건(乙亥獄)에서 주모자의 한 사람으로 체포되어 처형당했다. 이 사건은 발각 당초부터 '신임여당(辛壬餘黨)', '무신유얼(戊申遺孼)', 즉 경종 초년에 신임사화를 주도하고 영조 즉위 후에 실권하여 이인좌의 난(무신난)에 가담한 준소파나 남인의 소행이라고 지목되었다. 사건의 주모자로 지목된 인물 몇 명을 들어 그의 당파적 입장을 확인하고 심확과 사건의 관련에 대해 검토하고자 한다.

사건에서 나주의 객사에 게재된 흉서 작성의 중심인물은 박사집(朴師緝)과 신치운(申致雲)이다. 박사집은 박필현과 박필몽이 그의 종숙(從叔)이자 남태징이 외삼촌인 인물이다.[17] 박필현은 '역경소하육적(逆鏡疏下六賊)'의 한 사람, 즉 준소파의 중심인물이다. 그리고 박필현, 박필몽, 남태징은 모두 이인좌의 난에 가담한 인물이기도 하다.[18]

신치운이나 박사집은 관직에서 혜택을 받지 못한다는 등의 이유로 나라에 원망을 품었고, 박사집은 무신난에서의 박필현의 거병을 모방하려 하

---

15 『樗村遺稿』 卷29 「與柳景愿」 己巳 4월 16일. "而今於處分之下, 擧家惶恐懍惕, 賤疾因之復劇." 『樗村遺稿』 卷47 「與叔調案」 己巳四月十六日. "近因處分之嚴, 擧家惶恐, 莫知所出."

16 『國朝人物志』 3 「沈壽賢」. "鉍, 字彦甫. 曾系維賢後, 及其伏誅, 因其母命婦安氏上言, 以年幼罷養還歸本宗. 己巳登文科. 臺諫及大臣, 以自同平人赴擧登第科, 疏奏迭發, 削科. 又以乙亥逆鑊弟坐謫."

17 이상, 『朝鮮王朝實錄』 영조31년 5월 22일 乙未, 朴師緝의 供述.

18 박필현과 박필몽의 관여에 대해서는 제11장 주석 87을 참조. 남태징의 관여에 대해서는 『朝鮮王朝實錄』 영조4년 3월 18일 戊辰, 26일 丙子 등을 참조.

였다.[19] 유수원(柳壽垣)은 신치운 · 박사집과 밀접한 친분이 있었던 인물로 역시 사건에 관여하였다. 유수원에 의하면 신치운과 박사집은 김일경 · 박필몽과 비슷하게, 혹은 이를 능가할 만큼 '흉언패설(凶言悖說)' 하는 것을 좋아하였다. 그리고 유수원 본인이 그들과 행동을 함께한 것도 준론(峻論)에 찬성하는 마음[黨峻之心]이 있었기 때문이었다.[20] 신치운, 박사집, 유수원 이 3명은 모두 역적 김일경과 마찬가지로 불만을 품고 있었다[共蓄逆鏡陰慘叵測之心]고 평해지며, 또 유수원은 역경 김일경의 의지를 조술하는 자[祖述逆鏡]로 단죄되었다.[21] 신치운은 벼슬할 때부터 김일경 · 박필몽의 비호를 받고 있던 인물로,[22] 평소부터 김일경 · 박필몽이나 역경소하제적(逆鏡疏下諸賊)은 역신(逆臣)이 아니라고 주장했다고 한다.[23]

신치운은 평소 준론의 거물로서 이광좌와 심확의 이름을 들고 이거원(李巨源)이 김일경을 변호한 것을 크게 칭찬하였으며, 신치운이 가장 높게 평가한 인물이 이거원과 심확이었다고 한다.[24] 이광좌는 완소파의 중심인물로 이 문맥에서 그의 이름이 거론되고 있는 점에서는 의문이 들지만, 이거원은 이의연(李義淵)이 노론의 입장에서 신임사화의 무고를 주장한 김일경을 단죄할 때 정면에서 반론하여 김일경 변호의 논진을 편 인물로,[25] 준소파의 한 사람으로 지목되는 인물이다. 결국 심확은 신치운이나 박사집과 한패로 지목되어 주살되었다.[26]

이상의 내용처럼 나주괘서사건의 주모자인 심확이나 그 주변 인물은 모

---

19 『朝鮮王朝實錄』 영조31년 5월 25일 戊戌, 金渚의 供述.

20 『朝鮮王朝實錄』 영조31년 5월 25일 戊戌, 柳壽垣의 供述

21 『朝鮮王朝實錄』 영조31년 5월 25일 戊戌, 유수원에 대한 訊問官의 말.

22 『朝鮮王朝實錄』 영조31년 5월 21일 甲午. '史臣曰.'

23 『朝鮮王朝實錄』 영조31년 5월 22일 乙未, 박사집의 供述.

24 上同.

25 李義淵의 상소와 李巨源의 반론은 모두 『朝鮮王朝實錄』 영조 즉위년 11월 6일 丙午.

26 『朝鮮王朝實錄』 영조31년 5월 26일 癸亥.

두 소론 준소파의 잔당으로서 처벌되었다. 그 중 신치운은 '김일경 · 박필몽의 심복이자 이유익(李有翼) · 심유현의 사우(死友)[鏡夢之腹心, 翼賢之死友]'라고 평해진다.[27] 계속 서술해왔듯이 나주괘서사건은 '신임여당(申壬餘黨)', '무신유얼(戊申遺孼)'이 일으킨 사건으로 되어 있는데, 심확에 관해 말하자면 이인좌의 난에 호응하여 옥사한 심유현의 존재가 크게 영향을 미쳤음이 틀림없다. 바꾸어 말하면, 심확이 사건에 관여했는지의 진위와는 관련 없이 심확이나 심필은 심유현과의 관계 때문에 어쩔 수 없이 사건에 연좌될 운명이었던 것이다.

이와 관련하여 나주괘서사건에서는 이광사, 이광현, 이광명도 변경으로 폄적되었다. 그들은 모두 준소파의 영수인 이진유의 혈연이었으므로 사건에 휘말리게 된 것이다. 이광현은 이충익의 친부, 이광명은 이충익의 양부이다.

Ⅲ. 소결

이상 심육을 둘러싼 몇 명의 인물에 대해서 그의 정치적 · 사회적 입장을 고찰하였다. 그 뒤 현존『저촌유고』의 자료가치 문제에 대해 다시 생각해보고자 한다.

『저촌유고』에는 아버지 심수현, 어머니 이씨(李萬謙의 딸)를 위하여 심육이 쓴「행장」,「제문」,「묘지명」등은 전혀 수록되어 있지 않다(부모에 관한 遺事는 각각 수록되어 있다).[28] 그리고 통상적으로라면 문집편찬 시에 부록으로

---

27 『朝鮮王朝實錄』 영조31년 5월 21일 甲午, '史臣曰.' 李有翼도 이인좌의 난에 가담한 인물이다.

28 『樗村遺稿』 卷44「先考領議政府君遺事」,「先妣贈貞敬夫人李氏遺事」.

수록되는 심육 본인의 「행장」, 「제문」, 「묘지명」도 역시 전혀 수록되어 있지 않다. 이는 꽤 부자연스러운 일이다. 부모나 심육에 관한 전기자료를 싣자면, 그 내용 속에 두 사람의 동생, 즉 심확과 심필, 게다가 심필의 양부(養父)인 심유현의 존재도 언급하지 않을 수 없게 된다. 을해의 옥에서 심확의 주살과 심필의 폄적은 심육이 죽은(영조29년 1753) 2년 후에 일어난 일로, 애초부터 심육이 미리 알 수 있는 바가 아니다. 그러나 심육 사후 그의 문집을 편찬할 당시, 심확 · 심필 · 심유현이라는 이름은 편찬에 가담했던 사람들(아마도 심육의 후예 혹은 문인)에게 엄격히 금기해야 할 대상이었다는 점은 틀림없다.[29] 그렇다면 『저촌유고』의 편찬에 있어 신중한 배려와 검토하에 일부러 수록에서 제외한 자료, 삭제된 자료가 꽤 존재했을 것이라는 점을 쉽게 추측할 수 있다.

『저촌유고』(『한국문집총간』 207~208책, 저본은 서울대학교 규장각 소장본)는 이건방(李建芳) 가장본(家藏本)을 1938년 조선총독부 중추원에서 등사한 사본이다.[30] 서적의 편찬 시기는 전부 미상이나, 『저촌유고』는 조선조를 통틀어 문외불출(門外不出)의 문중본으로서 몰래 전승되어왔음을 알 수 있다.

『저촌유고』를 통해 그려진 심육은 순연한 주자학자로서 육왕학에 일관되게 비판적인 입장이었다. 그 점에 관하여 문집 편찬자에 의한 의도적인 자료 조작(사실의 은폐 · 호도 · 개찬 등)이 있었다고 추측하는 것에 대해서는 끝까지 신중한 태도를 유지해야 한다고 생각한다. 그러나 정제두의 직속 제자이며 유력문인이기도 한 심육의 문집 내용으로는 약간 부자연스러운

---

29 심확의 증손 심대윤이 주희의 격물치지 해석을 비판하여 "何朱氏之棄經之明文而妄意穿鑿耶?" "朱氏之妄, 固無足辨者也."(『韓國經學資料集成』 8 「大學考正」 628~629쪽, 성균관대학교 대동문화연구원) 등의 발언을 남기고 있는 것에 대해 高橋亨은 "백운(白雲)은 廢族의 罪子로서 이미 인생에 뜻이 없었기 때문에 이처럼 기탄없이 주씨를 비방하는 데 이르렀던 것이다."라고 하였다. 高橋亨(1953), 156쪽. 이상 제5장에 기술.

30 卷首 「凡例」. 실제로 문집총간본에는 "原本所有者, 京城李建芳. 原本刊寫別, 寫本. 謄寫年月, 昭和十三年七月. 校正者, 鄭啓燮."(卷47 末葉)이라고 적혀 있는 것이 보인다. 이건방은 이충익의 末裔, 정계섭은 정제두의 末裔, 모두 근대기 강화학파의 중요 인물이다. 이상에 관해서는 제7장을 참조.

것 또한 사실이다. 이와 관련하여 이미 서술했듯이 을해옥에 연좌되어 폄적당한 이광사의『원교집선』이나『두남집』에 양명학이나 하곡학에 관한 언급이 거의 보이지 않고, 이광찬의『논학집략』이라는 문중본을 통하여 이광사의 학술적 입장이 처음으로 밝혀지게 되었다는 사실은 이러한 문제를 고찰함에 있어 시사하는 바가 크다. 또한 가령 현행『저촌유고』에 보이는 심육의 사상적 입장(주자학 신봉과 육왕학 비판)이 진실을 전하는 것이라 해도, 애초에 심육 주변 인물의 당화(黨禍)의 존재는 강화학파가 놓여 있던 사회적 · 정치적 정황을 고려할 때 빼놓을 수 없는 기초 사항일 것이다.

본장에서는 어디까지나 검토의 소재를 제공하는 데 그쳤을 뿐, 심육의 사상적 입장의 해명에 관해서는 새로운 자료의 발견 등 장래를 기다리고자 한다.[31]

31 제5장 말미 附說에서 언급했듯이 白井順은 심육과 이진병이 모두 윤증의 문하였다는 사실을 밝혔다. 白井順(2011). 심육이 윤증의 사상적 영향하에 있었다고 한다면, 그의 주자학 존숭과 육왕학 비판의 입장은 특별히 이상한 것은 아니다. 白井順의 문제 제기는 강화학파에 대한 다각적 검토의 필요성을 촉구하는 것이라 할 수 있겠다.

종장

양명후학의 주왕양가(朱王兩可)를 둘러싸고

1

조선 최초의 본격적이면서도 체계적인 양명학 수용자는 정제두였다. 또한 초기 강화학파 중에서 양명학 및 하곡학을 가장 정확하게 수용한 인물은 이광신이다. 그런데 정제두와 이광신 모두 주자학과 양명학을 대립적으로 파악했던 것이 아니라 주왕양가(朱王兩可)의 입장을 분명히 하고 있었다는 점은 주목할 가치가 있는 문제일 것이다. 왜냐하면 이 두 사람의 양명학 이해의 특징은 조선양명학사에 있어 그들이 점유하고 있는 중요성에 비추어본다면, 조선양명학의 특징이라고 단적으로 말해도 지나치지 않기 때문이다.

다만 제1장이나 제2장에서 이미 서술한 것처럼, 양명학에 대한 깊은 이해나 양명학을 신봉하는 입장과 주왕양가의 입장과는 반드시 서로 모순당착하고 이율배반하는 것이 아니라 오히려 충분히 양립 가능한 것이었다고 생각한다. 그리고 이런 이유로 정제두의 주왕양가 주장은 조선양명학 수용에서 양명학의 굴절을 의미하는 것이 아니며, 또 이광신의 주왕양가 주장은 초기 강화학파의 하곡학 변용을 의미하는 것이 아니다.

본장은 이 점에 대해 근세 중국 양명학자들의 주왕관(朱王觀)을 시야에 넣어 논하고자 한다. 본론부터 말하자면 주자학 측에서 이루어진 주육론 · 주왕론은 대개 명확하면서도 예리한 주시육비(朱是陸非) · 주시왕비(朱是王非)의 논조가 되는 것에 비해, 왕학 측의 그것은 다소 주육(朱陸) · 주왕(朱王)을 조화하려는 논조가 된다. 정제두나 이광신의 주왕론도 일단 그러한 문맥상에서 위치를 규정지은 다음 이를 평가할 필요가 있다고 생각한다.

2

정민정(程敏政, 1445~1499)은 『도일편(道一編)』을 지어 주육(朱陸)의 조이만동(早異晩同)을 주장하였다. 이에 촉발된 왕수인은 "주자는 그의 만년에 구설의 잘못을 깨닫고 정론에 도달하였다."고 주장한다. 그 논거로 주자 만년의 편지 34통을 선별하여 『주자만년정론(朱子晩年定論)』을 편찬했다. 이는 "자신이 비판했던 것은 주자중년미정론(朱子中年未定論)으로, 그의 만년정론에는 아무것도 배치(背馳)되지 않는다."는 주장을 함의한다.[1]

왕수인의 재전제자인 서계(徐階, 호 存齋, 1503~1583)는 "주자는 오로지 문학(問學)을 말미암았고, 육구연은 오로지 덕성(德性)을 존중하였다."는 통설에 대해, 두 사람의 학문은 하나에서 나온다고 주장하여 이를 논증할 만한 두 사람의 서한(書翰) · 명(銘) · 강의(講義) · 논(論) · 어록(語錄)을 발췌 · 편집하여 하나의 책으로 만들고 『학칙(學則)』이라 이름하였다.[2] 또 「학칙변(學則辨)」을 지어 "존덕성(尊德性) · 도문학(道問學)은 별개의 두 가지 일이 아니며, 주자도 존덕성을 게을리하지 않았고 육자도 도문학을 빠뜨

---

1 『道一編』, 『朱子晩年定論』이나 이에 대한 주자학 진영의 반론 등 명청시대 朱陸논쟁 朱王논쟁에 관해서는 吉田公平(1990)이 상세하다.

2 『世經堂集』 卷11 「學則序」. "古之學出於一, 而後世之學, 析而爲二. 是故古之道問學以尊德性, 而後世欲舍尊德性, 以別求所謂道問學之事. 古之尊德性, 則必問且學, 而後世欲舍道問學, 以別求所謂尊德性之功.……周衰迄于宋季, 千有餘年, 晦庵象山兩夫子出, 相與切磋論難, 以得夫眞似之辨.……蓋兩夫子之學, 同出於一."

리지 않았다. 두 선생의 학문은 귀일한다."라는 인식을 거듭 표명하였다.[3]

이에 대해 주자학자인 진건(陳建, 1479~1567)은 주육의 조동만이(早同晩異)를 주장하며 『학부통변(學蔀通辨)』을 집필하여 『도일편』, 『주자만년정론』, 『학칙』을 전면적으로 부정하였다.[4]

또 육롱기(陸隴其, 1630~1692)는 마찬가지로 왕수인에 의한 『주자만년정론』의 편찬을 비판함과 동시에 "양명과 정주는 함께 공맹을 스승으로 하여 인의(仁義)를 말한 자이다. 의견에 약간의 차이는 있을지라도 모두 성인의 무리가 아닌가.", "양명학이 초래한 폐해의 죄는 양명이 아니라 양명의 후학에게 돌려야 할 것이 아닌가."라는 의문을 제기하고 나서, 이를 정면에서 부정하여 왕수인 그의 학술을 엄정하게 비판하였다.[5]

장열(張烈, 1622~1685)은 "공자를 배운 자가 주자의 존재를 빼버린다면 의지할 곳을 잃는다. 그러나 왕수인은 주자의 입장을 전부 부정하여 마치 물과 불처럼 주자와 대립하였다."[6] "주육(朱陸)의 동이(同異)란 양자의 입장이 서로 다른 것이 아니다. 육(陸)이 주(朱)를 배반한 것에 지나지 않는다."[7] "홍치 · 정덕 이전에는 정주의 가르침이 그토록 존중되었는데, 융경 · 만력 이후로는 정주를 헐뜯는 화가 이렇게까지 심해졌다. 주육의 소장(消長)

---

3 『世經堂集』 卷20 「學則辨」. "尊德性道問學, 一也. 朱子世以爲專道問學, 而其言必主於尊德性. 陸子世以爲專尊德性, 而其言不遺夫問學. 此兩夫子所以同也."

4 『道一編』, 『朱子晩年定論』에 대한 비판은 卷首 「學蔀通辨提綱」 등을 참조. 『學則』에 대한 언급은 前編卷下에 보인다.

5 『三魚堂文集』 卷2 「學術辨」 上. "自陽明王氏倡爲良知之說, 以禪之學而託儒之名. 且輯朱子晩年定論一書, 以明己之學與朱子未嘗異. 龍溪心齋近溪海門之徒, 從而衍之, 王氏之學徧天下, 幾以爲聖人復起. 而古先聖賢下學上達之遺法, 滅裂無餘, 學術壞而風俗隨之." "今之說者猶曰, 陽明與程朱同師孔孟, 同言仁義, 雖意見稍異, 然皆聖人之徒也. 何必力排而深拒之乎?……或又曰, 陽明之流弊, 非陽明之過也. 學陽明之過耳.……是又不然. 夫天下有立教之弊, 有末學之弊. 末學之弊, 如源淸而流濁也. 立教之弊, 如源濁而流亦濁也.……若夫陽明之所以爲教, 則其源先已病矣. 是其可徒咎末學哉?"

6 『王學質疑』 卷首 「自序」. "學孔子者, 舍朱子莫由. 而王盡醲朱子, 與之爲水火."

7 『王學質疑』 附錄 「朱陸同異論」. "朱陸同異, 非其互爲異也. 乃陸之異於朱耳."

이 천하의 치란(治亂)에 관계됨은 명백하다. 그러나 양자를 조정하여 병존시키려고 주장하는 자가 존재하니 무슨 오류인가!"라고 하였다.[8]

장백행(張伯行, 1651~1725)은 정의당전서본(正誼堂全書本) 『왕학질의(王學質疑)』에 붙인 서문에서 나흠순(羅欽順)·진건(陳建)에 의한 양명학 비판의 공적을 높이 평가하였다. 그리고 "주자학을 존수(尊守)하고 또 왕학도 물리치지 않는다."는 주왕 '조정양가(調停兩可)'의 주장은 정인(正人)·현사(賢士)에게 친히 하면서 다른 쪽으로는 음성미색(淫聲美色)에 이목을 빼앗기는 것이라고 단정하여, 양명학을 음성미색에 견주면서 주왕양가조정의 입장을 완전히 부정하고 있다.[9]

또한 웅사리(熊賜履, 1635~1708)는 "학술적으로 대립되는 두 가지 입장을 양가조정(兩可調停)하는 것은 애초부터 있을 수 없다."라고 하여[10] "육시주비(陸是朱非)의 입장을 배척해야 함은 물론이요, 주육양가의 입장은 더욱 배척해야 한다."라고 하였다.[11] 그리고 "주자가 노불(老佛)을 배척한 공적은 맹자에 필적하나 상산(象山)을 배척한 공적은 그 노불 배척의 공적을 훨씬 웃돌고, 나흠순이 선종(禪宗)을 배척한 공적은 주자에 필적하나 양명을 배척한 공적은 그 선종 배척의 공적을 훨씬 웃돈다."라고 서술하였다.[12]

---

8 『王學質疑』 附錄 「讀史質疑」 4. "夫弘正以前, 尊程朱之敎若彼, 隆萬以下, 毁程朱之禍若此. 朱陸得失, 關乎治亂, 彰彰較著. 而說者欲調停而兩存之, 不亦謬乎?"

9 『王學質疑』 卷首 張伯行 「原序」. "自陽明王氏倡爲異學, 以僞亂眞, 援儒入墨, 天下學者, 翕然宗之.……然當狂瀾橫溢時, 猶賴有覺世憂道之君子, 如羅整菴陳淸瀾兩先生, 先後繼起, 震聾發聵, 得以稍稍廓淸. 顧猶有爲調停兩可之說者. 叩之則曰, 學者尊所聞, 行所知. 遵朱而不闢王, 可也. 何用呶呶焉, 逞筆鋒舌劍, 倣辯士之所爲? 嗚呼! 是何言也.……今曰, 尊朱而不闢王, 是何異欲親正人賢士而復任淫聲美色之目濡染於耳目之前, 謂可以不拒者拒之也. 有是理乎?" 이상 張烈의 『王學質疑』에 관해서는 中純夫(2007) 참조.

10 『下學堂箚記』 卷3 116條. "天下無兩是之理, 何獨至於學術而疑之."

11 『下學堂箚記』 卷2 44條. "是陸而非朱者, 不可不辨. 是朱而竝是陸者, 不可不爲之深辨. 尊禪而貶儒者, 不可不辨. 尊儒而實尊禪者, 尤不可不爲之明辨. 蓋狃執一偏之見, 其惑世淺. 模稜兩可之詞, 其惑世深."

12 『閑道錄』 卷中 127條. "朱子闢佛老, 其功不在孟子下, 闢象山, 其功又在闢佛老之上. 羅子闢禪宗, 其功不在朱子下, 闢姚江, 其功又在闢禪宗之上." 이상 熊賜履에 관해서는

3

위에서 인용한 주자학자들의 말은 모두 정주 · 육왕이 물과 불, 얼음과 숯처럼 서로 용납될 수 없음을 강조한다. 특히 장열의 「주육동이론」에 단적으로 드러나 있는 것은, 주육은 서로 동이(同異)를 이룰 수 있는 것이 아니라 어디까지나 육학이 주자학으로부터 일탈하여 배치(背馳)하고 있는 것에 불과하다는 인식, 즉 주자학을 유일절대의 진리라고 판단함에 의심이 없는 입장이다. 명청을 통틀어 주자학이 과거제도와 연관되어 국가 공인의 학문으로서의 지위를 차지하고 있던 이상, 당시에는 오히려 이와 같은 논조만이 지배적이었을 것이다.

그리고 이러한 상황에서는 주자학과 배치하지 않는다고 말하는 것만이 스스로의 정당성을 주장하는 유력한 수단이었을 것이다. 명 가정 연간에 간행된 『상산선생전집(象山先生全集)』 권수에 부록으로 서계의 「학칙변」을 실은 것도, 그 내용이 단적으로 육학을 현창하는 것이라고 인식되기 때문임이 틀림없다.

또한 융경 연간에 왕수인의 문묘종사를 상청(上請)한 사정걸(謝廷傑)은 '존덕성'과 '도문학'은 별개의 두 가지 일이 아니라고 서술하고 나서, 주육을 이분하는 것은 두 사람의 학문을 진정으로 아는 사람이 아니라고 하였다.[13] 이것도 또한 육왕의 학문이 주자학에 배반되는 것이 아니라고 주장함으로 이를 왕학의 정당성 · 정통성의 논거로 삼는 발상임이 틀림없다. 그리고 사정걸의 의론을 전해 들은 조선 주자학 신봉자가 시비흑백을 어

中純夫(2009) 참조.

13 『朝鮮王朝實錄』 선조6년 1월 丁酉. "浙江巡撫謝廷傑, 請以原任尙書王守仁配享文廟. 大槪以爲尊德性道問學, 非兩事也.……守仁師陸九淵, 而今觀九淵之論, 未嘗不及於讀書. 朱某之敎門人, 未嘗不以身心爲務, 則彼分朱陸, 而二之者, 非知二子之學者也. 奉聖旨, 禮部看議了來說." 선조6년은 萬曆元年. 이 사정걸의 상청은 『神宗實錄』에는 미검출.

지럽히는 사설이라고 한 것은 제10장에서 이미 서술한 대로이다.[14]

게다가 융경6년, 왕수인 문묘정사를 위한 하나의 포석으로 편찬 간행된 『왕문성공전서(王文成公全書)』에 『주자만년정론』이 부각(附刻)된 것은 간행자 사정걸의 명에 의한 것으로, 이도 왕수인의 학문이 주희의 학문에 반하는 것이 아니라는 점을 명시하기 위함이었다고 한다.[15]

단 『주자만년정론』 편찬에 의한 주왕동귀(朱王同歸)의 주장은 머지않아 파탄을 초래하게 된다. 왕수인이 주자만년의 집필로 본 『만년정론』에 수록된 것 중에 분명히 중년 이전의 서한이 포함되어 있는 등, 그 편년고증의 불비(不備)를 지적당한 것이다(羅欽順 『困知記』 附錄 「與王陽明書」 庚辰夏, 正德15년). 이는 왕수인도 인정하지 않을 수 없었다. 이에 이르러 왕수인은 "도란 천하의 공도(公道)이며, 학문이란 천하의 공학(公學)이다. 주자가 터득하여 사사로이 할 수 있는 것이 아니요 공자가 터득하여 사사로이 할 수 있는 것이 아니다. 천하의 공(公)이니 공언(公言)할 뿐이다."라는 유명한 말을 하였다.[16] 공자나 주자의 말만을 절대시해야 하는 것은 아니라는 의미이다. 이것도 주자학의 잘못됨을 소리 높여 주장하는 것이 아니라 그 가치를 일단 상대화한 것에 불과하다. 그러나 상대화의 시점을 제시하는 것 자체가 주자학을 절대적 위치로부터 상대적 위치로 끌어내린 의미를 가질 수 있는 것이다.

왕수인의 고제(高弟)였던 왕기(王畿)는 가정36년 5월 무원(婺源)에서 동지 수십 명과 모였다. 그때 어떤 사람이 "여기 무원은 주자의 본관이다. 오늘날 우리들이 논하는 바는 주자와 동이(同異)가 있다는 것을 면치 못하고

---

14 『朝鮮王朝實錄』 선조6년 1월 壬寅. "柳希春曰……今聞皇朝謝廷傑, 欲以王守仁配享孔廟, 至爲朱陸同道之說, 變亂黑白, 此甚邪說."

15 『王文成公全書』 卷3 「朱子晩年定論」 錢德洪 序. "隆慶壬申, 虬峰謝君廷傑刻師全書, 命刻定論附語錄後, 見師之學與朱子無相繆戾, 則千古正學同一源矣."

16 『傳習錄』 卷中 「答羅整庵少宰書」. "夫道, 天下之公道也, 學, 天下之公學也. 非朱子可得而私也, 非孔子可得而私也. 天下之公也. 公言之而已矣."

있다. 꺼리고 두려워해야 마땅하지 않은가."라고 물었다. 이에 대해 왕기는 "그렇다면 주자를 가벼이 여기는 것이 되고 우리 도에 대한 소견도 좁은 것이 된다. 도란 천하의 공도(公道)이고 학문이란 천하의 공학(公學)이다. 이를 공언(公言)할 뿐이다."라고 하여, 동이를 꺼려 감추어야 할 것은 아니라는 입장을 분명히 한다. 그러나 곧바로 이에 이어 "동이가 있는 것을 면치 못하는 것은 입문착수처(入門着手處)로, 반드시 성인이 되려는 뜻에 있어서는 아무 차이가 없다."라고 하며 "주자의 설이든 선사(先師)의 설이든 구애치 않고 다만 우리의 마음이 편한 바를 믿으면 된다."라는 판단을 내리고 있다.[17] 여기에서도 주왕귀일(朱王歸一) 내지는 주왕상대화의 주장을 간파할 수 있다.[18]

굳이 도식적으로 대조한다면, 주문(朱門)의 주육론 · 주왕론은 명쾌하게 주시육비 · 주시왕비를 결코 꺼리지 않는 것에 비해, 왕문(王門)의 그것은 양자의 동귀(同歸) 내지는 상대화에 힘쓰는 경향이 있다.[19] 그런 의미에서 왕문의 논조는 다소 주왕양가조정(朱王兩可調停)의 입장이다. 그리고 정제두나 이광신의 말에도 확실히 이러한 측면이 존재한다. 그러나 정제두나 이광신에게 주왕양가의 발언이 있는 점과 그들의 양명학 이해가 체계적이면서도 정확했다는 점은 결코 서로 배제해야 할 사항은 아니다. 다시 말하면 그들에게 주왕양가의 발언이 있다는 사실이 육왕학 신봉의 동요나 후

---

17 『龍溪王先生全集』 卷2 「書婺源同志會約」. "或者曰, 婺源爲紫陽闕里, 今日之論, 不免于有異同, 盍諱諸? 予曰, 噫! 鄙哉. 是何待晦翁之薄而視吾道之不廣也. 夫道, 天下之公道, 學, 天下之公學, 公言之而已. 今日之論不能免于異同者, 乃其入門下手之稍殊, 至於此志之必爲聖人, 則固未嘗有異也." "今日之學, 惟以發明聖修爲事, 不必問其出於晦翁, 出於先師, 求諸其心之安而信焉, 可也?"

18 다음의 자료도 참조. 『龍溪王先生全集』 卷14 「贈邑博諸元岡遷荊王府教授序」. "夫子與晦翁之論, 雖有異同, 要之均爲發明聖賢之旨, 不妨參互以盡其變. 非如薰蕕黑白之相反也."

19 주자학을 옳다고 보는 입장에 몸을 두면서도 朱王 쌍방의 장점과 폐해를 관점에 두고 있던 顧憲成 같은 존재는, 오히려 소수파에 속하지 않았을까? 그러나 고헌성도 양명학의 무선무악설만은 전면 부정하였다. 中純夫(1997) 참조.

퇴를 의미하는 것은 결코 아니라고 생각한다.

만일 순수 · 순정한 양명학과의 대비에서 정제두나 이광신의 입장을 주왕절충적이라고 평한다면, 그러한 평가는 타당하지 않을 것이다. "주왕양가조정적이었기 때문에 정제두나 이광신의 양명학은 순수한 양명학이 아니다."라고 논단한다면 "『주자만년정론』을 집필한 왕수인의 양명학은 순수양명학이 아니다."라는 패러독스를 승인하는 격이 되기 때문이다.[20]

그러므로 필자는 정제두 및 이광신에게 주왕양가의 주장이 있었음을 인정하고 정제두를 조선 최초의 본격적이면서도 체계적인 양명학 수용자로서, 그리고 이광신을 양명학 및 하곡학의 독실한 계승자로서 평가해야 한다고 생각한 것이다.

---

20 錢明은 정제두의 양명학 이해의 특징 중 하나로 '會通朱王'을 들어 "朱王을 회통한다는 것은 통제세력으로부터의 비난을 회피하기 위해 모든 왕학수정론자가 채용했던 중요 수단 중 하나로, 다만 주자학이 절대적 통치의 지위를 점하고 있던 조선에서는 朱를 王에 붙이거나 王을 朱로 해석하는 것이 中日 양국에 비해 한층 더 용기와 叡智를 요하는 일이었다."라고 서술하였다. 錢明(2010), 322쪽. 정제두 양명학의 특징 중 하나인 '會通朱王'(본고에서는 朱王兩可)을 들어 그것이 조선양명학 고유의 현상은 아니었음을 지적하는 점은 필자도 동의한다. 그러나 '會通朱王'의 주장을 '왕학수정론자'의 행위라고 판단하는 것에는 위화감이 든다.

系圖1 정제두 가계도

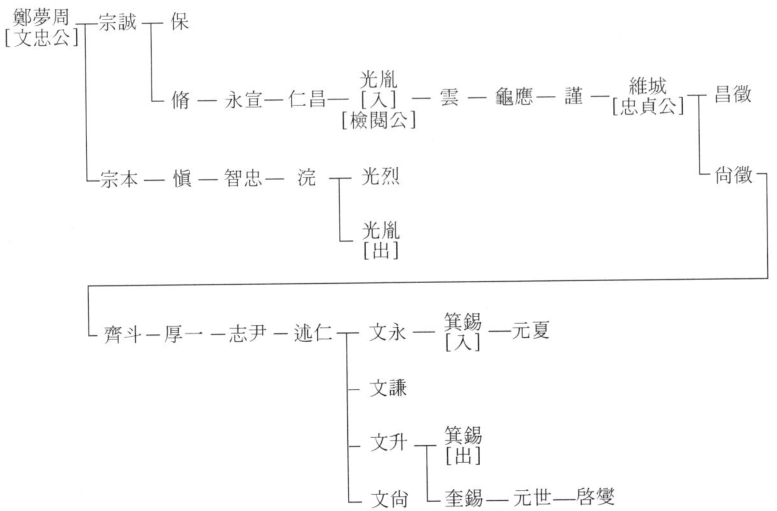

系圖2 정제두가와 심육 · 윤순

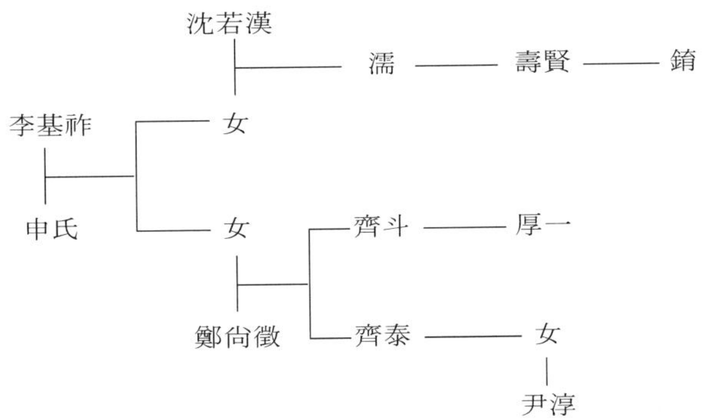

▮系圖3▮ 정제두가와 이덕윤 · 신대우 · 이영익 · 이충익

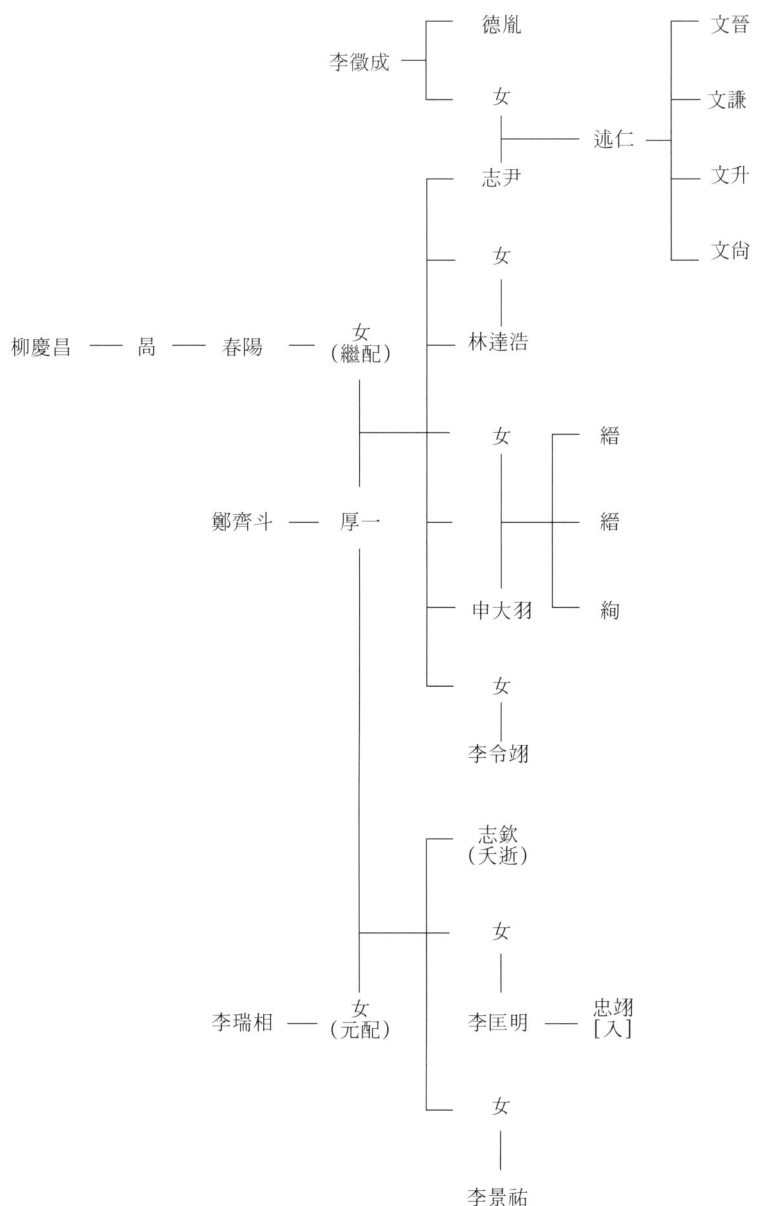

▌系圖4▐ 전주이씨 덕천군파 계도

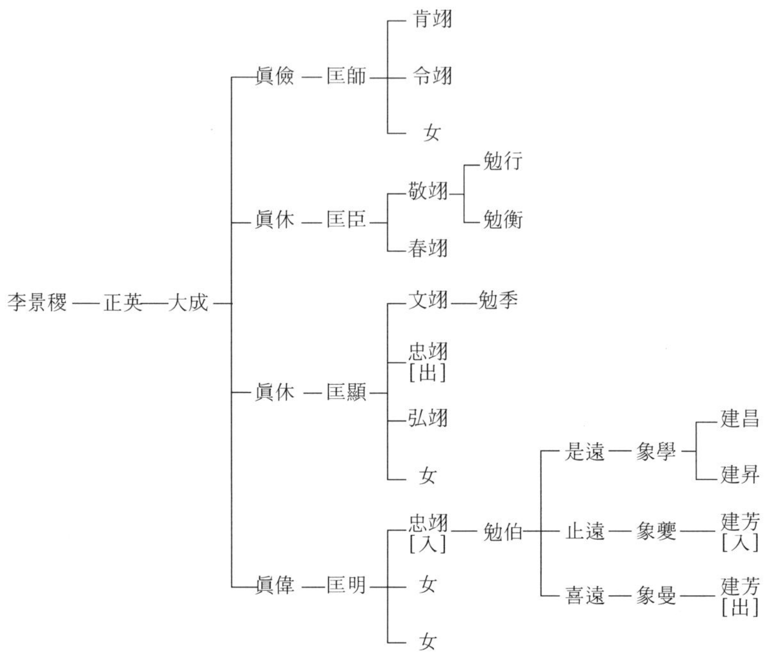

| 인용문헌일람 |

日文

- 赤塚忠, 「朱子と書」, 赤塚忠著作集 第3卷, 『儒家思想研究』, 硏文社, 1986년.
- 阿部吉雄, 「朝鮮の陽明學」, 陽明學大系 第1卷, 『陽明學入門』, 明德出版社, 1971년.
- 荒木見悟, 「石經大學の表章」, 『明末宗教思想研究: 管東溟の生涯とその思想』, 創文社, 1979년.
- 荒木見悟, 「唐伯元の心學不定論」, 『陽明學の展開と佛教』, 硏文出版, 1984년.
- 荒木見悟, 「序論: 本來性と現實性」, 『新版佛教と儒教』, 硏文出版, 1993년.
- 井上進, 『明清學術變遷史: 出版と傳統學術の臨界点』, 平凡社, 2011년.
- 井上進, 『書林眺望: 傳統中國 書物世界』, 平凡社, 2006년.
- 井上直樹, 「近代日本における高句麗史研究: 滿鮮史 · 滿洲史と關連させて」, 『高句麗史研究』 18輯(『高句麗正體性』), 學研文化史, 2004년, 서울.
- 今村與志雄, 「丁若鏞と日本の儒者: 丁若鏞 ノート」, 『季刊三千里』 16號, 三千里社, 1978년.
- 大木康, 「明清時代の科擧と文學: 八股文をめぐって」, 『中國: 社會と文化』 7號, 1992년.
- 大木康, 「試驗問題で遊ぶ」, 『原文で樂しむ明清文人の小品世界』, 中國書店, 2006년.
- 小川晴久, 「洪大容の宇宙無限論」, 『東京女子大學付屬比較文化研究所紀要』 38卷, 1977년.
- 小川晴久, 「地轉(動)說から宇宙無限論へ: 金錫文と洪大容の世界」, 東京女子大學紀要 『論集』 30卷2號, 1980년.
- 荻生茂博, 「近代における陽明學研究と石崎東國の大阪陽明學會」, 『近代 · アジア · 陽明學』, ぺりかん社, 2008년A.

- 荻生茂博, 「崔南善の日本體驗と『少年』の出發: 東アジアの近代陽明學 Ⅲ 1」, 『近代・アジア・陽明學』, ぺりかん社, 2008년B.
- 長志珠繪, 「『朝鮮史』 史料採訪 『復命書』を讀む: 『朝鮮史』 編纂と帝國の空間」, 『季干日本思想史』 76號, ぺりかん社, 2010년.
- 小野和子, 『明季黨社考: 東林黨 復社』, 同朋舍, 1996년.
- 河宇鳳 著, 井上厚史 譯, 『朝鮮實學者の見た近世日本』, ぺりかん社, 2001년.
- 桂島宣弘, 「植民地朝鮮における歷史書編纂と近代歷史學: 『朝鮮半島史』を中心に」, 『季干日本思想史』 76號, ぺりかん社, 2010년.
- 川原秀城, 「『九數略』: 算學と四象」, 『朝鮮文化研究』 3號, 1996년.
- 川原秀城, 「東算と天元術: 17世紀中期~18世紀初期の朝鮮數學」, 『朝鮮學報』 169輯, 1998년.
- 川原秀城, 「星湖心學: 朝鮮王朝の四端七情理氣の辨とアリストテレスの心論」, 『日本中國學會報』 56集, 2004년.
- 川原秀城・金光來 編譯, 『高橋亨朝鮮儒學論集』, 知泉書館, 2011년.
- 韓永愚 著, 吉田光男 譯, 『韓國社會の歷史』, 明石書店, 2003년.
- 新田喜一郎, 『中國書道史』, 岩波書店, 1985년.
- 菊竹淳一, 「高麗時代の裸形男子椅像」, 『デアルテ』 第21號, 2005년.
- 姜在彦 著, 鈴木信昭 譯, 『朝鮮の西學史』, 『姜在彦著作集』 第4卷, 明石書店, 1996년.
- 姜在彦, 『朝鮮儒教の二千年』, 朝日新聞社, 2001년.
- 金世貞, 「韓國における象山學と陽明學關連研究目錄」, 『陽明學』 第19號, 二松學舍大學東アジア學術總合研究所陽明學研究部, 2007년.
- 金性玟 著, 金津日出美 譯, 「朝鮮史編修會の組織と運用」, 『季干日本思想史』 76號, ぺりかん社, 2010년.
- 金台俊 著・安宇植 譯注, 『朝鮮小說史』, 東洋文庫270, 平凡社, 1975년.
- 金文子, 「李朝後期科學制度について: 直赴法を中心に」, 『研究年報』 第24號, 奈良女子大學文學部, 1980년.
- 金原泰介, 「康熙年間における陽明學批判の流行: 熊賜履の影響力を中心に」, 『東方學』 第107輯, 2004년.
- 工藤文哉, 「朝鮮書道史」, 『書道全集』 第24卷, 平凡社, 1932년.

- 桑野榮治, 「高麗から李朝初期における圜丘壇祭祀の受容と變容: 祈雨祭としての機能を中心に」,『朝鮮學報』第161輯, 1996년.
- 桑野榮治, 「朝鮮初期の文廟祭と鄕村社會」,『久留米大學文學部紀要』, 國際文化學科 編, 第15 · 16號, 2000년.
- 桑野榮治, 「朝鮮小中華意識の形成と展開: 大報壇祭祀の整備過程を中心に」, 朴忠錫 · 渡辺浩 編『國家理念と對外認識: 17~19世紀』, 慶應義塾大學出版株式會社, 2001년.
- 桑野榮治, 「朝鮮明宗代の對明遙拝儀禮: 戚臣政治と王權」,『久留米大學文學部紀要』, 國際文化學科 編, 第28號, 2011년.
- 黃俊傑, 藤井倫明 譯, 「地域史として東アジア交流史: 問題意識とテ―マ」, 馬淵昌也 編『東アジアの陽明學: 接觸 · 流通 · 變容』, 東方書店, 2011년.
- 小島毅,『宋學の形成と展開』, 創文社, 1999년.
- 小島毅,「嘉靖の禮制改革について」,『東洋文化研究所紀要』第117冊, 1992년.
- 小島毅, 「洪武改制と明代の地方志」,『中國近世における禮の言說』, 東京大學出版會, 1996년.
- 小島毅,『近代日本の陽明學』, 講談社選書メチエ, 講談社, 2006년.
- 小林和彦,「成均館文廟について」,『中國哲學』第26號, 北海道中國哲學會, 1997년.
- 崔在穆, 「韓國陽明學研究 序論的考察: 傳來時期を手掛かりとした研究時角の再考」,『倫理學』5號, 筑波大學倫理學原論研究會, 1987년.
- 崔在穆,『東アジア陽明學の展開』, ぺりかん社, 2006년.
- 佐々木愛, 「毛奇齡の思想遍歷: 明末の學風と淸初期經學」,『東洋史研究』56卷2號, 1997년.
- 佐藤錬太郎,「李卓吾評『忠義水滸傳』について」,『東方學』71輯, 1986년.
- 佐野公治,「八股文の四書學」,『四書學史の研究』, 創文社, 1988년.
- 島田虔次 著, 井上進 補注,『中國における近代思惟の挫折』1 · 2, 平凡社, 2003년.
- 城池孝,「明代廷議における意見集約をめぐって」,『長城と北京の朝政: 明代內閣政治の展開と變容』, 京都大學學術出版會, 2012년.
- 白井順,「沈錥と李震炳と李星齡: 鄭齊斗の周邊」, 韓國陽明學會『陽明學』第30號, 2011년.
- 辛炫承 著, 大多和朋子 譯,「朝鮮陽明學派の形成と展開」, 馬淵昌也 編『東アジア

の陽明學: 接觸 · 流通 · 變容』, 東方書店, 2011년.

- 沈慶昊, 「江華學派の假學批判と知的摸索」, 『陽明學』 第19號, 二松學舍大學東アジア學術總合硏究所陽明學硏究部, 2007년.
- 末松保和, 「李朝實錄考略」, 末松保和朝鮮史著作集, 6 『朝鮮史史料』, 吉田弘文館, 1997년.
- 鈴木虎雄, 「八股文」, 『支那文學硏究』, 弘文堂, 1934년.
- 鈴木信昭, 「李朝正祖期における天主敎の布敎情況に關する一考察: 乙巳 · 珍山兩事件の間を中心として」, 『史苑』 43卷2號, 1984년.
- 須藤敏夫, 『近世日本釋典の硏究』, 思文閣出版, 2001년.
- 全成坤, 「『朝鮮史』と崔南善」, 『季干日本思想史』 76號, ぺりかん社, 2010년.
- 高橋亨, 「李朝儒學史於における主理派主氣派の發達」, 『京城法文學會第二部論集』, 刀江書院, 1929년.
- 高橋亨, 「朝鮮の陽明學派」, 『朝鮮學報』 第4輯, 朝鮮學會, 1953년.
- 高柳信夫, 「現代思想としての陽明學: 梁啓超の陽明學觀についての考察」, 奧崎裕司 編 『明淸はいかなる時代であったか: 思想史論集』, 汲古書院, 2006년.
- 竹內弘之, 「梁啓超の陽明學說: 1920年代を中心に」, 『名古屋學院大學外國語學部論集』 第9卷1號, 1997년.
- 武田幸男, 『朝鮮史』, 山川出版社, 1985년.
- 武田幸男, 『高句麗史と東アジア: 「廣開土王碑」 硏究序說』, 岩波書店, 1989년.
- 通堂あゆみ 「高橋亨と朝鮮」, 川原秀城 · 金光來 編譯 『高橋亨朝鮮儒學論集』, 知泉書館, 2011년.
- 鶴成久章, 「『四庫全書總目提要』 「永樂三大全」の硏究」, 『福岡敎育大學紀要』 第56號, 2007년 2월.
- 鶴成久章, 『明代八股文資料目錄(稿)』, 平成16~18年科學硏究費補助金 「明代八股文資料の整理と硏究」, 硏究成果報告書, 2007년 3월.
- 鶴成久章, 「嘉靖二年會試の策題における陽明學批判について」, 『九州中國學會報』 第45卷, 2007년 5월.
- 鶴成久章, 「明代の科擧制度と朱子學: 體制敎學化がもたらす學びの內實」, 『中國: 社會と文化』 第22號, 2007년 6월.
- 鄭寅普 著, 沈慶昊 · 小川晴久 譯, 「朝鮮の陽明學派」, 『陽明學』 第19號, 二松學舍

大學東アジア學術總合研究所陽明學研究部, 2007년.

- 友枝龍太郎,『朱子の思想形成』改訂版, 春秋社, 1979년.
- 中純夫,「朱子の工夫論について: 未發已發の問題をめぐって」, 京都大學文學部中國哲學史研究室『中國思想史研究第』7號, 1985년.
- 中純夫,「徐階研究」,『富山大學校養部紀要』人文社會科學篇 第24卷1號, 1991년.
- 中純夫,「張居正と講學」,『富山大學校養部紀要』人文社會科學篇 第25卷1號, 1992년.
- 中純夫,「耿定向と張居正」『東洋史研究』53卷1號, 1994년.
- 中純夫,「王畿の講學活動」,『富山大學人文學部紀要』第26號, 1997년.
- 中純夫,「心と矩: 顧憲成における朱子學と陽明學」, 京都大學中國哲學史研究會『中國思想史研究第』第20號, 1997년.
- 中純夫,「恒齋李匡臣緒論: 初期江華學派 陽明學受容」,『東洋史研究』60卷1號, 2001년.
- 中純夫,「丁若鏞の『大學』解釋について: 李朝實學者の經書解釋」,『京都府立大學學術報告(人文 · 社會)』第54號, 2002년.
- 中純夫,「樗村沈錥における華夷觀念と小中華思想」,『京都府立大學學術報告(人文 · 社會)』第55號, 2003년.
- 中純夫,「朝鮮陽明學研究史に關する覺え書き」,『京都府立大學學術報告(人文 · 社會)』第57號, 2005년.
- 中純夫,「張烈の王學質疑について: 陽明學批判の論理」,『山根幸夫教授追悼記念論叢 明代中國の歷史的位相」下卷, 汲古書院, 2007년.
- 中純夫,「尹根壽と陸光祖: 中朝間の朱陸問答」,『東洋史研究』67卷3號, 2008년.
- 中純夫,「熊賜履の『閑道錄』について: 淸初の陽明學批判」,『陽明學』第21號, 二松學舍大學東アジア學術總合研究所陽明學研究部, 2009년.
- 中純夫,「本末格物說考」,『日本國學會報』62集, 2010년.
- 中田勇次郎,「中國書道史」,『中田勇次郎著作集』第1卷, 二玄社, 1984년.
- 永富靑地,『王守仁著作の文獻學的研究』, 汲古書院, 2007년 2월.
- 永富靑地,「錢德洪 編『朱子晩年定論』について」, 早稻田大學理工學部 · 複合領域『人文社會科學研究』47號, 2007년 3월.
- 永富靑地 · 文盛載,「陽明學關係論著目錄(韓國の部2007年~2010年)」, 早稻田大

學理工學部 · 複合領域『人文社會科學硏究』51號, 2011년.

• 中山八郎,「王陽明と明代の政治 · 軍事」,『明淸史論集』, 汲古書院, 1995년.

• 野崎充彦 譯注,『洪吉童傳』, 東洋文庫796, 平凡社, 2010년.

• 箱石大,「近代日本史料學と朝鮮總督府の朝鮮史編纂事業」, 佐藤信 · 藤田覺 編『前近代の日本列島と朝鮮半島』, 山川出版社, 2007년.

• 比田井南谷,『中國書道史事典』, 雄山閣, 1996년.

• 平木實,「朝鮮時代後期における圜丘壇祭祀について」,『朝鮮社會文化史硏究』Ⅱ, 阿吽社, 2001년.

• 平田茂樹,『科擧と官僚制』, 世界史リブレット9, 山川出版社, 1997년.

• 閔泳珪, 小川晴久 譯,「爲堂鄭寅普先生の行狀に現れるいくつかの問題: 實學原始」,『陽明學』第19號, 二松學舍大學東アジア學術總合硏究所陽明學硏究部, 2007년.

• 藤田亮策,「朝鮮の年號と紀年」,『朝鮮學論考』, 藤田先生記念事業會 刊, 1963년.

• 藤本幸夫,「眉巖過眼書錄」,『富山大學人文學部紀要』第7號, 1983년.

• 藤本幸夫,「書」, 菊竹淳一 · 吉田宏志 責任編集『世界美術大全集』東洋編, 第10卷, 高句麗 · 百濟 · 新羅 · 高麗, 小學館, 1998년.

• 藤本幸夫,「朝鮮時代の書」, 菊竹淳一 · 吉田宏志 責任編集『世界美術大全集』東洋編, 第11卷, 朝鮮王朝, 小學館, 1999년.

• 藤本幸夫,『日本現存朝鮮本硏究 集部』, 京都大學學術出版界, 2006년.

• 夫馬進,「萬曆二年朝鮮使節の中華國批判」,『山根幸夫敎授退休記念明代史論叢』(上), 汲古書院, 1990년.

• 夫馬進,「日本現存朝鮮燕行錄解題」,『京都大學文學部硏究紀要』42號, 2003년.

• 夫馬進, 「朝鮮燕行使申在植の『筆譚』に見える漢學宋學論議とその周邊」, 岩井茂樹 編『中國近世社會の秩序形成』, 京都大學人文科學硏究所, 2004년.

• 前間恭作 編,『古鮮冊譜』, 東洋文庫, 1944년.

• 松田弘,「朝鮮朝陽明學における硏究問題の所在」,『倫理思想硏究』6, 筑波大學哲學思想學系內, 倫理思想硏究會, 1981년.

• 間野潛龍,「王陽明とその封爵」,『明代文化史硏究』, 同朋舍, 1979년.

• 馬淵昌也 編,『東アジアの陽明學: 接觸 · 流通 · 變容』, 東方書店, 2011년.

- 三浦國雄, 「『朱子大全箚疑』をめぐって: 朝鮮朱子學の一側面」, 『森三樹三郎博士頌壽記念東洋學論集』, 汲古書院, 1979년.
- 三浦國雄, 「17世紀朝鮮における正統と異端: 宋時烈と尹鑴」, 『朝鮮學報』 第102輯, 朝鮮學會, 1982년.
- 三浦秀一, 『中國心學の稜線: 元朝の知識人と儒佛道三教』, 研文出版, 2003년.
- 三浦秀一, 「明代過擧「性學策」史稿」, 『集刊東洋學』 103號, 2010년.
- 三木榮, 「『司馬榜目』について: 見在「司馬榜目」一覽表」, 『朝鮮學報』11輯, 1957년.
- 水野實, 「王守仁の『大學古本傍釋』の考察」, 『日本中國學會報』 第46集, 1994년.
- 翠川文子, 「釋奠(二): 孔子像」, 『川村短期大學研究紀要』 第11號, 1991년.
- 宮島博史, 「朝鮮時代の科擧: 全體償と特徵」, 『中國: 社會と文化』 第22號, 2007년.
- 村山智順, 『釋奠 · 祈雨 · 安宅』, 朝鮮總督府, 1938년, 國書刊行會, 1972년 再刊.
- 安田二郎, 『中國近世思想研究』, 筑摩書房, 1976년.
- 藪內淸 譯注, 『天工開物』, 東洋文庫130, 平凡社, 1969년.
- 山內弘一, 「朝鮮初期に於ける對明自尊の意識」, 『朝鮮學報』 第92輯, 1979년.
- 山內弘一, 「丁若鏞の學問觀: 朱子學への評價をめぐって」, 『朝鮮史研究會論文集』 19集, 1982년.
- 山內弘一, 「朴趾源に於ける北學と小中華」, 『上智史學』 第37號, 1992년.
- 山內弘一, 「夷と華の狹間で: 韓元震に於ける夷狄と中華」, 東京大學東洋文化研究所 『東洋文化研究所紀要』 第132冊, 1997년.
- 山內弘一, 「朴齊家における北學と慕華意識」, 『上智史學』 第43號, 1998년.
- 山內弘一, 「李朝後期知識人の反朱子學批判の一例: 淸の毛奇齡と日本の古學派批判」, 『漢文學 解釋與研究』 2輯, 汲古書院, 1999년.
- 山內弘一, 「朝鮮儒教研究の手引き: 中國學 · 日本學の研究者にむけて」, 『漢文學 解釋與研究』 4輯, 汲古書院, 2001년.
- 山內弘一, 『朝鮮からみた華夷思想』, 世界史リブレット67, 山川出版社, 2003년.
- 山下龍二, 『陽明學の研究 展開編』, 現代情報社, 1971년.
- 吉田公平, 「李見羅の思想」, 『日本中國學會報』 27集, 1975년.
- 吉田公平, 「『朱子晩年定論』」, 『陸象山と王陽明』, 研文出版, 1990년.
- 吉田公平, 「王陽明の『朱子晩年定論』について」, 『東洋大學中國哲學文學科紀要』 9

號, 2001년.

- 吉田公平, 「東正堂年譜初稿」, 『白山中國學』 11號, 2004년.
- 吉田公平, 「『正堂先生古稀壽言集』と「桂島往訪記」について」, 『白山中國學』 12號, 2006년.
- 吉田公平, 「東敬治と『王學雜誌』について」, 『東洋大學中國哲學文學科紀要』 16號, 2008년.
- 吉田純, 『清朝考證學の群像』, 創文社, 2006년.
- 李成茂 著, 平木實 中村葉子 譯, 『韓國の科學制度: 新羅 · 高麗 · 朝鮮時代の科擧』, 日本評論社, 2008년.
- 李晗昊 著, 李正勳 譯, 「李卓吾と朝鮮儒學」, 馬淵昌也 編 『東アジアの陽明學: 接觸 · 流通 · 變容』, 東方書店, 2011년.
- 渡辺學, 『近世朝鮮教育史研究』, 雄山閣, 1969년.

韓文

- 윤남한, 『조선시대의 양명학연구』, 集文堂, 1982년.
- 한예원, 「초원 이충익의 自尊 의식」, 한국양명학회, 『양명학』 제18호, 2007년.
- 김윤경, 『하곡학파 『노자』 해석에 관한 연구: '有無論'과 '善惡論'을 중심으로』, 박사학위 청구논문, 성균관대학교 대학원 동양철학과, 2009년.
- 김세정, 「국내한국양명학파 관련연구 목록」, 한국양명학회, 『양명학』 제12호, 2004년.
- 김용태, 「이건창의 「李卓吾贊」에 대하여」, 『동양한문학연구』 26집, 동양한문학회, 2008년.
- 계훈모 編, 「司馬榜目總錄 附司馬試設科年次」, 역사학회, 『역사학보』 제38집, 1968년.
- 오종일, 「양명전습록전래고」, 『철학연구』 제5집, 고려대학교 철학회, 1978년.
- 강화양명학연구팀, 『강화양명학 연구총서』 1~3, 한국학술정보, 2008년.
- 홍원식 · 이상호, 「양명학연론 해제」, 정인보 著, 홍원식 · 이상호 譯 『위당 정인보의 양명학연론』, 한국국학진흥원, 2002년.
- 최영성, 『한국유학사상사』Ⅲ, 아시아문화사, 1995년.
- 최재목, 「하곡 정제두의 '치양지설의 弊' 비판에 관한 재검토」, 한국양명학회, 『양명학』,

제15호, 2005년.

- 최승희, 『개정증보판 한국고문서연구』, 지식산업사, 1989년.
- 최진옥, 「15세기 사마방목의 분석」, 『淸溪史學』 5, 정신문화연구원, 청계사학회, 1988년.
- 심경호, 「宛丘申大羽論」, 『강화학파의 문학과 사상』(一), 한국정신문화연구원, 1993년.
- 심경호, 「원교의 학술사상」, 『강화학파의 문학과 사상』(三), 한국정신문화연구원, 1995년A.
- 심경호, 「信齋李令翊論」, 『강화학파의 문학과 사상』(三), 한국정신문화연구원, 1995년B.
- 심경호, 「恒齋李匡臣論」, 『진단학보』 제84호, 진단학회, 1997년.
- 심경호, 「石泉과 茶山」, 『강화학파의 문학과 사상』(四), 한국정신문화연구원, 1999년.
- 서경숙, 「원교 이광사의 양명학」, 한국양명학회 『양명학』 3호, 1999년.
- 서경숙, 「항재 이광신의 理氣論: 理氣本自混合無間(一體)說」, 한국양명학회, 『양명학』 6호, 2001년.
- 서경숙, 「항재 이광신의 절충론적 양명학」, 강화양명학연구팀, 『강화학파의 양명학』, 한국학술정보, 2008년A.
- 서경숙, 「원교 이광사의 이기일원론적 양명학」, 강화양명학연구팀, 『강화학파의 양명학』, 한국학술정보, 2008년B.
- 서종태, 「성호학파의 양명학 수용: 복암 이기양을 중심으로」, 『한국사연구』 66, 1989년.
- 서종태, 「녹암 권철신의 양명학 수용과 그 영향」, 『국사관논총』 34집, 1992년.
- 성낙훈, 「한국당쟁사」, 『한국문화사대계』Ⅱ, 정치 · 경제사(上), 고려대학교 민족문화연구소, 1965년.
- 천병돈, 「하곡학 연구현황 분석」, 한국양명학회, 『양명학』 19호, 2007년.
- 천병돈, 「이관신은 朱王 절충론자인가: 「빙탄록」을 중심으로」, 『한국학논집』 44집, 한양대학교출판부, 2008년A.
- 천병돈, 「「빙탄록」의 知行論: 『전습록』과의 비교를 중심으로」, 한국양명학회, 『양명학』 21호, 2007년B.
- 천병돈, 「항재 이광신의 『先藁』 연구」, 한국양명학회, 『양명학』 22호, 2009년A.
- 천병돈, 「항재 이광신의 心卽理와 心與理: 「與襄仲辨難朱王理氣說」을 중심으로」, 『대

한철학회논문집』 110집, 대한철학회, 2009년B.

- 천병돈, 「항재 철학에서의 心의 일관성과 비일관성」, 한국양명학회, 『양명학』 23호, 2009년C.
- 송석준, 「조선조 양명학의 수용과 연구 현황」, 한국양명학회, 『양명학』 12호, 2004년.
- 조좌호, 「李朝司馬試攷」(上), 『성균관대학교논문집』 인문 · 사회계, 14집, 1969년.
- 조좌호, 「李朝司馬試攷」(下), 『성균관대학교논문집』 인문 · 사회계, 16집, 1971년.
- 조남호, 「이충익의 양명학적 사고」, 한국양명학회, 『양명학』 21호, 2008년.
- 陳冠超, 「韓國近五年的韓國儒學研究書目」, 林月惠 『異曲同調 朱子學與朝鮮性理學』, 臺灣大學出版中心, 2010년.
- 정인보, 『양명학연론』, 『동아일보』, 1933년 9월~12월. 『薝園鄭寅普全集』 제2책, 연세대학교출판부, 1983년.
- 정인보 著, 홍원식 · 이상호 譯, 『위당 정인보의 양명학연론』, 한국국학진흥원, 2002년.
- 정인재, 「항재 이광신의 心學: 양명과 주자 종합론」, 『서강인문논총』 23집, 서강대학교 인문과학연구소, 2008년.
- 정양완, 「원교이광사론」「원교와 신재의 東國樂府」, 『강화학파의 문학과 사상』(二), 한국정신문화연구원, 1995년.
- 임창순 책임편집, 한국의 美 ⑥ 『서예』, 중앙일보사, 1981년.
- 박현규, 「허균이 도입한 李贄 저서」, 영남중국어문학회, 『중국어문학』 제46집, 2005년.
- 문정창, 『軍國日本朝鮮强點三十六年史』 中, 柏文堂, 1966년.
- 민영규, 「위당 정인보선생의 행장에 나타난 몇 가지 문제: 實學原始」, 『강화학 최후의 광경 西餘文存其一』, 우반, 1993년.
- 이가원, 『儒敎叛徒許筠』, 연세대학교출판부, 2000년.
- 이은순, 『朝鮮後期黨爭史研究』, 일조각, 1988년.
- 이종일, 「조선후기의 사마방목 분석」, 한국법사학회, 『법사학연구』 11호, 1990년.
- 이영호, 「이탁오와 조선유학」, 한국양명학회, 『양명학』 제21호, 2008년.
- 유철호, 「신재 이영익의 실학사상」, 강화양명학연구팀, 『강화학파의 양명학』, 한국학술정보, 2008년.
- 유명종, 『한국의 양명학』, 동화출판공사, 1983년.
- 이연숙, 「조선후기 내포지역 사마방목 입록 추이와 지역 엘리트」, 역사문화학회, 『지방사

와 지방문화』 7권2호, 2004년.

中文·漢文

• 王春林, 「"朱熹疑僞『古文尙書』" 一說考弁」, 『福建論壇 · 人文社會科學版』 2009年 第8期, 2009년.

• 韓睿源, 「韓國陽明學研究的歷史和課題」, 『國際儒學研究』 第4輯, 中國社會科學出版社, 1998년.

• 吳震, 『明代知識界講學活動繫年』, 學林出版社, 2003년.

• 吳世昌, 『槿域書畵徵』, 國書刊行會, 1971년.

• 黃克武, 「梁啓超與儒家傳統: 以淸末王學爲中心之考察」, 『歷史敎學』 2004年 3期, 總484期, 2004년.

• 黃俊傑, 「從東亞儒學視域論鄭齊斗對孟子知言養氣說的解釋」, 鄭仁在, 黃俊傑 編 『韓國江華陽明學研究論集』, 臺灣大學出版中心, 2005년.

• 黃進興, 「學術與信仰 論孔廟從祀制與儒家道統意識」, 『優入聖域: 權力 · 信仰與正當性』, 允晨文化實業股份有限公司, 1994년.

• 朱鴻林, 「明太祖的孔子崇拜」, 『中國近世儒學實質的思辨與習學』, 北京大學出版社, 2005년A.

• 朱鴻林, 「王文成公全書刊行與王陽明從祀爭議的意義」, 『中國近世儒學實質的思辨與習學』, 北京大學出版社, 2005년B.

• 錢明, 「鄭霞谷對陽明學的闡釋與解構」, 韓國陽明學會, 『陽明學』 27號, 2010년.

• 張志淵, 『朝鮮儒敎淵源』, 明文堂, 1983년.

• 張崑將, 『陽明學在東亞: 詮釋 · 交流與行動』, 臺灣大學出版中心, 2011년.

• 鄭良婉, 「父親鄭寅普的三位老師: 學山 · 耕齋 · 蘭谷」, 鄭仁在, 黃俊傑 編 『韓國江華陽明學研究論集』, 臺灣大學出版中心, 2005년.

• 中純夫 · 石立善 譯, 「論鄭寅普著 『陽明學演論』中的「朝鮮陽明學派」: 朝鮮陽明學研究的諸問題」, 『中國文哲研究通訊』 第16卷第1期(61號), 2006년.

• 狹間直樹, 「關于梁啓超稱頌"王學"問題」, 『歷史研究』 1998年5月號, 中國社會科學雜誌社, 1998년.

• 彭珍鳳, 「先賢先儒從祀孔廟東西兩廡之探討: 兼正臺灣孔廟東西兩廡奉祀先賢先

儒之錯訛」,『臺灣文獻』第33卷第3期, 1982년.

- 李甦平,『韓國儒學史』, 人民出版社, 2006년.
- 李相勳,「朝鮮朝江華學派陽明學之形勢與展開」,『國際中國學硏究』第12輯, 2009년.
- 李能和,「朝鮮儒界之陽明學派」,『靑丘學叢』第35號, 靑丘學會, 1936년.
- 李明輝,『四端與七情: 關於道德情感的比較哲學探討』, 臺灣大學出版中心, 2005년.
- 劉人鵬,「論朱子未嘗疑『古文尙書』僞作」,『淸華學報』新22卷第4期, 1992년.
- 呂妙芬,『陽明學士人社群: 歷史 · 思想與實踐』, 中央硏究院近代史硏究所, 2003년.
- 林月惠,『良知學的轉折: 聶雙江與羅念菴思想的硏究』, 國立臺灣大學出版中心, 2005년.
- 林月惠,『異曲同調: 朱子學與朝鮮性理學』, 國立臺灣大學出版中心, 2010년.

영문

- Hung-Lam Chu, "The Debate Over Recognition of Wang Yang-ming", Havard Journal of Asiatic Studies, vol.48, no.1, June, 1988.

| 후기 |

이 책은 필자가 십수 년간에 걸쳐 종사해 온 초기강화학파에 관한 연구 성과를 정리한 것이다. 각 장의 기초가 된 기존 발표 논문의 초출(初出)은 다음과 같다.

[초출일람]

● 서장 조선양명학의 특징

「朝鮮陽明學の特質について」, 馬淵昌也 編, 『東アジアの陽明學: 接觸 · 流通 · 變容』, 東方書店, 2011년.

● 제1장 하곡 정제두

「霞谷鄭齊斗緖論: 朝鮮儒林における陽明學受容」, 한국문화연구진흥재단, 『青丘學術論集』 제16집, 2000년.

● 제2장 항재 이광신

「恒齋李匡臣緖論: 初期江華學派における陽明學受容」, 『東洋史研究』60卷1號, 2001년.

● 제3장 원교 이광사

「圓嶠李匡師緖論: 初期江華學派における陽明學受容」, 『朝鮮史研究會論文集』 第46集, 2008년.

● 제4장 신재 이영익과 초원 이충익

「信齋李令翊と椒園李忠翊: 初期江華學派における陽明學受容」,『關西大學 東西學術研究所紀要』第40輯, 2007년.

● 제5장 저촌 심육

「樗村沈「緒論: 初期江華學派における陽明學受容」,『朝鮮儒林文化形成展開關總合的研究』, 平成11~14年度科學研究費補助金, 基盤研究(A)(1)(研究代表者, 吉田宏志)研究成果報告書, 2003년.

● 제6장 백하 윤순

「白下尹淳緒論: 初期江華學派の研究」, 한국문화연구진흥재단,『青丘學術論集』제25집, 2005년.

● 제7장 정제두의 후예들

「鄭齊斗の後裔たち: 江華學派の基礎的研究」,『西脇常記教授退休記念論集 東アジアの宗教と文化』, 西脇常記教授退休記念論集編集委員會, 京都大學人文科學研究所 Christian Wittern 研究室, 2007년.

● 제8장 부론: 조선에서 이지(李贄) 사상의 전래

「朝鮮における李贄思想の傳來」, 岡本隆司 編,『共生の空間: 異文化の接觸 · 交涉 · 共存をめぐる總合的研究』(平成23年度京都府立大學重點戰略研究費研究成果報告書), 2012년.

● 제9장 조선시대의 과거와 주자학

「朝鮮時代の科學と朱子學」,『京都府立大學學術報告(人文 · 社會)』第60號, 2008년.

● 제10장 왕수인의 문묘종사 문제: 중국과 조선의 이학관(異學觀) 비교
「王守仁の文廟從祀問題をめぐって: 中國と朝鮮における異學觀の比較」, 奥崎裕司 編, 『明清はいかなる時代であったか: 思想史論集』, 汲古書院, 2006년.

● 제11장 경종조의 정국과 당쟁: 준소 · 완소의 분파문제
「景宗朝の政局と黨爭: 峻少 · 緩少の分派問題を中心に」, 『洛北史學』 第12號, 2010년.

● 제12장 부론: 『경종실록』과 『경종수정실록』
새로 씀

● 제13장 강화학파와 당파당쟁: 심육 주변인물을 중심으로
「江華學派と黨派黨爭: 沈「周邊の人物を中心に」, 한국양명학회, 『양명학』 27호, 2010년.

●종장 양명후학의 주왕양가(朱王兩可) 문제
「霞谷鄭齊斗緖論: 朝鮮儒林における陽明學受容」

본서를 집필할 때 이미 발표한 논문에 가필 · 수정 · 보정을 행하였다. 구체적으로는 ① 구고(舊稿) 발표 후에 공간(公刊)된 국내외의 연구 성과, 혹은 구고 발표 시에 보지 못했던 국내외의 연구 성과를 선행연구로서 참조하고 언급한 것, ② 각 구고 간의 서술에서 중복부분을 되도록 삭제한 것, ③ 구고 발표 시에 지면 관계상 생략했던 인용일차자료 원문을 일부분 주석으로 게재한 것 등이다. 이 개정은 기술적 · 기계적인 것에 불과하고 내용과 관련된 것은 아니다. 다만 여기에서 언급하지 않을 수 없는 것은, 이 책에서는 구고의 일부에 대하여 그 내용적인 면까지 포함하여 대폭 수

정을 가하였다는 점이다. 구체적으로는 정제두 및 이광신의 학술에 대한 평가에 관한 부분이다.

정제두의 양명학 이해에 관하여 구고에서는 "정제두는 왕수인의 사상을 충실하게 조술(祖述)하였다."라고 한 정인보의 설과 "정제두는 정주학과 양명학을 대립적으로 파악하지 않고 오히려 정주학과의 연계성에서 양명학을 파악하고 있다."라고 한 윤남한의 설을 대조한 뒤, 필자는 정인보의 설이 옳다는 입장을 취하였다. 그러나 이 책에서는 두 설을 대립적으로 파악해온 발상을 고쳐 정제두가 양명학을 매우 정확하게, 즉 본격적이면서도 체계적으로 이해하여 수용했다는 것과 정제두가 주왕양가(朱王兩可)의 입장이었다는 것을 모두 사실로 인정하였다. 그리고 이 두 사실은 서로 어떠한 모순당착 · 이율배반되는 사항이 아니며, 그렇다면 윤남한의 설도 오히려 긍정적으로 평가할 수 있다.

이광신에 관하여 구고에서는 그의 양명학 이해는 매우 주왕(朱王) 절충적인 것으로, 정제두에 의하여 본격적이면서도 체계적으로 도입되어 수용된 조선양명학은 차세대인 이광신에게서 일찍 큰 변용을 겪었다고 보았다. 그러나 이 책에서는 이광신의 양명학 이해도 매우 정확하고도 체계적인 것이라는 점, 이광신의 주왕관(朱王觀)이나 주왕양가의 입장은 모두 정제두의 주장과 유사하다는 점을 지적하고, 이광신을 양명학 및 하곡학의 정확한 수용자 · 계승자로서 규정하였다. 즉 정제두–이광신의 학술전승을 '변용'에서 '계승'으로 고친 것이다.

초기강화학파의 학술전승의 근간에 관한 중대한 문제에 대해서, 구고에서의 해석을 이처럼 대폭 수정하게 된 것은, 이광신의 『선고(先藁)』의 「빙탄록(氷炭錄)」, 「여양중변난주왕이기설(與襄仲辨難朱王理氣說)」 등, 그의 주요저작을 다시 정독한 결과, 이광신 사상의 면모를 일신했기 때문이다. 그래서 본서의 서장 · 제1장 · 제2장의 서술 일부는 구고의 내용에 대폭 수정을 가한 것이다.

구고가 이미 활자화되어 간행된 이상, 그 내용에 대해서는 현재 전면적인 책임을 져야 함은 물론이다. 구고의 내용을 대폭 수정한 것은, 구고 집필 시 필자의 이해와 오류 · 오해나 불충분한 점이 있었다는 것을 스스로 인정하는 것이기도 하다. 이는 단순히 연구자로서 당시의 미성숙함을 인정하기만 하면 되는 문제가 아니라, 그러한 미성숙한 내용을 간행한 것에 대해 독자들에게 사죄드리지 않을 수 없는, 연구자로서 참회해야 할 사항이다.

다만 이번에 이광신의 저작을 다시 읽음으로써, 이광신 뿐만 아니라 정제두의 학술에 대해서도 종래와는 약간 다른 각도로 비추어볼 수 있었고, 그 결과 초기 강화학파에서 '정제두–이광신'이라는 학술전승의 확실한 형적을 검증할 수 있었다는 점은 필자에게 있어 큰 수확이기도 하였다.

서장에서 언급했듯이, 한국에서는 한국양명학회의 발족(1995), 기관지 『양명학』의 창간(1997), 『강화학파의 문학과 사상』의 간행(1993~1999), 강화양명학파 국제학술대회의 개최(2004~), 그리고 강화양명학 연구팀에 의한 『강화양명학연구총서』의 간행(2008) 등, 조선양명학에 관한 연구는 해마다 활발해지고 있다. 다만 감히 기탄없이 말하자면, 강화학파에 속한 개별 인물에 관한 연구는 현재 한국에서 본격화되지 않았다. 일본에서는 고교형(高橋亨)에 의한 고전적 연구인 「조선의 양명학파」(1953) 이후로 이 분야의 연구는 거의 끊긴 채로 지금에 이르고 있다. 이 책의 내용이 앞으로 조선양명학 연구 · 강화학파 연구에 기초적인 틀을 제공하는 데 일조할 수 있기를 바란다.

필자는 원래 중국근세사상사의 연구를 전문으로 하였는데, 조선 근세사상사를 연구하기 시작한 것은 1999년경의 일이다. 이후 실제로 많은 분들의 학문적인 도움을 입으면서 오늘날에 이르렀다. 필자가 이 분야의 연구에 착수하게 된 계기를 만들어주신 분들, 공동연구에서 초학자였던 필자에게 조선학을 가르쳐주신 분들, 문중본을 비롯하여 조선 양명학에 관한 귀중한 자료를 아낌없이 대여해주신 분들, 저서와 논문을 통해 많은 가르침을 주신 분들, 그리고 항상 학문적인 자극을 주는 근무처의 동료들 등,

지금 당장 헤아릴 수 없는 분들의 성함이 마음속에 떠오른다. 이 분들의 성함을 하나하나 열거하여 진심으로 감사하는 마음을 표하고 싶으나, 오히려 빼놓을까 두려워 기록하지 않는다.

필자는 2011년 4월, 교토대학 대학원 문학연구과에 박사학위 신청논문을 제출하였다. 이 책은 그 박사논문을 근본으로 하고, 여기에 제8장을 추가한 것이다. 2011년 9월에 실시된 구두(口頭) 시문(試問)은 2시간 40분이었는데, 지전수삼(池田秀三)·부마진(夫馬進)·우좌미문리(宇佐美文理) 세 선생께서 다방면에 걸친 가르침과 비판을 해주셨다. 우좌미 선생에게는 그 후 서면으로 인용 원문의 구두를 끊는 법, 전거를 드는 법 등 일본어 번역에 대한 의문에 관하여 많은 지적을 받았다. 이 책의 집필에 있어 세 분께 받은 지적을 바탕으로 가능한 수정을 가하였다. 물론 이 책에 있는 오류에 대한 책임은 전부 필자에게 있다. 독자들의 질정을 받을 수 있다면 다행일 것이다.

마지막으로, 출판을 흔쾌히 수락해준 급고서원의 석판예지(石坂叡志) 사장과, 기획단계에서부터 여러 가지를 상담해주고 면밀한 교정 작업으로 시종일관 나를 도와준 편집부의 소림소자(小林詔子)에게 진심으로 감사를 표한다.

그리고 이 책은 평성(平成) 24년, 일본학술진흥회 과학연구비보조금 「연구성과공개촉진비(학술도서)」의 교부를 받아 간행된 것이다.

찾아보기

인명

ㄱ

ㄴ

ㄷ

ㄱ

ㅇ

ㅈ

ㅍ

ㅎ

서명

ㄱ

ㄴ

ㄷ

ㅁ

ㅂ

ㅅ

ㅌ

ㅎ

조선의 양명학

초판 1쇄 인쇄 2016년 8월 25일
초판 1쇄 발행 2016년 8월 31일

지은이 나카 스미오
옮긴이 이영호 · 이혜인 · 곽성용
편집인 마인섭(동아시아학술원)
성균관대학교 동아시아학술원 02)760-0781~4
펴낸이 정규상
펴낸곳 성균관대학교 출판부 02)760-1252~4
등록 1975년 5월 21일 제1975-9호
주소 03063 서울특별시 종로구 성균관로 25-2

ISBN 979-11-5550-187-0 94150
978-89-7986-833-3 (세트)

• 본 출판물은 2007년 정부(교육부)의 재원으로 한국연구재단의 지원을 받아 수행된 연구임(NRF-2007-361-AL0014)